장애학

통합재활적 접근

개정판

장애학
통합재활적 접근

나운환 지음

사회복지 전문출판 나눔의집

서문

2007년 채택된 UN 장애인 권리협약과 우리나라의 장애차별 금지 및 권리구제에 관한 법률 제정 등은 아시아 · 태평양 지역의 재활환경에 많은 변화를 예기하고 있다. 지금까지 재활의 큰 이슈는 장애인의 완전 참여와 평등이었다. 여기서 평등은 협의적인 시민 · 정치적 권리로서의 평등이었다면 이제부터는 사회적 권리로서의 평등, 즉, 차별과 기회균등을 방해하는 현상에 대한 적극적인 방어를 포함하는 개념으로, 확대된 새로운 평등의 시대가 전개될 것이다.

이미 1990년 미국 장애인법을 시작으로 1992년 호주, 1995년 영국의 장애차별금지법(2010년 평등법 통합)과 2000년 독일의 사회법전, 2007년 한국 등에서는 이와 같은 개념을 제도적으로 실현하고 있고 3~4년 전부터 일본이나 다른 나라들에서도 이를 실현하기 위한 장애인 운동과 분위기가 성숙되어 가고 있다. 따라서 이를 구체화하기 위한 학문적 접근은 늦은 감은 있지만 재활에 있어 통합적 접근과 이념의 변화를 시도해야 할 시기라는 것은 거스를 수 없는 대세인 듯하다.

따라서 본서는 재활을 체계적으로 공부하는 학생들과 현장에서 실천하는 전문가들이 변화하는 장애 관점과 총체적이며 포괄적 관점에서 접근하고자 하는 국제적인 변화에 맞추어 우리나라 재활환경의 변화를 일으키는 데 필요한 자원이 되었으면 하는 희망에서 집필되었다.

제1부는 장애 관점과 장애학에 대한 부분이다. 세계보건기구[WHO]는 1980년, 1997년, 2001년 장애 개념을 정립하면서 장애를 개인적 차원의 손상이라는 측면에서 사회·환경적요인을 포함하는 장애를 둘러싼 상황적 요인을 고려하는 개념으로 정립시키고 있으며, 학문적으로도 영국, 미국의 학자들을 중심으로 장애를 자신의 변화를 요구하는 개인적 모델에서 사회의 변화를 요구하는 사회적 모델로의 정립을 시도하면서 재활의 초점은 개인과 사회의 변화를 동시에 추구하는 경향으로 변화하고 있으며, 실제 이런 변화는 각국의 실정법에서도 나타나고 있는데, 이와 관련된 내용들을 정리하였다.

제2부는 재활이론에 대한 부분이다. 재활의 기본적 이념을 사회적 역할가치 부여이론[SRV]에 두고 이 이론을 기반으로 한 재활의 특성과 패러다임을 살펴보았으며, 재활의 변천과정을 UN을 중심으로 한 국제적 변화와 우리나라의 변화과정을 정리하였으며, 통합적 재활이라는 측면에서 이해하고 접근되어야 할 재활의 내용을 의료, 교육, 직업, 심리, 재활공학(보조기기), 성이나 결혼문제, 사회재활 등 분야별로 정리하였다. 제2장에서는 특별히 현재 국내의 많은 학자들이 주장하는 독립생활 패러다임을 패러다임이라는 이념으로 이해한다면 이 패러다임보다는 지원 및 역량강화 패러다임, 총체적 패러다임이 더 바람직한 방향이며, 이

패러다임에서 독립생활 패러다임은 하나의 재활서비스 형태로 보아야 한다는 측면을 살펴보았다.

제3부는 우리나라 재활현황을 장애 개념과 장애인의 수, 정책 내용별로 현황과 실태, 방향을 정리하였다. 제4부는 미국, 영국, 호주, 일본, 독일의 재활현황을 장애 개념과 수, 의료 및 소득보장정책, 교육정책, 직업재활정책, 편의시설정책 등으로 살펴보았다.

아무쪼록 본서가 재활을 공부하는 대학 및 대학원생들과 현장에서 실무를 하는 전문가들 그리고 장애인과 관련 가족들에게 재활을 새롭게 접근할 수 있는 기회를 제공하는 전문서가 되길 바라는 마음이다.

끝으로 본서가 나올 수 있도록 늘 마음으로 격려해 주신 동료교수들과 이 교재를 기꺼이 출판하도록 도와주신 나눔의집 박정희 사장님, 자료정리와 교정, 개정에 이르기까지 많은 도움을 준 박세진 박사와 연구실의 송창근, 오소윤, 서지혜, 김항구 석·박사학생들에게 감사의 마음을 전하며 특히, 늘 함께 고민하고 염려해 준 가족들에게 감사하는 마음이다.

2016년 8월
문천지 옆 경산캠퍼스에서
나운환

차례

제3부 우리나라의 재활현황 및 정책

제4부 각국의 재활정책

제**1**부

———

장애의 이해

제1부는 장애를 인간의 총체적 영역으로 접근하고자 하는 장애학과 장애의 관점을 다루었다. 장애는 사회·환경적 요인이나 시대적 상황에 따라 다른 관점에서 정의되는데, 본서에서는 실제적 측면에서는 세계보건기구의 1980년과 2001년의 장애관점을, 학문적으로는 개인병리학과 사회병리학적 관점을 심층적으로 비교, 분석하였다.

또한 제2장에서 장애유형별 특성을 실천적인 측면에서 각 장애유형별 개념, 분류 및 발생원인, 판정방법 및 기준으로 구분하여 살펴봄으로 장애에 대해 보다 체계적으로 접근하고자 하였다.

1

장애학과 장애의 개념

1. 장애학의 개념

1) 장애학이란?

장애학은 장애의 결과, 의미, 특성 등을 체계적이고 종합적으로 다루고자 하는 학문 분야로서 장애역사, 이론, 법률, 정책, 윤리, 기술 등을 포함하는 다학문적 과정이다. 또한 장애와의 직접적인 경험을 강조하면서 최근에는 장애인의 시민권이나 삶의 질 개선을 강조하고 있다.

장애학이라는 용어가 처음 등장한 것은 1980년대로 거슬러 올라가는데 1986년 사회과학협회의 만성질환, 손상, 장애연구를 위한 분과가 장애학을 위한 협회로 이름을 개칭하면서 처음 사용되기 시작하였으며, 그해 장애학과 관련한 학술적인 내용을 담은 『Disabilities Studies Reader』라는 이름의 저널이 처음 출간되면서 본격적으로 사용되기 시작하였다.

이 협회가 정의하는 장애학의 정의는 장애에 대한 인문학humanities, 과학science, 사회과학social science과 같은 다학문적, 다차원적인 접근을 통해 인간의 보편적 문제로 접근하고자 하는 관점으로 정의하고 있다.

뉴욕타임즈New York Times가 1997년 뉴욕대학the City University of New York의 헌터Hunter대학에서 학부 프로그램으로 장애학을 개설하겠다는 계획이 있다는 기사를 보도했을 때 많은 미국 독자들은 소외된 집단으로 여겨지던 장애집단을 보편적 집단으로 인식하는 데 논리적으로 진일보한 관점이라고 논평하였다. 인문학 및 사회학의 한 영역으로 형성된 장애학의 선구자들은 성별, 인종 혹은 민족성과 같이 장애를 보편적 인간의 특성으로 바라보아야 한다고 주장한다. 장애는 성별, 인종, 민족과 같이 변하지 않는 불변의 상태이기 때문에 개인의 특성 중 하나로 보아야 하며 이 때문에 장애학의 영역들은 문화학, 여성학, 민족학과 같은 학문과 동일선상에서 이해해야 한다는 것이다(Monaghan, 1998).

장애학에 대한 정치적 논쟁거리의 핵심에는 장애를 연구함에 있어 의료적 모델에서 소수집단 모델로의 이동에 있다(Thomson, 1998). 린턴Linton(1998)은 장애인들은 그들이 가지고 있는 공통적인 증상들을 목록화하기 위하여 장애를 연구하는 것이 아니라 장애인을 집단으로서 행동하게 만드는 사회 및 정치적 상황에 대해 연구하고 접근하여 왜 장애인이 집단을 형성하게 되었는지를 이해하고자 하는 것이라고 주장한다.

장애를 이해하는 데 있어 의료적 모델은 그동안 절대적인 가치로 받아들여져 왔다. 즉, 장애는 개인이 가진 신체적, 정신적, 감각적 손상impairment이 원인이며 이 모델에서는 장애에 대한 원인과 책임은 당연히 개인에 집약된다. 그러나 1982년 UN이 세계장애인 10년 행동계획the

World Programme of Action Concerning Disabled을 선포하면서 의료적 모델과 대조되는 사회 · 정치적 모델을 채택하였다.

사회 · 정치적 모델의 주요 개념은 사회적 불리handicap로 이는 나이, 성별, 사회적 및 문화적 요소에 따른 일반적인 역할 성취를 하는 데 있어 기능 장애나 능력 장애로 인해 제한을 받거나 차별을 받는 것이다. 이에 대해 UN은 사회적 불리를 장애인과 환경 사이의 관계 기능으로 설명을 하고 있다. 즉, 장애가 없는 대다수의 구성원들을 위해 만들어진 사회시스템을 장애인들이 활용할 수 없도록 하여 결국 문화적, 물리적 혹은 사회적 장벽으로 작용하게 하고 사회적 불리가 발생한다는 것이다. 장애인이 경험하게 되는 사회적 불리는 신체적 제한으로 생기는 제약만큼이나 사회적 문제를 생성한다고 보고, 이를 해결하기 위해서는 장애인이 사회와 상호작용하는 방법에 혁신innovation을 불러일으킬 수 있는 장애인 권리기반 운동rights-based disability movement이 필요하며 영국과 미국 등지에서 1960년대부터 시작된 장애인 운동은 장애학의 태동에 중요한 동기가 되었다.

결론적으로 장애학은 장애를 가진 인간의 문제를 이해하기 위해서는 다차원적인 접근, 총체적인 접근을 해야만 한다는 전제하에 장애를 이해하고자 하는 학문적 노력으로 표현된다.

이런 노력으로 장애인은 최근 우리 사회에서 독특한 특성을 가진 사회적 소수자 집단으로 표현되기 시작했으며 이를 제대로 이해하기 위해서는 장애에 대한 다문화적인 접근이 필요하다.

2) 장애와 다문화주의

소수집단으로서의 장애를 이해하기 위해서는 다문화주의와 문화적 소수집단에 대한 이해가 필요하다. 샤피로Shapiro(2002)는 장애학 저널에 게재한 성적 권리를 위한 논문에서 장애인은 문화적 소수집단이기 때문에 유색인종, 유대인, 무슬림 및 동성연애자와 같은 다른 소수집단과 다른 점이 없으며, 당연히 이들 집단과 마찬가지로 사회에서 평등한 시민이 되기 위한 권리를 가지며 우리 사회는 소수집단의 권리를 존중해야 한다고 주장하고 있다.

브라운Brown(2002)은 같은 저널에서 '장애문화란 무엇인가?'라는 물음에서 장애문화에 대해서 몇 가지 개념적 틀을 제공하고 있는데, 먼저 장애문화는 장애인 스스로 자신들의 고유한 삶의 경험을 표현하는 것을 통해 만들어진 일련의 신념, 표현들로 정의한다. 즉, 이것은 장애인들이 우리 사회에서 어떤 처우를 받고 있는가를 표현하는 것이 아니라 장애인들이 무엇을 만들어 내느냐에 초점을 맞추는 것이다. 둘째, 장애문화는 장애인만의 것이 아니라고 장애인들은 생각한다는 것이다. 즉, 장애인들도 각기 다른 국적, 신앙, 인종, 전문가 집단 등의 구성원이기 때문에 어떤 다른 문화적 요소들보다 배타적이지 않다는 것이며, 셋째, 어떤 유형의 장애나 장애인이 어디에 살고 있든지 장애인은 억압에 직면하고 있다는 것이다. 넷째, 미국 서부지역의 장애문화는 미국 동부지역 혹은 유럽, 아프리카와 다르거나 더 어려운 상황일 수도 있지만 앞에서 지적하고 있는 세 가지의 공통점을 모두 가지고 있다는 것이다.

따라서 다원주의적 민주사회에서 다른 문화적 집단들 사이의 차별을 해소하기 위해서는 차이를 없애기보다는 배려되어야 한다는 것이다.

따라서 장애인을 다문화사회의 명확한 집단의 권리를 가진 사회적 집단으로 받아들일 때 진정한 장애문제는 해결될 수 있다고 보는 것이며, 장애인과 같은 소수집단의 권리를 보호하기 위해서는 다음과 같은 두 가지 측면이 강조되어야 한다고 주지하고 있다.

첫째, 장애인은 단순히 지역사회의 소수 구성원이 아니라 다수 시민 중 한 사람임을 인식해야 한다. 즉, 장애를 가진 개인도 우리 사회의 문화적 집단의 구성원이며 개인의 문화적 가치는 중요한 사회의 기본 원칙이라는 것이다.

둘째, 문화적 집단에 대한 인식이 공유된다 하더라도 정당성^{justice}의 담론은 여전히 남아 있다는 것이다. 문화적 집단에 대한 인식이 우리 사회에 공유된다 하더라도 다수 문화적 집단들은 소수집단들의 당연한 권리에 대해 부정할 수 있다는 것이다. 따라서 우리 사회는 소수집단의 권리에 대해 자연스럽게 인정하고 받아들일 수 있는 안정적인 사회적 구조를 만들어 갈 수 있도록 지속적인 노력을 해야 한다.

여러 문화가 혼재된 문화적 집단으로 장애인을 바라 보아야 한다는 연구를 지속해 온 브라운(2002)은 장애는 단지 사회 통념에 지나지 않는다고 상기시킴으로서 장애에 대한 잘못된 정체성을 제거하려고 노력하면서 장애인들 사이의 이 문제에 대한 가장 큰 차이는 장애인 문화가 있다고 확신하는가에 있다. 장애문화를 인정할 것인지 아닌지 보다 더욱 이해관계가 복잡해지는 문제는 통합^{integration}인데 이 통합의 의미는 장애인이 주류사회에 적합하도록 노력해야 한다는 의미가 아니라 장애인이 장애인 자신의 방법대로 혜택을 받을 수 있는가를 생각하고 이 방법에 의한 통합이라야 한다는 것이다.

따라서 현대 다원주의적 민주사회에서 서로 다른 문화적 집단들 사이의 협의는 집단들 사이의 차별을 없애기보다는 배려되어야 한다는 생각을 충실히 지키는 다문화의 법칙이 기본이 되어야 한다는 것이다. 그러므로 우리 사회는 다문화사회가 명확한 집단의 권리를 가진 독특한 사회적 집단으로 장애인들을 받아들일 체제가 구축되어 있는지를 확인하는 것은 장애학의 첫걸음이며 장애학이 추구해야 할 방향이다.

최근 미국을 비롯한 많은 서구사회의 권리에 기반한 장애인 정책에서 적절한 배려resonable accommodation 혹은 정당한 편의resonable adjustment가 강조되는 것은 독특한 특성을 가진 집단이나 구성원으로서 장애인에 대한 우리 사회의 권리를 충실히 보장해 주기 위한 측면이며, 이에 대한 기반을 다지기 위해서는 장애학도 여성학, 민족학, 문화학 등과 같이 하나의 학문적 과정으로 정착하는 것이 중요하다.

2. UN 및 세계보건기구의 장애 개념

장애에 대한 개념은 다양하게 이해되어 왔다. 전통적으로는 장애를 개인적인 문제 또는 한 개인의 특성으로 보고 단지 질병, 결함 또는 기타 생물학인 비정상성으로 이해했다. 그러나 지난 20년 동안 이 생물학적 및 의료적인 이해는 도전을 받아 왔다. 이제는 손상을 입은 사람, 즉 장해障害와 장애障碍의 관계에 있어서 환경적 요소의 중요성을 받아들이기 시작한 것이다. 장해impairment 또는 저하된 기능은 사지의 일부분의 상실, 부상, 이상 또는 심리적, 신체적, 생물학적 기능상실을 의미하며, 장애disability는 한 개인이 실제적인 생활을 함에 있어 기능적인 손상으로 인해 환경과 사회가 기대하는 기능을 수행하지 못함으로써 발생하는 만큼의 불균형을 의미한다.

따라서 이 정의에 따르면 장애인은 주변의 기대에 부응하는 데에 제약을 가하는 실제적인 장벽에 부딪칠 수 있으며, 결과적으로 사회의 주류mainstream에서 물러나게 된다. 따라서 장애라는 것은 어떤 기능을 수행함에 있어서 사회적인 기대와 개인의 능력 사이에 존재하는 일종의 장벽이다.

최근 재활에서의 경향은 장해의 개념이 사회적 기능의 상실로까지 확장되어야 한다고 생각한다. 이것은 장애의 개념이 평소에 타인은 물론 본인에 의해서 장애인이 아니라고 하는 사람들에게까지도 적용될 수 있음을 시사한다. 사회문제 또는 장기간의 고립으로 인하여 어느 정도의 기능 저하를 경험하는 사람들도 사회가 기대하는 수준의 기능을 수행하지 못하는 동일한 문제에 봉착할 수 있다. 따라서 손상을 가지고 있는 사람, 즉 장해가 있는 사람이라 해서 반드시 장애인이 아니다. 한 개인이 어느 정도의 장애인이냐 하는 것은 사회·환경이 요구하는 것을 얼마나 충족시킬 수 있는가의 여부와 사회가 정의하는 정상normal의 개념, 그리고 한 개인을 둘러싸고 있는 환경이 얼마나 접근 가능한 것이냐에 달려 있다. 따라서 장애 개념을 정의하기 위해서는 다양한 환경적 요소를 종합적으로 고려해야만 가능한 일이다.

1) 1980년 세계보건기구의 장애 개념

UN의 장애인 권리선언(UN총회 제30차 결의 3447, 1975. 12. 9)은 장애인의 통상적인 생활에 통합될 수 있도록 필요한 권리들을 보호할 수 있는 공통적 기반과 준거틀을 선언하면서 제1조에서 장애인을 다음과

그림 1-1 | WHO의 장애현상

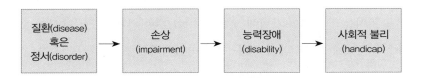

같이 정의하고 있다.

"장애인이라 함은 선천적이든 후천적이든 신체적, 정신적 능력의 불완전으로 인하여 일상의 개인적 또는 사회적 생활에서 필요한 것을 확보하는 데 자기 자신으로서는 완전하게 또는 부분적으로 할 수 없는 사람을 의미한다."

이것이 UN이 정의한 장애에 관한 기본적인 개념이며, 1980년 WHO는 국제장애분류International Classification of Impairments, Disabilities, and Handicaps: ICIDH에서 장애를 세 가지 차원, 즉 심신의 손상impairment, 능력장애disability, 사회적 불리handicap로 정의한 이래 1983년 세계행동계획 등 UN의 각종 선언에서 장애 개념으로 받아들이고 있다.

WHO의 세 가지 차원의 장애 개념을 소개하면 [그림 1-1]과 같이 먼저 장애발생의 과정을 질병 → 손상 → 능력장애 → 사회적 불리로 이어진다. 손상은 장애와 사회적 불리에 영향을 주고, 능력장애는 개인적 차원에서 일상생활의 활동에 나타나며, 사회적 불리는 사회적 차원, 즉 다른 사람과의 관계에서 비롯되는 것으로 장애인이 경험하는 불이익, 편견, 차별 등을 의미한다.

(1) 손상

손상impairment은 신체구조학적, 해부학적 기능 및 심리적인 구조나 기능의 일부가 상실한 상태를 말하는 것으로 미국의학협회의 정의에 의하면, 이는 전문가적 결정에 따르며 증후나 증상, 검사 시 소견 또는 심리적 검사에 입각해서 평가된 해부학적 또는 기능적 이상이나 의미 있는 행동상의 변화를 말한다. 이러한 손상은 평가 당시 이 손상이 변동되지 않을 것으로 생각되거나 진행성이 없는 영구적인 손상, 즉 불가역적不可逆的 상태를 의미한다. 손상의 개념에서 볼 때 장애인은 시각, 청각, 언어, 지체, 정신지체, 정서장애 등 외부로 현저하게 나타나는 비정상적인 특성을 가진 자를 말하며, WHO에서 손상에 포함되는 장애분류 내용은 지적 손상들, 기타 정신적인 손상, 언어손상, 귀의 손상, 시각의 손상, 내장의 손상, 골격의 손상, 기형의 손상 등을 의미한다.

(2) 능력장애

능력장애disability란 기능 제약으로 인하여 나타나는 능력 저하로 정상적이라고 생각되는 방법 또는 범위에 속하는 행동이 불가능하거나 제한된 상태로 인해 활동 능력이 결여되거나 또한 제한이 있는 상태를 의미한다. 즉, 능력장애는 정신적 · 신체적 손상의 결과만이 아닌 그 상태에 대한 그 개인의 적응의 결과로서 신체장애의 직접 · 간접적인 영향으로 의식구조 기능에 발생한 의식장애despair가 신체장애와 합해진 것을 말한다. 예를 들어, 교통사고를 당한 16세 소녀가 무릎 위를 절단했다면 다리의 손실은 손상으로, 보행능력의 상실은 장애로 보는 것이다. 능력

장애의 개념에서 볼 때 장애인은 노인이나 만성질환자로서, 직장인으로서, 가장이나 주부로서 정해진 기능을 발휘하지 못하는 경우도 포함되며, WHO의 능력장애에 포함되는 장애분류 내용은 행동상의 장애, 의사소통장애, 개인 생활보호care장애, 운동장애, 신체자세disposition장애, 숙련장애, 상황적situational 장애, 특수기교장애, 기타 활동장애 등을 의미한다.

(3) 사회적 불리

사회적 불리handicap는 기능장애나 능력장애로 인하여 일상생활이나 사회생활을 하는 데 제한을 받거나 지장을 초래하는 상태를 의미하는 것으로 장애인과 그를 둘러싼 주변환경과의 관계에서 발생되는 문제이다.

이것은 비장애인은 이용가능 하지만 장애인은 이용 불가능하게 하는 여러 가지 사회제도에 대한 문화적, 물리적 또는 사회적 장벽을 의미하는 것으로, 장애인이 다른 사람과 평등하게 사회생활에 참여할 수 있는 기회를 박탈하거나 제약하는 것을 의미한다. 예를 들면, 상기한 16세 소녀의 경우 보행능력의 상실이 장애라면 다리의 손상과 보행능력 상실로 인한 정상적인 사회활동(취업, 스포츠, 여가생활 등)을 즐기고 사회적 관계를 형성하는 능력의 저하를 사회적 불리로 본다. 대부분의 서구사회는 이러한 핸디캡을 국가의 장애범주로 채택하고 있는데 이러한 핸디캡에 포함되는 장애군의 분류시안 내용은 다음과 같다.

① 오리엔테이션 불리
② 신체적 자립성 불리
③ 이동성 불리

④ 직업적 불리

⑤ 사회통합 불리

⑥ 경제적 자족 불리

⑦ 기타 불리

2) WHO의 1997년 ICIDH-2 및 2001년 ICF의 장애 개념

WHO는 1997년 새로운 장애 분류표(ICIDH-2)에서 1980년의 세 가지 장애개념(손상, 능력장애, 사회적 불리)이 내재한 장애에 대한 부정적 의미를 바꾸기 위해, 즉 장애가 개인적인 손상에서 출발하여 고정된 개념의 능력장애나 사회적 불리로 고착된다는 잘못된 의미를 개정하는 중립적 의미의 장애 개념을 정립하였다.

WHO는 [그림 1-2]와 같이 장애개념을 신체기능과 구조body functions and structures, 활동activity, 참여participation로 정의하면서 이것은 상호관련성을 가지며, 개인의 질환과 정서상태인 보건상태health condition, 상황적 요인contextual factors이 복합적으로 상호작용되어 나타나는 결과라고 설명하고 있다. 여기서 환경적 요인은 사회적 태도, 건축장벽의 특징, 법체계들을 의미하며, 개인적 요인은 성, 나이, 보건상태, 삶의 형식, 습관, 양육태도, 성격, 사회적 배경, 교육정도, 전문성, 과거와 현재의 경험, 심리적 사상이나 특성을 의미한다.

즉, 이 개념은 나병과 같은 활동제한이 없는 손상이나 명백한 손상은 없으나 많은 질환으로 일상생활에 제한이 있는 사람, 후천성면역결핍증AIDS과 같이 손상이나 활동제한은 없으나 사회참여 문제를 가진 사람들을 어떤 장애로 분류할 것인지에 대해 명백한 해답을 준다.

그림 1-2 | WHO의 장애의 세 가지 범주의 상호작용

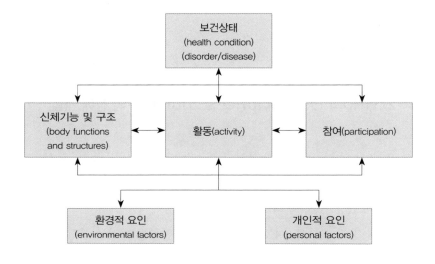

(1) 신체기능 및 구조

　신체기능 및 구조body functions and structures는 신체구조나 기능 혹은 심리적, 정신적 기능의 손실이나 비정상abnormality을 의미하며, 여기서 비정상은 보편적인 사회적 규범에서의 주요한 차이로 해석하며, ICIDH-2 에서 분류하는 손상의 범위는 다음과 같다.

① 기능의 손상

　기능의 손상은 인간의 기본적인 정신기능, 음성, 언어, 청각 및 전정 기능, 시각 및 다른 감각기능, 심장 및 호흡기능, 소화 및 신진대사기능, 면역 및 내분비기능, 비뇨생식기능, 신경 근육 및 운동기능, 기타 내부

및 관련 구조기능의 손상을 의미한다.

② 구조의 손상

구조의 손상은 뇌, 척수 및 관련 구조, 음성·언어 및 관련 구조, 귀 및 청력체계의 구조, 눈 및 관련 구조, 순환계 구조 및 호흡기 체계, 면역 및 내분비체계 및 관련 구조, 비뇨기체계, 성욕 및 생식 관련 구조, 운동 관련구조, 피부 및 관련 구조의 손실 및 비정상을 의미한다.

(2) 활동의 제한

활동^{activity}은 개인의 기능의 본질이나 정도의 수준을 나타내며, 활동의 지속성이나 질의 제한을 가진 자를 의미한다. 다시 말하면, 활동의 제한을 가진 자이다. ICIDH-2에서 분류하는 활동제한의 범위는 다음과 같다.

① 시력, 청력 및 감각 활동의 제한

② 학습, 응용능력이나 수행능력 제한

③ 의사소통 활동의 제한

④ 운동활동의 제한

⑤ 이동활동의 제한

⑥ 일상생활 활동의 제한

⑦ 가정활동 및 개인활동의 제한

⑧ 대인관계행동의 제한

⑨ 특별한 상황에 대한 반응이나 대처의 제한

⑩ 보조기구 재활용품 및 기타 관련 용품 사용의 제한

(3) 참여

참여participation는 손상, 활동, 건강상태와 상황적 요인과 관련된 생활 상황의 참여의 정도와 본질을 나타내며, 참여의 지속성이나 질의 제한을 가진 자를 의미한다. 즉, 참여의 제한을 가진 자이다.

ICIDH-2에서 분류하는 참여 제한의 범위는 다음과 같다.

① 개인적 관리에 있어 참여의 제한

② 이동력 참여의 제한

③ 정보교환 참여의 제한

④ 사회적 관계 참여의 제한

⑤ 교육, 작업, 여가 및 종교 참여의 제한

⑥ 경제적 참여 제한

⑦ 시민 및 지역사회 생활참여의 제한

또한 2001년 5월 WHO는 1997년 제안된 ICIDH-2를 근간으로 5년 동안의 현장검증과 논의를 거쳐 1997년 개념을 그대로 수용하여 장애와 보건에 관한 국제기능 분류International Classification of Functioning, Disability and Health: ICF의 장애개념으로 통용될 수 있도록 승인하였으며, 이 개념의 특징은 장애에 대한 개념을 개인적 요인과 사회적 요인을 동시에 고려한다는 것이다.

3. 장애학에서의 장애 개념

개념^{concept}이라는 것은 일반적으로 그 시대나 사회의 권력층이나 행위자의 가치와 신념을 반영하는 것으로 장애에 대한 개념은 점차 개별적인 차이 혹은 생물학적인 피할 수 없는 단순한 결과물로 보기보다는 복잡한 사회구조들과 발전의 산물로서 간주하기에 이르렀다. 즉, 과거에는 대부분의 사람들이 장애라는 단어에 대해 휠체어나 모금상자, 부정적 이미지의 단체 등을 연상하였으나 최근의 상황은 장애에 대한 인식이 교통사고, 산업재해, 약물 등의 관념으로 바뀌고 있다. 이것은 장애에 대한 개념이 개인병리학적 관점에서 서서히 사회병리학적 관점으로 변화하고 있다는 것을 의미한다. 장애를 연구하는 학자들과 이론가들의 커다란 도전 중의 하나는 왜 손상^{impairment}을 가진 사람들이 가끔 중요한 사회적 삶의 영역, 즉 교육, 가족과의 삶, 정치적 참여, 문화적 주류화, 상품과 서비스에 대한 접근, 교통접근, 주택, 정보 등에 있어 배제되었으며, 왜 불이익을 당하게 되었는지를 설명하는 것이다. 의학에 주로 의존하는 장애의 전통적인 접근은 장애를 가진 사람들이 정상적인 활동에 참여하는 것은 힘들다는 것을 발견하고 있다.

따라서 현대사회에서 보편적으로 장애와 관련된 여러 종류의 사회적 불이익은 주로 손상에 의해 야기된 개별적인 문제로 간주되었으며, 이에 대한 적절한 반응은 그 손상을 최대한 회복시키거나 다른 사회적 역할들과 타협함으로써 손상을 회복하도록 도와주는 것이다. 이와는 대조적으로 장애에 대한 사회적 해석을 보면, 장애와 관련된 불이익은 장애인의 개인적인 현상이라기보다는 사회병리적인 현상으로 본다. 즉,

장애는 생물학적으로 결정되었다기보다는 특정한 사회적인 진보에 의하여 만들어진 것일 수도 있다는 것이다. 즉, 장애의 원인은 신체적, 인지적, 감각적 손상이 아니라 사회가 다양한 사람들의 자연스러운 차이점들에 대하여 수용하지 못하는 데 있다는 것이다.

장애가 사회적 혹은 사회과학적으로 어떻게 인식되고 진단되며, 치료가 이루어지는지는 장애인이라는 집단에 대한 사회적 책임과 관련된 가정으로 연관지어볼 수 있으며 장애에 대한 가설과 가정은 서로 배타적이지도 일시적으로 공존하지도 않는 관계에 있다. 따라서 어떤 학문들은 장애를 개인병리학적 혹은 의료적 상태, 유전적 결함 혹은 질병으로 분류하고 규정짓는가 하면, 다른 측면에서는 사회적, 환경적, 그리고 정치적인 상황으로 규정짓기도 하며, 최근에는 이 두 가지 측면을 결합시킨 혼합적인 관점도 있다. 결론적으로 두 가지 측면에서 어떠한 상태로서의 장애에 대한 다양한 이해를 충족시키고 설명하는지에 대한 정책과 프레임에 대한 긴장은 늘 존재할 수밖에 없다.

세계 각국의 장애정책 프레임을 살펴보면 중대한 모순점을 발견할 수 있는데 통합inclusion과 시민권citizenship의 의미에 대한 부조화적인 관점이 존재한다는 것이며, 이것은 장애를 개인병리학적 관점으로 보느냐 아니면 사회병리학적 관점으로 보느냐의 차이에 따라 달라진다는 것이다.

이런 점들을 종합적으로 고려하여 장애학에서는 [표 1-1]과 같이 장애에 대한 개념의 두 가지 관점을 이해하는 것이 필요하다(Rioux and Zubrow, 2001).

표 1-1 | 장애 개념의 개인병리학과 사회병리학적 관점

구분	개인병리학적 관점(의료적 모델)	
	의료적 관점 (생물학적 특성)	기능적 관점 (기능적 능력 혹은 역량)
치료	의료 및 의공학적 기술	재활서비스
예방	생물학 혹은 유전학적 개입이나 검사	조기진단과 치료
사회적 책임성	장애의 제거나 치료	기능 개선이나 지원서비스
구분	사회병리학적 관점(사회적 모델)	
	환경적 관점 (환경적 요인과 서비스매치 특성)	인권적 관점 (사회에서의 조직과 개인 사이의 관계)
치료	서비스나 지원에 있어 자기결정 향상	사회, 경제, 정치의 재구조화
예방	사회, 경제, 물리적 장벽제거	장애를 개인의 특성으로 재인식
사회적 책임성	장벽의 체계적인 제거	정치적, 사회적, 기본적 권리보장

1) 개인병리학적 관점(의료적 모델)

개인병리학적 관점은 장애에 대한 개념을 의료적 혹은 개인적 관점에서 바라본다는 측면에서 시작한다. 이 모델은 서양의학의 인간완전체 integral part에서 출발한 것으로 장애 개념을 신체기능에 맞추어 의학적 측면에서 완전체가 아닌 경우는 곧 비정상으로 판정하는 것이며, 그 원인과 책임 역시 개인에게 있다는 것이다. 즉, 이 모델은 장애 개념을 사회환경과 분리하여 생각한다. 따라서 질환, 사고 기타 원인으로 장애를 가

지게 되고 이것으로 인한 심리적 문제 역시 장애인의 개인적인 문제로 치부한다. 따라서 개인병리학적 관점의 장애 개념은 첫째, 장애를 전문가적 시각으로 접근하려 하며, 둘째, 생물학적 혹은 환경적인 상태의 조작을 포함한 예방을 강조하며, 셋째, 비장애인과 관련하여 무능력이라는 특성으로 장애를 특정지려 하며, 넷째, 장애를 사회적 부담, 사회적 비용으로서 구별을 시도하고, 다섯째, 장애인의 사회통합은 사적 책임으로 규정지려 하며, 마지막으로 연구나 정책목적, 일차적인 재활개입의 수단으로 장애인 개인을 이용하려는 특징을 가지고 있다.

또한 사회적 책임은 장애의 제거와 치료를 위한 것이고 만약 이것이 어려운 상황에서 불평등으로 고통받는다면 장애인 개인에게 케어를 제공하고 상태를 호전시키기 위한 것이다.

이 결과 정책의 초점도 장애인 개인에게 맞추어진다. 재활의 목표는 장애인 개인이 의학적인 치료를 받음으로써 신체적인 손상을 완화 또는 경감하는 데 두며, 필요한 정책도 개인을 변화시키는 데 맞추어진다. 따라서 개인병리학적 관점에서는 의사와 재활전문가들이 주요한 역할을 하며 재활서비스의 주체가 된다.

그러나 개인병리학적 관점은 몇 가지 주요한 사실을 고려하지 못하고 있다.

첫째, 장애가 환경적 상황에 따라 결정된다는 사실을 간과하고 있다. 즉, 장애는 개인적 측면에서 발생한 것이 아니라 사회적 환경이 주류화mainstream를 중심으로 구성되어 온 결과라는 것을 고려하지 못하였으며, 또한 이런 장애인에 대한 잘못된 역할인식social role으로 인해 장애인들은 더욱 부정적 이미지를 가질 수밖에 없었다는 것을 간과하고 있다는 것이다.

둘째, 장애인의 실제 경험을 반영하고 있지 못하다. 즉, 이와 같은 개념은 대부분 사회의 권력자나 행위자에 의해 만들어지는 것이고 그들의 의식이 사회 규범화되는 상황에서 과연 그들은 장애인의 실제 경험과 역할을 반영하고 있느냐라는 문제이다. 따라서 장애 개념은 피상적이고 권력자나 행위자의 주관적인 관념에 의해 만들어짐으로써 장애에 대한 개념을 더욱 혼란스럽게 하였다.

셋째, 서비스 주체가 잘못되어 있다는 것이다. 상기의 사실을 종합해 볼 때 의료적 모델의 관점은 장애개념에 대한 잘못된 선입견에서 출발하고 또한 동 개념을 정리하고 있는 재활전문가들은 자신들이 서비스 주체로서 장애문제를 다루기 때문에 이와 같은 패러다임은 장애 개념을 의료적 모델로 고착화하게 만든다.

2) 사회병리학적 관점(사회적 모델)

사회병리학적 관점은 장애를 사회적 병리학의 결과로 인식하며 장애는 선천적으로 개인으로부터 발생되는 것이 아니라는 가정에서 출발한다. 또한 이 관점은 장애인 권리 확보를 위한 장애인 자조단체들이 장애문제에서 장애인들의 직접적인 경험이 중시되고 고려되어야 한다는 사상에 의해 등장하는데, 이 관점은 장애 개념을 의학적, 개인적 관점에서 보는 시각에서 벗어나 사회 · 환경적 및 사회적 관점에서 보아야 한다는 시각에서 출발한다. 즉, 장애라는 것은 장애를 가진 사람들이 살아가는 사회구조가 기본적으로 모든 사람들이 살아갈 수 있도록 만들어지지 못했기 때문에 발생하는 문제라는 것이다. 이 모델은 사회가 외모와 지능에 관계없이 지역사회의 모든 구성원들을 동등하게 대우하고 있는

가, 즉 시민으로서 법에서 규정하고 있는 최소한의 평등^{equality}과 정당성 ^{justice}을 보장하고 있는가라는 문제를 제기하면서 만약에 이것이 부족하 다면 많은 사람들은 장애를 가질 수밖에 없다는 결론을 내리고 있다.

따라서 사회병리학적 관점의 장애 개념은 첫째, 장애는 개인의 선천 적인 특성에서 출발하는 것이 아니라 사회구조의 문제에서 출발하며, 둘째, 개인의 치료도 중요하지만 정치적, 사회적, 환경개선이 더욱 중요 하다고 보며, 셋째, 조기치료보다 2차 예방이 중요하며, 넷째, 장애를 비 정상이라고 분류하기보다는 다름으로 인식하며, 다섯째, 장애인의 통합 은 공공의 책임이며, 마지막으로 연구나 정책, 재활개입의 일차적인 수 단으로 사회적, 환경적, 경제적 구조를 주요한 요소로 간주하는 특성을 가진다.

이러한 관점에서 보면 장애는 장애인의 통합 혹은 경제적 그리고 사 회생활의 참여를 제한하는 사회적 장벽의 결과라고 말할 수 있으며, 이 것은 개인에 대한 서비스와 지원 그리고 욕구에 대한 자기결정을 제한 하는 기준 혹은 프로그램의 한계를 포함한다. 자립생활 혹은 지역사회 참여를 위한 구조적 장벽은 점점 치료에서 수정 혹은 개조^{modification}로 변화해 가는 추세가 이를 반영하는 것이다.

장애에 대한 인권적 접근 역시 사회가 장애인의 입장에서 어떻게 구 성되었으며 장애인을 사회에 평등하게 참여시키는 광범위하고 체계적 인 요인에 중점을 둔 특별한 환경에 관심을 가지는 것이다. 따라는 이 관 점에서 보면 사회는 장애인에게 사회적, 경제적, 정치적 통합, 자기결정, 그리고 사회적 권리를 가능케 하는 장치와 시스템을 제공해야 하며 이 를 통해 장애인 스스로가 역량을 가질 수 있도록 해야 한다는 것이다.

따라서 정책의 초점은 개인의 변화에 맞추어지기보다는 장애를 유발시키는 사회적 환경들을 개선할 수 있도록 권한을 부여하는 사회변화에 맞추어진다. 여기서 권한에 대한 여러 가지 논란이 있을 수 있지만 최근에 들어서는 사회병리학적 관점이 장애 개념으로 자리잡아가고 있는 것이 사실이다.

3) 보편적 관점

장애의 보편적 관점은 사회적 모델이 손상을 인정하지 않는 비판에서 출발한 모델이다. 즉, 손상을 연속체로 보고 손상과 사회적 환경은 밀접하게 관련되어 있다고 본다. 또한 장애인과 비장애인을 구분하거나 장애를 고정된 것으로 보는 관점을 비판한다. 이 관점은 장애는 고정된 것이 아니며 유동적이며 연속적인 것으로 본다. 이 관점은 모든 인간은 인생에서 손상을 경험하게 되며 현재 장애를 가지고 있지 않은 사람은 일시적으로 비장애인이라 표현한다. 즉, 장애는 소수집단의 이슈가 아니고 인간의 보편적인 문제라는 것이다. 따라서 이 모델에서의 장애 관점은 개인과 사회의 초점을 떠나 장애는 인류 모두가 경험하게 되는 보편적 문제로 보는 것이며, 특정 집단, 특정 그룹으로 구분하는 관점을 철저하게 배제한다(Barnartt, 2010). 따라서 이 모델은 보편적 설계와 보편적 서비스를 강조하면서 이것이 인류 모두를 위한 서비스라고 인식하는 모델이다.

장애 개념은 이 모든 관점이 서로 분리되고 별개의 문제이기보다는 상호 밀접하게 관련되어 있으며 연계되어 있다고 보는 것이 장애를 올바르게 이해하는 학문적 접근일 것이다.

4. 실정법에 나타난 장애 개념

장애인복지 및 재활을 논할 때 가장 기본적으로 개념화되고 제시되어야 하는 부분은 누가 장애인이며 그 나라에 과연 몇 명의 장애인이 있느냐일 것이다. 즉, 장애를 어디까지 볼 것이며 장애인 수는 어떻게 파악하느냐의 문제이다. 각국의 실정법은 그 나라의 정책기조나 상황에 따른 장애범주를 채택하고 있는데, 미국, 영국, 일본, 독일, 호주의 장애 개념을 정리해 보면 다음과 같다.

1) 미국

미국의 경우 장애를 정의하고 있는 실정법은 소득, 재활, 시민권의 기준에 따라 크게 다음의 세 가지로 구성된다.

(1) 사회보장법the Social Security Act

1935년 제정된 법률로 동법에서는 장애인을 의학적으로 판정하여 적어도 1년간 지속될 것으로 판정되는 또는 사망에 이를 것으로 판정되는 신체적, 정신적 손상으로 인하여 실질적인 소득활동에 참여하지 못하는 자로 규정하고 있다. 즉, 사회보장 측면에서는 소득활동 여부가 장애를 판정하는 기준이 되고 있으며, 구체적으로는 월평균 소득이 일정액 이상인 경우 장애로 판정되지 않고, 그 장애impairment가 기본적인 노동과 관련된 활동들을 방해하는 경우여야 하며, 현재의 상태가 능력장애를 야기하는 기능장애 목록 속에 포함되어 있어야 한다. 또한 과거에 하던 소득활동을 할 수 있는지를 판정하고, 과거의 일 이외에 연령, 교육, 과거경력, 기술 등을 고려하여 어떤 다른 형태의 일을 할 수 있는지를 판정하는 것에 의하여 장애판정을 내리고 있다. 이렇듯 사회보장제도에서의 장애는 소득활동 능력을 기준으로 하여 자신에게 적합한 종류의 일을 할 수 없어야 하며 그 기간은 적어도 1년 이상이어야 한다고 규정하고 있다. 이 사회보장 규정에 따라 사회보장국은 ① 개인이 전에 하던 일을 할 수 없고, ② 의학적 질환 때문에 개인이 다른 일에 적응할 수 없다고 판단되며, ③ 장애가 적어도 1년 동안 지속되어 왔거나 지속될 것으로 예상되거나 사망을 초래할 것으로 예상되면 그 개인을 장애인으로 간주한다(Social Security Administration, 2010).

(2) 재활법the Rehabilitation Act

1920년 직업재활법으로 제정되어 1973년 재활법으로 개정된 법률로 이 법은 1998년 개정법에서 장애인을 "일상적 활동분야 중 한 가지 이상의 활동에 현저히 제한을 받는 신체적 또는 정신적 손상을 가진 사람, 그러한 손상의 이력이 있는 사람, 그러한 손상을 가진 것으로 간주되는 사람으로 그 상태가 12개월 혹은 그 이상 지속될 가능성이 있는 경우"로 정의하고 있다. 구체적인 예로는 팔·다리 절단, 관절염, 자폐증, 맹, 화상, 암, 뇌성마비, 농, 뇌질환, 심장질환, 반신불수, 혈우병, 호흡 및 폐 기능장애, 정신질환 등 정신장애, 다발성 경화증, 근위축증, 근육 및 골격이상, 신경이상, 사지마비, 척수질환, 학습장애 등의 신체적, 정신적 장애를 지닌 자들이 속한다. 재활법은 특히 중증장애인에 역점을 두고 있으며 직업재활 측면에서 중증장애에 대한 개념을 설정하고 있다. 중증장애는 특정 진단이나 특정 장애를 지칭하는 것이 아니다. 중증장애인Individual with Significant Disabilities이란 적격성 및 직업재활 욕구 사정에서 한 가지 또는 그 이상의 신체적 또는 정신적 장애를 가진 것으로 확인된 사람으로서 이동, 의사소통, 자기관리, 자기결정, 대인관계기술, 작업 지속성 및 작업기술 등과 같이 고용성과에 영향을 주는 기능적 능력 가운데 한 가지 또는 두 가지 이상에 심각한 제한을 가지는 신체적·정신적 장애를 가진 사람을 말한다. 최중증장애인Individual with the Most Significant Disabilities이란 상기한 능력 가운데 세 가지 또는 그 이상 심각한 제한을 주는 신체·정신적 장애를 가진 사람을 말한다. 중증 및 최중증장애인의 직업재활은 직업재활에 있어서 '종합적인 직업재활 서비스'가 요구되는 대상이다. 종합적인 재활서비스에는 장애인들을 위해 만들어진 특별한 직업적 또는 기타 훈련, 신체적·정신적 회복서비스, 특별한 이동수단, 재활공학, 직업개발, 배치지원, 직업유지서비스들이 포함된다. 재활상담사들은 서비스 대상자가 중증장애인으로 적격하다는 것을 확인하기 위해 첫째, 기능적 능력에 중요한 한계가 있음을 확인하고, 고용의 제한성을 줄이기 위한 복합적 재활서비스가 필요한지 확인하며, 적격성 결정 후 서비스 요구기간의 확장이 필요한지도 확인해야 한다(www.acces.nysed.gov/vr). 미국에서는 장애인 직업재활 대상자의 우선순위를 장애로 인해 고용에 가장 심하게 영향을 받는 사람에게 주도록 하고 있으며, 이러한 중증장애인을 판정할 때 자기관리self-care, 이동mobility, 의사소통communication, 자기결정self-direction, 대인관계 기술interpersonal skills, 작업 지속성 또는 작업기술work tolerance or work skill과 같은 기준을 적용한다.

(3) 장애인법the Americans with Disabilities Act: ADA

1990년 제정된 법률로 동법에서는 장애인을 개인의 일상생활 활동 중 한 가지 이상을 현저히 제한하는 신체적 또는 정신적 기능장애를 지닌 자, 이러한 기능장애의 기록이 있는 자, 이러한 기능장애를 가진 것으로 간주되는 자 등으로서 재활법과 동일하다. 여기서 '일상활동'이란 자기보호, 보기, 듣기, 말하기, 걷기, 숨쉬기, 손으로 하는 작업의 수행, 배우기, 일하기 등의 기능을 뜻하며, '간주된다'라는 의미는 주요 일상활동을 현저히 제한하지는 않으나 고용인에 의해 그러한 제약을 가졌다고 취급되는 정신적 또는 신체적 기능장애를 가진 것, 오직 기능장애에 대한 고용인의 태도의 결과로서 주요 활동을 제한하는 기능장애를 가진 것, 어떠한 기능장애도 갖지 않았으나 고용인에 의하여 그러한 장애를 가진 것으로 취급되는 경우 등을 말한다.

예를 들면, 얼굴이 심한 추형인 경우 타인의 부정적 반응을 유발하므로 장애를 가진 것으로 간주되는 경우이다. 또 기록이 있는 자의 예로는 암이나 정신질환에서 회복된 경우이다. 그리고 여기서 말하는 신체적 또는 정신적 기능장애란 모든 생리적 장애나 상태, 외형적 추형, 또는 다음과 같은 신체체계(신경적, 근골격적, 특수감각기관적, 생식기적, 소화기적, 비뇨기적, 피부과적, 혈액 및 임파적, 내분비적) 중 한 가지 이상에 영향을 주는 해부학적 손실, 정신지체, 유기체적 두뇌증후군, 정서적 또는 정신적 질환, 특수한 학습장애 등 모든 정신적 또는 심리적 장애를 말한다. 또한 이 법에서 중증장애인이란 다양한 서비스를 장기간에 걸쳐 필요로 하는 자로서, 예를 들어 절단, 맹, 암, 뇌성마비, 심장병, 반신마비, 정신지체, 정신병, 다발성 경화증, 근육위축증, 신경계장애, 양하지마비, 척수질환,

신장질환, 호흡장애 등으로 인한 장애인을 뜻한다.

이외에도 미국은 발달장애인법과 교육법에서도 장애인을 규정하고 있으나 일반적으로 장애 개념은 미국장애인법^{ADA}의 정의를 따른다. 그리고 장애판정은 보건 · 교육 · 복지부장관의 위임으로 주기관과 연방 사회보장국 장애인판정위원회에서 판정하며 위원은 의료인 및 전문가로 사회보장국에서 위촉한다.

2) 영국

영국의 경우 장애의 정의 및 기준은 2010년 장애평등법^{Equality Act}에서 규정하는데 이 법률은 장애인차별금지법(1992)에서 규정된 "본질적^{substantial}이고 장기적으로 일상생활을 하기 위한 개인의 능력에 지속적이고 장기적으로 불리한 영향을 주는 신체적 또는 정신적 손상을 말한다."라고 정의하고 있으며, 손상이란 단지 정상적으로 일상생활을 하기 위한 개인의 능력에 영향을 주는 것으로 다음 사항들 중 하나에 영향을 주는 손상을 말한다고 정의하고 있다.

① 이동력
② 손기능
③ 신체 협응력
④ 지속력: 들 수 있는 능력, 일상의 사물을 이동하는 능력
⑤ 말하고, 듣고, 보는 능력
⑥ 기억력 또는 집중력, 학습 또는 이해력
⑦ 신체적 위험에 대한 지각력

또한 실제적이란 옷을 입는 등의 일상적인 과업을 수행하는 데 보통보다 훨씬 오랜 시간이 걸리는 등의 사소한 장애를 넘어서는 것을 말하며, 장기적이란 말은 적어도 12개월 이상 손상이 남아 있거나 남아 있을 것으로 예상되는 것을 말한다. 본질적이라는 의미는 경미^{Minor}하거나 사소한^{Trivial} 것이 아닌 장애를 뜻한다.

영국 평등법에서 법의 적용대상이 되는 장애는 현재의 장애 및 과거의 장애를 모두 포함하는데 대체적으로 적용대상 장애는 다음과 같다.

① 팔 또는 손의 문제나 장애

② 다리 또는 발의 문제나 장애

③ 등 또는 목의 문제나 장애

④ (안경이나 콘택트렌즈를 사용함에도 불구하고) 보는 것의 어려움

⑤ 듣는 것의 어려움

⑥ 언어장애

⑦ 중증 외형손상, 피부문제 또는 알러지

⑧ 가슴 또는 호흡문제, 천식, 기관지염

⑨ 가슴, 혈압 또는 혈액순환문제

⑩ 위, 간, 신장 또는 소화문제

⑪ 당뇨

⑫ 우울, 심각한 불안 또는 분노

⑬ 간질

⑭ 중증의 또는 특정 학습곤란(정신적 손상)

⑮ 정신질환 도는 공포, 공항 또는 기타 불안장애로 인한 어려움

⑯ (암, 중복 경화, 징후를 보이는 HIV, 파킨스병, 근디스트로피 등을 제외한) 진행성 질환

3) 일본

일본의 경우 장애의 정의는 일반적으로 1994년 개정, 통합된 장애인 기본법에서 찾아볼 수 있는데, 동법은 장애인을 "신체장애, 지적장애, 또는 정신장애(발달장애 포함), 기타 심신의 기능장애가 있어 장기에 걸쳐 일상생활 또는 사회생활에 상당한 제한을 받는 자"라고 정의하면서 시행령에서 구체적인 장애범주를 제안하고 있다.

신체장애인이란 신체장애가 있는 18세 이상의 자로서 도 · 도 · 부 · 현 都 · 道 · 府 · 縣 지사로부터 신체장애인수첩의 교부를 부여받은 자로 되어 있고, 신체장애의 종류로는 시각장애, 청각 또는 평형기능장애, 지체부자유, 심장 · 신장 · 호흡기기능장애, 음성 · 언어 · 기능장애, 직장 · 소장 · 방광기능장애 등이 있다.

지적장애자복지법, 학교교육법(1947년)과 아동복지법(1947년) 등에서는 지적장애에 대한 정의를 하고 있는데 지적장애자란 "여러 가지 원인에 의하여 정신발육이 항구적으로 지연되고 그 때문에 지적 능력이 열등하고 자기의 신변에 대한 처리 또는 사회생활에의 적응이 현저히 곤란한 자"로 정의된다.

이외에도 정신보건법의 정신장애인은 정신분열병, 중독성정신병, 발달장애, 정신병 등의 정신질환을 가진 자로 규정되어 있다.

이를 종합해보면 일본에서의 장애인은 "신체 또는 정신에 장애가 있으며 장기간에 걸쳐 직업생활에 상당한 제한을 받거나 또는 직업생활을 영위하는 것이 현저히 곤란한 자"로 정의된다.

4) 독일

독일의 경우 장애의 정의는 1974년 제정된 중증장애인법에 의해 정의되다가 2001년 7월부터는 사회법전social code에 의해 정의하고 있다. 이에 따르면, 장애인은 "신체적 기능, 정신적 능력 및 심리적 상태가 6개월 이상 그 연령에 적합한 상태와 현저하게 차이가 있어 정상적인 사회생활에 참여가 어려운 상태에 있는 사람"으로 정의하고 있다. 사회법전 제9권에서 제시한 주요 특성 중 하나는 장애가 질병이나 사고에 의한 것인지 또는 선천적인 것인지의 원인을 보기보다 장애가 실제로 존재하는가의 여부에 중점을 두고, 장애인 정책도 중증장애인에 초점을 맞추고 있다는 점이다.

실제 적용에 있어서는 장애의 개념을 경제활동능력의 감퇴로 규정하는 "생업능력상실률MdE=minderung der erwerbsfähigkeit"을 기준으로 해서 MdE가 30% 이상인 사람을 장애인이라 하고, 50% 이상인 사람을 중증장애인이라 하며, 80% 이상인 경우 최중도장애인이라 한다.

생업능력상실률(이하 MdE) 개념은 모든 생활영역에서의 장애 또는 손상의 결과와 연관되어 있으며, 직업생활에서의 제약에만 관련되는 것이 아니다. MdE는 기능의 결함, 즉 신체적, 정신적 또는 심리적 능력의 결함에 따른 결과에 대한 척도이다. 그러므로 MdE는 장애의 정도를 나타내며, MdE의 등급에서 능력의 정도를 추론해낼 수 없다. 장애판정은 연방노동사회부가 총괄하고 장애인이 거주하는 관할 지역 노동사무소에 장애 확인과 장애정도 판정을 신청하는 신청주의 원칙에 기초하여 이루어지고, 장애 정도가 20% 이상인 장애인에 대해서만 판정이 이루어진다. 그리고 장애 정도의 판정 후에 노동사무소는 장애인 증명서를 발급하며, 장애인 증명서는 해당 장애인이 고용서비스 대상임을 확인해 주는 것과 더불어 관련된 법적 권리를 요구하게 할 수 있다.

독일의 장애판정 기준은 일차적으로 의학적 판단에 기초하지만, 부분적으로 기능이나 장애로 인한 사회생활 참여에 대한 제한 등도 함께 고려하고 있다. 특히 고용과 관련하여 의학적 판단의 단점을 극복하기 위해 준중증장애인을 인정하고 있는 점이 중요한 특징이라 할 수 있다.

5) 호주

호주의 경우 장애의 정의는 연방장애인서비스법과 장애인차별금지법에서 규정하고 있는데 그 내용은 다음과 같다.

(1) 장애인서비스법the Commonwealth Disability Service Act

1986년 제정된 법으로서 장애인을 지능, 전신감각, 신체적 손상 등으로 의사소통, 학습, 이동 등에 지장이 있는 자로 정의하고 다음과 같은 장애를 가진 사람들로 구체화하고 있다.

① 지적, 심리적, 감각적 혹은 신체적 손상을 유발하거나 그러한 손상들을 중복적으로 유발시킬 수 있는 장애

② 영구적이거나 그러할 가능성이 있는 장애

③ 결국에는 다음과 같은 결과를 초래하는 장애

 - 개인의 의사소통, 학습 혹은 이동능력을 현저히 감소시킨다.

 - 지속적인 지원서비스를 필요로 하게 된다.

(2) 장애인차별금지법the Disability Discrimination Act

1992년 제정된 법으로서 동법에서는 장애의 정의를 가능한 한 광범위하게 규정하여 신체적, 지적, 심리적, 정신적, 감각적, 신경적 장애와 추형, 기형 및 질병을 야기하는 유기체의 존재(예: HIV 바이러스) 등을 모두 포함하며, 현재뿐 아니라 과거에 존재한 사실이 있거나 혹은 미래에 존재할 가능성이 있거나 가진 것으로 인지되는 장애도 포함하고 있다. 세부적으로 법에 명시된 범위를 살펴보면 다음과 같다.

① 신체적, 정신적 기능을 부분적으로나 전체적으로 상실

② 신체 부분을 부분적으로나 전체적으로 상실

③ 질병을 유발시키거나 유발시킬 가능성이 있는 유기체의 존재

④ 신체의 역기능, 추형, 기형

⑤ 학습장애를 유발하는 장애나 역기능

⑥ 사고과정, 실체에 대한 인지, 감정, 판단 등에 영향을 미치거나 행동장애를 유발하는 장애나 질병

일반적으로 호주에서 장애 정의나 범주를 결정할 때는 장애인차별금지법의 정의를 따른다.

6) 한국

우리나라의 장애의 정의는 장애인복지법, 특수교육진흥법, 장애인고용촉진 및 직업재활법에서 정의하고 있는데, 동법의 정의를 살펴보면 다음과 같다.

(1) 장애인복지법

1981년에 제정되어 1989년 및 1999년, 2007년 전문을 개정하여 장애범주를 확대하고 장애 개념을 재개념화하였다. 개정된 장애인복지법 제2조에서는 장애인의 정의를 "장애인은 신체적, 정신적 장애로 오랫동안 일상생활이나 사회생활에서 상당한 제약을 받는 자로서 신체적 장애란 주요 외부 신체기능의 장애, 내부기관의 장애를 의미하며 정신장애는 발달장애 또는 정신질환으로 발생하는 장애를 의미라는 자"로서 대통령령으로 정하는 기준에 해당하는 자로 규정하고 있다. 그리고 동법 시행령 제2조 별표에서 지체, 뇌병변, 시각, 청각, 언어, 신장, 심장, 호흡기, 간질환, 안면변형, 장루, 간질, 정신장애, 지적장애, 자폐성장애 등이 포함된다.

(2) 장애인고용촉진 및 직업재활법

1990년 제정되어 2000년 전면 개정된 장애인고용촉진 및 직업재활법 제2조는 장애인의 정의를 신체 또는 정신상의 장애로 인하여 장기간에 걸쳐 직업생활에 상당한 제약을 받는 장애인복지법 제2조 및 국가유공자 등 예우 및 지원에 관한 법률 시행령 제14조 제3항에 따른 상이등급에 해당하는 자로 정의하며, 중증장애인은 장애인 중 근로능력이 현저하게 상실된 장애인복지법 제2조 규정에 의한 장애인 중 장애등급 2급 이상에 해당하는 자 및 장애등급 3급의 뇌병변장애, 시각장애, 지적장애, 자폐성장애, 정신장애, 심장장애, 호흡기장애, 뇌전증장애인 및 상지에 장애가 있는 자와 국가유공자 등 예우 및 지원에 관한 법률 제14조의 상이등급 3급 이상인 자로 정의하고 있다.

(3) 장애인 등에 대한 특수교육법

장애인의 특수교육을 지원하기 위한 법률은 1977년 제정되어 1994년 개정된 특수교육진흥법이지만, 이 법은 2007년 장애인 등에 대한 특수교육법으로 전면 재편되고 2008년 5월부터 시행에 들어가면서 이 법으로 대체되었다. 장애인 등에 대한 특수교육법에서는 특수교육을 특수교육과 관련 서비스로 규정하였다. 더불어 특수교육은 특수교육 대상자의 교육적 요구를 충족시키기 위하여 특성에 적합한 교육과정 및 제2호에 따른 특수교육 관련 서비스 제공을 통하여 이루어지는 교육으로 규정하였고, 특수교육 관련 서비스는 특수교육 대상자의 교육을 효율적으로 실시하기 위하여 필요한 인적 · 물적 자원을 제공하는 서비스로서 상담지원 · 가족지원 · 치료지원 · 보조인력지원 · 보조공학기기지원, 학습보조기기지원 · 통학지원 및 정보접근지원 등으로 규정하였다. 또한 이 법에서 특수교육대상자는 이 법 제15조에 의한 특수교육을 필요로 하는 사람으로 진단 · 평가된 사람으로 시각장애, 청각장애, 정신지체, 지체장애, 정서 · 행동장애, 자폐성장애, 의사소통장애, 학습장애, 건강장애, 발달지체, 그 밖에 대통령령으로 정하는 장애로 규정하고 있다.

(4) 장애인차별금지 및 권리구제 등에 관한 법률

이 법률은 2007년 4월 10일 법률 제8341호로 제정된 장애인의 모든 생활영역에서 장애를 이유로 한 차별을 금지하고 장애를 이유로 차별받은 사람의 권익을 효과적으로 구제함으로써 장애인의 완전한 사회참여와 평등권 실현을 통하여 인간으로서의 존엄과 가치를 구현함을 목적으로 제정되었다. 동법률에서 장애는 신체적·정신적 손상 또는 기능상실이 장기간에 걸쳐 개인의 일상 또는 사회생활에 상당한 제약을 초래하는 상태를 가진 자로 장애인복지법보다는 포괄적으로 규정하고 있다.

그러나 우리나라의 경우는 일반적으로 장애 개념을 정의할 때는 장애인복지법상의 장애인을 장애 개념으로 본다. 각국의 장애 개념을 알기 쉽게 도표로 요약하면 [표 1-2]와 같다.

표 1-2 | 각국의 장애 개념 요약

국가	장애개념	관련법률
미국	장애인은, ① 개인의 일상생활 활동 중 한 가지 이상을 현저히 제한하는 신체적 또는 정신적 기능장애를 지닌 자, ② 이러한 기능장애의 기록이 있는 자, ③ 이러한 기능장애를 가진 것으로 간주되는 자 등으로 여기서 일상활동이란 자기보호, 보기, 듣기, 말하기, 걷기, 숨쉬기, 손으로 하는 작업의 수행, 배우기, 일하기 등의 기능을 뜻하며, 간주된다는 의미는, ① 주요 일상활동을 현저히 제한하지는 않으나 고용인에 의해 그러한 제약을 가졌다고 취급되는 정신적 또는 신체적 기능장애를 가진 것, ② 오직 기능장애에 대한 고용인의 태도의 결과로서 주요 활동을 제한하는 기능장애를 가진 것, ③ 어떠한 기능장애도 갖지 않았으나 고용인에 의하여 그러한 장애를 가진 것으로 취급되는 것 등을 말한다.	미국 장애인법 (1990)
영국	장애는 정상적인 일상생활을 하기 위한 개인의 능력에 지속적이고 장기적으로 불리한 영향을 주는 신체적 또는 정신적 손상을 말한다고 정의하고 여기서 손상이란 단지 정상적으로 일상생활을 하기 위한 개인의 능력에 영향을 주는 간주되는 것으로 다음과 같은 사항들 중의 하나에 영향을 주는 손상을 말한다고 정의하고 있다. • 이동력　　　• 손기능　　　• 신체협응력 • 지속력: 들 수 있는 능력, 일상의 사물을 이동하는 능력 • 말하고, 듣고, 보는 능력　　　• 기억력 또는 집중력, 학습 또는 이해력 • 신체적 위험에 대한 지각력	장애인 평등법 (2010)
일본	장애인이란 신체장애, 정신박약, 또는 정신장애가 있음으로써 장기에 걸쳐 일상생활 또는 사회생활에 상당한 제한을 받는 자라고 정의하면서 신체장애의 종류로는 시각장애, 청각장애 및 평형기능, 지체부자유, 심장·신장·호흡기기능장애, 음성·언어·기능장애, 직장·소장·방광기능장애, 정신박약자는 여러 가지 원인에 의하여 정신발육이 항구적으로 지연되고 그 때문에 지적 능력이 열등하고 자기의 신변에 대한 처리 또는 사회생활에의 적응이 현저히 곤란한 사람으로 정의하고 정신장애인이란 정신분열병, 중독성정신병, 정신박약, 정신병질 등의 정신질환을 가진 자로 규정되어 있다.	장애인 기본법 (1994)
독일	장애는 생업능력상실률MdE = Minderung der Erwerbsfähigkeit을 기준으로해서 MdE가 30% 이상인 사람을 장애인이라 하고, 50% 이상인 사람을 중증장애인이라 하며, 80% 이상인 경우 최중도장애인이라 한다. 장애유형은 크게 신체장애(시각, 청각, 지체, 언어장애 등을 포괄), 정신장애 그리고 정서 및 심리장애로 구분하고 있다. 여기서 생업능력상실률은 모든 생활영역에서의 장애, 또는 신체적, 정신적 또는 심리적 능력의 결함으로 인한 결과에 따른 척도를 의미한다.	중증 장애인법 (1986), 사회법전 (2001)
호주	장애는 신체적, 지적, 심리적, 정신적, 감각적, 신경적 장애와 추형, 기형 및 질병을 야기하는 유기체의 존재(예: HIV 바이러스) 등을 모두 포함하고 있으며, 현재뿐 아니라 과거와 미래에 가질 가능성이 있거나 가진 것으로 인지되는 장애를 포함한다.	장애인 차별금지법 (1992)
한국	장애는 신체적, 정신적 장애로 오랫동안 일상생활이나 사회생활에서 상당한 제약을 받는 자"로서 대통령령으로 정하는 기준에 해당하는 자로 규정하고 있다. 그리고 동법 시행령 제2조에서는 장애인의 기준을 정하고 있는데, 여기서 신체적 장애라 함은 주요 외부신체기능의 장애, 내부기관의 장애들을 말하며, 정신적 장애라 함은 지적장애, 정신장애, 자폐성장애를 규정하고 있다.	장애인 복지법 (2007)

2

장애의 유형별 특성

　　장애유형은 그 정의나 기준에 따라 여러 종류로 분류될 수 있다. 우리나라의 경우는 2007년 개정된 장애인복지법 제2조에서 장애유형을 크게 신체적 장애와 정신적 장애로 분류하고 있으며, 동법 시행령 제2조에서는 장애종류를 지체, 뇌병변, 시각, 청각, 언어, 지적, 자폐성, 정신, 신장, 심장, 호흡기, 간, 안면변형, 장루, 간질장애를 장애범주로 포함하고 있다. 본 절에서는 상기의 장애유형별 개념 및 발생원인 특성들을 정리하였으며, 요약하면 [표 2-1]과 같다.

표 2-1 |장애인의 분류

대분류	중분류	소분류	세분류
신체적 장애	외부 신체 기능의 장애	지체장애	절단장애, 관절장애, 지체기능장애, 변형등의 장애
		뇌병변장애	중추신경의 손상으로 인한 복합적인 장애
		시각장애	시력장애, 시야결손장애
		청각장애	청력장애, 평형기능장애
		언어장애	언어장애, 음성장애
	내부 기관의 장애	신장장애	투석치료 중이거나 신장을 이식받은 경우
		심장장애	일상생활이 현저히 제한되는 심장기능이상
		호흡기장애	폐나 기관지 등 호흡기관의 기능에 장애로 일상생활 및 사회생활 활동이 제한
		간장애	간의 기능에 장애가 지속되며, 이로 인하여 기본적인 일상생활 및 사회생활 활동이 제한
		안면변형장애	안면부의 변형으로 인한 장애가 지속되며, 이로 인하여 사회생활 활동이 현저하게 제한
		장루장애	장루 기능에 장애가 지속되며, 이로 인하여 일상생활 및 사회생활 활동이 제한
		뇌전증 장애	간질로 인한 기능 및 능력 장애가 지속되며, 이로 인하여 일상생활 및 사회생활 활동이 제한
정신적 장애	지적장애		지능지수가 70 이하인 경우
	정신장애		정신분열, 분열형정동장애, 양극성정동장애, 반복성우울장애
	자폐성장애		소아자폐 등 자폐성장애

장애학_통합재활적 접근

1. 지체장애

1) 개념

사람의 몸의 골격, 근육, 신경 중 그 어느 하나의 일부나 전체에 질병이나 외상 등으로 그 기능에 장애가 있을 때 대체로 운동장애(또는 감각장애를 동반하기도 함)의 상태로 그 증상이 나타나게 되는데 이를 지체장애라고 한다. 그러나 골절이나 근육의 파열상 등으로 지체의 운동에 일시적인 제한이 있더라도 급성 또는 아급성亞急性 질환으로 어느 기간 동안 지체운동이 부자유한 상태일 때는 지체장애라고 보지 않으며 단지 그 장애가 영구적으로 남아 있을 경우에 지체장애라고 한다.

2) 분류 및 발생원인

일반적으로 지체장애는 신경성 질환으로 나타나는데 주로 어린아이들에게 많으며, 척수에 있는 운동세포의 바이러스 감염으로 팔이나 다리에 마비증이 오는 소아마비와, 근육이 강직되거나 경련성으로 근육의 장력이 증가하며 마비를 가져오는 아동들의 뇌성마비, 성인에게서 많이 볼 수 있는 반신불수를 일으키는 뇌졸중이나 외상으로 인한 척수손상을 비롯하여 유전병으로 점점 근육에 이상이 오면서 힘이 없어지는 진행성 근이양증, 우리 주변에서 흔히 볼 수 있는 절단, 관절염 등으로 구분하여 살펴볼 수 있다.

(1) 소아마비 小兒痲痺, Poliomyelities: Heine Medin's Disease

소아마비는 급성회백수염이라고도 하며 Polio-Virus균이 음식과 함께 입으로 들어가 척수전각세포를 파괴시켜 상지나 하지에 이완성 마비를 일으키는 감염성 질환으로 감각에는 이상이 없는 것이 특징이다. 대부분 소아 때 발생하므로 소아마비란 병명이 붙었으나 청년기나 성인에서 발병할 수도 있다. 환경위생이 개선되고 소아마비 예방 접종이 잘 시행되면서 최근들어 우리나라에서는 새로운 소아마비 환자가 발생하지는 않고 있다.

소아마비는 병의 경과에 따라 급성기, 회복기 그리고 잔유기로 구분하는데 각 시기에 따라 증세가 달라진다.

급성기는 대체로 고열로 시작되며 구토와 두통, 근육통을 호소한다. 이 시기에는 독감이나 기타 열병과 구별이 어렵다. 열이 있고 나서 3~4일 후 갑자기 사지의 마비가 나타나며, 마비근육을 만지면 통증을 느낀다. 마비는 상지보다 하지에 나타나는 경우가 더 많으며 마비의 정도도 대개 하지에서 더 심하다.

회복기는 열이 떨어진 후 2주부터 시작하여 약 2년까지의 기간을 말한다. 이 시기에는 말 그대로 마비가 어느 정도 회복되는데, 대체로 2년간 회복이 이루어지지만 초기 6개월 동안에 가장 현저하게 회복되며, 유아기에 발생하였을 경우에는 회복이 3년까지 계속되기도 한다.

잔유기는 회복기 이후, 즉 발병한 지 2년이 경과된 경우를 말하며 이 시기의 환자를 소아마비 후유증 환자라고 한다. 그러므로 우리가 대하게 되는 소아마비 환자는 거의 잔유기에 있는 소아마비 후유증 환자라 할 수 있다. 마비는 소아마비 이외에도 근육질환, 뇌성마비, 척추결핵,

그림 2-1 | 소아마비와 근육의 힘과의 관계

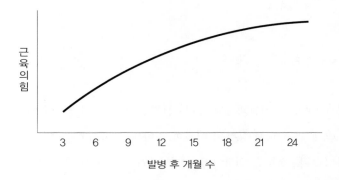

※ 주: 근육의 힘은 발병 후 2년 동안 전체적으로 증가한다. 초기에는 빠른 속도로, 그리고 점차 늦은 속도로 증가한다.

척수손상 등 여러 가지 병변에서도 마비를 일으킬 수 있으므로 감별진단이 필요하다.

소아마비 장애인은 지능은 정상이며, 대부분의 경우 하지에만 침범하므로 상지는 자유로이 쓸 수 있는 경우가 많다. 그러므로 소아마비의 재활치료는 대부분 마비된 하지의 기능을 향상시키는 데 역점을 두게 된다. 소아마비의 치료는 시기에 따라 그 내용이 다소 다르게 된다. 급성기에는 심신안정이 필요하므로 내과적인 일반치료가 주가 되며, 근육통에 대하여는 더운물 찜질을 하는 등 물리치료가 보조치료로 시행된다. 회복기가 되면 관절운동, 근력보강운동 등의 물리치료가 주가 된다.

잔유기가 되어 걸을 수 있게 되면 보조기를 착용시키거나 지팡이 또는 목발을 사용하여 보행훈련을 실시하게 되는데, 변형이 발생하지 않도록 항상 염두에 두어야 한다. 하지근육의 힘이 약한 상태에서 그대로 걷게 되면 정상에서처럼 체중을 이기지 못하여 이차적으로 무릎이 뒤로 휘어지게 되고 발이 밑으로 처지고 안으로 비틀어지는 등 변형이 발생될 수 있기 때문이다.

(2) 척수손상^{脊髓損傷}, Spinal Code

척추 내에 있는 기둥과 같은 굵은 신경인 척수가 질병이나 외상으로 손상을 받게 되면 그 손상부위 이하에서 마비와 이에 따른 여러 신경증상이 나타난다. 척수손상(하지 및 사지마비)은 종양(암), 척추결핵, 혈관질환 등에 의하여 발생되기도 하지만 대부분은 교통사고, 산업재해, 또는 운동경기 중 부상 등 외상에 의해 나타난다. 그러므로 남자에게서 발생하는 경우가 더 많다.

주 증상은 마비이며 그밖에 신경인성 방광 및 신경인성 대장의 증세가 있어 대소변을 가릴 수 없으며 체온과 땀을 자율적으로 조절할 수 없게 된다. 마비는 대부분의 경우 운동마비와 신경마비가 모두 나타난다. 그러므로 욕창이나 화상을 쉽게 입는다. 이 외에도 심리적으로 우울이나 불안과 같은 증세나 인지손상, 만성통증, 그리고 재활과정에 따라 약물중독이나 성적 문제에 따른 접근도 필요하다. 마비는 부위에 따라 하반신만 움직일 수 없는 하지마비^{下肢痲痺}, 상하지 모두를 움직일 수 없는 사지마비^{四肢痲痺}로 구분하는데 손상 부위가 등이나 허리(흉수나 요수)인 경우에는 하지마비가 되고 목(경수)인 경우에는 사지마비가 나타난다. 또한 마비는 손상 정도에 따라 완전마비와 불완전마비로도 나뉜다.

척수손상 환자에게서 흔히 발생할 수 있는 합병증으로는 요로감염과 욕창 그리고 마비 부위의 경직을 들 수 있다. 요로감염은 신경인성 방광으로 인하여 정상인처럼 스스로 소변을 볼 수 없기 때문에 나타나는 것으로 척수손상환자 재활에 있어서 가장 큰 도전을 받는 부분이기도 하다.

(3) 사지절단四肢切斷, Limb Amputation

사지절단은 사지의 일부를 잃어버린 상태를 말하는데 하지절단의 경우에는 주로 보행에 지장이 있으며 상지절단의 경우에는 대부분 일상생활동작과 작업에 지장을 받게 된다. 근래에 의지제작기술이 향상되었고 많은 새로운 재료들이 개발되어 절단자도 의지를 착용하고 훈련을 잘 받으면 직장생활이나 사회생활을 큰 어려움 없이 할 수 있게 되어 가고 있다. 그럼에도 불구하고 자신은 외관상 문제 때문인지 다른 장애인에 비하여 심리적 갈등이 심한 듯하다.

절단은 선천적으로 태아 시절에 발육부진으로 태어날 때부터 있었던 경우도 있으나 이 경우는 매우 드물며, 대부분은 후천적 요인으로 외상에 의하여 절단되었거나 또는 질병으로 인하여 수술 등으로 절단한 경우이다.

외상으로 인한 절단은 대체로 교통사고, 산업재해 등에 의한 것이 대부분이며, 질병으로 인한 절단은 흔히 동맥경화증, 버거스씨병Burger's disease, 당뇨병, 합병증 등 주로 혈액순환장애에 의한 것이 가장 많다. 이 밖에도 뼈나 근육에 생긴 암 및 만성골수염 또는 심한 기형이 있을 경우에도 절단수술이 시행되고 있다.

미국의 경우 질병에 의한 것이 70.3%로 빈도가 가장 높고, 다음이 외상으로 약 22.4%이며, 종양(암)이 4.5%이고 선천적 절단은 2.8%에 불과하다. 서구에서는 하지절단이 약 80%로 상지절단보다 월등히 많다. 우리나라의 경우는 정확한 통계자료가 없어 확실히 알 수 없으나 장애인 실태조사 보고서(1995년)에 의하면 상지절단이 약 60%로 하지절단보다 다소 많은 것으로 나타나고 있다. 이는 아마도 우리나라에는 아직 질병보다는 외상에 의한 절단이 많기 때문으로 생각되며, 따라서 청·장년층의 남자에게서 많다. 그러나 혈액순환장애로 인한 절단이 점차 늘어나고 있어 장차 우리나라에서도 역시 중년 이후나 노인층의 하지절단자가 많이 늘어날 것으로 생각된다.

(4) 관절염關節炎, Joint Arthritis

관절염은 대개 관절연골의 파괴와 관절 주위 조직의 유착으로 관절운동이 제한되고 심한 통증이 지속되어 관절이 제 기능을 할 수 없게 되는 경우가 허다하다. 이러한 경우 신체활동에 심한 제한을 받게 되어 사회생활이 어려워지고 경제활동이 위축될 뿐 아니라 심리적인 갈등이 생기는 등 생활의 전반적 기반이 흔들리는 경우도 생기게 된다.

관절염은 원인 및 발생기전에 따라 여러 종류로 구분하는데 흔히 기능저하를 초래하는 관절염으로는 퇴행성 관절염, 류마티스 관절염 그리고 감염성 관절염 등을 들 수 있다.

퇴행성 관절염은 여러 종류의 관절염 중에서 가장 흔한 형태의 관절염으로 관절 내에 있는 연골의 파괴에 의하여 발생하는 질환이다. 이 연골은 정상적인 관절의 기능을 유지하는 데 가장 중요한 조직으로 매끄러우면서도 질기며 동시에 탄력성을 지니고 있어 스폰지와 같은 역할을 하는데, 관절이 압박 받고 있지 않을 때는 관절액을 끌어들였다가 보행이나 운동 때와 같이 압력이 가해지면 관절액이 빠져나가 충격을 흡수하는 작용을 하게 된다. 이런 중요한 연골조직이 파괴되어 정상적인 연골의 완충작용이 저하되어 결국 관절염이 발생하게 되는데, 관절연골의 퇴행성 변화는 나이와 밀접한 관계가 있으며 60세 이상 인구의 90%가량이 이런 변화에 의한 다양한 증상들을 보이게 되는데 현재까지는 이 질환을 완치시킬 수는 없으나 새로운 여러 약제나 물리치료, 그리고 몇 경우에는 수술 등의 치료법 등을 행하여 좀더 활동적인 생활을 할 수 있도록 많은 도움을 줄 수 있다.

류마티스 관절염은 만성 전신성 염증질환으로 대칭성, 다발성의 관절염과 이에 따른 관절의 손상 및 변형이 생기는 질환으로서 경과는 매우 다양하나 대부분의 환자는 증상이 좋아졌다 나빠지는 경우를 반복한다. 약 15% 정도는 한 번 앓은 후 재발이 없이 완치되는 경우도 있다. 그러나 류마티스 관절염의 치료를 받지 않았을 경우 경과가 불량하여 관절 기능의 장애를 보이고, 더 오래되면 관절 기능의 장애로 인하여 일상생활에 지장을 받게 된다. 우리나라의 경우 전 인구 중의 약 1% 정도가 류마티스 관절염으로 고생하고 있을 것으로 예측되고 남성보다 여성에서 3배정도 많이 발생하며, 대개 20~40대에 발생하는 것으로 알려져 있다.

감염성 관절염은 보통 세균에 의해 발생하는 관절의 감염을 말하며 주로 염증을 동반하며 때로는 곰팡이에 의해 생기기도 하며, 또한 바이러스에 의해 감염되기도 하는데 이때는 증상이 심하지 않으며 오래가지 않는다.

(5) 신경근골격계 손상(후유증)

기계문명의 발달로 생활이 다양해짐에 따라 일상생활에서 여러 가지 사고에 의한 외상이 점차 늘어나고 있는데 외상의 약 3분의 2는 상하지의 신경, 근육, 골격계에서 일어난다. 흔히 문제가 되고 있는 신경 · 근 · 골격계 손상으로는 골절, 신경손상, 인대나 건(힘줄)의 손상을 들 수 있다. 손상 부위에 대한 치료는 비교적 쉽지만 마비, 동통의 지속, 관절강직 그리고 변형 등 여러 후유증이 발생하므로 이에 대한 예방책과 적절한 치료를 실시하여 장애를 최소로 줄이는 것이 매우 중요하다.

(6) 근이영양증Muscular Dystrophy

근이영양증이란 근육이 진행성으로 위축되고 점차 힘이 없어져서 움직일 수 없게 되는 근육 질환의 하나로 감각은 정상이며 통증이 없는 것이 특징이다. 대부분 유전에 의해 발생하지만 원인을 찾지 못하는 경우가 대부분이며 염증이나 외상으로 오는 것이 아니다. 근이영양증은 그 종류에 따라 처음 시작되는 시기(나이)와 침범되는 부위가 다른데 대체로 대칭성으로 양쪽에 나타난다. 대부분 어깨 부위나 골반부의 근육이 먼저 침범되는데 어깨 부위의 근육이 가늘어지고 힘이 약해지며 점차 팔을 쓰기가 불편해지기 시작한다.

근이영양증 중에서 가장 흔하며 가장 경과가 좋지 못한 것으로는 듀센형 근이영양증Duchene muscular dystrophy이 있다. 이는 남자에게만 나타나며 대개 3~5세에 시작된다. 처음에는 무릎관절에 힘이 없어져 자주 엎어지며 차차 층계 오르내리기가 힘들어진다. 외관상 무릎 위 대퇴부

근육(대퇴사두근)이 위축되어 가늘어지고 반대로 무릎 아래 종아리근육이 굵어지는 것이 특징의 하나이다. 근육의 힘이 점차 약해지면 보조기와 목발로 걷게 되며, 12~15세 정도가 되면 걷지 못하여 휠체어를 사용하게 된다. 대부분 20~25세에 이르러 심장병이나 폐염 등으로 사망하게 된다.

그러나 듀센형 근이영양증의 초기 증상과 비슷한 질환들도 많이 있으므로 가족력, 전문의의 진찰 그리고 근육의 조직검사, 근전도, 혈청내 효소검사 등 각종 검사를 통하여 진단을 확실히 해야 한다.

듀센형 다음으로 백커^{Backer}형을 들 수 있는데 백커형은 듀센형과 비슷하나 근력筋力이 저하되는 속도는 느리고 남자 아이 중 5세 전후에 발병하여 25세 전후까지 진행된다.

근이영양증의 치료를 위하여 여러 약제가 쓰이고 있으나 아직 효과적인 것은 없으며 진단이 내려지면 재활치료에 의존할 수밖에 없다.

3) 판정방법 및 기준

지체장애는 절단장애, 관절장애, 팔·다리·척추장애로 인한 지체기능장애, 변형 등의 장애상태를 기준으로 판정을 하고 있으며, 장애인복지법시행령은 다음과 같은 자를 기준으로 제시하고 있다.

① 한 팔, 한 다리 또는 몸통의 기능에 영속적인 장애가 있는 사람
② 한 손의 엄지손가락을 지골관절肢骨關節 이상 부위에서 잃은 사람 또는 둘째손가락을 포함하여 한 손의 두 손가락 이상을 각각 제1골관절 이상 부위에서 잃은 사람
③ 한 다리를 리스프랑^{Lisfranc} 관절 이상 부위에서 잃은 사람

④ 두발의 모든 발가락을 잃은 사람

⑤ 한 손의 엄지손가락의 기능에 영속적인 현저한 장애가 있거나, 둘째손가락을 포함하여 한 손의 두 손가락의 기능을 잃은 사람

⑥ 왜소증으로 인하여 키가 심하게 작거나 척추에 현저한 변형 또는 기형이 있는 사람

⑦ 지체에 위 각목의 ①에 해당하는 장애 정도 이상의 장애가 있다고 인정되는 사람

판정은 엑스레이$^{X-Ray}$ 촬영시설 및 근전도검사장비 등의 장비를 갖추고 있는 의료기관과 재활의학과, 정형외과, 신경외과, 신경과 전문의 중 1인이 있는 의료기관에서 실시한다.

장애판정시기는 장애의 원인, 질환 등에 관하여 충분히 치료하여 장애가 고착되었을 때에 장애인으로 등록하며, 그 기준시기는 원인, 질환 또는 부상 등의 발생 후 또는 수술 후 6개월 이상 지속적으로 치료한 후로 한다. 다만 지체의 절단 등은 예외로 할 수 있다. 신체가 왜소한 사람(키가 작은 사람)에 대한 장애등급은 성장이 정지되었을 때에 판정할 수 있으므로 남성의 경우 20세부터, 여성의 경우는 18세부터 판정한다. 다만 남성의 경우에 왜소증의 증상이 뚜렷하여 앞으로의 성장이 미미할 것으로 예측되는 경우에는 18세 이상에서 판정할 수 있다. 위의 연령조건 등을 충족함에도 장애등급 판정시점 이후에 계속 성장할 것으로 예측될 때에는 2년 후에 재판정하도록 할 수 있다.

2. 뇌병변장애

1) 개념

사람의 뇌는 뇌수, 골이라고도 하며 그 아래쪽에 이어진 척수와 함께 중추신경계를 구성한다. 뇌는 두개강^{頭蓋腔}안에 수용되고, 척수는 척주관^{脊柱管}안에서 각각 보호받는다. 사람의 신경계는 동물 가운데서 가장 고도의 기능을 갖추고 있으며, 신경계의 분화도 이에 따라서 복잡한 구조로 되어 있다.

뇌병변장애란 중추신경의 손상으로 인한 복합적인 장애로 뇌성마비, 외상성뇌손상, 뇌졸중 등 뇌의 기질적 병변으로 인해 보행 또는 일상생활활동에 제한을 받는 사람을 의미한다.

뇌의 일반적 구조는 [그림 2-2]와 같이 대뇌cerebrum, 소뇌cerebellum, 간

그림 2-2 | 뇌의 일반적 구조

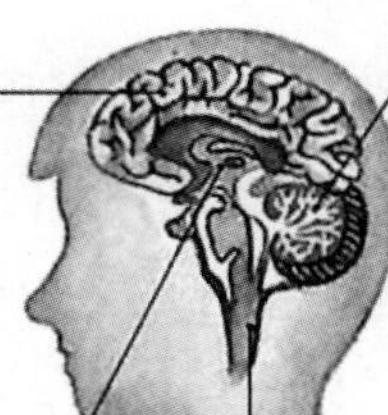

대뇌: 기억 · 사고 · 판단 · 감정 조절 등의 일을 한다

소뇌: 몸의 운동을 조절하며, 균형을 유지한다.

간뇌: 체온 · 혈압 · 혈당 등을 조절하며, 수면에 관여한다.

연수: 소화 · 순환 · 호흡을 조절하며, 반사 운동에 관여한다.

뇌interbrain로 구성되는데 대뇌는 기억, 사고, 판단, 감정조절, 소뇌는 불수의 운동, 몸의 균형을 유지하는 역할, 간뇌는 감각연결, 체온, 혈압, 혈당 등을 조절하며 수면 등의 신체항상성을 유지하는 역할을 한다. 따라서 뇌의 어느 부위가 손상되느냐에 따라 장애는 다양하게 나타날 수 있다.

2) 분류 및 발생원인

(1) 뇌성마비腦性麻痺, Cerebral Palsy: CP

뇌성마비는 뇌가 발육하는 시기에 손상을 입고 그 기능이 저하되어 마비와 기타 여러 장애가 동반되어 있는 것을 말하는데 마비가 더 이상 진행되지 않는 것이 특징이다. 일반적으로 생존 출산아 1,000명당 6~7명꼴로 출현한다. 뇌성마비의 발생은 출산과 매우 밀접한 관계를 갖고 있다. 정상분만아보다는 조산이나 미숙아에게 그 발생률이 높다. 또한 출산 시 난산으로 인한 산소 결핍 시, 임신초기(대개 3개월 이내)에 산모가 풍진을 앓았거나 연탄가스 또는 약물에 중독되었을 때에 나타난다. 산모와 태아의 혈액형이 맞지 않을 때(아버지 Rh+와 어머니 Rh-의 부조화)에도 발생하는데 이때 태어난 아이는 황달이 심한 것이 특징이며, 발견 즉시 자외선치료를 받거나 교환수혈을 받게 되면 뇌의 손상을 예방할 수 있다. 약 20% 정도에서는 그 원인을 찾을 수 없는데 유전은 되지 않는다. 발생원인을 산전, 출산 시, 산후, 원인불명 등으로 구분해 보면 산전 원인은 약 44%이며 유전, 기형유발인자, 염색체 이상, 뇌손상, 자궁내 감염 등이 원인이다. 출산 시 원인은 27%로 자간전증, 중추신경계 감염,

저산소증, 조산 등을 꼽을 수 있고, 출산 후 원인은 약 5%로 뇌손상, 독성물질 감염, 뇌막염 등이 원인이며 원인불명인 경우는 약 24% 정도이다.

뇌성마비의 주 증상은 근육의 마비이다. 그러나 대부분의 경우 감각장애, 언어장애, 청각장애, 이상행동 등 여러 장애를 동반하고 있다. 뇌성마비는 간질발작을 일으키는 경우도 있으며 약 70% 정도에서는 지능이 떨어져 학습은 물론 사회적응에도 많은 어려움을 겪게 된다.

마비는 형태에 따라 편마비형hemiplegic, 양측마비형diplegic, 사지마비형quadriplegic이 있으며 주로 양측마비가 많이 나타난다. 또한 마비의 특성에 따라 여러 형태로 나뉘는데 경직형硬直型과 무정위운동형無定位運動型, 不隨意運動型이 대부분을 차지하고 있다. 경직형은 가장 흔히 볼 수 있는 형태인데 근육의 긴장이 심하여 사지와 목이 뻣뻣한 것이 특징이며 긴장하거나 빨리 움직이려고 하면 더욱 심해진다. 무정위운동형은 얼굴과 목 부위 그리고 손목과 손이 본인의 의사와는 상관없이 뒤틀리는 것이 특징이다. 무정위운동형은 대부분 지능이 정상이므로 창작활동 등이 가능하지만 취업은 다른 장애에 비해 잘 되지 않고 있다.

뇌성마비는 머리 부위 단순 X-선 촬영, 근육 및 신경의 조직검사, 혈액검사 또는 소변검사 등에서는 정상소견을 보이게 된다. 진단은 대부분의 경우 진찰에 의한 신경학적 검사로 쉽게 이루어지는데 과거에는 생후 1년 정도 되어야 확실한 진단이 가능하였으나 최근에는 생후 수개월 이내의 영아에서도 뇌 발달의 이상 유무를 진단할 수 있어 뇌성마비를 조기 진단할 수 있게 되었다. 그러나 뇌성마비는 뇌에 발생한 다른 질환들과 감별하기 어려우며 두부의 전산화단층촬영(CT 촬영), 자기공명영상MRI 등 특수영상검사나 또는 뇌파검사로 뇌에 발생한 다른 질환과의 감별진단에 도움이 될 때도 있다.

　이 밖에도 뇌성마비의 진단에는 어린아이의 출생과 발육과정 등 생육사가 많은 도움을 준다. 그러므로 난산일 때, 아기가 젖 빠는 힘이 약할 때, 팔이나 다리를 잘 움직이지 못할 때, 목을 가누고 돌아눕고 기어가는 등의 운동발달이 늦어지는 경우, 말이 늦을 때, 이유 없이 경기를 자주 할 때에는 재활의학과나 소아과 전문의에게 진단을 받을 필요가 있다.

　뇌성마비아 중 운동발달과정이 정상아보다 다소 뒤지는 정도의 경미한 경우는 약 15% 되는데 이들에게는 특별한 치료가 필요 없다. 그러나 대부분의 경우는 물리치료 및 작업치료를 받아야 하며 보장구 착용이 필요하기도 하다. 수술치료는 2차적으로 발생한 사지의 변형을 교정하거나 또는 기능향상을 얻기 위하여 실시하는데 소아마비에서처럼 자주 시행되지는 않으며 더욱이 뇌에 대한 수술은 하지 않는다. 때로는 마비에 대한 치료보다는 동반된 장애에 대한 치료가 더욱 중요시된다. 뇌성마비는 조기치료를 실시할 때 좋은 결과를 얻을 수 있기 때문에 조기발견과 조기치료의 중요성이 더욱 강조되고 있다.

(2) 외상성 뇌손상 Traumatic Brain Injury: TBI

　외상성 뇌손상은 후천적, 비퇴행적이며 정상적인 건강 및 발달환경에서 갑작스럽게 발생된다는 점에서 다른 형태의 뇌손상과는 다르며, 일반적으로 정의할 때 퇴행성이나 선천성이 아닌 외부의 물리적 힘에 의한 손상의 결과로서 신체, 인지, 사회·심리 등의 다양한 기능에 장기적인 장애를 야기하는 뇌에 대한 후천적인 손상을 가진 것을 의미한다. 미국의 경우 외상성 뇌손상은 약 10만 명 중에 102.1명 정도가 발생하며, 15~24세와 75세 이상에서 가장 많고, 남성이 여성보다 2배 이상 발생률이 높은 것으로 보고하고 있다.

외상성 뇌손상은 일반적으로 개방형(일명 관통형) 뇌손상과 폐쇄형 뇌손상으로 분류된다.

개방형은 관통하는 물질, 예를 들어 탄환이나 폭발물 파편이 두피를 뚫고 두개골을 골절시키고, 뇌 속에 침투하면서 통과하는 경로의 부드러운 조직들을 찢어버린다. 따라서 개방형 뇌손상은 손상 영역의 많은 신경세포를 죽이고 신경섬유의 신장伸張과 열상裂傷이 주요한 손상의 원인이 된다. 손상 후 1, 2년은 비교적 빠르게 회복을 보이다가 이후로는 매우 느리게 호전되며, 회복에 대한 정확한 예후는 손상의 위치, 정도, 유형에 달려 있다. 또한 개방형 뇌손상은 기억력, 주의력, 집중력과 사고과정의 지연과 같은 결함을 보일 수 있다.

폐쇄형 뇌손상은 뇌손상의 가장 일반적인 형태로 손상의 어떤 외부 흔적도 드러나지 않고 두개골의 관통이 수반되지 않는다. 한쪽 방향으로의 움직임이 갑자기 멈추거나 시작되는 급속한 가속 및 감속 상황에서 발생하며, 일반적으로 두 단계로 발생되는데, 1차적 손상은 충격 당시 발생한 손상이고, 2차적 손상은 1차적 손상에 따른 생리적인 효과로 나타나게 된다. 폐쇄형 뇌손상은 확산적인 것이 특징이나 어떤 경우에는 직접적인 손상은 의식상실이 매우 짧거나 의식상실이 전혀 없어서 아주 작게 보일 수 있으나 보통 출혈, 열상, 타박상, 부종 등이 존재한다. 출혈은 두개골과 뇌를 압박하는 혈종血腫으로 불리는 피주머니를 만들며 손상된 뇌세포들이 부풀어 오를 때도 압력이 증가한다. 두개골이 휘어지지 않기 때문에 출혈과 부종으로 인한 압력이 뇌 속의 신경세포와 혈관들을 압박하게 되어 손상을 입지 않은 뇌 부분의 혈액 순환을 방해하게 되며, 그 결과 손상은 직접적인 외상 이후에도 계속되고, 많은 상처 자국이나 죽은 뇌조직이 혈액순환, 화학적 기능, 그리고 주변 조직의 신진대사를 방해할 수 있다.

(3) 뇌졸중^{腦卒中}, Cerebral Hemorrhagic

뇌졸중은 뇌혈관장애로 갑자기 몸의 반대 측 절반에 마비가 온 것을 말한다. 그러므로 반신불수^{半身不隨} 또는 편마비^{偏痲痺}라고도 하는데 일반인에게는 중풍^{中風}으로 더욱 잘 알려져 있다. 편마비는 교통사고나 추락사고로 머리(뇌)를 다치거나 뇌에 염증 또는 암이 있을 때에도 발생할 수 있는데, 이러한 경우에는 뇌졸중이라고 하지는 않는다. 뇌졸중은 뇌혈관이 터져 뇌에 피가 고이거나 이와 반대로 뇌혈관이 막혀 뇌에 피가 통하지 않아 뇌세포가 손상을 입게 되어 나타난다.

전자를 뇌출혈^{腦出血}이라 하고 후자를 뇌경색^{腦硬塞}이라 하는데 과거에는 뇌출혈에 의한 뇌졸중이 많았는데 최근 우리나라에서도 뇌경색에 의한 발생빈도가 점차 높아지고 있다. 그러므로 콜레스테롤 등 혈중지방 농도가 높은 사람이나 심장병이 있는 사람 또는 동맥경화증이 있는 노인층의 예방을 위해 노력해야 한다.

뇌졸중의 주요 증상은 마비이다. 마비는 잠자는 중 본인도 모르는 사이에 발생하는 경우도 있으며, 일상생활 중에 갑자기 말이 잘 되지 않고 어깨나 다리가 무겁게 느껴지다가 시간이 경과하면서 점차 한쪽 팔다리를 움직일 수 없게 되는 수도 있다. 또한 머리가 아프고 체한 것같이 토하며, 전신이 괴롭게 느껴지다가 갑자기 의식을 잃으며 마비가 오는 경우도 있다. 의식은 시간이 경과하면 차차 회복되지만 심한 경우에는 의식불명이 수일 내지 수주간 지속되기도 하고 끝내 의식을 회복하지 못하고 식물인간이 되거나 또는 사망하기도 한다. 일반적으로 뇌졸중 증상도 뇌의 어느 부위의 혈관장애인지에 따라 증상은 다르게 나타나는데 전대뇌동맥의 경우는 반대쪽 사지 운동마비, 요실금, 언어손상, 정서 및 행동장애 증상이 나타나고, 중대뇌동맥의 경우는 반대방향의 얼굴·팔·다리마비, 시야, 실어증 증상이 나타난다. 후대뇌동맥의 경우는 감각손상, 안구운동 마비, 시야협착, 읽기언어 상실, 기억력 장애 등이 나타난다.

뇌졸중은 여러 종류의 다른 장애를 동반하게 되는데 흔히 볼 수 있는 장애로는 언어장애, 시각장애, 인지능력장애 등을 들 수 있으며, 안면신경마비가 나타나는 경우도 있다. 또한 발병 초기에는 대소변을 조절할 수 없는 것이 보통이다. 그러나 어느 정도의 시간이 지나면 많은 경우에 소변과 대변을 조절할 수 있다. 언어장애는 약 60%에서 나타나는데 대부분 우측편마비 환자에게서 보인다. 언어장애로는 말을 하지 못하는 실어증과 발음에 이상을 보이는 조음장애가 제일 많다.

뇌졸중은 한번 발생하면 후유증을 남기는 경우가 흔하며 심하면 사망할 수도 있기 때문에 가장 좋은 치료는 예방이며 다음은 조기에 진단하여 치료하는 것이 중요하다. 예방을 위해서는 뇌졸중 경고 징후가 나타날 때 즉시 진단과 치료를 받는 것이 중요한데 경고증후는 뇌졸중이 일어나기 전, 수일 혹은 수주 전부터 편마비paralysis, 갑자기 어질하고 흐려지는 느낌blurred vision, 언어장애, 현기증dizziness, 두통severe pain 등이 일어나는 것을 말한다.

3) 판정방법 및 기준

　　뇌병변장애의 판정은 주된 증상인 마비의 정도 및 범위, 불수의운동의 유무 등에 따른 팔·다리의 기능저하로 인한 앉기, 서기, 걷기 등의 이동능력(보행상의 장애정도)과 일상생활 활동(동작)의 수행능력을 기초로 전체 기능장애 정도를 판정하며, 뇌의 기질적 병변으로 시각·청각 또는 언어상의 기능장애나 정신지체장애가 동반된 경우는 중복장애 합산 인정기준에 따라 판정한다.

　　뇌병변장애의 판정시기는 뇌졸중, 뇌손상 등 기타 뇌병변이 있는 경우는 발병 또는 외상 후 6개월 동안 지속적으로 치료한 후에 장애의 판정을 할 수 있으며, 6개월이 경과하였다 하더라도 뚜렷하게 기능의 향상이 진행되고 있는 경우에는 판정을 미루어야 한다. 또한 식물인간 또는 장기간의 의식소실 등의 경우 발병(외상) 후 6개월이 경과하면 장애판정을 할 수 있으며, 이 경우 최초 판정일로부터 2년 후에 재판정을 하도록 한다. 뇌병변장애의 검진기관은 재활의학과 전문의가 있는 의료기관에서 실시한다.

3. 시각장애인

1) 개념과 분류

　　시각장애란 눈의 기능에 문제가 있는 경우를 총칭하여 말하는데, 장애의 기준은 시력 또는 시야의 이상 유무 및 그 정도에 둔다. 그리고 시력의 저하는 안경으로 보완되므로 장애 유무를 판정하기 위한 시력은 안경 착용 후 측정한 교정시력으로 한다. 일반적으로 시각장애는 맹과 약시로 구분한다.

(1) 맹盲

맹이란 좁은 의미로는 시력이 없는 자를 말하나 넓은 의미의 맹은 한계가 일정하지 못하여 각 나라마다 혹은 보는 관점에 따라 입장을 달리한다. 독일에서는 시야의 결함으로 1m 이하의 것을 판별하지 못하는 자로 정의하고 있고, 일본에서는 대체로 양안지수가 1m 이상의 것을 판별하지 못하는 자로 정의하고 있다. 우리나라의 경우는 일반적으로 교정시력 0.05 이하를 실명이라 하고, 이 중 전혀 보이지 않을 뿐 아니라 빛의 구별도 되지 않을 경우를 전맹(0.02 미만)이라 하며, 밝고 어두움을 구별할 수 있으며 약간 볼 수 있으나 1m 앞의 손가락의 수를 구별할 수 없는 경우를 준맹(0.02~0.04)이라 한다.

(2) 약시

약시란 시력이 저하되어 기본적인 일상생활을 불편한 대로 영위할 수는 있으나 책에 실려 있는 보통 크기의 글자를 읽을 수 없는 상태를 의미하는데, 일반적으로 두 눈의 교정시력이 0.04 이상, 0.3 미만인 자를 의미한다.

보통의 교과서에 의한 교육이 상당히 곤란하나 점자에 의한 교육을 필요로 하지는 않으며 일상생활에서 시력을 사용할 수 있는 상태를 말한다. 의학적 입장에서는 교정시력(1.2)에 미달하는 자를 모두 말하나 안과 영역에서는 치료에 의해 시력향상의 가능성이 있는 자를 말한다.

2) 발생원인

시각장애는 선천적 혹은 후천적 원인에 의해 발생하는데, 확실히 구별할 수 없이 불분명하거나 그 원인이 어디에 있는지 알 수 없는 경우도 있다. 시각장애의 원인으로는 백내장, 녹내장, 트라코마 등 여러 질병이나 안구에 이물질, 화상, 화학물질에 의한 손상 또는 천공 등 안구부 외상에 의하여 발생하는 것이 대부분이다. 이밖에도 영양결핍, 약물중독에 의한 경우도 있고 드물게 나타나지만 유전성 질환이나 심리적 원인으로 발생하기도 한다.

우리나라의 경우는 지난 2000년 한국보건사회연구원의 장애인 실태조사에 의하면, 선천적 원인이 3.4%, 후천적 원인이 92.2%, 원인을 모르거나 기타가 4.4%로 나타났으며, 후천적인 경우 수정체질환 20.6%, 퇴행성장애 12.5%, 사고 및 외상 11.9%, 녹내장 및 안질환 7.0% 등의 순으로 나타났다. 시각장애의 주요한 원인을 소개하면 다음과 같다.

(1) 녹내장glaucoma

녹내장은 안구의 내압이 높은 상태를 말한다. 안구는 일정 정도의 내압을 유지하고 있는데 이를 안압이라고 한다. 안압은 안구의 형태를 유지하며 안구 내의 여러 섬세한 기관들이 충분히 그 기능을 발휘할 수 있

그림 2-3 | 눈의 구조

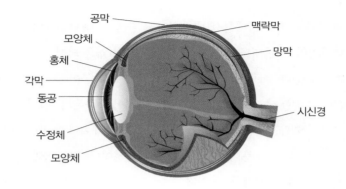

도록 한다. 안압이 정상보다 높아지면 안구 내에 있는 기관들은 파괴되거나 그 기능을 상실하게 된다. 이와 같이 안압 상승으로 눈의 기능에 장애를 가져오는 모든 상태를 녹내장이라고 한다.

녹내장은 방수의 생산과 배출의 균형이 깨어져서 발생하며 대부분은 방수 배출의 장애가 원인이 된다. 즉, 안구 내에는 방수라는 액체가 생성되어 안구 밖으로 일정 속도로 배출되어 안압을 유지하게 되는데 그렇지 못한 경우가 발생하면 방수는 눈 속에 축적되고 안압이 오르게 되는 것이다. 치료는 약물의 사용과 수술요법이 있다. 치료는 기본적으로 시신경이 더 이상 손상되지 않도록 막는 것이다.

약물은 축동제를 사용하는데 근본치료는 아니고 안압의 상승을 억제하는 효과에 불과하므로 장기간 또는 평생 약물을 사용해야 하는 애로점이 있다. 또한 약물의 효과를 보지 못하는 경우 시력과 시야에 변화가 오는데 이 경우 수술적 요법을 적용한다. 그러나 수술법의 선택, 수술 시기의 결정에 유의해야 한다.

(2) 백내장^{cataract}

수정체가 흐려진 상태를 백내장이라고 한다. 무색투명해야 할 수정체가 흐려지면 그 투명도를 잃고 그 정도에 따라 엷은 회백색 또는 백색으로 변하게 된다. 이렇게 되면 새까맣게 빛나던 동공이 백색으로 변하고 광선이 통과할 수 없게 되므로 극도로 시력이 저하된다. 백내장의 주요한 원인은 수정체가 혼탁되어 생기는 것이므로 나이가 들면서 생기는 노인성 백내장이 대부분이며, 이 외에도 선천성이나, 당뇨병과 같은 질환이나 외상으로도 발생할 수 있다.

백내장은 약물요법으로 수정체가 부분적으로 혼탁되었을 때 산동제를 점안하여 동공을 확대시킴으로써 다소 시력을 증진시키는 효과를 볼 수도 있지만 일상생활에 부자유를 느낄 만큼 수정체의 혼탁이 오면 레이저요법이나 수술요법으로 수정체를 적출해야 한다.

(3) 트라코마^{tracoma}

트라코마는 일종의 바이러스에 의한 전염성이 강한 결막염이며 양쪽 눈에 동시에 오는 것이 특징이다. 트라코마는 비위생적인 생활환경에서 많이 발생하며, 감염을 예방하기 위해서는 수건, 세면기 등을 따로 사용하여 직접 접촉을 피하는 것이 좋다. 또한 소지품을 일광에 자주 말리는 것이 좋다. 트라코마의 치료는 테트라사이클린 계통의 항생제를 국소 점안하는 것이 유효하다.

(4) 포도막염^{uneitis}

안구는 세 종류의 막으로 둘러싸여 있는데 가장 바깥쪽의 하얀 막을 공막이라고 하며, 가장 안쪽에 신경이 분포하는 막을 망막, 중간막을 포도막이라고 한다. 포도막은 혈관이 많은 조직으로 빛의 양을 조절하는 홍채, 수정체를 받쳐주는 모양체, 눈 바깥의 광선을 차단하는 맥락막으로 구성되는데 이들 부위에 염증이 생기는 것을 포도막염이라고 한다.

포도막염의 원인은 결핵, 매독, 바이러스, 알레르기 등 매우 많다. 치료는 원인질병을 제거하고 일반치료로는 산동제로 동공을 확대시키는 방법이 있다. 동통이 있는 경우는 더운 수건으로 습포를 하며 안압이 올라 있으면 다이아막스^{diamox}를 투여하는데 완치는 어렵고 단지 시력저하 가능성을 늦추는 것이다.

(5) 망막박리^{retinal detachment}

망막박리는 뇌의 시신경을 통해 시각자극을 전달하고 외부 물체의 이미지를 받는 망막^{retina}이 그 밑에 있는 혈관층인 맥락막으로부터 떨어져 그 사이에 액체가 고임으로 인해 망막기능이 저하되는 상태를 말한다. 망막박리의 원인은 외상, 근시, 무수정체안(백내장 적출수술 후), 맥락막종양 등을 들 수 있으나 원인 불명인 경우가 많다.

망막박리가 생기면 박리된 망막은 그 시세포층이 영양을 충분히 받지 못했기 때문에 시력이 거의 없어진다. 처음에는 아주 적은 부위에 일어나지만 박리된 망막 뒤에 초자체액이 유입하게 되면 액체의 중력에 따라 계속 진행된다. 치료는 원인질환에 대하여 적절한 처치를 해야 하며,

육체적 안정, 특히 안구의 안정이 필요하다.

(6) 망막색소변성 retintis pigmentosa

망막색소변성은 망막주변부에 주로 일어나는 질환으로서 야맹을 일으키게 되며, 시야는 좁아지되 중심시력은 비교적 좋다. 이 병의 진행은 대단히 느려 십수년 내지 수십년 경과 후 시신경의 위축을 일으켜 선명하게 된다.

이 병의 원인은 그 원인이 정확하게 밝혀지지는 않았지만 유전성인 경우도 있으며 유전일 경우는 때로는 열성유전성이고 때로는 우성유전성이다. 20대에 증상이 나타나는 경우가 많으며 야맹증을 시작으로 시야 협착과 시력 저하가 나타나 점차 실명에 이르게 되며, 난청과 언어장애가 합병되는 경우도 흔히 있다. 치료법은 많은 연구가 진행되고 있으나 아직 적당한 치료법은 없다.

(7) 바이러스질환 systemic viral diseases

여과성 병원체는 핵단백입자이고 감염된 생체세포로 하여금 바이러스를 만들게 하여 세포 자체를 파괴하는 성질을 가지고 있다. 주로 각막과 결막에 침범한다. 바이러스의 형태는 구상, 윤상, 간상 등으로 나타나며 종류에 따라 일정한 조직만을 선택적으로 침범하고 조직도 증식, 변성 등 여러 가지 변화를 나타낸다. 바이러스 질환의 예를 들면, 천연두, 홍역, 이하선염, 수포창, 소아마비 등이 있다.

(8) 안외상^{trauma}

안외상에서는 여러 기관이 동시에 상해되는 수가 많으므로 이를 총괄하여 주로 안구를 대상으로 보면, 이물침입, 화상, 화학성 외상, 찰상, 분만외상, 천공외상, 방사선 상해 등이 있다.

3) 판정방법 및 기준

시각장애는 시력장애와 시야결손장애로 구분하여 판정하며, 시력은 만국식시력표 등 공인된 시력표에 의해 측정된 것을 사용하며, 안경, 콘택트렌즈를 포함한 모든 종류의 시력교정법을 이용하여 측정된 교정시력을 기준으로 한다. 장애인복지법 시행령은 다음과 같은 기준을 제시하고 있다.

① 나쁜 눈의 시력이 0.02 이하인 사람

② 좋은 눈의 시력이 0.2 이하인 사람

③ 두 눈의 시야가 각각 주시점에서 10도 이하로 남은 사람

④ 두 눈의 시야의 2분의 1 이상을 잃은 사람

판정은 시력 또는 시야결손 정도 측정이 가능하고 안과 전문의가 있는 의료기관에서 실시한다. 장애판정시기는 장애의 원인, 질환 등에 관하여 충분히 치료하여 장애가 고착되었을 때에 장애인으로 등록하며, 그 기준시기는 원인, 질환 또는 부상 등의 발생 후 또는 수술 후 6개월 이상 지속적으로 치료한 후로 한다. 수술 또는 치료로 기능이 회복될 수 있다고 판단되는 경우에는 장애판정을 처치 후로 유보해야 한다. 다만 각

막혼탁으로 각막이식술이 필요한 경우 등 국내 여건상 그 수술이 쉽게 행해지지 않는 경우와 장애인의 건강상태 등으로 인하여 수술 등을 하지 못하는 경우는 예외로 한다. 각막이식수술 등의 경우는 국내여건의 변화 등을 감안하여 필요한 시기를 지정(장애판정일로부터 최소한 2년 경과한 후)하여 재판정을 받도록 해야 한다.

4. 청각장애인

1) 개념과 분류

청각장애는 귀에서부터 뇌에 이르기까지 청각전달에 관여하는 기관 중 어느 부분에 이상이 생겨 소리를 듣지 못하거나 들은 소리의 뜻을 정확하게 이해하지 못하는 경우를 총칭하여 말하는데 정도에 따라 난청과 농으로 구분한다.

(1) 난청hard of hearing

주로 큰소리로 해야만 들리는 경우를 말하며 일상생활에 현저한 장애가 있는 경우에 사용되는 병적인 상태를 말한다. 일반적으로 35~69dB인 자를 난청이라고 한다.

(2) 농^聾, deaf

농은 일상생활에서 청각을 사용할 수 없는 상태를 의미하는데, 어떠한 음자극에 의해서도 청각반응이 활용 가능할 만큼 남아 있지 않거나 청각의 교육목적으로 사용할 수 없을 정도의 자로서 일반적으로 70dB 이상인 자를 말한다.

난청과 농은 다같이 청각의 장애가 현저히 있는 사람으로 난청은 보청기나 그 외의 도움으로 청각을 일상생활에 활용할 수 있는 정도의 상태를 말하고, 농은 보청기나 그 외의 방법으로도 청각을 일상생활에 활용할 수 없는 상태를 말한다. 따라서 농에 대한 특수훈련 내지 교육의 목적은 농의 상태를 보청훈련이나 기타 특수교육을 통해 난청의 상태로 이끌어올리고자 하는 데 있다고 볼 수 있다.

2) 발생 원인

청각장애를 일으킬 수 있는 요인은 여러 가지가 있는데 중이염, 외상성 고막파열, 내이질환 그리고 카나마이신과 같은 약제나 바이러스 감염에 의한 청각신경손상 또는 소음속에서 장기간 근무했을 때 오는 소음성난청 등이 있는데 편의상 부위별로 나누어 보면 [그림 2-4]와 같다.

(1) 외이의 원인

귀지나 이물 등이 외청도를 막았을 때에도 청각장애가 올 수는 있으나 외이는 단순히 음을 전달하는 역할만 하므로 장애가 있어도 아주 경

그림 2-4 | 귀의 구조

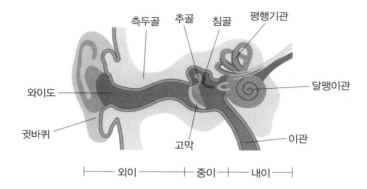

미하여 보통 대화를 하는 데는 큰 지장을 주지 않게 된다. 단지 문제가 되는 경우는 귓바퀴가 흔적만 남고 외청도가 생기지 않은 선천성 기형으로서 이때에는 대부분 중이의 기형까지 있어 심한 경우 전음성 청력장애를 초래하여 사회생활이나 학교교육을 받는 데 막대한 지장을 초래하는 수가 있다.

이러한 선천성 기형은 유전성보다는 임신 초기 2~3개월 사이에 태아에게 영향을 주는 바이러스성 감염, 특히 풍진이나 인플루엔자와 같은 염증을 앓든가 아니면 피임약 등을 잘못 써서 태아의 발육이 잘못되어 생기게 된다. 이 중에서도 한쪽 귀에만 기형이 있을 때에는 반대측 귀가 정상이므로 외관 이외에는 별 문제가 없으나 양쪽 귀에 기형이 심한 때는 아주 어려서부터 청각장애에 대한 대책을 세워야 한다.

(2) 중이의 원인

중이의 장애는 주로 염증이 문제가 되며 급성중이염, 삼출성중이염, 만성중이염, 외상성 고막파열의 경우가 있는데, 외상성 급성중이염은 고막 안에 염증이 생기는 것으로 이는 주로 코와 귀를 연결하는 통로인 이관의 기능장애로 코 안의 염증이 귀로 번져 생기며, 삼출성중이염은 급성중이염과 같지만 발열이나 통증 등 염증의 증상이 없이 고막 안에 물만 차 있는 경우이다. 고막파열은 따귀를 맞는다든가 기타의 외상으로 인해 고막이 파열되는 경우로 30dB 내외로 청력손상이 있지만 일상생활에 큰 지장을 주지는 않는다.

(3) 내이의 원인

내이의 장애와 관련해 내이 중 특히 중요한 곳은 코티^{corti}씨 기관이다. 이 코티씨 기관의 병변은 주로 유모세포 표면에 있는 섬모의 퇴행성 변화에 의한 것으로서 일단 변화가 생기면 의학적으로 재생이 불가능해진다.

이외에도 내이의 질환을 일으킬 수 있는 질환은 여러 가지인데 유전성, 선천성, 이질환성, 정신질환성, 약물중독성, 직업성, 외상성, 노인성 난청 등이 원인이 될 수 있다.

(4) 중추의 원인

뇌중추의 발육부진이나 손상으로 인해 청각장애가 오는 것으로 특히 청각중추는 상위 부위로 갈수록 고도의 기능을 가진 다른 작용, 즉 언어, 판단, 기억, 학습, 습관 등과 같은 작용을 하는 중추들과 상호 의존하고 보완하고 견제하는 기능을 가지고 있어 학습지진이나 뇌성마비 또는 정신과 문제 등과 같은 문제를 동반하는 경우가 많다.

3) 판정방법 및 기준

청각장애는 청력장애와 평형기능장애로 구분하여 판정하며, 청력은 평균순음 청력수준치(데시벨^{dB})에 의하거나 청력장애표에 기술된 대화상의 어려운 정도로 판정한다. 평형기능이란 공간 내에서 자세 및 방향감을 유지하는 능력으로 피검자의 일상생활 동작수행 기능을 고려하여 결정한다. 장애인복지법 시행령은 다음과 같은 자의 기준을 제시하고 있다.

① 두 귀의 청력손실이 각각 60dB 이상인 사람
② 한 귀의 청력손실이 80dB 이상, 다른 귀의 청력손실이 40dB 이상인 사람
③ 두 귀에 들리는 보통 말소리의 명료도가 50% 이하인 사람
④ 평형기능에 현저한 장애가 있는 사람

판정은 청력검사실과 청력검사기(오디오미터)가 있으며, 이비인후과 전문의가 있는 의료기관에서 실시한다. 장애판정시기는 장애의 원인, 질환 등에 관하여 충분히 치료하여 장애가 고착되었을 때에 장애인으로 등록하며, 그 기준 시기는 원인, 질환 또는 부상 등의 발생 후 또는 수술 후 6개월 이상 지속적으로 치료한 후로 한다.

5. 언어장애인

1) 개념과 분류

언어장애란 선천적 혹은 후천적 원인으로 인해 의사소통과정에 문제가 생겨 언어습득 및 발달에 지장을 초래한 경우를 말한다.

의사전달이 잘 이루어지려면 다른 사람의 말소리를 들을 수 있는 청각과 그 뜻을 이해하고 내 뜻을 세울 수 있는 지능, 그리고 내 뜻을 표현할 수 있는 음성 및 조음기관에 이상이 없어야 하는데, 내 뜻을 표현할 수 있는 음성 및 조음기관에 이상이 있는 자를 언어장애인이라고 한다.

2) 발생 원인

언어라는 특성이 하루아침에 이루어지는 것이 아니며, 출생 후 성장하는 동안 오랜 기간을 두고 자신이 들은 여러 소리를 구별하고 그 소리를 모방하고 변화시키는 등 일련의 과정을 겪어야 할 수 있게 된다. 따라서 언어장애의 발생 원인은 복잡하고 다양하며 또한 서로 영향을 미치며 작용하므로 그 원인을 단적으로 끄집어내서 설명하기는 어렵다.

여기서는 요인을 크게 지적 요인, 신체적 요인, 환경·정서적 요인으로 구분하여 설명하겠다.

(1) 지적 요인

언어능력은 일반적으로 지능지수와 크게 관련이 있다. 우리는 많은 연구자료를 통해 지적능력과 어휘 수, 발음문제, 언어완성 등이 서로 긍정적인 관계가 있음을 알 수 있다. 사실 지능테스트가 주로 언어에 의존해서 만들어지고 있기 때문에 그것을 통해 언어능력과 지적능력의 의미 있는 관계를 결정하기는 어려운 문제이나 여러 연구에서 그들 사이에 밀접한 관계가 있음을 보고하고 있다. 그중 몇 가지를 소개해 보면, 정신지체아동들이 그들의 장애 정도에 따라 그에 상응되는 언어지체를 갖고 있다는 것과 우수아와 정신지체아 비교 시 그들 간의 언어사용 능력이나 발달속도면에 큰 차이를 보였다는 것 등이다.

가장 중요하게 지적되는 것은 언어발달 수준이 아동의 사고발달단계를 결정하는 주요 요소라는 것이다. 이와 같이 언어와 지적능력은 밀접한 관계가 있으므로 정상적인 언어 습득을 위해서는 우선 정상적인 지능, 사고, 지각, 기억력, 주의력 등이 갖추어져야 하겠다.

(2) 신체적 요인

많은 신체적 요인들은 처음에는 단독으로 언어장애를 일으키게 되나 시간이 흐르게 되면 환경적 요인까지도 유발시켜 언어장애의 정도가 더욱 심해지게 되는데 신체적 요인은 크게 감각기능, 신경계통, 언어운동기능장애가 주요 요인으로 작용한다.

(3) 환경 · 정서적 요인

여러 환경 · 정서적 요인 중에서도 가정환경은 유아의 언어능력 발달과 속도에 많은 영향을 미친다. 그 이유는 유아기의 언어습득기간을 주로 가정에서 보내기 때문이다. 예를 들면, 아동이 형제 중의 한 사람과 접촉하기보다는 어른과 더욱 밀접한 경우, 표현능력과 어휘 수 발달에 있어서 더 좋고 또 학령기 전에 부모와 많은 대화를 나눈 아동이 아동복지시설에서 그 시기를 보낸 아동보다 좋다. 또한 쌍둥이들을 볼 때 언어표현능력이 떨어지는 것을 볼 수 있는데 그 이유는 둘이 너무 밀착되어 있기 때문에 타인과의 접촉기회가 그만큼 적어지기 때문이다.

이와 같이 많은 어휘와 사고하는 데 필요한 새로운 개념을 습득하기 위해서는 유아기에 풍부한 언어적 자극이 있어야 한다. 따라서 유아기 때 가정에서 부모와의 대화가 충분하지 못했다면 유아는 자연히 언어적 자극의 부족으로 말미암아 언어에 관한 흥미 부족, 이해곤란 등의 언어장애를 가져오게 될 것이다. 이 밖에도 집안의 사회, 경제적 지위나 주거지역의 경제문화 정도, 집안에서의 2개 국어 사용, 연령차가 현저한 형제관계, 가족 내 언어장애가 있는 경우 부모의 불화 등이 모두 환경 · 정서적 요인에 해당된다.

3) 판정방법 및 기준

언어장애는 음성 · 언어장애로 판정하며, 음성 · 언어장애는 음성 또는 언어장애로 의사소통이 어렵거나 의사소통이 이루어지지 않는 경우를 말하며, 음성장애, 발음장애, 실어증, 말더듬증 등이 있을 때 나타난다. 장애인복지법 시행령에서는 언어장애인의 기준을 음성기능 또는 언어기능에 영속적인 현저한 장애가 있는 사람으로 기준을 제시하고 있다.

판정은 재활의학과 전문의가 있는 의료기관, 재활의학 전문의가 있는 장애인종합복지관, 언어치료사가 배치되어 있으며 이비인후과, 정신과, 신경과 전문의 중 1인이 있는 의료기관에서 실시한다.

6. 내부장애

내부장애란 일반적으로 심장이나 호흡기능 등 신체의 내부에 장애를 가진 경우를 의미하는데, 일본의 경우는 신체장애자복지법에서 내부장애인의 범위를 심장 및 신장과 호흡기의 기능장애로 인해 영속적으로 일상생활에 현저히 제한을 받는 자로 규정하고 있으며, 미국이나, 영국, 대만 등에서도 완치가 어려운 만성질환으로 인해 일상생활이나 사회활동에 제약을 받고 있는 내부질환과 정신질환을 장애 범주에 포함시키고 있다.

우리나라에서는 1999년 2월 8일 장애인복지법의 전문을 개정하고, 1999년 12월 31일 동법 시행령과 시행규칙의 전문을 개정하여 장애 범주를 확대하면서 내부기관장애 중에 심장장애와 신장장애를 장애의 범주에 포함시켰으며, 2003년 시행규칙을 개정하여 호흡기, 간, 안면변형, 장루, 간질을 장애범주에 포함시키고 있다.

1) 신장장애

신장은 본질적으로 신체의 항상성을 유지하는 기관으로 필수물질들과 수분을 보유하고 신체의 산·염기 균형을 유지함으로써 체액의 성분과 양을 조절하며 해독하고, 독성물질, 외부침입자, 불필요한 물질들을 소변 형성과정을 통해 배출시키는 기능을 하며, 또한 혈압 조절, 적혈구 생성, 인슐린과 다른 물질들의 신진대사와 같은 여러 기능들과도 관련되어 있다.

개정 장애인복지법에서는 신장장애를 만성신부전증으로 인하여 1개월 이상 혈액투석 또는 복막투석을 받고 있는 사람과 신장을 이식받은 사람으로 정의하고 있다.

신부전이란 신기능이 고도의 장애를 일으켜 생체의 내부환경을 정상적으로 유지하기 어렵게 된 상태를 말하며 신기능부전이라고도 한다. 신실질의 장애에 따르는 신성신부전^{腎性腎不全} 외에 신순환부전에 의한 신전성신부전^{腎前性腎不全}, 요로의 폐색에 의한 신후성신부전이 있다. 일반적으로 그 발증에 따라 급성과 만성으로 나누어지는데 우리나라는 만성신부전만을 장애범주에 포함하고 있다.

급성신부전은 증상으로서 1일 400㎖ 이하의 요량(핍뇨)이 수일간 계속되었을 때 급성신부전이라 진단된다. 원인 중에서 가장 많은 것은 수술 후이며, 큰 화상이나 창상, 약물중독, 일사병 등이 포함된다. 근육의 좌멸^{挫滅}로 생긴 미오글로빈의 요세관공 폐색과 저혈압(최고 60㎜Hg 이하)이 수시간 지속되어 신장의 혈행장애에 의해 괴사^{壞死}된 신조직이 원인이다. 처음에는 핍뇨 외에 아무런 증상이 없지만 나중에는 전해질이나 요소질소가 배출되지 않기 때문에 요소증상으로서 오심^{惡心}, 구토, 피부의 가려움, 흥분, 경면傾眠 등이 나타날 수 있다. 또한 핍뇨의 결과 부종이나 심부전에서 유래하는 폐울혈로 인한 호흡곤란이 수일 후에 나타난다. 치료에는 식사를 주체로 하는 임시요법과 인공신장이나 복막관류腹膜灌流를 실시하는 방법이 있다. 식사요법으로는 거의 절식하여 갈증을 해소할 정도의 적은 양의 물을 마시고 점적으로 500㎖ 정도의 포도당을 주입하여 오줌이 나오기를 기다리지만, 최근에는 투석요법 등이 보급되어 있으므로 3일간 무뇨가 계속되면 예방으로 투석요법을 실시해야 한다.

만성신부전은 신기능이 차차 저하되어 혈중 요소질소가 상승하고 (정상값의 20㎎% /㎗), 혈청전해질의 이상(고칼륨혈증 따위)을 초래한 상태를 말한다. 가장 큰 원인은 만성신염이며, 그 밖에 고혈압 · 낭포신囊胞腎 · 당뇨병성신증 · 통풍신痛風腎 등도 말기가 되면 이러한 상태가 된다. 신부전이 진행되면 요독증을 일으킨다.

자각증상으로는 다뇨多尿와 구갈口渴이 있으며, 때로 전신권태 · 식욕부진 · 오심 · 구토 · 피부의 가려움 등이 있고 자각증상이 일어나지 않는 경우도 있다. 타각적으로는 오줌에 중등도中等度나 경도輕度의 단백뇨, 현미경적 혈뇨가 있으며, 혈압은 정상 혹은 경도로 상승한다. 신기능이 뚜렷이 저하되고 사구체 여과값은 30㎖/min 이하, 신혈장유량 125㎖/min 이하, PSP(페놀술폰프탈레인) 15분값 10% 이하, 농축력 최고요비중 1.020 이하이다.

치료는 임시요법과 투석요법으로 나뉜다. 임시요법은 섭취하는 단백질을 제한하여 질소평형을 유지시키려는 것으로, 예를 들어 단백질 1일 25g에 계란 1개를 첨가하는 식사로 혈중 요소질소를 50㎎%/㎗ 이하로 유지시킬 수 있으면 이것을 지속한다. 투석요법은 인공신장으로 인한 혈액투석, 또는 복막관류(투석)법으로 신장의 활동을 대상代償시키려고

하는 것이다. 최근에는 사회복귀의 효율이 좋은 지속성 외래^{外來} 복막관 류법^{CAPD}이 보급되고 있다. 게다가 투석요법에는 식사, 수분섭취, 사회 활동에도 제한이 있으므로 환자의 급속한 증가와 함께 신장이식을 추진 시키려고 노력하고 있다.

회복할 가능성이 극히 희박할 때에 신장장애로 판정하며, 판정시기 는 1개월 이상 지속적으로 혈액투석 또는 복막투석치료를 받고 있는 사 람 또는 신장을 이식받은 사람에 대하여 장애인으로 판정한다. 신장기 능장애를 검진하는 기관은 당해 장애인이 1개월 이상 투석치료를 받고 있는 의료기관 또는 신장이식수술을 받은 의료기관이 해당한다.

2) 심장장애

심장은 사람 및 동물의 혈액순환의 원동력이 되는 기관으로 심장의 좌우면은 폐면^{肺面}이라고 한다. 수축과 확장을 반복하여 혈액을 신체의 구석구석까지 보내는 펌프의 역할을 한다.

개정 장애인복지법에서는 심장장애를 심장기능의 장애가 지속되며, 심부전증 또는 협심증 증상 등으로 일상생활에 현저히 제한되는 심장기 능 이상이 있는 사람으로 정의하고 있다.

심부전이란 심장의 펌프 기능이 장애를 일으켜 정맥압이 상승하고, 충분한 양의 산소를 말초조직에 공급할 수 없는 상태를 말하며 심기능 부전이라고도 한다. 심부전은 모든 기질적^{器質的}인 심질환에 기인하여 생 기는데, 가장 흔한 것은 심근경색^{心筋梗塞} · 심근변성 · 심장판막증 · 고혈 압증 · 심낭염(심막염)에 의한 것이다.

좌우 어느 쪽의 심실기능이 장애를 일으켰는가에 따라 좌심부전과

89
•
장애의 유형별 특성

우심부전으로 분류된다. 좌심부전의 병태는 폐울혈이 주가 되기 때문에 호흡곤란이 수반된다.

심부전이 가벼울 경우에는 운동할 때 증상이 나타나지만 병세가 진행되면 가만히 있을 때에도 증상이 나타나 결국에는 누울 수가 없게 되고 일어나 앉아서 호흡하게 된다. 우심부전 병태의 특징은 신체말초조직에서 심장으로 혈액을 운반하는 정맥의 확장과 수분 및 전해질의 저류貯留이며, 이들에 의해 경정맥頸靜脈·말초정맥노장, 간종대肝腫大·부종·복수腹水·치아노제 등이 생긴다.

의사가 심장장애를 판정하기 위해서는 장애판정 직전 1년간 동일 심장질환에 대하여 지속적으로 치료하였다는 것을 증명하는 치료력 또는 의사소견서를 확인하여야 하며, 최근 2개월간의 환자상태와 임상 및 검사소견으로 장애등급을 판정한다. 6개월 이내에 1회의 입원경력이 있는 경우에 입원치료로 인하여 검사결과가 다르게(장애등급이 낮게) 나타날 수 있으므로 퇴원 후 2개월이 지난 후에 장애등급을 판정하도록 한다.

또한 심장장애는 의료적 여건 및 치료 등에 의해 장애상태에 변화의 가능성이 있으므로 매 2년마다 등급판정을 다시 받아야 한다. 다만 2회의 재판정(최초 판정을 포함하여 3회)에서 동급판정을 받은 경우에는 이후 의무적 재판정에서 제외할 수 있다. 이 경우에도 의사의 판단에 의거 장애상태의 변화가 예상될 때에는 최종 판정일로부터 2년 이후에 일정한 시기를 정하여 재판정받도록 할 수 있다.

심장장애를 판정하는 시기에 있어서는, 1년 이상의 성실하고 지속적인 치료 후에 호전의 기미가 거의 없을 정도로 장애가 고착되었을 때에 장애를 판정한다. 장애검진기관은 내과(순환기분과)전문의가 있는 의료기관으로서 장애인이 장애등록 직전에 1년간 지속적으로 치료받은 의료기관이 해당된다.

3) 호흡기장애

호흡기장애는 폐나 기관지 등 호흡기관의 기능에 장애가 있어 일상생활이나 사회생활 활동에 현저한 제한을 받는 사람으로 폐나 기관지는 인체 내에서 여러 가지 기능을 하는데 이 기능이 일상생활이나 사회생활을 제한할 때 장애로 보며 폐의 주요 기능은 다음과 같다.

① 가스를 교환하는 기능을 한다. 이 기능은 가장 기본적인 기능이고, 폐의 주된 기능이다. 즉, 몸 밖에 있는 산소를 혈관으로 옮기고, 몸 안에 있던 이산화탄소를 혈관 밖으로 밀어내는 기능을 하는 곳이다. 사람이 숨이 답답하다, 아니면 숨차다라고 표현하는 것은 이 기능이 원활하게 돌아가지 못해서 생기는 증상이다. 하루에 우리가 마시는 공기의 총량은 성인을 기준으로 대략 10,000L이고, 그중 섭취하는 산소의 양은 600L이다. 몸 밖으로 배출하는 이산화탄소의 양은 400L이다.

② 여러 가지 물질들을 대사하는 기능이 있다. 일반적으로 간을 해독을 담당하는 기관이며, 간에서 대부분의 물질들이 대사된다고 생각하는데, 우리 몸의 폐도 그 일부분을 담당한다. 폐는 안지오텐신I이라는 화학물질을 안지오텐신II로 바꾸는 작용을 하고, 몇몇 물질Bradykinin, serotonin, prostaglandin E1, E2, F2a...을 비활성화시키는 기능을 한다.

③ 내분비 기능을 일부 담당한다. 폐 속에는 K세포라는 것이 있는데,

이것이 주된 역할을 하며 이 외에 폐 속의 신경조직, 대식세포, 염증세포 등에서도 내분비 작용을 한다.

④ 공기정화기 역할을 한다. 산소를 섭취하기 위해 공기를 들이마시는데, 이를 그대로 들이마신다면, 폐 속은 온갖 유해물질로 가득 차게 될 것이다. 그러나 우리 몸의 폐는 이러한 공기들에 대해 방어하는 기능을 가지며 대표적인 것이 가래이다. 우리 몸에서 하루에 만들어지는 가래가 정상적으로 100~150㎖나 된다. 이렇게 만들어진 가래가 몸 밖으로 배출될 때 그냥 나오는 것이 아니고 여러 유해물질들을 끌고 나온다.

⑤ 우리 몸은 산성과 알칼리의 중간인 중성을 거의 유지하고 있다. 이것을 조절하는 기능 또한 폐 속에서 상당히 이루어지고 있다.

이와 같은 호흡기 장애의 판정은 1~3급으로 판정된다. 1급은 폐나 기관지 등 호흡기관의 기능에 장애가 지속되며, 호흡곤란으로 인하여 기본적인 일상생활 및 사회생활 활동이 극도로 제한되어 항상 개호가 필요한 사람을, 2급은 폐나 기관지 등 호흡기관의 기능에 장애가 지속되며, 호흡곤란으로 인하여 기본적인 일상생활 및 사회생활 활동이 현저히 제한되어 수면, 휴식 등 제한된 시간을 제외하고 항상 개호가 필요한 사람을, 3급은 폐나 기관지 등 호흡기관의 기능에 장애가 지속되며, 호흡곤란으로 인하여 기본적인 일상생활 및 사회생활 활동이 제한되어 수시로 개호가 필요한 사람으로서, 이러한 판정은 모두 의료기관의 진단에 따른다.

4) 간장애

간장애는 간의 기능에 장애가 있어 일상생활이나 사회생활 활동에 현저히 제한받는 경우를 말한다. 간은 체중의 약 3%를 차지하는 인체 내의 최대의 장기로서 물질의 저장에 적합하다. 영양소가 장관^{腸管}에서 흡수되어 문맥이라는 특수한 통로를 거쳐 직접 간으로 들어가는데, 이때 간은 물질의 처리와 저장에 중요한 역할을 한다. 실제로 간은 당·단백질·지방 등의 물질대사의 중심이 되며, 그 밖에도 몇 가지 기능을 더 가지고 있다. 또한 그러한 물질들이 상호 관련되어 매우 복잡하게 얽혀 있어서 그 기능들을 올바로 파악하기가 쉽지 않다. 이러한 복잡한 기능은 간세포 속에 존재하는 많은 효소의 촉매작용에 의한다.

간이 정상적인 작용을 하기 위해서는 간 내의 혈액순환이 정상적으로 이루어져 간세포에 충분한 산소와 영양이 공급되어야 한다. 따라서 단백질이 결핍되거나 기아가 계속되면 간 단백질이 줄어들어 효소의 효능은 저하되고 간의 기능도 저하되게 된다. 산소 및 영양소의 공급은 간의 구조 및 기능적인 단위로 보이는 간소엽의 혈류로 운반된다.

간의 혈관계로서의 특징적인 문맥은 성질상으로 정맥계에 속하나, 간에서는 대단히 중요한 역할을 한다. 왜냐하면, 간으로 혈액을 공급하는 것은 간동맥과 문맥인데 그 양은 정상인의 경우는 1분에 약 150㎖이며, 그 중 20~30%가 간동맥으로부터 공급될 뿐이고, 그 나머지는 모두 문맥으로부터 공급되기 때문이다. 장에서 흡수된 영양소가 문맥에 의하여 운반됨은 물론이나 문맥혈의 산소함유량이 매우 높아 간이 필요로 하는 산소의 대부분도 문맥에 의하여 공급된다.

이와 같은 간의 기능을 정리해 보면 다음의 네 종류로 대별할 수 있다. 첫째, 분비배출 기능이다. 쓸개즙을 만들어 그것을 담모세관·세담관細膽管을 거쳐 간 밖으로 배출한다. 쓸개즙 성분으로는 빌리루빈·콜레스테롤·담즙(쓸개즙)산 등을 비롯하여, 나트륨·염소·칼슘 그 밖에 미네랄(무기질), 내인성內因性 에스트로겐이나 안드로겐 등이 있다. 또, 외인성 약제나 색소 등도 쓸개즙 중에 배출된다. 둘째, 생합성 기능이다. 글리코겐·단백질·지질·핵산·비타민류 등의 생합성 및 분해를 한다. 또, 이에 이용되지 않은 에너지를 이용하여 체온을 생성하기도 한다. 셋째, 해독 기능이다. 여러 물질을 처리하여 신장으로부터 배출되기 쉬운 형태로 바꾼다. 그 처리방법으로는 글루크론산을 만들어서 이것과 포합하거나, 메틸화·산화·환원 등이 있다. 그리고 장으로 흡수된 암모니아를 요소로 바꾼다. 기타 간 내의 세망내피계 세포는 이물질을 포착하여 분해한다. 넷째, 조혈 및 혈액응고에 관한 기능이다. 태생기에서의 조혈에 관계가 있고, 적혈구의 파괴에도 관여한다. 또, 피브리노겐·프로트롬빈·헤파린 등을 만들며, 혈액응고에 관여하는 기능도 한다.

　이러한 기능에 문제가 있는 사람을 장애로 판정하게 되며 판정은 1~3급과 5급으로 판정하게 되는데 1급은 간의 기능에 장애가 지속되며, 이로 인하여 기본적인 일상생활 및 사회생활 활동이 극도로 제한되어 항상 개호가 필요한 사람, 2급은 간의 기능에 장애가 지속되며, 이로 인하여 기본적인 일상생활 및 사회생활 활동이 현저하게 제한되어 수면, 휴식 등 제한된 시간을 제외하고 항상 개호가 필요한 사람, 3급은 간의 기능에 장애가 지속되며, 이로 인하여 기본적인 일상생활 및 사회생활 활동이 제한되어 수시로 개호가 필요한 사람, 5급은 만성 간질환으로 간이식을 시행받은 자이다.

5) 안면변형장애

안면변형장애는 선천성 기형, 질환 및 사고 등으로 인해 안면부위가 변형(색깔, 모양, 혹)된 장애가 있어 사회생활 활동에 현저한 제한을 받는 사람을 의미한다. 안면변형의 주된 원인은 선천적으로 구순, 구개열(입술 및 입천장 언청이), 두개골 조기융합증 및 증후군, 안면부 기형, 반안면 왜소증, 안면열, 주걱턱 등의 안면변형과, 화상이나 질환, 사고로 인한 후천적인 원인으로 대별된다.

이와 같은 안면변형장애의 판정은 2~4급으로 판정되며, 2급은 안면부의 변형으로 인한 장애가 지속되며 이로 인하여 기본적인 사회생활 활동이 불가능한 사람, 3급은 안면부의 변형으로 인한 장애가 지속되며 이로 인하여 기본적인 사회생활 활동이 극도로 제한받는 사람, 4급은 안면부의 변형으로 인한 장애가 지속되며 이로 인하여 사회생활 활동이 현저하게 제한받는 사람이다.

6) 장루장애

직장이나 대장, 소장 등의 질병으로 인해 대변 배설에 어려움이 있을 때 복벽을 통해 체외로 대변을 배설시키기 위하여 만든 구멍을 장루라고 하는데 장루는 항상 촉촉하며 모세혈관이 분포되어 색깔은 붉고, 모양은 동그랗거나 타원형이며, 소량의 점액이 분비된다. 또한 신경이 없어 만져도 아프지 않으며 자극을 주면 약간의 출혈이 있을 수 있으나 꼭 누르고 있으면 곧 멈춘다. 장루는 복부의 우하복부에 위치하는 회장루와 상복부 중앙에 위치하는 결장루, 좌하복부에 위치하는 요루로 구분하는데 장애인복지법은 이와 같은 결장루, 회장루, 요루 기능에 장애가 있어 일상생활이나 사회생활 활동에 현저한 제한을 받는 사람을 장루장애라고 한다.

결장루^{colostomy}의 원인은 95% 이상이 직장암이나 대장암 등의 악성 종양이며, 혼치는 않으나 장결핵, 쿠론씨병, 거대결장증, 척추기형, 무항문증 등이 원인이 되기도 한다. 우리나라는 최근 식생활 및 삶의 환경이 서구를 닮아가기 시작한 1990년대를 기점으로 이러한 결장루의 원인이 되는 질병 중에서 특히 대장암(직장암 포함)의 발병률이 급격히 높아지고 있다. 회장루^{ileostomy}의 원인은 가족성용종증, 궤양성대장염, 쿠론씨병, 장결핵, 거대결장증, 대장암 등이 있는데, 특히 우리나라에서는 회장루 보유자의 수가 매우 미미하며, 이는 그 원인 질병의 발병 건수가 많지 않았기 때문이었으나 근래 들어 명확하진 않지만 여러 가지 복합적 요인에 따라 원인 질병의 발병 사례가 점차적으로 늘어나는 추세를 보이고 있다. 요루^{urostomy}의 원인은 대부분 방광암이며, 혼치않게 방광결핵이나 방광경화증 등으로 방광자율신경이 마비되는 경우와 또한 수뇨관^{輸尿管}이나 요도^{尿道}의 종양, 협착증, 결석 등으로 인한 경우도 발견되고 있다.

장루장애의 판정은 1급, 3급, 5급 사이에서 판정되며 1급은 장루 기능에 장애가 지속되며 이로 인하여 기본적인 일상생활 및 사회생활 활동이 극도로 제한되어 항상 개호가 필요한 사람, 3급은 장루 기능에 장애가 지속되며 이로 인하여 기본적인 일상생활 및 사회생활 활동이 제한되어 수시로 개호가 필요한 사람, 4급은 장루 기능에 장애가 지속되며 이로 인하여 일상생활 및 사회생활 활동이 제한되어 가끔 개호가 필요한 사람, 5급은 장루 기능에 장애가 지속되며 이로 인하여 일상생활 및 사회생활 활동이 제한되나 대부분 개호가 불필요한 경우이다.

7) 뇌전증 장애

　뇌전증 장애 혹은 간질^{epilepsy}은 인간 뇌를 구성하고 있는 신경세포 중 일부가 다양한 원인에 의하여 기능이상을 일으켜 이따금씩 짧은 시간 동안 정상적으로 발생하는 전기보다 훨씬 과도한 전기를 발생시킴으로 발작을 일으키는 신경계의 만성질환으로 누구에게나 일어날 수 있으며, 통계에 의하면 일반인이 평생 동안 한 번 이상의 간질발작을 경험할 확률은 10%이다. 이 중 지속적인 치료가 필요한 간질환자는 인구 200명 당 1명 정도로 우리나라에서는 약 30만 명 정도의 간질환자가 있을 것으로 추산되며, 매년 약 3만 명의 새로운 간질환자가 발생될 것으로 추산된다. 간질은 두부외상, 뇌염 등 다양한 원인에 의해 발생되는 흔한 신경계 질환으로, 간질 발생률은 성별 및 연령에 따라 차이가 있으며, 대체로 남자가 여자보다 약간 많은 것으로 알려져 있다. 20세 이전에 발병하는 경우가 전체 환자 수의 75%를 차지하며, 특히 출생 후부터 4세까지가 약 30%로 가장 높고, 20세가 지나면서 차차 낮아지다가 60세 이후에 다시 발생률이 높아진 후 차츰 낮아진다.

　장애인복지법에서는 간질로 인한 기능 및 능력 장애로 인하여 일상생활이나 사회생활 활동에 현저한 제한을 받는 사람을 간질장애라고 한다. 간질의 발작유형은 대발작, 잭슨형 전간, 초점발작, 정신운동발작, 소발작, 자율신경발작 등으로 분류되는데 대발작은 의식상실과 함께 전신이 경련을 나타내는 것으로 발작 종료 후는 대개 수면으로 이행하였다가 곧 눈을 뜨게 된다. 10세에서 25세 사이에 발병하는 경우가 많으며, 잭슨형 전간은 대뇌피질의 운동령이나 지각령에서의 발작성 흥분의 확산에 수반하여 피질부^{皮質部}에 대응하는 신체 부위에 경련 또는 지각이상이 순차로 확산되어가는 형이며, 초점발작은 잭슨형과 같은 확산의 경향이 적고, 국소적으로 멈추는 것을 말한다. 정신운동발작은 발작성에 의식의 혼탁을 일으키고, 때로 아래위의 이를 마주 물거나 혀를 길게 늘어뜨리기도 하고, 또 주위의 상황과 전혀 관계없는 행동, 즉 옷을 벗거나 하는 발작형이며, 소발작은 수 초 또는 십수 초의 단시간의 의식상실(실신)의 경우와, 의식이 없는 입술 등의 율동적인 근수축을 반복하는 형이며, 자율신경발작은 발열 · 발한 · 오심 · 복통 및 심계항진 등의 자율신경기능의 발작성 증세를 말한다.

간질의 원인은 현대의 획기적인 의학기술과 기기들의 발전에 의해 과거에 비해 많이 밝혀지고는 있지만 아직도 약 60%는 그 원인을 모른다고 한다. 따라서 간질의 원인은 발작의 형태와 간질이 시작되는 나이 등에 의해 나누어 추측해 볼 수 있는데, 먼저 증후성 간질은 뇌질환이 원인이며, 특발성 간질은 뚜렷한 뇌질환을 찾을 수 없는 간질로 유전적인 경향이 있는 것으로 추측된다. 발작의 형태에 따른 원인을 보면, 국소간질인 경우는 뇌종양, 뇌졸중, 혈관기형, 뇌외상 및 저산소증 등 뇌에 국소적 병변이 원인으로 추측되며, 전신간질의 원인은 불명인 경우가 많지만 유전적 요소와 전신성 대사성 질환이나 독성물질, 음주, 약물복용 및 약물남용 등이 그 원인일 수 있다. 발작이 시작되는 연령에 따른 원인을 보면, 신생아 및 유아는 출산 시의 두부외상이나 산소 부족에 의한 뇌손상, 또는 뇌염이나 뇌막염, 선천성기형, 저혈당증 또는 저칼슘증 등으로 인해 발작이 일어날 수 있으며, 소아는 열성 경련, 뇌염 및 뇌성마비에 의한 간질이 흔하고, 청소년기는 특발성 간질이 흔하며, 교통사고에 의한 뇌손상으로 인한 두부 외상 후 간질도 흔하다. 청년기는 사고로 인한 뇌외상, 뇌종양 및 만성 알코올중독으로 인한 간질발작이 흔하고, 장년기는 뇌종양과 만성 알코올중독으로 인한 간질발작이 흔하며, 60세 이상의 노인은 뇌졸중이 흔한 원인이다.

간질의 판정은 2급에서 4급 사이에서 판정된다. 2급은 간질로 인한 기능 및 능력 장애가 지속되며, 이로 인하여 기본적인 일상생활 및 사회 생활 활동이 현저하게 제한되어 수면, 휴식 시간 등 제한된 시간을 제외하고 항상 개호가 필요한 사람, 3급은 간질로 인한 기능 및 능력 장애가 지속되며, 이로 인하여 기본적인 일상생활 및 사회생활 활동이 제한되어 수시로 개호가 필요한 사람, 4급은 간질로 인한 기능 및 능력 장애가 지속되며, 이로 인하여 일상생활 및 사회생활 활동이 제한되어 가끔 개호가 필요한 사람이다.

7. 지적장애인

1) 개념 및 분류

사람이 생각하고 사물을 판별하며 상황을 판단하는 등 지적인 모든 일을 수행할 수 있는 능력을 총칭하여 지능이라 하며, 지적장애란 이러한 지능이 현저하게 낮고 이로 인해 일상생활과 사회적응에 곤란이 있으며 이러한 문제가 발달시기, 즉 18세 이전에 오는 경우를 의미한다. 이에 대해 WHO도 지적장애란 일반적으로 지적능력 발달이 불충분하다든지 불완전한 상태를 의미한다고 정의하고 있다. 이와 같은 정신지체의 정도를 구분하는 데는 학자마다 다소의 차이를 나타내고 있는데 미국정신의학회에서는 지능지수 50~70은 경도, 35~49는 중등도, 20

~34를 중도, 20 미만을 최중도라고 구분하고 있다.

(1) 경도mild mental retardation

지능지수가 50~70인 자로 정상인과 외모로는 구별할 수 없으며 또한 빨리 진단되지 않아 소아기가 훨씬 지난 뒤 혹은 입학한 후에 발견되는 수가 많다. 이들은 교육이 가능하고 단순한 직종에 직업생활이 가능하므로 타인의 도움 없이도 사회통합되는 경우가 많다. 이런 경도 장애인의 경우 모든 지적장애인의 80%를 차지하고 있다.

(2) 중등도moderate mental retardation

지능지수가 35~49까지를 중증도 지적장애로 구분하며, 훈련가능급이라고도 한다. 이들은 지적장애인의 12%를 차지하는데 성인이 되기까지 교육보다는 충분한 자조능력과 기본적인 의사소통능력을 개발해 주어야 하며 그리고 어느 정도의 서비스를 받으면 복잡하지 않은 직종에서 직업을 얻을 수도 있다. 이들은 신체적으로 남과 다르게 보일 수도 있다.

(3) 중도severe mental retardation와 최중도profound mental retardation

지능지수 34 이하를 말하는데 이들은 지적장애인의 8% 정도를 차지하며 일생 동안 보호와 간호가 필요하다. 이들은 누가 보아도 알 수 있을 정도로 신체적인 이상이나 비장애인과 다른 양상을 갖고 있으며 특히 출생 시 곧 진단이 가능하다. 이들에게서는 명백한 기질적이고, 신체적이며, 의학적인 원인이 발견되는 수가 많다.

2) 발생원인

지적장애의 원인은 알 수 없는 경우가 더욱 많으며 원인으로 밝혀진 것만도 250여 개 종이 된다. 이러한 원인은 크게 생물학적인 원인과 사회 · 심리적 원인으로 크게 대별할 수 있다.

(1) 생물학적 원인

생물학적 원인은 문제되는 시기를 고려하여 유전적 원인, 산전원인, 분만 시의 원인, 산후원인 등 네 가지로 구별하여 보는 것이 좋다. 일반적으로 중도 내지 최중도 이상의 심한 지적장애의 원인은 이러한 생물학적 원인에 의하는 수가 많으며 신체적 · 생물적 원인으로 오는 정신지체의 경우는 전체의 20%를 차지한다.

① 유전적 원인

유전적 원인이라 함은 아기를 임신하였을 당시 이미 그러한 원인적 요소가 존재하고 있는 경우인데, 이것은 임신이 된 순간에 이미 유전인자나 염색체에 이상이 있는 경우를 말한다. 유전인자를 통해서 모든 발달과 능력의 기초가 한 세대로부터 다음 세대로 전달이 되는데 이런 유전인자 자체에 어떤 병적인 요소가 있어서 우리 몸에 필요한 특정한 신진대사가 일어나지 않는 경우와 염색체 수의 이상에서 오는 경우가 있다.

염색체 수의 이상이란 우리 몸에는 23쌍의 염색체, 즉 모두 합해 46개의 염색체가 있는데 지적장애에 큰 부분을 차지하는 몽골리즘Mongolism 혹은 다운씨증후군Down's syndrome은 46개의 염색체 대신 47개의 염색체가 있는 경우이다. 말하자면 모두 한 쌍씩 있는 염색체 중 제21번의 염색체가 한 쌍 대신 3개가 있는 경우가 된다. 이것은 1867년 다운이라는 학자에 의하여 처음 기술되었으며 몽골리즘이라는 단어는 겉으로 보아 언뜻 몽고족의 얼굴과 비슷하다는 데서 기원하였다. 이들은 몸이 작고 머리가 작으며 귀가 작다. 귀가 이상하게 보일 때가 많고 혀가 갈라져 있는 경우가 흔하다. 가장 흔히 보이는 특징은 얼굴 모양인데 눈과 눈 사이의 간격이 크며, 손의 모양이 특징적으로 편편하며 새끼손가락이 많이 굽어져 있고 근육과 관절에도 이상이 있어서 앉아 있을 때의 모양이 상당히 특징적이다. 이와 같이 겉으로 보이는 것 외에도 선천성 심장질환이 1/3 정도 있고 또 이로 인해서 빨리 죽는 경우가 많다. 미국 통계에 의하면, 600명 중 한 명이 다운씨증후군이며, 시설수용 장애인의 5~ 10%가 이들에 의하여 점유되고 있다. 다운씨증후군은 특히 산모의 나이가 많으면 많을수록 많아져서 특히 35세 이후에 조산하는 경우에 그 빈도는 급증한다.

② 산전원인

임신 9개월 동안 태아는 단세포로부터 하나의 인간으로 급속한 성장을 보이는데, 태중에서 일어난 여러 가지 문제점이 지적장애의 흔한 원인이 될 수 있다. 그러므로 임신 중에는 충분한 영양이 필요하며, 산모는 건강을 유지해야 한다. 산모가 어떤 질병에 걸렸거나 약물중독에 걸렸을 때, 혹은 방사선에 노출되었을 때, 약을 먹었을 때 문제가 된다.

또한 산모와 태아의 혈액형이 틀려서 문제를 일으키는 경우도 있을 수 있다. 즉, 산모의 Rh+인자와 양립할 수 없는 Rh-인자를 유전받았을 때 발생한다. 특히 이러한 문제점은 임신 첫 3개월 동안에 일어났을 때 더욱 큰 문제를 일으킨다. 임신 당시에 약물이나 보약 복용, 감염, 특히 매독이나 풍진 및 톡소플라스마증 등의 질병 감염은 지적장애를 출산시킬 수 있으나 사실 이로 인한 지적장애는 전 지적장애의 1% 내외이다. 최근에는 임신 중의 산모가 술을 많이 마실 경우 저능아를 낳을 위험성이 높음이 알려졌다.

③ 분만 시의 원인

분만 시의 원인으로 뇌손상, 질식, 대뇌무산소증과 조산을 들 수 있다. 조산은 출생 시 신생아의 무게가 2.5kg 이하일 경우 혹은 임신기간이 37주 이하일 경우를 말하는데 조산아는 항상 지적장애의 큰 위험성을 가질 수 있다. 물론 모든 조산아가 지적장애가 되지는 않지만 몸무게가 1.5kg 이하, 혹은 충분한 영양을 섭취 못하고 충분한 자극을 받지 못하고 충분한 의학적 치료를 받지 않았을 경우 지적장애가 될 가능성이 많다. 특히 문제가 되는 것은 조산아는 사회경제적으로 낮은 층에 많아서 이들이 태어난 후에도 불리한 환경에서 자라기 때문에 높은 계층에서 태어난 조산아보다 더 지적장애가 될 가능성이 많다는 것이다.

④ 출생 후의 원인

출생 후 특히 생후 1년 동안에 일어난 감염이나 뇌의 손상은 항구적인 정신적, 신체적 핸디캡을 일으킬 수 있다. 감염 이외에 뇌의 타박상,

약물중독, 뇌종양, 그리고 심한 간질병 등이 원인이 될 수도 있다. 중요한 감염으로서 예방접종을 하지 않아서 생길 수 있는 홍역이나 수두, 백일해 등이 잘못하여 뇌염이나 뇌막염으로 진전될 수 있고 이들이 결과적으로 지적장애를 초래할 수 있다.

지적장애를 초래하지 않더라도 뇌막염이나 뇌염을 앓은 아이들은 나중에 커서 과잉행동을 보일 수도 있고, 소위 말하는 미소뇌기능장애를 일으킬 수도 있다. 뇌염과 뇌막염에 걸린 아이들 중의 약 1/4은 결국 지적장애를 보인다. 감염에 의한 뇌손상 이외에도 납이나 기타 약물중독에 의해서 뇌 전반에 손상을 주었을 경우 심한 지적장애를 일으킬 수가 있다. 또한 뇌가 가장 왕성하게 자라나는 생후 1~2년간의 심한 영양실조도 지적장애의 원인이 될 수 있다.

(2) 사회 · 심리적 원인

대부분의 경도 지적장애와 상당수의 중등도 지적장애에서는 이상에서 말한 생물학적 · 의학적 원인을 찾아보기가 힘들다. 그리고 이러한 경도의 지적장애에 대한 연구에 의하면 경도의 지적장애가 중도 이상의 심한 지적장애인에 비하여 사회 · 경제적으로 불리한 입장에 있는 하층의 사람들에게 많다. 이들에게서 생물학적, 의학적 원인을 찾아볼 수는 없으나 그들이 자라난 환경과 경험을 자세히 조사해보면 경험적, 환경적으로 불리했다는 것이다. 필요한 자극이 없었고, 흔히 보살핌이 부족했으며, 환경에 문제점이 있는 경우에 많이 발견할 수 있다. 시설에서는 자극과 사랑이 없이 자라난 아이에게서 지체가 많고, 또 집에서 자란 아이일지라도 부모로부터 천시받고 보살핌을 받지 않은 아이들은 지능지수가 낮으며, 그러한 상황에서 태어났지만 상류층에 입양된 아이들의 지능지수는 정상이 될 수 있는 것을 보면 경험적 요인이 지능저하의 원인이 될 수 있음이 간접적으로 증명된 것이다.

3) 판정방법 및 기준

지적장애인의 판정은 웩슬러 지능검사 등 개인용 지능검사를 실시하여 얻은 지능지수^{IQ}와 사회성숙도검사 등에 따라 판정하는데 지능지수는 언어성 지능지수와 동작성 지능지수를 종합한 전체 검사 지능지수에 의한다. 지적장애를 초래하는 원인질환을 갖고 있는 유아의 경우, 너무 어려서 상기의 검사들이 불가능할 때 발달검사를 시행하여 산출된 발달지수를 지능지수와 동일하게 취급하여 판정한다. 발달단계에 있는 아동의 경우에 지적장애의 원인이 명확치 않아 측정한 지능지수가 앞으로 변화될 가능성이 있을 경우에는 판정시기를 연기하거나 아니면 재판정을 실시하도록 재판정 실시 이유와 그 시기를 진단서에 명기해야 한다. 또한 뇌 손상, 뇌 질환 등 여러 가지 원인에 의하여 성인이 된 후 지능저하가 온 경우에도 상기 기준에 근거하여 정신지체에 준한 판정을 할 수 있다. 단, 노인성 치매는 제외한다.

장애인복지법 시행령에서는 정신발육이 항구적으로 지체되어 지적능력의 발달이 불충분하거나 불완전하고, 자신의 일을 처리하는 것과 사회생활에의 적응이 현저히 곤란한 사람으로 기준을 제시하고 있다.

8. 정신장애인

1) 개념 및 분류

정신장애인이란 정신병(기질적 정신병 포함)·인격장애·기타 비정신병적 정신장애를 가진 자로 의학적 진단분류에 따라 정신과 전문의에 의해 진단명을 부여받은 자라고 할 수 있다. 정신장애를 분류하는 방법은 진단분류 방법에 따라 여러 가지로 분류될 수 있는데 일반적으로 뇌의 기질적 장애로 인한 기질성organic mental disorder과 심리, 사회적 영향으로 인한 기능성functional psycho social으로 분류하며, 때로는 증상에 따라 양성positive과 음성negative으로 분류하기도 한다. 양성은 정상기능의 왜곡이나 과잉을 의미하며 음성은 정상기능의 상실과 감소를 의미하는데 양성은 급성으로 망상이나 환각이 대표적인 예이며, 음성은 만성으로 무어증, 무의욕, 감정둔마가 대표적인 예이다. 1999년 2월 8일에 개정된 장애인복지법 제2조에서는 WHO의 국제질병분류표에 의해 정신장애인을 지속적인 정신분열병, 분열형 정동장애精動障碍, 양극성 정동장애 및 반복성 우울장애에 의한 기능 및 능력장애로 인하여 일상생활 혹은 사회생활을 영위하기 위한 기능수행에 현저한 제한을 받아 도움이 필요한 사람으로 정의하고 있다.

(1) 정신분열schizophrenia

정신분열증은 성격 내에서 격동이 일어나고 사고, 정서, 그리고 행동을 현실로부터 분리시키는 격심한 경험인 정신적 기능들의 분절로 규정된다. 정신분열증이 하나의 질환인가, 아니면 관련된 질환인가, 아니면 관련된 질환들의 집합인가에 대해서는 약간의 논의가 있다. 이런 이유 때문에 정신분열증군으로 종종 언급된다. 병인학적 요소들은 유전, 최근 가족 상호작용의 본질 그리고 다양한 발달단계들에 있는 가족 외부의 스트레스들을 포함한다. 뚜렷한 정신분열 발병의 가장 빈번한 연령은 청소년기와 초기 성인기이며, 발병 연령은 후기 아동기에서 후기 중년기까지 가능하다.

정신분열증 환자는 일반적으로 매우 낮은 자기존중감과 자신이 주위 사람들에 의해 거부된다는 강한 정서들을 가진다. 특징적으로 환자는 다른 사람들과의 정서적 관계들이나 심지어 의사소통에 있어서 자기를 방어한다.

정서의 장애(기분 및 정서표현)는 정신분열증의 특성이다. 일반적으로 정서적 반응성 결여 및 다양한 정서표현의 감소가 나타난다. 환자는 정서를 느끼거나 정서표현을 할 수 없게 된다. 정서의 단조로움이 나타나고 자신의 주변에 어떠한 일이 일어나든 상관없이 정서를 노출시키지 않는다. 부적절한 정서 또한 빈번히 나타난다.

또한 주의력 문제들이 일반적으로 나타난다. 환자는 자신의 세계에 대해 잊어버리고 그 대신 자신의 내부 환상들에 몰두될 수 있다. 사고는 일차적으로 현실 위에 나타나는 백일몽들과 함께 자기중심적이다. 정상적인 사고들은 명확한 연결을 가지고 연속적으로 나타나서 궁극적으로 점진적으로 종결된다. 정신분열증에 있어서 사고와 언어는 모두 자유연상의 형태이거나 혹은 사고과정들의 이완을 보인다. 사고들은 명확한 논리적 연결을 가지고 전개되지 않으며, 나타나는 사고들 사이에 명확한 단계가 없다.

정신분열증에서 보이는 다른 증상들은 종종 그릇된 신념들(망상들)과 환각들이다. 정신분열증의 또 다른 중요한 증상은 예측할 수 없고 매우 기괴한 행동을 야기시키는 자기통제력의 상실이다. 환자가 의도적으로 자신의 감정들을 적대적인 세계로부터 숨기기 위한 증거가 종종 나타난다.

일반적으로 정신분열증을 겪는 사람들에게 우울요소가 나타나고 다양한 문제들을 매우 심하게 반추하고 번민하는 것이 나타난다. 때때로 망상들과 환각들과 같은 정신병적 증상들과 함께 우울이 가장 현저하다. 이것을 정신병적 우울이라고 부르고, 특히 중년기나 혹은 환자 자신의 중년과 그 문제들에 대한 반응들과 관련되었을 갱년기 우울 기간 동안 일반적으로 나타난다. 이것은 일반적으로 어느 정도의 상실에 의해 악화된다. 강하고 때때로 부적절한 죄악감들이 나타나고 부적절감과 무가치감을 수반한다. 빈번하게 건강염려증이 나타나고 심각하게 된다. 우울의 전형적인 증상들과 증후들은 정동장애에서 자세히 설명하겠다.

(2) 정동장애affective disorder

정동장애집단은 조증이든 울증이든 주요한 정서장애로 특징 지워지며, 활동과 사고과정들의 증감을 야기시킨다. 이러한 장애들은 명확히 환자의 이전 기능 수행능력들과는 차별된다. 정동장애유형은 세 가지이다. 조증과 울증 증후들이 나타나는 양극성 정동장애, 단극성 정동장애인 조증 증후가 나타나는 조증장애, 울증 증후가 나타나는 울증장애이다.

정동장애의 원인은 정신분열증과 마찬가지로 명확한 원인은 알 수 없으나 대개 유전적, 체질적 소인, 여러 가지 신경생화학적 물질의 영향을 받는다는 학설, 내분비대사에 이상이 있어 발생한다는 학설, 기타 신경생리학적 원인에 의해 발생한다고도 한다. 심리적 소인으로는 병전 인격이 순환성 성격이라고 해서 즐거움과 슬픔의 기복이 심하거나 어느 한쪽에 치우치는 성향을 지니고 있다.

이러한 정동장애는 감정에 기본적인 장애가 있다. 기분이 너무 좋다거나 너무 우울한 것이 주 증상이다. 그래서 어떤 기간 동안 우울하거나 들뜨는 기분의 장애인데 각각 단독으로 오기도 하지만 두 가지 상반된 기분이 일정한 기간을 두고 번갈아 오기도 한다. 한 가지 형태로만 오는 경우를 단극성 장애라고 하고 번갈아 가면서 오는 것을 양극성 장애라고 부른다. 우울해지는 쪽을 우울증이라고 하고 들뜨는 쪽을 조증이라고 부른다.

대개 이런 기분의 변화는 이에 합당한 외부적인 자극이 없는데도 불구하고 일어나며, 여성에게서 더 많이 발생한다. 정동장애 자체의 이환율은 남자는 10%, 여자는 20% 수준에 이른다. 발병 연령은 여성은 35~45세 사이에 우울증 발병률이 높고, 남자는 55세 전후에 발병률이 높다.

정동장애는 우울상태에서는 우울한 기분이 주된 증상으로 나타나고, 의욕이 떨어지고 현실감을 상실하며, 사고 내용에도 여러 형태의 망상이 있고 특히 건강염려증이나 피해망상 등이 두드러진다. 환각을 수반한 지각장애도 있고 정신운동의 지연을 볼 수 있으며 우울성 혼미상태에 빠지기도 한다. 주변에 대해 아주 무관심하고 안절부절 못하며 자살 또는 자살 시도를 한다. 신체질환으로 오인될 정도의 다양한 신체적 장애를 호소하며 외견상 지능과 기억에 장애가 있는 것처럼 보이기도 한다.

조증상태에서는 낙관적이고 들뜨며 자신감이 넘치고 자신의 능력을 과대평가한다. 정서의 전염성이 강하고 사고장애로서는 소위 사고 비약이라고 해서 사고 내용이 자극받는 대로 비약함으로써 분망해진다. 과대망상과 관련이 깊고 심하면 섬망성 조증에서 볼 수 있는 착란상태에 빠지며, 과다행동을 보이고 정신운동의 증가가 나타난다.

우울기에는 약물치료와 정신치료가 근간을 이루는데 가장 조심해야 할 것은 자살이다. 여러 증상에 대한 대증치료와 항우울제를 사용해야 한다. 항우울제도 증상 완화를 위한 목표에 따라 사용하는 약물이 다르고 사용 후 일정 기간이 지나야 희망하는 약효가 발생한다는 사실을 염두에 두고 반드시 전문의의 처방에 의해서만 복용해야 한다. 조증기에는 항조증약을 사용하는데 단독으로 쓰기도 하고 다른 정온제와 복합해서 사용하기도 한다. 항조증약은 혈중농도를 체크해 가면서 치료해야 하는 기술적인 문제가 있기 때문에 역시 전문의의 처방이 필요하다.

(3) 우울장애

성인 10명 중 1명 정도는 일생에 한 번 이상 우울증을 경험한다고 하며, 어떤 연구에서는 일생 동안 우울증을 경험할 확률이 30% 정도에 이른다고 한다. 이런 우울증에 잘 걸리는 유전적 또는 체질적 요인, 내분비 대사나 신경 생화학적 물질의 이상, 스트레스, 비관주의자, 낮은 자존심의 소유자, 강박적 성격이나 의존적 성격을 가진 사람에게서 흔히 발생한다.

우울하고 저조된 정서 상태가 주축이 되어 일어나는데, 가끔은 조증

(기분이 좋아지는 상태)과 교대로 나타나는 경우도 있다. 우울 상태의 초기 또는 비교적 가벼운 시기에는 모든 체험과 생활에서 신선한 정서적 표현이 없어지고, 기분이 좋지 않으며, 일상적인 일에 관심이 없어지고, 자신이 어딘가 예전과는 다른 목석과 같은 사람이 된 것 같은 느낌이 든다. 그러다가 심해지면 자기 무능력감, 열등의식, 절망감, 허무감 등이 생기며, 삶의 의미를 상실하여 자살 의욕과 자살 기도가 생기게 된다. 그리고 건강 염려증, 신체 망상, 피해망상이 동반되는 경우도 많으며, 행동이 느리고 침체되어 있다. 또한 불면증, 식욕이나 체중의 감소, 근육통, 변비, 호흡 곤란, 가슴의 통증 등과 같은 신체 증상이 동반되는 경우도 흔히 볼 수 있다. 특히 건망증, 집중력의 장애 등으로 인하여 마치 치매처럼 보이는 증상이 나타나는 경우도 있어 신경계통의 질환과 잘 구별해야 하는 경우도 흔히 있다.

우울증은 조기에 적절한 치료를 받는 것이 가장 중요하며, 적절한 치료로써 대부분 극복할 수 있다. 그러나 심한 초조감, 불면증, 전신 쇠약 등으로 증상이 심한 경우, 가족이나 직장으로부터의 스트레스가 심한 경우, 증상이 심한데도 불구하고 환자가 치료를 거부하는 경우에는 자살의 위험이 높으므로 입원치료를 받는 것이 좋다. 그리고 의사나 가족은 늘 따뜻하고 진지하게 환자를 대해 주어야 하며, 작은 불편도 잘 들어주고, 환자가 울적한 마음을 털어놓을 수 있도록 지지해 주어야 한다. 약물 요법으로는 항우울제나 항불안제 등을 사용할 수 있다.

2) 발생원인

정신장애의 원인을 규명하기 위하여 그동안 수많은 연구가 진행되어 왔다. 명확한 원인을 제시하는데는 실패하였지만 여러 가지 가능성 있는 원인들이 제시되고 있다. 이렇게 정신장애의 원인을 규명하기가 쉽지 않은 이유는 정신장애의 개념 규명과 유형이 다양하고 유전적 요인과 환경적 요인을 구별하는 데 어려움이 있기 때문이다. 그러나 일반적으로 정신장애의 원인을 이야기할 때 생물학적원인과 신경학적, 유전적, 심리 · 사회학적 원인으로 이야기한다.

(1) 생물학적 원인

정신장애 원인에 관한 초기의 연구들은 정신장애는 뇌를 포함한 신체 각 기관의 형태적 · 기능적 장애 때문이라는 전제 아래 초기에는 이를 증명하려는 각종 연구가 있었으며 이 연구의 결과 이상대사물질trans-methylation과 도파민dopamine이나 세라토닌serotonin과 같은 신경전달물질neurotransmitter의 이상으로 정신장애가 발병하며 실제 이런 물질의 조정을 통해 일부 정신질환을 치료하고 있으나 모든 정신장애인이 이런 생물학적 원인에 의해 발병한다고 보기는 어렵고 증명된 바도 없다.

(2) 신경학적 원인

정신장애가 중추신경계의 기질적 요인과 관계가 있음이 점차 밝혀지고 있는데, 최근 뇌영상 촬영기법의 발전과 함께 정신장애인의 뇌구조의 특이현상으로 측뇌실 및 제3뇌실의 확장, 대뇌피질의 위축, 대뇌의 비대칭, 소뇌의 위축, 뇌밀도의 변화 등이 보고되고 있고 뇌파소견에 있어서도 알파파의 활성이 낮다는 등의 신경학적 요인이 정신장애 요인으로 밝혀지고 있다.

(3) 유전적인 원인

정신장애의 유전적 요인에 관한 연구는 정신장애 친족 간의 이환율 조사, 쌍둥이 연구, 양자연구 등이 진행되어 왔는데, 정신장애와의 혈연 관계가 가까울수록 발병률이 높음이 지적되고 있다. 코위^{Cowie}(1971)는 정신분열의 경우 기대율은 부모에서 5%, 친형제에서 10%이며, 부모 모두가 정신분열일 때 약 40% 정도라고 보고하고 있다. 쌍둥이 연구에서는 역시 일란성 쌍둥이에서의 일치율이 이란성 쌍둥이의 일치율보다 높게 나타난다. 일란성 쌍둥이에게서 일치율은 약 40~50%인데 이란성의 경우는 9~10%로 약 5배 정도 높게 나타나고 있다. 친족과 쌍둥이 연구는 많은 제한점이 있기 때문에 환경적인 요인과의 관계를 객관적으로 검증하고자 한 양자의 연구에 있어서도 친족관계에 있는 사람들은 멀리 떨어져 있어도 발병빈도는 일반 인구집단보다 높은 것으로 나타났다.

(4) 심리 · 사회학적 원인

정신장애가 상기의 세 가지 요인에 의한 것임이 밝혀지고 있기는 하지만 이것만으로 정신장애의 발병원인을 단정할 수는 없다. 현대 많은 연구들은 환경적 요인이 정신장애의 주요한 발병요인임을 지적하고 있고 사회적 요인은 경과와 깊은 관련이 있는 것으로 보고하고 있다.

심리적 요인으로 대부분의 정신장애는 자아기능이 약화되어 있으며, 유아기의 모자관계의 결함이나 가족 간의 상호관계나 의사소통의 결함, 사회학적으로는 일상생활이나 사회생활 환경의 문제, 불충분한 교육, 경제적 박탈, 범죄 등과 관련이 있는 것으로 추정하고 있다.

3) 판정방법 및 기준

정신장애의 판정은, ① 정신질환의 진단명 및 최초 진단시기에 대한 확인, ② 정신질환의 상태impairment의 확인, ③ 정신질환으로 인한 정신적 능력장애disability 상태의 확인, ④ 정신장애등급의 종합적인 판정의 순서를 따라 한다. 판정시기는 1년 이상의 성실하고 지속적인 치료 후에 호전의 기미가 거의 없을 정도로 장애가 고착되었을 때에 판정한다.

첫째, 정신질환의 진단명 및 최초 진단시기에 대한 확인은 우리나라에서 공식적인 정신질환 분류체계로 사용하고 있는 국제질병분류표 ICD-10International Classification of Diseases, 10th Version의 진단지침에 따라 ICD-10의 F20 정신분열병, F25 분열형 정동장애, F31 양극성 정동장애 및 F33 반복성 우울장애로 진단된 경우에 한하여 정신장애 판정을 하여야 하며, 의사가 정신장애를 판정하기 위해서는 장애판정 직전 1년간 지속적으로 치료하였다는 것을 증명하는 치료력 또는 의사소견서를 확인하여야 한다(환자는 치료력 또는 의사소견서를 제출).

둘째, 정신질환의 상태impairment의 확인은 진단된 정신질환의 상태가 정신장애 등급판정 기준에 따라 어느 등급에 적절한지를 임상적 진단평가과정을 통하여 판단한 뒤 등급을 정한다.

셋째, 정신질환으로 인한 정신적 능력장애disability상태의 확인은 정신장애인에 대한 임상적 진단평가와 보호자 및 주위 사람으로부터의 정보, 정신보건의료서비스를 제공하고 있는 치료자의 의견, 학업이나 직업활동상황 등 일상환경에서의 적응상태 등을 감안하여 등급판정을 내리며, '능력장애의 상태'는 정신질환(기능장애)에 의한 일상생활 혹은 사회생활의 지장의 정도 및 주위의 도움(간호, 지도) 정도에 대해 판단하는 것으로서, 정신질환(기능장애)의 상태와 함께 장애의 정도를 판단하기 위한 지표로서 이용된다. 이때 사용되는 척도는 GAF^{General Assessment of Function}로 정신적, 사회적, 직업능력이나 정신질환에 대한 평가척도이다. 육체적 기능손상이나 환경의 한계가 있지만 신체기능의 손상은 포함하지 않으며, 점수는 1~100점까지 수치화하여 판정한다.

넷째, 정신장애 등급의 종합적인 판정은 정신질환의 상태와 능력장애의 상태에 대한 판정을 종합하여 최종 장애등급을 판정한다. 다만 정신질환의 상태와 능력장애의 상태에 따른 등급에 차이가 있을 경우 능력장애의 상태를 우선적으로 고려한다. 또한 정신질환의 상태 및 능력장애의 상태가 시간에 따라 기복이 있거나, 투약 등 치료를 통해 상태의 변화가 있을 경우, 최근 3개월간 증상이 가장 심했을 경우와 가장 호전되었을 경우의 평균적 상태를 기준으로 등급을 판정하며, 정신질환의 경과에 따른 호전 및 악화, 치료 및 재활의 결과 등에 의해 정신질환 및 능력장애의 상태에 변화의 가능성이 있으므로 매 2년마다 등급판정을 다시 받아야 한다.

정신장애의 검진기관은 정신의료기관으로서 당해 장애등록 직전에 1년간 지속적으로 치료받은 의료기관과 환자의 필요에 의거 최근 3개월 이상 지속적으로 치료받은 의료기관이다.

9. 자폐성장애

1) 개념 및 분류

발달장애에 관한 정의는 1976년 미국발달장애지원 및 권리장전법 Developmental Disabilities Assistance and Bill of Rights Act: PL 94-103에서 처음으로 언급되었다. 동법은 발달장애를 "18세 이전에 발생하는 정신지체, 뇌성마비, 간질 또는 자폐증에 기인한 지속적이고 본질적인 장애"라고 정의하고 있다.

발달장애에 대한 이러한 정의는 1978년 재활, 포괄적 서비스 및 발달장애법Rehabilitation, Comprehensive Service and Developmental Disability Act: PL 95-602에서 확대되었다. 이는 범주적인 정의로부터 기능적인 정의로의 전환을 의미하는 것으로 동법에서는 발달장애를 "무기한 지속되며 세 가지 이상의 생활활동 영역(신변처리 · 언어 · 학습 · 이동성 · 자기관리 · 독립생활 · 경제적 자급)에 있어서 실질적인 기능상 한계를 초래하는, 22세 이전에 출현하는 정신적 · 신체적 혹은 그 모두에 기인하는 중증이며, 만성적인 장애severe and chronic disability"라고 정의되었다.

다시 말하면 발달장애는 어떤 특정 장애범주만을 국한하는 것이 아니라 질병을 제외한 인간의 성장발달과정에서 22세(만 21세)에서 장애가 나타나면 발달장애로 본다.

우리나라에서 이러한 발달장애라는 용어를 처음 사용한 것은 1990년대 초반으로 추정된다. 그러나 그 용어의 개념 정의는 사용하는 사람에 따라서 달리 사용되고 있다. 그러나 정부가 1999년 2월 8일 장애인복지법의 전문을 개정하고, 1999년 12월 31일 동법 시행령과 시행규칙의 전문을 개정하여 장애범주를 확대하고 장애 개념을 재개념화하면서 발달장애라는 장애 명칭을 공식으로 사용하였으며, 발달장애의 개념을 자폐증으로 정의하여 사용하였다. 그러나 동법률이 2007년 전면 개정되면서 다시 자폐성장애로 명명하게 되었다.

자폐아동은 외견상의 신체적 발달이나 운동능력 발달의 정도는 거의 정상으로 보이나 언어발달이 아주 늦고 부족하며 의사소통이 어렵고 때로는 다른 사람의 질문에 대답하는 대신에 앵무새처럼 그 질문 자체를 그대로 반복하는 등 이해하기 어려운 특성이 있다. 사람들과의 접촉에는 냉담하나 장난감이나 물건들을 가지고 노는 데는 훨씬 열심이며 상대방의 눈을 마주 보는 것을 꺼려 한다. 또한 이들은 두 손을 동시에 아래위로 흔들며 깡충깡충 뛴다든지 앉아서 몸을 앞으로 계속 흔들곤 하며 주변에 있는 물건의 위치가 바뀌는 것을 아주 싫어하며 무엇이든 있던 그대로 제자리에 놓아둘 것을 고집한다. 자폐성 장애아동의 특징을 정리하면 일반적으로 다음과 같다.

첫째, 청각 및 시각자극에 대한 비정상적인 반응이다. 일반적으로 행동관찰에서 말할 수 있는 것은 이름을 불러도 청각장애아 같이 반응이 없다든지, 바로 옆에서 일어난 큰 소리에 대해서도 전혀 나타내지 않는 등이다. 그러나 다른 한편으로, 좋아하는 소리에 민감한 반응을 나타낸다든지, 좋아하는 TV선전이 시작되면 다른 방에서라도 뛰어나온다든지 민감성과 둔감성을 함께 지닌 것처럼 보인다.

둘째, 일상적인 말의 이해가 매우 곤란하다. 언어발달이 늦다든지 아니면 발달하는 경우라도 반향어, 대명사 반전, 미숙한 문법적 구문 및 추상어를 사용하는 것이 불가능한 것 등의 특징이 있다.

자폐성 장애아동은 음성, 특히 상대방의 말에 대한 반응이 적절하지 않기 때문에 청각장애아나 감각적 실어증 아동으로 오해되는 경우가 있다. 말할 시기가 되어서도 전혀 정상적인 말을 사용하지 못하는 자폐증 아동도 많다. 그러나 한편으로는 소위 말이 만1세 전후에 확인된다는 보고도 있다. 만1세 전후에 초어가 있었어도 2~3개의 단어로서 정지하고, 일반 아동에서 나타나는 것처럼 급격한 어휘의 증가는 보이지 않는다. 그것뿐만이 아니고 2세 전후에 그때까지 유지되어 온 말도 소실되어 버렸다는 보고도 있다.

　　질병이나 사고 등의 뚜렷한 원인 없이 발어가 소실되는 현상은 자폐증 아동의 경우에는 3% 정도가 나타난다. 반향어는 언어의 소실과 병행해서 자폐증 아동에게서 특이하게 나타나는 증상이다. 반향어는 일반 아동에게 있어서도 1세 정도에 단기간의 출현이 종종 확인된다. 그러나 자폐증 아동은 장기에 걸쳐 나타난다는 것과, 감정이 빈약한 기계적인 느낌을 전하는 되풀이 소리라는 것이 특징이라고 말할 수 있다.

　　문장 구성에 있어서의 미숙은 대명사의 반전도 포함되어 있지만 자폐증 아동에 있어서 특징이 되는 점은 소위 기능어의 탈락 또는 오용이다. 기능어라는 것은 독립해서 의미를 가지는 단어(명사, 동사, 형용사 등)가 아닌, 다른 단어 또는 문장을 수반함으로써 의미를 가지는 단어를 말한다. 격조사(하고, 에, 을, 은), 특히 시간의 경과가 포함되는 접속사(~에서, ~까지 등), 조동사 등의 이해와 사용이 상당히 곤란하다. 추상어의 이해가 곤란하다는 것은 뇌장애아의 공통적 특징이라고 말할 수 있다.

　　셋째, 전반적으로 언어 또는 몸짓에 의한 말을 사회적으로 사용하기에 곤란을 겪는다. 소위 커뮤니케이션의 장애를 의미한다. 단어와 문장을 발성하고 있다고 해서 의사소통이 성립한다고 할 수 없다. TV의 선전을 장면과 관계없이 혼자 중얼거리는 등의 말은 다른 사람에게 하는 말이 아니고, 더욱이 다른 사람으로부터의 반응을 기대하는 말도 아닌 것이다. 발어가 곤란한 청각장애아와 같은 아동들은 발성기관을 매개로 하지 않고 몸짓 등의 동작을 중심으로 한 의사전달의 방법을 활발하게 사용한다. 발어를 하지 못하는 자폐증 아동이 뭔가를 요구할 때 성인의 손을 잡고 목표물로 이끌어가는 크레인 현상은 자주 관찰된다. 그러나 자기의 의사를 전달하기 위해 몸짓 등의 신호sign 언어를 자발적으로 습득하는 일은 없다.

넷째, 사회적 관계의 장애는 5세 이전에 가장 심하고 여기에는 눈맞추기, 사회적인 접촉 및 협동적 유희 등의 발달저해가 포함된다.

자폐증 아동의 발달 초기단계에는 가장 기본적인 모자관계조차도 잘 발달되지 않는다. 어머니와의 정서적인 관계가 나쁘거나 낯가리기가 확실하지 않았다고 보고된다. 그러나 해가 갈수록 가족이나 그 외의 친숙해진 사람에 대해서는 회피, 도피 경향은 약해지고 일시적으로 어머니와 공생적 관계(꼭 붙어 다닌다)가 생기는 일조차 있다. 시선 회피를 포함한 인간에 대한 회피경향은, 자폐증 아동에 있어서 사람이 왠지 자기를 위협하는 존재로 느낀다는 것을 가정할 수 있다. 그것은 특히 초기단계에서 심하고 나이를 먹으면서는 점점 약해진다. 발달 초기단계에 있어서 사람에 대한 두려움은 영속적인 대인관계 장애를 유발하는 경향이 있다.

이런 것으로부터 대인관계에 따른 공감성, 팀워크에 따른 역할, 경쟁 등 협동 활동에 필요한 능력의 발달이 곤란하게 된다. 의식적인 행동은 일상적으로 나타나며 거기에는 남달리 정해진 자기 패턴, 변화에 대한 저항, 이상한 물체에 대한 집착이나 놀이의 상동적 패턴 등이 포함된다.

자폐증 아동에게 자주 보여지는 '뚜렷한 목적이 없는 일정한 운동의 정형적인 반복'을 스테레오 타입 행동이라고 말한다. 구체적으로는 몸의 록킹rocking(몸을 앞뒤로 움직임), 빙빙돌기, 목흔들기, 손가락 움직이기, 신체의 일부를 물어뜯거나, 자기 몸을 물체에 세게 부딪치는 것 등이다.

자폐증 아동은 때로는 꼼꼼한 아동이라고도 표현된다. 완전히 열려 있는 문은 물론, 반쯤 열려 있는 상태의 문이나 창문을 그냥 두고 보지 못하는 아동이 있다. 블록을 끼우는 데에 있어서도 조금도 빗나가지 않도록 신중하게 행하기도 한다. 어떤 장면, 어떤 작업에 일정한 형태의 방법을 정해서 임기응변의 변화를 인정하지 않는 경향을 보여 주는 특성도 있다. 놀이에 있어서도 블록 쌓기, 미니자동차, 병 등을 옆으로 일렬로 나열하는 것을 고집하는 일이 많다. 이 경우 다른 나열방법이나 놀이방법을 지도하려고 다른 사람이 패턴의 일부를 바꾸면 울음을 터뜨리는 등 혼란상태를 보인다. 그러나 원래의 패턴으로 만들어주면 아무 일도 생기지 않은 것처럼 태연하게 동일 패턴의 놀이를 계속한다.

다섯째, 추상적 또는 상징적 사고 및 추상적 유희능력이 감소하는 경향이 있다. 그러나 기계적인 기억학습을 주로 해서 어느 정도까지 발달한 자폐증 아동의 경우에 다음의 발달단계로 전개해 나아가는 것이 상당히 곤란하다. 언어 면에서의 이상이나 미성숙은 공통적인 문제이다. 자폐증상도 현저하고 언어문제도 심한 상태인 경우에는 추상적인 사고는 부차적인 문제이다. 교과학습에 있어서 국어교과서를 읽거나 산수계산을 하는 것은 상당한 단계까지 가능하다고 한다. 그러나 읽기와 내용을 이해하는 것은 극단적인 차이를 보인다. 또 계산식을 푸는 일은 가능해도 서술식의 문제가 되면 간단한 것이라도 불가능하게 되어 버린다. 또 소위 흉내놀이 등과 같이 어느 것이든 역할을 맡아 하는 일, 어떤

120

장애학_통합재활적 접근

사물을 다른 것으로 정해서 하는 상징적인 놀이가 상당히 곤란하다.

여섯째, 지능의 폭은 매우 넓은데, 현저하게 낮은 수준부터 정상 또는 그 이상까지 분포되어 있다. 행동은 일반적으로 단순한 기억이나 시공간 기능을 필요로 하는 편이 상징적 내지 언어적 기능을 필요로 하는 것보다 뛰어나다.

캔너^{Kanner}는 자폐증의 특징으로서 뛰어난 인지기능을 지적했다. 이것은 자폐증 아동에게서 보이는 예민한 변별능력 등을 표현한 것일 것이다. 그러나 현실적인 문제로서 지적으로는 평균 이상을 나타내는 자폐증 아동은 적다. 특히 나이가 어린 경우 지능검사에 대한 반응이 곤란하고 측정불능인 경우가 많다. 지능검사가 가능하다 해도 하위검사에서의 검사 간의 차이가 현저하고 시간적인 계열을 묻는 것 같은 WISC지능 검사의 그림배열 등은 자폐증상이 현저한 아동에 있어서는 곤란하다. 한편 단순한 시공간 과제인 블록 쌓기와 같은 과제를 특히 잘하는 자폐증아가 많다.

자폐증의 출현율에 대해서는 많은 논란이 있으나 일반적으로 1만 명당 4~7명의 빈도로 발생되며, 우리나라에 약 4만 명 정도로 추정되나 2005년 장애인 실태조사에서는 약 2만 3천 명으로 추산하고 있다. 남여의 출현비율은 3~4:1로 남자가 많은 것이 특징이다.

2) 발생원인

자폐성 장애의 주된 원인은 복합적으로 작용되기 때문에 정확한 원인을 제시할 수는 없지만 대체적으로 정신·사회적 원인과 유전적 원인, 출산 시 뇌손상이나, 신경전달물질이상 등의 생물학적 요인이 주된 원인인 것으로 추측되고 있다.

(1) 정신 · 사회적 원인

정신의학적 초기연구들에서는 정신 · 사회적 요인이 발달장애와 관련이 있음을 보고하고 있다. 캔너는 최초보고서에서 자폐장애아동은 부모들이 정서적으로 차갑고 지적인 것에 집착하며 아동을 기계적으로 돌본다는 지적을 하였으며, 다른 연구에서도 자폐의 발생원인을 모자간의 관계 이상 내지는 애착형성의 부전에 의한 것으로 생각하였다.

하지만 최근 연구들은 자폐아동의 부모들은 성격이나 양육방식에서 비장애아동과 차이가 없다는 연구결과를 발표하고 있고, 오히려 장애발생 이후의 부모들의 우울증이나 불안증과 같은 이차적인 반응을 지적하면서 정신 · 사회적 요인들은 병인학적 요인보다는 경과에 영향을 주는 것으로 보고하고 있다.

(2) 유전적인 원인

자폐아동들은 성인이 되어도 대인관계의 장애로 인하여 결혼을 하지 않는 경우가 많기 때문에 유전학적인 연구가 어렵다. 그러나 유전적인 요인이라고 믿는 이유는 우선 일란성 쌍둥이가 이란성 쌍둥이에 비해 발병률이 높으며, 자폐아동의 형제나 자매들에서 자폐가 발생할 확률이 2~4%로 일반인구에 비해 50~100% 높다는 사실이다. 그리고 발달장애에서 유전되는 특성은 자폐적 증상 자체일 수도 있으나 정신지체와 관련된 요인일 수도 있다.

(3) 신경학적 및 출산 시 원인

자폐장애 아동은 뇌의 좌우 한쪽의 우세화가 늦어져서 양손잡이나 왼손잡이가 많다. 신체기형 또한 많이 발견되며, 신경학적 이상 소견과 간질발작, 뇌파이상 소견이 많이 발견된다. 또한 임신 중·후기의 출혈, 양수 내 태변, 임신 중의 약물 사용, 뇌염, 모성 감염에 의한 선천성 풍진과 선천성 매독 등에 의한 출생 전후의 뇌 손상도 발달장애와 관련이 있다.

(4) 생물학적 원인

자폐아동의 일부에서 세로토닌 양이 다른 아동보다 증가하였다는 연구에서 도파민이나 기타 신경전달물질의 이상 소견이 보고되고 있다. 따라서 발달장애의 주요 원인 중에 신경전달물질과 같은 생물학적 요인이 있을 것으로 추정하고 있다.

3) 판정방법 및 기준

자폐성 장애의 장애등급 판정은, ① 자폐성 장애의 진단명에 대한 확인, ② 자폐성 장애의 상태impairment의 확인, ③ 자폐성 장애로 인한 정신적 능력장애disability 상태의 확인, ④ 자폐성 장애 등급의 종합적인 판정의 순서에 따라 이루어진다.

자폐성 장애의 진단명에 대한 확인은 우리나라에서 공식적인 발달장애의 분류체계로 사용하고 있는 국제질병분류표 ICD-10의 진단지침에 따르며, ICD-10의 진단명이 F84 전반성발달장애(자폐증)인 경우에 자폐성 장애의 등급판정을 한다.

자폐성 장애의 상태와 능력장애의 상태에 대한 판정을 종합하여 최종 장애등급 판정을 내리는데 자폐성 장애는 자폐증의 상태와 능력장애의 상태의 변화 가능성이 희박하므로 등급판정을 다시 받아야 할 필요는 없으나, 연령 증가에 따라 장애정도에 많은 변화가 예상되는 경우는 의사의 소견에 따라 일정 기간 후에 재판정을 받도록 할 수 있다. 자폐성 장애의 진단시기는 전반성 발달장애(자폐증)가 확실해진 시점에서 판정해야 하며, 검진기관은 정신과(소아정신)전문의가 근무하는 의료기관이다. 다만 인근지역에 이 같은 의료기관이 없는 경우는 정신의료기관에서 진단이 가능하다.

제 **2** 부

장애인의 재활

제2부에서는 장애학의 다학문적, 총체적 재활이라는 관점에서 재활의 개념과 이론 및 특성, 재활의 대상과 목표, 재활패러다임, 재활의 역사적 변천과정 등을 심층적으로 다룸으로써 장애학과 통합재활을 위한 이론적인 토대를 구축하고자 하였다.

또한 제4장에서는 장애학과 총체적 재활의 다학문적 관점인 분야별 재활서비스, 의료, 교육, 직업, 심리, 사회, 보조공학, 성 등에 대한 개념, 대상 및 영역, 방법, 전문종사자 등으로 구분해 살펴봄으로써 장애학과 통합재활이라는 측면에서 재활의 종합적인 이론적 접근을 하였다.

3

재활의 개념 및 이념

1. 재활의 개념

'rehabilitation'은 복귀, 회복, 재활로 번역되어 사용하는 용어로서 이것은 직업을 가지고 경제적인 자립생활을 목표로 하는 개념이라고 볼 수 있다. 재활rehabilitation의 어원은 라틴어인 'habitasto make able 혹은 to make fit again'에서 유래한 것으로 '할 수 있다'는 의미이며, 인간이면 누구나 누려야 할 권리, 자격, 존엄이 어떤 원인에 의하여 손상되었기 때문에 손상된 그의 권리, 자격, 존엄을 회복시키는 것을 의미한다.

재활이라는 용어는 1943년 샌프란시스코에서 개최되었던 미국재활전국회의national conference for rehabilitation에서 최초로 사용되었는데, 이 회의에서는 재활을 "신체적으로 장애를 가지고 있는 사람으로 하여금 그가 가지고 있는 잔존기능을 최대한으로 발휘시킴으로써 신체적, 정신적, 사회적, 직업적 그리고 경제적인 능력을 회복시켜 주는 것"이라고 정

127
•
재활의 개념 및 이념

의하고 있다. 1976년 제29차 세계보건총회에서 결의(WHA 29.68)된 장애예방과 재활은 제3의 의학으로 정의하면서 의료적, 사회적, 교육적, 직업적 조치를 통합적으로 사용하여 개인을 훈련시키고 재훈련시켜 개인의 기능적 능력을 가능한 한 최고의 수준으로 높이는 것이라고 정의하고 있다. 이와 같은 개념을 종합적으로 정리하면 재활은 치료, 훈련 등과 같이 단순한 기술적인 것을 의미하는 것이 아니라 장애인을 한 사람의 사회인으로서 생활이 가능하도록 도와주는 총체적인 서비스 활동으로 정의할 수 있을 것이다.

그러나 최근 재활이라는 용어에 대해 장애인들은 극단적인 거부감을 보이고 새로운 용어로 대체할 것을 주장하고 있다. 2004년 노르웨이에서 개최된 RI 세계대회에서 이 용어에 대해 재조명하는 논의가 있었지만 대체적인 결론은 재활이라는 용어가 다소 잘못 사용되는 측면이 있다 할지라도, 이 시기에 새로운 개념을 도입하는 것은 현명하지 못하는 것이다. 이 개념이 주로 수반하는 것에 대한 새롭고 공통적인 이해와 더불어 재활에 대한 정체성을 확인하고자 하는 전문가들의 네트워크가 최근 수년에 걸쳐 발전해 왔기 때문이다. 증가하는 시설들과 전문적인 그룹들이 스스로 재활에 잠재적인 참가자들 또는 서비스 제공자들로 간주하고 있다. 그들은 재활이 시설들과 행정적인 차원에서, 개인들에 관하여 일찍 실천해 왔던 것보다 구체적인 협력을 위한 틀과 기반을 구축한다고 믿고 있다. 만일 재활의 광범위한 이해가 확립되고 공감대가 작용한다면 그 개념은 중요한 기능을 수행할 것이지만, 반대로 이 개념이 그것의 목적을 만족시키지 못한다면, 대체되어야 할 것은 목적이 아니라 개념이다. 따라서 재활이라는 용어의 사용이 적절하며, 지금보다도 더욱 해빌리테이션을 포함한 총체적 측면이 강조되어야 한다.

근본적으로 재활의 개념은 해빌리테이션을 포함한 광범위한 개념이자, 모든 행위자로 하여금 이용자 자신의 재활 노력에 대해 필요한 지원을 제공토록 하는 포괄적 지침이다. 해빌리테이션과 재활은 개인의 욕구와 선호를 시작점으로 이용해야 한다는 측면에서 같은 개념으로 사용되는데, 그 콘텐츠는 사람마다 달라야 한다. 이러한 관점에서, 해빌리테이션과 재활은 원리상의 차이는 없다. 즉, 해빌리테이션과 재활이란 제한된 시간과 계획된 과정을 통하여 달성하고자 하는 잘 정의된 목표와 수단이며, 다양한 행위자들로 하여금 그들 자신의 노력으로 사회에서 최대한의 기능과 대처능력, 자립과 사회참여를 달성할 수 있도록 협력하는 것이다.

이런 정의가 다소 길고 복잡하다고 생각할 수 있지만 재활의 기본적인 권리와 원리를 살펴보면 더욱 명확해진다.

첫째, 재활은 곧 참여기회를 의미한다. 재활은 더 이상 신체적 기능 손상, 치료 또는 일반적으로 의료계가 하는 일에 국한되지 않는다. 재활은 최대한의 독립과 사회참여의 달성을 위해 개인을 지원하는 것을 목표로 해야 한다. 즉, 개인은 다른 사람들과 동등한 조건으로 사회참여가 가능하도록 지원 받는 것이다. 참여가 곧 목표라면, 의료적 차원을 넘어 개인에 대한 다양한 영역의 지원이 필요하다. 따라서 우리 사회의 장애인에게 놓인 장벽이 제거될 수 있도록 환경 또한 개조되어야 한다.

둘째, 재활은 개인을 대상으로 한다. 재활은 가장 최우선적으로 개인에게 초점을 둔 활동이다. 왜냐하면 본질적으로 사람들은 서로 다를 뿐 아니라 그들은 각각 다른 환경에 처해 있다고 생각하기 때문에 재활서비스는 사람마다 달라야 한다. 이러한 이유로 인해 재활의 범위를 제한하는 것은 어려운 듯하지만, 그렇다고 재활이 폭넓게 확산되어야 한다는 것은 아니다. 훌륭한 재활은 항상 구체적인 여러 요소들을 포함해야 하며, 이 요소들은 사람과 단계에 따라 다양함을 의미한다. 재활과정에서 중심적 행위자는 지원에 대한 욕구를 가진 개인이다. 그 밖의 행위자들의 역할은 이용자를 재활시키는 것보다는 오히려 개인이 정의한 목표들을 달성할 수 있도록 지지와 적절한 지원을 하는 것이다.

재활범주에서의 이용자user는 단지 교통사고로 부상당한 사람이나 뇌졸중 환자를 넘어, 현재의 삶을 향상시키고자 체계적인 지원을 필요로 하는 장애를 가진 모든 사람들이다. 이는 개인의 연령이나 장애의 원인과 상관없이, 그리고 그 장애가 신체적, 정신적 또는 사회적인 것이든지, 사실상 중복되거나 혹은 복합적이든지 간에 다 해당된다. 재활은 총체적 개인entire person과 그 개인의 현재 상황을 재활의 시작점으로 간주한다. 따라서 재활지원은 기성품이 아닌 맞춤형이어야 한다.

셋째, 재활은 개인의 목표달성을 기본으로 한다. 재활은 하나의 단일 서비스가 아니라 개인의 목표를 달성하기 위해 특정한 개인에게 필요한 모든 서비스와 혜택을 담고 있는 일종의 패키지이다. 따라서 이러한 생각을 갖고 있다면, 특정한 재활 또는 해빌리테이션 서비스에 대해 이야기하는 것은 부적절할 것이다. 즉, 재활은 하나의 특정한 구조와 제도상의 획일적 경계를 넘어선다. 재활은 특정한 장소에서 발생하거나 특정한 직원에 의해 수행되는 무엇이 아니라 원칙적으로 모든 개인을 위해 재설계되어야 한다.

넷째, 재활은 가교 역할을 한다. 재활이란 과거와 현재 사이에 일어난 붕괴된 삶을 이어 주고 자신의 삶에 대한 통제력을 회복하도록 지원하는 것이다. 이것은 인적, 전문적, 실질적인 지원을 필요로 하는 개별과정이다. 또한 재활은 전환단계에서 장애인에게 문제가 될 수 있는, 즉 학령 전부터 초등학교, 중학교에서 고등학교, 교육에서 고용, 그리고 고용에서 은퇴로 이어지는 과정에서 그 가교 역할을 포함하고 있다.

다섯째, 재활은 시간적으로 제한된 과정이다. 재활은 하나의 과정이다. 과정process은 생물학과 화학에 그 기원을 두고 있는 언어로서, 일상적으로 사용되는 많은 단어들 중 하나이다. 사전적 의미에서의 과정이란 과정, 발전, 즉 여러 단계들을 통한 자연적인 발전을 의미한다. 원래의미로는 생물학적 또는 화학적 성질의 발전적 과정들을 가리킨다. 그러나 재활의 범주에서는 생물학적 과정뿐만 아니라 사회적 그리고 심리학적 과정들을 가리킨다. 재활에서의 과정의 개념은 포괄적이고, 전향적이며, 목표 지향적 변화를 의미한다. 이러한 변화를 달성하기 위해서는 관련 행위자에 의해 과정이 전개된다. 이용자의 목표를 향한 재활과정의 전개는 자연적으로 일어나는 것이 아니라 의식적으로 관리되어야한다. 나중에 논의하겠지만, 개인 또는 가족성원들이 과정을 관리할 기회를 갖도록 모든 것이 마련되어 있어야 한다.

재활과 관련하여 흔히 사회복지서비스에 대한 논의가 있는데, 여기에서 서비스 또는 혜택 그 자체는 과정이 아니다. 재활의 정의는 시간이제약된 과정으로서 분명하고 현실적인 시간의 틀이 그 과정을 위해 정해져야 한다는 의미이며, 그 계획과 방법들은 설정된 목표들과 관련하여 평가될 수 있다.

목표가 비교적 짧은 시간에 달성되어야 한다는 요구 때문에 개인의 목표를 명확하게 하거나 그 개인의 자원을 분석하기 위한 기회가 제한되어서는 안 된다. 그럴 경우라면 재활은 비교적 단순한 조건을 가진 사람들에게만 의미 있는 것이다. 만약 선택된 방법이나 정해진 시간 틀에 따라 목적이 달성될 수 없다면, 계획과 방법들은 과거의 경험을 토대로 재평가되어야 하고 새로운 시간의 틀이 설정되어야 한다.

물론 재활과정이 필요 이상의 긴 시간이 소요되어서는 안 되지만 재활의 목표가 최상의 사회적 참여와 자립이 될 때, 이 과정은 상당한 시간이 소요될 수 있다. 과정 속에서 예상치 못한 것이 일어난다고 볼 때, 그 사람은 시도뿐 아니라 실패할 수 있는 시간과 기회도 주어져야 한다. 그러므로 시간에 제한되어야 한다는 것은 과정상의 방법임을 의미하는 것이지, 반드시 시간에 얽매여야 한다는 것이 아니다.

여섯째, 재활은 협력과 조정을 기반으로 해야 한다. 이는 재활이 협력적 과정이어야 한다는 것을 강조하는 것이다. 이용자 또는 가족 구성원과 서비스 제공자 간의 협력, 또는 지자체, 지역 및 국가적 수준의 서비스 제공자 간의 협력을 포함한다. 또한 제도차원의 협력을 포함함으로써, 이용자 또는 가족들이 직접적으로 접촉하며 일하는 사람들에게 필요하고 조정된 지원을 위한 최상의 상황을 갖도록 해야 한다.

2. 재활의 대상과 목표

재활의 대상에 대해서는 논란이 있을 수 있지만 성과를 위해서는 이 관점을 분명히 할 필요가 있다. 재활의 대상인 이용자는 여러 재활 관련 서비스 및 사회복지정책의 도움을 받는 모든 사람들로 칭할 수도 있으나, 동시에 시민이라는 것을 염두에 두어야 할 것이다. 재활범주의 이용자들은 어떤 이유에 의해서든 기능이 저하된 모든 연령층의 사람들이며, 그들은 삶의 핵심적인 목표달성을 위해 잘 기획되고 조정된 재활 서비스를 필요로 하는 사람들이다. 그러나 장애 그 자체는 상대적이고, 관

132

계적인 특성이 있기 때문에 한마디로 그 대상의 규모를 정확히 말한다는 것은 어려우며, 또한 장애를 입은 사람이라고 해서 재활을 필요로 하는 것도 아니다. 또한 재활 맥락에서의 이용자는 장애를 입은 개인과 그 가족도 포함하기 때문에 이용자라는 개념을 사용하는 사람들은 구체적으로 누구를 염두에 두고 있는지 분명히 할 필요가 있다.

재활과정을 제공하는 많은 기관들은 그들의 이용자에 대한 용어를 각기 다르게 사용해 왔다. 의료재활 분야에서는 환자라고 칭하고, 사회복지서비스 분야는 클라이언트, 정부에서는 대상자 혹은 참여자, 그리고 교육재활에서는 학생이라는 용어를 사용해 왔다. 그러나 일부 기관에서 서비스나 사회보장 관련 혜택을 동시에 받고 있는 사람들을 보다 보편화된 이용자user로 표현하고 있는데, 마찬가지로 이 책에서도 이 용어를 사용하고자 한다.

이용자는 서비스 이용자임과 동시에 독특한 역할과 직분을 가진 개인이자 시민이기도 하다. 한 재활 이용자가 "나는 재활과 관련하여 여러 가지 서비스를 받고 있습니다. 그러나 나는 동시에 한 가정의 딸이며, 친구이고, 아마추어 사진작가이며, 개도 한 마리 기르고 있습니다."라고 말할 수 있는 것처럼 그는 시민이기도 하다.

오늘날 정확한 집계는 나와 있지 않지만 재활의 대상 집단 규모는 상당히 큰 것으로 예상된다. 이 대상 집단 속에는 아동, 사춘기의 청소년, 성인, 노인 등 신체, 정신, 심리, 사회 또는 중복적 이유에 의해서 기능이 저하된 모든 사람들을 포함한다. 즉, 재활에서 일반적으로 정의하는 것처럼 저하된 기능의 회복과 향상을 위해 재활서비스의 도움을 받아야 할 권리가 있는 모든 사람들이 대상이 된다.

그러나 대상 집단이라는 용어를 사용한다고 해서 재활과정이 집단을 대상으로 한다고 보면 안 된다. 오히려 재활은 개별과정을 중요시하고 있다는 점을 강조한다. 재활과정의 목표달성을 위하여 간혹 전문적인 용어나 개념을 사용하기도 하지만 여러 가지 사회적, 물리적, 신체적 장벽을 극복해야 하는 개인을 중심으로 하고 있음을 기억해야 한다. 또한 재활 대상을 말할 때 많은 학자들은 가족 및 가까운 친구들이 재활의 대상에 포함되어야 한다고 주장한다. 특히 한 가정의 어린 자녀가 저하된 기능을 가지고 있다면, 이는 결국 가족 전체는 물론 친지들에게도 영향을 미칠 것이다.

사람이 어떻게 기능하고 얼마나 안정감 있게 행복을 누리는가 하는 것은 대개는 주변에 어떤 사람들이 있으며, 그들과 어떻게 관계를 맺으며 상호 작용하는가에 달려 있다. 이는 장해를 입은 개인이나 그 가족에게도 동일하게 적용된다. 따라서 장애란 '상대적'일 뿐 아니라 '관계적'이기도 하다. 여기에서 '관계'라고 하는 것은 개인 당사자와 그 가족이나 친구와의 관계일 수도 있고, 또는 '장애 가정'과 이웃, 직장, 학교 등과 같은 환경과의 관계일 수도 있다.

인지손상cognitive impairment이 있는 자녀들의 부모는 그들이 필요로 하는 도움이나 지원을 얻는 데 특별히 많은 어려움을 경험하는 것 같다 (Syse and Skoghein, 1994). 또한 심리적 손상을 가진 가족 구성원이 있다면, 그들이 아동(Færevåg, 2001)이건 부모건(Mevik, 1998; Mevik and Trimbo, 2002) 간에 같은 어려움을 겪게 마련이다. 우선은 서비스 시스템으로부터 거절당하거나 적절한 정보를 받지 못한다. 우리가 염두에 두어야 할 것은 장애를 입은 또는 장애인 당사자만이 재활과 관련된 여러 가지 서비스를 필요로 하는 것이 아니라 이에 못지않게 가족들도 서비스를 필요로 한다는 것이다.

장애를 가진 자녀들을 보살피고 지원하는 데 추가로 소요되는 과제 못지않게 자신들의 삶을 원만하게 유지하기 위한 도움과 지원이 필요하다(Grue, 1993). 이와 같이 장애 아동이 있는 가정은 독특한 욕구뿐 아니라 지원과 도움을 받을 권리를 가지고 있다. 예를 들어, 필요하다면 주거 개축을 해야 할 권리, 지속적인 보살핌으로부터 휴식을 얻어야 할 권리, 또는 보다 더 잘 보살피기 위한 훈련을 받아야 할 권리도 있다.

더욱 중요한 것은 자칫하다가는 직장과 사회적 관계성으로부터 격리될 수 있으므로 이에 대해 도움을 받아야 할 권리가 있다. 또한 장애를 갖고 있는 개인이 서비스 시스템과 의사소통의 문제가 있을 때, 필요할 경우 가족들이 대신 나서서 재활과정과 관련된 결정을 대행해야 할 것이다. 아마도 이런 경우 이용자는 단수가 아닌 복수가 되어야 할 것이다.

재활의 목적이나 목표는 개인의 최대한의 기능과 대처능력, 독립과 사회참여를 달성하기 위하여 필요한 지원을 제공하는 것이다. 얼핏 이것은 분명한 개념처럼 보이지만, 다양한 개념들이 무엇을 의미하는지, 그리고 재활에서 다양한 행위자들이 어떻게 결합할 수 있는지에 대해 생각해 볼 경우, 우리가 사용하는 많은 개념들이 서로 다른 방식으로 이해될 수 있다는 것은 참으로 놀라운 일이다.

일반적으로 재활의 일차적 목표는 장애인의 최적의 기능수준을 되찾아 최상의 생활을 유지할 수 있도록 도와주는 것으로, 목표는 다음과 같은 수준으로 정의할 수 있다.

첫째, 장애의 예방이다. 이는 1차 수준의 예방(산전, 산후관리, 유전상담), 2차 수준의 예방(조기발견 및 치료), 3차 수준의 예방^{ADL: Activities of Daily Living}(훈련 및 보장구 사용교육)을 포함한다. 최근의 장애 개념이 환경적 요인을 중시하면서 장애예방에 대한 내용과 범주도 확대되고 있으며 이에 대한 지속적인 연구와 추적조사가 중요한 과제로 등장하고 있다.

둘째, 기능향상으로 인해 손상된 신체부위의 능력 증진뿐만 아니라 손상되지 않은 신체 부분의 기능적 보상과 보장구 사용 그리고 환경적인 장애의 제거 등이 포함되며, 기능향상의 목표는 장애인이 독립할 수 있는 정도가 목표되고 있다고 보아야 할 것이다.

셋째, 사회적 통합으로 장애인이 교육, 직업, 심리 등을 포함하여 사회의 한 구성원으로서 살아갈 수 있도록 하는 것을 포함한다. 즉, 장애인들이 자연스럽게 지역사회에 통합하는 것이다, 이는 자신의 결정과 역량을 통해 자율적으로 지역사회에 통합하는 과정이라고 볼 수 있다.

마지막으로 재활의 목표는 인간다운 권리를 회복하는 것이다. 장애인도 우리 사회의 구성원이며 구성원이라면 사회의 시민으로서 기본권이 보장되어야 할 것이다. 재활은 장애인이 시민으로서 누려야 할 권리와 의무를 자연스럽게 행사할 수 있도록 하는 과정이다.

3. 재활이론 및 특성

1) 재활이념

재활은 어쩔 수 없이 환경적 요인, 즉 세계의 동향이나 그 나라, 사회, 경제, 문화적 상황에 따라 변화될 수밖에 없다. 따라서 재활을 이해하기 위해서는 사회의 변천에 따른 장애인관이나 재활이념에 대한 고찰이 선행되어야 한다. 이런 의미에서 여기서는 변화하는 사회 속에서 장애인관이 어떻게 변화했으며, 재활이념은 어떤 사상을 기본으로 하는지 살펴보고자 한다.

(1) 사회의 변천과 이념의 변화

재활의 역사는 인류의 역사에 못지않게 긴 것이라고 할 수 있다. 고고학적인 유물의 고찰에 의하더라도 신체구조상의 결함은 태고로부터 존재하고 있었으며, 5천여 년 동안 보존되어 온 이집트 미이라에서도 골수염 또는 결핵성 척추로 인한 신체의 결함이 있었던 것을 증명해 주고 있다.

기원전 5세기경 특히 히포크라테스의 당대를 기점으로 하여 심신의 질환을 의학적으로 진단, 치료하려는 노력이 이루어졌다고 할 수 있다. 그러나 중세기에 이르기까지 심신장애를 둘러싼 각국의 미신적이고 민속적인 사고방식에는 큰 변화가 없었다. 우리가 사회의 변천을 고찰함에 있어서 한 가지 명심해야 될 점은 모든 시설이나 제도의 발달은 변천하는 장애의 원인과 양상, 질병의 역사, 의학기술을 비롯한 장애에 대한 지식의 보급과 아울러 일반사회의 변천하는 의식구조, 가치관 등과 밀접한 관계를 맺고 있다는 것이다. 여기서는 기본이념의 변화를 그리스-로마시대, 중세시대, 근세사회로 구분하여 고찰하고자 한다.

① 그리스-로마시대의 재활이념

고대 그리스 사람들은 신체의 건강과 미에 대한 찬미 풍습이 어느 민족보다 뛰어나 척추장애인, 난쟁이, 지체장애인, 청각언어장애인 등을 추한 인간의 표본으로 생각하였고, 이들을 식충이라 하여 산중에 버려서 아사하게 했었다. 그리스-로마시대에 어린 장애아동들은 빈번히 유아살해의 대상이 되었고 스파르타의 법은 출생 후 첫 주에 모든 유아들에 대한 신체검사를 하도록 하여 잠재적 장애를 지닌 아이들은 제거하였다.

로마인들은 청각언어장애인들을 리벨강에 던져 익사시키거나 투기장과 흥행장 귀족들 연회의 노리갯감으로 이용하였으며, 네로왕은 장애인을 활쏘기 연습의 표적으로 사용하였다. 이 시기의 장애인은 편견, 유기, 조소, 학대, 조롱이 대상이 되었다. 정신지체를 표현하는 백치idiot는 변한 자, 쫓겨난 자, 악마가 붙은 자를 의미하는 그리스어 'idiotas'에서 기원한다. 유아살해가 스파르타에서는 위와 같은 군사적 목적, 아테네에서는 사회적이고 종교적인 의미를 지니는 것이었다. 아테네인들은 장애에 불사의 영혼이 내포되어 있다는 종교적 신념을 가지고 있었으므로, 죽은 후 환생을 통해 보다 나은 삶을 영위할 수 있다고 믿었다. 이러한 믿음은 부모들까지 자신의 유아살해를 수용하는 쪽으로 기울게 만들었다.

플라톤은 저서『공화국』에서, 사회는 비생산적인 구성원들을 부양할 만큼 사치스럽지 못하기 때문에 우수한 시민들의 자손들만 양육해야 한다고 주장하였다. 또한 18세기의 계몽기까지 서구의 시민사상에 많은 영향을 끼친 아리스토텔레스는 언어적 대화가 불가능한 청각장애아, 즉 농아는 교육이 불가능한 것으로 여겼다. 아리스토텔레스는 그의『감각론』에서 모든 능력 중에 동물의 생존에 가장 중요한 것은 시력이지만 지성에 대해서는 청력이 중요하다고 하여 듣는 것을 교육의 가장 우수한 신체기관의 기능으로 보았다. 듣는 것은 음성의 감각이며, 음향은 사상전달의 운반차와 같기 때문에 농아는 그 사상의 운반차인 언어를 소유하고 있지 않으므로 그들은 교육을 할 수 없다고 하여 청각언어장애인의 교육을 인정하지 않았다. 이처럼 그리스-로마시대의 인간관은 인간의 본질이 이성을 지니는 데 있다는 이성 인간관Homo Sapiens이라고 지칭하였다.

플라톤에 의하면, 이성은 인간의 사고와 행동을 인도하고 통솔하는 능력이며 이러한 합리적 사고의 능력을 가진 인간만이 자율적 행위를 보장받고 사회에 대한 봉사와 발전을 가능하게 한다고 보았다. 인간의 영광 혹은 인간 중심사상은 플라톤과 아리스토텔레스 사상의 핵심이었다. 로마민족은 장애인을 학대하는 것을 마치 국민의 권리인 것처럼 여겼으며, 부정의 방지책으로 이들을 감옥문지기로 삼았고, 맹인은 대부분 버려지거나 점술 또는 음악을 했고 유랑 걸식의 생활을 했다는 기록도 있다.

한편 고대나 중세에 있어서 특출한 재능이 있는 맹인이 동서양에 가끔 출연하여 당시 사회에서도 이례적인 대우를 받았다. 그리스의 대시인 호머Homer(BC, 8세기)는 음유시인으로서 불후의 명작『일리아드와 오디세이』를 저작하여 당시 그리스인의 이상과 모범으로 여겨진 그리스교육의 교과서로 사용되는 등 오랫동안 큰 영향을 미쳤다. 그러나 분명한 것은 그리스-로마시대는 재활이념에 있어 미신적인 시대로, 장애유아를 유기하거나 처형을 묵과했던 비인도주의적인 이념이 팽배했던 시대로 결론지을 수 있다.

② 중세의 재활이념

중세에 이르러 과학의 발달과 문예부흥, 종교개혁 등 일련의 사회변동을 통하여 인간존중의 사상이 발전하면서 재활이념도 더불어 발달하였고 장애인의 교육, 의료, 직업과 같은 장애인의 사회참여에 관심이 높아지기 시작하였다. 특히 중세의 종교적 운동은 신체적, 정신적 장애를 지닌 사람들을 보호하고 방어해야 한다는 연민을 사회가 어느 정도 인식하도록 하였다. 그리스도인은 장애인의 출현과 발생을 인류의 각종 근원적 죄에 따른 결과라고 인식하였다. 또한 일부 종교인은 장애를 지닌 아이들은 악마와 성관계를 가진 결과라고 하여 장애아의 출생 원인을 허물이 많은 어머니에 대한 마법의 회귀라고 낙인지웠다. 불행에 빠진 사람들에 대한 동정은 종교적 가르침이었지만, 많은 종교지도자들은 이상행동을 보이는 사람들을 영혼이 없는 사악한 악마에 사로잡힌 결과로 보았다.

초기기독교의 교부인 아우구스티누스는 「로마서 제10장 제17절」에 근거하여 사랑이란 말을 통해서 하느님의 구원을 받는 것이라 하여, 말을 소유하지 아니한 농아인은 하느님의 구원을 받을 수가 없다고 하였다. 이러한 영향으로 인하여 종교개혁 때에 이르기까지 농아인들은 교육과 구제사업으로부터 제외되었다. 그러나 중세 구교의 권위주의적, 형식적 신앙에 반대한 루터는 신은 인간의 혼에 내재하는 것으로서 인간의 자율적이고 주체적인 깊은 신앙이야말로 신과 인간을 합치시키며, 따라서 스스로 자연스러운 선한 마음을 가지고 직접 체험적으로 신과 접촉할 수 있는 청각언어장애인이나 시각장애인 혹은 지적장애인이라도 그리스도인이 될 수 있다고 하였다.

그러나 대부분의 사람들은 지적장애를 신의 행동으로 간주했으며, 성행위와 재생산 사이의 밀접한 관련 때문에 장애아를 가진 많은 부모들은 그들의 잘못된 성행위가 신의 처벌을 초래하였다는 그릇된 은폐적인 사고를 지니고 있었다. 예를 들면, 뇌성마비 아동의 부모들이 뇌성마비의 원인을 혼전 성관계나 자신의 종교와 관련 없는 배우자의 선택 때문이라고 생각하여 죄의식을 지니고 있는 것을 들 수 있다. 이러한 잘못된 태도와 인식은 장애를 지닌 사람들을 동료로서 수용하기보다는 동정 혹은 작은 관심의 대상으로만 생각하게 만들기 때문에 이들과의 상호작용은 본질적으로 일방적이거나 시혜적인 것이 된다.

특히 구약성경에서는 장애인들은 자신의 장애에 대해 개인적 책임이 있다고 보고, 이에 많은 사회적 낙인과 두려움, 공포와 회피라는 사회적 격리의 대상이 되도록 하였다. 개인의 죄 혹은 비도덕적 행동이 장애를 일으키며, 질병과 신체장애는 죄와 비도덕적 행동의 결과로 인해 하느님으로부터 보내진 것이라고 하였다.

이와 같이 성경은 장애 나름에 대한 그릇된 시각과 불신을 없애는 데 있어 방해요소로 사용되어 왔다. 그러나 중세말 인간정신과 사회의 긴장에서 나타난 르네상스 휴머니즘은 인간의 존엄성을 강조하게 되어 재활이념도 새로운 전환기를 맞이하게 된다.

르네상스 휴머니즘은 14~17세기에 걸쳐 전개된 문예부흥운동을 통하여 형성된 인본주의 사상으로 그 시대의 지배적 신, 자연, 인간관이라고 할 수 있다. 이때 인간은 신을 모방해서 창조된 존재자이기 때문에 신처럼 성스러워야 하고, 신이 창조자로서 피조물을 지배하듯이 인간은 만물의 영장으로서 문화를 창조하고 지상에 군림한다고 여겨지기 시작했다.

인간의 존엄성이란 말은 가장 진정한 인간존재의 자질로서 '후마니타티스Humanitatis' 그 자체와 동일시하였으며, 르네상스 휴머니즘도 여기서 이끌어낸 것이다. 이러한 문예부흥과 함께 종교개혁으로 인해 인간성 회복이 강조되고, 인권존중 사상이 대두되어 비로소 장애인에 대한 교육과 보호사상이 높아져 장애인에 대한 태도에 큰 변화가 오게 된 것이다.

이러한 르네상스 휴머니즘이 발견한 인간의 본성은 자유, 자율성, 자기규정의 능력에 기초를 두는 한 인간의 존엄성, 언제나 소질을 발휘할 수 있는 만능의 소질, 감성 추구와 찬미, 직업과 교양 추구, 이성과 비판정신, 사회정의의 실현, 그리고 회의와 반성의 정신에 있다. 인간은 다른 인간과의 연대 속에서 참된 인간으로서 완성될 수 있다고 보며, 인간공동체의 목적도 개개인의 잠재력 실현이라고 본다.

결론적으로 중세의 재활이념은 중세 초기에는 그리스-로마시대와 별다른 차이를 발견할 수 없었으나 중세말 르네상스 휴머니즘의 영향으로 장애인도 인간의 존엄성이라는 차원에서 보호받아야 할 대상으로 받아들였다.

③ 근세의 재활이념

19세기 초까지만 하더라도 중세의 영향으로 유럽 각지에는 장애인들의 의료, 교육, 직업훈련의 목적보다는 보호적 시설을 제공하는 수준이었다. 그러다가 제1차 세계대전을 계기로 큰 전환점을 맞게 되었다고 할 수 있다. 특히 제1차 세계대전 참전으로 인해 신체의 결함이나 질환을 얻게 된 군인 및 일반시민들에 대한 보호, 치료, 보상의 대책으로 각종 제도가 발달하기 시작하였다. 뿐만 아니라 20세기 초기는 독일, 영국 등을 비롯한 서구 제국이 정치적, 사회적인 요인으로 인해서 소위 복지국가를 표방하고 나섰으므로, 자연 심신장애인의 복지증진을 위한 제도적, 입법적 발달에 큰 관심을 둔 것은 당연한 일이다.

구체적인 예로 독일의 경우에는 제1차 세계대전이 끝난 직후에 참전부상장병들에 대한 국가적인 보상의 일환으로 장애용사 강제고용법을 채택하였다. 반면에 영국에서도 이와 비슷한 입법을 제정하려고 시도하

142
•
장애학_통합재활적 접근

였으나 결국 제2차 세계대전이 끝나가는 1944년까지 기다려야만 했다. 이와 같은 예는 다른 나라에서도 얼마든지 찾아 볼 수 있는데 한 가지 특색은 이미 제1차 세계대전 중에 전쟁으로 인한 장애에 대한 보상, 해결책이 강구되었으나 실시되지 않은 상태로 남아 있다가 제1차 세계대전의 상처가 채 가시기도 전에 제2차 세계대전을 맞게 된 점이다. 따라서 제2차 세계대전 이후의 추세는 본격적인 의미에서의 직업보도, 사회보장 등이 재활이라는 개념과 직접적인 연관을 맺게 되었고, 군·경의 재활, 보상에 국한되지 않고 이를 필요로 하는 일반국민들에게도 보급되었다는 점이다.

장애로 인한 문제는 매우 심각하다고 할 수 있다. 과연 우리가 어떻게 소득능력의 상실은 물론, 자신의 몸조차 제대로 돌볼 수 없는 상황에서 야기되는 인간존엄성의 상실을 돈으로 환산할 수 있겠으며, 심신의 장애로 인한 욕구불만, 갈등, 초조, 의존성, 심신의 고통 등을 어떻게 숫자로 환산해낼 수 있겠는가, 더 나아가서 장애인이기 때문에 수모를 당해야만 하는 멸시와 편견의 체험을 어떤 시설이나 제도가 제거하거나 극복해 줄 수 있겠는가 하는 문제들이 앞으로 보다 깊게 조사 연구되어 사회정책의 대상으로 반영되어야 할 것이다.

특히 최근의 재활이념은 시대적 상황이 급변하기 때문에 변화의 속도가 더욱 가속화되고 있는데 그 변화 양상을 대체로 다음 일곱 가지로 요약할 수 있다.

첫째, 최근 재활 관련 연구보고서들은 거의 한결같이 장애인구가 증가하고 있음을 보여주고 있다. 이것은 장애에 관련된 문제가 종래와 같이 운이 없거나 불행한 소수인의 문제가 아니라 전체 국가나 사회가 담당해야 할 광범위한 문제로 등장했다는 사실을 재인식시키는 계기가 되고 있다.

둘째, 장애의 개념 자체도 많은 발전과정을 거쳐 상당히 포괄적인 개념으로 바뀌었다. 예를 들면, ⓐ 신체, ⓑ 정신, ⓒ 사회, ⓓ 정서, ⓔ 직업적 장애 등 세분화되고 구체화된 개념의 규정으로 각 분야의 기술과 이론에 따라 재활의 대상을 분명히 했다는 점이다.

셋째, 장애인 인구분포 실태조사에 못지않게 우리의 관심을 끌어야 할 분야가 장애로 인한 경제적 손실의 문제이다. 이러한 자료를 수집한다는 것은 용이한 일이 아니나 체계적인 재활시설과 제도의 타당성을 제시하기 위한 필수 불가결한 작업이 될 것이다. 따라서 선진국에서는 이러한 자료수집을 상당히 중히 여기고 있는데, 미국의 경우, 알코올중독으로 상실된 임금과 이들 환자들의 재활에 소요되는 비용이 매년 150억 불이며, 정신병에 관련된 국가 비용이 210억 불로 추산되고 있다. 경제적 손실 그 자체만도 경종의 대상이 되고도 남음이 있겠지만 이에 못지않은 인간적 손실까지를 포함시킨다면 현대인이 당면한 장애로 인한 문제는 매우 심각하다 하겠다.

넷째, 전쟁노력을 위한 인력공급의 목적을 중심으로 직업재활이 발달되었고 또한 자본주의 경제제도의 근본원리가 독자적인 생산능력을 가진 근로자를 요구하기 때문에도 노동이란 개념이 재활과 역사적인 관계를 맺어 온 것이 사실이다. 그러나 현대에 이르러서는 특히 선진국에서는 전례 없는 경제적 불황을 겪고 있음과 동시에 노동에의 복귀와 노동능력의 소유라는 단순하고 편협한 척도로서만 각종 재활사업의 성공 여부를 평가하던 과거의 태도에 대해 상당히 비판적인 태도를 취하고 있다. 따라서 노동 그 자체보다는 한 장애인이 그의 모든 잠재능력을 최대한으로 계발하고 그의 선택에 따라 그에게 최대한의 만족을 부여할 수 있는 삶의 형태를 보장하는 방향으로 노력이 기울여지고 있다. 극단적인 예를 들면, 장애인 가운데에는 그 장애의 독특한 유형이나 진단상 노동이 불가능하다면 노동만이 성공의 척도가 된다고 강조하지 말고 여생을 원만한 시설보호 속에서 보내도록 해줄 수도 있는데, 이는 모든 국민은 인간으로서의 존엄과 가치 및 행복을 추구할 권리를 가지며, 국가는 개인이 가지는 불가침의 기본적인 인권을 확인하고 보장할 의무를 진다는 대한민국 헌법 정신과도 부합된다고 할 수 있다.

다섯째, 세계보건기구[WHO]는 재활이란 의료, 교육, 직업보도 및 사회적 재활을 통한 장애인 개개인의 능력을 최대한 계발시키기 위한 일련의 서비스라고 정의하고 있다. 이 개념이 명시하고 있는 바와 같이 하나의 전문지식이나 분야로서만 전인적인 재활의 목적을 달성할 수 없으므로 여러 분야가 공동으로 참여하고 협력하는 추세가 강조되고 있다. 때로는 기술과 예산의 부족 등을 이유로 복합적인 서비스를 일률적으로 제공하지 못하는 경우가 허다하다. 예를 들어, 의료재활을 완수한 후에도 교육 및 사회적 재활의 미흡으로 사회복귀를 못하고 장기 시설환자로 남아 있게 되는 경우이다. 뿐만 아니라 의료, 교육, 사회 기타의 기능이 각기 다른 행정관서의 관할에 속하기 때문에 이로 인해서 야기되는 각 부서, 분야의 경쟁, 견해 차이 등이 체계적이고 함축성 있는 재활서비스 시행상의 저해요소로 지적되고 있다.

여섯째, 장애인 인구의 증가, 사회적 인식과 가치관의 변경, 다각적인 재활원리의 적용 등에 따라 재활의 시설이 현저히 증가되고 있다는 것이다.

끝으로 첨가되어야 할 점은, 재활서비스제도 발달의 주요 요소는 한 국가의 경제 사회적인 요건이며 장애인 전체 인구가 경제활동 전체에 미

표 3-1 | 사회적 변천과 재활이념

시대적 구분	재활 이념
그리스-로마시대	비인도주의적인 이념
중세사회	장애인을 보호받아야 할 대상으로 보고 있으나 수용보호 위주의 복지(시설 중심의 이념)
근세사회	일반화normalization, 사회통합socialization

치는 영향의 정도가 얼마나 큰가 하는 것이다. 따라서 경기침체라든가 실업자의 증가 등의 경제사회 현상이 지속되는 여건하에서 보다 원만한 재활시설의 발달을 기한다는 것은 용이한 일이 아니며 국가사회의 큰 과제로 남아 있게 된다는 점이다.

결론적으로 근세사회의 재활이념은 비인도주의적인 차원과 수용보호의 차원을 넘어 장애인도 사회의 구성원으로서 당당하게 사회에 통합되어야 한다는 재활의 기본이념이 싹트고 정착되고 있는 시점이라 볼 수 있다.

(2) 재활의 기본이념

재활의 기본이념은 인간의 가치실현이다. 각 인간은 존중받을 만한 가치를 지니며 또한 민주사회 내에서 생계를 유지할 수 있는 천부의 권리를 부여받았고 이는 장애를 가진 사람도 동일하다. 미국의 경우 재활에 관한 이념적 바탕으로 다음 세 가지를 제시하고 있다.

첫째, 기회의 균등이 모든 미국시민에게 보장되어야 한다. 이 원리는 미국시민으로서 장애인에게 특별한 서비스를 제공하게 해서 그들이 취업과 함께 비장애인으로서 시민의 권리와 의무에 참여할 준비를 하게끔 한다.

둘째, 인간은 전인격적 존재이다. 다시 말하자면 인간은 신체적, 정신적, 사회적, 직업적 또는 경제적 부문으로 나누어질 수 없다는 것이다. 인간은 하나의 완전한 개인이며, 개개의 각 부분이 전체를 형성하는 다른 부분과 상호 작용하기 때문에 재활은 장애를 가진 사람을 전인격적 존재로서 인식하는 데서 출발해야 한다.

셋째, 모든 인간은 독특한 존재이다. 장애에 대한 심리적, 개인적 반응은 개인에 따라 제각기 다르다. 어느 누구도 완전히 똑같은 욕구나 잠재능력을 가지지 않는다. 즉, 각 개인마다 독특한 요구와 소질, 대처방법 및 목표가 있다.

위의 세 가지 사항은 UN의 1971년 정신지체인의 권리선언, 1975년 장애인의 권리선언, 1976년 세계장애인의 해 선언, 1980년 세계장애인의 해 행동계획, 1983년 장애인 10년의 장애인에 관한 세계행동계획, 1992년 아·태 장애인 10년 선언문, 1993년 UN의 기회균등화에 관한 표준규칙 등에서 나타나고 있는 이념들이다. 특히 이러한 UN의 선언과 행동계획에서 강조하고 있는 것은 첫 번째의 기회균등화equalization of opportunities로, 이는 물리적, 문화적 환경, 주택과 교통, 사회, 보건, 교육과 취업, 스포츠와 레크리에이션 시설을 포함한 사회재활 전반에 걸쳐 사회제도를 모든 사람들이 이용할 수 있도록 하는 것을 말한다.

이와 같은 미국이나 국제적인 움직임을 종합해 볼 때 재활이념은 인권존중, 생명존중, 전인격의 존중, 사회통합의 존중, 평등의식의 존중 등으로 정립해 볼 수 있다.

① 인권의 존중

장애인 재활의 이념을 정립하기 위해서는 장애인의 사회적 평가가 오랜 역사의 과정에서 편견이나 차별이 있었다는 사실을 인식하고, 장애인이 한 사람의 인간으로서의 존엄 위에 당연한 권리와 의무를 가지고 있다는 인간존중의 이념이 있었다는 사실을 알아야 한다. 세계인권선언에도 장애인은 자유와 존엄과 권리에 있어서 평등하다고 하였고, 장애인의 권리선언에서도 장애인은 인간으로서의 존엄이 존중되고 같은 나이의 시민과 동등한 기본적 권리를 가지고 있다고 하였다.

이것은 우리나라의 헌법을 비롯하여 장애인복지법 등에도 장애인의 인권존중이 강하게 규정되어 있다. 특히 사회의 소수집단으로서의 장애인은 스스로 사람으로서의 당연한 권리를 주장해야 하며 그것을 지켜주지 못한 사실에 대해서 사회 전체가 분명하게 인식하지 않으면 안 된다. 사회 속에서 장애인의 인권을 존중하는 것은 사회 전체의 인권을 존중하는 것이 된다.

1981년 세계장애인 해International Year of Disabled Persons의 주제를 완전참여와 평등으로 한 것은 인류의 가장 고귀한 양심선언임과 동시에, 사회가 지향해야 할 이념과 인류의 새로운 미래를 시사해 주는 것이라고 할 수 있다. 현대 민주사회는 개체 인간에게 자기실현의 기회를 보장해 주는 것을 기본임무로 한다. 독특한 존재인 개인의 자기실현을 위한 최적의 조건보장은 인권보장의 기본방향이다. 그런 의미에서 장애인 재활은 인간의 존엄, 사회의 연대, 완전한 참가 등 권리로서의 복지와 평등의식에서의 권리 보장이 실현되는 인권의 존중이 기반이 된다는 것이다.

② 생명의 존중

장애인의 재활대책은 인간생명 존중의 자각으로부터 시작되어야 하며, 어떤 상태에 처한 사람이라도 다른 어떤 것과도 대치가 허용되지 않는 존재로서 존귀한 가치가 있으며 삶의 권리에 있어서도 경중이 있을 수 없다는 인식이 있을 때만이 그러한 대책들이 정당한 가치를 부여받게 된다.

오늘날 어떻게 하면 개인차가 있는 모든 사람이 행복한 상태로 사람다운 생활을 할 수 있는 사회로 만들 것인가 하는 기본 명제를 가진 사회에서만이 장애인 재활대책의 정당성이 인정될 것이다. 독일의 바이마르 헌법은 제151조에서 경제생활의 질서는 모든 사람에게 사람다움에 상응하는 생활을 보장하는 것을 목적으로 해야 함을 규정하고, 인간의 생존권과 복지이념을 최초로 실정법으로 명확하게 밝히고 있다. 이리하여 현대국가는 모든 국민에게 건강하고 문화적인 최적의 생활을 영위할 수 있는 권리를 기본적으로 설정하게 되었다.

따라서 최저생활보장을 요구하는 긴급성을 띤 생존권보다 사람다운 생활수준의 유지 향상을 위한 국가적 노력을 요구하는 생활권으로 확대되게 되었다. 최근 장애의 중증화, 중복화 경향에 따라 더욱 장애인의 생명을 존중할 수 있는 재활이념의 확립이 요청된다.

③ 전인격의 존중

우리 사회의 장애인에 대한 시각은 장애를 통하여 그 사람의 전체를 장애인으로 규정한다고 할 수 있다. 그러나 깊이 생각해 보면 장애라는 것은 그 사람이 지닌 신체의 일부이며 건전한 사람의 한 부분에 더해진 하나의 특징으로서 받아들일 수 있다. 즉, 커다란 사람 뒤에 작은 장애가 더해진 상태라고 할 수 있다.

이와 같은 생각은 성장발달기에 있는 아동에게는 매우 중요한 문제이다. 훌륭한 한 아동으로 성장하는 장애아에게는 그 시기에 습득해야 할 문제들이 너무 많다. 운동기능과 더불어 언어, 생활학습 및 인간관계의 습득 등이 필요하고, 그것들은 정서의 정상적인 발달 등 장차 사회인으로서 갖추어야 할 사항이다. 이러한 것들은 친구들 사이의 사귐이나 놀이를 통해서 대다수가 습득되는 것들이다.

팔다리의 기능을 치료하고 훈련할 때 오랜 기간 병원에 입원하거나 특수한 환경 속에 있어야 하는 장애아에게 아동으로서의 성장발달이 원만하도록 충분한 시설적 배려를 하지 않으면 안된다.

그리고 장애인을 전체적으로 보아야 한다는 것이다. 영어의 '개인in-dividual'은 '분할하여di 보는vid 것의 부정in'을 의미한다. 그러므로 분할해 버리면 그 인물은 없어져 버린다. 개인은 분할된 단순한 기계적 집합체가 아니라 유기적인 하나의 전체로서 보아야 한다. 따라서 개인은 분명히 특수한 독자의 존재이고 무엇과도 바꿀 수 없는 존재이다. 마찬가지로 장애인도 현상으로는 장애를 가지고 있으나 한 인간으로서 하나의 전체적인 것이다. 그러므로 장애를 지닌 신체의 일부분에만 주목하여 사람으로서의 본질을 잘못 보아서는 안 된다. 장애는 결손기능이나 잔존기능만이 아니고 장애라는 특징을 포함하는 전체적으로 보는 전인격을 존중하는 이념의 확립이 절실하다.

④ 사회통합의 존중

장애인 재활의 이념 가운데 최근에 특히 강조되는 것은 일반화normal-ization이다. 일반화는 장애를 가진 사람을 장애인으로 취급하는 것이 아니라 그 전에 한 사람의 인간으로서 보통의 생활환경 속에서 정상의 생활을 하도록 하는 사회의 실현을 꾀하려는 생각이며, 지역사회에서는 어떠한 장애인이라도 함께 존재하는 것이 정상적인 사회라는 것이다. 그러므로 장애인이 지역사회에 살고 있는 한 시민으로서의 일상적인 생활을 할 수 있도록 정신적, 물리적 환경을 이루어 가자는 것이다. 이것은 또한 일반사회 속에 아주 당연히 수용해야 한다는 통합화integration의 생각과 직결된다. 이와 같이 비장애인과 함께 생활한다는 정상화나 일반인 속에 통합적으로 처우한다는 통합화는 현재 장애인재활의 이념으로서 매우 중요하다.

⑤ 평등의식의 존중

오랜 역사적 소산으로서 존재하는 장애인에 대한 편견과 차별 속에 현재도 많은 장애인들이 생활하고 있다. 세계의 장애인이나 우리나라의 장애인이 직면하고 있는 근본적인 문제 중의 하나가 편견이나 차별의 구조적인 문제이다. 장애인에게 있어서 장애가 엄연한 것으로 존재하는 이상 그것은 확실히 중요한 문제이다. 장애가 있다는 이유 하나로 사회로부터 차갑고 특별한 시선을 참고 견디어내는 일은 많은 장애인들에게 힘겨운 일이다.

이러한 편견이나 차별은 복지의 선진국에서도 완전히 불식되지 않고 있다. 그러나 인간존중의 오랜 역사의 배경 속에 장애인의 인권을 존중하는 이념은 우리나라와는 비교가 되지 않을 정도로 진전되어 있다. 우리나라의 장애인은 이중의 불행을 지고 있다고 한다. 그 하나는 장애를 가진 것이고, 다른 하나는 사회의 이해 부족이나 편견과 차별을 상대하지 않으면 안 된다는 것이다. 우리나라의 현대사회에 뿌리깊이 박혀 있는 편견이나 차별에 대하여 평등의식이 존중되지 않는 한 재활은 발전이 없을 것이다.

이와 같은 재활이념을 바탕으로 재활서비스는 제공되어야 하고, 재활의 궁극적인 목표도 재활이론에 따라 장애인에게 적정한 사회적 역할가치의 부여와 시민권 확보, 독립생활을 향해야 한다. 재활이론에 대해 좀 더 자세히 살펴보면 다음과 같다.

2) 재활이론

(1) 사회적 역할가치 부여이론

이 이론은 원래 1960년 초 유럽에서 지적장애인들의 사회통합을 강조하기 위해 재활서비스를 정상적인 생활조건에 가깝게 제공하여 자연스러운 통합을 강조하고자 소개되었으며 일반화이론nomalization이라 하였다. 그러나 이 이론은 일반화에 대한 여러 가지 논란을 불러일으키게 되고 문제가 되자 울펜스버거Wolfensberger는 이 일반화의 관점을 사회적 역할가치의 차이라고 하는 사회적 역할가치social role valorization이론으로 체계화하여 새롭게 정립하였다. 원래 사회적 역할 이론social role theory은 이글리Eagly(1987)에 의해 개발된 이론으로 사람들은 제3자를 관찰할 때 그들의 직업과 같은 외형적으로 드러난 사회적 역할에 주의를 기울인다는 것이다. 따라서 이와 같은 방식의 의한 잘못된 사회적 역할은 개인의 특성을 왜곡시킨다는 것이다. 또한 이 이론은 사회에서 가치 이하devaluated로 평가된 사람들을 위한 복지이념으로서, 울펜스버거에 따르면, "가능한 한 사람들에게 가치 있는 사회적 역할을 습득, 유지시키기 위하여 문화적으로 가치 있는 수단을 이용하는 것" 또는 "사람들이 문화적으로 가치 있는 삶을 영위할 수 있도록 하기 위한 가치 있는 수단들의 이용"이라고 정의된다.

이 이론의 목적은 어떠한 유형의 사람들도 그가 속한 사회 안에서 사회적으로 가치 있는 역할을 수행할 수 있도록 하거나 지원해 주는 것이다. 이 이론은 한 개인의 사회적 역할이 사회적으로 가치 있는 것이라면 그 사람이 속한 사회의 환경이나 규범 내에서 다른 것들은 거의 자동적으로 바람직한 것으로 여겨진다는 사실에 기초하고 있다. 사실 가치 있는 사회적 역할을 수행할 수 있도록 하는 것은 가치 이하로 평가되는 것을 방지하는 것이다. 왜냐하면 사회적으로 가치 있는 역할을 갖고 있지 않다는 것은 자동적으로 가치 이하로 평가되기 때문이다. 어떤 사람이 그 사회에서 가치 이하로 평가된다는 것은 다음 세 가지 중요한 사실을 나타낸다.

첫째, 가치 이하로 평가된 사람은 형편없이 취급될 것이다. 이들은 사회로부터 배척되고 학대받기도 하며, 그들의 존엄성, 적응력, 성장, 능력, 건강, 부, 수명 등이 감소되는 방향으로 취급될 것이다. 둘째, 가치 이하로 평가된 사람을 형편없이 취급하는 것은 이러한 개인, 집단에 대한 사회적 역할지각social role perception을 잘 나타낼 것이다. 이러한 사회적 역할지각에 따라 이들은 사회로부터 격리된 환경 속에서 살 수밖에 없게 된다. 셋째, 어떤 사람이 다른 사람들에 의해 어떻게 인식되고 취급되느냐 하는 것은 그 사람이 다음에 어떻게 행동할 것인가를 결정하게 되는데, 가치 이하로 평가된 사람의 행동은 부정적일 것이라고 판단하는 것이다.

특히, 장애인들이 사회적으로 가치 이하로 평가받고 각인되는 이유는, 첫째, 대부분의 장애인들이 부정적인 의미에서 인지되고, 둘째, 이러한 인지가 장애인들을 평범한 사람들과 평범한 생활을 하지 못하도록 분리하고, 셋째, 이러한 분리는 평범한 장애인들이 넓은 의미에서 사회적으로 가치 있는 역할을 할 수 있도록 하는 것을 방해하며, 넷째, 그 결과 장애인들은 사회적 역할가치가 더욱 가치 이하로 평가되며 이것이 계속적으로 반복되면서 장애인들의 사회적 역할가치를 낮게 각인시키기 때문이다.

일반화이론은 이러한 사람들에게 사회적으로 가치 있는 생활조건과 가치 있는 역할의 목표를 획득할 수 있도록 함으로써 사회에 통합되어 살 수 있게 하는 것을 의미한다. 이를 위해서는 두 가지 방법이 있을 수 있는데, 그 하나는 가치 이하로 평가된 사람의 사회적 이미지를 증가시키는 것이고, 둘째는 이들의 능력을 증진시키는 것이다. 또한 이 두 방법은 동일하게 역의 방향으로 작용하며 사회적 이미지가 긍정적으로 평가된 사람은 능력을 증진시킬 수 있는 생활조건이나 경험, 기회가 주어지며, 능력이 높은 사람은 긍정적인 사회적 이미지를 갖게 된다는 것이다.

일반화이론은 다음 일곱 가지 상황의 내용을 강조하고 있으며 이것은 일반화이론의 궁극적인 목표일뿐만 아니라 그 과정을 포괄하고 있다.

① 인간서비스에 있어 의식과 무의식적 역할 강조

인간이 무의식에 의해 행동한다는 것은 잘 알려져 왔다. 무의식은 인간 존재의 모든 면에서 나타나며, 먹는 것, 입는 것, 사는 것, 돈을 쓰는 일, 어디에 살며, 어떤 직업을 갖고, 어떤 사람을 친구로 선택하고, 어떤 종교를 택하고, 다른 사람과 어떻게 관계를 갖고, 어떻게 아이를 키우느냐 등 각 방면에 영향을 미친다. 그러므로 인간존재의 모든 측면에서 일반적으로 나타나는 현상은 인간서비스^{human service}에서도 나타난다고 볼 수 있다. 정책입안자, 행정가, 사회사업가, 훈련자 혹은 복지의 대상자 등 누구도 예외없이 무의식적 행동은, ⓐ 복지방법을 결정하는 이념, ⓑ 복지의 기능, ⓒ 현재 진행되고 있는 인간복지와 밀접한 관계를 갖고 있으며, 매우 부정적으로 작용한다. 왜냐하면 무의식은 사회의 현실을 반영할 뿐 진정한 복지대상자의 필요나 욕구에 대해 파괴적인 의도를 갖고 있기 때문이다.

불유쾌한 현실이 사람들이 말하는 높은 가치와 이상에 상반되는 것일 때 이 현실들은 부정되거나 무의식 속으로 억압되는 경향이 있다. 이러한 부정이나 억압은 조직의 수준(사회 혹은 기관)에서 나타날 수 있고 개인적인 수준에서도 나타날 수 있다. 그러므로 전체의 조직, 말하자면 복지기관, 복지사업, 복지 부분 또는 전체 사회에서조차 그들이 행하고 있는 몇몇 중요한 일들이 완전히 무의식적인 것일 수 있다.

일반화이론은 의식이 무의식보다 바람직한 것이며, 무의식적인 부정적 감정이나 역동이 적합하게 표현되도록 하기 위해서 반드시 의식적인 것이 되어야 한다는 가정을 실체화하는 것이다. 일반화이론은 사회에서 어떤 집단을 억압하거나 비하하는 데 공헌하는 인간복지사업에 내재된 부정적인 무의식적 역동을 확인하는 일에 광범위하게 관련되어 있다. 그리고 일반화 이론은 이와 같은 사람들의 사회적으로 낮은 지위를 회복하는 방법을 제공하는 것이다.

② 바람직한 역할기대의 정립

사람들이 서로에게 부여하거나 적용하는 사회적 역할은 가장 강력한 사회적 영향력과 사회적 통제방법의 하나로 알려져 왔다. 무의식과 함께 역할기대나 역할순환의 역동성은 인간생활에 항상 존재하며, 모든 사람에게 매우 친근한 것이다. 이 역동성은 비공식적으로는 "자기성취 예언"이라 불린다. 역할기대가 주어진다면, 사람들은 그들이 기대하고 있는 집단이나 개인이 어떤 행동이나 성장잠재력을 발휘할 수 있도록 조건이나 환경을 만들어 준다. 다른 사람에게 주어지는 다음의 역할기대는 다섯 가지 중요한 방법이 있다. ⓐ 그 사람의 물리적 환경, ⓑ 그 사람에게 주어지거나 제공되거나 요구되는 활동, ⓒ 그 사람에게 사용되는 언어, ⓓ 그 사람과 비교되는 다른 사람, ⓔ 많은 사회적 메시지를 전달하는 각종 이미지나 상징이 그것이다. 이런 요소들 모두는 역할기대의 대상이 되는 사람이 기대된 대로 행동하기를 바라는 사람들로부터 나온 것이다. 만약 그러한 개인이나 집단이 기대된 대로 행동한다면, 다른 사람에 의해 주어졌던 기대는 강화될 것이고, 또 기대했던 행동이 잘 나타날 때까지 그러한 기대는 계속될 것이다.

사회적으로 가치가 낮게 평가된 사람들의 경우, 이들에게 주어지는 역할기대는 일반적으로 부정적인 것들이다. 예를 들면 인간 이하의 역할(동물, 채소, 물건), 위협적 존재나 공포의 대상, 동정이나 자선의 대상, 조롱의 대상, 아프거나 병든 인간, 그리고 영원한 어린애나 다시 어린애가 된 것 등이다. 이러한 역할기대는 필연적으로 부정적인 결과를 초래한다. 왜냐하면 다른 사람들에 의해 가치 이하로 평가되고, 이런 역할기대 속에서 살아야 하며, 위협적인 존재처럼 행동하고 결함 있는 역할이 가정되며, 그들이 할 수 있는 것보다 낮은 능력을 갖게 되기 때문이다.

이러한 부정적인 사회 현실과 대조적으로 일반화이론은 가치 이하로 평가될 위험이 있는 사람들을 위해 긍정적인 사회적 역할을 찾아 주어야 하며, 긍정적 역할기대에 부합하는 것들이 확장되어야 한다는 내용을 내포하고 있다. 이러한 역할기대가 수행되기 위해서는 재활서비스가 증진되어야 한다. 정상적이며, 즐겁고, 안락하고, 흥미있는 환경을 만들며, 연령에 알맞은 흥미있는 프로그램이 주어지고 연령에 알맞고 문화적으로 적합한 외모를 갖도록 하며 가능한 한 복지 대상자의 욕구, 프로그램 그리고 직원을 조화롭게 배치하여 대상자의 이미지 증진에 힘써야 한다. 또한 복지 대상자에 대해 말하는 태도를 바꾸는 것 등을 들 수 있다. 앞에서 이야기한 바와 같이 가치 있는 사회적 역할의 창출은 일반화원리의 최종 목표이다. 능력과 이미지 향상을 포함하여 모든 다른 이점들은 여기에서부터 파생된 것이다.

그러므로 인간서비스는 복지대상자의 역할이 가치 이하로(일탈자) 평가되는 것을 방지하는 데 최선을 다해야 한다. 만약 복지대상자가 이미 가치 이하로 평가되었다면 이 대상자에게 주어진 부정적 역할을 없애는 데 힘써야 하며, 가능한 한 많은 생활영역 안에서 긍정적인 사회적 역할을 정립해야 한다.

③ 긍정적 사고의 함양 강조

대부분 거의 모든 사람들은 약간의 부정적 특성을 갖고 있을 것이다. 그러나 이런 부정적 특성들은 매우 사소한 것으로 취급되어 그 사람의 어떤 역할이나 능력에 장애를 초래하지 않는다. 그런데 가치 이하로 평가된 사람들은 좀 더 좋지 않은 경험이나 가치 이하로 평가될 위험 속에 살고 있는 것이다. 결과적으로 상처받기 쉬운 사람이 사회에서 가치 이하로 평가되면 될수록 그러한 위험성을 줄이고 그 사람의 긍정적 측면을 구축하는 것이 더욱 중요해진다. 예를 들면, 만약 정신지체인이 언어장애를 갖고 근시안적으로 행동하고 이상한 헤어스타일과 다소 이상한

버릇을 갖고 있다면 이런 사실들은 서로 상승작용을 하여 즉각 이 사람을 이상한 사람이라 볼 것이다. 그리고 이 사람에 대해 좋지 않은 반응을 보일 것이다. 만약 이 사람이 발을 절고, 헐렁한 낡은 옷을 입고 있다면 이 사람을 한 번도 본적이 없었던 사람도 즉각 이 사람이 좀 이상하다거나, 수용소에서 빠져나온 정신병자나 마을의 멍청이, 걸인 등으로 생각할 것이다. 가치 이하로 평가될 가능성이 있는 사람이 다른 낙인찍힌 사람들과 함께 모여 있다면, 가치 이하로 평가될 가능성이 매우 높아진다. 그러므로 일반화이론은 어떤 집단 내에 일탈되거나 낙인된 사람이 많을수록 개인의 낙인 요소를 줄이고, 집단 내에 일탈된 사람의 비율을 감소시키며, 가치 있는 것들을 내보이고 첨가시킴으로써 일탈이나 낙인에 대한 어느 정도의 보완이나 균형을 맞추는 일이 매우 효과적일 것이라는 가정을 한다.

더 나아가 일반화이론은 사회적으로 가치 이하로 평가된 사람들은 보통 사람이 경험하는 생활환경뿐만 아니라 문화적으로 최상으로 평가되는 생활환경을 경험할 필요가 있다고 한다. 달리 말하면 일반 사회인들에게 정상적인 것이 이미 가치 이하로 평가된 사람을 일반화시키며, 그 이미지를 높이는 것이 될 수 있다는 것이다. 즉, 높은 가치가 아닌 단순히 정상적인 것은 가치가 낮은 사람으로 평가될 위기에 있는 사람에게는 정상적인 것이 아닐 수 있으며 일탈을 형성하는 것일 수 있다는 것이다. 그러므로 사람들이 가치 이하로 평가된 사람을 단순히 중립적인 눈으로 보는 것만 가지고는 충실한 복지를 하였다고 볼 수 없다. 즉, 가능한 한 최상의 모습으로 볼 수 있도록 해야 하는 것이다. 가치 이하로 평가된 사람들에 대한 복지에서 문화적으로 중립적인 복지방법과 도구를 사용하는 것만으로 충분하지 않다. 오히려 서비스 대상자들의 이미지를 실제로 강화시키는 방법이나 도구를 사용해야 한다. 예를 들면, 정장과 점퍼, 운동복 중에서 적절한 복장을 선택할 경우에 사회에서 가치 이하로 평가될 위험에 있는 사람은 정장 복장을 선택함으로써 어느 정도 그 위험을 막을 수 있다.

④ 개인의 능력 증진 강조

많은 장애인들은 기능적 손상을 갖고 있어 보통 일반인보다 낮은 능력을 갖게 된다. 그러므로 지적, 신체적 장애로 인해 이들은 직업을 얻기 어려울 수 있으며, 다른 사람들과 원활한 인간관계를 유지하기가 힘들 수 있다. 장애를 갖지 않았지만 가치 이하로 평가된 사람의 경우 낮은 역할기대가 주어지고, 이들의 성장이나 발달에 필요한 기회나 경험이 제공되지 않고 또한 나쁜 역할 모형을 보여 주는 사람과 함께 격리되어 있기 때문에 자신의 능력을 충분히 발휘할 수 없게 된다. 일반화이론은 그래서 개인의 능력 증진을 강조하는 것이다. 특히 가치 이하로 평가된 사람이나 그럴 위험이 있는 사람의 능력 증진을 강조하는 것이다. 복지 대상자의 능력을 증진시키는 가장 효과적인 복지방법 중 하나가 '발달모형'을 적용하는 것이다. 만약 이 모형이 적절히 사용된다면 복지대상자의 능력은 많이 증진될 것이다. 왜냐하면 발달모형은 각 개인의 능력이 증진된다는 것에 대해 긍정적 가정을 하며 개인의 발달을 요구하고 기대하며, 개인의 발달이나 기능을 돕기 위해 효과적인 교육기술과 적절한 도구를 사용할 것을 요구하기 때문이다.

일반화이론과 관련된 다른 주제나 의미들은 상이한 대상자 집단들에 대해 나름대로의 각기 다른 중요성을 가질 것이다. 개인적 능력 증진과 발달모형은 특별히 낮은 능력으로 인해 사회에서 소외되거나 가치 이하로 평가된 사람들, 즉 장애인이나 사회적 부적응을 보이는 집단에 적합하다.

⑤ **모방력**the power of imitation **강조**

모방은 가장 효과적인 학습기제 중 하나로 알려져 있다. 사람들의 성격, 다른 사람이나 환경과 상호작용하는 방법, 옷차림, 언어습관 등 인간 행동의 모든 측면은 이 모방에 의해 많은 영향을 받는다. 그러나 복지 대상자들이 모방할 수 있는 모델은 거의 부정적인 것이었다. 가치 이하로 평가된 사람들은 공통적으로, ① 가치있는 모델로부터 분리 소외되어 있고, ② 사회적으로 낮은 평가를 받는 특성이나 행동을 보이는 사람들과 함께 있으며, ③ 가치있는 사람에게 봉사하는 사람보다 낮은 능력을 갖고 있는 사람에 의해 서비스를 받게 된다. 예를 들면, 장애아동은 일반적으로 정상적인 또래집단과 동등하게 사회화가 이루어지지 않았으며, 대신에 자기들끼리 혹은 장애행동의 모델이 되는 장애를 갖는 어른들과 함께 살아 왔다. 가벼운 장애를 가진 사람들이 좀 더 심한 장애를 가진 사람들 혹은 좀 더 부적절한 행동을 보이는 사람들과 함께 집단을 이루고 있는 것이다.

일반화이론은 이 모방의 역동이 특히 가치 이하로 평가된 사람들의 이익을 위하여 긍정적 방법으로 이용할 것을 요구하는 것이다. 그렇게 되기 위해서는 가치 이하로 평가된 사람에게 제시되는 모델은 사회에서 가치있고 좀 더 적절한 방법으로 행동한다고 생각되는 사람이어야 한다. 나아가 일반화이론은 서비스 대상자들이 될 수 있으면 가치있는 모델과 동일시할 수 있도록 하는 원칙을 내포하고 있다. 왜냐하면 사람들은 자기가 동일시하는 사람을 좀 더 모방하려 하기 때문이다.

⑥ 사회적 이미지 향상

무의식적인 이미지 연상과정은 가장 효과적인 학습이나 행동통제의 기제 중 하나로 알려져 있다. 역사적으로 가치 이하로 평가되었던 사람과 관련된 상징이나 이미지는 동물성, 질병과 죽음, 범죄성, 무익, 무능력, 조롱거리와 같이 상당히 부정적이다. 이 이미지 연상은 거의 무의식적으로 만들어지지만 개인의 역할기대나 사회적 가치평가에 강한 영향을 미친다. 또한 가치 이하로 평가된 사람에 대한 이미지 연상은 검은 안경을 낀 맹인, 거지, 게으른 원주민, 불결한 죄인과 같은 연상을 하게 되며, 이 연상은 세대를 거쳐 이러한 고정관념에 들어맞지 않은 사람에게조차도 그 이미지를 전이시킨다.

일반화이론은 가치 이하로 평가된 사람들의 사회적 이미지를 향상시키는 것이다. 이것은 가치 이하로 평가된 사람의 이미지에 관련될 수 있는 인간서비스는 어떤 형태이건 긍정적이어야 함을 의미한다.

⑦ 사회적 참여의 중요성 강조

사회적으로 가치 이하로 평가된 사람은 다른 사람들에 의해 불쾌한 존재로 인식되기 때문에 이들은 거부되거나 격리되기 쉽다. 이러한 격리는 필연적으로 분리의 형태를 띤다. 분리된 사람들은 상당한 부정적인 대접을 받게 되며, 이들은 무기력하고, 가치가 없으며 위험하고, 사회로부터 배척되어야 할 사람 등 부정적인 이미지까지도 갖게 된다. 특히 장애인만 따로 격리되어 있는 곳에서는 이 집단의 성원들은 보통 상호 간에 부정적이고, 부적절하며, 사회적으로 가치 이하로 평가된 행동모델을 제공하게 된다. 그리하여 격리된 사람들은 일탈로 지각될 가능성이 증가하게 되는 것이다.

일반화이론은 가능한 한 많은 삶의 영역에서 가치 이하로 평가된 개인이나 집단이 가치 있는 삶에 통합될 기회를 가져야 한다는 것을 주장한다. 가치 이하로 평가된 사람이 개인적으로 가치 있는 사회적 통합을 이룰 수 있기 위하여 이념적, 행정적 지원을 포함해 많은 지원이 있어야 한다.

일반화이론이 내포하고 있는 통합의 형태는 매우 특수한데, 개인적인 사회적 통합, 가치있는 사회적 참여로 구분할 수 있다. 물리적 통합이란 가치 이하로 평가된 사람이 지역사회 내에서 살면서 서비스를 제공받는 것을 의미하는 것으로, 이는 실제로 개인의 가치 있는 사회 참여의 선결조건이 되는 것이다.

이러한 일곱 가지 일반화이론의 강조점은 각각 복지현장에서 독자적으로 설명되고 있지만 필연적으로 상호 관련되어 있다. 따라서 일반화이론을 실현할 때 우리는 이런 것들에 대한 중요성을 인식하여 문제를 처리할 수 있어야 할 것이다.

(2) 시민권이론

시민권^{citizenship}이란 장애인을 사회로부터 완전히 분리하거나 통합시키는 것을 설명하는 데 핵심적인 것이며 오늘날 장애정책의 주요 개념이 되고 있다. 시민이 된다는 것은 사회를 구성하거나 재구성하는 결정에 참여할 수 있다는 것으로서 일, 여가, 정치, 여행, 종교 등에 자유스럽게 참여하는 것이다. 따라서 시민권은 누가 사회의 일반적인 성원인지 아닌지를 한정짓는 개념으로(Barbalet, 1988), 마샬^{Marshall}(1963)은 시민권을 평등하지 않은 것을 평등하게 해주는 것이라 가정하고 시민, 정치, 사회적 권리를 내포하는 개념으로 설명하였다. 여기서 시민·정치적 권리는 개개인의 자유의 보호와 공평성 혹은 평등성의 접근을 보장할 수 있는 권리를 의미하며, 사회적 권리는 정당한 시민권 행사를 위협하는 사회적인 불평등을 직접적으로 공격하고 반응하는 권리를 의미한다. 어떤 사회라 할지라도 만약 차별이 없고, 통합이 보장된다면 보편적인 시민권은 획득되고 충분히 유지될 수 있지만 그렇지 않다면 시민권을 획득하기 위한 운동이 필요해진다. 시민권을 획득하는 것은 사회의 변화와 관련이 있다. 왜냐하면 시민권에 대한 차별은 불평등에 대한 직접적인 충돌일 뿐만 아니라 사회구조의 통치권력과의 충돌이기 때문이다. 과연 장애인의 원천적인 인식의 차이에도 불구하고 장애인이 동등한 지위에서 차별적인 규정이나 관습에 영향을 받지 않고 얼마나 평등하게 사회에 참여할 수 있을까? 이런 의문에서 자유스럽지 못하기 때문에 다양한 접근을 통해 시민권을 보호해야 하는 것이다.

시민권의 해석은 시대적 상황이나 국가에 따라 달리 해석되고 적용되어진다.

첫째, 시민권이 선택choice의 의미로 사용된다면 장애인에게는 또 다른 편견과 차별을 만드는 것이다. 그것은 권력자의 배려라는 포장하에 단편적인 서비스 제공과 자유의 보장으로 어떠한 선택도 주지 못하는 형국이 되고 만다.

둘째, 시민권이 사회성원들과 동등한 시민·정치적 권리로 언급되어진다면 그것은 장애인들이 삶이나 환경에서 진정한 사회통합을 이룬다는 것으로 강력한 통제수단이 된다. 따라서 시민권운동은 역사적으로 여러 차례 있었고, 최근에는 UN을 통해 각종 선언과 권고로써 전 세계인의 시민권 확보를 위한 노력들이 전개되고 있다.

미국의 경우 재활정책에 직접적으로 영향을 준 것은 1960년 초, 킹목사를 중심으로 일어난 흑인들의 시민권 운동civil right movement이었다. 이 운동을 통해 미국사회는 입으로는 평등을 외치지만 현실적으로 인종차별이나 능력 등에 의해 많은 사람들이 차별대우를 받는다는 게 폭로되었다. 그로 인해 미국사회는 평등한 대우와 시민권 확립을 요구받게 되어 1964년 시민권리법the Civil Right Act을 제정하게 되었다. 이 법을 통해 미국 국민들은 불평등과 차별, 특히 흑인들의 인권을 크게 개선시킬 수 있게 되었다. 이 법에는 헌법상의 투표권을 보장한 공공시설에서의 차별을 없애고 구제하기 위해 미합중국 법원에 재판권을 부여하였고, 공공기관이나 공교육에서 헌법상의 권리를 보장하기 위해 소송을 제기할 권한을 법무장관에게 주었으며, 인권위원회의 설립과 차별방지, 그리고 균등고용기회위원회를 설치하는 등의 내용이 포함되어 있다.

이 이론은 미국의 장애인 운동에도 영향을 주었다. 미국은 1973년 재활법 제504조를 통해 연방정부와 그 지원을 받는 사업장에서 장애인의 차별을 금지하였고, 1990년에는 마침내 미국 장애인법the American with Disabilities Act: ADA을 제정하게 되었다. 이 법은 기본적으로 개인의 특성에 관계없이 시민에게 균등하고 공평한 기회가 보장되어야 한다고 규정하고 있다(ADA, 1990). 특히 고용, 공공 및 대중이용시설과 서비스에의 접근, 교통, 통신 등에 있어서 구체적으로 차별행위를 금지함으로써 장애인들의 시민권을 확보하였다.

국제적으로는 1948년 세계인권선언이 선포되었고, 이 선언은 인류모든 성원에게 태어날 때부터 인간으로서의 존엄과 평등한 권리를 인정하는 세계의 자유, 정의, 평화의 기초가 되는 것으로서 모든 사람, 모든 국가는 이를 보장할 것을 촉구하였다. 1971년 정신지체인의 권리선언,

1975년 장애인의 권리선언을 통해 장애인도 다른 사람들과 마찬가지로 모든 사회활동에 참여할 권리가 있음을 선언하였고, 1994년 장애인의 기회균등을 위한 표준규칙Standard Rules for the Equalization of Opportunities for Disabled Persons을 제정하여 장애인을 비롯한 세계의 모든 성원들이 함께 잘 살 수 있는, 만인을 위한 사회를 건설할 것을 제창하는 등 시민권이론은 국제적인 주요한 이슈가 되었다. 우리나라도 1998년 장애인의 권리선언을 채택하였다.

이와 같이 장애인을 시민의 한 사람으로서 다른 사람과 동등한 기회를 부여하는 시민권이론은 재활에 있어 중요한 기본이념이 되고 있다.

(3) 독립생활이론

독립생활운동independent living movement에서 말하는 독립생활의 개념은 적어도 세 가지의 의미가 내포되어 있는 개념으로 이해해야 한다.

첫째는 선택할 권리를 의미하는 것이다. 즉, 장애인이 생활하면서 생활방식을 자기 스스로가 선택할 수 있다는 것이다. 지금까지는 타인에 의해 의식주가 결정되고 의사나 전문가에 의해 어떤 서비스가 결정되는 시스템이었다면, 이 이론은 이 모든 것을 장애인 스스로가 선택할 수 있는 독립의 의미를 내포하는 것이다. 둘째, 장애인은 사회에서 독립하여 생활하는 데 필요한 각종 서비스를 제공받을 권리가 있다는 것이며, 세 번째 개념은 자기결정권이다. 독립생활이란 이 세 가지 의미를 내포한 사회적 지원체계를 기반으로 장애인 자신에게 만족스러운 생활방식을 선택하고 자신의 생활 전 영역에 걸쳐 주도권을 행사하도록 하며 제반 의사결정과정에 참여하게 함으로써 스스로의 문제를 결정하고 행사할 수 있는 주체적인 생활을 하는 것을 의미한다.

　적어도 독립생활이론이 탄생하는 데는 미국의 시민법, 소비자 보호운동, 자조운동, 탈의료화 및 탈시설화 등의 사상이 영향을 주었으며, 최근의 미국 재활방향은 독립생활이론이 지배하고 있다고 해도 과언이 아니다.

　독립생활운동의 시작은 1962년 미국 일리노이대학에서 시행한 장애인을 위한 프로그램이라 할 수 있다. 이 프로그램은 장애학생의 학교생활과 지역사회에서 편리한 생활을 위해 계획한 것으로 4명의 중증 장애학생들을, 이들이 수용되어 있던 중증장애인 수용시설로부터 캠퍼스에서 가까운 수용시설로 이주시켜 대학교육을 받을 수 있는 편의시설과 보조기구들을 마련하여 주었다. 그 이후 장애학생 프로그램은 중요한 자조 노력의 하나로 부상하게 되었으며, 이 대학은 건축상의 장벽을 제거하여 장애인들의 접근이 용이하도록 만드는 데 일조하였다. 이에 이 프로그램은 미국 전역으로 확대되었고, 1970년대 초 미국 최초의 독립생활지원센터인 버클리 독립생활센터the Center for Independent Living-Berkeley를 중심으로 본격화된 장애운동으로 확대되었다. 미국의 독립생활센터CIL에서 제공되는 서비스의 궁극적 목적은 장애인이 자신의 생활을 효율적으로 관리하고 주도권을 행사하여 선택권과 자기결정권을 만끽하며, 자신이 속한 지역사회에서 생산적으로 완전 참여를 보장하고자 하는 것이다. 구체적인 서비스 내용은 ① 주택 서비스(지역내의 접근권이 보장된 임대주택 조사, 확보 및 열람 서비스, 주택개조 서비스), ② 자립생활기술 훈련(신변처리, 보장구의 사용, 요리, 세탁, 청소, 물건사기, 소비생활에 대한 지식, 법률, 성생활, 레크리에이션, 직업생활의 준비), ③ 동료 간 상담, ④ 개호서비스, ⑤ 이동 서비스 등이다.

독립생활운동이 추구하는 이념은 소비자주권, 자기의존권, 정치적·경제적 참여 권리이다(Dejong, 1979). 각각을 좀 더 구체적으로 살펴보면 다음과 같다.

① 소비자 주권consumer sovereignty

아무리 중증장애인일지라도 장애인 스스로가 서비스에 있어서 자기결정권을 가진다는 것으로 서비스나 프로그램 선택은 물론, 장애인을 대신해 서비스나 프로그램을 조직하는 데 있어서도 장애인의 자기선택권self-determination을 인정한다는 것이다. 장애인들은 자신의 흥미나 적성에 대해 가장 잘 알고 있다. 그러기 때문에 전문가들에 의해 준비되고 조직된 서비스들에 대해 근본적으로 확인하고 결정할 수 있는 역할을 해야 한다.

② 자기의존권self-reliance

장애인은 누구보다도 먼저 자기 자신에 의존해야 한다. 즉, 장애인들은 자신의 권리를 얻기 위해 그들 자신의 자원이나 재능에 의존해야만 권리와 이익도 스스로 얻을 수 있다.

③ 정치적·경제적 권리political and economic rights

장애인은 지역사회의 정치적·경제적 활동에 완전하고 자유롭게 참여할 권리가 있으며 이를 분명하게 보장받을 수 있어야만 독립생활이 가능해진다.

독립생활운동은 미국을 비롯하여 영국, 호주, 스웨덴, 일본 등에서 재활의 주요한 방법으로 활용되고 있으며, 장애인을 한 인간으로서 인권을 보장하고 시민으로서의 권리를 인정해야 한다는 차원에서 더욱 발전할 것으로 보이며 재활분야의 주요한 새로운 이념으로 정착될 것이다.

3) 재활의 특성

오늘날 사회복지는 개인의 복지에 직접 관계되어 인간 개인의 복지를 목적으로 하고 이에 대해 직접적으로 그 개인에게 작용되는 사회정책으로 이해되고 있다. 재활은 넓게는 상기의 사회복지 틀 속에서 공통된 특성을 가지지만 장애인이라는 특정인을 대상으로 하기 때문에 독특한 특성을 가질 수 있다. 따라서 재활의 특성은 장애문제의 복잡성, 종합성, 역동성, 보편성, 책임성 등으로 요약해 볼 수 있다.

(1) 복잡성complexity

장애는 손상impairment 부위에 따라 지체, 시각, 청각, 언어, 발달, 정신, 심장, 신장장애 등으로 분류되고, 다시 손상 정도에 따라 경, 중증으로 분류되며, 재활서비스 측면에 따라 장애는 다시 정의되는 등 장애유형과 장애로 인해 파생되는 여러 가지 문제도 다양하다는 것이다. 또한 이러한 장애문제는 사회 전체가 가지고 있는 잘못된 장애인관과 사회·문화적 환경과도 깊은 관련이 있는데 이러한 여러 가지 장애문제의 다양함과 복잡함이 재활을 어렵게 하기 때문에 복잡성이라는 특성을 가진다.

(2) 종합성^{comprehensive}

장애문제는 다양하고 복잡하기 때문에 해결방법도 다양하고 종합적으로 강구되어야 한다. 재활은 단순한 사회복지 차원에서뿐만 아니라 의료적, 교육적, 직업적, 사회적, 환경적 차원과도 관련되어 있는 종합성이 요구되는 복지로서 장애인의 복지는 결코 어느 한 특정 분야의 전문성만 가지고는 달성하지 못한다. 따라서 재활은 전문분야의 특성을 팀으로 조직화하여 접근해야 하며, 복지라는 측면과 재활이라는 측면이 종합적으로 강구될 때 소기의 목적을 달성할 수 있을 것이다.

(3) 역동성^{dynamic}

선진국에서 재활이 처음 실시되었을 때에는 장애를 개인적 차원에서 접근했기 때문에 소수 전문가를 중심으로 다루어지고 움직여졌으나 점차 장애인 자신들의 의식이 높아지고 사회의 경제적인 수준이 상승되었고, 또한 장애발생 요인이 증가함에 따라 재활에 대한 인식이나 공감대 형성은 재활을 시대나 상황에 따라 역동적으로 움직이게 하고 있다. 따라서 재활을 위한 모든 정책 · 제도 · 방법 · 기술 등이 장애인의 욕구에 따라 수시로 유연성 있게 적용되어야 하며 적절히 사회적 변화와 환경에 역동적으로 움직여야 하므로 역동성이라는 특성을 가진다.

(4) 보편성^{universal}

장애는 특별한 현상이나 존재가 아니라 누구나 어느 때나 그리고 일시적으로 혹은 장기적으로 심하게 혹은 가볍게, 선천적으로 혹은 후천적으로 겪을 수 있는 보편적인 인간의 생존형태이므로, 장애를 좁은 의미에서 정상상태와 대립되는 개념으로 볼 것이 아니라 보편적인 개념으로 바라보아야 하는데 이를 위해서는 재활의 보편적 접근이 필요하다. 장애는 단적으로 우리를 둘러싸고 있는 보편적이지 못한 접근과 환경으로 인해 발생하는 것이기 때문에 보편적 접근과 설계가 필요하며, 또한 존재하는 많은 다양성과 변화에 적절히 적응하기 위해서는 융통성과 적응성이 강조되어야 한다.

(5) 책임성 responsibility

재활은 한 인간의 생존권이라는 문제를 다루는 공공적 성격을 띤 인간서비스이기 때문에 반드시 책임성이 뒤따른다. 그 책임의 한계는 첫째, 장애인 개인을 대상으로 한 책임성이다. 장애인의 재활문제는 한 인간의 삶과 연계된 문제이기 때문에 거기에는 책임이 따라야 한다. 둘째, 후원자에 대한 책임으로 최근 재활서비스는 국가에서뿐만 아니라 민간, 특히 재활기관에서 수행되는 경우가 많다. 이러한 기관은 반드시 후원자에 대한 책임성을 입증할 수 있어야만 운영이 가능하다. 셋째, 사회적 책임성이다. 재활서비스는 개인이나 사적이 아닌 공적, 사회적 목적에 의해 규정하는 활동이라는 점에 대한 책임성을 입증할 수 있어야 할 것이다.

이러한 관점에서 볼 때 재활은 장애인 본인이나 가족에게만 국한되는 문제가 아니라 사회와 국가가 협동해야 할 성질의 것이고 또한 장애인의 개인적 복지를 실현하기 위해서는 각종 전문분야 서비스들의 다각적인 접근을 통하여 종합적, 통합적으로 수행될 때 그 효율성이 보장될 수 있을 것이다. 그러므로 장애인을 일정한 테두리 안에서만 살게 할 것이 아니라 가능한 한 조기에 모든 재활서비스를 받게 함으로써 사회에 통합될 수 있도록 해야 한다. 물론 사회는 장애인을 하나의 인격적 존재로 존중하고 그들의 사회적 성숙의 필요를 깊이 느끼며 잠재능력의 개발에 대한 책임의식을 가져야 할 것이다.

그리고 재활의 특성을 논의할 때 간과해서는 안 될 점은 장애인의 일반적 심리를 이해하고 염두에 두어야 한다는 것이다. 여기에 대해서는 '제4장 분야별 재활서비스'에서 상세하게 다루고 있다.

4. 재활서비스의 유형

장애인들의 재활서비스의 주요한 목표는 1601년 영국의 구빈법 이후 장애인의 시설에 대한 관심에서 지역사회 중심의 장애인의 삶의 질 향상과, 최근에는 장애인 스스로의 독립을 목표로 한 지원과 권한 패러다임의 삶의 질 향상까지 다양하게 변화되어 왔다. 이와 같은 장애인의 재활서비스 패러다임의 변화는 [표 3-2]와 같이 요약할 수 있다.

1) 재활패러다임

재활패러다임은 재활문제를 장애인 개인의 신체적 손상이나 직업기술의 부족, 심리적 부적응, 동기나 협력의 부족 등에 두고 재활서비스를 의사, 직업재활상담사, 치료사 등과 같은 전문가의 개입에 의해 해결하

표 3-2 | 재활서비스의 패러다임 변화

항목	재활 패러다임	독립생활 패러다임	지지/역량강화 패러다임	총체적 패러다임
문제의 정의	신체적 손상/직업 기술의 부족, 심리적 부적응, 동기나 협력의 부족	전문가, 친척 등에 의존, 부적절한 지원서비스, 건축 장벽, 경제적 장벽	사회적 참여에 장벽이 되는 태도, 정치, 경제, 행정적 장벽, 사회의 부적절한 지원	경제적, 정치적, 문화적, 사회적 통합의 연계나 통합 부재, 포괄적 관점 부재
문제의 위치	개인	환경, 재활과정	사회/환경, 재활과정	사회 시스템
문제의 해결	의사, 물리치료사, 작업치료사, 직업재활 상담원 등에 의한 전문적인 개입	동료 상담원, 옹호, 자조, 소비자 주권, 불이익과 장벽의 제거 등	학교, 가정, 작업장, 보건 시스템, 교통, 사회적 환경의 재설계	사회 전반의 총체적 접근(인식 및 태도, 접근성, 보조기술, 이용자 중심 지원 서비스 등)
사회적 역할	환자/클라이언트	소비자	동료, 지역사회 성원, 학생, 이웃	이용자
통제, 조정자	전문가	소비자 자신	상호간의 협력	이용자
바라는 결과	최대한의 일상생활 활동, 고용, 심리적 부적응 해결, 동기 부여의 개선, 치료	자립생활, 환경 장벽의 최소화, 사회적·경제적 생산성	모든 사람이 함께 하는 다원사회, 진정한 생활의 질, 협력적인 의사결정이나 문제해결에 있어 자기결정	자연스럽고 진정한 통합(경제적, 정치적, 문화적, 사회적 통합)

※ 자료: 나운환(2014). 한국 장애인복지 60년 역사와 과제. 제43회 RI Korea재활대회, 한국장애인재활협회.

려고 하며, 1970년대까지는 주로 시설 중심으로, 그 이후는 지역사회 중심으로 서비스를 제공해 왔다.

(1) 시설 중심의 재활접근^{institutional based rehabilitation}

이 접근법은 모든 재활서비스가 장애인을 위한 수용시설에서 수용된 특정 장애인을 대상으로 제공되는 상황을 의미한다. 일반적으로 수용시설이란 심신의 미발달, 미성숙, 노화 또는 심신의 장애 등으로 타인에의 의존하지 않고는 가정생활이 곤란한 조건에 있는 사람으로서, ① 이들을 보호 양육해야 할 가족이 어떠한 이유에서든지 현재 없다던가, 있다 하더라도 가족의 부양기능이 결여되어 가족 내에서의 생활이 곤란하거나 부적당한 경우, ② 각종 장애 등의 치료, 보호로 가정 또는 가족이 대처할 수 없는 경우, ③ 경제적 곤궁에 의해 자립생활이 곤란한 경우 등에 있는 사람들에게 그의 생활, 치료, 재활상의 여러 가지 장애에 대응하여 모든 서비스를 제공하여 그들의 생존권을 보장하는 시설을 의미한다.

오늘날 시설의 근원은 구빈원^{almshouse}이다. 집단적 수용보호시설 형태로서의 구빈원은 최초에는 수도원에 부설하였던 숙박소를 기원으로 한다. 우리나라의 경우는 8·15해방과 6·25 전쟁 이후 시설이 폭발적으로 증가했으나 여러 가지 제한점을 가진다.

첫째, 시설을 아무리 많이 지어도 전체 장애인의 2~3% 이상을 수용할 수 없다. 10여 년 전에 불과 80여 개이던 시설이 2002년 12월 현재, 우리나라에는 190여 개의 시설에 1만 6천여 명의 장애인을 수용보호하고 있다. 그러나 아직까지도 많은 사람들은 앞으로 100여 개의 수용시설을 더 설치해야 현재의 수용보호 욕구를 충족시킬 수 있다고 한다. 수용시설을 추가로 설치하는 동안 장애인의 수용보호 욕구는 점점 더 증가할 것이 확실하다.

따라서 이러한 욕구에 대한 다른 방법의 해결책을 찾아야 하는데, 이미 미국, 영국, 호주 등은 일찍이 수용보호에 한계를 느끼고 지역사회 중심의 재활접근법을 개발해 왔다.

둘째, 시설보호는 그 비용이 너무 비싸다는 점이다. 우리나라 기초생활보장사업의 양대 주류인 시설보호와 거택보호를 비교하여 볼 때 생계비, 피복비, 연료비 등을 포함한 지원기준은 2002년 현재 1인당 40여만 원 정도로 비슷하지만 시설보호의 경우 시설의 신축, 증·개축비, 장비구입비, 유지관리비, 운영비 및 종사자 인건비 등을 고려해볼 때 수용인원 1인당 월 평균 70여만 원 이상이 쓰인다고 할 수 있다.

셋째, 재활의 궁극적인 목표는 장애인이 지역사회에서 가족, 친지, 지역주민들과 어울려 함께 사는 것인데 시설에 장기수용되는 것은 재활의 궁극적인 목표와는 정반대로 장애인의 사회적 격리를 초래하게 된다.

이와 같은 시설 중심 재활접근법의 한계를 극복하기 위하여 서구사회는 1950년대부터 시설 중심 재활접근법에 대한 반성이 일어나기 시작했다. 이러한 반성의 시초는 시설병hospitalism에 관한 논쟁이 일면서인데, 시설은 클라이언트 입장에서 볼 때 결코 인간적으로 바람직한 곳이라고는 할 수 없다는 것이다. 따라서 탈시설주의deinstitutionalism에 대한 움직임과 함께 지역사회 중심 재활사업이 논의되기 시작하였다.

(2) 지역사회 중심의 재활접근법community based rehabilitation

지역사회 중심의 재활사업은 지역사회조직community organization의 개념과 동일한 이념에서 이해되는 것으로 장애인의 재활을 위한 모든 계획을 세울 때는 장애인들의 필요에 기초를 두고 지역사회 내에 이미 존재하고 있는 물적, 인적 자원을 활용하여 장애인들이 사회통합이 될 수 있도록 도움을 주는 것이다. 1976년 세계보건기구가 처음으로 이 사업을 소개하면서 정의하고 있으며 다음과 같은 기본원칙을 제시하고 있다.

첫째, 지역사회가 그 지역사회 내의 장애발생 예방 및 이미 발생된 장애인에 대한 재활 및 복지서비스 제공에 일차적 책임을 진다. 그러나 여기서 지역사회의 일차적 책임은 지역사회 차원에서 모든 것을 해결해야 한다는 의미가 아니라 지역사회가 지역사회 중심 재활의 기초가 되고 그 위에 중간 차원 및 국가 차원의 재활서비스가 연계된 서비스를 실시해야 한다는 것이다.

둘째, 지역사회 내의 가능한 인적, 물적 자원을 최대한 개발, 동원한다. 지역사회 중심 재활사업은 먼저 재활을 받아야 하는 장애인을 명확히 규정한 후에 훈련자를 가족구성원 중에서나 훈련자가 될 의지가 있는 이웃이나 친구 중에서 찾아야 하며, 이들에게는 훈련패키지가 제공되고 재활에 어떻게 적용할 것인가를 제시해야 한다. 그러나 지역사회란 정치적, 경제적, 사회적, 문화적 특성을 함께하며 사회적 유대감을 갖는 사람들로 구성된 집단이기 때문에 크기에 있어서나 연대의식의 정도에 있어서 일정하지 않으므로 지역 내 장애인의 욕구해결에 공동대처하고자 하는 노력을 조직화하는 데 어려움이 있다.

셋째, 지역사회의 경제적, 사회적 발전수준에 적합하며, 저렴한 비용으로 구할 수 있고 효과도 기할 수 있는 간소화된 재활기술을 활용한다.

이와 같은 의미에서 세계보건기구는 훈련패키지를 만들었는데 그것이 바로 「재가장애인을 위한 훈련지침서*training in the community for people with disabilities*」이다. 이 지침서는 지역주민들의 자생적 재활기술들을 관찰, 기록하고 현장 적응을 거친 후 재활전문가들의 조언과 합의를 통해 세계적으로 보편화시킨 훈련교재로서, 매우 배우기 쉽고 효과가 있으며 비용이 적게 드는 장점이 있다. 이 훈련교재는 34권의 단원으로 구성되어 있으며, 4권의 재활담당자를 위한 안내서와 30권의 장애종별 훈련지침서로 구성되어 있다.

이러한 지역사회 중심 재활사업은 세계보건기구를 중심으로 다음과 같은 과정을 거치면서 발전해 왔다.

① 1969년 Ireland R.I^{rehabilitation international}회의: 개발도상국에서 현존하는 재활서비스와 필요한 재활서비스 간에 커다란 차이가 있으며 전통적인 시설 중심의 재활서비스만의 확장으로서는 이 차이를 좁힐 수 없다는 결론하에 당시까지 기술, 인력, 전달체계상의 문제를 평가 분석하고 low-cost, wide-coverage의 방법을 모색하자고 결의하였다.

② 1973년 WHO 총회: 일반보건영역에서 PHC^{primary health care approach}를 시도하고 보급할 것을 결의하였다.

③ 1976년 29차 세계보건회의: 장애예방 및 재활을 위해 정식으로 PHC가 제안되었다.

④ 1979년 WHO 지역사회 중심 재활사업모델 소개: 15개국에서 관심을 표명함으로써『지역사회 장애인훈련^{training disabled people in the community}』을 제작·보급하였다(1980, 1983년 개정판이 나옴).

⑤ 1982년 R.I 아태지역 회의: WHO가 발간한『지역사회 장애인훈련』을 4년 동안 멕시코, 인디아에서 적용한 효과 및 평가에 대한 회의를 진행하고 이에 대한 네 가지 문제점을 다음과 같이 제시하였다.
첫째, 지역사회에 기초를 둔 장애예방과 재활사업은 다음의 조건이 없으면 성공할 수 없다.

- 행정기관의 충분한 후원과 지지
- 지역사회 수송체계 확립
- 지역사회 통신체계 확립
- 적절한 정보의 제공
- 지역사회지도자의 적극적인 훈련 및 지원

둘째, 지역당국의 적극 참여하려는 관심과 의지의 표명

셋째, 계획을 후원키 위한 자원센터 필요

넷째, 기본 보건체계의 유지

⑥ 1983년 WHO: 모든 사람을 위한 재활rehabilitation for all이라는 CBR 기본 교재를 발간하였다.

물론 오늘날 선진국에서 행해지는 지역사회 통합 프로그램은 이 지역사회 중심 서비스가 발전한 과정이며 이 두 서비스를 비교하면 [표 3-3]과 같다.

표 3-3 | 시설 중심과 지역사회 중심 재활사업의 비교

내용	시설 중심 재활사업	지역사회 중심 재활사업
재활기술면	• 의료적, 전문가 중심적 • 수입된 이론적 기술의 사용 • 정규적이고 체계화된 훈련 제공 • 제도나 법을 중심으로 차별을 해소하려고 함	• 문제해결적, 인간중심적 • 이용 가능한 자원을 활용하는 현장기술 • 비공식적이며 자연발생적 훈련 • 모든 차원에서 인간의 권리를 보호하려는 방식으로 차별을 해소하려고 함
서비스전달면	• 공급자에 의한 일방적 서비스 • 서비스 전달의 중앙집권적 • 재활의 특정 분야에 집중	• 욕구에 의한 참여서비스 • 서비스 전달의 지역사회 중심 • 여러 가지 분야를 함께 추구

최근 2004년 핀란드에서 열린 RI 전문가회의에서는 지역사회 중심 재활사업에 대한 최근의 이슈들에 대한 논의가 있었는데 지역사회 중심 재활사업의 이슈들은 지역사회 참여와 주권Community involvement and ownership, 다양한 영역들과 협력multi-sector collaboration, 장애단체의 역할, 지역사회 중심 재활사업의 확대scaling이다.

① 지역사회 참여와 주권

지역사회라는 용어는 많은 의미가 있을 수 있다. 그러나 이번 전문가 회의와 관련하여 'Community'는 사람이 살고 있는 가장 작은 행정지역을 언급한다. 이는 공식적인 구조나 행정단위가 있고, 장애인을 포함한 지역사회 모든 구성원들의 복지를 책임지는 선출 혹은 지명된 행정가(시, 구청장, 동장 등)가 있음을 뜻한다. 이 지역사회 내에는 수많은 다소 조직화된 운동이나 조직들, 예를 들면 여성 및 청년운동, 스포츠클럽, 종교조직, 노동조합, 친목단체, 복지단체, 장애인단체 등이 있을 수 있다. 이러한 지역사회 관련 단체들이 지역사회 중심 재활에서 적극적인 역할을 할 수 있는 방법을 모색할 필요가 있으며, 이는 결국 지역사회 주도력과 참여를 이끌 것이다.

국가 간 전문가회의 기간 동안 지역사회의 개입은 특별한 관심을 요하는 주요 이슈로 인식되었다. 세계 도처의 지역사회 중심 재활실천 경험들로부터 지역사회 개입은 성공적인 지역사회 중심 재활을 위한 필수 조건이라는 것이 드러나게 되었다. 만일 지역사회들이 지역사회 중심 재활프로그램을 갖게 된다면 가장 이상적일 수 있겠지만, 이는 항상 가능한 것이 아니다. 특히 지역사회 중심 재활이 지역사회의 외부적 영역으로 인식되거나 특별한 부처 또는 지역사회 중심 재활에 속할 때가 그

예일 수 있다. 따라서 장애인, 지역사회 및 정부 간 파트너십이나 매개고리를 만드는 전략적 고안은 대단히 중요하다.

지역사회와 정부 간에 동등한 파트너십 관계를 형성하기 위해서는 단지 다음 사항 이외에도 제기되는 많은 이슈들이 있겠지만 일차적으로 첫째, 지역사회 중심 재활의 필요성과 유용성에 대한 지역사회의 인식을 높이는 것과 장애인의 복지를 위해 투입되는 자원들을 확보하는 것, 둘째, 지역사회 중심 재활프로그램의 기획과 이행을 책임지고, 모니터링 및 평가와 연관시킬 수 있는 지역사회 역량을 강화하는 것, 셋째, 중앙 단위로부터 지역사회 및 장애인들에게 정부 지역사회 중심 재활프로그램을 분산하거나 의사결정 권한을 넘겨줄 수 있는 기제의 인정, 넷째, 수많은 긴급한 욕구들이 있을 때 지역사회발전 계획에 지역사회 중심 재활을 포함시키도록 촉진하는 것이다.

그리고 지역사회가 지역사회 중심 재활프로그램을 다룰 수 있도록 하는 데에는 상당한 노력들이 요구된다. 이는 실질적인 의사결정 권한을 장애인이나 지역사회에 이전할 필요가 있다는 것이다.

② 다양한 영역 간의 협력

장애인들의 기본적인 욕구는 일반 시민들과 마찬가지로 먹고, 치료받고, 교육받고, 살아갈 수 있는 기회를 갖는 것이다. 대다수의 장애인들이 일생 동안 의료재활을 요구하는 것은 아니다. 그것은 신체적 장애가 아니라 동등한 기회와 참여로부터 장애인들을 배제하는 사회적 태도와 비우호적인 환경과 장벽들이다. 어느 한 부처에서 또는 NGO가 이러한 장애인들, 특히 생활이 궁핍한 장애인들의 욕구를 다 해결해 준다는 것은 어려운 문제이다. 따라서 수립된 국가 정책에 대한 다양한 부문의 협력이 필요하다. 다양한 분야의 협력을 이끌어 내고 지역사회중심 재활사업이 효율적으로 일반적인 지역사회 발전에 기여하기 위해서는 다음과 같은 이슈들이 제기된다.

첫째, 모든 관련 부처들, 특히 장애인들의 요구에 부합할 수 있는 보건, 교육, 사회복지, 노동, 개발 및 경제부처의 참여를 보장하는 것, 둘째, INGOs, NGOs와 민간 서비스 제공자들이 장애인의 욕구에 대처할 수 있도록 보장하는 것, 셋째, 주로 정부, NGOs, DPOs와 지역사회 등 모든 관련자들의 조직화를 위한 전략적 제휴를 맺는 것, 넷째, 정부가 적절한 국가 입법 등을 통해 UN^Standard Rules를 이행할 것을 담보할 것 등이다.

지역사회 중심 재활사업이 장애문제의 해결차원을 넘어 지역사회의 종합적 개발에 중요한 역할을 담당할 가능성이 있는 것으로 확대할 때가 되었다. 이러한 이슈의 해석은 지역사회 중심 재활사업에 대한 투자의 정당성 확보를 위해 강력한 논증을 제공할 수 있을 것이다.

③ 장애인단체의 역할

장애를 가진 사람은 그들 자신의 욕구를 다른 사람보다 더 잘 안다. "우리 없이 할 수 있는 것은 아무 것도 없다"는 주장은 정당하다. 역사적으로 장애인들은 단지 '수동적인 수혜자'로서 인식되어 왔다. 많은 지역사회 중심 재활사업들은 사업의 기획, 이행 및 모니터링에 장애인들이나 장애 관련 단체들과 연계하지 않는다. 많은 지역에서 지역사회 중심 재활사업 수행자와 DPOs들은 공동으로 함께 일하지 않는다. 지역사회 중심 재활사업 성과 중의 하나는 DPOs와 강력한 파트너십을 발전시켜 나가는 것이다. DPOs가 없는 곳에서는 지역사회 중심 재활사업이

DPOs의 조직 형성을 강화해 나가야 한다. 부모와 장애인들의 자조그룹 조직화는 강력한 DPOs의 발전기제가 될 수 있다. 그 밖에 동등한 권리를 보장하는 국가정책을 수립하고 이행하는 것, 그리고 서비스 제공에 장애인들이 실질적으로 참여하고 모델의 역할을 수행할 필요가 있다.

지역사회 중심 재활사업에 DPO의 참여는 필요할 뿐 아니라, 보다 유익하다는 것을 이해하기 위해서 다음과 같은 영역들의 특별한 관심이 요구된다.

첫째, 특히 이동과 접근성의 제한을 받을 때 장애인의 참여를 용이하게 하는 것, 둘째, DPOs가 참여하는 데 있어서 모든 유형의 장애 대표의 참여를 장려하는 것, 이는 지역사회 중심 재활사업들이 모든 장애인에게 접근할 수 있도록 하는 데 도움이 될 수 있다. 셋째, 장애인이 그들 자신의 부모나 보호자를 포함할 수 있는 지역사회 수준의 조직을 형성할 수 있도록 하는 것, 넷째, 지역사회 중심 재활사업의 실무자들, 특히 여성장애인을 위한 지역사회 중심 재활사업들에 장애인이 대표성을 갖도록 하는 것, 다섯째, 장애인들이 다양한 수준에서 의사결정과 정치체계 속에서 대표가 될 수 있도록 장려하는 것이다.

장애인 조직은 종종 주요 도시에서나 활동하고 모든 지역사회를 대표하는 것 같지는 않다. 이는 장애인들의 완전하고 동등한 참여의 근본적 원칙이 구체화되지 못했기 때문이며, 이를 위해 지역사회에서 국가적 수준의 DPO 네트워크는 아주 중요하며 이는 장애인을 위하여 동등한 권리를 담보할 수 있는 중요한 세력이 될 수 있다. 장애인의 통합은 전문가, 후원자와 그 외의 다른 관련자들이 풀어야 할 과제로 남는다.

④ 지역사회 중심 재활사업의 확대

많은 국가에서 지역사회 중심 재활사업은 외부지원에 의한 시범사업으로 주도되어 왔으며 제한된 지역에서 일부 장애인 집단의 욕구에 대응하기 위한 사업으로 한정 실시되어 왔다. 많은 지역사회 중심 재활사업 프로젝트는 지난 10~15년 동안 같은 지역에 제한되어 왔던 것이다. 이러한 원인들은 확인되고 다루어질 필요가 있다. 어느날 갑자기 전문가들이 지역사회의 요구를 일거에 충족시킬 수 있을 것이라는 비현실적인 기대가 있을 수 있지만 실은 불가능하다는 것이 입증되어 왔으며, 대부분의 나라가 그렇게 많은 전문가를 양산하거나 고용할 수 있는 충분한 자원을 갖고 있지 않다. 게다가 전문가들은 도시생활을 선호하며, 시골에서 일하기를 원하는 사람은 거의 없다. 의료치료 과정 안에 재활과 학교 내 통합교육과 같은 정규적인 프로그램 속에 특별한 서비스를 보편화할 필요가 있다. 전문가들이 '훈련 및 상담가를 위한 서비스 전달자'로 이루어지는 효과적인 전달체계를 보장해야 하고 그들의 역할을 확대할 필요가 있다. 몇몇 부처는 관심과 자원을 갖고 있지만 전문기술이나 지역사회와 연결하는 네트워크를 갖고 있지 않다. 이러한 상황에서 전문기술이나 네트워크는 자원을 공유하기 위해 보다 효과적이다.

정부는 장애인의 욕구를 우선적 이슈로서 검토하지 않으며, 장애인들을 위한 일에 개입하는 것은 비용은 많이 들면서 효과는 적다고 생각해 왔다. 정부, 특히 저임금 국가에서는 장애인들의 욕구를 충족시킬 수 있는 충분한 기금을 갖고 있지 않다. 심지어 국제적, 전국적 NGO들 조차 비슷한 경험을 갖는다. 가능한 지역자원을 활용한다거나 다양한 정부 개발 프로그램 속에 장애인을 포함시킬 수 있는 대책이 강구되어야 한다.

이와 같은 이슈들 외에도 지역사회 중심 재활사업의 확산을 위해서는 다음과 같은 공통적 이슈들도 유의할 필요가 있다.

첫째, 정부는 서비스가 꼭 필요한 모든 시민들에게 전달되기를 바라며 장애인은 그 일부에 지나지 않는다고 생각하는 잘못된 생각, 둘째, 지역사회 자원들이 시범사업 확산을 위해 동원되도록 하는 것, 셋째, 다양한 지지 구조, 자원 및 서비스들이 장애인들에게 이용이 용이한 주류화 서비스가 될 수 있도록 명확히 할 필요가 있다는 것, 넷째, 지역사회 중심 재활사업은 모든 부문, 관련자 사이에 의뢰체계를 강화시킨다는 것, 다섯째, 지역사회 중심 재활사업은 국가적인 가난 경감 프로그램에 있어서 중요한 역할을 한다는 것, 여섯째, 서비스는 지역사회 중심 재활사업의 비용 효과적인 증거를 제공한다는 것 등이다.

정부로부터 자원과 국가 계획 및 정책적 지원을 받는 것은 지역사회 중심 재활사업 확산의 필수적 요소이며, 지역사회 중심 재활사업의 효과성과 안정성을 확보하기 위해서는 지역사회와 연결되는 것이 필요하다. 지역사회 중심 재활사업 효과성의 확대는 정부와 지역사회 및 장애인들과 얼마나 강력하게 연결시키는가에 달려 있다. 결국, 이와 같은 이슈들은 우리나라 지역사회 중심 재활사업을 활성화하는 데 면밀한 검토가 필수적이라고 볼 수 있다.

(3) 우리나라의 지역사회 중심 재활사업

우리나라에서 지역사회 중심 재활사업이 처음 소개된 것은 지난 1984년 마닐라에서 개최된 CBR프로그램 세미나에 우리나라 재활관계자 3명(보건사회부 직원 1인, 의료분야 전문가 1인, 장애인복지분야 전문가 1

인)이 참석하여 동사업의 필요성을 느끼고 추진하게 된 것이 최초라고 볼 수 있다. 그 이후 우리나라는 다음과 같은 몇 차례의 시범사업을 거쳐 발전해 왔다.

① 1985. 1. 보건사회부 CBR사업에 대한 시범사업 실시: 한국장애인재활협회로 하여금 CBR사업을 실시하도록 위임하고, 서울 관악구 신림 7동(도시 영세민 지역)을 대상지역으로 선정하여 재가장애인에 대한 실태조사 및 CBR 사업을 전개하였다.

② 1986. 1. 지역 확대: 서울 관악구 신림 3동과 충북 청원군 북일면 (농촌 지역)으로 2개 지역을 추가 확대하여 사업을 전개하였다.

③ 전주예수병원 사업 실시: 1987년 북완주지역(고산, 화산, 비봉, 운주, 경천, 용진, 동상, 봉동읍)을 대상으로 사업을 전개하였다.

④ 정부차원의 사업 확대: 1992년 19개의 장애인종합복지관 및 200여 개의 사회복지관에 아웃리치outreach 형태의 순회재활서비스센터 및 재가봉사센터를 개소하였다.

이러한 과정을 거친 우리나라 CBR사업은 많은 발전을 거듭해 오고 있는데, 그 특징을 정리해 보면 크게 여섯 가지로 요약이 된다.

첫째, 조사를 통해 지역의 장애인구 및 실태를 파악하였다. 우리나라의 경우 일정 지역에 대한 장애인구조사는 1960년 당시 보사부가 심신장애아동실태조사를 실시한 것이 최초인데, 그 이후 1980년부터 매 5년마다 장애인구조사 및 실태조사를 실시하였으나 조사방법이 간접조사에 의한 추계이고 실제 실태파악도 서베이에 의한 간접조사이기 때문에 정확한 인구조사나 실태조사가 어려운 실정이다. 그러나 CBR사업 해당지역에서는 실제 지역의 가정을 방문하여 장애인구에 대한 전수조사 및 실태조사를 실시하였다.

둘째, 지역사회 장애인을 위한 중추적 역할 수행이 가능한 조직을 구성하였다. CBR 실시지역은 지역장애인대책위원회, 자원봉사자조직, 장애인자모회 조직 등을 결성하여 지역 내 장애인문제는 지역사회 스스로가 해결할 수 있는 방안을 강구함으로써 장애인 문제에 있어서 지역의 핵심조직으로 활동하도록 하였다.

셋째, 각계각층의 인적 자원을 교육시켜 이 사업의 동반자로 참여시켰다. CBR실시 지역은 장애인이나 가족, 지역의 통·반장, 부녀회원, 지역지도자(새마을지도자, 이장, 마을건강요원), 학교교사를 대상으로 지속적인 교육을 실시함으로써 지역사회의 인적자원의 참여의식 고취를 확대시키고, CBR사업의 주요한 인적자원으로 활용하였다.

넷째, 장애인에 대한 지역사회 주민들의 인식을 개선하였다. 지역사회에 존재하는 모든 매스컴(TV, 라디오, 신문, 소식지)을 동원하여 홍보를 실시하고 캠페인을 벌여 나감으로써 장애인 및 가족과 지역주민들에게 장애인에 대한 새로운 인식과 재활의 필요성을 주지시키는 등 상당한 효과를 거두었으나 단기간의 홍보와 지역주민의 이해 부족, 매스컴 종사자들의 인식 부족으로 인해 큰 성과는 거두지 못하였다.

다섯째, 지역의 물리적 환경을 개선하는 데 일익을 담당하였다. 지역사회의 장애인을 사회로 끌어냄으로써 장애인의 물리적 장벽에 대한 절망감과 필요성을 제기하고 정부로 하여금 이에 대한 시정을 요구하도록 하는 계기를 마련하였다.

여섯째, 다양한 재활서비스를 제공하였다. 전술한 지역의 CBR 사업을 내용별로 분류해 보면 도시지역은 의료재활서비스 2,909건, 교육재활서비스 349건, 직업재활서비스 117건, 사회심리재활서비스 284건,

기타 370건이고, 농촌지역은 의료재활서비스 764건, 교육재활서비스 122건, 직업재활서비스 53건, 사회심리재활서비스 132건, 기타 63건 등으로 나타나고 있다. 이와 같이 지역의 장애인이 어떤 형태로든 다양한 서비스를 받은 것으로 나타나 CBR 사업은 지역사회 장애인에게 다양한 재활서비스를 제공하고 있는 것으로 밝혀졌다. 상기와 같은 과정과 특징을 통해 오늘날 우리나라에서 지역사회 중심 재활사업으로 전개되고 있는 프로그램은 장애인복지관이 대표적이며 이 외에도 공동생활가정, 주간보호, 순회재활서비스 등이 있다.

① 공동생활가정group home

장애인 공동생활가정은 소수의 장애인들이 지역사회 내에서 생활보조원의 도움을 받으면서 일반가정과 같은 가정을 이루어 공동생활을 하는 유사가정시설에 해당한다. 현재 미국과 같은 선진국에서 정신지체인이나 중증장애인을 위해 설립된 시설 중에서 가장 인기있고 보편화되어 있으며, 보다 정상적인 가정환경 속에서 자립적인 생활기술을 키우는 데 목적을 둔다. 보통 4~5명의 장애인이 한 가정을 이루게 되는데, 독립생활이 가능하고 취업하여 일정한 소득이 있으며 가정이나 시설에서의 보호보다는 장애인공동생활가정에서 생활하는 것이 자립이나 발달에 더 유익하다고 판단되는 장애인을 대상으로 한다.

② 주간단기보호프로그램day & short-term care service

주간단기보호프로그램은 가족의 적절한 보호를 받지 못하거나 가족에게 항시 개호의 부담을 주는 재가중증장애인에게 낮 혹은 단기간 동안 보호 및 각종 서비스를 제공하여 가족의 경제적, 정신적 부담을 경감시키기 위한 프로그램이다. 주요 서비스 내용은 일상동작훈련, 취미생활, 여행 및 견학 등으로 구성된다. 일상동작훈련은 질환이나 손상, 결손 등으로 기본적으로 일상생활을 하는 데 문제가 있는 장애인들을 위해 신변처리, 의복 착탈, 식생활, 위생, 침상자세, 보행, 물건사용법 등을 훈련시키며, 취미생활은 폭넓은 대인관계 형성 및 자신의 특기와 취미를 살릴 수 있도록 음악, 영화감상, 레크리에이션, 서예, 수예, 바둑, 장기, 운동 등을 실시하며, 새로운 환경과 정보를 접하게 하여 심신의 기능을 향상시키기 위한 고궁 박물관, 민속촌, 한강선착장 등지의 견학이나 야유회 등을 실시한다. 그리고 이 프로그램은 사회사업가, 물리치료사, 보모 등으로 구성된 팀에 의해 운영되며 중증장애인을 대상으로 운영되기 때문에 셔틀버스 운영이 필수적이다.

③ 순회재활서비스 outreach service

순회재활서비스는 가정에서 생활하는 장애인을 순회 방문하여 의료, 교육, 직업, 상담 등 종합적인 재활서비스를 제공함으로써 재가장애인의 재활, 자립을 도와 재가장애인의 사회통합을 이루고자 실시되는 프로그램이다. 이는 재활서비스 이외에도 각종 생활정보의 제공, 자원봉사 인력의 모집 및 활용 등 재가장애인의 복지증진에 필요한 다양하고도 종합적인 서비스를 제공한다.

우리나라의 경우 장애인종합복지관에 재가복지봉사센터를 부설하여 운영하고 있다.

(4) 지역사회 중심 재활사업과 독립생활센터의 차이

독립생활 프로그램은 1970년 초 지역사회통합 프로그램의 일환으로 등장한 프로그램이기 때문에 지역사회 중심 재활사업과 비교한다는 것은 그 자체가 무리가 있기는 하지만 최근 우리나라에서의 독립생활 프로그램에 대한 강한 욕구와 믿음에 비추어 볼 때 정리할 필요는 분명 있다고 보여진다.

많은 학자들은 이 두 가지 재활사업이 동등한 것처럼 생각하지만 사실은 차이가 있음을 주장하고 있다(Werner, 1997; Lysnck & kaufert, 1994).

우선 독립생활 프로그램은 독립적인 문화를 중시하는 서구사회를 중심으로 개발되어 왔고 지역사회 중심 재활은 유아기나 아동기 시절부터 독립보다는 상호의존적이며 공동체적인 삶을 강조하는 아시아 국가들에게서 발전되어 왔다는 것이다(Werner, 1997).

심리학·사회학·인류학 등 학문적으로 독립성이라는 의미는 잠재적으로 신체적·정신적으로 정상 수준을 의미하는 것으로 기능 손상이 있는 사람은 상대적으로 독립성이 줄어든다는 것을 내포하고 있으며 (Nosek, 1998), 여기서 독립이라는 것은 ① 유아기나 아동기의 성장과정에서의 독립[1], ② 심리적 특성으로의 독립[2], ③ 개인의 사회적 상태의 성

---

1 프로이트[Freud], 에릭슨[Erikson] 등의 학자들은 유아기나 아동기의 인지와 관점은 성인기에 많은 영향을 미친다고 보며 유아기나 아동기의 독립과 의존에 대한 양립의 인지나 관점을 갖게 하는 것이 중요하다고 보고 있음.
2 심리적으로 독립적인 특성을 가진 사람들이 실제적으로 독립성이 강하다는 연구는 많은 연구자들에 의해 지지되고 있다(Lobel, 1982; Jones & Summerville, 1983; Troutt, 1980).

과로서의 독립³, ④ 개인의 기능적 능력과 관련된 독립, ⑤ 행동적 의미로서의 독립을 포함하는 개념으로 어릴 때부터의 양육과정이 중요시된다. 그러나 우리나라의 경우 이와 같은 문화적 특성을 가지고 있는 나라가 아니고 지역사회의 강한 유대감속에 상호의존적이며 함께 하는 삶을 목표로 하는 특성을 가지기 때문에 독립생활 프로그램보다는 지역사회 중심 재활프로그램이 더 많은 이점을 가진다고 볼 수 있다.

또한, 독립생활 프로그램은 독립적으로 사는 장애인을 도와주는 데 초점이 맞추어져 있다. 대체적으로 어디에 거주할 것인지를 선택하거나 지원서비스나 지원자를 고용하고 아파트 임대와 같은 경제적인 활동과 보조서비스나 기술을 얻는 것을 도와주는 것을 중심으로 하기 때문에 일부 서비스가 18세 이하이거나 그들 가족구성원들에게도 제공되지만 대부분의 서비스가 18세 이상인 장애인들을 대상으로 하고 있다. 그러나 지역사회 중심 재활사업은 모든 연령을 대상으로 하고 있고 심지어는 아동과 장애예방을 위해 산모나 태아에게도 맞추어져 있다.

또 다른 차이 중의 하나는 독립생활사업과 지역사회 중심 재활사업의 세부프로그램에 있다. 독립생활사업이 대부분 정보제공이나 이관서비스인 데 비해 지역사회 중심 재활사업은 장애인들에게 직접적인 서비스를 제공하고 장애아동을 위한 다양한 초기중재와 치료프로그램이 있다. 두 서비스 차이의 가장 중요한 핵심은 서비스 통제자와 관련된 부분이다(Lysack & Kaufert, 1994). 지역사회 중심 재활사업은 서비스 통제를 장애인과 지역사회기관의 인력이나 지역사회성원들 간의 파트너십

---

3 독립은 개인의 공공교통과 집안 내에서의 이동, 일상활동, 개인지원의 활용, 보조기구 이용, 의사소통 능력, 소득의 양과 형태, 주택과 동거인을 포함한 생활배치, 고용상태, 교육수준, 여가시간의 활용, 건강유지를 포함하는 건강상태, 결혼, 사회적 삶, 자아개념 등의 사회상태의 독립이 전제되어야 함.

표 3-4 | 지역사회 중심 재활사업과 독립생활센터의 비교

항목	지역사회 중심 재활사업	독립생활센터
목표	상호의존	독립
아동을 위한 서비스	있음	매우 조금
일차적인 서비스대상	모든 연령	거의 18세 이상
서비스 통제자	필요 없음	장애인 고객
장점	가장 필요한 대상들에게 우선	권리를 주장하는 장애인들에게 우선
단점	장애인만으로 조직되어 있지 않음	하층계급을 방치하고 중간계층 중심
일차적인 개입(예방)활동	있음	없음
이차적인 개입(치료)활동	있음	없음
삼차적인 개입(재활)활동	있음	있음

에 의해 공동연대를 형성하는 것이지만 독립생활사업은 장애인을 고객으로 보고 그들이 적합한 통제자의 역할을 수행하도록 하고 있는데 이것은 실제의 효과보다 몇몇의 엘리트 장애인 지도자들에 의해 통제될 수 있음을 주지하고 있다.

또한 독립생활 프로그램은 장애인활동가들에 의해 주도되는 기회균등을 위한 사회적 행동이라는 데 장점이 있으나, 이 운동은 중간계층의 운동으로 하위계층이나 그들의 욕구는 방치하고 중간계층의 욕구들이 우선권을 갖는 것처럼 잘못 이해되는 측면이 있다. 지역사회 중심 재활 프로그램은 가장 욕구가 큰 문제에, 모든 장애인을 대상으로 한다는 데 장점이 있으며 독립생활과 차이가 있다(werner, 1997).

이와 같은 지역사회 중심 재활프로그램과 독립생활 프로그램의 차

이를 요약하면 [표 3-4]와 같다.

리자크와 카우퍼^{Lysack & Kaufert}(1994)는 재활서비스를 체계적으로 받지 못하는 국가나 지역일수록 지역사회 중심 재활사업을 할 것을 권고하고 있다. 미래의 지역사회 중심 재활사업에 있어 가장 큰 도전 중의 하나는 지역사회 중심 재활사업의 큰 장점 중의 하나라고 볼 수 있는 빈곤계층에 대한 순회서비스와 함께 독립생활운동의 자기결정권의 역량강화를 연결하는 것이다(werner, 1997).

따라서 지역사회 중심 재활사업을 활성화하는 데 있어 독립생활운동의 자기결정권의 역량강화를 어떻게 할 것인지가 충분히 고려될 필요가 있다.

2) 독립생활 패러다임

독립생활 패러다임은 재활문제의 중심을 장애인 개인의 문제에 두기보다는 오히려 장애인들의 지나친 전문가, 친척 등에게의 의존으로 인한 부적절한 서비스, 장애인 스스로의 사회참여를 방해하는 건축 및 경제적 장벽에 둔다. 이와 같이, 재활문제의 초점을 장애를 둘러싸고 있는 환경이나 재활과정에 두며, 재활서비스의 주요 개입자는 전문가가 아니라 동료상담이나 자기옹호, 자조 등과 같은 소비자 주권주의나 사회, 경제적 장벽제거 정책이 주요 개입자가 된다.

여기서 자기옹호와 같은 소비자 주권주의의 주요한 요소는 ① 장애인들이 스스로의 목소리를 내며, ② 장애인의 주요 정책결정과정에 참여하며, ③ 개인적 사회적 지원을 공유하는 것이다. 이러한 패러다임에서 장애인들이 원하는 것은 결혼과 가족, 자신의 희망하는 진로와 교육,

접근성과 보편적 서비스가 보장되는 주택, 교통수단, 일상에 자유롭고 편리한 시설 등이다. 그리고 장애인의 주요한 사회적 역할인식은 소비자이며, 재활서비스의 전반적인 통제나 조정자 역시 장애인 자신이 된다. 따라서 독립생활 패러다임에서의 재활의 궁극적인 목표는 선택할 권리, 서비스를 제공받을 권리, 자기결정권이 포함된 독립생활이며 이를 통한 사회, 경제적 생산성을 높이는 것이다. 독립생활 패러다임은 1970년 초 지역사회 통합프로그램의 일환으로 등장하여 많은 국가와 지역에서 독립생활센터the Center for Independent Living: CIL로 설립되어 운영되고 있다.

미국의 경우는 1978년 개정 재활법에서 독립생활 서비스를 위한 종합계획을 마련하여 주 정부가 독립생활 프로그램과 독립생활센터에 보조금을 지급하도록 규정하였으며, 1992년 개정 재활법에서는 주 단위로 독립생활위원회Statewide Independent Living Councils: SILC를 두도록 하여 주 단위의 독립생활서비스, 신규센터 설치, 발전계획들에 대한 논의를 할 수 있도록 규정하였다.

우리나라도 2007년 개정 장애인복지법 제54조에서 국가와 지방자치단체는 중증장애인 자립생활을 실현하기 위하여 중증장애인 자립생활지원센터를 통하여 필요한 각종 지원서비스를 제공하도록 규정하였고, 아울러 장애인의 독립생활을 최대한 지원하기 위하여 동법률 제55조에서 활동보조인서비스를 규정하여 독립생활 패러다임을 지향하고 있다.

3) 지원 및 역량강화 패러다임

지원 및 역량강화 패러다임은 재활서비스의 중심을 개인이나 전문가의 의존에 두기보다는 장애를 정상과 비정상의 개념으로 보게 한 사회적 참여의 장벽이 되는 국민들의 태도나 정치, 경제, 행정적인 장벽과 이로 인한 사회의 부적절한 서비스의 개선에 둔다. 따라서 재활문제의 초점은 독립생활 패러다임과 마찬가지로, 사회환경이나 재활과정에 두며, 재활문제의 해결은 당연히 이와 같은 환경이나 시스템의 보편적 설계나 서비스에 둔다. 여기서 장애인의 주요한 사회적 역할인식은 환자나 소비자도 아닌 지역사회의 한 성원이며 궁극적인 재활서비스의 목표는 장애인도 모든 사람이 함께하는 다원사회의 진정한 일원이 되게 하는 것이다. 이 패러다임은 미국에서 1980년대 초 등장하기 시작하여 개인지원서비스personal assistance services: PAS로 정착되었다.

이 서비스는 장애인이 지역사회에서 개인적 외모나 편안함, 안전, 다른 성원들과의 상호작용에 있어서 보편적 수준well-being을 유지하도록 하는 것으로 이 지원서비스에 포함되는 내용은 ① 의식주, 신체적 보건문제와 같은 개인적 외모와 위생활동의 유지, ② 지역사회의 참여와 실내에서의 이동과 관련된 활동 유지, ③ 청소, 쇼핑, 식사준비, 세탁, 수선과 같은 집안관리 및 유지, ④ 유아 및 아동의 양육관리 및 유지, ⑤ 돈관리 및 계획이나 의사결정과 같은 생활관리 및 유지, ⑥ 전화로 일상생활을 모니터하는 보장과 관련된 활동의 관리 및 유지, ⑦ 청각, 언어, 시각장애와 같은 사람들의 의사소통의 관리 및 유지 등이다.

4) 총체적 패러다임

총체적(통합적) 패러다임은 재활서비스의 중심을 개인이나 전문가의 의존에 두기보다는 장애를 사회의 구성원이나 시민이 아닌 복지나 시혜의 대상으로 보고 있는 경제 · 정치 · 문화 · 사회적 배제가 원인이라고 본다. 또한 이 배제를 없애기 위해서 장애를 가진 사람을 사회의 구성원으로 보고 사회 전반의 포괄적 관점에서 장애를 이해하고 접근해야 한다는 사회시스템 개선에 초점을 둔다. 따라서 재활문제의 초점은 장애를 가진 사람의 문제를 포괄적 관점에서 보지 못하고 단편적으로 접근하는 사회시스템에 두며 재활문제의 해결은 당연히 이와 같은 사회시스템 개선을 위한 총체적holistic 접근, 특히, 장애가 없는 사람들의 장애를 가진 사람들에 대한 인식 및 태도, 접근성, 보조기술, 이용자 중심, 보편적 시민으로서 살아가기 위한 다양한 지원서비스에 둔다. 여기서 장애인의 주요한 사회적 역할인식은 누구나 필요하면 서비스를 받을 수 있는 이용자user이며, 재활서비스의 목표는 장애인의 자연스럽고 진정한 통합inclusion이다. 이 통합은 경제적, 정치적, 문화적, 사회적 통합이 총체적으로 이루어지는 것을 의미한다. 이 패러다임은 2004년 세계재활협회Rehabilitational International: RI의 재활의 재고찰과 2006년 통과된 UN의 장애인 권리협약Convention on right of persons with disabilities: CRPD 등에서 주지하고 있다.

총체적 패러다임에서의 장애인 재활서비스는 장애인이 지역사회에서 일상생활, 사회생활을 함에 있어 장애가 없는 사람과 동등한 시민으로서 삶을 유지하고 인간다운 생활을 하기 위해 필요한 모든 서비스가 포괄적 관점의 행정과 서비스에서 제공되는 것으로 이를 위해 국가단위나 지역단위는 장애를 가진 사람들을 위한 별도의 서비스가 아닌, 시민의 한 사람으로서 장애를 가진 사람들에게 행정과 서비스가 제공될 수 있도록 하는 보편적 설계와 보편적 서비스가 필요하다.

5. 재활의 역사적 변천과정

1) UN 및 국제사회의 변천과정

  우리나라를 비롯한 많은 국가들에 있어서 재활의 변화는 국제적인 동향과 변화에 의해 상당한 영향을 받았으며 1981년의 세계장애인의 해는 특별히 각국의 재활서비스를 변화시키는 데 기여를 한 것이 사실이다.

  유엔^{UN}의 장애와 관련된 노력은 1948년 세계인권선언^{Universal Declaration of Humans Rights}에서 장애를 이유로 한 모든 분야의 차별을 금지할 것을 권고한 이래 1955년 ILO의 장애인의 직업재활에 관한 권고^{Recommendation 99, Concerning Vocational Rehabilitation of the Disabled}, 1971년의 UN의 정신지체인의 권리선언^{Declaration of the Rights of the Mental Retardation}, 세계농아연맹의 농아인의 권리선언^{Declaration of Rights of Persons with Impaired Hearing}, 1975년의 UN의 장애인의 권리선언^{Declaration of the Rights of the Disabled Persons}, UN 경제사회이사회^{ESCAP}의 장애인의 예방과 재활에 관한 결의^{Prevention of Disability and Rehabilitation of Disabled Person}, ILO의 장애인의 직업재활과 사회통합에 관한 결의^{Social Integration and Vocational Rehabilitation of Disabled Persons}, 1976년의 UN의 세계장애인의 해 선언^{Proclamation of International Year of Disabled Persons}, 1980년 세계장애인의 행동계획 결의^{Plan of Action for International Year of Disabled Person}, 1982년 장애인에 관한 세계 행동계획 및 UN 장애인10년 선포^{World Programme of Action Concerning Disabled Persons, Decade of Disabled Persons}, 1983년의 ILO의 장애인

의 직업재활과 고용에 관한 협약, 1992년 UN ESCAP의 아시아·태평양 장애인 10년 결의Vocational Rehabilitation and Employment ⟨Disabled Persons⟩ Convention, 1993년 UN의 장애인의 기회균등에 관한 표준규칙Standard Rules on the Equalization of Opportunities for Disabled Persons, 2002년 UN ESCAP 의 아시아·태평양지역의 또 다른 장애10년 선언Biwako Millennium Framework for Action Towards an Inclusive, Barrier-Free and Rights-Based Society for Persons with Disabilities ib Asia and the Pacific, 2006년 12월 3일 전 세계 모든 장애인들의 기본적인 인권과 자유를 동등하게 누릴 수 있도록 하기 위한 국제 장애인권리협약Convention on right of persons with disabilities이 채택되었다.

여기서는 상기의 변화과정 중 각국에 많은 영향을 준 1975년 장애인의 권리선언과 1976년의 세계장애인의 해 선언, 1982년의 장애인에 관한 세계행동계획, 1992년의 아시아·태평양지역 장애인 10년의 행동계획, 2002년의 또 다른 아시아·태평양지역의 장애인 10년 행동계획, 2006년의 국제장애인 권리협약을 중심으로 살펴보았다.

(1) 장애인의 권리선언

1975년 12월 9일 UN은 제30차 총회에서 인간의 권리와 기본적 자유에 대한 신념, UN헌장에서의 평화의 원리 및 인간의 존엄과 가치, 사회정의의 원리에 충실하면서 신체적, 정신적 장애를 예방하고 장애인들이 능력을 최대한 개발할 수 있도록 원조하며 가능한 한 그들이 통상적인 생활에 통합할 수 있도록 이 권리선언을 채택하면서 다음과 같은 권리들을 보호하기 위해 공통적 기반과 준거 틀로 사용될 수 있도록 국내적 및 국제적 행동을 촉구하였다.

① "장애인"이라 함은 선천적이든 후천적이든 간에, 신체적, 정신적 능력의 불완전으로 인하여 일상의 개인적 또는 사회적 생활에서 필요한 것을 확보하는 데 자기 자신으로서는 완전하게 또는 부분적으로 할 수 없는 사람을 의미한다.

② 장애인은 본 선언에 제시된 모든 권리를 누린다. 이들의 권리는 어떠한 예외도 없이, 인종, 피부색, 성, 언어, 종교, 정치 혹은 기타의 의견, 국가 또는 사회적 신분, 빈부, 출생, 장애인 자신이나 그 가족이 처해 있는 상황에 따라 구별이나 차별 없이 모든 장애인에게 인정된다.

③ 장애인은 인간으로서의 존엄이 존중되는 권리를 출생하면서부터 갖고 있다. 장애인은 그들 장애의 원인, 특질, 정도에 관계없이, 같은 연령의 시민과 동등한 기본적 권리를 가진다. 이는 맨 먼저First and foremost 가능한 통상적이고 만족스러운 일상생활을 할 수 있는 권리를 의미한다.

④ 장애인은 다른 시민들과 동등한 시민권 및 정치적 권리를 가진다.

⑤ 장애인은 가능한 한 그들이 자립self-reliant할 수 있도록 계획된 여러 시책을 누릴 자격이 있다.

⑥ 장애인은 보장구를 포함한 의료적, 심리적, 기능적 치료와 의료적, 사회적 재활, 교육, 직업교육, 훈련 및 재활, 원조, 상담, 직업알선 및 기타 장애인의 능력과 기술을 최대한으로 개발하고 그들이 사회통합 또는 재통합의 과정을 촉진시킬 수 있는 서비스를 받을 권리가 있다.

⑦ 장애인은 경제적, 사회적 보장 및 상당한 수준의 생활을 누릴 권리를 가지며 그 능력에 따라 보장을 받고, 고용되어, 유익하고 생

산적이며 보수를 받는 직업에 종사하고, 노동조합에 참여할 권리를 가진다.

⑧ 장애인은 경제 · 사회계획의 모든 단계에 있어서 그들의 특별한 요구가 고려되도록 할 자격이 있다.

⑨ 장애인은 그들 가족이나 위탁부모와 함께 생활하고, 모든 사회적, 창조적 활동이나 여가활동에 참여할 권리를 가진다. 장애인은 그의 주거와 관련하여, 그 상태로 인하여 그가 필요하다든지 혹은 그 주거상태 개선을 요구할 경우 이외에는 차별대우를 받지 않는다. 만일 장애인이 특수한 시설에 입소하는 것이 절대적으로 필요할 때에도 그곳의 환경이나 생활조건은 동 연령 사람의 통상적 생활과 가능한 유사한 것이라야 한다.

⑩ 장애인은 차별적, 모욕적 또는 가치 이하의 모든 착취와 모든 규칙, 그리고 모든 취급으로부터 보호되어야 한다.

⑪ 장애인은 그의 인격과 재산을 보호를 위하여 적절한 법적인 원조가 필요할 때에는 그러한 것을 제공받을 수 있어야 한다. 만일 장애인에 대해 사법적인 소송절차가 있을 경우에, 그것에 적용되는 법적 수속은 장애인들의 신체적, 정신적 상태를 충분히 고려하여야 한다.

⑫ 장애인 단체들은 장애인의 권리에 관한 모든 사항에 대하여 유효하게 협의할 수 있어야 한다.

⑬ 장애인과 그 가족 및 지역사회는 모든 적절한 방법에 의하여, 본 선언에 포함된 권리에 대해 충분히 주지하여야 한다.

(2) 세계장애인의 해

1976년 12월 16일 UN은 제31차 총회에서 1981년을 '세계장애인의 해'로 선언하면서, 그 주제는 "완전참여"로 하기로 하고 다음에 제시된 목적들을 실현시키는 해로 정하도록 결정하였다.

① 장애인들이 신체적, 심리적으로 사회에 적응하도록 돕는다.

② 장애인에 대해 적절한 원조, 훈련, 치료, 지도를 수행하고, 유용한 고용기회를 창출하며, 그들이 사회에 완전 통합될 수 있도록 국내적 및 국제적 노력을 촉구한다.

③ 장애인이 일상생활을 하는 데 있어서 실제적인 참여를 원활하게 할 수 있도록 하기 위하여 설계된, 예를 들어 공공건물과 교통기관을 이용할 수 있도록 개선하는 것과 같은 연구조사사업을 장려한다.

④ 장애인은 경제 · 사회 · 정치활동의 다양한 방면에 참여하고 기여할 권리를 가지고 있음을 일반인들에게 교육시키고 주지시켜야 한다.

⑤ 장애의 예방과 장애인의 재활을 위하여 효과적인 시책을 추진하여야 한다.

또한 모든 UN 가맹국과 관련 기구들에게 "세계장애인의 해"의 목적 수행을 위하여 여러 시책 및 프로그램의 확립에 관심을 기울여 줄 것을 권고하며 가맹국과 전문기관, 관련 기구와 협의하여 세계장애인의 해 사업계획을 제32차 총회에 제출하여 설명해 줄 것을 요청하였다. 1977년 12월 16일 제32차 UN 총회는 세계장애인의 해와 관련하여 세계장애인

재활의 개념 및 이념

의 해 사업계획을 검토하여 15개 가맹국 대표들로 구성되는 "세계장애인의 해 자문위원회"의 설치를 결정하였다. 자문위원회의 임무는 사무총장이 준비한 세계장애인의 해를 위한 사업내용을 검토하고 가맹국 및 전문기관과 협의하는 것으로 하였으며, UN 사무총장에게 1979년 5월 이내에 UN 본부에서 자문위원회를 소집할 것과 제34차 총회에서 논의될 수 있도록 그 회의에 관한 보고서를 제출해 줄 것을 요구하였다. 1979년 12월 17일 UN 34차 총회는 자문위원회의 보고서를 검토하고 다음과 같은 사항을 결의하였다.

① 세계장애인의 해의 주제를 "완전참여와 평등"으로 확대할 것을 결정하고 사무총장의 보고서에 포함된 세계장애인의 해 자문위원회 제1차 회의의 권고(Ibid., Sect. Ⅲ)를 "세계장애인의 해 행동계획"으로 채택한다.

② 세계장애인의 해의 활동에 대해 실질적인 방침을 강조하며 주요 핵심은 지역이나 국가 상호적인 차원에서의 지원적 활동과 함께, 국내적인 차원에 두고 있음을 확인한다.

③ 세계장애인의 해 행동계획과 방법의 지침에 따라 가맹국은 국내적 차원에서 각국의 문화, 관습, 전통을 고려하여 행동지침을 마련할 것을 권고한다.

④ 또한 전문기관과 UN 관련기구들은 행동계획의 실행을 위하여 당면문제에 대해 특별한 주의를 기울이도록 권고하며 행동계획의 실행에 있어서, 장애예방과 재활을 위하여 다국 간이나 양국 간에 기술원조의 제공을 통하여 장애인에게 특별한 주의를 기울일 수 있다는 사실을 상기시킨다.

⑤ 이러한 점에 있어서, 자문위원회의 권고처럼 개발도상국 간의 상

호기술협조와 장애분야에 있어서 기술원조에 관한 행동지침을 위한 국제심포지엄을 개최하고 개발도상국 장애인재활을 위한 국제연구소의 지속적인 여러 활동의 가능성을 탐색할 것과, 이러한 일에 대하여 제35차 총회에 보고서를 제출할 것을 사무총장에게 요구한다.

⑥ 세계장애인의 해 자문위원회장에 대해, 세계장애인의 해의 행사를 증진시키는 데 참여할 것을 권고하며, 또한 사무총장에 대해 이러한 점에 있어서 본부의 연락기능을 포함하여 지원을 위한 모든 수단을 제공해 줄 것을 요청하고 대중 홍보활동을 포함하여 세계장애인의 해 행동계획의 실행을 사후 관리하는 데 필요한 모든 자원들을 세계장애인의 해 사무국장에게 제공해 줄 것을 요구한다.

⑦ 사무총장에게, 행동계획의 실시를 점검하고 장기 행동프로그램의 입안을 시작하기 위하여 1980년에 자문위원회의 회의를 조속히 소집할 것과 세계장애인의 해를 홍보할 수 있는 긴급한 조치를 취해 줄 것과, 이와 관련해서 1979년 말에 세계장애인의 해를 나타내는 휘장emblem을 선정할 것을 요구한다.

⑧ 전문기관들과 다른 UN 관련 기구들에 대해, 세계장애인의 해를 위한 구체적이고 상호 조정된 계획들을 준비하여 1980년도 자문위원회회의에 제출해 줄 것을 요구한다.

⑨ UN 지역위원회와 지역정부 간 기구들에 대해, 가능한 한 조속한 시일 내에 세계장애인의 해의 활동에 기여할 의지를 공식적으로 표명해 줄 것을 권고하며 세계장애인의 해의 지원에 있어서, 국내적 및 국제적 차원에서 민간단체들과 특별히 장애인 단체들의 적극적인 참여의 중요성을 강조한다.

•
재활의 개념 및 이념

(3) 장애인에 관한 세계행동계획

1982년 제37차 UN 총회는 장애인에 관한 세계행동계획을 채택함으로서 장애예방과 재활, 그리고 발전과정에서의 장애인의 완전참여와 평등이라는 세 가지 목적을 종합적으로 다루기 위한 이념적, 실천적 골격을 완성하고 이를 실행하기 위한 장기적인 시한인 장애인 10년(1983 ~1992)을 선포하였다. 이 행동계획이 선포된 배경은 세계적으로 5억 이상의 장애인들이 다른 사람과 동등한 권리와 평등한 기회를 누리지 못하고 사회로부터 격리된 채 살아가고 있는데 이들에게 동등한 기회보장과 각국의 노력을 촉구하기 위함이다.

또한 이 행동계획을 더욱 발전시키고 실천함에 있어서 장애인 본인 및 장애인 단체의 의견을 듣도록 하였으며, 예방prevention, 재활rehabilitation, 기회의 균등equalization of opportunities이라는 측면에서 행동지침을 제시하였다. 장애의 예방대책과 관련해서는 사회의 모든 수준에서 조직화된 예방대책이 필요하지만, 특히 다음과 같은 것들을 강조하고 있다.

① 특히 농촌지역과 도시 빈민지역을 포함하는 모든 계층의 국민이 거주하는 지역을 대상으로 하는 지역사회에 기초를 둔 1차 보건의료

② 효과적인 모자보건상담과 가족계획 및 가정생활에 대한 상담과 영양교육 및 비타민과 기타 영양소가 풍부한 식품의 생산과 이용 등을 비롯하여 특히 모자가 적절한 식품을 취하도록 지원하는 일

③ 세계보건기구의 면역확대사업expanded programme of immunization 목적에 따른 전염병에 대한 면역화

④ 조기발견과 치료를 위한 시스템과 가정, 직장, 도로 및 여가활동

에서의 사고예방을 위한 안전규칙과 훈련 계획

⑤ 업무, 장비 및 작업환경에 대한 적응과 산업장애 또는 직업병의 발생 및 그 약화를 방지하기 위한 산업보건사업의 실시

⑥ 특히 학생과 노인층의 약물에 의한 장애를 예방하기 위하여 의약품, 마약, 알코올, 담배 및 기타 흥분제나 진정제의 무분별한 사용을 억제하는 대책과 임산부가 이러한 물질을 함부로 사용함으로써 태아에 미치는 영향에 대해서는 특별한 관심 요구

⑦ 손상의 원인을 최대한 방지할 수 있는 생활방식을 습득하도록 해주는 교육활동과 공중보건활동

⑧ 일반 국민과 전문가에 대한 지속적인 교육 및 장애예방사업과 관련된 홍보활동과 부상자의 응급 처치를 담당할 의료인, 기타 관련자에 대한 적절한 훈련

⑨ 농촌계몽요원을 훈련시켜 장애발생률을 감소시키는 일을 돕도록 하는 예방대책

⑩ 작업 중 사고와 각종 형태의 장애예방이라는 관점에서 근로자에게 시행되는 조직적인 직업훈련과 실제적인 실습훈련, 여기서 개발도상국에서는 위험한 기술이 사용되는 일이 많다는 사실에 주의하여야 하며 위험한 기술은 선진국으로부터 개발도상국으로 이전되는 것이 보통이며 이러한 위험한 기술은 개발도상국의 실정에 맞지 않을 뿐 아니라 훈련이 불충분하고 작업안전에 대한 보호도 부실하여 작업 중 사고를 증가시키고 장애를 유발하게 된다.

재활과 관련해서는 각국으로 하여금 행동계획의 목적을 달성하는 데 필요한 재활서비스의 공급방안을 개발하고 보장하도록 하며 이 서비

스에는 모든 국민에게 손상으로 인한 기능제약을 방지하거나 줄일 수 있는 보건관리 및 관련 서비스를 제공하고 장애인이 최상의 기능을 발휘할 수 있게 하는 데 필요한 사회, 영양, 보건 및 직업상의 서비스 제공이 포함된다. 또한 각 회원국은 일상생활과 자립을 위해 보조기구와 장비를 필요로 하는 사람들이 그 지역적 상황에 부합하는 보조기구와 장비를 구할 수 있도록 해야 한다.

기회의 균등화를 위한 권고사항에는 첫째, 장애인이 다른 국민과 똑같은 기회를 가질 수 있도록 각종 법률을 개·제정할 것, 둘째, 물리적 환경과 소득유지와 사회보장, 교육 및 훈련, 취업, 레크리에이션, 문화, 종교, 스포츠, 지역사회활동에 있어서 장벽들을 해소할 수 있는 노력을 경주할 것, 셋째, 필요한 전문인력의 양성과 배치, 지속적인 홍보와 정보 제공 등이 있다.

(4) 아시아 · 태평양지역 장애인 10년의 행동계획

1992년 4월 17일 UN ESCAP 제48차 총회에서 1993~2002년을 아·태장애인 10년을 선포하고, 지난 장애인 10년 동안에 해결하지 못한, 장애인이 직면하고 있는 많은 어려움을 지속적인 노력을 통해 개선하겠다는 의지를 표명하였다. 아·태지역 장애인 10년을 위한 행동계획은 장애인 10년 행동계획의 연장선상에서 다음 12가지의 관심영역을 표방하고 있다.

① 장애문제에 관한 국가조정위원회national coordination를 수립하거나 이미 존재할 경우 그것을 강화한다.

② 장애인의 권리보호와 차별금지, 기회균등을 위한 법률을 제정 혹

은 개정한다.

③ 장애인의 정보접근성을 위해 국가의 역량을 개발하고 준비한다.

④ 장애인에 대한 국민들의 의식public awareness과 장애인의 인식을 개
선하기 위한 국가의 역량을 강화한다.

⑤ 건축, 교통, 의사소통에 있어서 접근성을 강화한다.

⑥ 다양한 장애유형의 교육을 위한 국가의 역량을 강화한다.

⑦ 훈련과 고용

⑧ 장애발생 원인의 예방

⑨ 재활서비스

⑩ 재활보조기

⑪ 자조조직의 육성

(5) 또 다른 아시아 · 태평양지역의 장애인 10년 행동계획

2002년 5월 UN ESCAP 제58차 총회는 21세기 아 · 태지역의 장애
인을 위한 통합적이고 장벽 없는 그리고 권리에 근거한 사회로의 추진
이라 명명한 새로운 아 · 태장애인 10년을 위한 비와코 새천년 행동계획
선언Biwako Millennium Framework for Action Towards an Inclusive, Barrier-Free and
Rights-Based Society for Persons with Disabilities ib Asia and the Pacific을 채택하였
다. 이 선언에는 새로운 10년의 주요 이슈를 장애인의 인권과 기회균등
이라 하였으며 이를 실천하는 우선 과제로 다음의 일곱 가지 영역을 제
안하였다.

① 장애인자조단체 지원

② 여성장애인

③ 장애의 초기 발견을 위한 개입과 교육

④ 취업훈련, 고용, 자영업

⑤ 공공시설과 대중교통의 접근성 개선

⑥ 정보 · 통신 ICT 접근

⑦ 역량 개발을 통한 빈곤퇴치, 사회보장 및 지속적인 생계보장프로 그램 개발

(6) UN의 국제장애인권리협약

국제장애인권리협약은 2006년 12월 13일 UN총회에서 회원국 192개 국 만장일치로 통과했다. 이 협약은 지난 2002년부터 5년 동안 총 8차 례에 걸쳐 특별위원회를 열어 장애여성, 장애아동, 자립생활, 이동권, 국 제협력, 모니터링 등 총 50개 조항의 본문과 선택의정서로 구성되어 합 의되었다. 이 협약은 장애문제를 복지나 정책적 차원에서 접근해 오던 지금까지의 패러다임을 인권 차원에서 해결하려는 전환으로 장애인 당 사자들이 협약을 만드는 전 과정에 주도적으로 참여했다는 점은 기존 다 른 협약들과 대비되는 가장 큰 특징이다. UN 회원국들은 비준을 해야 실효가 있는데 우리나라는 동년 3월 30일 선택의정서(실효성 확보를 위 한 절차)를 제외하고 서명하였고, 비준은 2008년 국회를 통과하였으나 비준 당시 선택의정서와 본 조항 제25조(e)항 생명보험 조항은 제외된 채 비준되었다. 이 조약은 모두 20개국이 비준하면 30일이 경과한 후부 터 국내법과 같은 효력을 발휘하게 된다.

이 협약은 전체 50조로 구성되어 있으며 제1조 협약의 제정목적은 모든 장애인이 모든 인권과 기본적인 자유를 완전하고 동등하게 향유하

도록 증진, 보호, 보장하고, 또한 모든 인권 향유를 명백히 하고, 보호하고 장려하며, 장애인 고유의 존엄성을 존중하도록 장려하는 것임을 명시하였고, 제3조에서 본 협약의 기본원칙으로 ① 스스로 선택할 수 있는 자유를 포함한 고유의 존엄성, 개인적 자율성의 존중과 개인의 독립성, ② 차별 금지, ③ 완전하고, 실질적인 사회참여와 사회 통합, ④ 인류 다양성과 인간성의 부분으로서 장애의 다양성 수용에 대한 존중, ⑤ 기회 균등, ⑥ 접근성, ⑦ 양성 평등, ⑧ 장애아동 역량 개발을 위한 존중과 장애아동의 정체성 보호를 위한 권리 존중을 제시하고 있다.

제4조는 각국의 다음과 같은 의무를 규정하고 있다.

첫째, 당사국은 장애인이 장애로 인한 어떤 종류의 차별 없이 모든 인권과 기본적 자유를 완전히 실현하도록 보장할 것을 약속하며, 따라서 당사국들은 ① 이 협약이 인정한 권리 이행을 위해, 모든 적절한 사법적, 행정적 그리고 기타 조치들을 채택하며, ② 장애인에 대한 차별을 구성하는, 입법을 포함한, 현존하는 법률, 규정, 관습, 관례 등을 수정 혹은 폐기하기 위한 모든 적절한 조치를 취하며, ③ 모든 정책과 프로그램 속에 장애인의 인권장려와 보호가 고려되어야 하며, ④ 이 협약과 부합하지 않는 어떠한 행동이나 실행에 관여하는 것을 금지하고, 공공 당국과 공공 기관이 이 협약에 따라 행동하도록 보장하며, ⑤ 타인, 단체 또는 민간 기업들이 장애로 인한 차별을 철폐토록 하는 모든 적절한 조치를 취하며, ⑥ 보편적 설계에 의한 제품, 서비스, 장비 및 시설들, 적절한 가격의 정보통신기술, 이동 보조 기기, 장비들, 보조 공학을 포함한 장애인에게 적합한 새로운 제반 기술 제공에 대한 연구, 개발, 이용, 그리고 사용을 약속하거나 증진하도록 하며, ⑦ 다른 형태의 지원, 보조 서비스와 시설뿐만 아니라, 신규 기술을 포함하여, 이동보조기기, 장비들 그리고 보조 공학에 대하여 장애인들에게 접근 가능한 정보를 제공하며, ⑧ 협약에서 인정한 권리의 보다 나은 지원과 서비스 제공을 위해 장애인과 함께 일하는 전문가와 직원의 교육훈련을 장려한다.

둘째, 개별 당사국들은 경제, 사회, 문화적 권리와 관련하여, 국제법에 따라 즉시 적용될 수 있는 본 협약상에 포함된 의무를 해하지 않고, 이 권리들의 완전한 실현을 점진적으로 달성하기 위해 이용 가능한 자원을 최대한 활용하여, 필요하면 국제협력체제 내에서, 조치를 취해야 한다.

셋째, 개별 당사국은 이 협약을 이행하기 위한 입법과 정책 개발과 이행과 장애인과 관련된 사안에 대한 의사결정과정에서, 장애인 대표단체들을 통하여, 장애아동을 포함한 장애인들과 밀접하게 협의하고, 이들이 활발하게 참여토록 해야 한다.

넷째, 협약의 어떠한 내용도 장애인의 권리 실현에 도움이 되는 조항이나 당사국의 국내법 또는 당사국에 효력이 있는 국제법에 영향을 끼쳐서는 안 된다. 현행 협약이 권리를 인정하지 않았거나, 덜 인정했다는 이유로, 법률, 협약, 규정, 관습 등에 준거하여 이 협약 당사국이 인정하거나, 인간의 기본적인 권리에 대해 어떠한 제한이나 훼손이 없어야 한다.

다섯째, 이 협약 조항들은 어떠한 제한이나 예외 없이 모든 연방국가로 확대되어야 한다.

이 외에도 협약은 제4조에서 평등과 차별금지를 규정하고 있으며 장애여성, 장애아동, 인식 개선, 접근성, 생명권, 위험상황, 법 앞의 평등권, 사법 접근성, 개인의 자유와 안전, 고문 또는 잔혹, 비인도적이거나 굴욕적인 대우 및 처벌로부터의 자유, 착취, 폭력 및 학대로부터의 자유, 개인의 존엄성 보호, 이주의 자유, 자립적 생활과 사회통합, 개인의 이동, 의사표현의 자유와 정보접근성, 사생활 존중, 가정과 가족에 대한 존중, 교육, 건강, 재활, 근로 및 고용, 적정 삶의 기준과 사회적 보호, 정치와 공적 생활 참여, 문화생활, 레크리에이션, 여가생활과 스포츠 참여, 통계와 자료 수집, 국제협력, 국내적 시행과 모니터링, 장애인인권위원회, 당사국 보고서, 보고서 고려사항, 당사국과 위원회 협력, 위원회와 다른 기구와의 관계, 위원회의 보고서, 당사국 회의, 수탁, 서명, 약속 동의, 지역적 통합 조직 등의 각국의 이행사항을 규정하고 있다.

2) 우리나라의 변천과정

우리나라 재활정책을 이해하기 위해서는 과거 역사의 흐름 속에 재활의 발전과정에 대한 개괄적인 고찰과 이에 대한 역사적인 평가가 이루어져야 한다. 과거 우리나라의 재활을 살펴보면 상고시대로 거슬러 올라갈 만큼 장구한 역사를 가지고 있고, 구제의 내용이나 행정체계들도 오늘날에 못지않게 충실하였다. 삼국시대에는 재활분야가 아직 제도화 단계에 이르지는 못했으나 재해를 당한 일반 백성과 환과고독鰥寡孤獨, 노약자, 장애인에 대한 구빈사업이 실시되었고 고려시대와 조선시대에는 장애인에 대한 구휼사업은 물론 각종 구제기관을 설치하여 장애인을 수용·보호하였고, 병자에게는 약을 주었으며, 용역을 면제해 주었고, 죄를 지었을 때 감형해 주는 휼형제도恤刑制度를 실시하였다.

따라서 서구의 물질문명과 그에 연유한 이기주의가 우리 사회에 만연되어 있는 오늘날 우리 조상들이 빈곤과 질병을 극복하기 위해 노력한 발자취를 더듬어 살펴보는 것은 우리나라 재활정책의 건전한 발전과 효율성의 증대에 크게 도움이 될 것이다.

이와 같은 배경이 있는 우리나라 재활의 변천과정을 삼국시대, 고려시대, 조선시대, 일제시대 및 미군정기, 근세로 구분하여 살펴보기로 한다.

(1) 삼국시대의 재활

삼국시대의 한반도는 주지하는 바처럼 고구려, 신라 및 백제의 삼국이 상호 침략과 투쟁을 일삼았는데 토지는 공히 국가, 귀족의 소유로 되었기 때문에 일반 백성은 전혀 토지를 소유할 수 없었다. 또 당시는 농업과 어업을 위주로 하여 상류계층인 왕족, 귀족 및 관리 등은 정치와 경제에 있어 절대적인 지배자였고 평민과 농민들은 영농 및 기존의 생산노동에 종사하였다. 따라서 당시의 백성들은 한해, 수해, 질병 및 기타의 재난 등이 있게 되면 굶주리게 되고 가옥을 유실하고 또는 병고와 병란 등으로 허다한 고난을 받아 왔다.

따라서 구제사업은 삼국에 있어 다같이 중요한 국가시책의 하나였다. 삼국시대에 실시한 구제사업으로는 관곡의 진급賑給, 사궁구휼四窮救恤, 조조감면租調減免, 대곡자모구면貸穀子母俱免, 경형방수輕刑放囚, 종자 및 식량의 급여, 이재민에 대한 군주의 친선 및 위문, 왕의 책기감선責己減膳, 역농방재力農防災, 종묘宗廟 및 불사기도佛寺祈禱 등이 있다.

또 삼국시대에 있어 군주들은 각종의 재해로 인한 이재민구휼 이외에 환과고독의 사궁 또는 병들고 자립불능한 자에 대한 구제를 많이 실시하였다. 이들은 생산력을 가진 장년이 아니고 노·유·병약자로 무의탁한 사람들이며, 노동력을 가진 자는 아니다.

이와 같이 삼국시대의 재활정책은 정히 장애인이라고 지명하기는 어렵겠지만 구휼행정이라는 범위 안에서 각종 재해로 인하여 영농생산에 장해를 받고 있는 이재민을 구호 보호하며 재산상에 복귀시킴과 동시에 농업생산과는 전혀 관계없는 무의탁한 사궁을 구호하는 장애인을 위한 하나의 복지제도로 볼 수 있을 것이다.

(2) 고려시대의 재활

고려시대는 삼국시대에 이미 국가사업으로 발전되어 온 민생과 구휼의 여러 제도가 계속 이어졌으며, 특히 고려 태조 이래로 역대 군주가 불교의 자비심에 입각하여 선정을 베풀게 됨으로써 구제사업은 일층 더 확장되고 제도화되었다. 고려시대의 구제사업으로는 은면지제恩免之制, 재면지제災免之制, 환과고독진대지제, 수한질려진대지제水旱疾癘賑貸之制, 납속보관지제納粟補官之制 등이 있고, 고려시대의 구제기관으로는 흑창, 의창, 상평창, 제위보濟危寶, 구제도감, 진제도감, 동서대비원, 혜민국, 혜민전약국, 유비창, 연호미법煙戶米法이 있다.

그러나 고려시대는 왕건의 즉위로부터 고종 18년(1231) 몽고의 침입에 이르기까지 약 300년까지는 좋은 제도와 시책이 채택되고 실시되어 구제사업이 활발하게 진행되었으나 그 이후 후반기에 이르러서는 국내외의 여러 곤란한 문제로 인하여 국가재정은 빈약하게 되었고 사회는 일대 혼란에 빠져 구제기관들의 기능이 정체되었을 뿐 아니라 각종 재해가 연달아 발생하여 백성들이 생계가 큰 곤경에 처하게 되었다.

고려시대의 재활도 삼국시대와 마찬가지로 구휼행정이라는 큰 틀 속에서 다루어졌는데 장애인을 위한 제도로는 휼형제도가 적용되어 80세 이상 10세 이하의 독·폐질자에 대한 규례에 의하여 장애인이 죄를 지을 경우에는 감형되었다. 또한 장애인에게는 요역徭役을 면제해 주었다.

특히 고려시대는 복업卜業을 과거제도에 포함시켜 복인을 선발함으로써 복업이 제도화되었다. 이 복업은 광종 9년에 과거제도에 포함되었고, 공양왕 원년(1839)에는 장학을 십학으로 확대 설치하며 관학으로 발전하게 되어 일부 시각장애인들은 자섬부사(종 5품)와 강안전 시위호군(종 4품)의 벼슬을 주는 등 미력하나마 장애인을 위한 직업재활 흔적을 찾아볼 수 있다.

(3) 조선시대의 재활

조선은 개국 초부터 유교의 정치이념인 왕도정치를 실시하여 고려시대에 문란했던 제도를 쇄신하고 국가 행정의 새로운 기틀을 잡았다. 구휼제도도 고려시대보다 체계화되었고 치료와 질병의 예방에 힘을 기울였으며 기민飢民과 장애인을 수용, 보호하는 데에도 발전을 보였다. 실록에 나타난 기록을 보면 다음과 같다.

"세종 원년(1419) 4월에는 구휼을 위하여 묵은 쌀과 콩 600가마를 환과고독鰥寡孤獨, 폐질자에게 주었으며, 세종 2년(1521)에는 장애인의 구휼을 서울일 경우에는 호조에서 맡고, 외방은 감사 책임으로 그 업무를 이양시켰다. 그러나 지방수령에게 이양된 장애인 구휼사업은 각 수령의 의무사항이 아니라 재량사항이었기 때문에 그 사업이 효과적으로 이루어지지 않았다.

조선시대에는 기민 및 장애인들을 수용 보호하였는데 그 대표적인 기관은 진제장賑濟場과 동서활인원이다. 진제장은 한성부에서 설치, 운영하는 빈민을 위한 응급 구제기관으로 그 업무내용은 기류민에 대한 구급 시식을 주로 하였다. 동서활인원은 가난한 사람들의 의료와 의식을 맡았던 기관이다. 이들 기관의 활동의 예를 보면 다음과 같다.

세종 17년(1435)에 도성 내의 병든 노비와 경외의 병든 행·걸인을 모두 활인원으로 송치하여 구제케 하였고, 동왕 18년에는 진제장의 기민들 중 병든 자를 동서활인원으로 보내어 구제케 하였는데 활인원의 환자가 너무 많아 구호가 소홀하게 되어 사망자가 늘어나게 되자 왕은 진제장 곁에 건물을 증축하여 환자들을 그곳에 유치, 수용케 하고 무녀, 노비奴婢들로 하여금 구호하도록 했다.

위와 같은 독·폐질자에 대한 구호사업 외에 이들에게는 모두 역을 면제하였다. 16~60세의 양인 남자는 누구나 국역에 종사할 의무를 가지고 있었는데 관직을 가진 사람은 직사職事 자체로서 국역에 대신하는 것이고 대부분의 사람들은 군역을 맡았다. 그러나 장애인은 복지대책으로 국역을 면제해 주었다. 태조 2년(1393)에 환과고독, 노약, 폐질로 자존하지 못하는 자를 잡역이나 요역에서 면제하고 구휼했으며, 세조 4년(1459) 병조에서는 시각장애인의 독녀는 차역함이 옳지 않으니 소거부所居部(살고 있는 부락)에서 천리千里안의 잡요는 일체 면해 주었다. 형률에서도 독·폐질자들에 대해서는 관대했다. 즉, 나병환자가 처와 간통한 사람을 살해했을 경우에 감사정배減死定配했고, 정신이상으로 사람을 살해한 경우에도 감사정배했다.

조선 후기에는 사상적으로나 제도적으로 다소 발전되었음을 볼 수 있다. 예를 들면, 실학의 대가인 정약용(1762~1836)은 "폐질과 독질에 걸려 제 힘으로 먹고 살아갈 수 없는 자에게는 의지할 곳과 살아갈 길을 마련해 주어야 하고, 장님·절름발이·손발병신·나병환자로 육친이 없어 떠도는 사람은 그 친척에게 타이르고 관에서 그들에게 맡겨 안착하게 해야 하나, 그들 중 전혀 의지할 데가 없는 경우에는 고을의 유덕한 자를 선택하여 맡기고 그의 잡역을 면제하고 그 경비를 관에서 부담하게 해야 한다."고 함으로써 보다 진보적인 재활대책을 제시했다.

사회가 불안정하고 빈민과 유기아가 점점 증가됨에 따라 정조 7년(1783)에 자휼전칙字恤典則을 제정하였다. 이는 무의탁한 사궁의 구제에 관한 진휼청의 구호사업준칙으로 유기아의 나이 및 구제기관, 구제방법 등 9절목으로 된 내용이다. 장애인과는 직접적인 관련이 없는 것 같으나 자휼전칙이 공포된 정조 6~7년의 연이은 극심한 흉년으로 많은 아이를 버리는 상황이었다. 이때 장애아동도 함께 유기되었을 것이다. 이 전칙은 이전의 다른 구휼법령에 비하여 국가의 보호, 책임을 강조하고 있다는 점이 그 특징이라고 할 수 있다.

(4) 일제시대 및 미군정기의 재활

① 일제시대

일제시대의 구휼정책은 그 대상에 따라 크게 두 가지 경우로 미루어 생각할 수 있다. 첫째는 노동력이 없는 빈민 또는 일시적으로 각종 재해를 당한 사람을 대상으로 하는 구호사업이고, 둘째는 노동능력이 있는 빈민, 즉 이 당시의 농촌빈민, 화전민, 토막민, 도시세궁민을 대상으로 하는 식민지 지배 당국의 정책 및 조치로 구분할 수 있다. 구휼정책에 대한 재원은 왕들이 보낸 은사금을 기금으로 하여 그 이자수입을 주요 재원으로 했고 부족한 예산은 국가의 재정에서 충당했다.

일본 명치왕은 한국인의 민심을 안정시키고 산업, 교육의 장려 및 흥작 구제사업을 위하여 3천만 원을 한국에 배정하였는데 그중 1,739만 8,000원을 기금으로 적립하고 그 이자로 구제사업을 했다. 재원의 60% 는 무직자와 가난한 사람들에게 일자리를 마련해 주는 데 사용되었고, 30%는 교육사업에 사용되었으며, 10%는 농민구제사업에 사용되었다. 명치왕이 서거한 1912년에는 20만 원을, 1913년과 1914년에는 각각 5만 원의 국고보조금과 11만 5천 원을 은사금으로 예치하였고, 동년에 그 관리규칙을 제정하여 폐질, 불구, 노약자, 아동 등을 구제했다.

각종 은사금의 이자로 지원되는 구제사업은 그때그때 임시적이고 유사시에 즉흥적으로 이루어졌다. 그러나 일본에서는 1920년대 말까지 1874년 구휼규칙에 따라 구빈행정을 실시했으나 1929년에 새로 구호법을 제정하여 1932년 1월 1일부터 실시했다. 그러나 한국에서는 이 법이 적용되지 않다가 1944년에 이르러 한국인에 대한 징병과 노무징용에 동원하기 위한 선무용으로 일본의 구호법을 원용하여 조선구호령을 제정했다.

그 적용대상은, ⓐ 65세 이상의 노쇠자, ⓑ 13세 이하의 유아, ⓒ 임신부, ⓓ 불구·폐질·질병·상이·기타 정신 또는 신체의 장애로 인하여 노동을 하지 못하는 자로 되어 있다. 생활부조의 방법은 신청에 의해 실시되었고 이를 심사하기 위해 자산조사를 하도록 했다. 구호는 거택보호를 원칙으로 했고 거택보호가 불가능할 때에는 구호시설에 맡겨 보호하도록 했다.

이상에서 보는 바와 같이 장애인을 대상으로 한 구호사업은 체계적이고 통일된 특별법에 의하여 실시된 것이 아니고 전체 국민의 구빈대책의 일환으로 실시되었기 때문에 장애인의 특성이 고려되지 않았다. 또한 구호사업 자체도 사회복지의 필요성보다는 식민통치의 합리화와 황민사상의 주입을 위한 이데올로기적 기능을 띠고 있다.

② 미군정기

미군정기는 만 3년(1945. 9. 8.~1948. 8. 15.)에 걸친 짧은 기간이었지만 과도기적 단계로서 우리 역사의 전개방향을 규정지은 중요한 시기이다. 미군정하의 복지행정의 법적, 제도적 근거는 형식상으로는 일제시대의 관계법을 계승하고 있으나 그것보다는 군정법령 및 몇 가지 처우준칙에 의거하여 이루어졌다고 보인다.

미군정하의 구호준칙으로는 후생국보 3호(1946. 1. 12.)와 후생국보 3A호(1946. 1. 14.) 및 후생국보 3C호(1946. 2. 7.)를 들 수 있다. 후생국보 3호의 C항은 공공구호를 규정하는데 조선구호령과 유사하게 3호의 대상으로, ⓐ 65세 이상 된 자, ⓑ 6세 이하의 부양할 소아를 가진 모, ⓒ 13세 이하의 소아, ⓓ 불치의 병자, ⓔ 분만 시 도움을 요하는 자, ⓕ 정신적, 육체적 결함이 있는 자로서 3호 시설에 수용되지 않고 가족이나 친척의 보호가 없고 노동할 수 없는 자 등으로 규정하고, 구호내용으로는 식량, 주택, 연료, 의류, 의료로 분류하고 있다.

후생국보 3A호는 이재민과 피난민에 대한 3호를 규정하고 3호 내용으로 식량, 의류, 숙사, 연료, 주택부조, 긴급의료, 매장, 차표 제공 등을 들 수 있다. 후생국보 3C호는 궁민과 실업자에 대한 구호규칙으로서 거택구호시 세대인원에 대한 지급한도액을 규정하고 있다. 구호 행정은 1945년 10월 27일(법령 18호) 설치된 보건후생국(1946. 3. 29, 법령 64호에 의해 부로 승격)에 의해 이루어졌으며, 구호시책의 종류는 구호내용 및 대상자를 기준으로 볼 때 시설구호, 공공구호, 응급구호 및 이재구호 등의 구호사업과 귀환전재민 및 월남피난민을 위한 수용구호사업과 주택

장애학_통합재활적 접근

구호사업, 실업구호사업 등으로 구분할 수 있다.

　미군정하에서도 역시 장애인문제는 일제시대와 마찬가지로 장애인을 위한 독립적인 복지제도는 없었고 구빈문제나 아동, 부녀문제에 포함하여 검토하고 있다는 것을 알 수 있다.

(5) 근세의 재활

　근대는 1948년 정부수립 이후 오늘날까지로 크게 태동기(1948~1963), 잠복기(1964~1980), 발전기(1981~)로 재활제도의 변천과정을 구분해 볼 수 있다.

① 태동기(1948~1963)

　정부수립 이후 원호대상자직업재활법과 산업재해보상보험법이 제정 공포된 때까지로 장애인 문제에 대한 독자적인 법령이나 제도를 찾아보기는 어렵고, 이 시기의 장애인 문제는 빈곤, 재난, 아동, 부녀문제에 포함되어 다루어졌으며 주로 민간단체나 외국의 원조단체, 종교단체 등에 의하여 역할이 수행되었다. 단지 1950년 4월 14일 공포된 군사원호법과 1951년 4월 12일 공포된 경찰원호법은 상병군인, 상이경찰관의 생계부조, 직업보호, 수용보호 등을 규정하고 이들이 신체와 정신에 현저한 장애가 있을 때 의료시설에 수용하여 치료할 수 있는 제도를 마련하였다. 비록 군인과 경찰관에 한한 것이기는 하나 장애문제에 관하여 특별히 제도적으로 대처하려는 노력이 이 시기에 비롯되고 있음을 알 수 있다. 이는 한국전쟁을 전후하여 상이군인, 상이경찰관이 빈발함에 기인하는 것이라 할 것이다.

이와 같은 국가보훈차원의 특수장애인에 대한 제도는 군사원호보상법(1961. 11. 1.~1984. 8. 2.), 군사원호대상자고용법(1961. 7. 5.~1984. 8. 2.), 군사원호대상자임용법(1952. 9. 26.~1962. 4. 16.), 군사원호대상자정책대부법(1961. 7. 5.~1984. 8. 2.), 군사원호대상자자녀교육보호법(1961. 11. 1.~1984. 8. 2.), 전몰군경유족과 상이군경연금법(1952. 9. 26.~1962. 4. 16.), 군사원호보상급여법(1952. 9. 26.~1984. 8. 2.), 국가유공자예우 등에 관한 법률 등 각종 대책이 강구되고 있음을 알 수 있다. 이들 상이군경에 대한 각종 시책과 제도는 1984. 8. 2. 법률 제3742호 국가유공자예우 등에 관한 법률에 모두 흡수되어 단일 법률로 제도화하고 있다.

그럼에도 불구하고 장애인 일반에 관한 제도나 법령은 존재하지 않았다. 1970년 1월 1일에 법률 제2191호 사회복지사업법이 제정, 공포될 당시만 해도 사회복지사업을 생활보호법, 아동복리법, 윤락행위 등 방지법 등에 의한 보호사업, 복지사업, 선도사업, 복지시설의 운영 등을 목적으로 하는 사업이라 정의하였고, 재활사업이 포함되지 않았었다(사회복지사업에 재활사업이 포함된 것은 1983. 5. 21. 개정 사회복지사업법에서이다). 1960년대 말까지도 장애인문제에 대하여는 적절한 배려나 특별한 제도가 마련되지 않은 것이 실정이라 할 것이다.

다만 교육에 관하여는 1949년 12월 31일 제정 공포된 교육법에 특수학교와 특수학급에 관한 규정을 두고 있다. 특수학교는 맹자, 농아자, 정신박약자, 기타 심신에 장애가 있는 자에게 초등학교, 중학교에 준한 교육과 그 실생활에 필요한 지식, 기능을 가르침을 목적으로 하며, 특별시와 도는 각 1개교 이상의 특수학교를 설립해야 하는 것으로 규정하고 있으며, 신체허약자, 성격이상자, 정신지체인, 농자 및 난청자, 맹자 및

표 3-5 | 우리나라 재활제도 태동기의 발전

1945년	대한맹인협회 창립(1973 사회복지법인 한국시각장애인복지회 개칭)
1951년	경찰원호법
1952년	삼육아동불구원 설립(현 삼육재활센터, 최초 지체복지시설)
1954년	한국불구자협회 창립(현 한국장애인재활협회)
1959년	연세재활원 내 소아재활원 설립(우리나라 최초 재활병원)
1960년	재단법인 풍농학원 설립(1985년 사회복지법인 한국청각장애인복지회 개칭)
	보건사회부 심신장애인실태조사 실시
1961년	군사원호보상법
	군사원호대상자 고용법
	군사원호대상자 임용법
	군사원호대상자 정착대부법
	군사원호대상자 자녀교육보호법
1962년	한국특수교육협회 창립
1963년	원호대상자 직업재활법
	산업재해보상보험법

난시자, 언어장애인, 기타 불구자인 학생을 위하여 초등학교 또는 중학교에 특수학급을 둘 수 있는 것으로 규정하였다. 장애인에 관한 특별한 서비스를 제도적으로 마련한 최초의 것은 바로 교육에 관한 것이었다.

이 시기의 시대적 상황은 6·25 전쟁 이후 5·16 군사혁명, 6·3사태 등을 거치면서 정치의 정통성 확보와 정책 유지를 목적으로 경제성장일변도의 경제정책을 주도화한 시기이다. 당시 경제상황은 경제성장률 4.0%, 1인당 국민소득 90불, 산업별 취업자 구성은 1차산업 종사자 63.1%, 2차산업 8.7%, 3차산업 28.2%이고 실업률은 1960년 24.2%, 1962년 22.3%, 1963년 8.2% 수준이었으며, 임금수준은 월임금 1만 1,270원(당시 최저생계비 19,722원) 수준이었다.

따라서 사회복지정책이 등장할 정도로 산업구조나 임금수준이 따라가지 못한 시기였으나 비정상적인 정권유지를 위한 민심수습차원에서 1961년 생활보호법, 1961년 군사원호보상법, 1962년 국가유공자특별보호법, 1963년 산업재해보상보험법, 의료보호법이 제정되었다. 이 밖에도 장애인을 위한 민간단체가 설립되기 시작한 시기인데 1952년 삼육아동재활원이 우리나라 최초의 지체장애인 복지시설로 설립되고, 1954년 한국불구자협회(현 한국장애인재활협회)가 창립, 1959년에는 우리나라 최초의 재활병원이 설립, 1960년 재단법인 상록학원(1985년 사회복지법인 한국청각장애인복지회 개칭)이 설립되었다. 같은 해 미국선교사 델마모^{Thelma Maw}(한국명: 모우숙)에 의해 물리치료가 시작되었고, 동년 4월에는 보건사회부에서 심신장애아 실태조사를 실시하여 8만 1,321명의 심신장애아가 있는 것으로 추정하였으며, 1962년에는 한국특수교육협회가 창립되었다.

② 잠복기(1964~1980)

이 시기는 국제적으로 장애인에 대한 관심이 높아진 시기로 UN을 중심으로 활발한 움직임이 있었는데 UN은 1971년 12월 20일 정신지체인의 권리에 관한 선언, 1975년 12월 9일 장애인의 권리선언을, 1976년 12월 16일에는 1981년을 세계장애인의 해로 지정하는 결의를 총회결의로 채택한 바 있다. 이들 선언들은 실제 법적인 효력이 있는 것은 아니지만 우리나라 장애인복지제도에 미친 영향이 크다.

국내적으로 이 시기는 3차례의 경제개발계획(1차 62~63년, 2차 67~71년, 3차 72~76년)을 추진하여 경제의 양적 증대와 질적 개선을 이루었던 시기로 당시 시대적 상황은 경제성장률은 1차 경제개발계획 기간

표 3-6 | 우리나라 재활제도 잠복기의 발전

1964	세브란스 특수학교 설립
1965	대한물리치료사협회 창립
1965	삼애회 창립(현 소아마비협회)
1967	삼육아동불구원 내에 최초 직업보도 실시
1968	한국특수교육학회 창립
1968	명휘원 직업보도 실시(수공예, 의류, 조화, 그림)
1968	제1회 장애아동실기경진대회(문교부 주최)
1969	주한 미국평화봉사단 요원인 Lavin 연세의료원에 음성,언어치료실 설치
1969	장애인취업(재활협회 주선으로 나주비료공장에 농아인 2명 취업)
1969	연세대, 가톨릭대, 고려대, 서울대, 경희대, 한양대 재활의학과 설치
1970	한국재활의학회 창립
1972	제1회 재활의 날 행사 개최(YMCA강당)
1972	한국뇌성마비복지회 창립
1978	원호대상자 직업재활법
1978	특수교육진흥법
1979	삼육재활원에 우리나라 최초 보호작업장 개원
1980	한국지체부자유아교육연구회 창립

중 8%, 2차 10.5%, 3차 11%의 성장률을 보이며 경제규모가 확대되고, 내용면에서도 2차산업 비율이 증대되어 고용률은 1963년에서 75년 사이에 3.3% 증가하고 노동생산성도 6% 향상되었다.

이와 함께 물가상등도 비례 상승하여 1970년 초에는 연평균 소비자물가 10%, 도매물가 9%, 중반은 소비자물가 24.8%, 도매물가 34.1% 상승하여 사회는 불안해지고 여러 가지 부작용, 즉 노동문제, 사회문제, 실업문제, 소득불균형 등의 문제가 야기되어 국민들의 사회복지정책에 거는 기대가 상대적으로 증가하였으나 실제로는 별 특별한 정책을 개발하지 못하였다. 단지 1970년 사회복지사업법, 1979년 의료보호법, 특수교육진흥법이 제정되었고 1964년 미국선교사 아담스에 의해 세브란스 특수학교(초등과정)가 설립되었다. 또한 1965년 대한물리치료사협회, 삼애회(1977년 소아마비협회로 명칭 변경)가 창립되고, 1967년에는 삼육 재활원에 최초로 직업보도(양재, 편물, 원예직종)가 실시되었다.

1968년에는 문교부 주최로 제1회 장애아동실기경진대회가 열려 15개 학교에서 250여 명이 참가하여 점자, 한글타자, 성악, 기악, 미술, 수예, 제화, 목공, 인쇄, 자개, 양복 직종에서 실력을 겨루었고, 1969년에는 라이온스클럽 주최로 제1회 전국 맹인 한글타자경진대회가 열려 5개 학교에 22명이 참가하였으며, 1972년에는 제1회 재활의 날 행사를 YMCA 강당에서 갖는 등 민간의 활동이 두드러진 시기이다.

③ 발전기(1981~)

이 시기는 우리나라 재활토대의 틀이 구체적으로 형성되고 도약하는 시기라고 볼 수 있다. 국제적으로 1981년은 UN이 정한 세계장애인의 해International Year of Disabled Persons였고, 1983~1992년은 UN이 정한 세계장애인 10년이었으며, 1982년 12월 3일 세계장애인 10년 행동계획the world programme of action disabled persons을 채택하였다. 1988년 장애인올림픽paralympics이 서울에서 개최되었으며, 아·태장애인 10년과 또 다른 아·태장애인 10년이 선포되는 등 장애인계에 많은 변화가 있었으며, 그 변화는 지금도 계속되고 있다. 그리고 이 시기는 정치적으로 제5공화국, 제6공화국, 제7문민정부, 국민의 정부로 이어 왔고, 1979년 10월 26일 사태 이후 1981년 대통령 당선자인 전두환은 취임연설에서 직장위협으로부터 해방, 빈곤으로부터 해방, 정치적 탄압과 권력남용으로부터 해방 등 3대 해방론을 주창하여 국민들의 복지에 대해 기대욕구를 상승케 했다.

그러나 당시의 사회, 경제적 상황은 1981년 경제성장률 7%, 1인당 국민소득 1,700불, 실업률 4.3%, 외채 324억 불로 그동안 지속되어 온 경제성장 일변도 정책의 후유증을 겪게 되었고, 이로 인한 소득격차의 심화, 지역 간의 개발격차, 산업화, 도시화에 따른 사회문제, 가치관의 분열, 광주사태에 따른 후유증, 민주화를 위한 민주화 세력의 반정부 투쟁에 따른 정국 불안 등을 수습하기 위해 5공화국은 4가지 국정목표를 제시하였다.

민주주의 토착화, 복지사회 건설, 정의사회 구현, 교육개혁과 문화창달 등의 영향으로 사회복지정책은 많은 변화를 겪게 되는데, 특히 헌법개정을 통해 생존권의 신장과 복지국가 지향을 위한 정책의지를 표명(헌법 제9조에 국민의 행복추구권과 국가의무 명시)함과 동시에 1981년 심신장애자복지법, 노인복지법을 제정하고 1960년대에 만들어진 각종 복지관련법을 개정하기에 이르렀으며, 심신장애자복지법의 1989년도 전면개정과 동시에 1990년 장애인고용촉진 등에 관한 법률이 제정되어 재활의 전성기를 맞이하였다. 이의 노력으로 1996년 UN과 루즈벨트재단이 공동 기획한 제1회 장애인상 수상국이 되었으며, 이의 가치실현을 위해 정부는 한차원 높은 재활을 위해 현재 장기계획을 준비하고 있다.

그리고 1990년 미국의 장애인법ADA과 1992년, 1994년 호주와 영국의 장애차별금지법DDA의 영향으로 1998년 장애인 인권선언이 선포되고, 1999년 장애인복지법이 전면개정되었으며 2000년에는 장애인 고용촉진 및 직업재활법이 개정되는 등 재활의 새로운 패러다임은 장애인이 시민으로서 동등한 권리와 인권존중이라는 역사적 전환기를 맞이하고 있다.

표 3-7 | 우리나라 재활제도

1981. 6. 5.	심신장애자복지법 제정
1991. 6. 23~27.	제1회 장애자기능경기대회 실시(주최: 한국장애인재활협회)
1981. 9. 9.	11개 시·도 210명 참가
1981. 11. 2.	고용촉진위원회 구성(위원장: 주영해)
1981. 12.	보건복지부에 재활과 신설
1982. 4. 20.	국제장애자기능올림픽대회 참가(동경), 65개국 참가, 우리나라 종합 2위
1982. 7. 1.	제1회 재활대회 개최
1982. 8. 13.	심신장애자취업 알선사업 실시, 1981년 실적 상담 667명, 취업 79명
1982. 11.	직업안정법 개정(장애인 적성직종 52개 법제화)
1983. 1. 1.	장애인을 위한 방송 실시(KBS 제1라디오, 내일은 푸른하늘)
1983.	도로교통법 개정(장애인운전면허 허용)
1983. 12.	서울시장애인종합복지관 개관
1984. 4. 1.	시각장애인 피아노 조율사 취업(대우로얄피아노, 삼익피아노 6명)
1984. 5. 7.	시각장애인 국가기능사 전화교환원 2급 합격
1984. 9. 27.	건축법 시행령 개정(장애인편의시설 의무화)
1984. 10. 22.	심신장애자고용촉진법(안)간담회 개최(발표 대구대 우재현 교수)
1985. 2. 26.	보사부 및 산하기관 장애인고용권장지침 시달(보건사회부)
1985.	한국장애자 부모회 창립
	재가장애인상담지도사업 시범 실시(한국장애인재활협회, 서울 관악구, 충북 청원군)
1986. 3. 30.	장애인직업지도교육 실시(한국장애인재활협회)
1986. 5. 9.	직업훈련기본법 개정(장애인직업훈련 대상자도 포함)
1986. 10. 31	국립재활원 개원
1987. 3.	장애인 현직훈련(OJT) 실시(서울남부장애인종합복지관)
1987. 6.	장애인공무원 특별채용(서울시 지방공무원 9급 행정직)
	지체장애 18명 채용
1987. 10. 1.	장애인등록제 시범 사업실시, 1988. 11. 1. 장애인등록사업 전국 실시
1988. 9. 15.	장애자복지대책위원회 구성(위원장: 천명기). 1989. 4. 24.
	대통령께 11개(안) 건의
1988. 10. 15~24.	장애자올림픽 개최 "사랑으로 세계를", 16개 종목, 65개국, 7,375명 참가
1989. 12. 30.	심신장애자복지법 전문개정(장애인복지법으로 개칭)
1990. 1. 13.	장애인고용촉진 등에 관한 법률 제정

1994. 12. 23.	장애인 편의시설 및 설비의 설치기준에 관한 규칙 제정
1995. 1. 1.	보건복지부로 개칭
1995. 2. 11.	주택공급에 관한 규칙 개정(국민주택특별공급대상에 장애인 포함)
1995. 12. 20.	KBS 사랑의 소리방송 개국
1996. 4. 3.	"장애인먼저" 운동 선포
1996. 8. 2.	장애인복지대책위원회 설치(위원장: 국무총리)
1996. 9. 15.	제1회 루즈벨트재단 장애인상 수상
1997. 5.	보건복지부 장애인복지심의관 설치
1997. 12.	제1차 장애인복지발전 5개년 계획 발표(1998-2002)
1998. 12. 9.	장애인 인권헌장 선포
1999. 2. 8.	장애인복지법 전면개정(법률 제5931호)
2000. 1. 12.	장애인고용촉진 및 직업재활법 제정(법률 제6166호)
2001. 1. 16.	정보격차해소에 관한 법률(법률 제6456호)
2003. 9. 29.	장애인복지법 전면개정(법률 제6985호)
2003. 12.	제2차 장애인복지발전 계획(2003-2007)
2005. 1. 27.	교통약자 이동편의 증진법(법률 제6985호)
2005. 7. 29.	장애인 기업활동 촉진법(법률 제7632호)
2006. 12. 13.	UN 국제장애인권리협약 채택(한국 2007. 3. 31 서명)
2007. 4. 10.	장애인차별금지 및 권리구제 등에 관한 법률(법률 제8341호)
2007. 4. 11.	장애인복지법 전면개정(법률 제8367호)
2007. 5. 25.	장애인 등에 대한 특수교육법(법률 제8483호)
2007. 12.	제3차 장애인복지발전 계획(2008-2013)
2008. 3.	중증장애인생산품우선구매 특별법(법률 제8945호)
2010. 7.	장애인연금법(법률 제10255호)
2011. 1.	장애인활동 지원에 관한 법률(법률 제10426호)
2011. 8.	장애아동 복지지원법(법률 제11009호)
2013. 12.	제4차 장애인정책종합계획(2013-2017)
2014. 11.	발달장애인 권리보장 및 지원에 관한 법률(법률 제12844호)

1997년은 우리나라 장애인복지발전의 장기계획이라 할 수 있는 제 1차 장애인복지발전 5개년 계획을 발표하여 1998년부터 2002년까지

사업을 추진하였으며 2003년부터 2007년까지는 제2차 장애인복지발전 5계년 계획이 추진되었으며 이 계획이 끝난 2014년부터는 제4차 장애인정책 종합계획이 2017년까지 시행 중에 있다.

또한 2008년 중증장애인들의 고용기회 증진을 위해 중증장애인들을 고용하고 있는 장애인 직업재활시설의 생산품과 서비스를 국가나 공공단체가 구매량의 1%를 우선구매토록 하는 중증장애인생산품우선구매 특별법이 제정되었으며, 2010년에는 소득활동이 어렵고 장애로 인해 추가적으로 발생되는 비용을 충당해 주기 위하여 장애인연금법이 도입되었으며 2011년에는 장애들의 사회참여를 지원하기 위하여 장애인활동 지원에 관한 법률을 제정하여 장애인들의 활동과 사회참여를 지원하였다.

2011년에는 장애아동들의 전인적인 재활과 재활을 지원하기 위하여 장애아동복지지원법을 제정하였으며, 2014년 11월은 발달장애인들의 권리와 복지지원을 위하여 발달장애인 권리보장 및 지원에 관한 법률을 제정하여 발달장애인들의 권리 보장과 총체적인 지원방안을 마련하기 위한 제도를 도입하였다.

4

분야별 재활서비스

재활은 전술한 바와 같이 장애인의 능력을 최대한으로 발휘할 수 있도록 여러 가지 방법을 통해 가능한 조기에 회복 혹은 진전될 수 있도록 하는 과정이다. 따라서 그 과정은 광범위하게 전인재활total rehabilitation로 접근해야 하는데 때에 따라 장애인의 욕구에 대응하여 분야별로 접근하는 방법도 필요하다. 일반적으로 재활의 분야는 의료재활, 교육재활, 직업재활, 사회재활, 심리재활로 분류하지만 최근에 와서 재활공학도 중요한 분야로 다루어지는 추세이다.

이러한 재활분야는 각 분야가 독자적인 방법으로 효과를 나타내는 경우도 있지만 이것들은 서로 유기적인 관계 속에서 종합적으로 제공되어야만 소기의 목표를 달성할 수 있으며, 실제적으로 재활의 특성에서도 언급한 바와 같이 이들은 상호 밀접한 관계를 가지고 있다.

따라서 재활은 통합재활이 필요하며 전문가들의 팀 접근이 목표달성에 주요한 변수가 되는 경우가 많다.

1. 장애인의 의료적 처치와 재활

1) 개념

의료재활은 장애인의 종합재활의 의학적인 측면으로서 재활의 중심적 역할을 담당하는 분야이다. 뉴욕대학의 러스크^{Rusk} 교수는 의료재활을 "외상이나 질병에 대한 병소 치료만으로 끝나는 것이 아니라 환자가 장애를 갖게 되었을 때 남아 있는 기능으로 일상생활은 물론 직장생활도 가능하도록 훈련시키는 것"이라 정의하고 있다. 세계보건기구는 의료재활의 개념을 질병이나 사고에 의한 후유증, 만성질환, 노인병 등 치료기간이 장기화되기 쉬운 환자의 잠재능력을 활용하여 자연치료를 적극적으로 촉진시키는 기술이며 내·외과적 치료의 응용과 함께 물리적·심리적 수단을 보완하고 보충하는 의료적 조치라고 정의하고 있다.

따라서 의료재활은 일반적으로 장애가 있는 사람이 주어진 조건하에서 최대한의 신체적, 정신적, 사회적 능력과 직업, 교육 등의 잠재적 능력을 발달시킴으로써 그 사람으로 하여금 가능한 한 정상에 가까운 생활을 할 수 있게 해주는 분야로 정의할 수 있다.

질병이나 외상은 치료의 시기, 치료의 내용 및 방법에 따라 그 결과가 현저하게 달라질 수 있다. 즉, 발병 초기나 외상 직후부터 예견될 수 있는 장애에 대하여 미리 적절한 조치를 취한다면 장애를 극소화시킬 수 있는 반면, 이미 발생한 장애에 대하여 정확한 재활치료를 실시하지 않는다면 중증장애인이 될 수도 있다. 장애인은 당장 생명의 위협을 받는 것은 아니다. 그러나 장애로 인하여 장기간 활동을 하지 못하게 되면 심리적 갈등과 경제적 어려움이 뒤따르게 되어 이중의 고통을 받게 된다. 더욱이 적절한 치료를 받지 못하여 장애가 심해지거나 여러 합병증이 발생하게 되면 어려움은 가중되며 장애인이 안고 있는 문제는 더욱 심각해진다.

장애인 재활에 있어서 의료재활이 차지하고 있는 비중이 큰 것도 이 때문이다. 의료재활이 장애에 대한 의료적인 치료뿐 아니라 장애의 발생을 최소로 줄이도록 하는 예방의 역할도 담당하게 되므로 의료재활은 장애의 원인이 되는 질병이나 외상의 치료 초기부터 관여하게 되며 또한 직업재활을 위한 기능 검사와 적응 훈련에도 관여하게 된다. 뿐만 아니라 장애인이 직업을 갖고 살아가는 동안에 발생하는 여러 가지 신체적·정신적 문제에 대한 의료적인 상담과 치료도 담당하게 된다.

2) 대상 및 영역

의료재활을 필요로 하는 사람은 심신에 장애가 있는 사람으로 만성질환이나 장애를 지니고 있다. 이들을 신체구조적인 면에서 보면 신경계, 근육, 골, 관절 등에 발생하는 만성질환이나 외상후유증이 주를 이루며, 더욱이 호흡기계, 순환기계의 질병을 가진 자들이 주요 대상이 된다.

다음은 연령적으로, 만성질환을 가질 수 있는 노인을 대상으로 보아야 하며 또한 의학의 발달로 인해 종전에는 사망할 수밖에 없었으나 지금은 장애를 가지고 살아갈 수밖에 없는 자들도 주요 대상이 될 수 있다.

이러한 사람들을 위한 의료재활은 환자의 신체적, 심리적 능력의 회복을 꾀하고 그가 가진 잠재능력을 발휘할 수 있도록 하는 의학적 수단으로, 그 영역은 ① 우선적으로 신체적 장애를 예방하는 일과, ② 신체적

장애를 제거 혹은 경감시키는 일, ③ 장애가 잔존하더라도 그 제약 내에서 그의 능력을 최대한으로 발휘해서 생활할 수 있도록 훈련시키는 일이다.

3) 방법

의료재활의 방법은 크게 네 가지 방법으로 분류해서 생각할 수 있다.

첫째, 장애의 발생을 예방하는 것이다. 물론 장애의 예방이라는 것은 의료적인 부분만으로는 해결될 수 있는 부분은 아니지만 의료적인 예방은 예방에서 주요한 영역으로 다루어야 한다.

둘째, 수술, 변형의 과정, 마비의 회복훈련 등 기본적인 기능장애의 개선을 도모하는 방법이다.

셋째, 기본적인 기능장애의 회복에 한계가 있는 경우, 다른 기능의 훈련 등을 통해 통상적인 기능을 발휘할 수 있도록 하여 전체적인 능력의 향상을 도모하며, 보장구 등을 활용하여 기능장애를 대체할 수 있는 방법이다.

넷째, 장애인이 자립생활을 영위할 수 있도록 생활환경, 직장환경의 개선 등을 의료적 입장에서 자문하고 서비스하는 방법이다.

주로 이와 같은 방법으로 의료재활서비스를 실시하는 곳이 재활병원이나 종합병원의 재활의학과로서 이곳은 기본적으로 의료적인 진단과 평가는 물론 물리치료, 작업치료, 언어치료 등의 치료를 실시한다.

(1) 예방

주로 질병이나 외상은 아무리 적절한 치료를 했다 하더라도 원상 회복이 불가능한 경우가 있으며, 장애를 남기게 되는 수가 있다. 그러므로 장애예방의 일차적 목표는 질병이나 외상이 발생하지 않도록 하는 것이다. 그러나 일단 질병이나 외상이 발생하게 되면 이로 인한 후유증으로 장애가 생기지 않도록 할 뿐 아니라, 설사 장애가 발생하더라도 그 정도를 극소화시키는 것도 매우 중요한 장애예방의 길이다.

이러한 의미에서 장애의 예방은 첫째, 출산 전 태아시절에 임산부 관리를 통한 예방조치, 둘째, 출산 후 질병 발생을 위한 예방접종 및 환경위생 개선, 그리고 산업재해, 교통사고 등 안전사고의 예방조치, 셋째, 질병이나 외상 후 이차적으로 발생할 수 있는 장애를 극소화시키려는 예방조치로 구분하는 것이 바람직하다.

① 선천적 장애의 예방

선천적 장애의 예방이란 태아 때 장애가 발생하는 것을 방지하는 것이며 선천적 원인을 제거해 주는 활동으로 유전상담, 주기적인 태아관리가 있다. 예를 들어 임상소견, 초음파진단, 양수검사, 염색체검사를 하며, 임신기간, 특히 임신초기 3개월 내 감염German measle 예방, 약물복용금지, 심한 심적 충격 및 과로를 피하게 하고 임산부의 술, 담배 금지, 대사성 질환의 치료, 고령임산부의 특별 관리, 조산방지 등이 필요하다.

② 질환 및 사고의 예방

각종 질환 및 사고를 예방하기 위해서는 출산 즉시 특수질환에 대한 생화학 검사, 주기적인 육아상담과 예방접종, 교통사고 방지 및 산업재해 안전대책, 조기진단 및 조기치료 등의 활용이 필요하다.

③ 질병 및 사고의 예방

장애의 발생을 줄이고, 장애의 정도를 경감시키기 위해서는 가능한 한 질병이나 손상 초기부터 전문적인 치료가 시행되어야 하며 이를 위하여 의료전달체계가 잘 이루어져야 한다. 장애의 원인을 알고 그 발생을 예방하는 데에는 이에 대한 온 국민의 관심과 참여, 그리고 전문의료기관의 적극적인 지원이 있어야 한다. 그러기 위해서는 교육과 홍보가 필요하며, 국가적 차원에서 지원이 필수적이다. 특히 의료재활의 중요성이 인정되고, 재활의학의 전문의료서비스가 보다 적극적으로 광범위하게 골고루 주어져야 할 것으로 생각된다.

(2) 진단과 평가

재활의 시작은 정확한 진단에 있다고 해도 과언이 아닐 것이다. 그러나 장애인의 진단은 질병의 진단만으로 정확한 진단을 내리기가 어렵기 때문에 평가라는 의미로 사용되며 의료적 평가는 병력과 이학적 검사를 포함하며 나아가 환자의 기능과 잠재력을 포괄적으로 알아내는 과정이다. 즉, 의학진료에서 얻을 수 있는 모든 자료와 소견과 사회적 성원으로서의 환자의 상태를 평가하기 위한 환자의 가정, 가족사항, 직업 또는 생활환경 그리고 환자의 태도, 적응능력 등을 포괄해서 진단하는 과정이다.

여기서 병력에 포함되는 것은 환자의 주요 병력원인, 현 병력, 즉 ①

보행, ② 이동동작, ③ 착탈의 동작, ④ 식사동작, ⑤ 위생동작, ⑥ 의사소통 동작 등과 관련된 사항을 의미하며, 이학적 검사는 ① 근-골격계의 검사, 즉 시진이나 관절운동 범위의 측정, 근력검사나 ② 신경계의 검사, 즉 의식상태, 지적능력, 지각능력과 같은 정신상태의 검사나 뇌신경의 검사, 감각검사, 운동계 검사나 ③ 신경 근육계의 기능적 검사, 즉 일상생활 동작검사, 자립동작 평가 등이다.

의료재활에서 진단 및 평가는 다음의 세 가지 요인들이 기본적으로 고려된 가운데 평가되어야 한다.

첫째, 환자의 기능이 평가되어야 한다. 환자의 질환이나 외상을 토대로 먼저 그것이 초래하는 손상impairment을 평가하고 그 손상으로 인해 남는 장애disability를 평가하고 그 장애를 극복하여 사회적 불리handicap를 어느 정도 가질 것인지를 평가해야 하는 것이다.

둘째, 종합적 평가라야 한다. 의료진단 및 평가는 환자의 어느 한 기관에 국한하는 것이 아니라 전인격적으로 평가하여 환자의 가족, 사회적 환경, 직업관계, 경제적 상태, 미래 등을 평가하여 장애를 총체적으로 극복할 수 있도록 해야 하는 것이다.

셋째, 팀접근 방식으로 평가해야 한다. 의료적 진단 및 평가는 의학적 평가를 바탕으로 물리치료, 작업치료, 언어치료, 임상심리, 직업재활, 사회복지 등 팀 접근방식으로 접근되어야만 종합적인 평가가 가능해진다.

(3) 물리치료

물리치료physical therapy란 신체장애로 인하여 정상적 생활에 지장을

233
•

주는 사람들의 비정상적인 운동을 감소시키고 손상된 기능을 회복시키기 위하여 물리적 요인을 신체에 적용시킴으로써 남아 있는 기능을 활용하고 신체적 재활을 이룰 수 있도록 유도하는 치료이다.

대상은 성인의 경우 근육증, 절단, 관절염, 기타 산재, 교통사고, 약물 및 알코올 중독으로 인한 후천적 장애 등이며 아동의 경우는 주로 출산 전후 뇌손상으로 인한 뇌성마비, 발달장애, 근육증 등이다.

물리치료의 과정은 물리치료를 필요로 하는 서비스 대상의 문제점 파악 및 치료계획을 설정하는 진단 및 평가과정과 치료선택 및 치료과정으로 분류할 수 있다. 평가과정은 환자의 상태를 정확히 평가하기 위해서는 관절가동 범위검사, 근력검사, 감각검사, 운동발달검사, 반사검사, 심호흡계 평가 등에 관한 포괄적인 평가가 이루어져야 한다.

치료는 일반적으로 의사의 처방에 따라 이루어지며 치료시간은 1일 30분 정도이고, 치료사가 1:1로 주 1~2회 정도 실시한다. 치료법으로는 운동치료(보바스, 보이타Bobath, Voita treatment method), 전기치료, 온열치료, 한랭치료, 수치료 등이 있고 일반적으로 재활병원이나 종합병원, 장애인종합복지관이나 종별복지관에서 행해진다.

여기서 운동치료therapeutic exercise란 근육을 이용하여 몸의 일부분을 어떤 형태로 움직이게 하는 운동을 통하여 근육의 근력, 지구력, 운동의 조절, 관절운동의 범위 등의 기능을 향상시키기 위하여 의학적인 처방과 감독하에 이루어지는 치료이다.

전기치료electrical therapy는 전기의 전류를 이용하여 동통이나 손상을 받은 근육, 척수마비, 뇌성마비 등을 전기자극이나, 전기영동법, 기능적 전기자극 등의 방법으로 치료하는 것이다.

온열치료heat therapy는 온열로 생리적 효과를 유발하여 근-골격계 질환의 증상을 완화하기 위해 사용되는 방법으로 온열의 침투하는 기법에 따라 표재열superficial heat과 심부열deep heat로 나눌 수 있으며, 열이 조직으로 전이되는 방식에 따라 전도열conduction heat, 대류열convection heat 및 전환열conversion heat로 나눌 수 있다.

한랭치료cryotherapy는 얼음, 냉수포 등을 표층에 대어 치료를 하는 것으로 신체의 표면에 냉각을 하기 때문에 심부의 온도 변화를 얻기까지는 장시간을 요하며, 외상과 근-골격계 장애의 급성기 및 외과적 수술 후의 국소 통증 및 근경련의 경감, 외상 후의 염증성 침출물질의 억제, 관절질환과 염증에 의한 통증과 근경련의 경감, 중추신경계 질환의 근긴장 억제 등에 활용된다. 한랭치료의 방법은 선풍기 등을 이용해 열을 빼앗는 대류냉각법, 기화열로 열을 빼앗는 증발냉각법, 얼음, 냉수 등을 직접 용기에 넣어 냉각하는 방법 등이 있다.

수치료hydrotheraphy는 물의 부력, 표면장력 등을 치료의 수단으로 활용하는 방법으로 관절환자의 운동범위의 회복이나, 광범위한 긴장성 근육통, 류마티스 관절염, 근 경련 등의 환자의 치료에 활용된다.

(4) 작업치료

작업치료occupational therapy는 정신이나 신체에 질병 또는 장애가 있는 사람들에게 여러 가지 흥미롭고 목적있는 작업이나 동작, 놀이를 통해 불완전한 신체기능을 회복시키고 일에 대한 동기를 부여하여 장애를 가지고도 학교나 직장, 가정에서 최대한의 독립된 생활을 할 수 있도록 돕는 치료이다.

작업에는 일상생활에 관계가 깊은 동작이나 목공, 금속공예, 수예,

원예, 인쇄, 게임, 연극 등 창조적, 예술적, 산업적, 여가선용 등의 활동이 포함되며 이러한 작업의 수행에는 목적의식과 신체운동, 정신적 활동성이 요구된다.

작업치료에는 ① 생역학적 접근, ② 치료적 적응, ③ 기능적 작업치료(일상생활동작훈련, 지각운동기능훈련, 의지 및 보장구 장착훈련), ④ 직업개발을 위한 치료, ⑤ 가정생활을 위한 재훈련, ⑥ 주거환경의 장애를 제거 등이 포함된다.

생역학적 접근방법biomechanical approach은 중추신경계 기능은 정상이면서 근골격계, 말초 신경계 및 심폐 기능의 장애가 있는 환자들을 위해 사용하는 방법으로 운동역학의 원칙에 기초하여 근력, 관절 운동범위, 지구력 등을 기르기 위한 동작 등을 선택하여 사용하는 방법이다.

치료적 적응therapeutic adaptations이란 기능에 장애가 있는 사람들이 최대한의 독립생활을 하도록 특별한 도구를 선택, 제작하거나 수정하는 작업을 의미하는 것으로 여기에는 특별한 보조기구의 공급뿐 아니라 교육과 훈련까지를 포함한다.

기능적 작업치료는 환자가 일상생활, 가정생활 및 작업 등에서 최대한 독립적인 삶을 살 수 있도록 기능을 회복시키는 것으로 먼저 신체기능의 회복과 지각과 인지능력의 훈련, 의지 · 보조기 장착훈련, 일상생활 동작훈련 등이 이루어진다.

직업개발을 위한 치료prevocational occupational therapy는 환자의 신체적 능력, 지적 능력, 교육 정도, 일에 대한 인내력 등 여러 면에서 종합적인 평가를 하여 환자가 흥미를 갖는 직업이 환자에게 적당한지를 판단하고 직업에 필요한 부족한 기술이나 지구력 등을 작업치료를 통하여 제공해 주어 환자의 직업복귀를 돕는 방법이다.

가정생활을 위한 재훈련은 가사노동을 해야 하는 환자들이 자신의 가정으로 돌아가서 가사일을 다시 수행할 수 있도록 돕는 것으로 가사와 관련된 기본적인 활동에 대한 훈련과 여러 가지 보조기구를 사용하여 가사활동하기, 효율적으로 집안의 가구들을 개조하고 재배치하기 등의 훈련으로 이루어진다.

주거환경의 장애물 제거는 환자가 가정생활 및 사회활동을 하는 데 있어 어려움을 겪을 수 있는 주택이나 공공시설이나 가구 등을 장애인들이 사용할 수 있도록 개조하고 변경하는 일들로서 이것이 제대로 되어야만 독립적인 생활이 가능하다.

대상은 뇌성마비, 척수손상, 소아마비, 뇌졸중, 상하지마비, 관절염, 절단, 진행성근위축증, 뇌손상, 말초신경손상, 발달장애아, 교통사고 후유증 등이며 치료는 주 2회, 1회당 40분 정도 실시하며 필요에 따라 소그룹 치료를 하는데, 일반적으로 재활병원, 종합병원의 재활의학과가 설치된 곳, 장애인종합복지관 등에서 실시한다.

(5) 언어치료

언어치료speech therapy란 말이나 언어장애로 인하여 의사소통에 문제를 가진 자의 잠재되어 있는 언어능력을 최대한 개발시키며, 의사소통 기술을 습득케 하여 일상생활에서 원만한 의사소통을 할 수 있도록 정상적인 언어발달을 유도하는 치료이다.

말, 언어장애는 증상에 따라 청각장애, 구어장애speech disorder, 기호언어장애language disorder로 구분되는데, 청각장애는 수화나 구화라는 언어를 사용하므로 언어장애로 분류하기보다는 감각장애로 분류되므로 구어장애와 기호장애를 언어장애라고 볼 수 있다. 구어장애는 호흡기관, 발성기관, 조음기관 등의 이상으로 말의 외형적 표현에 문제가 되는 장애로 음성장애voice, 조음장애articulation, 유창성장애fluency or rhythm, 비음공명장애nasal resonance등을 포함하며, 기호언어장애는 기억된 어휘와 문장, 문법적 기능 등을 인출하는 데 문제가 있는 장애로 언어발달지체와 실어증을 포함한다.

여기서 음성장애는 성대의 진동과 혀와 입술 등의 위치로 생성되는 음성의 음질, 음조, 강도 등의 이상을 의미하며 음성 사용의 남용이나 선천적으로 성대가 약하거나 바이러스 침입으로 인한 잦은 편도선, 호르몬 변화와 같은 기질적 요인이 원인이다.

조음장애는 음성언어를 생성하는 과정인 조음의 이상을 의미하는 것으로 전달되는 음이 정확하게 전달되지 못할 때 일어나며, 입술, 치아, 혀, 구강 근육 등의 구조적 이상 또는 음을 변별하고 이해하는 데 문제가 되는 감각적 요인이나 청력 이상이나 정신지체, 조중기관의 선천적 이상과 같은 기질적 요인이 원인이다. 언어장애의 가장 많은 유형으로 장애가 나타나는 조음 형태는 대략 다음과 같다.

첫째, 특정 음소를 생략하는 장애로 음의 어떤 부분을 생략하고 발음하는 것이다. 예를 들어, "종소리"를 "조소리"로 발음하는 형태이다.

둘째, 어떤 표준음소를 다른 음소로 대치하여 발음하는 것이다. 예를 들어 "종소리"를 "옹소리"로 발음하는 형태이다.

셋째, 정상발음과 다른 유사한 음소로 왜곡하여 발음하는 것이다. "종소리"를 "북소리"로 발음하는 형태이다.

유창성장애는 음성언어의 음절이 일정 시간에 일정량 표현되어야 하는데 이 부분에 이상을 의미하며 일명 말더듬이라고도 표현된다. 이와 같은 유창성장애는 장소, 사람, 상황, 음소에 따라 증상의 변화가 다양하고 변화의 정도가 큰 것이 특징이며 유전적 요인과 긴장, 흥분, 소심, 스트레스 같은 환경적 요인이 원인이 된다.

비음공명장애는 비성장애라고 표현하기도 하는데 비음의 생성으로 발생되는 장애를 의미하며, 선천적 요인이나 편도선이 원인이다. 언어발달지체는 언어발달은 정상적으로 이루어졌으나 같은 연령의 아동에 비해 심한 지체현상을 보이는 것으로 정신지체, 경험부족, 언어자극 결함, 청각장애 혹은 질병, 사고, 뇌종양 등이 원인이다.

실어증은 언어습득 후에 대뇌반구의 국한된 영역에 장애가 일어나 단어재현력 문제, 이해문제, 낭독에서 청각 및 읽기 문제, 반복문제, 일련의 구어 및 쓰기문제 등을 가리키며 말하기 읽기, 쓰기, 계산하기, 몸짓 등에도 어려움을 나타내는 장애를 말한다.

치료는 발성 및 조음기관훈련, 조음훈련, 호흡훈련, 발성훈련, 조음훈련, 낱말훈련, 문장훈련, 회화훈련 등으로 실시되며 주 1~3회, 1회당 40분 정도 개별치료와 집단치료가 병행하여 실시되는데, 주로 재활병원이나 재활의학과가 설치되어 있는 종합병원, 장애인종합복지관 등에서 실시된다.

4) 전문종사자

의료재활 전문 종사자는 의사(재활의학의, 각종 전문의), 물리치료사, 작업치료사, 언어치료사, 간호사, 의료사회복지사, 의지·보조기기사 등이 있으며, 장애인의 욕구에 대응하고 한사람의 장애인을 치료하는 데는 여러 전문가의 보조 또는 협력을 필요로 하기 때문에 대부분의 경우 팀으로 서비스를 제공한다. 전문종사자 중 특히 의사는 질환과 장애의 진단과 전반적인 평가를 실시하고 치료를 행할 뿐만 아니라 의료재활의 최종 책임자로서의 역할과 대부분의 경우 팀의 책임자로서 역할을 수행한다.

2. 장애인의 교육적 접근 및 재활

1) 개념

교육재활은 장애인의 통합적인 재활에서 교육적인 측면을 의미하는 것으로서 실제는 특수교육과의 구별이 필요하나 명확하게 구별될 수 없는 부분이 있다. 특수교육은 심신의 장애 때문에 초·중·고등학교 과정에서 통상적인 학급에서 교육받기가 곤란한 아동이나 교육상 특별한 배려가 필요한 아동에게 특성에 맞는 교육적 환경을 마련해 주고 아동의 가능성을 최대한 발휘하게 하기 위하여 준비된 학교 교육의 한 분야이다. 그러나 교육재활은 학교교육 이외에도 장애인이 성장하여 대학교육이나 사회교육에 있어서도 배려가 필요한 부분들이 많기 때문에 그 범위가 넓다고 볼 수 있다. 즉, 장애 발생시점이 청소년기 이후라면 그 장애인의 재활에 있어서는 장애를 가지고 살아가기 위한 교육적 접근은 필수적이다. 그러나 이와 같은 교육은 정상적인 교육기관에서 행하기보다는 장애인복지관과 같은 지역사회기관에서 담당하게 되므로 본 장에서는 협의적인 교육재활에 대해 언급하기로 한다.

일반적으로 교육재활을 이야기할 때 특수교육으로 이해하는 경우가 대부분이다. 이러한 특수교육에 대한 개념에 대해 던^{Dunn}은 ① 특수하게 잘 훈련된 전문적인 교사, ② 특수한 교육과정, ③ 특수한 교수방법, ④ 특수한 교수매체 등을 종합적으로 갖추고 특수아동을 교육하는 것이라 정의하고 있으며, 우리나라 특수교육진흥법 제2조에서는 특수교육은 특수교육대상자의 특성에 적합한 교육과정, 교육방법 및 교육매체 등을 통하여 교과교육, 치료교육 및 직업교육 등을 실시하는 것이라고 정의하고 있다. 즉, 특수교육은 일반 아동의 지도, 계획, 방법에 의해서는 문제해결이 곤란한 아동을 그들의 욕구에 알맞게 하고 국가사회의 책임 아래 보다 나은 환경을 부여하고, 보다 나은 습관을 익히게 하여 그들의 가능성을 최대한 신장하여 건강하면서도 유용하고도 행복한 생활의 기초를 배양하도록 교육하는 것이라고 결론지을 수 있다.

이러한 특수교육이 갖는 기본 이념은 인간존중사상을 토대로 하는 평화주의, 문화주의, 인도주의 사회를 바탕으로 인간평등의 원칙에서 개인이 지닌 장애를 극복하기 위한 합리적인 교육을 실시하여 개성의 계발, 신장과 바람직한 사회 참여로 사회적 복지를 개인의 행복으로 살리는 데 있다. 이의 목적은 장애아동의 내면에 있는 소질을 파악하고 그 가능성을 개발시켜 주는 데 두고 있다. 특수교육의 목적도 일반교육과 마찬가지로 ① 자아실현$^{self-realization}$, ② 인간관계$^{human\ relationship}$, ③ 경제적 능력$^{economic\ efficiency}$, ④ 시민적 의무$^{civil\ responsibility}$를 달성하는 것이라고 볼 수 있다.

2) 대상 및 내용

교육재활의 대상을 한마디로 정의한다는 것은 대상이 가지는 특수성의 종류나 정도가 분화되어 있는 데다가 국가와 시대, 학자에 따라서 관점이 다르기 때문에 대단히 어렵다.

이에 대해 던은 특수교육의 대상을 "신체적, 심리적 특성의 정도가 평균으로부터 차이가 있는 아동으로 장애아의 각자 능력에 맞는 수준에 까지 성취시키기 위하여 특수교사나 특수한 보조적 지도가 필요한 아동"이라고 하였으며, 미국의 공법 P.L. 94-142에서는 "특수교육과 관련 서비스를 필요로 하는 자로 정의하고 정신지체, 농, 난청, 신체적 결함, 건강장애, 언어장애, 시각장애, 정서장애, 특정학습장애를 포함한 자"로 정의하고 있다.

우리나라의 경우는 장애인 등에 대한 특수교육법 제2조와 동법률 시행령 제15조에서, "① 시각장애, ② 청각장애, ③ 지적장애, ④ 지체장애, ⑤ 정서 · 행동장애, ⑥ 자폐성 장애, ⑦ 의사소통장애, ⑧ 학습장애, ⑨ 건강장애, ⑩ 발달지체 중 특수교육을 필요로 하는 사람으로 진단, 평가된 사람을 특수교육 대상자"로 규정하고 있다.

이와 같이 특수교육 대상자는 신체적, 정서적 및 사회적, 나아가 교육적으로 문제 혹은 결손, 장애가 있는 자로 지체, 지적, 정서, 행동, 청각, 의사소통, 건강, 중복장애 등을 대상으로 보는 것이 일반적인 견해이다.

교육방법에 있어서는 다음과 같은 목표를 전제로 장애유형별로 특성을 가진다.

첫째, 특수교육은 바람직한 집단생활을 함으로써 성격의 특이성을 발달시켜 왜곡 없는 인간형성을 목표로 한다.

둘째, 자주성을 가지고 사회적으로 자립하여 사회에 공헌하는 자를 육성한다.

셋째, 직업적인 태도를 육성한다.

넷째, 신체적 · 정신적 기능의 결함을 보상한다.

다섯째, 의료방면의 협력으로써 신체발달의 치료와 보건을 배려하여 교육효과의 향상을 도모한다.

여섯째, 장애인의 심리적 특성을 이해하고 그 특성을 살린다.

일곱째, 특수교육은 일반교육과 관련되어 있으며 더 나아가 일반교육을 촉진하는 원동력으로서의 교육이다.

(1) 시각장애교육

시각장애의 교육 목적은 다른 비장애인의 교육 목적과 동일하다. 다만 방법상 비장애인과 똑같이 지도한다면 시각장애인은 이해할 수가 없기 때문에 이를 위한 특별한 방법이 필요하다. 시각장애인 교육의 특성은 다음과 같다.

첫째, 교수-학습의 개별화이다. 시각장애는 잔존시력의 정도, 시각상실의 연령, 시각장애의 원인 등의 차이가 지능, 적성, 흥미, 학습태도 등을 결정하기 때문에 이를 고려하여 4~6명 정도를 집단화하여 개별화 교육을 시키는 것이 좋다. 둘째, 구체적인 경험을 주어야 한다. 시각장애의 교육은 주로 촉각과 청각을 통해 이루어지므로 진정한 의미의 학습이 되려면 만져볼 수 있는 구체적인 물체가 주어져야 한다. 셋째, 통합된 경험을 주어야 한다. 일부만 경험하게 되면 현실에 대한 이해를 왜곡시키는 결과를 초래하게 되므로 통합된 경험을 할 수 있도록 교육해야 한다. 넷째, 의도적이고 체계적인 자극을 주는 학습프로그램을 구성해야 한다. 다섯째, 능동적으로 학습활동을 전개하도록 하여야 한다.

이와 같은 교육방법을 전제로 하여 시각장애인은 ① 잔존시력 활용교육, ② 점자 읽기, 쓰기 교육, ③ 타자기 및 컴퓨터 사용교육, ④ 이동훈련, ⑤ 듣기교육, ⑥ 큰 활자를 읽고 쓰는 교육, ⑦ 생활적응훈련, ⑧ 일반학과 교육, ⑨ 직업교육 등을 실시해야 한다.

(2) 지체장애교육

지체장애의 교육목표는 일반아동의 경우와 본질적으로 차이가 없으나 장애라는 특수성을 고려하여 교육방법을 선택해야 한다. 지체장애인을 위한 교육 내용에는 다음이 포함되어야 한다.
① 장애를 극복하고 개선시키는 내용
② 생활의 기본적인 태도나 행동양식을 습득하도록 하는 내용
③ 정서적 · 사회적 · 도덕적 발달의 촉진을 포함하는 내용
④ 장애로 인하여 정서적 · 사회적 부적응을 일으키기 쉬우므로 집단생활을 통하여 참여와 협력의 즐거움을 체득시키며 책임과 자기통제를 배우게 하여 대인관계기술을 습득시킬 수 있는 내용
⑤ 일상생활에 필요한 기능을 능력에 따라 습득하고 발달시킬 수 있도록 하는 내용
⑥ 창조력의 함양은 물론 표현능력을 개발하는 내용

이와 같이 지체장애아동을 위한 교육은 일반 교과과정은 물론이고 장애를 극복하는 데 필요한 재활훈련, 생활훈련, 직업교육 등이 포함되어서 이루어져야 한다.

(3) 지적장애교육

지적장애의 경우는 지체의 정도에 따라 교육방법이 달라야 되겠지만 대체적으로 정신지체아의 교육은 다음과 같은 목표를 전제하여 진행되어야 할 것이다.

첫째, 중추신경계에 장애를 가지고 있으므로 감각훈련을 강화함으로써 신경계를 원활히 하고 이에 의해 인격적, 정서적 안정을 이루는 것, 둘째, 사회생활에 잘 적응할 수 있도록 하여야 하며, 셋째, 나아가서는 직업적 성취를 이루도록 노력하는 것이다.

이와 같은 목적에 충실하여 다음과 같은 적절한 교육방법을 선택해서 사용하여야 한다.

첫째, 내용선택을 할 시 추상적인 것보다는 구체적인 사항을 가지고 교육해야 한다. 둘째, 생활을 통해서 생활수단을 배울 수 있도록 준비해야 한다. 셋째, 능력에 적합한 직업교육을 준비해야 한다. 넷째, 사회생활 적응에 필요한 내용을 선택할 수 있도록 해야 한다. 다섯째, 개별화의 원리에 맞추어 교육해야 한다.

(4) 청각 및 의사소통장애교육

청각 · 의사소통 장애아동을 바르게 교육하기 위해서는 청각 및 의사소통 장애로 인해 나타난 손상의 실태를 바르게 진단하는 것이 중요하다. 진단 결과에 따라 잔존감각이나 아동이 지니고 있는 기타 능력을 최대한으로 활용하여 불필요한 2차적 장애의 발생을 예방하고 치료 가능한 점을 치료하여 잠재능력을 가능한 한 신장시키는 것이 중요하다.

그리고 청각 및 의사소통 장애아동의 교육 목표는 일반적인 교육 목표 뿐만 아니라 아동의 청각·의사소통 장애 및 이에 기인하는 심신발달상의 이상성과 결함을 보충·보상하는 것으로 되어 있다.

따라서 청각 및 의사소통장애아동의 교육방법에는 다음과 같은 의사소통 교육을 비롯한 방법이 포함되어야 한다.

첫째, 청각·의사소통 장애아는 청각·의사소통 장애로 인해 청각 및 의사소통 발달이 지체되어 대인관계가 원만하게 이루어지지 않기 때문에 이를 예방하기 위한 다음과 같은 청각·의사소통 지도 내용이 교육과정에 포함되어야 한다.

① 잔존능력을 최대한으로 활용하고 청력을 되찾기 위한 청능훈련 auditory training, ② 상대방의 언어를 최대한 이해할 수 있도록 상대방의 입모양이나 표정을 의도적으로 주시하면서 상대방의 사고를 이해하는 독화훈련 speech reading training, ③ 발어훈련, ④ 수화훈련, ⑤ 대체 의사소통 시스템 개입과 사용이다.

둘째, 청각, 의사소통 장애 정도와 발달수준에 적합한 교과 및 생활지도 내용이 교육과정에 포함되어야 한다. 특히 청각·의사소통 장애아동의 생활지도는 기본적 생활습관의 확립이 지체되어 있다는 점과 정서적으로 미성숙하고 사회성이 정체되어 있다는 점을 중시하여야 한다.

셋째, 직업교육 내용이 포함되어야 한다.

(5) 자폐성장애교육

아직도 상당수의 자폐성장애아동들은 어떠한 형태의 특수교육도 받지 못하고 있는 실정이다. 대부분의 자폐성장애아동들은 일반학교에서 일반학급 교사로부터 교육을 받고 있다. 그러나 자폐성 장애아동은 그 증상이 다양하기 때문에 교육 역시 증상에 따라 개별적인 교육이 이루어져야 하는데 대체적으로 그 증상을 정신분석학적 · 교육심리학적 · 생태학적 · 행동학적 측면으로 범주화해서 교육목적과 방법을 선택한다.

첫째, 정신분석학적 측면으로 교육의 목적을 정신분석적 원리를 사용하여 정서장애의 원인을 찾는 데 두며, 학업성취보다는 환경에 역점을 두고 교육한다.

둘째, 교육심리학적 측면으로 교육의 목적을 무의식적인 동기화와 갈등과 학업성취, 적극적인 표면행동에 관심을 가지며, 투사와 창작예술활동을 통해 개별적인 욕구를 충족시키는 데 중점을 둔다.

셋째, 생태학적 측면으로 아동들의 행동이 위축되어 있을 때 바람직한 행동을 할 수 있도록 사회체계를 바꾸는 것에 목적을 두며, 교실, 가족, 이웃 그리고 지역사회를 포함하는 모든 생활공간을 통해 교육적 기술과 유용한 생활을 아동들에게 교육한다.

넷째, 행동학적 측면으로 아동행동의 결과와 아동의 직접적인 환경의 변화에 교육의 목적을 두며, 행동의 측정과 분석을 통해 행동을 변화시키는 데 있다.

(6) 학습장애교육

학습장애란 듣기, 말하기, 읽기, 쓰기, 추리 혹은 산수계산 능력에 심한 곤란을 나타내는 여러 종류의 장애집단을 총칭하는 말로 학습장애는 선천적이며, 중추신경계 장애 때문인 것으로 추정되나 기질적 · 생물학적 요인 외에도 유전적 요인과 부적절한 학습환경이 학습장애아들의 학습과 행동문제에 영향을 준다고 보고하고 있다. 학습장애의 출현율은 사용된 기준에 따라 다양한데, 취학아동의 1~30%까지 다양하게 나타난다. 학습장애는 발달상 학습장애와 학업상 학습장애의 두 가지 유형으로 구분할 수 있으며(Kirk & Chalfant, 1984) 발달상 학습장애는 학생이 교과를 습득하기 전에 필요한 선제적 기능인 주의집중, 기억, 인지기능, 사고, 구어기능을 포함하고 학업상 학습장애는 학교에서 습득하는 학습인 읽기, 산수, 지필, 철자, 작문을 포함하고 있다.

학습장애의 일반적 특성을 이해하기 위해서는 다음과 같은 사항의 이해가 필요하다.

첫째, 각 학생은 고유한 특성을 가지고 한 영역에서는 학습장애를 보이지만 다른 영역에서는 보이지 않을 수도 있다.

둘째, 학습장애로 판별하는 데 사용되는 특성들은 상당한 기간 동안 지속되어야 한다.

셋째, 학습장애 판별에 있어서 아동들을 명명하기보다는 특징적인 행동을 기술하는 것이 좋다.

마지막으로 학습장애아들은 성취와 추정된 능력 간의 불일치와 관련해서 판별해야 한다.

학습장애아의 교육에 있어서는 교육과정 개발자나 교육자에 따라 조금 달라질 수 있으나 대체로 다음과 같은 접근방법이 활용되고 있다.

첫째, 지각-운동적 접근으로 학습문제의 원인이 부적절한 지각운동, 즉 시각, 청각 및 운동기능 때문이라 보고 이것을 개발하는 것이 학습기능을 개발하는 것이라고 보는 견해이다. 따라서 이 접근방법은 대·소운동기능, 신체영상, 눈-손의 협응, 시지각, 청각변별 등을 포함하는 활동들로 구성되어 있으며 테이프, 그림, 공, 퍼즐, 막대, 융판, 상자, 무늬

글자 등이 자료로 활용된다.

둘째, 언어적 접근으로 부적절한 심리언어적 기능이 학습문제를 초래한다고 가정하고 아동들이 습득해야 할 특정의 언어기능과 용이한 훈련방법에 초점을 맞춘다. 그러나 이 접근방법은 언어병리학적인 처방을 하는 것이 아니라 구문론적 기능만 강화하고 다른 언어학적 요소를 강조한 훈련과정은 포함되지 않는다.

셋째, 다감각적 접근으로 이 접근은 하나 혹은 두 가지 감각보다는 몇 개의 감각기관을 통해 정보를 입수하면 학습하는 데 더 용이할 것이라는 가정에 기초하고 있다. 다감각이란 기본적인 시각, 청각, 근육운동 및 촉각을 의미한다.

넷째, 정확교수precision teaching 접근은 학생이 학습해야 할 목표행동을 정확히 지적하고 그 기능을 습득하면 그 진전을 도표화하여 정기적으로 일정한 시간 내에 정확반응과 부정확반응의 수에 의해 수행비율을 관찰하며 지도하는 방법이다.

다섯째, 직접교수direct instruction로 이 접근은 학생들의 발전 자료를 기초로 한 규준참조적 접근이라 할 수 있으며 체계적 교수를 의미한다. 즉, 학생들은 교과영역에 따라 목록화되어 있는 범위 내의 기능계열에 관한 사정을 받고 그 중 미완성된 가장 낮은 기능에서부터 교수를 시작하는 방식이다.

(7) 중복장애교육

중복장애란 장애가 획일적으로 나타나는 것이 아니기 때문에 교육을 획일적으로 접근하는 데는 무리가 있다. 따라서 중복장애아를 위한 교육은 먼저 중복장애아에게서 나타날 수 있는 공통적인 행동 특징들을 이해하고 개별적으로 나타나는 중복장애에 따른 교육이 진행되어야 한다. 이들에게 나타나는 일반적인 행동 특징은 다음과 같다.

첫째, 식사, 용변, 의복 등에 관계된 신변생활 전 영역에 독자적인 자립이 곤란하며, 둘째, 운동기능면 역시 보행이나 앉고 서는 단순동작은 물론 손가락 끝으로 물건을 잡고 놓는 등의 동작에도 현저한 문제를 지니고 있으며, 셋째, 사회생활에 관계되는 의사전달 수단으로서의 언어적 표현과 타인의 의사나 지시에 대한 반응 그리고 특정한 주위 사람과 어울려 노는 등의 대인관계에도 현저한 곤란과 어려움 보이며, 넷째, 이들 가운데에는 이상행동이나 문제행동을 하는 경우가 많다.

3) 특수교육기관

특수교육기관이라 함은 우리나라 장애인 등에 대한 특수교육법 제2조 제10호에서 "특수교육대상자에게 유치원 · 초등학교 · 중학교 및 고등학교(전공과를 포함)의 과정을 교육하는 특수학교 및 특수학급을 말한다."라고 규정하고 있다. 그리고 특수학급에 대한 용어의 정의를 보면(특수교육법 제2조 제11호), "특수교육 대상자에게 통합교육을 실시하기 위하여 일반학교에 설치된 학급을 말한다."로 규정하고 있다. 그러나 광의적 개념에서 본다면 교육재활기관은 장애인복지법 제58조에 의한 장애인복지시설에 해당하는 장애인 거주시설, 지역사회재활시설, 직업재활시설 등도 포함되어야 할 것이다.

4) 통합교육

교육재활 분야에서 최근 통합교육integrated education이라고 하는 방법
이 강하게 대두되고 있다. 이는 통합이라는 재활의 목표를 전제로 한 교
육으로서 통합교육은 가능한 한 장애아와 비장애아의 교류기회를 확대
하고자 하는 특수교육의 한 형태이다.

장애인 등에 대한 특수교육법 제2조 제6호에서 통합교육에 대한 용
어의 정의를 내리고 있는데, 즉 "특수교육 대상자가 일반학교에서 장애
유형, 장애정도에 따라 차별을 받지 아니하고 또래와 함께 개개인의 교
육적 요구에 적합한 교육을 받는 것을 말한다."라고 규정하고 있다. 이
때까지 장애인의 교육은 일반교육에서 분리하여 장애아를 특수한 대상
으로 취급하려는 경향이 있었고 이에 대한 비판적인 반성과 함께 많은
학부모들이 아동을 특수교육기관에 보내는 것을 원치 않는 경향이 두드
러지게 나타나 무상의무교육과 개별화학습, 통합교육을 골자로 하는 미
국장애아교육법(P. L. 9-142)이 1975년에 통과되었다. 이 법 내용 중에는
특수한 욕구를 지닌 아동들이 환경이 최소한으로 제한된 적절한 장소에
서 무상교육을 받을 수 있는 권리를 기술하고 있다.

이러한 통합교육의 효과에 대해서는 찬반의 의견이 엇갈리고 있지
만 교사의 자질, 개별화 교육프로그램, 융통성 있는 행정체계, 다양한 교
육자료, 보상체제 등이 전제된다면 긍정적이라는 반응이다. 특히 버치
Birch는 특수교육은 통합교육으로 바뀌어야 한다고 하면서 그 이유로 다
음의 일곱 가지를 제시하고 있다.

첫째, 어느 학교에서나 개발할 수 있는 특수교육 산출 능력, 둘째, 부
모의 직접적이고 강력한 관심의 표명, 셋째, 아동에게 '정신지체'라는 명

칭을 붙여주는 데 대한 거부 반응, 넷째, 법원의 재판 결과로 인하여 특수교육 방법에 대한 변화의 초래, 다섯째, 심리검사의 공평성과 정확성의 의문, 여섯째, 많은 아동이 정신지체로 오진되고 있음, 일곱째, 장애아동도 정상아동과 같이 생활하여 다양한 생활경험을 상실하지 않도록 해야 한다는 것이다.

이와 같이 통합교육은 이념이나 필요성은 확실하고 중요하지만 실제적으로는 아동집단에 대한 정확한 판단이나 교육의 효과에 대한 과학적 검토 등 구체적인 방법의 확립이 필요하다. 따라서 교육재활이라는 측면에서 통합교육에 대한 시행착오를 줄이기 위한 구체적이고 과학적인 검토 작업이 계속적으로 연구되어야 할 것이다.

5) 순회교육

순회교육은 특수교육 교원 및 특수교육 관련 서비스 인력이 각급 학교나 의료기관, 가정 또는 복지시설(장애인복지시설, 아동복지시설 등) 등에 있는 특수교육대상자를 직접 방문하여 실시하는 교육을 말한다(장애인 등에 대한 특수교육법 제2조 제8호).

6) 특수교육 관련 서비스

특수교육 관련 서비스는 특수교육법 제2조 제2호에서 특수교육대상자의 교육을 효율적으로 실시하기 위하여 필요한 인적·물적 자원을 제공하는 서비스로서 상담지원·가족지원·치료지원·보조인력지원·보조공학기기지원·학습보조기기지원·통학지원 및 정보접근지원 등을 말하며, 이 서비스를 제공하고 특수교육대상자의 조기발견, 특수교육대상자의 진단 · 평가, 정보관리, 특수교육 연수, 교수 · 학습활동의 지원, 순회교육 등을 담당하는 특수교육지원센터를 각 지역 교육감이 설치, 운영할 수 있도록 동법률 제11조는 규정하고 있다.

7) 전문종사자

교육재활의 전문종사자는 교사(특수교사)이지만 이외에도 각 영역의 치료사, 직업재활사, 교육상담가, 사회교육지도자, 학교사회사업가, 직업훈련교사 등이 교육재활 분야에 종사하는 전문종사자로 분류해 볼 수 있다.

3. 장애인의 고용과 직업재활

1) 개념

직업은 인간의 삶에 있어서 중요한 의미를 가진다. 직업은 개개인의 삶의 형태와 그 내용을 결정하는 중요한 요인으로 우리의 삶과 분리해서는 생각할 수 없으며 직업이 갖는 의미는 단순한 생계수단이라는 의미 이상의 경제적, 사회적, 문화적, 자아실현의 의미를 내포하고 있다. 그러나 장애인은 신체적 또는 정신적 손상의 결과 안정된 고용을 확보하고 유지할 가능성이 실질적으로 감소된 사람으로 직업을 갖는 데 제한적이다.

국제노동기구ILO 제99호 권고는 직업재활은 "직무지도와 훈련 그리고 취업알선 등과 같은 직업적 서비스를 포함하는 연속적이고 협력적인 재활과정의 일부로서 장애인이 적절한 고용을 확보하고 유지할 수 있도록 원조하는 것"을 의미한다고 규정하고 있다. 즉, 직업적 재활이란 심신의 결함을 지닌 장애인들의 신체적, 정신적, 사회적, 직업적, 경제적 능력을 최대한으로 찾고 길러줌으로써 일할 권리와 의무를 비장애인과 똑같이 갖게 하는 것이라 할 수 있으며 장애인의 성공적인 사회통합을 위한 최대 과제인 자립생활을 영위하도록 하는 재활사업 중 가장 중요하고 핵심이 되는 과정이다.

　　이러한 직업재활은 많은 연구에서 장애인 개인의 존엄성을 높이는 인도주의적 사업일 뿐만 아니라 비경제적 인간을 경제적 가용인간으로 만듦으로써 사회적 부담을 없애고 사회적 생산에 기여케 하는 가장 경제적이고 생산적인 사업임이 밝혀지고 있다(Dimichael 1977, Cohen 1969, McGowan & Porter, 1967).

　　또한 직업재활은 장애인들이 취업을 할 수 있다는 사실과 아울러 또 다른 한편으로는 취업을 함으로써 가족의 일원으로 인정받거나 가장이 될 수 있으며, 기업에서는 신뢰받을 수 있는 인력으로, 사회에서는 떳떳한 생산적 시민으로 생활할 수 있다고 하는 점에서 의의가 매우 크며, 의료적, 교육적, 심리적 재활과 함께 통합적 재활에 기여하며 장애인이 전인격적 성장을 하는 데 큰 열쇠가 될 수 있다.

　　그러나 이러한 직업재활의 효과적인 수행을 위해서는 몇 가지 기본원칙을 준수하여 계획하고 실행해야 한다.

　　첫째, 모든 사람은 기본적인 인간의 가치를 가지고 있으므로 심신의 결함의 범위 내에서 인생을 추구하도록 해야 한다.

둘째, 모든 사람은 사회성원의 일원이므로 재활은 장애인들이 사회에서 받아들여질 수 있도록 적응력을 키워야 한다.

셋째, 모든 개인의 자질은 중요시되어야 하고 보호 및 계발되어야 하기 때문에 장애인의 자질도 존중되고 계발되어야 한다.

넷째, 심신의 장애로 인한 결함의 한계성과 환경의 한계성을 인식하면서 현실적으로 대처해 나가도록 도와야 한다.

다섯째, 장애인의 신체적 욕구뿐만 아니라 정신적 · 사회적 · 문화적 · 경제적 욕구를 참작하여 전인적으로 도와야 한다.

여섯째, 재활치료는 각 개인의 특성에 맞게 다양하고 융통성이 있어야 한다.

일곱째, 문제를 의식하고 해결할 사람이 바로 장애인 자신이기 때문에 재활에는 장애인 자신이 적극적으로 참여해야 한다.

여덟째, 장애의 발생원인을 전적으로 장애인 개인에게 돌리기에는 사회적 책임이 너무나 크기 때문에 장애인의 재활은 사회가 책임을 져야 한다.

아홉째, 직업재활은 여러 문제가 복합되어 있으므로 각 영역의 전문가와 전문기관이 서로 협력 및 보완하여야 한다.

열번째, 재활은 도움이 필요할 때까지는 계속해서 도움을 주는 과정이어야 한다.

열한번째, 장애인은 자신이나 재활프로그램에 대하여 심리적 반응이 발생하게 되므로 항상 장애인의 심리상태를 파악해야 한다.

열두번째, 재활과정이란 연속되는 복잡한 과정이므로 반드시 장애인 자신과 재활프로그램에 대해서 계속적으로 평가해야 한다.

2) 대상

직업재활의 대상은 장애의 원인이나 특성, 연령에 관계없이 그들이 준비가 되어 있고 적절한 고용을 확보하고 유지할 수 있다면 모든 장애인들에게 적용될 수 있다. 그러나 직업재활은 심신의 결함이 있는 모든 장애인에게 필요한 것은 아니다. 즉, 장애 정도가 경미하여 특별한 계획을 세우지 않아도 비장애인과 같은 직업에 종사할 수 있는 사람은 직업재활의 대상이 아니라고 볼 수 있다.

따라서 심신의 결함이 직업을 갖는 데 장애가 되나 일정한 의료적 · 직업적 · 교육적 · 사회적 재활서비스를 주면 직업을 가질 수 있는 가능성이 있는 장애인을 직업재활의 대상자로 보아야 하며 최근에는 공학적인 접근과 사회의 보편적 서비스접근의 영향으로 대상을 규정한다는 것이 별 의미가 없어지고 있다.

3) 과정

직업재활은 심신의 결함을 지닌 장애인들의 신체적 · 정신적 · 사회적 · 직업적 · 경제적 능력을 최대한으로 찾고 길러줌으로써 일할 권리와 의무를 비장애인과 똑같이 갖게 하는 과정으로 이러한 과정에서는 재활전문가의 적절한 개입에 의해 수행되어야 한다.

직업재활의 과정은 여러 단계로 구성되어 있으나 각 단계들은 명확한 한계를 가지고 있는 것은 아니다. 그것은 장애인의 욕구나 장애 정도에 대응해서 적절하게 이루어져야 한다.

직업재활과정은 학자들에 따라 다양하게 분류되고 있는데, 일반적으로 ILO의 직업평가, 직업훈련, 배치, 보호고용, 사후지도 등으로 나누어지는 분류를 사용한다. 그러나 1986년 이후 미국을 중심으로 배치 후 보호고용 외의 또 다른 통합형태의 보호고용과 지원고용, 맞춤식 고용이 소개되고 있다.

(1) 직업평가

직업평가는 장애인이 앞으로 직업훈련을 마치고 산업사회에 적응하여 성공적인 자립생활을 영위하도록 하기 위한 과정으로 어떤 분야의 직종에 직업적 능력 혹은 가능성이 어느 정도 있는가를 측정하는 것이다. 즉, 직업평가는 직업재활 대상자의 직업능력을 평가하는 과정으로 장애인의 신체적·정신적·직업적 잠재력 및 직업적 행동에 대한 평가를 통해 현실적인 목표를 설정해 주고 그에 따른 최적의 서비스를 제공하도록 하기 위한 근거자료를 제시함으로써 보다 과학적이고 전문적인 직업재활사업을 뒷받침해 준다. 이러한 관점에서 직업평가활동은 전체적인 직업재활서비스 전달과정에서 재활목표의 설정, 상담자료 제공 및 치료적 측면에서 중요한 의미를 갖는다.

직업평가의 목적은 재활의 목표를 가능케 하는 실행계획을 세우는 일차적 과정이다. 즉, 직업과 관련된 장점과 단점 그리고 직업 적성 및 흥미에 관한 파악을 통하여 각 개인이 자신에 대해 정확히 이해하고 현실적인 직업목표를 갖게 해주는 데 있다.

직업평가의 방법 및 내용은 장애의 유형이나 정도에 따라 다르겠지만 가장 보편적으로 받아들일 수 있는 평가방법 및 내용은 초기평가, 표본작업평가work sample evaluation, 현직평가on the job evaluation 등이다. 각

평가의 내용은 구체적으로 다음과 같다.

① 초기평가

초기평가는 구직신청을 한 장애인의 현재까지의 개인에 관한 자료 수집과 과정에 대한 기초적인 사정을 의미하는 것으로 여기에는 구직신청 시 제출한 서류에 대한 심사와 면접, 기초검사과정이 포함된다. 서류심사에는 기본적으로 이력서와 구직신청서, 타기관의 자료들을 심사하고, 면접에는 획득한 정보의 확인이나 직업적 발달조사, 취업희망직종의 확인, 직업평가 서비스의 설명 등을 중심으로 이루어지며, 기초검사는 주로 인지적, 정서적 기질을 측정하기 위하여 지필검사를 많이 사용하는데 일반적으로 지능 및 적성검사, 성격검사, 성취도검사, 직업능력흥미검사, 직업능력검사 등의 도구가 많이 사용된다.

② 작업표본평가

작업표본평가는 실제 직업이나 직업군에서 사용되는 것과 유사하거나 동일한 과제, 재료, 도구를 사용하여 장애인의 직업적 능력을 사정하는 것이다. 작업표본평가의 장점은 실제 작업과 유사하고 대부분의 작업이 구체적이며, 장애인의 작업수행에 대한 피드백이 이루어지고, 장애인에게 다양한 직업 및 직업과제 탐색의 기회를 부여한다는 점이다.

작업표본평가의 종류는 타워 시스템Tower: testing, orientation & work evaluation in rehabilitation system, 필라델피아 JEVS작업표본종합검사philadelphia jewish employment & vocational work sample battery, 싱어직업평가시스템singer vocational system, VALPAR부분별 작업표본시리즈valpar component work sample series, MVE평가시스템mobile vocational evaluation 등이 있다.

③ 현직평가

장애인의 직업적 행동을 관찰하고 사정하기 위하여 실제 사업장에 투입시켜 실무를 수행시켜 봄으로써 직업인으로서 여러 가지 자질을 평가하는 방법으로 장애인을 가장 객관적으로 평가할 수 있는 평가방법이며, 평가된 결과는 실제적인 장애인의 잠재능력 또는 발전에 관한 정보를 줄 수 있다는 장점이 있다.

현직평가는 주로 보호작업장에서 많이 이루어지는데 현재는 지원고용에 의해 일반사업장에서도 많이 이루어진다. 현직평가 시 사용되는 평가방법은 관찰, MDC행동파악법materials development center behavior iden-tification format, 직업적응평가법work adjustment rating form, 목표달성도평가법goal attainment scaling 등이 활용된다.

(2) 직업훈련

직업재활의 과정에서 직업훈련은 기본적으로 적합한 직종을 선택하기 위한 취업의 준비단계이다. 직업재활은 단순한 직업적 기능의 습득만으로는 성공을 거둘 수 없으며 직업인으로서 갖추어야 할 작업행동, 작업기술에 필요한 능력, 작업태도, 습관, 작업에 대한 이해력, 성공적으로 일을 할 수 있는 능력의 배양과 전인적 훈련을 필요로 한다. 따라서 장애인의 직업훈련은 그 내용상 크게 직업전훈련prevocational training과 직업훈련vocational training으로 구분되어 이루어져야 하는데 직업훈련이 특정한 직업직종의 기능을 배양하는 데 초점을 둔 과정이라 한다면, 직업전훈련은 직업인이 되기 위한 제반자세, 태도, 의식 등을 배양하는 데 초점을 둔 훈련이라고 할 수 있다.

① 직업전훈련

직업전훈련prevocational training 혹은 직업적응훈련work adjustment training 이라고도 하는데 모든 직업영역에서 공통적으로 필요한 근로자로서의 기초능력과 태도를 길러 구체적인 직업세계에서 활동할 수 있도록 기초적인 태도를 형성해 주는 것이다. 그러므로 직업전훈련 프로그램은 노동시장에서 필요로 하는 기술skill이 부족한 장애인들을 원조하기 위하여 다양한 경험을 제공하여 개인으로 하여금 자기확신, 자기통제, 업무지구력, 대인 상호 간의 관계기술 및 작업세계에 대한 이해, 근로자로서의 태도와 자세 등을 개발하도록 도움을 준다는 데 그 의의가 있다.

결론적으로 직업전훈련 프로그램은 장애인이 직업적 역할을 성공적으로 수행함에 있어 문제시되는 요소를 해결하거나 수정 · 보완시키기 위해 개인이나 환경을 변화시키는 과정이다. 따라서 직업전훈련은 직업상으로 긍정적인 기능을 강화시키고 부정적인 행동을 수정하려는 행동수정의 접근으로 볼 수 있으며 이 과정의 궁극적인 목표는 장애인의 행동이 실제 작업수행 장면에서 요구되는 것과 일치하도록 하는 데 초점을 두게 된다.

이와 같은 직업전훈련에서 활용될 수 있는 훈련기법은 교육, 상담 및 조작적 조건화operant conditioning 등과 보완적인 측면으로 구화lip reading, 언어훈련speech training, 보행훈련gait training, 이동훈련mobility training 등이 사용된다.

② 직업훈련

직업훈련vocational skill training은 직장에서의 과업task을 수행하는 데 있어 요구되는 필수적인 직업적 지식과 기술을 제공해 주는 훈련의 조직적인 형태를 말한다. 직업훈련의 의의는 다음의 세 가지로 요약할 수 있다.

첫째, 장애인들을 경제적으로 자립시킴으로써 사회의 부담을 경감시키고 납세자로서 사회에 기여할 수 있도록 하는 생산적인 면에 그 의의가 있고, 둘째, 개인의 직업능력을 개발하여 발전시킨다는 데 있으며, 셋째, 직업훈련 자체가 치료과정이 될 수 있다는 것이다. 개인에 맞게 잘 선택된 훈련과정에서의 성공으로 자신감을 가지며 이러한 성취로 특별한 직업적 목표를 향한 구체적인 진보가 되는 것이다. 그래서 훈련은 지속되는 동기와 만족의 기초가 된다고 볼 수 있다. 이렇게 직업훈련은 교육적이고 직업적인 훈련서비스를 통해 장애인을 비장애인과의 근로 영역으로 통합시킴을 목적으로 한다.

직업훈련의 원칙과 방법은 훈련대상 차별의 철폐, 훈련방법의 보편화, 장래와 적성을 고려한 직종 선택, 동일조건의 훈련시설 확충, 내담자의 전반적 상황에 대한 서비스체계 등으로 요약할 수 있으며 대상자의 선정 기준 확립, 훈련직종의 다양화, 내담자에 대한 평가자료를 중심으로 한 계획수립은 직업훈련에 있어 중요한 자료가 된다.

③ 직무개발과 배치

직무개발이란 이전에는 기회가 없었던 직업 내지 취업면접으로 이루어질 수 있는 취업원을 개발하는 것으로 직무개발과 배치과정은 분리되어 있는 것이 아니라 상호 연관되어 있기 때문에 상호 중복되고 관련성이 있다. 직무배치는 직업재활의 전반적인 과정에 걸쳐 일어나는 여러 가지 정보와 상황을 개인의 관심과 능력에 적합하게 조직하고 교육하여 직업이나 부업, 작업활동, 보호시설 등에 관한 정보를 제공해 주고 내담자들에게 직업에 대한 결정력, 제반기술 그리고 직업과 관련 있는 행동 및 태도, 직업탐색능력, 고용과정에 있어서의 면접기술, 직업세계에서의 적응능력 등을 배양해 주는 전체적인 재활과정이라고 할 수 있다.

직무배치의 궁극적인 목적은 장애로 인하여 직업을 탐색하는 데 있어서 어려움이 있는 사람들에 대하여 이들이 보수를 받고 직업세계에서 활동할 수 있는 상태로 변화시켜 주려는 데 있다. 즉, 직업을 탐색하고 습득하려는 개인을 도와주는 전문적인 활동이라고 할 수 있다. 이러한 배치는 직업재활의 마지막 단계로 전문가는 직업의 세계와 관련된 모든 정보와 내담자의 잠재력을 정기적으로 파악하여 내담자의 능력을 최대한으로 발휘할 수 있는 분위기 조성을 위한 업체 관계자와의 면접, 그리고 이들의 적응력을 증진시켜 주기 위한 사후지도 등을 포함하고 있어야 한다. 그러므로 직무배치는 단순히 내담자에게 적절한 직업을 제시해 주는 것이 아니라 그 자신의 왜곡된 신체 이미지나 자신에 대한 생각을 변화시켜 주는 것도 포함하고 있어야 한다.

④ 보호고용

보호고용은 일반적으로 통상적인 고용이 될 수 없는 장애인을 위하여 보호적 조건 아래 행해지는 훈련 및 고용으로 정의할 수 있다. 물론 이러한 개념은 수차례의 국제세미나(1959년 네덜란드, 1966년 스웨덴, 1995년 영국)를 거치면서 정립되었지만 약간의 차이는 있다.

보호고용의 시작은 1838년 퍼킨스맹아협회에서 설립한 보호작업장인데 최근의 보호고용 형태는 시설이 아닌 지역사회 작업현장에서의 고용형태로 변화되는 시점이므로 보호고용의 개념은 상당히 변화되고 있는 것으로 보인다.

그러나 일반적인 보호고용의 개념은 특별한 원조가 주어지지 않는 한 개방노동시장에서 고용을 확보하기 어려운 장애인을 대상으로, 특별히 계획된 조건에서 이루어지는 훈련 및 고용을 가리키며, 보수가 있는 직장의 기회를 제공하여 장애인의 직업적 욕구를 충족시켜 주는 것이다. 따라서 보호고용의 일차적인 목적은 장애인에게 일거리를 제공하는 것이 주가 되고, 이차적인 목적은 그 사람의 개인적, 직업적 적성 및 지역적 특성에 충분한 의료, 심리, 교육재활 등의 여러 가지 서비스를 제공하는 것이다.

보호고용의 대상은 노동능력 혹은 심신의 가용능력이 50% 이하인 자를 의미하고, 유형은 크게 시설 중심의 보호고용과 탈시설 중심의 보호고용으로 대별할 수 있다.

⑤ 지원고용

지원고용모델은 작업장에서의 일이 지원서비스의 준비에 달려 있다는 데 기초하고 있다. 지원서비스의 성격이나 정도에서 프로그램의 유형이나 물리적 상황을 재정립한 지원고용모델은 중증장애인을 통합된 환경의 작업장에서 일할 수 있게 한다. 지원고용모델에서 특히 강조하는 것은 고도의 기술을 준비시키기보다는 현재 작업에서 가능한 직무를 하게 해준다는 것이다.

이런 의미에서 지원고용은 중증장애인을 어떤 장소에 단체로 배치하여 지원서비스를 제공하는 것이 아니라 그들을 각각 분리하여 배치시켜 새로운 노동자, 즉 비장애인과 협력하여 작업을 할 수 있도록 계속적으로 지원하는 것이다. 즉, 그들에게 유용한 직업을 갖게 한 후 마음이 맞는 직무지도원^{job coach}을 연결하여 직무를 수행하는 방법을 가르치는 것으로 여기에는 교통시설 이용, 식사, 화장실 이용, 상담과 같은 지원서비스가 해당된다. 그리고 직무지도원은 일반적으로 지원서비스가 잘 공급되는지를 점검하고 중증장애인이 독립적으로 직무를 수행할 수 있을 때까지 보조하게 된다.

이러한 개념은 여러 관련 법에서 정의되고 있다. 1984년 발달장애법(the Developmental Disabilities Act Amendments, P.L. 98-527), 1984년 장애인교육법(Education and Handicapped Act, P.L. 98-109), 1984년 재활법(Rehabilitation Act, P.L. 98-524) 개정안에서 지원고용을, ⓐ 경쟁고용 시장에서 고용이 어려운 발달장애인은 그들이 가진 장애로 인해 작업현장에서 직무를 수행하려면 계속적인 지원을 필요하기 때문에, ⓑ 장애가 없는 사람을 고용하는 다양한 현장에서 일할 수 있게 하되, ⓒ 지도, 훈련, 교통수단 이용을 포함하여 중증장애인이 임금을 받는 고용인이 되는 데 필요한 각종 활동을 지원하는 제도라고 정의하고 있다.

이러한 정의 외에도 지원고용을 실험프로젝트를 채택하고 있는 대부분의 주는 특수교육 및 재활서비스국^{The Office of Special Education and Rehabilitation Services: OSERS}에서 지원고용의 주요 기능으로 제시한 다음의 네 가지 요소를 주요 원칙으로 채택하고 있다.

첫째, 고용^{employment}으로 주당 20시간 이상의 유급 및 규칙적인 근로 기회를 제공한다.

둘째, 통합^{integration}으로 작업장에서 비장애인 동료와 매일, 빈번히 상호작용해야 한다. 즉, 약 8명의 장애인이 어떤 현장에서 일을 한다면 비장애인 노동자도 그 현장이나 가까운 현장에 있어야 한다. 지원고용 프로그램을 위한 작업장은 비슷한 프로그램이나 또 다른 프로그램과 같을 수는 없다.

셋째, 지속적인 지원^{ongoing support}으로 유급고용의 유지에 직접적으로 관련되는 것으로 실제 작업장에서 제공해야 한다.

넷째, 중증장애^{severe disability}로 지원고용은 고용을 유지하기 위해 어느 정도의 지원서비스를 필요로 하는 중증장애를 가진 사람들을 위해 마련한 것이다. 이 지원서비스는 단기간 훈련을 통해 경쟁고용 시장으로 갈 수 있는 장애인을 위한 서비스는 아니다.

지원고용은 학자나 지역에 따라 조금씩 다른 프로그램 모델들을 적용하고 있다. 일반적으로 소개되고 있는 지원고용의 형태는 개별배치모델^{individual placement model}, 소집단모델^{enclave model}, 이동작업모델^{mobile work model}, 소기업모델^{small business model}이다(Wehman & Moon, 1998).

⑥ 사후지도

사후지도는 장애인이 일정한 과정을 마치고 취업한 뒤에 발생하는 직업과 관련된 문제를 해결하기 위해 도움을 주는 과정으로 여러 가지 사항이 고려되어야 하는데, 그 내용은 다음과 같다.

첫째, 장애인 각 개인이 종사하는 직무를 올바르게 이해하도록 지도하고, 둘째, 복잡한 사회환경에서 적절하게 적응하도록 지도하며, 셋째, 가능한 자신의 노력으로 자립하도록 지도해야 하며, 넷째, 신체적·지적·정서적·심리적인 면에서 조화있는 삶을 누릴 수 있도록 해야 하며, 다섯째, 자기 자신과 주변환경에 대한 이해를 토대로 하여 생애를 설계하고 계획하도록 지도해야 한다.

이와 같은 사후지도 과정은 최근 'follow-along'이라는 개념이 도입되면서 문제가 발생하기 전에 발생할 수 있는 여러 가지 상황을 해결하는 과정이 중요시되기도 한다.

4) 전문종사자

직업재활 전문종사자는 직업재활과정에서 전문적인 서비스를 하는 사람으로 직업평가사, 직업상담가, 직업훈련교사, 직업생활상담원 등이나 여기에서 직업생활상담원은 사업장 내에 직원으로서 우리나라 장애인고용촉진 및 직업재활법에 따르면 사업장 내에서 근로장애인의 직업생활에 관한 상담 및 지도를 행하는 사람이다. 그리고 직업평가사나 상담가, 직업훈련교사는 직업재활과정에서 전문적인 일을 수행하는 사람으로 우리나라의 경우 직업재활사와 직업평가사는 한국직업재활사협회와 한국직업재활학회에서 국가기술자격법에 의한 민간자격으로 등록하여 발급 및 관리가 이루어지고 있다. 그러나 직업재활사는 2015년 12월 장애인복지법 개정으로 2018년부터 장애인 재활상담사 국가자격으로 명칭이 변경되어 국가에 의해 관리가 이루어질 예정이다.

4. 장애인의 심리이해 및 재활

1) 개념

심리재활은 의료, 교육, 직업, 사회재활과 같이 특정 영역의 독자적인 분야라기보다는 전인재활에 있어서 모든 과정과 연관된 심리적인 측면으로 장애인과 가족 등 주위 사람들의 심리적 측면은 장애인의 의료,

교육, 직업, 사회재활 과정에 있어서 욕구, 정서, 관심, 가치관, 태도 등의 일련의 심리적 요인으로 작용한다. 따라서 장애인과 가족 등 주위 사람들에 대한 심리적 안정을 도와주는 과정을 심리재활이라고 한다.

심리재활은 의료, 교육, 직업, 사회재활과 함께 재활의 전문적인 한 분야이나 심리재활은 다른 재활분야의 토대가 되고 재활서비스 향상의 기초가 된다는 점에서 차이가 있다. 이것이 최근 들어 심리재활을 강조하는 이유이기도 하며, 특히 장애가 중증일수록 심리적 안정과 조정이 필요하며 장애와 정도에 따른 심리재활의 방법과 접근이 재활의 과제로 대두되고 있다. 그리고 심리재활에 접근하기 위해서는 다른 분야의 이해와 함께 장애인들이 장애를 받아들이지 못함으로써 나타나게 되는 자아 방어기제에 대해 이해해야 한다. 장애인이 일반적으로 나타낼 수 있는 자아 방어기제는 다음의 5가지로 요약될 수 있다.

첫째, 부정denial이다. 이는 장애에 대한 최초의 심리적 반응으로 매사에 아무렇지도 않은 듯이 여유만만한 행동을 보이기도 하지만 현실을 받아들이지 못하고 부정적인 심리를 가지는 것으로 재활을 매우 어렵게 하는 중요한 요인이다.

둘째, 퇴행regression이다. 감정을 조절하는 능력이 약화되어 생각이나 행동이 어린 시절로 되돌아가며 정서 또한 어린아이와 같이 불안정하게 되어 쉽게 울고, 웃으며 억지를 부리고 떼를 쓰게 된다.

셋째, 분노anger이다. 이는 두려움을 쫓아내려는 심리적 반응이라 할 수 있다. 불행한 일이 하필이면 왜 자기에게 닥쳤는지를 안타까워하며 화를 내는데, 이를 통해 자신의 문제를 다른 곳으로 옮기려 하기도 한다.

넷째, 불안anxiety이다. 이는 질병이나 외상을 하나의 위험상황으로 받아들이는 심리상태이다. 신체손상으로 인해 다른 사람으로부터 인정을 받지 못하게 될 것 같은 두려움, 장애가 자신의 잘못에 기인되었다는 죄책감 등이 불안의 요소로 작용하게 된다. 특히 어린이는 불안심리가 심한 경우 맥박이 빨라지거나 설사를 하기도 하고 동통이나 두통을 호소하기도 한다.

다섯째, 우울depression이다. 이는 장애로 인한 자신의 기능상실이 현실이라고 느껴질 때 생기기 시작한다. 그러므로 병실에 누워 있을 때는 혹시나 하면서도 회복되리라는 희망 속에 지내던 환자가 물리치료 등 재활치료를 시작하는 순간부터 우울증이 시작되기도 한다. 우울증은 단순히 슬픈 감정을 갖는 경미한 것부터 자살에 이르기까지 심한 경우도 있는데, 그 정도는 장애의 정도보다 개인의 성격과 더 깊은 관련이 있다.

그리고 다음과 같은 다른 광범위한 분야에 대한 이해가 선행되어야 한다.

첫째, 인간성장 발달과 인체의 해부학적 · 생리학적 이해, 둘째, 직업 및 사회적 적응에 영향을 주는 인간의 정신적 · 정서적 상태에 대한 이해, 셋째, 장애상태의 명확한 이해와 장애가 미치는 직업적 · 사회적 영향과 의료적 치료에 대한 이해, 넷째, 상담관계의 바람직한 관계수립 능력과 상담기술에 대한 이해, 다섯째, 장애인의 적성, 기술, 흥미, 직업분석력, 교육적 배경에 대한 이해, 여섯째, 재활사업의 필요한 분야의 발전과 그 해결을 위한 지역사회 자원활용력, 일곱째, 사례연구, 기록평가에 대한 지식과 이해, 여덟째, 재활행정에 대한 이해이다.

2) 대상

심리재활의 광의적 대상은 인간의 생물학적인 존재임과 동시에 정신적 · 사회적인 존재이기 때문에 장애를 가진 사람과 장애를 가진 사람에게 영향을 줄 수 있는 가족과 주위의 사람들이다. 그러나 협의의 개념은 이들 중 심리적 문제를 가진 장애인과 장애인 가족 및 주위의 사람들이다.

3) 과정

심리재활의 과정은 일반적으로 검사, 상담, 치료 등으로 이루어지는데 그 내용은 다음과 같다.

(1) 검사

심리검사란 행동표집을 객관적이고 표준화된 방식으로 측정함으로써 개인 간의 차이 및 상이한 경우에 나타나는 동일한 개인의 반응들 간의 차이를 평가하려는 것으로 심리검사도구를 통해 개인의 다양한 심리적 속성들, 예를 들어 지능, 흥미, 적성, 학업성취도 및 성격특성을 측정하여 진단, 분류, 치료(상담), 예후 등에 관한 유용한 정보를 얻고자 하는 것이다.

심리검사는 크게 지능검사와 성격검사로 나누어볼 수 있다. 지능검사는 인지cognition를 인간의 감각, 지각, 기억, 사고, 판단력, 문제해결능력 등 일련의 고등 정신기능이라고 정의할 때 이러한 기능을 측정하는 표준화된 질문과 과제로 구성된 심리측정도구이다. 현재 장애인기관에서 활용되고 있는 검사도구로는 영유아의 발달상태를 평가하기 위한 포테이지 아동발달지침서와 지적 능력을 평가하기 위한 K-WAIS(성인용 웩슬러 지능검사), KEDI-WISC(한국판 아동용 웩슬러 지능검사), 고대-비네검사, 인물화에 의한 간편지능검사, 그리고 학습준비도를 평가하기 위한 학습준비도검사, 교육진단검사 등이다.

성격검사란 성격의 특성과 그의 중상적 경향 중 일부를 과학적으로 측정·평가하여 학업, 진학 및 취업, 성격의 지도와 교정, 치료에 기초 자료를 제공하며, 아울러 피검사자의 현실적이며 객관적인 자기 이해에 도움을 주고자 하는 것이다. 따라서 성격검사에 응할 수 있는 대상자는 일반적으로 IQ 80 이상의 중학생 이상 성인이며 어느 정도의 자기 통찰과 이해가 가능한 자라야 한다. 여기서 일반적으로 장애인기관에서 많이 사용하는 검사도구는 MMPI^{Minesota Multiphasic Personality Inventory}(다면적 인성검사), 성격진단검사, MBTI^{Myers & Brdges Type and Indicator}, 인성진단검사, 문장완성검사, 그림검사 등의 지필검사, 아동기자폐증평정척도, 인물화검사, BGT 등이 있다.

이 외에도 사회적 적응행동 수준이나 사회성의 발달 정도를 평가하기 위한 사회성숙도 검사와 각종 적응행동척도들이 있다.

(2) 상담

상담이란 장애인 및 가족이 가진 심리적 문제를 수용하고 잠재능력을 개발시켜 나갈 수 있도록 지지하고, 문제해결을 위해 지역사회의 자원을 연결시킴으로써 전인재활이 이루어지도록 돕는 과정으로 개별상담, 집단상담, 전화상담 등의 방법을 통해 이루어진다. 여기에서 장애인들이라고 해서 획일적이고 공통된 특성만 있는 것이 아니기 때문에 개별접근이 필요하며 장애유형별 심리적 특성을 이해하는 것도 도움이 될 것이다.

개별상담은 매우 복잡한 위기적인 문제를 가진 자, 전반적인 대인관계의 실패자, 집단 앞에서 이야기하는 데 두려움이 너무 큰 자, 남의 인정과 주목에 대한 욕구가 너무 강하기 때문에 집단 상황에 맞지 않는 자 등을 대상으로 상담자와의 1:1의 관계를 통해 내담자의 성장을 돕는 상담방법으로 장애수용력, 대처능력, 문제해결능력 등을 향상시켜 장애인 스스로 자립하도록 돕는 서비스이다.

집단상담은 생활과정상의 문제를 해결하고 보다 바람직한 성장 발달을 위하여 전문적으로 훈련된 상담자의 지도와 동료들과의 역동적인 상호교류를 통해 각자의 감정, 태도, 생각 및 행동양식을 탐색, 이해하고 보다 성숙된 수준으로 향상시키는 상담방법이다. 일반적으로 심리사회적, 행동상의 문제를 지닌 장애인을 대상으로 하며 동질의 성격을 지닌 성원으로 집단을 형성하여, 의도적인 계획 아래 집단의 역동성을 이용하여 장애인의 자기통찰, 자기존중심, 대인관계기술, 의사소통기술 등을 강화시키는 내용으로 진행한다.

전화상담은 여러 종류의 위기에 처해 자신의 문제를 해결하고 싶지만 부끄러움이 심하거나 남과 얼굴을 대하기를 꺼려 하는 자, 혹은 위급한 상황이어서(예: 자살 직전) 상담자를 찾아갈 수 없는 자들에게 전화 통화로 현재 나타난 결과의 문제의 심각성을 파악함으로써 장애인을 돕는 방법이다.

(3) 치료

심리치료는 증상을 제거 · 수정 · 완화하고 장애행동을 조정하여 긍정적 성격 발달을 증진시킬 목적으로 훈련된 사람이 환자와 전문적인 관계를 의도적으로 형성하여 정서적 문제를 심리학적 방법으로 치료하는 것을 의미한다. 상담과 심리치료의 차이는 주로 어떤 내담자를 대상으로 하며 어떤 방법으로 어느 정도까지 접근하느냐에 달려 있다. 상담이 대체로 교육적, 상황적 문제해결과 의식 내용의 자각에 주력하는 반면, 심리치료는 재구성적·심층분석적 문제해결과 무의식적 동기의 통찰에 역점을 둔다고 볼 수 있다.

심리치료에는 여러 가지 방법이 있을 수 있는데 놀이치료, 음악치료, 미술치료와 같은 예술치료와 가족치료 등에 대해 살펴보기로 한다.

놀이치료는 아동의 문제를 해결하는 데 놀이를 이용하는 방법으로 아동의 불안감, 긴장감, 좌절감, 공격성, 두려움, 당혹감, 혼란 등을 발산하고 감소시키며, 아동에게 세상을 탐구하며 타협할 수 있는 기회를 제공함으로써 아동의 부적절한 행동을 수정하고 신체적 협응력을 향상시키며 궁극적으로 아동의 부적응적 문제를 해결하는 프로그램이다. 정서 및 행동상의 문제를 지닌 아동을 대상으로 하며 개별 또는 소집단으로 실시한다.

음악치료는 음악을 이용하여 인간의 바람직하지 못한 정서, 행동을 바람직한 상태로 바꾸도록 돕는 과정으로, 음악치료활동으로는 듣기, 노래부르기, 율동(리듬체조), 악기다루기, 창작하기 등이 있다.

미술치료는 그림이나 조소, 디자인의 기법 등과 같은 미술활동을 통해서 심신에 어려움을 겪고 있는 사람들의 심리상담이나 치료를 하는 기법이다. 미술치료에서 활용하는 기법으로는 자유화법, 과제화법, 상상화 그리기, 나무그림검사, 인물화검사, 가족화 또는 동물가족화, 동그라미 중심 가족화, 학교생활화, 풍경구성법, 협동화법 등이 있다.

가족치료는 클라이언트를 증상을 가진 개인이 아니라 문제를 가진 가족이라고 보는 관점에서 출발하여 문제를 해결하기 위해 문제를 가족에게로 전환시켜서 다른 가족성원들을 개입하게 하여 필요한 변화를 유도하는 치료방법이다. 이외에도 최근에 미술치료, 레크리에이션치료 등 다양한 치료기법이 개발되고 있다.

4) 전문종사자

심리재활은 각 전문분야의 공통적인 영역이 많기 때문에 많은 분야의 전문가가 참여하는데, 실제 심리재활분야의 전문종사자는 정신과의사, 심리상담가, 심리검사원 등으로 볼 수 있다. 최근에는 놀이치료, 미술치료, 음악치료, 레크리에이션 치료 등 다양한 전문인력이 민간분야에서 양성되고 있다.

5. 장애인의 보조기기 및 공학적 접근

1) 개념

공학은 장애인뿐만 아니라 모든 사람들의 삶에 지대한 영향을 미쳐왔다. 그러나 어떤 집단도 장애인들 이상으로 도움을 얻지 못했다. 장애인의 삶의 측면들, 예를 들어 의사소통, 독립적인 이동, 안락, 안전, 놀이 등이 공학의 존재로 인해 가능한 부분이다.

재활공학rehabilitation engineering은 장애인들이 손상된 부위를 공학기술을 통해 재활시키는 재활의 새로운 분야이다. 재활공학이라는 용어는 제2차 세계대전 이후 미국의 의지장구 연구개발위원회national academy of sciences: NAS가 1971년 처음 사용하였는데 재활 전반에 걸쳐 공학기술을 응용하여 재활의 효과를 극대화시키는 것으로 사용하였다.

이후 1986년 미국 수정 재활법은 재활공학을 "교육, 재활, 고용, 운동, 독립적인 생활, 여가선용을 포함한 영역들에서 장애인들의 욕구를 만족시키고 장애인들에게 직면한 문제들을 해결하기 위한 기술들 혹은 과학적 원리의 체계적인 작용을 의미하는 것"으로 정의하였다. 이 외에도 재활공학의 개념을 설명하기 위해서는 재활공학과 거의 동의어로 사용되고 있는 용어들, 즉 보조기술이나 보조기기, 재활공학 등의 용어를 정의할 필요가 있다.

먼저 가장 일반적으로 혼용되어 사용되는 용어에는 보조기술assistive technology이 있다. 이는 다양한 기구나 서비스, 장치나 기술들을 통하여 장애인들이 일상생활이나 작업현장에서 직면한 문제들을 해결할 수 있도록 돕는 기술들을 말한다(Lewis, 1998). 미국의 1998년 보조기술법 Assistive Technology Act of 1998에서는 보조기기assistive devices라는 용어로 표현하고 있는데, 이는 "장애인의 신체기능적 능력의 증진, 유지 혹은 향상을 위하여 사용되는 물건, 기구, 장비, 또는 시스템으로 특별히 제작된 것이나 일반기성품 또는 일반기성품의 일부 수정품을 말한다."고 정의하고 있다. 우리나라의 2015년 통과된 장애인·노인 등을 위한 보조기기 지원 및 활용지원에 관한 법률에서도 보조기기는 장애인등의 신체적·정신적 기능을 향상·보완하고 일상 활동의 편의를 돕기 위하여 사용하는 각종 기계·기구·장비로 정의하고 있다.

재활공학rehabilitation engineering이라는 용어는 장애인들이 직면하고 있는 교육이나 재활, 직업, 교통, 독립생활, 레크리에이션에 대한 장애물을 체계적인 기술응용, 엔지니어링 방법론 또는 과학적인 원리 서비스를 통해 충족시키는 공학적 접근방법을 총칭하는 것으로 정의하고 있다 (Cook & Hussey, 1995).

이와 같이 각각의 용어들에 해당하는 영역들은 나름대로 특성이 있지만 앞서 살펴본 바와 같이 재활공학, 보조기술, 보조기기 등은 그 개념이 유사하고 추구하는 바도 유사하다.

따라서 재활공학rehabilitation engineering: RE은 장애인의 재활문제를 해결하기 위하여 과학적인 지식이나 기술적인 지식을 체계적으로 적용하는 것으로 정의할 수 있다. 이와 같은 재활공학은 장애인들의 삶에 있어서 기본적으로 다음 세 가지 방식에 의해 접근된다.

첫째, 원격조작과 같은 장치를 통해 장애인들의 삶을 편리하고 윤택하게 한다. 둘째, 의사소통기기들, 특별히 고안된 휠체어, 보조기 같은 장애인들의 욕구에 따른 장치들을 개발한다. 셋째, 비장애인들이 사용하는 장치들의 개조를 통해 접근하고 있다.

이와 같은 점을 고려해 볼 때 재활공학은 장애인의 사회참여가 가능하도록 남아 있는 기능을 사용하여 기능을 보완하기 위한 기기를 개발하는 것을 목적으로 하는 재활의 한 분야로 정의해 볼 수 있다.

2) 대상

재활공학의 대상은 일반적으로 손상, 능력장애, 사회적 불리로 분류되는 세 가지 의미의 장애인에게 모두 필요한 부분들이다. 손상장애인을 위해서는 의용생체공학, 능력장애인에게는 기능을 보완할 수 있는 기기나 훈련장치의 개발, 사회적 불리 장애인은 일상생활 용구의 개발이나 정보전달 미디어를 통해 접근하기 때문에 모든 장애인들이 재활공학의 대상이라고 볼 수 있다.

3) 분야

원래 재활의 개념 속에 공학이라는 부분은 포함되어 있지 않았지만, 1980년대 들어 재활에 있어서 공학이 중요한 분야로 대두되기 시작하였다. 재활공학서비스는 재활 분야에서 내담자의 특별한 요구를 수용하기 위한 부가적인 지원서비스이며 가장 중요하고도 핵심적인 서비스로 여기에는 의사소통, 자세 교정, 이동력 향상, 작업력 조정, 컴퓨터와 주변기기와 같은 영역이 활용된다(Schneider, 1999).

프랭클린(Franklin, 1992)은 재활공학의 범주로 의사소통, 자세positioning, 이동성, 도구의 조작manipulation of materials, 컴퓨터와 컴퓨터 입력장치 등 5가지로 나누어 설명해 왔고, 루빈과 로슬러(Rubin & Roessler, 2001)는 재활공학의 범주를 [표 4-1]과 같이 분류하고 있다.

따라서 공학이 차지하는 분야는 교육, 고용, 운동, 독립적인 생활 등 다양한데 크게 의용생체공학, 사회적 분야, 교육적 분야, 일상생활기기의 개발, 정보전달미디어 부분으로 나누어 볼 수 있다.

(1) 의용생체공학

생체의 운동을 동적으로 객관적으로 평가하는 운동의 해석 및 평가 부분에서 많은 부분 관여될 뿐만 아니라 의족의 개발, 보행훈련의 응용, 보행의 기구적 해명, 보행해석 등에 생체공학을 활용하는 것으로 특히

표 4-1 | 재활공학의 범주

범주	내용
일상생활 (aid for daily living)	장애인의 식사, 목욕, 요리, 의복사용, 그리고 가정관리와 같은 활동을 돕는 도구
의사소통장치 (augumentative communication)	언어표현이 어려운 사람들에게 효과적인 의사소통 수단을 제공하는 전자 및 기타 장치
컴퓨터 용품 (computer applications)	컴퓨터 사용을 위한 다양한 입·출력 장치(음성 및 점자), 대체장치(헤드스틱, 광지시기), 키보드, 스위치의 대체 혹은 개조, 특수한 소프트웨어 등
환경조정장치 (environmental control systems)	방·가정, 혹은 주위환경 속에서 개인이 이동하지 않고 기구나 전자제품, 안전시스템을 조정할 수 있는 기본적인 전자시스템
주택/작업장 개조와 변형 (home/worksite modification)	주택이나, 작업장 등의 시설에서 장애인의 물리적 장벽을 감소 혹은 제거시켜 주기 위한 구조적인 개조나 재건축
보철구 및 보조기구 (prosthetics/orthotics)	신체적 손상 부위를 의수족이나 다른 교정 보정기구를 통해 기능을 증대시키거나 대체시켜 주는 것
앉은 자세와 위치 (seating/positioning)	신체적 안정성을 높이기 위해 휠체어나 다른 앉음장치에 피부표면에 압력을 감소시키기 위한 다양한 조치(쿠션, 맞춤의자)를 하거나 수직자세, 몸통, 머리를 지지시켜 대체시켜 주는 것
시각, 청력 보조기구 (aids for vision/hearing)	확대경, 점자 및 음성출력장치, 확대스크린, 청력보조기구, TTD, 시각경보시스템 등을 포함하는 보조기구
이동보조기구 (mobility aids)	수동 및 전동휠체어, 보행기, 스쿠터, 기타 개인의 이동을 증대시키기 위해 사용되는 실용적인 이동수단
수송수단의 변형 (vehicle modification)	운전보조기구, 핸드컨트롤, 휠체어리프트, 기타 개인의 이동을 증대시키기 위해 사용되는 실용적인 이동수단

재활공학 분야에서는 기초적인 연구분야로서 반드시 수행되어야 하고 어떻게 보면 다른 부분에 있어서도 영향을 미친다.

(2) 사회적 분야

장애인이 사회활동을 하는 데 불리로 작용될 수 있는 도시구조, 교통 및 건축설계상의 장벽을 제거하는 부분으로, 이는 오늘날 환경적 장애물의 제거라는 '무장벽barrier-free' 구호 아래 건축물의 장애 제거부터 장애인에 대한 편견, 차별의 제거 영역까지 연구하는 분야로 재활공학의 중요한 분야로 등장하고 있다.

(3) 교육적 분야

장애인이 교육과 관련해 받을 수 있는 불리를 해결하는 부분으로 정신지체 혹은 청각장애, 시각장애 특히 약시들이 통합교육 현장에서 받을 수 있는 불이익을 극복하기 위한 학습기기의 개발이나 학습의 효율성을 높이기 위한 교육기기시스템 개발을 포함한 교육현장에서 필요한 공학적 접근을 의미한다.

(4) 일상생활기기의 개발

재활공학이 가장 많이 활용되는 분야로 장애인이 일상생활을 하는 데서부터 직업생활을 하기까지 필요한 일상생활용구, 사무기기, 생산기기 등의 개발을 의미하는 것이다. 이와 같은 기기를 설계할 때는 다음 세 가지 원칙이 지켜져야 한다. 첫째, 쉬운 사용법fool proof으로 누구나 사용할 수 있을 것, 둘째, 비상안전장치fail safe로 잘못 사용해도 안전할 것, 셋째, 오랜 수명long life으로 수명이 길 것이다.

또한 일상생활기기는 이동과 조작에 관련한 기기로 분류할 수 있다.

조작에 관련된 기기들로는 상지보장구와 같은 일부 기능 대체의 보장구, 완전한 대체를 위한 의수, 환경제어장치, 대화를 위한 커뮤니케이션 기기 등이 있으며, 이것들은 사회적 존재감을 갖도록 해준다. 이동에 관련된 기기들은 이동의 보조를 위한 지팡이나 보행기, 하지보장구와 같은 일부 기능의 대체를 위한 보장구, 의지와 휠체어와 같은 완전한 대체와 기능면만의 대체기기, 리프트와 같은 기기들이다.

(5) 정보전달미디어

현대를 살아가는 데 중요한 수단이 되고 생활의 기본이 되는 정보를 전달하고 관리할 수 있는 분야로 장애인에게 있어 특히 중요한 분야로 대두되고 있으며 기여하는 바는 크게 다음의 세 가지로 요약된다.

첫째, 다양한 응용서비스(원격진단 및 상담, 원격교육, 재택근무)를 통해 사회 참여의 기회를 제공해 준다.

둘째, 정보전달체계를 네트워크화 함으로써 서비스 전달의 효과성 및 효율성을 높일 수 있다.

셋째, 정보표현양식의 상호전환을 통해 청각, 언어, 시각장애인의 의사소통을 가능하게 한다.

이러한 정보전달미디어는 결국 정보 관련 기기의 보편적 설계universal design와 서비스의 가격보조 및 서비스 제공 등을 통해 보편적 서비스universal service를 구사함으로써 장애인을 사회통합시키는 데 중요한 역할을 수행할 것이다.

또한 재활공학이 재활에 효과적으로 개입되기 위해서는 먼저 ① 내담자의 참여, ② 관련 전문가들의 팀 접근, ③ 고용주의 참여, ④ 내담자의 지속적인 사후지도 등의 과정이 필요하다. 개입과정은 사정assessment, 선택 및 제작selection/fabrication, 재원funding, 훈련training, 유지maintenance 등으로 이루어진다(Schneider, 1999).

4) 전문종사자

재활공학 전문종사자는 대단히 광범위하기 때문에 필요로 하는 상황에 따라 달라질 수 있다. 전형적으로 재활공학 전문종사자는 작업치료사, 물리치료사, 언어치료사, 보조공학사 및 기술자, 의지 · 보조기기사, 의사 등이나 최근에는 컴퓨터공학자, 임상심리사 등도 포함되며, 특히 중요한 것은 소비자인 장애인이 전문종사자 범주 내에 포함되어야 한다는 것이다.

6. 장애인의 성기능 및 성재활

1) 성에 대한 개념

일반적으로 성sex이란 일상생활에서 말할 때는 남성 혹은 여성을 의미한다. 그러나 프로이트Freud는 성을 심리적 혹은 생리적인 현상으로 표현하고, 말리노스키Malinowski는 사회적, 문화적 현상으로 설명하였으며, 밀러Miller는 그의 소설에서 철학적 의미로 설명하고 있다. 인간에게 성은 단순한 육체적인 관계를 의미하기보다는 심리적, 생리적, 사회적,

문화적, 철학적인 의미를 내포하는 포괄적인 성격personality의 표현으로 보고 있다. 또한 성적 욕구 충족은 부부간의 성관계를 통한 욕구 충족만을 의미하는 것이 아니라 육체적, 심리적, 정서적 모든 측면의 욕구 충족을 의미한다고 할 수 있을 것이다.

그러나 인간의 성을 어떻게 이해하는 것이 가장 좋은가. 우리 사회에는 성에 관한 많은 정보가 범람하고 있고 그 가운데에도 가장 많은 것은 소위 방법how to에 관한 정보로 그것은 생리적, 물리적으로 어떠한 체위를 사용하면 보다 쾌감을 얻을 수 있을까 하는 지식을 주는 정보이다. 이외에도 개인의 체험기나 성상담과 같은 많은 정보를 접할 수 있으나 실상 개인의 성에 대해 진정으로 마음을 털어놓고 서로 이야기할 수 있는 사람은 그리 많지 않다.

그것은 아마도 사람들이 표현하는 성에 대한 견해, 행동, 태도는 한두 가지로 통일되지 않고 사회의 시대적 발전에 따라 다양하게 나타나기 때문일 것이다. 여기에서는 먼저 각각의 성에 대한 관점이나 입장에 따라 정리하였다.

(1) 전통적 제어 · 억압모델

이 관점은 서구사회에 존재하는 기독교의 성에 대한 전통적 사상이 숨겨져 있는 측면으로서, 성이란 인간 육체의 충동이고, 육욕이란 신의 은혜로부터 벗어난 것이라고 받아들인다. 육욕이란 동물적인 것이고 정신과 상반되는 것으로, 성적 충동은 잠재적 죄, 악마적 모습을 상징하는 증거라고 생각한다. 그 결과 인간은 육욕을 제어하기 위해서 사람들, 특히 젊은 사람들에게 가능한 한 성지식을 갖지 못하도록 하고, 성의 악마성을 가르치고, 그래도 이 길에서 벗어나는 자가 있으면 그것을 벌하는 방법으로 성의 제어를 유지하도록 하였다.

결론적으로 이 사상의 기본은 인간의 성욕은 강하므로 만약 사회가 제어를 하지 않으면 사회의 질서를 유지하기가 곤란하게 되고 나아가서는 사회와 인간의 붕괴로 이어진다는 것이다.

(2) 프로이트의 정신분석학적 모델

이 관점은 전통적인 기독교사상과 같이 성이란 강렬한 본능이고 문명에 대항하는 것으로 본다. 가족의 기능은 자신의 육욕의 향락에만 흥미를 갖는 야만적인 갓난아이를 훈련시켜 어떻게든지 사회의 욕구에 부응할 수 있는 인간으로 길러내는 것이다. 이를 위해 부모의 역할은 어린이들에게 도덕을 가르치고 성충동을 제어하는 것이라고 말할 수 있다.

결론적으로 이 사상은 참인간성을 인간문명에 반비례하는 것으로 보고, 성에너지를 억압과 제어를 통해서만 문명의 발달에 사용하게 된다고 주장한다. 전통적인 기독교 사상이 성에 대한 정치적, 사회적 억압에 중점을 둔다면, 이 사상은 심리적 억압에 중점을 두고 있다.

(3) 좌익적인 성수용 모델

이 관점은 인간의 성적 억압은 불필요하며, 어린이나 성인 모두 인간에게 주어진 성을 자유롭게 표현할 수 있도록 하지 않으면 안 된다는 주장이다. 예를 들면, 성도착증이란 성의 사회성 부족이나 억압·제어의 부족에서 일어나는 것이 아니라, 역으로 성을 사회화하거나 억압하려는 데서 발생하는 것이라 본다. 인간의 성본능은 좋은 것이고 그것을 억압하는 것은 인간의 자연과정에서 벗어나는 것이라고 생각한다.

결론적으로 이 견해는 프로이트의 견해를 뒤집은 것으로, 문명이 인간의 자연적인 모습을 억압하고 아름다운 성본능을 왜곡하는 원인이 된다고 보고 문명을 악한 것으로, 인간의 성본능을 선한 것으로 본다.

(4) 학습파의 성수용 모델

이 관점은 인간을 주위환경에서 활동적, 능동적으로 배울 수 있는 조직체라 생각하고, 성행동을 포함해 자신이 처한 환경에서 모든 행동, 사고, 태도를 배운다고 여긴다. 여기서의 배움은 의식적으로 배우는 경우와 또 전혀 의식하지 않고 배우는 경우를 포함한다. 이는 인간의 성장과정에서 인간의 행동은 끊임없이 환경에 의해 형성된다고 생각하기 때문이다.

결론적으로 이 견해는 본능보다도 환경이 인간행동의 형식에 주요한 역할을 한다는 사고방식이다.

(5) 사회 · 문화학습이론

이 관점은 인간이 '성적'이 되는 것은 특별한 일이 아니고 다른 행동과 마찬가지로 자연에서 배우는 것으로, 우리들이 하는 중대한 선택은 종종 환경 속에서 그 흐름에 따라 자신도 의식하지 못하는 사이에 결정된다는 것이다.

이 관점의 특징은 인간의 성을 단순히 태어날 때부터 가지고 있는 본능으로 보지 않고, 성장과정에서 자주 다른 방식, 속도, 다른 결과에 의해 배우고 얻는 것이라고 생각한다. 따라서 이 관점에서 인간의 성을 볼 경우 다음과 같은 사항들이 중요한 의미를 지니게 된다. 대체 우리 인간이 어떻게 성에 관해서 배울까, 시기와 장소는 어떻게 우리들의 성적 태도에 영향을 줄까, 어린이들은 무엇을 어떻게 배울까, 성인은 어떻게 자신의 성을 취급할까, 또 인간의 일생을 통해서 어떠한 성적 변화가 있는 걸까라는 연구가 성 이해에 중요한 의미를 제공한다.

더욱이 이 사고와 관련해서 각각의 문화사회에 있어서 이상으로 여기는 성적 행동이란 무엇이고, 또 무슨 이유로 이상이라는 표label가 붙여지고 있는지, 또 어느 사회에서도 남녀 각각 다른 사회적 역할이 있는데 대체 어떠한 과정과 방식으로 남녀 스스로의 성적 주체성을 얻는지, 그리고 어떠한 요소가 성적 역할, 행동의 발달로 유도되는지에 대해 남성적, 여성적 행동의 연구가 요청되어 왔다.

결론적으로 이 사상에서 인간의 성에 대한 관점은 주위에 있는 사람들로부터 어떤 의미, 기능, 가치관을 배우고 그것을 통합한다는 것이다.

상기의 인간의 성이라는 측면을 이해할 때 장애인도 일반인과 똑같은 성적인 욕구와 충동을 갖고 있으며, 그 사람의 성격의 표현으로서 존중되어야 한다. 따라서 장애인의 성도 인간의 성이라는 측면에서 이해되어야 한다. 다만 장애인은 의학적으로 어느 부분인가 손상된 상태이기 때문에 특별히 고려되어야 될 부분이 있다. 그것은 다음과 같이 생각해 볼 수 있다.

첫째, 장애인의 성은 재활과정의 치료대상의 하나가 되어야 한다는 것이다. 척수장애인과 같이 성기능상의 문제를 갖게 되거나 다른 신체 장애인들처럼 성적인 욕구의 발산기회 부족으로 인한 자기 이미지

self-Image의 손상이나 대인관계에서 결함이 생기는 경우 재활과정에 저해요인이 되므로 이는 마땅히 재활과정에서 치료, 교정되어야 할 과제가 된다.

둘째, 장애인의 성은 재활의 중요한 원동력으로 다루어져야 한다는 것이다. 장애인들은 신체적 재활능력의 상실보다는 성적 능력의 상실에서 더욱 좌절을 느끼고 자신을 쓸모없는 존재로 여기기 때문에 재활에 의욕을 보이지 않게 된다. 따라서 강한 재활의 동기를 불러일으키기 위해서는 재활과정에서 장애인 자신을 성적인 존재로 인정하고 자신에 대한 가치관과 자부심을 심어 주는 것이 필요하다. 만일 그렇지 못하고 그들의 성이 계속 억압, 무시당한다면 대부분 신체장애인들은 재활을 하나의 허황된 목표로 간주하여 모든 재활과정에서 노력을 포기할 위험이 뒤따르게 된다.

셋째, 장애인의 성이란 재활의 궁극적인 목표가 되어야 한다는 것이다. 성공적인 재활은 장애인이 자신의 성적인 결함, 즉 생물학적, 심리학적, 사회적 의미에서의 성sex을 건전하게 승화시킨 결과로 얻어지는 것이라 할 수 있다. 따라서 재활과정에서 장애인이 성적인 장애를 다른 면에서 최대한으로 보상할 수 있도록 장애인의 성적 생활을 재활의 궁극목표로 삼아야 한다.

2) 뇌성마비장애인의 성

뇌성마비장애인의 성적 기능에 관해서는 잠재적으로는 건강한 자와 같다. 그러나 장애인이 가진 신체적, 심리적, 물리적, 사회적 요인으로 인해 뇌성마비장애인의 성적 기능을 건강한 자와 아주 같다고는 잘라 말할 수 없다. 이들을 둘러싸고 있는 사회, 심리적 문제는 다음과 같다.

(1) 사회의 부정적 견해로 인한 문제

우리 사회는 뇌성마비장애인, 특히 장애가 한눈에 보이는 사람들은 사회의 바람직한 성적 모델에서 상당히 벗어나 있다고 평가하고, 무성이라든가 중성으로 취급하기도 한다. 따라서 뇌성마비장애인들은 성에 흥미를 보이거나 성적인 인간으로서 자신을 남 앞에 내보여서는 안 되는 것처럼 생각한다. 이와 같은 사회적 성적 억압은 장애인뿐만 아니라 가족에게도 대단히 많은 심리적인 영향을 미쳐 뇌성마비장애인은 무성인간이라고 하는 이미지를 주게 된다. 그 결과, 가족, 특히 부모는 장애아를 대하는 태도에 있어 처음부터 비장애아와 다른 태도나 행동을 가지고 접하게 되며, 이와 같은 이미지를 계속 받은 뇌성마비장애인 자신도 결국은 자신은 비장애아에게 뒤떨어지며 자신의 성적 욕구를 밖으로 표출해서는 안 된다고 느끼게 된다. 그리고 이것이 계속되면 자신은 추한 성적 불능자이고 사회적으로 부적합한 인간이란 이미지를 내면적으로 조성해 가게 된다.

결국 외부에서 강요받은 장애의 이미지와 내부로부터 억눌린 장애의 이미지가 장애의 전체적인 이미지가 된다. 이 때문에 사회적 성적 기회가 장애인에게 주어져도 자신의 내면적 문제 때문에 그 기회를 충분히 이용하지 못하는 결과를 초래하게 되고 종국에는 완전불능자로 전락해 버린다.

(2) 자기 신체상의 문제

인간은 누구나 자신의 신체에 대한 이미지를 갖고 있다. 자기의 얼굴이 아름답다 또는 못생겼다, 자기 가슴이 너무 작다 또는 너무 크다 등 내심 은근히 자만하거나 또는 불안하게 생각한다. 그러나 이러한 자기 신체상은 자신의 지각과 현실이 반드시 일치하지는 않는다. 그리고 이러한 일치하지 않는 왜곡된 자기평가는 그 사람의 사회적 기능, 특히 대인관계의 기능에 중대한 영향을 주며 그 사람의 성 표현에 있어서도 중요한 요소가 된다. 즉, 자신의 신체에 대한 자신감과 여유로움을 가지고 있는 경우는 성적 표현도 쉽게 할 수 있게 되는 것이다.

뇌성마비장애인들에 있어 자신의 균형이 잡히지 않은 신체, 마음대로 움직일 수 없는 수족, 얼굴의 일그러짐, 기형 등은 사회가 평가하는 인간미와 너무 차이가 있으므로 이 같은 신체 부분과 움직임은 자기혐오감의 원인이 된다.

자기신체상의 혐오란 자신이 주위환경에서 배운 것에 대한 반응에 의하는데, 어릴 때부터 주위에서 자기의 신체에 대해 부정적 메시지를 받고 배웠다면, 그 결과 장애인 중에는 장애를 표면에 나오면 안 되는 것, 가능한 한 숨겨야 하는 것, 또 조정하는 것이라고 믿는 사람이 많다. 어떤 때는 이것을 내면화하여, 장애를 자신의 책임이라 생각하기도 하고 여러 가지 자기방어의 방법을 배우게 된다. 예를 들면, 스스로 너무 흥분하지 않도록 노력하고, 신체의 떨림을 방지하거나, 남의 눈에 띄기 쉬운 얼굴 등을 하지 않도록 사람과의 이야기를 최소한으로 한정한다. 그러나 이처럼 장애를 감추는 노력은 대단한 양의 에너지를 사용하게 되고, 또 자기비하를 계속하게 하여 타인과의 자발적 교류의 가능성을 방해하게 된다. 타인과 사교적 또는 성적인 교류를 하려면 자기 자신이 자유롭고 개방적이지 않으면 안 된다. 따라서 이와 같은 자기혐오의 감정을 개선하고 성인으로서 자신을 만들기 위해서는 전문가의 도움과 훈련이 필요하다.

(3) 사교의 문제

뇌성마비장애인이 자신의 성을 자각한 때에 문제가 되는 것은 자신이 연령적으로는 이미 성인이어도 사회적으로 어린아이거나 10대라고 하는 것이다. 또 뇌성마비장애인들에게 종종 결여되어 있는 것은 사교적 인간관계를 만드는 기초적 기능에 있다. 예를 들면, 어떻게 남과 만나는가, 어떠한 사람과 교제하는가, 도대체 어떻게 이야기를 시작하면 좋을까, 또 어떠한 관계를 가지면 좋을까 하는 것이다.

뇌성마비장애인이 사교를 경험할 때 몇 개의 과제가 생기는데, 그 첫째가 신체장애인을 상대로 선택할 것인가, 비장애인을 선택할 것인가라는 갈등으로 인해 종종 불균형의 원인이 되기도 한다. 이것은 어느 쪽이 옳다, 옳지 않다는 문제가 아니고 본인이 결정할 일이라는 것을 명심해야 한다.

다음에 문제가 되는 것은 자신의 장애를 어떻게 설명할까, 또 남에게 도움을 어떻게 청하고, 어떻게 그것을 받아들일까 하는 것이 중요한 과제가 된다. 어떤 장애인은 자신의 장애에 대해 세상 사람들에게 알릴 필요가 없다고 생각하지만 현실적으로 필요한 정보를 상대에게 주는 것은 교우관계를 개선하는 데에 절대적으로 필요한 요소라는 것을 명심해야 한다.

그리고 다른 사람의 원조를 필요로 하는 경우, 장애인이 직면한 과제는 자신이 성인으로서, 또 성적 지위를 잃는 일이 없도록 도움을 요청하는 방법을 생각하는 것이다. 또 타인이 불필요한 도움을 주려고 할 때 상대의 호의를 겉으로 거부하는 것이 아니고 필요 없음을 상대에게 잘 알리는 일이 중요하다.

이 독립과 의존이라는 양극단의 균형을 생활 속에서 지켜 나가기 위해서는 언제나 마음의 갈등을 경험하게 된다. 이는 인간 누구나가 타인에게 의존하고 싶다는 의뢰심과 독립하고 싶다는 독립심의 두 가지를 계속 균형있게 유지하도록 노력하는 것으로, 장애인뿐 아니라 인간 공통생활상의 과제일 것이다.

3) 척수장애인의 성

척수장애인의 성문제는 복합적으로 나타나게 되는데 여기에서는 척수장애인이 직면하는 성적 기능문제, 사회적 문제, 가족관계의 문제에 대해 살펴보기로 한다.

(1) 성적 기능문제

① 남성의 발기기능
남성의 발기기능에는 두 종류의 유형이 있는데, 첫째가 반사성이라 불리는 것으로 이것은 남성의 성기에 직접 물리적 자극이 가해진 경우에 발기하는 형이고, 둘째는 심리성이라 부르는 것으로 직접 물리적 자극이나 또는 상상력 어느 쪽이나 관계없이 발기가 가능한 유형이다.

조사방법의 문제 때문에 정확한 통계는 아니지만 많은 조사에 의하면 척수장애인 남자의 48~90% 정도가 반사성 발기능력을 가진다고 보고하고 있는데, 장애가 척수의 하부보다도 상부에 있는 쪽이 발기기능을 유지하는 비율이 높다. 그런데 흥미로운 것은 소수지만 반사성 발기가 일어나지 않고 심리성 발기가 일어나는 척수장애인이 7~40%라는 것이다.

즉, 척수장애인의 발기기능은 성기능의 직접적인 원인 외에도 장애를 입고 난 후 우울상태, 스트레스 등으로 인한 성기능 전체가 감퇴되어 발기기능에 영향을 주고 있다는 사실이다.

② 사정능력과 오르가즘

척수장애인의 사정능력과 오르가즘에 관한 조사 역시, 조사방법으로 인해 100% 신뢰하는 데는 무리가 있지만 완전절단의 경우는 0~7%, 불완전절단의 경우는 27~32%의 장애인이 사정기능을 유지하고 있다고 보고하고 있다. 사정기능과 손상의 위치와의 관련성을 보면, 하부신경장애, 척수장애 쪽이 상부장애보다 비율이 높다. 이 사정능력은 전기에 의한 자극이나 프로스티그민 주사, 또는 전기진동안마기를 사용해 사정이 가능하다는 보고라는 사실을 명심해야 한다.

오르가즘은 단순히 물리적, 생리적 현상이 아니고 사회, 심리적 요소가 많이 작용하고 있고 더구나 개인의 주관이 많이 포함된다. 그러나 대체로 추정해보면 2~16% 정도의 척수장애인이 오르가즘을 경험할 수가 있다고 보고하고 있다.

따라서 척수장애인의 성적 욕구나 성행위를 생각할 때 일반적으로 생각되는 생리적, 물리적 영향에서의 생각이 아니라 보다 넓은 사회, 심리적 행위차원에서 접근해야 한다.

③ 여성 척수장애인의 성적 기능

척수장애인의 경우는 여성보다 남성 쪽이 발생률이 훨씬 많기 때문에 여성 척수장애인의 성적 기능에 대한 연구는 거의 이루어지지 않았다. 그러나 일반적으로 여성 척수장애인의 성적 기능은 남자와 비교해 더 쉽다고 생각된다. 왜냐하면 여성의 성기에는 남성처럼 발기같은 장애가 없고, 여성이 사회적으로 수동적 태도를 가지며 또한 성에 대한 태도가 남성처럼 솔직하지 않고 친근감이라든가, 애정, 피부의 접촉을 보다 중요시하기 때문에 성적 조정이 더 쉽다고 생각한다.

척수장애 여성이 임신한 경우 요도감염, 조산, 욕창, 빈혈 등의 위험성은 있지만 출산은 가능하다고 보고되고 있다. 또 호르몬의 상태가 나쁘지 않고 장애 전에 월경이 있었던 여성은 장애 후 수개월이 지나면 잠시 정지한 월경도 시작되고, 초경 전에 장애가 있었던 여성도 비장애인과 마찬가지로 월경이 있다고 보고되고 있다.

척수장애 여성이 경험하는 오르가즘의 빈도는 불명확하지만 완전 절단한 여성은 성교 중에 오르가즘을 경험할 수 없다고 한다. 그러나 어떤 여성은 때로는 유두를 자극하게 되면, 성적 흥분을 느끼기도 하고 또 오르가즘에 가까운 경험을 한다고 한다. 그러나 장애 후 거의 절반 이상의 여성 장애인은 성생활을 그만하게 되는데 그 이유는 생리적 이유보다는 대인적인 문제가 큰 비율을 차지하고 있다. 예를 들면, 상대를 찾을 수 없다는 것, 소변을 조절할 수 없으므로 부끄럽다는 것, 남성이 자신을 괴물처럼 취급하는 것 등의 이유에서다.

결국 척수장애 여성의 성적 조정은 상대가 발견되느냐 안 되느냐가

결정적인 요인이 된다.

(2) 사회적 문제

전술한 바와 같이 인간의 성행위는 단순히 물리적, 생리적 행위가 아니고 미묘한 인간관계를 포함하는 사회적 행동이다. 따라서 척수장애인의 성생활 조정도 이러한 사회적 문제와 깊은 관련이 있다.

보통 척수장애를 입게 되면 처음에 걱정하게 되는 것은 과연 내 자신이 걸을 수 있느냐 없느냐 하는 것이고, 그 다음에 걱정하는 것이 성적기능, 생활문제 등일 것이다. 그러나 실제 장애 후 당장 자신이 자립기능이 없고, 더구나 대소변까지 자립이 어렵다는 것을 알게 되면 일반적으로 성행위 자체를 거부하게 되고 나아가 자신은 전혀 성행위를 할 수 없는 불능자라고 믿게 된다.

(3) 결혼과 가족관계

척수장애인의 성적 문제를 생각할 경우 그 사람의 부부관계와 가족관계를 생각하지 않으면 안 된다. 그것은 부부 중 어느 한쪽이 장애를 입은 경우, 그 영향은 단순히 장애인 본인에게 그치는 것이 아니기 때문이다. 따라서 척수장애인의 재활치료는 배우자 및 가족의 재활치료이자 조정이다. 이것은 성관계에 있어서도 마찬가지이다. 장애를 입고 난 후 우선 장애인과 그 배우자가 쌍방에게서 장애 전 성관계에 관한 정보와 장애발생 이후의 성에 관한 그들의 기피를 알아야 하고, 특히 배우자의 사회적, 자기감각, 성행위의 좋고 나쁨, 장애가 부부관계에 주는 충격에 대한 판정이 필요하다. 그 후 자신들이 서로에게 필요하고 만족할 수 있는 여러 가지 방법을 궁리해 볼 수 있도록 원조를 주고, 그 밖에도 같은 경우에 처한 사람들이 같은 시도를 하고 보다 만족한 성생활을 하고 있다는 메시지를 전해야 한다. 또한 지금까지 성적 감각이 전혀 없다고 생각하고 있던 곳의 새로운 성감을 발견하도록 하고, 입과 혀를 사용한 성 활동을 하는 방법 등을 발견하도록 해야 한다.

4) 지적장애인의 성

성은 인생에서 매우 중요한 영역이지만 많은 사람들이 성에 관련된 이야기를 할 경우 불편해하고 꺼리는 경향을 보인다. 특히 지적장애인의 성을 이야기할 경우는 더욱 그렇다. 사람들은 지적장애인의 성 자체를 꺼릴 수 있고, 이들의 성 발달에 대하여 잘 알지도 못한다. 과거 부모들은 지적장애인들의 성을 현실적인 직시 없이 무조건적으로 억압과 통제의 방법으로 다루었으며, 수용시설에서는 남녀가 격리된 공간에서 수용되었고, 유전적 혹은 책임의 문제와 관련하여 사람들은 불임 시술을 단행하였다. 이러한 측면들은 아직도 논의의 대상이 되고 있다. 일반화이론의 영향을 받아 지적장애인에 대한 서비스가 개인적인 인권을 주제로 일반인과 동일한 권리를 가지며, 수용보다는 통합이 강조되고, 지역사회에 통합되어 살면서 정신지체인의 성에 관련된 문제가 등장하게 되었다.

(1) 지적장애인의 성 발달

지적장애인의 성적 발달은 일반인과 거의 비슷한 속도로 발달한다

표 4-2 | 지적장애인의 성 발달

(단위: %)

	2차 성장 후의 출현	생리	발기	자위행위	이성에 대한 성 행동
남성	93.5			61.3	32.2
여성	100	100	77.4	48.5	21.2
전체	96.7			54.7	26.6

고 보고되고 있다. 그러나 다운증후군^{Down's syndrome}의 경우 약간 늦을 수 있다. 다운증후군 여성의 경우 평균 1년이 늦을 수 있다. 수용소에 거주하는 다운증후군 남성의 경우 고환이 작고 음모나 턱의 수염이 거의 없는 것으로 보고되고 있지만, 최근에는 음모의 발달과 외부 생식기의 크기가 정상 통제집단과 큰 차이가 없다는 보고도 있다. 다운증후군 여성의 대부분이 정상주기의 생리를 보이고 있으나 일부는 없는 경우도 있다. 배란의 가능성이 낮기는 하나 임신이 가능하다. 그러나 이들에게서 태어난 아이들은 다운증후군일 가능성이 높다(비다운증후군 : 다운증후군 = 17 : 10). 비다운증후군의 경우 17명의 사례에서 6명이 정신적, 신체적 결함을 보였다. 다운증후군 남성의 경우 트라이소미^{Trisomi}형이 아버지가 되었다는 보고는 없다. 이의 이유로 정자의 수가 적고 정자가 불완전하게 발달하였기 때문이라고 한다.

지금까지 IQ 50 이하의 경우 출산의 예를 찾아보기 힘들다. 이는 결혼의 기회가 주어지지 않았기 때문으로 보이며, 사회적인 상황이 변화될 경우, 즉 지역사회 안에서 많은 활동을 할 경우 많은 지적장애인들이 아이를 갖게 될 것이라 예상된다. 지적장애인의 성 발달과 관련된 자료가 많지 않으나 일반적으로 [표 4-2]와 같은 모습을 보이고 있다는 보고가 있다.

자위행위를 하는 남자 중 반 정도는 사정을 하지 않는 것으로 보인다. 남자 성인의 경우 면접에 따른 질문으로 보았을 때 100% 자위행위를 하고 있는 것으로 보이며, 신체적인 결함이 없는 경우 사정도 하는 것으로 보인다. 따라서 이러한 행위는 지적인 능력과는 무관한 것으로 보인다.

(2) 지적장애인의 성적 문제들

지적장애인들에게는 여러 가지 성적 문제가 발견되지만 공통되는 문제만을 다루기로 한다.

① 자위행위 문제

지적장애인 중에 과연 어느 정도가 자위행위를 하는지에 대한 믿을 만한 통계가 나와 있지 않지만 최소한 많은 지적장애인이 자위행위를 하고 있고, 그 중에는 하루 중에 자위행위를 가장 중요하게 생각하는 지적장애인이 많다.

지적장애인에게 자위행위를 그만두게 하는 것은 간단한 일이 아니다. 알려진 방법 중에 가장 효과적인 것은 한 사람의 직원이 그야말로 항상 지적장애인 옆에 붙어 있으면서 양손을 사용하여 만족할 수 있는 활동을 하도록 하는 것이다. 그리고 이와 같은 방법을 상당 기간 사용한 후에도 효과가 없고, 성기에서의 출혈이나 다른 건강문제로 발전될 가능성이 있는 경우는 손을 묶는 경우 등도 생각하지 않으면 안 된다.

그리고 지적장애인이 자위행위를 할 때 상담자가 여성이라도 바로 그 장소에서 주의시키고 자위행위는 때와 장소를 구별해서 해야 한다는 사실을 주지시켜야 한다. 만약 지능이 떨어진다는 이유로 이러한 주의도 주지 않는다면 그런 행동을 계속 해도 좋다는 허가로 볼 수 있기 때문이다. 그리고 더욱 중요한 것은 지적장애인을 대상으로 성교육을 매일 해야 한다는 것이다.

② 무성으로 보는 문제

지적장애인에게 사회 속에 뿌리 깊게 남아 있는 사고의 하나는 그들을 '영원한 어린이', 즉 성욕이 없는 사람, 결혼할 수 없는 사람으로 보는 견해이다. 따라서 장래에 결혼도 하고 아이를 가질 희망도 없는 지적장애인들에게 성 정보를 줄 필요도 없다고 생각하고, 이 생각은 지적장애인의 부모를 포함한 가족에게서도 발견된다.

지적장애인은 영원한 어린이도 아니고 그들은 단지 지능장애가 있어서 비장애인과 마찬가지로 이해할 수는 없지만 감정과 정서반응을 나타낼 수 있는 인간이라는 사실을 명심해야 한다.

그리고 때때로 지적장애인은 충동적이며 자기제어능력에 결함이 있는 사람이기 때문에 그들에게 성적 자극을 주면 마치 불에 기름을 붓는 것이나 마찬가지이므로 가능한 성적 자극을 주지 말아야 한다고 이야기한다. 그러나 충동적이고 자기제어가 미숙한 것은 오히려 지능보다는 자라온 환경에 문제가 있다고 보고되고 있다. 따라서 이러한 잘못된 관념을 버리고 그들에게 사회적 예절을 가르치고 통합을 위한 노력을 해야 한다.

③ 성적 착취의 대상

지적장애인들이 성적 착취 대상이 되기 쉽다는 근거는 다음과 같다. 본인이 알지 못하는 사람을 금방 신뢰하기 쉽고, 타인의 동기를 판단할 능력이 결여되어 있으며, 정확히 상황판단을 하고 행동할 능력이 결여되어 있다. 더욱이 남에게 무언가를 들으면 그것을 솔직히 실행에 옮기는 일 등을 이유로 들 수 있다. 또 자기방어 능력이 결여되어 있어 사건이 일어난 경우, 그 사건의 개요를 정확히, 보다 효과적으로 설명할 능력이 결여되어 있는 등을 근거로 들 수 있다.

여기에서 지적장애인들에게 필요한 성교육은 단순히 신체, 성기, 남과 여, 성교 등을 가르치는 것이 아니고, 자기방어를 포함한 적절한 상황의 판단력, 신뢰해도 좋은 사람과 신뢰해서는 안 되는 사람의 식별 등을 포함한 훈련, 또 그 사람들을 둘러싼 주위 사람들의 교육이 중요한 의미를 갖고, 지적장애인들의 성적 발달에 관해서 부모와 직원의 이해를 증진하기 위해 어떻게 원조해 가는가가 중요한 과제가 된다.

④ 잘못된 인식

첫째, 지적장애인은 지적장애 아이를 낳을 것이다. 여기에 대해서는 2.5%에서 93.2%까지의 차이가 있다. 즉, 부모의 지적장애 유형, 원인에 따라 그리고 사회 경제적 상태에 따라 지적장애인 아동을 낳을 확률이 다르다.

리드와 리드Reed & Reed의 연구에 의하면, 부모 중 한 사람이 IQ 70 이하인 경우 15% 정도 지적장애인이 태어나며, 양 부모가 모두 IQ 70 이하인 경우 40%가 지적장애인으로 태어난다.

둘째, 아동이 태어난 경우 양육에 대한 부모로서의 배려를 못할 것이다. 조사에 의하면 42%는 만족할 만한 수준으로 아동을 양육하고, 32%는 불만족한 수준, 26%는 중 정도의 수준을 보였다. 이러한 측면은 일반 부부와 마찬가지로 자녀의 수, 임신 횟수, 부모의 정신과적 문제, 부부관계의 원만성, 가족의 수입과 같은 측면들이 모두 고려되어야 할 것이다. 따라서 부모나 사회사업가들의 도움에 의해서 충분히 아동을 양육할 수 있을 것이다.

셋째, 성에 대한 책임성이 없을 것이다. 지적장애인은 일반인들과 차이가 날 정도로 성에 대하여 충동적이거나 사회에 해를 끼칠 만한 행동을 하지 않는다. 과거 수용시설의 경우 남녀를 구분하여 수용하였고, 성교육을 전혀 받지 않는 상태에서 분리만을 고집하였을 경우 이상 성 행동(동성애 등)이 나타날 수도 있었다. IQ가 40~70 사이에 있는 지적장애인 2,000명을 대상으로 한 연구를 보면, 지적장애인은 충분히 성적인 관계를 가질 수 있는 장소, 시간이 있음에도 불구하고 자신들의 성을 잘 통제하고 있다는 것을 알 수 있다.

이러한 문제점들을 들어 부모들은 성에 대하여 적게 알수록 문제가 적을 것이라고 생각한다. '자위행위를 하면 안 된다.', '남자와 놀면 임신한다.' 등의 억제적이며 통제적인 방법으로 교육을 한다. 보통 부모들은 정신지체인도 일반인과 같이 성적인 느낌을 가질 수 있으나 이에 대하여 사회적으로 용납될 수 있는 방법으로 표현하는 방법에 대한 교육은 회피하며 안 된다고 생각한다.

(3) 지적장애인의 성교육

일반적으로 지적장애인을 대상으로 한 성교육은 다음의 내용을 담

고 있다. 프로그램에 따라 내용을 달리하는 경우도 있으나 전체적으로
아래에 제시한 맥락을 따라 제공하는 것으로 보인다.

[1단계]

1.1 신체의 부분과 성에 대한 인식

1.2 신체 부분의 기능(눈, 코, 입, 손, 발, 다리, 발, 머리)

1.3 위생(청결과 치장)

1.4 신체의 구조(소화, 배설, 호흡, 신체 방어 체제)

1.5 감정과 감정의 표현(행복, 슬픔, 화, 두려움)

[2단계]

2.1 성적 발달의 신체적 측면(2차 성장), 생리, 성에 대한 인식

2.2 성 발달에 따른 사회 · 감정적 측면(독립심의 발달, 타인 존중, 우정,
    이성에 대한 적절 부적절 행동)

[3단계]

3.1 성 관련의 사회 정서적 측면(이성에 대한 매력, 관계 지속, 영구적인
    관계의 계획)

3.2 성 관련의 신체적 측면(임신 기관, 성교, 아이의 출생과 발달)

3.3 성인의 사회 감정적 측면(아이를 갖는 것에 대한 적응)

[4단계]

4.1 결혼(결혼에 대한 결정)

4.2 정상적인 결혼 생활(행복한 부부, 가족 계획)

4.3 부부 관계에서 일어나는 문제(일이 잘못되었을 때, 파탄, 별거, 이혼)

4.4 문제 성 행동(혼음, 매춘, 성병, 비정상적인 성행위 등)

앞에서 설명한 바와 같이 인간의 성이란 단순히 남녀가 성기를 결합시켜 쾌감을 얻는 것만을 말하는 것은 아니다. 성은 인간이 경험하는 정서, 감정을 포함하는 인간으로서 존재하는 이상 중심적인 요소의 하나이다. 그러나 이처럼 중요한 성이 장애인에게 있어서는 온갖 형태와 방식으로 억압되어 온 것이 사실이고 결혼이라는 문제도 경제적 자립, 자녀양육 문제 등의 여러 가지 이유로 인해 허락되지 않았다.

그러나 장애인도 성경험을 하고 결혼에 있어 선택의 자유가 있는 한 인간이다. 따라서 이제는 우리나라에서도 장애인의 성적 표현의 자유와 선택을 방해하는 여러 가지 문제점들을 제거해야 하는데, 장애인이 성적인 문제에 있어서 당연히 가져야 할 성적 권리는 다음과 같이 생각해 볼 수 있다.

첫째, 장애인은 사회적, 성적 행동을 훈련받을 권리가 있다는 것이다. 지금까지 장애인에게 무엇이라도 가르쳐서 비장애인과 가능한 가깝게 되도록 하는 노력을 해 왔다. 그러나 성적 행동의 훈련만은 완전히 무시되어 왔다. 이같은 훈련에 의해서, 사회적 교제의 문이 장애인에게 보다 넓게 열리게 되리라본다.

둘째, 장애인은 그 사람의 능력에 맞게 이해할 수 있는 모든 성에 대한 지식을 얻을 권리가 있다. 여기에서 중요한 것은 '이해할 수 있는 모든 지식'이라고 하는 것인데, 단순히 생리라든가 피임 등 일부만을 가르치는 것은 좋은 생각이 아니다.

셋째, 성적 만족감을 포함해 이성을 사랑하고, 또 사랑 받는 기쁨을 가질 권리가 있다.

넷째, 비장애인의 사회적으로 인정되는 것과 같은 방식으로 장애인에게도 자신의 성적 욕구를 표현할 권리가 있다. 여기에서 중요한 것은 '사회적으로 인정되는'이라는 말이다.

다섯째, 장애인도 결혼할 권리가 있다. 장애인에게만 해당되었던 종래의 결혼 조건으로서 경제적 자립이라는 것이 있지만, 앞으로는 결혼과 완전자립과는 별개로 생각지 않으면 안 된다.

여섯째, 장애인도 아이를 가질 것인지 아닌지를 결정함에 있어 자신의 입장을 설명하고 선택할 권리가 있다. 특히 정신지체인의 경우 자신의 희망과 생각을 말할 권리가 과거에는 완전히 무시당하고 있었다.

이와 같은 성적 권리가 보장될 때 비로소 장애인의 통합화, 일반화 이념의 실현이 가능할 것이다.

7. 장애인의 사회적 장벽 제거를 위한 사회적 노력

1) 개념

장애인을 위한 사회적 장벽 제거는 전인재활이라는 차원에서 장애인이 사회생활이나 가정생활에 잘 적응할 수 있도록 사회적인 측면에서 서비스하는 과정을 말한다. 즉, 장애를 가진 인간이 어떻게 하여 인간으로서의 존엄과 삶의 보람을 가지고 살아갈 수 있는가 혹은 그 인간을 둘러싸고 있는 사회에서 어떻게 해야 장애를 가진 사람들에게 적절한 생활환경을 마련해 주고 살아갈 수 있게 할지, 그러한 방법과 과정을 의미한다.

이에 대해 국제재활협회rehabilitation international: RI는 2001년 레바논에서 개최된 장애, 재활과 통합에 관한 국제회의the First International Conference on Disability, Rehabilitation & Inclusion에서 사회재활을 장애인의 기능적 능력의 회복을 목표로 하는 과정으로 정의하였다. 여기서 능력이란 장애인의 사회 참여의 폭을 극대화하기 위한 그들의 권리와 욕구 충족을 위한 여러 가지 사회적 상황에 대처하는 장애인의 능력으로 정의하고, 일반적 개념의 사회재활과 특수한 개념의 사회재활의 개념으로 세분화하면서 이 두 개념을 합쳐서 사회재활이라고 정의하였다. 이러한 사회재활의 구체적인 의미는 다음과 같다.

첫째, 일반적 개념의 사회재활은 기회균등equalization of opportunities, 접근성의 개선improving accessibility, 서비스 전달과 조정service delivery and coordination이며, 둘째, 특수한 개념의 사회재활은 권한empowerment, 협력networking, 훈련training, 치료적 방법therapeutic methods, 생활기술living skills이다.

또한, 사회재활위원회는 사회재활을 사회적 장벽제거를 장애인이 사는 물리적 · 사회적 · 경제적 · 심리적 환경 조건들을 정비하여 인간다운 만족스러운 생활을 영위하는 것으로 정의하면서, 그 전제 조건으로 다음의 네 가지를 제시하고 있다.

첫째, 인간 중심의 복지사회를 만들기 위한 사회제도의 개혁을 시행할 것, 둘째, 장애인의 생활을 위협하고 있는 사회적 · 심리적 · 문화적인 요소가 무엇인가 규명할 것, 셋째, 각국의 사회재활과 관련된 정책이나 보편원칙은 국제수준에 맞게 진행할 것, 넷째, 전인재활이라는 차원에서 다른 재활분야와 역동적인 관계를 가질 것을 제시한다.

이와 같이 볼 때 사회적 장벽제거는 장애인에게 의료적, 직업적 문제를 해결한 후 그들이 가정과 사회에서 자신감을 갖고 사회의 일원으로 생활할 수 있도록 서비스하는 재활의 한 과정으로 정의할 수 있다.

2) 대상

사회적 장벽제거의 대상은 최근의 장애 개념이 사회적 모델을 지향하고 장애를 개인적 요인만이 아니라 사회적 상황의 복합적인 결과로 봄에 따라 광의적으로 확대되어 장애를 가진 모든 사람을 대상으로 한다. 그러나 협의적 의미는 핸디캡을 가진 자, 즉 사회적 불리 때문에 장애를 가질 수밖에 없는 사람이라고 할 수 있다. 그러므로 사회적 장벽제거의 대상은 사회생활을 하는 모든 시민이며 온 국민이 된다고 하겠다.

3) 영역

국제재활협회의 사회재활위원회가 규정하고 있는 사회적 장벽제거의 영역은 장애인 관계법의 정비, 행정의 정비, 경제적 환경의 정비, 물리적 환경의 정비, 장애인의 심리적·정서적 문제의 해명, 사회적·문화적 기회의 확대 등으로 보고 있다.

(1) 장애인 관계법의 정비

재활서비스를 효율적으로 제공하기 위하여 제2차 세계대전 후부터 각국은 법률에 의한 장애인들의 재활서비스 제공을 의무화하고 있다. 또한 지난 1964년 UN이 각국의 법적 환경을 진단하기 위해 국제조사를 실시하면서 개발도상국이나 후진국 장애인들의 법적 보호에 나섰다. 최근 들어 장애문제가 시민권을 보호하는 차원으로 강조되면서 장애인의 시민으로서의 인권human right이 얼마나 존중되고 보호되는지에 대한 관심이 증대되고 이와 같은 평등권과 정당성을 요구하는 장애인들의 욕구가 증대되면서 장애인 관계법의 정비는 재활을 개인의 특권에서부터 전 국민의 권리로 정착시키는 효과를 가져다 주고 있다.

(2) 행정의 정비

아무리 좋은 법률과 제도가 있어도 법과 제도를 집행하는 체계나 행정이 장애인들과 동떨어져 있다면 아무런 의미가 없을 것이다. 따라서 재활행정이 최말단의 장애인에게까지 잘 전달될 수 있도록 지속적으로 정비해 나가야 한다. 여기에서 장애인을 위한 행정은 헌법에서 규정하고 있는 인간다운 생활권을 장애인들에게 어떻게 접근하게 할 것인지가 충분히 고려되어야 하며, 행정의 전달은 기능분담의 원칙, 전문성에 따른 업무분담의 원칙, 책임성의 원칙, 접근용이성의 원칙, 통합조정의 원칙, 지역사회 참여의 원칙이 최우선적으로 고려되어야 할 것이다.

(3) 경제적 환경의 정비

장애의 유무를 막론하고 일정 지역에 사는 주민은 그 지역 수준에 알맞은 생활을 유지할 수 있을 만한 경제적 보장이 확립되어야 한다. 일할 수 있는 사람에게는 노동기회를 빠짐없이 제공하고, 또한 장애로 인해 근로가 부분적 또는 거의 불가능한 사람들에게는 연금이나 기타 소득보장의 방법을 마련해 주어야 한다. 그러기 위해서는 각 국가마다 소득보장대책 수립 시 소득보장이 타당한가, 소득보장의 구조는 어떤가 등의 소득보장체계를 정비해야 할 것이며, 노동기회를 부여할 때는 노동시장 진입이나 노동시장에서의 차별을 어떻게 해소할 것인지에 대한 충분한 논의와 접근이 있어야 할 것이다.

(4) 물리적 환경의 정비

소득보장제도나 법체계가 아무리 잘 되어 있다고 하더라도 장애인을 구체적으로 통합시키는 물리적 조건이 정비되어 있지 않으면 장애인은 실질적으로 사회활동에 참가하는 데 한계가 있다. 따라서 각국은 건물이나 교통시설 등에 장애인이 접근할 수 있도록 표준지침을 만들고 적용해 나가는 등 물리적 환경을 정비하지 않으면 궁극적인 사회재활의 목표를 달성하는 데 한계가 있다. 따라서 물리적 환경에 있어 보편적 서비스universal service의 적용과 이를 실현하기 위한 보편적 설계universal design에 대한 국가적 노력과 전문적인 뒷받침이 있어야 할 것이다.

(5) 장애인의 심리적 · 정서적 문제의 해결

장애가 인간의 성격에 미치는 영향은 전반적이며 개인에 따라 그 차이가 크다. 이러한 장애인의 심리, 정서문제는 장애인 개인의 사회적응뿐만 아니라 국민들의 장애에 대한 편견을 만들어 내어 장애인의 사회

통합을 더욱 어렵게 만든다. 따라서 사회재활에 있어서 장애인의 심리적 · 정서적 문제에 대한 극복방법과 편견을 해소시킬 수 있는 방안을 모색해야 한다. 이것은 장애인의 권리옹호에서부터 시작하며, 불공평을 개정해 가는 법적 운동과 사회의 전반적인 분위기를 바꾸는 문제까지 다루고 접근해야 한다.

(6) 사회적 · 문화적 기회의 확대

세계인권선언 제27조는 인간의 기본적이고도 근본적인 욕구의 하나를 사회문화 기회의 보장임을 확인한다. 따라서 장애인의 문화, 예술, 출판, 스포츠 활동의 기회보장은 사회재활에 있어 중요한 영역이다. 특히 장애인에게 있어 스포츠는 단순한 놀이가 아니라 의료적, 심리적 재활의 방법으로 중요한 의미를 가지며, 장애인들이 문화적으로 비장애인과 통합될 때 진정한 사회통합이 가능하다.

4) 전문종사자

사회적 장벽제거의 실천을 위한 전문종사자는 이 분야가 광범위한 만큼 입법, 사법, 행정, 언론, 사회교육, 레크리에이션, 건축, 교통 등과 관련된 다양한 분야의 사람이라 할 수 있다. 대표적인 종사자는 사회복지사, 상담원, 레크리에이션 지도자, 사회교육가, 심리치료사, 생활보조교사, 보육교사 등이 이 분야의 전문종사자로 분류될 수 있다.

제 3부
———

우리나라의 재활현황 및 정책

제3부는 한국의 재활현황을 체계적으로 정리하였다. 먼
저, 한국의 장애인의 수를 간접조사방식과 등록장애방
식으로 추정 · 정리하였으며, 장애예방 및 의료재활, 소
득보장, 교육, 직업, 편의시설, 시설현황 등으로 구분하
여 최대한 상세하게 정리하였다. 제3부 한국의 재활현황
은 본서를 사용하는 학생들에게 있어 제1부와 제2부에
서의 이론적 토대와의 차이점을 발견하게 할 것이며, 한
국의 재활이 나아가야 할 방향을 진단하는 데 도움이 될
것이다.

5

장애인의 수

1. 전국 장애인 추정 수

우리나라 장애인 수는 장애인복지법 제31조(실태조사)에 의해 3년마다 실시하는 간접조사와 제32조(장애인 등록)에 의한 장애인 등록제도에 의한 방법이 있다. 먼저 간접조사는 장애인복지법이 제정되기 이전에는 경제기획원 통계국(현재의 통계청)이나 보건사회부(현재의 보건복지부) 등에서 간헐적으로 실시하였고, 장애인 실태를 파악하기 위해 실시된 본격적 조사는 1980년 심신장애자 실태조사이며, 이후 1985년도에 전국 심신장애자 실태조사를 실시하였다. 그리고 1989년 장애인복지법을 개정하면서 장애인 실태조사를 1990년을 기준 연도로 하여 5년마다 실시하도록 명문화하였으며, 2007년 개정에서는 3년마다 실시하도록 개정되었다.

한국에서 전국 규모의 장애인조사가 처음으로 실시된 것은 1955년이다. 경제기획원 통계국(현 통계청)은 1955년의 인구센서스에 장애인에 관한 항목을 포함시켰으며, 1980년에 인구센서스를 실시하면서 조사대상 가구에 벙어리, 봉사, 지체마비 등의 장애인이 있는지에 관하여 질문하였다. 그러나 전수조사를 통한 장애인 실태조사의 결과에서는 예상했던 장애인의 수가 매우 적게 나와 통계의 신뢰성과 관련하여 결과를 공표하지 못했다.

1990년에 실시된 경제활동인구조사는 취업, 실업, 노동력 같은 인구의 경제적 특성을 파악하기 위해 약 3만 3천 가구를 대상으로 실시되었고, 1991년부터 장애인복지법 제28조 및 동법 시행령 제14조 내지 제15조에 의한 보건복지부의 요청에 의해 실시되고 있다.

2007년 개정된 장애인복지법에서는 "보건복지부 장관은 이 법의 적절한 시행을 위하여 장애인의 실태조사를 3년마다 실시"하도록 규정하고 있으며(법 제31조 제1항), "제1항의 규정에 의한 조사의 방법과 내용 등에 관하여 필요한 사항은 대통령령으로 정"하도록 되어 있다(법 제31조 제2항).

장애인복지법 시행령에서는 장애인 실태조사를 전수조사와 표본조사로 구분하여(시행령 제18조) 전수조사는 시·도지사가 실시하며, 표본조사는 재활전문 연구기관에 의뢰하여 실시하도록 규정하고 있다(시행령 제18조).

또한 장애인의 실태조사에서 조사할 내용을 첫째, 성별·연령·학력·가족상황 등 장애인의 일반특성에 관한 사항, 둘째, 장애유형·장애정도 및 장애발생원인 등 장애특성에 관한 사항, 셋째, 취업·직업훈련, 소득 및 소비, 주거 등 경제상태에 관한 사항, 넷째, 재활보조기구 사용·복지시설 이용·재활서비스 및 편의시설 설치욕구 등 복지욕구에

표 5-1 | 한국 장애인 조사의 역사

실시 연도	조사명	조사기관
1955	인구센서스(장애인 항목 포함)	경제기획원
1961	장애아동조사	보건사회부
1962	경제활동인구조사(장애인구 집계)	경제기획원
1966	전국 장애자 실태조사	보건사회부
1968	사회복지 기초자료 조사	보건사회부
1979	심신장애자 실태조사	한국경제개발협회
1980	인구센서스(장애인 항목포함)	경제기획원
1980	심신장애자 실태조사	한국보건개발연구원
1985	전국 심신장애자 실태조사	한국인구보건연구원
1990	경제활동인구조사	통계청
1991	장애인 실태조사	한국보건사회연구원
1995	장애인 실태조사	한국보건사회연구원
2000	장애인 실태조사	한국보건사회연구원
2005	장애인 실태조사	한국보건사회연구원
2011	장애인 실태조사	한국보건사회연구원
2014	장애인 실태조사	한국보건사회연구원

관한 사항, 다섯째, 장애수당·재활보조기구교부 및 장애인등록제도 등 복지지원 상황에 관한 사항, 여섯째, 여가 및 사회활동 등 사회참여 상황에 관한 사항, 일곱째, 생활만족도 및 생활환경에 대한 태도 등 장애인의 의식에 관한 사항, 마지막으로 기타 보건복지부장관이 필요하다고 인정하는 사항 등으로 규정하고 있다(시행령 제18조).

이에 따라 2014년도 장애인 실태조사는 1980년 이후 제9차 조사로서, 우리나라 장애인구 및 장애인들의 실태 및 출현율을 파악함으로써 장·단기 장애인복지정책 수립 및 시행을 위한 기초자료를 제공하고자

표 5-2 │ 2014년도 전국 장애인 추정 수

(단위: 명, %)

구분		재가장애인	시설장애인	전체
2014	장애인 수 출현율	2,646,064 5.43	80,846 -	2,726,910 5.59
2011	장애인 수 출현율	2,611,126 5.47	72,351 -	2,683,477 5.61
2005	장애인 수 출현율	2,101,057 4.50	47,629 -	2,148,686 4.59

표 5-3 │ 2014년도 조사 시 주 장애유형별 출현율

(단위: 천 명)

구분	지체	뇌병변	청각	언어	시각	지적장애	자폐	정신	신장	심장	호흡기	간	안면	장루요루	뇌전증	계
장애인 수	1,387	321	318	123	312	239	22	124	75	9	16	12	3	18	20	2,727
출현율	2.85	0.66	0.65	0.25	0.64	0.49	0.05	0.25	0.16	0.02	0.03	0.03	0.01	0.04	0.05	5.59

※ 주 장애는 장애인의 중복 장애유형을 건으로 환산하여 출현율을 산출한 것임.

실시되었으며, 장애인복지법 시행령에서 규정하는 사항 외에 2011년 조사에서보다는 장애유형과 조사 내용에 다양한 내용을 추가하여 포함 시켰다. 본 조사의 조사표는 일반가구를 대상으로 한 가구 및 판별조사 표와 가구 및 판별조사에서 확인된 장애인을 대상으로 하는 활동제약자 조사표로 구성되었다. 가구 및 판별조사표는 조사대상 가구의 일반적 특성과 가구 내에 장애인 또는 장애인으로 판정될 가능성이 있는 가구

표 5-4 | 재가장애인 출현율의 변화 추이

(단위: %, 명)

장애 종류	1990년		1995년		2000년		2005년		2014년	
	출현율	추정수	출현율	추정수	출현율	추정수	출현율	추정수	출현율	추정수
전체	2.23	937,224	2.37	1,028,837	3.09	1,449,496	4.59	2,148,686	5.59	2,726,910
지체장애	1.08	451,985	1.40	608,760	1.19	556,861	1.99	933,533	2.85	1,353,753
뇌병변	-	-	-	-	0.23	109.866	0.32	150,756	0.66	308,100
시각장애	0.42	168,969	0.13	57,541	0.35	163,309	0.42	198,456	0.64	278,172
청각장애	0.25	103,920	0.26	111,461	0.23	109,503	0.40	185,911	0.65	281,983
언어장애	0.05	21,713	0.05	22,264	0.03	12,956	0.02	10,538	0.25	21,700
지적장애	0.08	31,590	0.07	32,069	0.12	57,780	0.12	56,268	0.49	207,703
자폐성	-	-	-	-	0.01	4,626	0.01	3,212	0.05	19,868
정신장애	-	-	-	-	0.14	64,953	0.18	82,490	0.25	117,428
신장장애	-	-	-	-	0.05	21,685	0.06	29,720	0.16	72,132
심장장애	-	-	-	-	0.08	36,221	0.08	35,184	0.02	8,499
호흡기	-	-	-	-	-	-	0.05	23,484	0.03	16,055
간	-	-	-	-	-	-	0.02	9,975	0.03	11,842
안면	-	-	-	-	-	-	0.01	3,223	0.01	3,019
장루, 요루	-	-	-	-	-	-	0.03	12,614	0.04	16,815
뇌전증	-	-	-	-	-	-	0.02	11,235	0.05	9,841
중복장애	0.38	159,047	0.45	196,742	0.66	311,736	0.86	402,065	-	

원이 있는지를 파악하는 내용으로 구성되었고, 활동제약자조사표는 장애인의 다양한 특성을 파악하기 위한 내용으로 구성되어 있다.

2014년도 장애인 실태조사에 의하면 우리나라의 장애인 수는 약 2,726,910명으로 2011년보다 약 4만 3천 명 정도가 증가하였으며, 출현율은 0.02% 증가하였다. 당시 전국 장애출현율은 표본인구에 대한 조사시점의 가구 내 장애인 수에 의해 산출되었다. 또한 장애인과 출현율은 재가장애인과 시설장애인이 동시에 증가한 것으로 나타나 아직까

장애인의 수

표 5-5 | 성별 분포

(단위: %, 명)

연령	남자			여자			전체		
	추정수	구성비	출현율	추정수	구성비	출현율	추정수	구성비	출현율
0~4세	3,906	0.3	0.33	1,602	0.1	0.15	5,508	0.2	0.24
5~9세	10,567	0.7	0.90	5,523	0.5	0.50	16,090	0.6	0.70
10~14세	14,481	0.9	1.00	10,095	0.9	0.76	24,576	0.9	0.88
15~19세	32,119	2.1	1.86	14,833	1.3	0.94	46,952	1.8	1.42
20~24세	24,145	1.6	1.58	19,573	1.7	1.25	43,718	1.7	1.43
25~29세	33,321	2.2	2.08	9,391	0.8	0.62	42,712	1.6	1.37
30~34세	54,235	3.6	2.78	27,167	2.4	1.44	81,402	3.1	2.12
35~39세	70,500	4.6	3.70	26,,004	2.3	1.40	96,504	3.6	2.56
40~44세	95,152	6.2	4.40	54,347	4.9	2.58	149,499	5.6	3.50
45~49세	135,063	8.8	6.57	45,528	4.1	2.29	180,591	6.8	4.47
50~54세	179,190	11.7	8.58	81,026	7.2	3.92	260,216	9.8	6.26
55~59세	196,993	12.9	11.67	105,219	9.4	6.19	302,212	11.4	8.92
60~64세	146,996	9.6	12.76	102,520	9.2	8.38	249,516	9.4	10.50
65~69세	156,020	10.2	17.33	131,618	11.8	13.05	287,638	10.9	15.07
70~74세	158,795	10.4	21.13	177,286	15.8	18.42	336,081	12.7	19.61
75~79세	129,912	8.5	25.90	163,144	14.6	21.74	293,056	11.1	23.40
80세 이상	85,007	5.6	22.77	144,786	12.9	16.64	229,793	8.7	18.48
계	1,526,403	100.0	6.31	1,119,663	100.0	4.56	2,646,064	100.0	5.43

지 시설 중심 재활사업이 줄어들지 않는 것으로 보인다.

지역사회에 거주하고 있는 재가장애인은 2,64만 6,004명이며, 시설

표 5-6 | 장애유형별 · 연령별 출현율

(단위: %, 명)

연령	지체장애	뇌병변장애	시각장애	청각장애	언어장애	지적장애	자폐성장애	정신장애	신장장애	심장장애	호흡기장애	간장애	안면장애	장루요루	뇌전증장애	전체
0~9	0.00	0.15	0.01	0.04	0.02	0.16	0.07	0.00	0.00	0.01	0.00	0.00	0.00	0.00	0.01	0.47
10~19	0.07	0.09	0.07	0.05	0.01	0.69	0.16	0.02	0.00	0.00	0.00	0.00	0.01	0.00	0.01	1.18
20~29	0.23	0.12	0.08	0.08	0.00	0.68	0.04	0.08	0.00	0.00	0.00	0.00	0.10	0.00	0.01	1.40
30~39	0.97	0.21	0.22	0.15	0.07	0.44	0.00	0.17	0.09	0.01	0.00	0.00	0.00	0.00	0.01	2.34
40~49	2.04	0.27	0.44	0.25	0.03	0.28	0.00	0.46	0.14	0.01	0.01	0.00	0.01	0.00	0.03	3.97
50~64	4.74	0.80	0.79	0.61	0.06	0.27	0.00	0.42	0.27	0.02	0.03	0.09	0.01	0.06	0.03	8.19
65세 이상	9.93	2.48	2.18	2.86	0.10	0.12	0.00	0.11	0.44	0.08	0.21	0.03	0.03	0.17	0.03	18.74
계	2.75	0.59	0.56	0.57	0.04	0.37	0.04	0.22	0.15	0.02	0.03	0.02	0.01	0.03	0.02	5.43
전국 추정 수	1,339,569	289,257	274,483	277,431	21,399	182,332	18,951	105,002	71,876	8,457	15,985	11,840	3,013	16,706	9,763	2,646,064

※ 주: 중복장애의 경우 건수로 처리함.

에 거주하고 있는 장애인은 8만 8백여 명이다. 장애인 출현율(인구 100명당 장애인 수)은 5.59%로서 2011년의 5.61%에 비해 0.02% 포인트 감소하였다([표 5-2] 참조).

장애인들의 성별 · 연령별 출현율은 [표 5-5]와 같다. 인구 100명당 남자가 6.31명, 여자가 4.56명으로 남자가 더 높다. 연령별로 보면 연령이 높을수록 출현율이 높고 40대 이후부터 출현율이 증가하고 있으며, 특히 40~50대에서 남자의 비율이 훨씬 높다. 또한 65세 이상에서 급격히 증가하고 있으며, 전체 장애인의 75%가 60세 이상이다.

장애유형별 · 연령별 출현율은 [표 5-6]과 같다. 지체장애, 뇌병변장애, 시각장애, 청각장애, 언어장애, 신장장애, 심장장애인의 경우 연령이

315
·
장애인의 수

표 5-7 | 재가장애인의 장애유형별 장애원인

(단위: %, 명)

장애 원인	지체 장애	뇌병변 장애	시각 장애	청각 장애	언어 장애	지적 장애	자폐성 장애	정신 장애	신장 장애	심장 장애	호흡기 장애	간장 애	안면 장애	장루 요루	뇌전증 장애	전체
선천적 원인	1.2	1.7	4.8	7.5	17.1	27.9	17.2	2.1	0.4	8.7	1.7	2.5	24.4	-	5.4	5.9
출생 시 원인	0.2	3.2	0.6	1.2	5.2	8.7	7.1	0.4	-	-	-	-	-	-	3.7	2.3
후천적 질환	48.5	83.9	53.6	72.8	53.6	19.2	16.5	82.4	98.2	87.4	96.2	97.5	29.6	96.3	57.9	57.0
후천적 사고	49.4	10.9	35.8	11.4	8.5	9.8	-	11.7	0.3	3.9	2.1	-	46.1	3.7	15.8	31.7
원인 불명	0.7	0.8	5.2	7.0	15.5	34.4	59.3	3.3	1.1	-	-	-	-	-	17.2	6.3
계	100.0	100.0	100.0	100.0	100.0	100.0	100.0	100.0	100.0	100.0	100.0	100.0	100.0	100.0	100.0	100.0
전국 추정 수	1,373,737	302,362	309,139	313,611	123,059	214,376	21,886	111,740	75,642	9,098	16,255	12,323	3,615	17,912	22,798	2,927,553

증가할수록 출현율도 증가하고 있다. 지체장애인의 경우 30대 이후부터 연령이 높아질수록 출현율도 높아지고 있으며, 시각·청각·언어장애인은 60대 이후, 특히 70대 이후에 현저히 증가하고 있어 고령에 의한 장애출현율이 높음을 알 수 있다. 지적장애의 경우는 연령이 증가할수록 출현율이 증가하다가 30대를 기점으로 감소하고 있는데, 이는 지적장애의 발생시기를 18세 미만을 기준으로 보는 것과 관계가 있는 것으로 해석된다.

장애종류별 원인을 보면 언어장애와 지적장애, 심장장애, 안면장애를 제외하고 후천적 원인이 상당히 높았다.

장애종류별 장애발현 시기는 [표 5-8]과 같은데, 출생 전, 출생 시, 돌 이전, 돌 이후로 구분해 볼 때 돌 이후가 94.7%로 가장 높았으며, 출생

표 5-8 | 재가장애인의 장애원인과 장애발현 시기

(단위: %, 명)

장애원인	지체장애	뇌병변장애	시각장애	청각장애	언어장애	지적장애	자폐성장애	정신장애	신장장애	심장장애	호흡기장애	간장애	안면장애	장루요루장애	뇌전증장애	전체
출생전, 출생시	1.3	3.6	2.3	3.1	5.0	13.6	-	0.6	0.5	8.7	2.3	-	24.4	-	1.3	3.6
돌 이전	1.3	4.3	2.1	2.4	4.9	9.4	2.5	0.2	-	1.3	-	-	-	-	2.5	3.2
돌 이후	97.4	92.1	95.6	94.6	90.1	77.0	97.5	99.1	99.5	90.0	97.7	100.0	75.6	100.0	96.2	94.7
계	100.0	100.0	100.0	100.0	100.0	100.0	100.0	100.0	100.0	100.0	100.0	100.0	100.0	100.0	100.0	100.0
전국추정수	1,373,737	302,362	309,139	313,611	123,647	214,376	21,886	111,740	75,642	9,098	16,255	12,323	3,615	17,912	22,798	2,928,141

전, 출생 시가 3.6%, 돌 이전이 3.2%로 낮은 비율을 보이고 있다.

장애인복지나 재활에 있어서 가장 중요한 토대를 비장애인들의 장애인에 대한 인식 및 역할가치라고 볼 때, 장애인에 대한 비장애인들의 사회적 편견이나 인식은 장애인복지의 수준을 가름하는 중요한 척도가 된다. 장애인들의 학교생활이나 직장생활에서의 차별에 대해 조사한 결과, [표 5-9], [표 5-10]과 같이 학교생활에 있어서는 응답장애인의 38.8%가 또래 학생으로부터 차별을 받았다고 응답하였으며, [표 5-11]에서처럼 취업 시 차별은 35.8%가 받았다고 응답하였다.

재가장애인들의 교육수준은 학교를 다니지 않았거나 중도에 그만둔 이유를 중심으로 분석하였다.

전체적으로 학교를 다니지 않았거나 중도에 그만둔 이유는 70.1%가 경제적인 문제인 것으로 나타났으며, 13.0%가 집에서 다니지 못하게 해서, 6.8%가 장애 때문이라고 응답하고 있어 많은 장애인들이 교육의 욕

표 5-9 | 장애인에 대한 사회적 차별 정도: 초등학교

(단위: %, 명)

구분	지체장애	뇌병변장애	시각장애	청각장애	언어장애	지적장애	자폐성장애	정신장애	신장장애	심장장애	호흡기장애	간장애	안면장애	장루요루장애	뇌전증장애	전체
받았다	31.8	34.2	27.0	39.0	45.0	53.6	36.0	38.3	0.0	20.6	39.0	0.0	52.7	-	37.0	38.8
안받았다	68.2	65.8	73.0	61.0	55.0	46.4	64.0	61.7	100.0	79.4	61.0	100.0	47.3	-	63.0	61.2
계	100.0	100.0	100.0	100.0	100.0	100.0	100.0	100.0	100.0	100.0	100.0	100.0	100.0	-	100.0	100.0
전국추정수	159,050	30,879	66,335	66,285	7,910	139,973	16,639	9,769	1,486	574	1,302	304	1,861	-	4,092	506,459

표 5-10 | 장애인에 대한 사회적 차별 정도: 또래 학생으로부터

(단위: %, 명)

구분	지체장애	뇌병변장애	시각장애	청각장애	언어장애	지적장애	자폐성장애	정신장애	신장장애	심장장애	호흡기장애	간장애	안면장애	장루요루장애	뇌전증장애	전체
받았다	38.3	44.0	32.1	45.6	59.7	65.0	52.6	58.2	26.5	9.3	15.6	0.0	73.5	0.0	54.0	47.1
안받았다	61.7	56.0	67.9	54.4	40.3	35.0	47.4	41.8	73.5	90.7	84.4	100.0	26.5	100.0	46.0	52.9
계	100.0	100.0	100.0	100.0	100.0	100.0	100.0	100.0	100.0	100.0	100.0	100.0	100.0	100.0	100.0	100.0
전국추정수	197,018	41,176	78,335	76,679	8,543	151,696	18,701	32,179	4,818	1,268	1,302	304	1,862	211	5,255	619,347

구는 있지만 외적인 영향요인 때문에 교육의 혜택을 받는 데 제한적일 수밖에 없음을 알 수 있다([표 5-12] 참조).

재가장애인들의 경제활동을 알아보면, 2000년도 장애인 실태조사에서의 취업률 및 실업률 통계는 적용한 기준이 일치하지 않아 비교에 어려움이 있었다.

2014년 조사에서는 통계청에서 사용하고 있는 ILO 기준을 적용했을 때, 15세 이상 장애인의 경제활동 참가율은 39.01%로, 2005년의

장애학_통합재활적 접근

표 5-11 | 장애인에 대한 사회적 차별 정도: 취업 시

(단위: %, 명)

구분	지체장애	뇌병변장애	시각장애	청각장애	언어장애	지적장애	자폐성장애	정신장애	신장장애	심장장애	호흡기장애	간장애	안면장애	장루요루장애	뇌전증장애	전체
받았다	29.3	58.0	34.7	42.7	45.7	47.7	66.7	69.8	42.4	75.0	32.8	39.3	63.1	31.3	37.5	35.8
안받았다	70.7	42.0	65.3	57.3	54.3	52.3	33.3	30.2	57.6	25.0	67.2	60.7	36.9	68.7	62.5	64.2
계	100.0	100.0	100.0	100.0	100.0	100.0	100.0	100.0	100.0	100.0	100.0	100.0	100.0	100.0	100.0	100.0
전국추정수	681,576	60,774	144,245	128,287	9,306	59,412	2,064	37,726	19,903	2,275	6,066	3,786	2,232	3,385	4,052	1,165,089

표 5-12 | 학교를 다니지 않았거나 중도에 그만둔 이유

(단위: %, 명)

구분	성별		연령별				장애정도			전체
	남자	여자	17세 이하	18~44세 이하	45~64세 이하	65세 이상	중증 (1-3급)	경증 (4-6급)	계	
심한 장애로 인해서	7.8	5.9	13.3	45.1	9.5	2.1	17.6	1.3	7.1	6.8
집에서 다니지 못하게 해서	3.8	21.1	0.0	1.5	5.1	18.2	9.7	14.4	12.7	13.0
다니기 싫어서	9.1	3.1	0.0	24.6	9.1	2.7	8.5	4.7	6.1	5.9
경제적으로 어려워서	75.6	65.2	6.0	13.7	73.3	73.4	58.1	76.7	70.1	70.1
근처에 학교가 없어서	0.8	2.0	0.0	1.5	1.0	1.7	1.7	1.3	1.4	14.5
학교 내 편의시설이 부족해서	0.2	0.0	0.0	0.2	0.0	0.1	0.0	0.1	0.1	0.1
편의제공(의사소통지원 등)이 부족해서	0.0	0.0	0.0	0.0	0.0	0.0	0.0	0.0	0.0	0.0
주위의 시선 및 편견 때문에	1.2	1.2	6.0	11.4	1.3	0.3	2.4	0.4	1.1	1.2
기타	1.3	1.6	74.7	1.9	0.7	1.4	2.0	1.1	1.4	1.5
계	100.0	100.0	100.0	100.0	100.0	100.0	100.0	100.0	100.0	100.0
전국 추정 수	702,579	790,096	6,019	74,584	496,246	915,826	501,815	906,542	1,408,357	1,492,675

※ 주: 무응답 제외.

표 5-13 | 재가장애인의 성별 취업인구 및 취업률(ILO 기준)

(단위: %, 명)

구분	15세 이상 인구	경제활동인구			비경제활동 인구	경제활동 참가율	취업률	실업률	인구 대비 취업자 비율
		계	취업	실업					
남자	1,497,448	752,642	702,720	49,922	744,806	50.26	93.37	6.63	46.63
여자	1,102,442	261,561	248,052	13,509	840,881	23.73	94.84	5.16	22.50
계	2,599,890	1,014,203	950,772	63,431	1,585,687	39.01	93.75	6.25	36.57

※ 2014년 자료.

표 5-14 | 장애인가구의 개인 소득의 수입원

(단위: %, 만 원, 명)

구분	성별		연령별				장애정도			전체
	남자	여자	17세 이하	18~44 세 이하	45~64 세 이하	65세 이상	중증 (1-3급)	경증 (4-6급)	계	
근로소득	131.3	109.7	232.9	188.8	139.5	74.9	121.3	126.5	124.5	122.2
사업소득	48.8	31.7	61.6	53.4	55.2	23.9	34.7	47.3	42.4	41.5
재산·금융·개인연금 소득	7.9	7.2	4.8	5.7	4.9	10.8	6.3	8.3	7.5	7.6
국민기초생활보장급여	6.5	6.7	9.9	8.6	8.5	3.9	11.7	3.6	6.8	6.6
기초연금	8.0	11.8	4.6	3.2	2.7	18.4	8.8	10.0	9.5	9.6
공적 장애인연금/경증장애수당	3.6	3.8	1.0	7.0	4.2	2.2	8.5	0.8	3.9	3.7
이전 장애아동수당	0.2	0.2	4.4	0.4	0.1	0.0	0.6	0.0	0.2	0.2
소득 장애연금(국민연금)	0.8	0.5	0.1	0.9	1.2	0.2	1.0	0.5	0.7	0.7
기타사회보험급여소득	21.4	16.0	1.2	12.3	17.9	23.9	19.1	18.3	18.6	19.1
기타	0.9	0.6	1.2	0.6	0.8	0.8	0.9	0.7	0.8	0.8
사적이전소득	9.7	15.9	3.8	5.4	7.7	19.4	10.5	12.8	11.9	12.3
기타	0.8	0.2	0.6	0.7	0.9	0.3	0.5	0.7	0.6	0.6
월소득 평균금액	240.0	204.3	326.0	287.0	243.6	178.8	223.9	229.7	227.4	224.9

※ 2014년 자료.

38.2%에 비해 약간 증가한 수준이다. 이는 2005년의 실업수준이 10.58%인 데 비해 ILO 기준을 적용한 2014년의 실업률은 6.25%로서

장애학_통합재활적 접근

표 5-15 | 장애로 인한 추가 생활비용 소요내역

(단위: 천 원)

구분	성별		연령별				장애정도			전체
	남자	여자	17세 이하	18~44세 이하	45~64세 이하	65세 이상	중증 (1-3급)	경증 (4-6급)	계	
월평균 총 추가비용	177.1	148.9	428.6	167.3	165.3	144.9	215.9	120.5	161.3	164.2
교통비	27.9	22.9	76.6	27.8	27.8	19.9	32.5	20.2	25.5	25.6
의료비	71.9	59.0	105.1	55.8	71.1	63.0	81.9	49.4	63.3	66.0
보육 · 교육비	5.5	2.5	103.8	4.3	0.7	0.0	8.7	0.5	4.0	4.1
보호 · 간병인	7.9	20.5	12.4	5.5	8.4	20.3	26.9	3.3	13.4	13.6
재활기관이용료	4.7	3.6	61.4	8.2	0.9	1.6	7.8	2.0	4.5	4.2
통신비	11.6	7.8	8.0	15.1	11.8	6.8	9.4	10.3	9.9	9.9
장애인보조기구 구입 · 유지비	23.2	13.8	10.2	11.9	15.8	24.0	19.5	17.2	18.2	18.9
부모사후 및 노후대비비	19.0	14.1	33.5	32.2	24.9	4.6	19.8	15.7	17.4	16.8
기타	5.5	4.6	17.5	6.6	4.0	4.6	9.2	2.0	5.1	5.1

※ 주: 중복 응답.

현저히 낮아졌기 때문이다.

다만 인구 대비 취업자의 비율은 2014년의 경우 36.57%로서 2005년의 34.1%와 비슷한 수준이다. 특히 2014년 ILO 기준 실업률은 6.25%로서 2014년 6월 기준 우리나라 전체 실업률의 3.5%에 비해 약 1.8배 정도 높게 나타났다. 그러나 장애 때문에 미취업하고 있는 실망실업자를 포함한 실업률은 [표 5-13]의 실업률보다는 훨씬 높다.

[표 5-14]에서처럼 장애인 가구의 개인소득이 있다고 응답한 장애인은 약 166만 명이며 이 중 122만 명은 근로소득, 41만 5천 명은 사업소득이 있는 것으로 조사되었으며 월 평균 개인소득은 224만 9천 원이었다. 이것은 2014년 6월 전국 월평균 가구소득 415만 원의 53.8% 수준인 것과 비교해 볼 때 소득에 많은 차이가 있는 것을 볼 수 있다(한국보건사회연구원, 2014).

표 5-16 | 재가장애의 사회 및 국가에 대한 요구(1순위)

(단위: %)

구분	지체장애	뇌병변장애	시각장애	청각장애	언어장애	지적장애	자폐성장애	정신장애	신장장애	심장장애	호흡기장애	간장애	안면장애	장루요루장애	뇌전증장애	전체
소득보장	39.5	37.4	36.6	38.7	29.0	36.3	17.6	44.4	41.5	33.0	27.3	28.1	70.2	29.0	37.6	38.5
의료보장	33.9	39.5	32.7	29.0	28.4	23.6	12.7	22.5	38.6	43.6	52.2	45.3	0.0	36.8	31.1	32.8
고용보장	8.8	4.6	9.3	8.7	15.0	10.2	16.0	8.6	7.0	3.9	4.2	7.8	16.4	11.4	2.7	8.5
주거보장	6.0	4.6	8.2	5.8	6.3	7.4	11.1	10.2	7.6	6.0	6.4	0.4	3.5	6.4	13.7	6.4
이동권보장	1.7	4.1	2.2	0.6	0.0	1.36	0.0	0.7	1.0	3.7	4.7	0.0	0.0	4.0	0.0	1.8
교육·보육보장	0.9	1.2	0.5	2.3	3.0	7.4	18.7	1.9	0.4	0.0	2.1	7.1	2.1	0.0	2.7	1.7
문화여가생활 및 체육활동보장	1.6	1.1	2.3	1.8	1.6	2.3	0.7	0.9	0.5	0.0	0.0	5.3	0.0	1.0	0.0	1.6
장애인인권보장	2.2	1.5	2.2	2.9	11.3	6.1	14.3	3.1	1.2	8.2	3.2	3.1	0.0	3.8	12.3	2.7
장애인인식개선	1.7	2.5	2.1	3.3	1.8	3.0	8.8	3.4	0.5	0.0	0.0	3.0	0.0	2.6	0.0	2.2
장애예방	1.3	2.0	0.3	1.5	0.0	0.2	0.0	2.3	0.1	1.7	0.0	0.0	0.0	0.0	0.0	1.2
의사소통과 정보접근 참여보장	0.2	0.0	0.3	3.0	1.6	1.3	0.0	0.5	0.0	0.0	0.0	0.0	0.0	0.0	0.0	0.6
재난안전관리	0.6	0.2	0.7	0.2	0.0	0.4	0.0	0.2	0.0	0.0	0.0	0.0	0.0	0.0	0.0	0.5
기타	0.2	0.9	0.7	0.2	0.0	0.0	0.0	0.0	0.5	0.0	0.0	0.0	0.0	0.0	0.0	0.3
없음	1.4	0.5	1.7	2.0	2.0	0.5	0.0	1.2	1.1	0.0	0.0	0.0	7.9	5.1	0.0	1.3
계	100.0	100.0	100.0	100.0	100.0	100.0	100.0	100.0	100.0	100.0	100.0	100.0	100.0	100.0	100.0	100.0
전국추정 수	1,339,569	289,257	274,484	277,432	21,399	182,333	18,951	105,002	71,876	8,456	15,985	11,839	3,012	16,705	9,764	2,646,064

장애로 인한 추가비용 여부, 추가비용의 정도 및 소요 내역은 [표 5-15]와 같다. 여기서 나타난 바와 같이 장애로 인한 추가비용의 정도는 월평균 16만 4,200원이었으며, 추가비용의 내역은 의료비가 6만 6천 원으로 가장 많은 부분을 차지하고 있고 교통비 2만 5천 원, 보조기구 구입 및 유지 1만 8,900원 정도를 차지하는 것으로 나타났다.

장애인들의 자립을 위해 필요한 사항에 대해서는 [표 5-16]과 같이 가장 필요한 것은 소득보장이 38.5%로 나타났으며, 의료보장 32.8%, 고용보장 8.5%, 주거보장 6.4% 순으로 나타났다. 이는 장애인이 실질적으로 자립하기 위해서는 경제적 자립능력과 의료나 주거가 가장 우선적으로 갖추어져야 할 사항이라고 보여주는 것이라 볼 수 있다.

2. 전국 등록장애인 수

우리나라의 장애인등록제도는 장애인의 정확한 실태(장애인 수, 장애상태 및 복지욕구 등)를 파악하여 재활정책 입안의 기초자료로 활용함으로써 장애인에 대한 효율적인 복지관리체계를 구축하려는 데 목적을 두고 장애인복지법 제29조(장애인등록) 및 동법 시행규칙 제3조 내지 제11조에 의해서 지난 1988년 11월부터 실시하고 있다.

따라서 여기에서 다루게 되는 장애인에 대한 각종 정책들은 대부분 그 대상이 등록장애인으로 제한되어 있으며, 1999년 법개정 이후 확대된 장애범주 중에 대한 대책은 아직까지 미약하다.

등록절차는 해당 읍 · 면 · 동사무소를 거쳐 시장, 군수 또는 구청장에게 신청해야 하며, 신청을 받은 시장, 군수 또는 구청장은 7일 이내에

표 5-17 | 연도별 등록장애인 추이

(단위: 명)

연도	총계	장애유형														
		지체장애	뇌병변장애	시각장애	청각장애	언어장애	지적장애	자폐성장애	정신장애	신장장애	심장장애	호흡기장애	간장애	안면장애	장루요루장애	뇌전증장애
2007	2,104,889	1,114,094	214,751	216,881	203,324	14,882	142,589	11,874	81,961	47,509	14,352	14,289	6,329	2,149	11,184	8,721
2008	2,246,965	1,191,013	232,389	228,126	223,102	15,458	146,898	12,954	86,624	50,474	14,732	14,984	6,968	2,337	11,740	9,166
2009	2,429,547	1,293,331	251,818	241,237	245,801	16,249	154,953	13,933	94,776	54,030	15,127	15,860	7,730	2,505	12,437	9,760
2010	2,517,312	1,337,722	261,746	249,259	260,403	17,207	161,249	14,888	95,821	57,142	12,864	15,551	7,920	2,696	13,072	9,772
2011	2,519,241	1,333,429	260,718	251,258	261,067	17,463	167,479	15,857	94,739	60,110	9,542	14,671	8,145	2,715	13,098	8,950
2012	2,511,159	1,322,131	257,797	252,564	258,589	17,743	173,257	16,906	94,638	63,434	7,744	13,879	8,588	2,709	13,374	7,806
2013	2,501,112	1,309,285	253,493	253,095	255,399	17,830	178,866	18,133	95,675	66,551	6,928	13,150	9,194	2,696	13,546	7,271
2014	2,494,460	1,295,608	251,543	252,825	252,779	18,275	184,355	19,524	96,963	70,434	6,401	12,445	9,668	2,689	13,867	7,084

※ 자료: 보건복지부, 2015 장애인통계, 2015.

해당 의료기관에 검진을 의뢰하게 되고 의료기관은 검진결과를 시장, 군수 또는 구청장에게 통보하게 된다.

2014년 말 현재 등록장애인 수는 249만 4,460명으로 장애유형별로 지체가 129만 5,608명, 시각이 25만 2,825명, 청각, 언어 25만 2,779명, 뇌병변 25만 1,543명, 지적장애가 18만 4,355명이다. 2000년부터 장애 범주가 확대되고 등록장애인에 대한 시책이 확대됨으로써 등록장애인 수는 폭발적으로 늘어나고 있음을 알 수 있다.

6

장애 예방 및 의료재활

1. 장애 예방

1) 모자보건

모자보건사업은 임산부와 영유아를 대상으로 장애발생 위험요인을 사전에 발견하고 장애발생을 예방할 목적에서 실시되고 있는 사업으로, 전국의 모자보건센터 및 보건소를 중심으로 실시되고 있다.

선천적 장애의 발생 예방을 위해 1997년부터 모든 신생아에게 국고부담으로 선천성대사이상 검사를 무료로 실시하며, 저소득층의 선천성대사이상 환아에게는 특수조제분유 무료지급 등 사후관리를 하고 있고, 임산부·영유아에 대한 무료 건강검진 및 예방접종, 임신·육아지침서의 발간과 보급 등 모자보건사업을 내실화하고 있으며, 유전성 질병 관련 장애발생 방지대책을 강화하고 있다.

이외에도 모자보건을 위해서는 모자보건수첩을 주거지 읍·면·동 사무소와 보건소, 보건지소 또는 병, 의원을 통해 무료로 제공하고 선천 성대사이상검사 외에 태아의 염색체 이상에 의한 장애발생을 사전 진단 하기 위한 융모막 검사, 양수 검사, 양수생화학적 검사와 선천성 기형 등 을 진단하기 위한 방사선 검사, 초음파 검사 등이 일반화될 수 있도록 건 강보험 적용범위를 확대해야 하고 신생아 관리체계를 확립하고 영유아 의 예방접종 및 정기검진제도를 의무화하는 등의 노력이 있어야 할 것 이다.

2) 산업안전

우리나라에서는 1960년대 이후 산업화과정을 거치면서 산업재해로 인한 장애 발생이 늘어나는 양상을 보이고 있다. 1963년 산업재해보상 보험이 도입된 이래 매년 10만여 명이 산업재해로 인하여 부상을 당했 으며, 이 중 3만여 명이 신체장애를 입은 것으로 나타나고 있다. 산업재 해자 수와 산업재해율은 최근 들어 조금씩 줄어들고 있으며, 1980년대 후반부터 부상자 5명 중 1명이 신체장애인인 것으로 나타나 산업재해로 인한 신체장애인 수가 점차 많아지고 있다.

산업재해보상보험법의 산업재해로 인한 장해급여 현황을 보면 2014년 총 장해급여 수급자는 93,689명으로 1~3급의 장애인이 12.2%, 4~6급 장애인이 27.4%, 7~9급 장애인이 18.8%, 10급 이상 장애인이 41.6%로서 경중장애인이 40%를 차지하고 있다. 산업별로는 제조업이 54% 정도이며, 그 다음으로 건설업, 광업, 운수·창고·통신업, 기타 산 업의 순이다(근로복지공단, 2016).

이러한 산업재해로 인한 장애발생을 예방하기 위하여 1990년에 산업안전보건법을 제정하여 상시 모든 사업장에 대하여 산업안전보건위원회의 설치를 의무화하고, 사업장에 보건안전관리 책임자를 선임하여 산업안전에 관한 사항을 관장하게 하고 있다. 그리고 고용노동부에서는 제4차 산업재해예방 5개년 계획(2015~2019년)을 수립하여 산업재해를 일으킬 수 있는 위험요인이 되는 불량작업환경을 개선하기 위한 시설투자를 하는 산업체에 대하여는 산업재해예방시설자금을 융자해 주고 있으며, 위험 기계 · 설비에 대한 기술적 안전평가제를 실시하고, 불량 작업환경 사업장에 대해 정기감독과 개선지도를 실시하고 있다. 그리고 산업안전보건 전문인력을 양성 · 배치하고, 산업재해에 대한 인식 개선을 위하여 경영자와 근로자를 위한 재해예방교육을 실시하고 있다. 직업병을 조기 발견하여 장애상태에 이르는 것을 예방하기 위해서 특수검진 지정기관과 근로자에 대한 검진항목을 확대하고, 검진누락 방지를 위한 검진계획서 제출과 심사를 강화하고 있으며, 직업병 예방대책을 수립하여 실시하고 있다.

　　장애의 88% 이상이 질병, 교통사고 등 후천적 원인으로 발생하는 것을 감안하여 후천적 장애 발생 예방을 위해 퇴행성 근골격 장애, 뇌졸중 등에 의한 지체장애 예방을 강화하는 등 성인병과 노인성 질환의 관리에 철저를 기하는 한편, 응급의학과 전문의 등의 응급의료 전문인력 양성 등 응급구조체계 개선을 위하여 노력하고 있다. 한편, 관계부처 및 단체의 협조를 얻어 사고로 인한 사망사고 만인율을 0.5% 이하로 낮추기 위해 사업장이나 기타 시설의 안전보건체제를 강화하기 위한 장기적인 전략을 추진하였으며, 산업안전보건법을 개정하여 산업재해 및 산업안전보건에 관한 정부의 책무규정을 보다 강화하여 산업재해 및 보건문제로 인한 후천적 장애발생을 최소화하고 있다.

　이 외에도 산업재해를 예방하기 위해서는 노사 공동책임하에 사업장 안전관리를 정착시켜야 하고 산재 다발 생산설비의 근원적 안정성을 확보하고 안전제일을 생활화하는 등 산업안전제도의 선진화를 위한 지속적인 노력이 뒷받침되어야 할 것이다.

3) 교통안전

　자동차 보유 대수의 증가, 교통환경의 미비, 운전자와 보행자의 안전의식 미비 등으로 인하여 교통사고로 인한 사상자가 지속적으로 증가하고 있다. 이에 정부는 제7차 국가교통안전기본계획(2012-2016)에 의해 교통사고를 획기적으로 줄이기 위한 교통안전인프라 확충, 중대법규 위반차 처벌 강화, 첨단안전장치를 장착한 스마트한 교통수단 활성화, 안전관리시스템 및 비상대응체계 강화 등을 통해 교통체계를 효율화하려는 노력을 하고 있으나 교통사고는 줄어들지 않고 있다. 2001년부터 2015년까지 연평균 교통사고 증가율은 약 6.0%이나 교통사고 사망자수는 점차 줄어들고 있다. 하지만 여전히 1만 대당 교통사고 사망자 수는 약 2.86명으로 OECD 평균 1.25명에 미치지 못하고 있다(보험개발원, 2016).

　자동차사고로 인한 장애발생 실태를 알기 위해서는 자동차보험 가입자 중 자동차손해배상보장법의 후유장애 기준에 따라 후유장애자 종합보험금을 수급한 자를 알아봄으로써 대략적으로 파악할 수 있다. 자동차보험 중에서도 책임보험에만 가입한 경우에는 후유장애 발생 시에도 신고하지 않는 경우가 많으므로 종합보험가입자 중 후유장애보험금 수급자를 알아보아야 한다. 후유장애인을 등급별로 보면 1~3급이 가장 많고 다음으로 4~7급, 8~11급 순으로 나타나고 있다(보험개발원, 2016).

　　정부에서는 교통사고의 예방과 교통안전 증진을 위하여 교통안전정책심의위원회를 설치·운영하고 있으며, 1983년부터 매 5년 단위로 교통안전기본계획종합대책 및 세부시행계획을 수립하여 시행하고 있다. 기본적으로 교통안전에 대한 의식개선을 위하여 1992년을 '교통사고 줄이기 원년'으로 지정하여 교통안전에 대한 국민의식 개혁운동을 전개하고 있으며 운전기사, 학생 등을 대상으로 하여 교통안전교육을 실시하고, 대중매체를 이용하여 전 국민을 대상으로 교통안전교육을 실시하고 있다. 그리고 2008년부터는 사고다발 지역이나 농촌 등의 사고를 예방하기 위해 지방자치단체별 맞춤식 교통안전대책을 마련하여 안전장비 설치 및 안전예방 캠페인, 지하도 및 육교 설치 등 도로시설의 개선, 신호기 및 안전표지의 확충, 경찰기동장비 및 무인속도측정기 등의 장비 보강, 119구급대의 확충, 자동차의 안전기준 강화 등을 추진하고 있다. 그러나 교통안전대책을 위해서는 이 밖에도 교통안전 의식 고취를 위한 철저한 홍보와 교육, 교통사고 응급구조체계의 개선, 응급 전문인력 양성, 교통사고 상해자 치료 전문병원 설립 등의 과제가 해결되어야 할 것이다.

2. 의료보장

　　장애인은 다른 일반환자들에 비하여 장기간의 치료와 재활을 요하므로 의료부문에 대한 복지정책이 필수적으로 요구된다. 우리나라 장애인 의료보장정책으로는 사회보험제로서의 건강보험, 공적부조제도로서의 의료급여, 저소득장애인 의료비 지원, 장애인 보장구사업 등이 있다.

1) 건강보험제도

건강보험제도는 장애인 본인 또는 가구원이 평상시에 일정률의 보험료를 납부하고 의료서비스 이용 시 현물 또는 현금으로 급여를 받는 제도이다.

정부는 연간 210일로 제한되어 있던 요양급여기간을 1996년 1월 1일부터 의료보험법 개정에 의거하여 연중 내내 급여가 가능하도록 하고 있다. 또한 1997년에 장애인용 필수 보장구 4종에 대한 건강보험 적용방안을 확정, 시행에 들어갔으며, 보장구 4종은 흰지팡이와 안경, 돋보기, 망원경 등 저시력 보조기, 보청기, 체외용 전기후두기(언어장애인용) 등이다. 이에 1998년에는 지체장애인용 목발, 휠체어가 추가되었고, 1999년 10월부터 의지 · 보조기, 콘텍트렌즈, 의안 등이 추가되어, 2016년 현재 등록 장애인이 의료기관에서 처방전을 발급받은 경우에 한해 보험급여를 받을 수 있는 보장구는 팔 · 의지 관련 11가지, 다리의지 관련 10가지, 팔보조기 관련 5가지, 척추보조기 관련 7가지, 골반보조기, 다리보조기 관련 9가지, 교정용 신발류, 그 밖의 수동휠체어, 지팡이, 목발, 의안, 저시력 보조안경, 콘텍트렌즈, 돋보기, 망원경, 흰지팡이, 보청기, 체외용 인공후두, 전동휠체어, 전동스쿠터, 자세보조용구, 욕창예방 방석, 매트리스, 이동식 전동리프트, 지지워커 등이며 소모품인 전동휠체어 및 전동스쿠터용 전지가 있다.

2) 의료급여제도

공적부조제도인 의료급여제도는 생활이 어려운 자에게 의료급여를 실시함으로써 국민보건의 향상과 사회복지의 증진에 이바지하는 제도로서 종래 의료보호법에 의해 적용받던 것이 2001년 5월 24일 법률 제6474호에 의거 의료급여법의 적용을 받게 되었다. 장애인의 경우 국민기초생활보장법이나 국가유공자 등 예우 및 지원에 관한 법률에 의한 수급권자에 한하여 의료급여의 혜택을 받을 수 있다.

의료급여는 1종 수급권자와 2종 수급권자로 분류되며, 1종 수급권자의 경우는 국민기초생활보장법에 의한 근로무능력가구, 희귀난치성 질환 등록자, 중증질환(암환자, 중증화상환자만 해당) 등록자, 시설수급자, 행려환자, 이재민, 의상자 및 의사자의 유족, 입양아동(18세 미만), 국가유공자, 중요무형문화재의 보유자, 북한이탈주민, 5·18 민주화운동 관련자, 노숙인 등이며, 2종 수급권자는 국민기초생활보장대상자 중 1종

표 6-1 | 의료기관 이용 시 본인부담 비용

구분		1차(의원)	2차 (병원, 종합병원)	3차 (지정병원)	약국	PET 등
1종	입원	없음	없음	없음	-	없음
	외래	1,000원	1,500원	2,000원	500원	5%
2종	입원	10%	10%	10%	-	10%
	외래	1,000원	15%	15%	500원	15%

※ 보건복지부장관이 고시하는 '[부록5] 경증질환'으로 종합병원 이상급 기관에서 원외처방전을 발급받아 약국에서 조제 받는 경우 약국약제비 본인부담은 급여비용총액의 3%임.
※ 상기 본인부담금은 급여청구분에 대한 것으로 비급여 청구분은 전액 본인이 부담해야 하며 선별 급여 시에는 급여항목별로 50~80%를 본인이 부담해야 함.

수급대상이 아닌 가구이다.

의료급여의 내용은 의료급여법 제7조 규정에 의한 진찰 · 검사, 약제 · 치료재료 지급, 처치 · 수술, 예방 · 재활, 입원, 간호, 이송 등이며 의료기관 등을 이용한 경우 본인이 부담해야 하는 금액은 2016년 현재 [표 6-1]과 같다.

3) 장애인 의료비지원제도

장애인 의료비지원제도는 생활이 어려운 자에게 의료급여를 실시함

표 6-2 | 의료급여 지원 내용

구분	의료급여기관		구 분	본인부담금	장애인의료비 지원 내용
외래	제1차 의료급여기관 (의원, 보건의료원)		원내 직접 조제	1,500원	750원
			그 이외의 경우	1,000원	750원
	제2차 의료 급여 기관	제17조 만성질환자	원내 직접 조제	1,500원	전액
			그 이외의 경우	1,000원	전액
			특수장비촬영 (CT, MRI, PET)	특수장비총액의 15%(차상위 14%)	전액
		만성질환자 외	의료(요양)급여비용총액의 15%(차상위 14%)		전액
	제3차 의료급여기관		의료급여비용총액의 15%(차상위 14%)		전액
입원	제1 · 2 · 3차 의료급여기관		의료급여비용총액의 10%(차상위 14%)		전액
			본인부담 식대		없음
약국	약국에서 의약품을 조제하는 경우		처방조제	500원	없음
			직접조제	900원	

으로써 국민보건의 향상과 사회복지의 증진에 이바지하는 제도로서 종래 의료보호법에 의해 적용받던 것이 2001년 5월 24일 법률 제6474호에 의거 의료급여법의 적용을 받게 되었다. 장애인의 경우 국민기초생활보장법이나 국가유공자 등 예우 및 지원에 관한 법률에 의한 수급권자에 한하여 의료급여의 혜택을 받을 수 있다. 의료급여는 의료급여법에 의한 2종 수급권자인 등록장애인과 건강보험의 차상위 본인부담 경감대상 등록장애인이 대상이다. 급여의 내용은 [표 6-2]와 같이 외래나 입원, 조제방식에 따라 다르다.

또한 의료급여에는 보장구 구입 시 [표 6-3]과 같은 보장구의 유형별 기준액 범위 내에서 의료급여 본인부담금(15%)을 전액지원하고 있다.

표 6-3 | 의료급여 대상자의 장애인보조기구 지원품목

보장구 분류 및 유형			전문과목
팔의지, 다리의지, 팔보조기, 척추보조기, 골반보조기, 다리보조기, 교정용 신발류			재활의학과, 정형외과, 신경외과, 신경과, 외과
그 밖의 보장구	수동휠체어		재활의학과, 정형외과, 신경외과, 신경과, 외과
	저시력 보조안경, 콘택트렌즈, 돋보기, 망원경, 의안		안과
	보청기, 체외용 인공후두		이비인후과
	전동휠체어 전동스쿠터	지체장애 뇌병변장애	재활의학과, 정형외과, 신경외과, 신경과, 외과
		심장장애	재활의학과, 내과(순환기분과), 흉부외과
		호흡기장애	재활의학과, 내과(호흡기분과, 알레르기분과), 흉부외과, 결핵과
	자세보조용구		재활의학과, 정형외과

4) 장애인 보조기구 무료교부제도

장애인 보조기구 무료교부제도는 지난 1982년부터 생활이 어려운 저소득장애인에게 보장구의 제조, 구매, 수리, 검진 및 적응훈련비를 지원함으로써 이들의 신체적 기능을 보완하고 생활능력을 향상시켜 장애인의 자활·자립을 도모하는 데 목적을 두고 있다.

교부 대상자는 장애인복지법 제66조의 규정에 의거 등록한 장애인으로 기초생활보장법의 수급권자이거나 기초생활보장법의 차상위계층으로 장애인 보조기구가 필요하다고 인정되는 경우이다. 교부되는 재활보조기구 품목은 TV자막수신기와 정형외과용 구두 등 2종이며, 지원내용을 살펴보면 욕창방지용 매트, 음성신호기의 리모콘, 음성 탁상시계, 휴대용 무선신호기, 자세보조용구 등 22가지이다.

교부우선순위는 첫째, 장애등급이 상위인 자, 둘째, 국민기초생활보장법상 수급자, 셋째, 1가구에 2인 이상의 장애인이 거주하는 자, 넷째, 재가장애인, 다섯째, 보조기구를 받은 지 더 오래된 자이다.

장애인 보조기구는 1999년까지는 의수족, 보조기, 휠체어, 보청기, 흰지팡이 등의 의지, 보조기기를 중심으로 교부하였으나 2000년부터는 생활용품 중심으로 교부되었다. 교부실적을 살펴보면, 지난 2013년 한 해 동안 욕창방지용 매트 2,998건, 음성신호기 리모컨 및 음성 탁상시계 1,305건, 휴대용 무선신호기 148건, 자세보조기구 381건이 지급되었었다.

1999년 10월부터 12종의 보장구, 2016년 현재는 22종의 장애인 보조기구에 대한 개인부담금을 건강보험급여에서 지원함으로써 장애인 보조기구 교부사업은 건강보험제도에서 지원하고 있다.

표 6-4 | 장애인 보조기구 교부실적

(단위: 개)

연 도	계	욕창 방지용 매트	신호기 리모콘 음성탁 상시계	휴대용 무선 신호기	자세 보조용구	기타	음성 손목시계	자막 수신기
2000							5,654	3,007
2003	13,437	5,694	5,106	2,168		474		
2004	10,608	5,480	3,181	1,577	311	59		
2005	11,508	5,741	3,289	1,423	393	662		
2006	9,044	4,635	2,530	1,021	372	480		
2012	6,711	2,687	1,199	257	508	2,060		
2013	7,114	2,998	1,305	148	381	2,282		

※ 자료: 보건복지통계연보. 2014.

그 밖에도 민간차원에서 저소득장애인에 대한 휠체어, 보청기, 팩스
등의 보장구 무료교부사업이 산발적으로 이루어지고 있다. 한국장애인
재활협회의 경우, 지난 1991년에 럭키금성복지재단의 지원으로 휠체어
를 무료로 배부하였고, 1994년에는 SBS '장애인을 가족처럼' 캠페인의
수익금으로 재활 용품(보장구와 생활용품)을 지급하였으며, 1995년에는
SBS와 한국담배인삼공사의 지원금을 통해 생활용품만을 무료로 보급
하였다. 현재는 전국 경제인연합회와 전국공동모금회 등에서 전동휠체
어 등을 대량으로 보급하는 등 많은 민간단체에서 장애인 맞춤용 보조
기구를 교부하는 사업을 펼치고 있다.

이 외에도 정부는 장애인용 보장구, 곧 재활 용품 산업을 육성시키고
자 장애인복지법상에 장애인 보조기구 제조, 수리업의 허가기준 등에
대한 관련 근거를 두고 있으며, 산업체에 대한 지원방안을 강구하고
있다.

장애인복지법 시행규칙의 의지 · 보조기 제조업소의 통보기준에 의

하면, 의지 · 보조기 제조업소는 개설한 후 7일 이내에 시장 · 군수 · 구청장에게 통보하도록 하고 있다. 그러나 대부분의 민간 의지 · 보조기 제조업소들은 대부분 소규모의 영세업체이며, 수공업형태로 생산하고 있어 생산시설의 재투자가 사실상 불가능한 실정이다. 또한 보장구산업은 수익성이 낮기 때문에 이 사업에 자본을 투자하려는 기업인도 찾기 어려운 형편이다. 이에 따라 국가 및 지방자치단체는 의지 · 보조기의 개발 · 보급을 촉진하기 위하여 장애인복지법 제67조에서 생산장려금의 지급 · 기술지원 및 우수업체지정, 자금의 융자와 보조 등의 조치를 고려하고 있다. 또한 정부에서는 관세법 제91조의 제4, 5호에 의거, 장애인을 위한 용도로 특수하게 제작 또는 제조된 물품이나 재활 병 · 의원에서 사용되는 의료용구가 수입될 때에 관세를 전면 감면하여, 장애인들의 경제적 부담을 경감시키고 양질의 복지용품들을 구입할 수 있도록 배려하고 있다. 관세감면 대상 보장구로는 2016년 현재 개인치료용구 2개, 개인 교육 및 훈련용구 7개, 의지 · 보조기 7개, 생활보조기 등 23개, 컴퓨터 등 보조기구 11개와 질병치료와 관련한 물품 17개, 교육용 물품 4개 등이다. 그러나 수입보장구의 경우 현행 관세법으로는 완성품만이 면세혜택을 받을 수 있고, 부품이나 제조 · 수리를 위한 기계류에는 면세혜택을 받을 수 없어 실효성과 효과성이라는 측면에서 볼 때 형식적이고 제한적인 면이 있다.

7

소득보장

장애인의 경제적 문제를 해결하고자 정부에서 제공하는 직접적인 소득보장정책은 크게 세 가지로 분류될 수 있다. 첫째, 공적부조의 일환으로 실시되는 국민기초생활보장법에 의한 기초생활보장사업, 장애수당 및 장애아동수당, 자립자금대여사업, 둘째, 사회보험에서의 장애연금 또는 장애일시(보상)금, 셋째, 조세감면 및 이용요금할인 등을 통한 경제적 부담 경감 시책이다.

1. 공적부조에 의한 소득보장

1) 기초생활보장제도

국민기초생활보장제도의 수급권자는 국민기초생활보장법에 의한

표 7-1 | 2016년 기준 중위소득

가구원 수		1인	2인	3인	4인	5인	6인
기준 중위 소득	2015년	1,562,337	2,660,196	3,441,364	4,222,533	5,003,702	5,784,870
	2016년	1,624,831	2,766,603	3,579,019	4,391,434	5,203,849	6,016,265

※ 중위소득은 지난번 통계청 가계동향조사(농어가 포함)를 토대로 발표된 가장 최근의 3개년 가구소
득 증가율('11~'14)인 4.00%를 적용하여 결정되었음.

부양의무자가 없거나 부양의무자가 있어도 부양능력이 없거나 또는 부
양을 받을 수 없는 자로서, 2015년 법률 개정으로 생애주기별 맞춤형 복
지체계로 개편하여 기존의 단일급여 선정기준에서 중위선정기준에 의
한 대상자를 선별하는 체계로 변경되었다. [표 7-1]과 같이 2016년 급여
별 선정기준은 기준 중위소득 대비 비율을 적용, 생계급여는 29%(127만
원), 의료급여는 40%(176만 원), 주거급여는 43%(189만 원), 교육급여는

표 7-2 | 2016년 급여별 선정기준

가구원 수		1인	2인	3인	4인	5인	6인
교육급여 (중위 50%)	2015년	781,169	1,330,098	1,720,682	2,111,267	2,501,851	2,892,435
	2016년	812,415	1,383,302	1,789,509	2,195,717	2,601,925	3,008,132
주거급여 (중위 43%)	2015년	671,805	1,143,884	1,479,787	1,815,689	2,151,592	2,487,494
	2016년	698,677	1,189,640	1,538,978	1,888,317	2,237,656	2,586,994
의료급여 (중위 40%)	2015년	624,935	1,064,078	1,376,546	1,689,013	2,001,481	2,313,948
	2016년	649,932	1,106,642	1,431,608	1,756,574	2,081,540	2,406,506
생계급여 (중위 29%)	2015년	437,454	744,855	963,582	1,182,309	1,401,037	1,619,764
	2016년	471,201	802,315	1,037,916	1,273,516	1,509,116	1,744,717

표 7-3 │ 교육급여 지급기준 및 내용

지급대상	급여항목	지급금액('16)	지급방법
초등학생, 중학생	부교재비	1명당 39,200원	연1회 일괄지급
중학생, 고등학생	학용품비	1명당 53,300원	1, 2학기 분할지급
고등학생	교과서대	1명당 131,300원	연1회 일괄지급
	수업료	연도별·급지별 학교장이 고지한 금액 전부	분기별 지급
	입학금		1학년 제1분기에 신청 시 전액 지급

50%(220만 원) 이하 가구이다.

가구원 수에 따른 급여별 기준금액은 당연히 급여의 유형에 따라 달라지는데 [표 7-2]와 같이 교육급여, 주거급여, 의료급여, 생계급여별 적용기준이 다르다.

교육급여의 경우 [표 7-3]과 같이 학령기에 따라 지원 내용이 차이가 있다.

표 7-4 │ 임차가구 기준임대료

(단위: 만 원/월)

구분	1급지(서울)	2급지(경기·인천)	3급지(광역시)	4급지(그 외)
1인	19.5	17.4	14.3	13.3
2인	22.5	19.5	15.4	14.3
3인	26.6	23.6	18.4	17.4
4인	30.7	27.6	21.5	19.5
5인	31.7	28.7	22.5	20.5
6인	36.9	33.8	25.6	23.6

의료급여의 경우는 1종인 경우는 입원 시 본인부담이 없으나 외래 시에는 1,000원 이상 본인부담이며, 2종의 경우는 입원 시 급여비용 통액의 10%를 본인이 부담하고 외래 시에는 1,000원 이상 본인이 부담한다.

주거급여의 경우는 주택임차료 상승률을 적용하여 매년 인상되고 있으며 2016년의 경우는 [표 7-4]와 같다.

이 외에도 해산급여와 장제급여, 양곡할인 등이 지원된다.

2) 장애수당 및 장애아동수당

기초생활보장제도와 함께 장애인을 위한 대표적인 공적부조사업은 장애수당과 장애아동수당이라는 직접적 소득보장정책이다. 이 제도의 도입 첫 해인 1990년에는 생활보호 및 의료부조대상자인 지체장애인과 지적장애인 1급 및 2급 중복장애인 6,530명에게 월 2만 원을 지급하였으며, 1992년에는 시각장애인 1급으로까지 그 범위가 확대되어 1만 1,586명의 중증·중복장애인에 대하여 장애수당을 지급하였다. 1994년에는 공적부조제도인 의료부조제도가 폐지됨에 따라 기초생활보호대상자인 중증·중복장애인만을 대상으로 동일금액을 지급하였지만 1만 3,990명으로 지급인원이 증가되었다.

그리고 1995년부터는 기초수급대상자로서 다른 사람의 도움 없이는 일상생활을 영위하기가 어려운 1급 및 다른 장애와 중복된 2급 장애인 (정신지체 3급 포함)에게 월 4만 원을 지급하여 총 1만 4천 명이 50억 4천만 원을 지급받았으며, 지방자치단체에서는 자체예산을 확보하여 지원 기준 외에 추가 지급이 가능하였다.

1997년에는 수당금액과 대상이 확대되어 장애가 중복되지 않는 2급

거택보호대상자를 포함하여 2002년부터 5만 원을 분기별로 지급하게 되며, 지방자치단체에서는 자체예산을 확보하여 추가로 지급할 수 있도록 하였다. 1998년에는 지체·시각·청각·언어장애는 2급 중복장애의 거택보호대상자, 정신지체는 3급 중복장애 거택, 자활보호대상자에게까지 확대되었다.

2000년부터는 지급대상이 생활보호대상자 중 장애등급이 1, 2급과 3급 정신지체인으로서 다른 장애가 중복된 자에서 기초생활보장대상자 중 장애등급 1, 2급과 3급 정신지체 또는 발달(자폐)장애인으로서 다른 장애가 중복된 자로 지급대상이 바뀌었다. 그간 정신지체의 일종으로 처리하던 발달장애를 별도의 장애유형으로 구분함에 따라 타인의 도움을 절대적으로 필요로 하는 3급 중복 발달장애인에 대하여도 장애수당을 지급하였다. 그러나 2007년부터는 장애수당의 대상기준이 장애가 아니라 국민기초생활보장법에 의한 수급자 및 차상위계층의 18세 이상 등록 장애인으로 바뀌었으며 차상위계층은 수급권자에 해당하지 아니하는 계층으로서 소득인정액이 최저생계비의 100분의 120 이하이다.

이 제도는 2016년 맞춤형 복지제도 전환되면서 국민기초생활보장 수급자 및 차상위계층 중 만 18세 이상의 3~6급 등록 장애인 중에 소득인정액이 기준 중위소득 50% 이하일 경우(4인 가구 가족 기준 2,195,717원 이하) 적용되는 것으로 변경되었으며 부양의무자 기준은 적용되지 않는다.

지원 내용은 기초수급(생계, 의료, 주거, 교육) 및 차상위의 경우 매월 4만 원, 보장시설 수급자(생계, 의료)의 경우 매월 2만 원의 경증장애수당을 지급한다.

장애아동수당은 기초생활보장대상자 및 차상위 가구의 18세 미만의 등록장애인으로 소득인정액이 기준 중위소득 50% 이하인 경우 지원(4인 가구 기준 2,195,717원 이하)하며, 2016년 지급 내용은 중증과 경증으로 구분되는데 중증의 경우는 국민기초생활보장 생계 또는 의료급여 수급자는 매월 20만 원, 국민기초생활보장 주거 또는 교육급여 수급자 및 차상위계층은 매월 15만 원, 보장시설에서 생활하는 생계 또는 의료급여 수급자는 매월 7만 원을 지급하며, 경증장애인의 경우는 국민기초생활보장 생계 또는 의료급여 수급자는 매월 10만 원, 국민기초생활보장 주거 또는 교육급여 수급자 및 차상위계층은 매월 10만 원, 보장시설에서 생활하는 생계 또는 의료급여 수급자는 매월 2만 원이 지원된다.

3) 장애인 자립자금 대여

장애인 자립자금 대여는 자활자립이 가능한 저소득장애인에게 자립자금을 대여해 줌으로써 자활자립 및 생활안정을 도모하는 데 목적을 두고 실시된다.

1989년 장애인복지법의 개정으로 그 법적 근거를 마련하고 1992년에 처음 실시된 사업으로서 기초수급대상자를 제외한 차상위 저소득 장애인가구주를 대상으로 실시되었으나 2015년 맞춤형 복지체계 전환이후 2016년 지원대상은 성년 등록 장애인 중 소득인정액이 기준 중위소득 50% 초과, 100% 이하인 가구의 장애인 근로자(4인 가구 기준: 2,195,717원 초과, 4,391,434원 이하)를 대상으로 지원하며 2016년 지원내용은 무보증 대출의 경우, 재산세 2만 원 이상 또는 연간소득 600만원 이상 시 가구당 1,200만 원 이내(단, 자동차 구입자금의 경우, 특수설비를 부착할 경우 1,500만 원 이내)에서 지원하며, 보증대출의 경우, 재산세

2만 원 이상 또는 연간소득 800만 원 이상 시 가구당 2,000만 원 이내에서 지원(단, 보증인 1인당 1,000만 원 이내)한다. 담보대출의 경우 담보 범위 내에서 5,000만 원 이하로 지원하며 대여 이자는 고정금리로 연 3%이고 상환 방법은 5년 거치, 5년 분할상환이다.

대여 목적에는 생업자금, 생업용 자동차 구입, 출퇴근용 자동차 구입, 취업에 필요한 지도 및 기술훈련 등이 있으며 단, 생활가계자금, 주택개선자금, 학자금 등의 용도로는 융자가 불가하다.

2. 사회보험에 의한 소득보장

우리나라의 대표적인 사회보험제도인 국민연금제도는 1988년부터 시행되었다. 이 중 장애연금은 연금가입기간 중 장애가 발생했을 때 지급되는데, 질병으로 인한 장애는 초진일 현재 가입기간이 1년 이상이어야 하며, 부상으로 인한 장애는 가입기간 1년 이전에 완치된 경우에는 1년 이상이 되는 시점부터 장애연금이 지급되었으나 2014년 기초연금제 도입으로 만 18세 이상이며 장애인으로 등록되어 있는 중증장애인(1급, 2급, 3급 중복) 중 소득인정액이 선정 기준액 이하인 경우에 지원되는데 2016년 선정 기준액은 단독가구 100만 원, 부부가구 160만 원이다. 단, 직장연금을 받을 자격이 있는 사람과 그 배우자, 또는 직장연금을 받는 사람과 그 배우자는 제외된다.

지원 내용은 만 18~64세까지 매월 최고 20만 4,010원(2016. 4.~2017. 3.)의 기초급여를 지급하는데 부부가 모두 기초급여를 받는 경우에는 각각 기초급여액 20%를 감액하여 1인당 16만 3,200원을 지급하며

(2016. 4.~2017. 3.) 약간의 소득인정액 차이로 인해 발생하는 기초급여를 받는 자와 못 받는 자의 소득역진을 최소화하기 위해 기초급여액의 일부를 단계별로 감액하여 지급한다. 또한 65세 이상은 동일한 성격의 급여인 기초연금으로 전환하고(별도신청 필요), 기초급여는 미지급된다.

부가급여 대상자는 만 18세 이상 장애인연금 수급자 중 국민기초생활보장 수급자와 차상위계층, 차상위 초과자이며, 구체적인 급여 내용은 65세 미만 기초생활보장 수급자(일반재가/생계, 의료수급)는 8만 원, 65세 이상 기초생활보장 수급자(일반재가/생계, 의료수급)는 28만 4,010원, 65세 이상 보장시설 수급자(급여특례)는 7만 원, 65세 미만 차상위계층(일반/주거, 교육수급) 7만 원, 65세 이상 차상위계층(일반/주거, 교육수급) 7만 원, 65세 이상 차상위계층(급여특례/주거, 교육수급) 14만 원, 65세 미만 차상위 초과(일반) 2만 원, 65세 이상 차상위 초과(일반) 4만 원이다.

3. 경제적 부담경감에 의한 소득보장

장애인 또는 장애인을 부양하는 자의 경제적 부담을 경감하기 위해 보육이나 교육, 의료 등을 포함해 각종 세금 또는 요금 등을 감면하는 다양한 시책을 실시하고 있다.

1) 보육 · 교육

보육 · 교육 지원은 장애아 보육료 지원과 자녀교육비, 여성장애인 교육비 지원제도 등이 있다.

주요 사업명	지원대상	지원내용	비고
1. 장애아 보육료 지원	만 0세~만 12세 장애아동 - 장애소견이 있는 의사진단서 (만 5세 이하만 해당) 제출자 - 특수교육대상자 진단 · 평가 결과 통지서 제출자(만 3세~ 만8세까지만 해당)	지원단가 - 종일반: 43만 8천 원/월 - 방과후: 21만 9천 원/월 - 만 3~5세 누리장애아보육: 43만 8천 원/월 ※ 가구소득수준과 무관	읍 · 면 · 동에 신청
2. 장애인 자녀 교육비 지원(1~3급)	소득인정액 기준중위소득 52% 이하인 가구의 1~3급 초 · 중 · 고등학생 장애인 본인 및 1~3급 장애인의 초 · 중 · 고등학생 자녀	• 고등학생의 교과서대 13만 1,300원(연 1회) • 초 · 중학생의 부교재비 3만 9,200원(연 1회) • 중학생, 고등학생의 학용품비 5만 3,300원(1학기 2만 6,650원, 2학기 2만 6,650원으로 연 2회)	읍 · 면 · 동에 신청
3. 여성장애인 교육지원	장애인복지법 제32조(장애인등록)에 의한 등록 여성장애인	여성장애인에 대한 교육지원 - 기초학습, 인문, 사회 및 체험, 보건 및 가족 등	제공기관에 신청

※ 출처: 2016년 장애인복지사업안내, 보건복지부.

2) 의료 및 재활지원

의료 및 재활지원은 장애인 의료비 지원, 건강보험 지역가입자의 보험료 경감, 장애검사비, 발달재활서비스, 장애인보조기구 교부, 보장구 건강보험 급여, 의료재활시설운영, 출산비용 지원 등이 있다.

주요 사업명		지원대상	지원내용	비 고
1. 장애인 의료비 지원		• 의료급여법에 의한 의료급여 2종 수급권자인 등록장애인 • 건강보험의 차상위 본인부담 경감 대상자인 등록장애인(만성질환 및 18세미만 장애인)	• 의료기관 이용 시 발생하는 급여항목 본인부담금의 일부 또는 전액 지원(비급여 제외) - 1차 의료기관 외래진료 본인부담금 750원 일괄지원 • 2차, 3차 의료기관 진료 - 의료(요양)급여수가적용 본인부담 진료비 15%(차상위 14%, 암환자 5%, 입원 10% 등) 전액을 지원하되 본인 부담금 식대 20%는 지원하지 않음	의료 급여증과 장애인 등록증을 제시
2. 건강보험 지역가입자의 보험료 경감	자동차분 건강 보험료 전액 면제	장애인복지법 규정에 의해 등록한 장애인 소유 자동차	해당 자동차는 건강보험료 산정 시 제외	국민건강 보험공단 지사에 확인
	생활수준 및 경제활동 참가율 등급별 점수 산정 시 특례적용	등록장애인	건강보험료 책정 시 지역가입자인 등록장애인에 한해 연령·성별에 상관없이 기본구간(1구간)을 적용	국민건강 보험공단 지사에 신청
	산출 보험료 경감	지역가입자 중 등록장애인이 있는 세대로 소득이 360만 원 이하인 동시에 과표 재산이 1억 3천 5백만 원 이하	• 장애등급 1~2급인 경우: 30% 감면 • 장애등급 3~4급인 경우: 20% 감면 • 장애등급 5~6급인 경우: 10% 감면	국민건강 보험공단 지사에 신청
	장기요양 보험료 경감	등록장애인 1~2급	장기요양보험료의 30% 감면	국민건강 보험공단 지사에 신청

3. 장애인 등록 진단비 지급	국민기초생활보장법상의 생계급여 또는 의료급여 수급자로서 신규 등록 장애인 및 재판정 시기가 도래한 장애인	• 진단서 발급 비용 지원 - 지적장애 및 자폐성장애: 4만 원 - 기타 일반장애: 1만 5천 원 ※ 장애판정을 위한 검사비용은 본인 부담	시·도 및 시·군·구에서 의료기관에 직접 지급 또는 읍면동에 신청
4. 장애검사비 지원	• 기존 등록장애인 중 장애인연금, 활동 지원 및 중증장애아동수당 신청으로 인한 서비스 재판정 및 의무 재판정 등으로 재진단을 받아야 하는 수급자 및 차상위계층인 자 • 행정청 직권으로 재진단을 받는 자	• 생계급여, 의료급여수급자 - 소요비용이 5만 원 이상 초과금액 중 최대 10만 원 범위 내에서 지원 • 주거급여, 교육급여 수급자 또는 차상위계층 - 소요비용이 10만 원 이상 초과금액 중 최대 10만 원 범위 내에서 지원 • 직권 재진단 대상 - 소요비용과 관계없이 10만 원 이하의 범위 내에서 지원	읍·면·동에 신청
5. 발달재활 서비스	• 연령기준: 만 18세 미만 장애아동 • 장애유형: 뇌병변, 지적, 자폐성, 언어, 청각, 시각 장애아동 • 소득기준: 전국가구평균소득 150% 이하 • 기타요건 - 장애인복지법상 등록장애아동 - 다만, 등록이 안 된 만 6세 미만 아동은 의사진단서(검사자료 포함)로 대체 가능	• 매월 14~22만 원의 발달재활 서비스 바우처 지원 • 언어·청능, 미술·음악, 행동·놀이·심리, 감각·운동 등 발달재활서비스 선택하여 이용	읍·면·동에 신청
6. 언어발달 지원	• 연령기준: 만 12세 미만 비장애아동(한쪽 부모 및 조손 가정의 한쪽 조부모가 시각·청각·언어·지적·뇌병변·자폐성 등록 장애인) • 소득기준: 전국가구평균소득 100% 이하	• 매월 16~22만 원의 언어재활 등 바우처 지원 • 언어발달진단서비스, 언어·청능 등 언어 재활서비스, 독서지도, 수화지도	읍·면·동에 신청

7. 장애인 보조기구 교부	등록장애인 중 국민기초생활보장법상의 수급자 및 차상위계층	• 품목 및 교부대상 - 욕창방지용 방석 및 커버: 1~3급 뇌병변 · 심장장애인 - 와상용 욕창예방 보조기구: 1~3급 심장장애인 - 보행차, 좌석형 보행차, 탁자형 보행차, 목욕의자, 휴대용경사로: 지체 · 뇌병변장애인 - 음식 및 음료섭취용 보조기구, 식사도구, 젓가락 및 빨대, 머그컵, 유리컵, 컵 및 받침대, 접시 및 그릇, 음식보호대, 기립훈련기, 이동변기: 1~3급 지체 · 뇌병변 장애인 - 음성유도장치, 음성시계, 영상확대비디오(독서확대기), 문자 판독기, 녹음 및 재생장치: 시각장애인 - 시각신호표시기, 진동시계, 헤드폰(청취증폭기): 청각장애인	읍 · 면 · 동에 신청
8. 보장구 건강보험급여(의료급여) 적용	• 등록장애인 「보장구급여비지급청구서」 제출 시 첨부서류 1. 의사발행 보장구 처방전 및 보장구 검수 확인서 각 1부 2. 요양기관 또는 보장구 제작 · 판매자 발행 세금계산서 1부 ※ 지팡이 · 목발 · 휠체어(2회 이상 신청 시) 및 흰지팡이 또는 보장구의 소모품 경우는 위 1호 서류 첨부 생략 ※ 건강보험 전동휠체어, 전동스쿠터(2011. 9. 30. 이후 발행된 처방전으로 구입)의 경우, 보장구 검수 확인서 생략	• 건강보험대상자: 적용대상 품목의 기준액 범위 내에서 구입비용의 90%를 공단에서 부담 ※ 전동휠체어 · 전동스쿠터 · 자세보조 용구는 기준액 · 고시액 · 실구입가액 중 낮은 금액의 90%를 공단이 부담 • 의료급여수급권자: 적용 대상 품목의 기준액 · 고시액 · 실구입가액 중 낮은 금액을 기금에서 부담	

		〈적용대상 보장구 및 기준액〉			
		분류	기준액 (원)	내구 연한 (1년)	
3. 관련법령 등에 따라 제조 · 수입 또는 판매된 것임을 입증하는 서류 등 •「보장구급여비지급청구서」 제출기관 1. 건강보험: 공단 2. 의료급여: 시 · 군 · 구청 ※ 의료급여수급권자는 보장구급여 신청서 제출 후 적격통보 받은 자가 보장구 급여비 지급 청구 대상자임		지체 · 뇌병변장애 인용 지팡이	20,000	2	신청기관 - 건강보험: 공단 - 의료급여: 시 · 군 · 구청 ※ 공단에 등록된 업소 및 품목에 대해 구입한 경우 급여지원 (공단 홈페이지 건강 iN참조)
		목발	15,000	2	
		수동휠체어	480,000	5	
		의지 · 보조기	유형별로 상이	유형별로 상이	
		시각장애용 - 저시력 보조안경 - 돋보기 - 망원경 - 콘택트렌즈 - 의안	100,000 100,000 100,000 80,000 620,000	5 4 4 3 5	
		흰지팡이	14,000	0.5	
		보청기	1,310,000	5	
		체외용인공후두	500,000	5	
		전동휠체어	2,090,000	6	
		자세보조용구	1,500,000	3	
		정형외과용 구두	250,000	2	
		소모품(전지)	160,000	1.5	
9. 장애인 의료 재활시설 운영	등록장애인	• 지원 내용 - 장애의 진단 및 치료 - 보장구 제작 및 수리 - 장애인 의료재활상담 등 • 의료급여수급권자 및 시 · 군 · 구청장의 무료진료 추천자는 무료, 그 외의 자는 실비 부담			의료급여증과 장애인등록증 (복지카드)을 제시
3-10. 여성장애인 출산비용 지원	장애등급 1~6급으로 등록한 여성 장애인 중 출산한 여성장애인(2015년 1월 1일 이후 출산한 경우, 임신기간 4개월 이상 태아 유산 · 사산의 경우 포함)	출산(유산, 사산포함) 태아 1인 기준 1백만 원 지급			읍 · 면 · 동에 신청

※ 출처: 2016년 장애인복지사업안내, 보건복지부.

349

3) 관련 서비스

장애인의 일상생활이나 사회참여를 지원하기 위한 다양한 서비스
등이 있는데, 예를 들어 장애인 활동 지원, 장애아 가족양육 지원, 거주
시설 운영, 실비 장애인 거주시설 입소 이용료 지원, 장애인 자동차 표지
발급, 수신기 무료보급, 방송 시청 지원, 공동주택 특별분양 알선, 무료
법률구조제도 실시 등이 있다.

주요 사업명	지원대상	지원내용	비고
1. 장애인 활동 지원	만 6세~만 64세의 장애인복지 법상 등록 1~3급 장애인 중 활동 지원 인정 조사표에 의한 방문조 사 결과 220점 이상인 자	• 월 한도액 - 기본급여: 등급별 월 43~ 106.3만 원 - 추가급여: 독거여부, 출산여 부, 취업 및 취학여부 등의 생활환경에 따라 월 9.1~ 2,464천 원 추가급여 제공 • 본인부담금 - 생계 · 의료급여 수급자: 면제 - 차상위계층(생계 · 의료급여 수급자 제외): 2만 원 - 가구별 소득수준에 따라 기 본급여의 6~15% + 추가급 여의 2~5% 차등 부담 • 기본급여(1~4등급): 25.8~ 102.2천 원(장애인연금 기초급 여액으로 상한 설정) • 추가급여(독거, 출산, 학교 · 직 장생활 등): 1.8~123.2천 원	읍 · 면 · 동, 국민 연금공단 각 지사에 신청
2. 장애아 가족 양육 지원(1~3급)	• 연령기준: 만 18세 미만 중증 장애아동 • 장애유형: 「장애인복지법」에 근 거한 1급, 2급, 3급 장애아동 • 소득기준: 전국가구평균소득 100% 이하	• 1아동당 연 480시간 범위 내 지원 • 아동의 가정 또는 돌보미 가정 에서 돌봄서비스 제공(장애아 동 보호 및 휴식 지원)	읍 · 면 · 동에 신청

3. 장애인 거주시설 운영	등록장애인 중 기초생활보장수 급자(임차가구) 및 차상위계층 (자가, 임차가구) ※ 차상위계층은 기준 중위소득 　50% 기준		
4. 실비 장애인거주 시설 입소 이용료 지 원	• 아래의 소득조건을 만족하여 　실비 장애인거주 시설에 입소 　한 장애인 • 소득조건 등록 장애인이 속한 가구의 가 구원 수로 나눈 월 평균소득액 이 통계청장이 통계법 시행령 제3조의 규정에 의하여 고시 하는 2013년도의 도시근로자 가구 월평균 소득을 평균가구 원 수로 나누어 얻은 1인당 월 평균소득액 이하인 가구의 등 록장애인	실비장애인거주시설 입소 시 입 소비용 중 매월 286만 원 지원	시·군· 구에서 해 당시설에 지원
5. 장애인 자동차표지 발급	• 장애인 또는 장애인과 주민등 　록표상의 주소를 같이 하면서 　함께 거주하는 배우자, 직계 　존·비속, 직계비속의 배우자, 　형제·자매, 형제·자매의 배 　우자 또는 자녀의 명의로 등록 　하여 장애인이 주로 사용하는 　자동차 1대 • 「재외동포의 출입국과 법적 지 　위에 관한 법률」 제6조에 의하 　여 국내거소신고를 한 재외동 　포와 「출입국관리법」에 의한 　외국인 등록을 한 외국인으로 　서 보행장애가 있는 사람 명의 　로 등록한 자동차 1대 • 「장애인복지법」 제58조에 따 　른 장애인복지시설 및 동법 제 　63조에 따른 단체 명의로 등록 　하여 장애인복지사업에 사용 　하는 자동차	주차가능 표지 부착 차량에 대해 장애인전용주차구역에 주차 가능 ※ 장애인의 보행상 장애 여부에 　따라 장애인전용주차구역을 　이용할 수 있는 표지가 발급 　되며, 장애인이 탑승한 경우 　에만 표지의 효력을 인정	읍·면· 동에 신청

351
•
소득보장

	※ 지방자치단체의 명의로 등록하여 장애인복지시설이나 장애인복지단체가 장애인복지사업에 사용하는 자동차 포함 • 「노인복지법」 제34조에 따른 노인의료복지시설 명의의 자동차 • 「장애인 등에 대한 특수교육법」 제28조 제5항에 따라 각급 학교의 명의로 등록하여 장애인의 통학을 위하여 사용 되는 자동차 • 「영유아보육법」 제26조에 따라 장애아를 전담하는 어린이집의 명의로 등록하여 장애아 보육 사업에 사용되는 자동차 • 「교통약자의 이동편의 증진법」 제16조에 따른 특별교통수단으로서 장애인의 이동 편의를 위해 사용되는 자동차		
6. 방송수신기 무료 보급(자막방송 수신기, 화면해설방송수신기, 난청노인용 수신기)	시청각장애인, 난청노인 - 저소득층 및 중증장애인 우선 보급	• 청각장애인을 위한 자막방송 수신기 보급 • 시각장애인을 위한 화면해설방송 수신기 보급 • 난청노인을 위한 난청노인용 수신기 보급	방송통신위원회 산하 한국방송통신전파진흥원 수행 (☎1688-4596)
7. 장애인 방송 시청 지원	시청각장애인(자막방송, 화면해설방송, 수화방송)	• 시ㆍ청각장애인을 위한 장애인방송(자막, 수화, 화면 해설방송) 지원 - 국내 방송사업자(지상파, SO, PP, 종편, 위성 등) 장애인방송 제작지원 • EBS 장애인교육방송물 보급 - 시ㆍ청각장애 학생을 위해 EBS교육방송물을 자막ㆍ화면해설방송으로 재제작하여 웹을 통해 지원(http://free. ebs.co.kr)	방송통신위원회 산하 한국방송통신전파진흥원 수행 (☎02-2142-4442, 4445)

			방송통신위원회 산하 한국방송통신전파진흥원 수행 (☎02-2142-4442, 4445)
	발달장애인(발달장애인용 방송프로그램)	발달장애인이 쉽게 이해할 수 있도록 기 제작된 영상물을 '알기 쉬운 자막·음성해설방송'으로 재제작하여 보급	
8. 공동 주택 특별 분양 알선	무주택세대구성원인 장애인(지적장애 또는 정신 및 제3급 이상의 뇌병변 장애인의 경우 그 배우자 포함)	청약저축에 상관없이 전용면적 85제곱미터 이하의 공공분양 및 공공임대주택 분양 알선	시·도에 문의 및 읍·면·동에 신청
9. 무료 법률 구조 제도 실시	등록장애인 - 법률구조공단에서 심의하여 무료 법률 구조를 결정한 사건에 한함	소송 시 법원에 소요되는 일체의 비용(인지대, 송달료, 변호사 비용 등)을 무료로 법률구조 서비스 제공 - 무료 법률 상담 - 무료 민사·가사사건 등 소송대리(승소가액이 2억 원 초과 시 소송비용 상환) - 무료 형사변호(단, 보석보증금 또는 보석보증 보험 수수료 본인 부담)	대한법률구조공단 관할 지부에 유선 또는 방문 상담 (☎132, www.klac.or.kr)

※ 출처: 2016년 장애인복지사업안내, 보건복지부.

4) 공공요금 관련 지원

장애인들의 경제적 소득 경감을 위하여 다양한 요금할인이나 감면 정책도 실시하고 있는데 차량 구입 시 도시철도채권 구입 면제, 국공립 박물관, 미술관, 공영주차장, 철도, 도시철도, 유선통신, 이동통신 요금 과 시·청각장애인 TV수신료 면제, 항공요금, 연안여객선 운임, 고속도 로 통행료 50%, 전기요금, 도시가스 요금 할인 등이 시행되고 있다.

주요 사업명	지원대상	지원내용	비고
1. 차량 구입 시 도시철도 채권 구입 면제	장애인명의 또는 장애인과 주민등록상 같이 거주하는 보호자 1인과 공동 명의로 등록한 보철용의 아래 차량중 1대 - 비사업용 승용자동차 - 15인승 이하 승합차 - 소형화물차(2.5톤미만)	도시철도채권 구입의무 면제 (지하철 공사가 진행되고 있는 특별시와 광역시에 해당)	관할 시 · 군 · 구청 차량등록 기관에 신청 (자동차판매사 영업사원에게 문의)
2. 고궁, 능원, 국 · 공립 박물관 및 미술관, 국 · 공립공원, 국 · 공립공연장, 공공체육시설 요금 감면	등록장애인 및 1~3급 장애인과 동행하는 보호자 1인 - 국 · 공립 공연장 중 대관공연은 할인에서 제외	입장요금 무료 ※ 국 · 공립 공연장(대관공연 제외) 및 공공 체육시설 요금은 50% 할인 ※ 공공체육시설: 생활체육관, 수영장, 테니스장, 스키장 등	장애인 등록증 (복지카드) 제시
3. 공영주차장 주차요금 감면	등록장애인 - 장애인 자가운전 차량 - 장애인이 승차한 차량	지방자치단체의 조례에 의거 할인 혜택 부여 ※ 대부분 50% 할인혜택이 부여되나 각 자치단체별로 상이	장애인 등록증 (복지카드) 제시
4. 철도 · 도시철도 요금 감면	등록장애인	• 등록장애인 중 중증장애인 (1~3급)과 동행하는 보호자 1인 KTX, 새마을호, 무궁화, 통근열차: 50% 할인 • 등록장애인 중 4~6급 　- KTX, 새마을호: 30% 할인 　(토 · 일, 공휴일을 제외한 주중에 한하여) 　- 무궁화, 통근열차: 50% 할인 • 도시철도(지하철, 전철): 100%	장애인 등록증 (복지카드) 제시
5. 유선통신 요금 감면	• 등록장애인 • 장애인 복지시설, 장애인 복지단체, 특수학교, 아동 복지시설	• 시내전화: 월 통화료 50% 감면 • 시외전화: 월 통화료 50% 감면 (월 3만 원 한도) • 인터넷전화: 월 통화료 50% 감면 ※ 이동전화에 거는 요금: 월 1만 원 사용 한도 이내에서 30% 감면	해당 통신회사에 신청

		• 114 안내요금 면제
		• 초고속인터넷 월 이용료 30%
		  감면
		※ 단체의 경우 2회선 감면(청
		  각장애인 단체 등은 FAX용
		  1회선 추가 제공), 시·내전
		  화, 인터넷전화 중복 감면
		  없음	

6. 이동통신
요금 감면
	• 등록장애인
	• 장애인 복지시설, 장애아동 복
	  지단체, 특수학교, 아동복지
	  시설
	• 장애인복지법에 따른 장애
	  수당, 장애아동수당 수급자,
	  장애인연금법에 따른 장애
	  인연금수급자 중 국민기초
	  생활 보장법에 따라 차상위
	  계층으로 지정된 자
		• 가입비 면제
		• 기본료 및 통화료(음성 및 데
		  이터 한함) 35% 할인
		※ 차상위계층은 가구당 4인
		  한도 감면 가능, 월 최대감
		  면액은 10,500원
		※ 단, 이동전화재판매사업자
		  (MVNO, 알뜰폰) 사업자는
		  감면 미실시
			해당
			통신회사에
			신청

7. 시·청각
장애인 TV
수신료 면제
	• 시각·청각 장애인이 있는
	  가정
	• 사회복지시설에 입소한 장
	  애인을 위하여 설치한 텔레
	  비전 수상기
		TV수신료 전액 면제
		※ 시·청각장애인 가정의 수신
		  료 면제는 주거 전용의 주택
		  안에 설치된 수상기에 한함
			주소지 관할
			한전지사,
			KBS수신료
			콜센터
			(1588-
			1801),
			인터넷
			www.
			oklife.
			go.kr
			또는 읍·
			면·동
			자치센터

8. 항공요금
할인
	등록장애인	• 대한항공(1~4급), 아시아나
		  항공 국내선 요금 50% 할인
		  (1~3급 장애인은 동행하는 보
		  호자 1인 포함)
		• 대한항공(5~6급 장애인) 국
		  내선 30% 할인
			장애인
			등록증
			(복지카드)
			제시

		※ 대한항공은 2006년부터 사전예약제(Booking Class 관리 시스템) 실시로 주말, 성수기, 명절연휴 등 고객 선호도가 높은 항공편(제주노선부터 실시)의 경우 사전예약이 안되면 항공요금 감면 등 구입이 안 될 수 있으므로 동 시기에는 사전예약 요망	
9. 연안여객선 여객운임 할인	등록장애인	• 연안여객선 여객운임 50% 할인(1~3급 장애인 및 1급 장애인 보호자 1인) • 연안여객선 여객운임 20% 할인(4~6급 장애인) ※ 선사별, 개별운송약관에 의해 구체적 할인율이 상이할 수 있음	장애인 등록증 (복지카드) 제시 한국 해운조합 (☎02-6096-2044)
10. 고속도로 통행료 50% 할인	장애인 또는 장애인과 주민등록표상 같이 기재되어 있는 보호자(배우자·직계 존속·직계비속·직계비속의 배우자·형제·자매)의 명의로 등록한 아래 차량 중 1대(장애인자동차표지 부착)에 승차한 등록장애인 - 배기량 2,000cc 이하의 승용자동차 - 승차정원 7~10인승 승용자동차(배기량 제한없음) - 승차정원 12인승 이하 승합차 - 최대적재량 1톤 이하 화물 자동차 ※ 경차와 영업용차량(노란색 번호판의 차량)은 제외	고속도로 통행료 50% 할인 - 일반차로: 요금정산소에서 통행권과 할인카드 또는 장애인통합복지카드를 함께 제시하면 요금 할인 - 하이패스 차로: 출발 전 하이패스 감면 단말기에 연결된 지문인식기에 지문을 인증한 후 고속도로(하이패스 차로) 출구를 통과할 때 통행료 할인 ※ 지문인식기 내 지문인증 시 유효 시간은 4시간이며 초과 또는 전원 재부팅 시 재인증 필요 ※ 장애인복지카드와 고속도로 통행료 할인 기능을 통합한 '장애인통합 복지카드' 신청 개시('14.12月부터)	• 장애인통합 복지카드 발급 신청: 주소지 읍·면·동사무소 • 감면단말기 지문정보 입력: 전국 읍·면·동사무소, 한국도로공사 지역본부
11. 전기요금 할인	중증장애인(1~3급)	전기요금 정액 감액(월 8천 원 한도) - 문의전화: 국번없이 123 - 인터넷: www.kepco.co.kr	한국전력 관할지사·지점에 신청 (방문, 전화)

12. 도시가스 요금 할인	중증장애인(1~3급)	• 주택용(취사용 및 개별난방용 에 한함) 도시가스 할인 ※ 구비서류: 장애인 복지카 드 사본, 실거주 확인서 (주민등록등본 등) • 한국도시가스협회(02-554- 7721) - 인터넷: www.citygas.or.kr	지역별 도시가스 지사 · 지점 에 신청(방 문, 전화)
13. 장애인 자동차 검사수수료 할인	'장애인복지법' 제32조에 의한 등록 장애인 본인 또는 세대별 주민등록표상 같이 기재되어 있는 보호자(배우자, 직계존비 속, 직계 비속의 배우자, 형제, 자 매)의 명의로 등록된 아래의 비 사업용 자동차 1대 - 승용차, 12인승 이하 승합차, 적재량 1톤 이하 화물차	• 정기검사 및 종합검사 수수 료의 50~30% - 중증장애인(1급~3급): 50% - 경증장애인(4급~6급): 30% ※ 일반수수료 - 정기검사(15,000~25,000원) - 종합검사(45,000~61,000원) • 대상자동차 확인 방법 - 장애인차량표지(부착) 확인 후 • 장애인복지카드, 장애인증 명서 등 • 장소: 교통안전공단 자동차 검사소 ※ 일반검사소가 아님	교통 안전공단 (☎1577- 0990) www. ts2020.kr

※ 출처: 2016년 장애인복지사업안내, 보건복지부.

5) 세제혜택

지원이나 할인정책 외에도 세금혜택을 통한 소득경감 정책을 시행
하고 있는데 승용자동차에 대한 개별소비세 면제, 장애인용 차량에 대
한 취득세, 자동차세 면제, 승용자동차 LPG 연료 사용 허용, 차량구입 시
지역개발 공채구입 면제, 소득세 공제, 장애인 의료비, 특수교육비 소득
공제, 장애인 보험료 공제, 상속세 상속공제, 증여세 과세가액 불산입,
장애인 보장구 부가가치세 영세율 적용, 장애인용 수입물품 관세감면,

특허출연료 또는 기술평가청구료 등의 감면 등이 있다.

주요 사업명	지원대상	지원내용	비고
1. 승용자동차에 대한 개별소비세 면제	1~3급 장애인 본인 명의 또는 장애인과 주민등록표상 생계를 같이 하는 배우자·직계존속·직계비속·직계비속의 배우자·형제·자매 중 1인과 공동명의로 등록한 승용자동차 1대 ※ 5년 이내 양도할 경우 잔존 연도분 부과	개별소비세 500만 원 한도로 면제(교육세는 개별소비세의 30% 한도) ※ 장애인을 위한 특수장비 설치비용은 과세표준에서 제외	• 자동차 판매인에게 상담 • 국세청 소관 관할세무서
2. 장애인용 차량에 대한 취득세(종전 등록세 포함), 자동차세 면제	차량 명의를 1~3급(시각 4급은 자치 단체 감면조례에 의함)의 장애인 본인이나 그 배우자 또는 주민등록표상 장애인과 함께 거주하는 직계존·비속(재혼 포함), 직계비속의 배우자(외국인 포함), 형제, 자매 중 1인과 공동명의 - 배기량 2,000cc 이하 승용차 - 승차정원 7인승 이상 10인승 이하인 승용자동차, 승차정원 15인승 이하 승합차, 적재정량 1톤 이하인 화물차, 이륜자동차 중 1대	취득세(종전 등록세 포함)·자동차세 면세	시·군·구청 세무과에 신청 (행정자치부 지방세특례제도과)
3. 승용자동차 LPG 연료 사용 허용	장애인 또는 장애인과 주민등록표상 거주를 같이 하는 보호자(배우자, 직계존비속, 직계존비속의 배우자, 배우자의 직계존비속, 형제·자매) 1인과 공동명의 또는 보호자 단독명의로 하는 경우의 등록한 승용자동차 1대	LPG연료 사용 허용(LPG연료 사용 차량을 구입하여 등록 또는 휘발유 사용 차량을 구입하여 구조변경) ※ LPG승용차를 사용하던 장애인이 사망한 경우는 동 승용차를 상속받은 자에게도 사용 허용	시·군·구 차량등록기관에 신청 (산업통상자원부 소관)
4. 차량 구입 시 지역개발공채 구입 면제	지방자치단체별 조례에서 규정하는 장애인용 차량 ※ 도 지역에 해당	지방자치단체별 조례에 의거 장애인 차량에 대한 지역개발공채 구입의무 면제	시·군·구청 차량등록기관에 신청(자동차 판매사 영업사원에 문의)

5. 소득세 공제	등록장애인	• 부양가족(직계존·비속, 형제 ·자매 등) 공제 시 장애인인 경우 연령제한 미적용(소득 세법 제50조) • 소득금액에서 장애인 1인당 연 200만 원 추가 공제(소득 세법 제51조)	연말정산 또는 종합소득 신고 시 공제신청 (국세청 전화 세무상담 126)
6. 장애인 의료비 공제	등록장애인	당해연도 의료비 - 의료비 지출액 전액의 15% 공제	근로 소득자의 연말정산 또는 종합소득 신고시 공제신청 (국세청 전화 세무상담 126)
7. 장애인 특수교육비 소득공제	등록장애인	사회복지시설이나 보건복지부 장관으로부터 장애인재활교육 시설로 인정받은 비영리법인 에 지급하는 특수교육비 전액 의 15% 공제	
8. 장애인 보험료 공제	등록장애인	장애인전용보장성보험의 보험 료 공제 - 연 100만 원 한도, 15% 공제 율 적용	
9. 상속세 상속 공제	등록장애인 - 상속인과 피상속인이 사실상 부양 하고 있던 직계존비속, 형제, 자매	• 상속인 및 동거가족인 등록 장애인에게 상속 공제 • 「상속세 과세가액」에서 500 만 원에 상속 개시일 현재 통 계법 제18조에 따라 통계청 장이 승인하여 고시하는 통 계표에 따른 성별·연령별 기대여명의 연수(소수점 이하 는 버림)를 곱한 금액을 공제 ※ 상속세과세 가액 = 당초의 상속세과세 가액 - (500만 원 × 기대여명의 연수)	관할 세무서에 신청
10. 증여세 과세가액 불산입	등록장애인 친족으로부터 재산(부동산, 금 전, 유가 증권)을 증여받고 다음 의 요건을 모두 갖춘 경우 - 증여받은 재산 전부를 신탁업 자에게 신탁하였을 것	장애인이 생존기간 동안 증여 받은 재산 가액의 합계액에 대 하여 최고 5억 원까지 증여세 과세가액에 불산입 ※ 증여세 부과사유가 발생하 면 즉시 부과	관할 세무서에 신청

	- 신탁기간이 그 장애인이 사망할 때까지로 되어있을 것	• 신탁을 해지하거나, 연장하지 아니한 경우 • 수익자를 변경하거나 증여 재산가액이 감소한 경우 • 신탁의 이익 전부 또는 일부가 그 장애인이 아닌 자에게 귀속되는 것으로 확인되는 경우	
11. 장애인 보장구 부가가치세 영세율 적용	등록장애인	부가가치세 감면 - 의수족, 휠체어, 보청기, 점자판과 점필, 시각장애인용 점자정보단말기, 시각 장애인용 점자프린터, 청각장애인용 골도전화기, 시각장애인용 특수제작된 화면낭독 소프트웨어, 지체장애인용으로 특수제작된 키보드 및 마우스, 보조기(팔·다리·척추 및 골반 보조기에 한함), 지체장애인용 지팡이, 시각장애인용 흰지팡이, 청각장애인용 인공달팽이관 시스템, 목발, 성인용 보행기, 욕창예방 물품(매트리스·쿠션 및 침대에 한함), 인공후두, 장애인용 기저귀, 텔레비전 자막수신기(국가·지방자치단체 또는 「전파법」 제66조에 따라 설립된 한국 방송통신전파진흥원이 청각장애인에게 무료로 공급하기 위하여 구매하는 것에 한함), 청각장애인용 음향표시장치, 시각장애인용 인쇄물 음성변환 출력기, 시각장애인용 전자독서확대기, 시각장애인 전용 음성독서기, 화면해설방송수신기(국가·지방자치단체 또는 「민법」 제32조에 따라 설립된 사단법인 한국시각장애인연합회가 시각장애인에게 무료로 공급하기 위하여 구매하는 것에 한함)	별도 신청 없음 ※ 텔레비전 자막수신기(국가·지방자치단체·한국농아인협회의 구매 시)

12.장애인용 수입물품 관세 감면	등록장애인	• 장애인용 물품으로 관세법 시행규칙 [별표 2]에서 정한 101종의 수입물품에 대하여 관세 면제 • 재활병원 등에서 사용하는 지체·시각 등 장애인 진료 용구에 대하여 관세 면제	통관지 세관에서 수입신고 시 에 관세면제 신청
13. 특허 출원료 또는 기술평가청 구료 등의 감면	등록장애인	• 특허 출원 시 출원료, 심사청 구료, 1~3년차 등록료, 기술 평가 청구료 면제 • 특허·실용신안원 또는 의 장권에 대한 적극적인 권리 범위 확인심판 시 그 심판 청 구료의 70% 할인	출원, 심사 청구, 기술 평가청구, 심판청구 시 또는 등록 시 특허청에 감면 신청

※ 출처: 2016년 장애인복지사업안내, 보건복지부.

8

교육정책

장애인에 대한 교육권리를 보장하기 위한 정책으로는 장애인가구 자녀교육비 지원, 특수학교 및 특수학급에서의 특수교육 실시 및 운영비 지급, 그리고 지난 1995년도 대학입학부터 실시된 장애인 대상 대학 입학시 정원 특례입학제도를 들 수 있다. 아울러 2007년 5월 25일 장애인 등에 대한 특수교육법이 제정됨으로써 특수교육 진흥의 차원에서 교육의 기본적 권리에 대한 새로운 정책이 시도되고 있다. 이에 따라 특수교육분야는 중요한 전환기를 맞게 되었다.

1. 특수교육 현황

한국에서 근대적 특수교육방법으로 장애아동교육이 시작된 것은 19세기 말 신교육의 성립과정과 더불어 그 기점을 찾을 수 있다. 개신교

선교사들의 도래와 함께 시작된 특수교육은 개신교 선교사들이 선교사업을 위한 간접적 방편으로 교육사업과 의료사업에 주력함으로써 실시되었다.

또한 해방 이후부터 1960년대 말에 이르기까지 특수학교 교육은 민간독지가들이 설립한 사립특수학교들에 크게 의존되어 왔으며, 이에 따라 한국의 특수교육 발전사에 있어 이들 사립 특수교육기관들이 선구적 역할을 담당해 왔다. 그러나 이러한 사학 주도의 특수교육과정으로 인해 상당수의 특수학교들이 시설설비를 비롯해서 교육재정이 취약한 영세성을 벗어나지 못하게 되었다. 1980년대 이후 특수교육진흥법이 발효됨에 따라 국가에서 인건비를 포함하여 운영비까지 지원받는 공영사학으로 운영하게 되었다.

1977년 12월 31일 제정·공포된 현행 특수교육진흥법은 장애아동들의 교육기회 확대 제공과 특수교육의 질적 향상이라는 측면에서 크게 기여하였다. 그러나 특수교육에 대한 욕구의 증대, 특수교육기관의 급격한 신·증설, 부모들의 권리주장 등 그간 특수교육 여건이 크게 변화됨에 따라 그 개정이 불가피하게 되었다. 이에 따라 급격한 교육여건의 변화를 제대로 반영하지 못하고 있는 문제점을 해소하고, 최근 급증하고 있는 특수교육 수요를 충족시키기 위하여 지난 1994년 1월 17일 전문이 개정·공포되었다. 16개 조문에서 5장 28개 조문으로 전면 개정된 특수교육진흥법은 특수교육의 기회 확대와 질적인 향상을 도모할 수 있도록 각종 시책을 강구하도록 되어 있으며, 그 주요 내용은 다음과 같다.

첫째, 장애아동들에게 균등한 교육기회를 제공토록 하고, 특수교육과 관련된 용어의 정의를 명확히 하여 혼란을 방지한다. 둘째, 특수교육대상자의 진단·평가 시 학부모의 의견진술 기회를 보장하였다. 셋째,

특수교육을 진흥하기 위한 국가 및 지방자치단체의 임무규정 및 그에 소요되는 경비지급을 명문화하였다. 넷째, 의무교육대상(초·중등)과 무상교육대상(유치·고등)을 명확히 구분하여 제시하였다. 다섯째, 사립특수교육기관에 대한 장애아동의 위탁교육의 근거를 마련하고 교육여건을 개선토록 하였다. 그리고 특수교육대상자의 취학편의를 위한 시설 및 경비의 지원, 각급 학교 입학에 있어서 장애학생의 차별 금지, 특수교육체제의 다양화(순회교육, 통합교육, 특수유치원의 설립 등), 치료교육 및 직업교육의 심화를 위한 교사자격기준의 강화를 주요 골자로 하고 있다.

개정된 특수교육진흥법은 법 형식상 현행법을 개정한 것이지만 사실상 우리나라 장애인의 교육을 위한 기본법을 새로이 제정한 것이나 다름없으며, 특히 정부 여당안과 야당안을 합리적으로 수용하여 획기적인 대안을 마련하였다는 데 그 의의가 크다고 할 수 있다.

이 법률은 2007년 폐지되고 장애인 등에 대한 특수교육법으로 제정되는데 이유는 장애인 및 특별한 교육적 요구가 있는 사람에게 통합된 교육환경을 제공하고 생애주기에 따라 장애유형, 장애정도의 특성을 고려한 교육을 실시하여 이들의 자아실현과 사회통합을 위함이다. 새로이 제정된 이 법률의 주요 내용은 다음과 같다.

첫째, 의무교육 및 무상교육(법 제3조) 범위를 확대하였다. 시각장애, 청각장애, 지적장애, 정서·행동장애 등이 있는 특수교육대상자에 대하여 유치원·초등학교·중학교 및 고등학교과정의 교육을 의무교육으로 하고, 고등학교과정을 졸업한 자에게 진로 및 직업교육을 제공하는 전공과와 만 3세 미만의 장애영아교육은 무상으로 하며, 의무교육 및 무상교육에 드는 비용은 국가 또는 지방자치단체가 부담하도록 하였다.

둘째, 고등교육 등(법 제5조 제1항 제10호 및 제31조)을 제도화하였다.

국가 및 지방자치단체는 장애인에 대한 고등교육 및 평생교육 방안을 강구하도록 하고, 대학의 장은 장애학생의 교육활동의 편의를 위하여 교육보조인력 배치 등의 수단을 적극적으로 강구하고 제공하도록 규정하였다.

셋째, 특수교육지원센터의 설치·운영과 특수교육 관련서비스에 대한 법적 근거(법 제11조)를 마련하였다.

특수교육지원센터의 기능을 활성화하기 위하여 그 설치·운영에 대한 법적 근거를 마련하였으며 이 센터의 기능과 역할은 특수교육대상자의 조기발견, 특수교육대상자의 진단·평가, 정보관리, 특수교육 연수, 교수·학습활동의 지원, 특수교육 관련 서비스 지원, 순회교육 등을 담당하며, 특수교육 관련 서비스는 특수교육대상자의 교육을 효율적으로 실시하기 위하여 필요한 인적·물적 자원을 제공하는 서비스로서 상담 지원·가족 지원·치료 지원·보조인력 지원·보조공학기기 지원·학습보조기기 지원·통학 지원 및 정보접근 지원 등을 의미하는 것으로 규정하였다.

넷째, 장애의 조기발견(법 제14조)을 명확히 하였다.

교육장 또는 교육감은 영유아의 장애 및 장애 가능성을 조기에 발견하기 위하여 선별검사를 무상으로 실시하고, 선별검사를 효율적으로 실시하기 위하여 지방자치단체 및 보건소와 병·의원 간에 긴밀한 협조체제를 구축하도록 하였고 보호자 또는 각급학교의 장은 장애를 가지고 있거나 장애를 가지고 있다고 의심되는 영유아 및 학생을 발견한 때에는 교육장 또는 교육감에게 진단·평가를 의뢰하도록 하되, 각급 학교의 장이 의뢰하는 경우에는 보호자의 사전동의를 받도록 하였다.

다섯째, 특수교육지원대상자에 대한 통합교육 촉진(법 제21조)을 강화하였다. 특수교육지원대상자의 통합교육을 촉진시키기 위하여 일반학교의 장은 통합교육에 필요한 교육과정의 조정, 보조인력의 지원 등을 포함한 통합교육계획을 수립·시행하고, 특수학급을 설치·운영하며, 필요한 시설·설비 및 교재·교구를 갖추도록 하였다.

여섯째, 장애인평생교육시설의 설치·운영(법 제34조)을 규정하였다. 국가 및 지방자치단체는 초·중등교육을 받지 못하고 학령기를 지난 장애인을 위하여 학교 형태의 장애인평생교육시설을 설치·운영할 수 있도록 하고, 국가 및 지방자치단체 외의 자가 이를 설치하려는 때에는 교육감에게 등록하도록 하며, 국가 및 지방자치단체로 하여금 장애인평생교육시설의 운영에 필요한 경비를 예산의 범위 안에서 지원하도록 하였다.

또한 지난 1996년 7월 5일 교육부 직제 개편으로 특수교육계의 숙원이던 교육부 내 특수교육담당관실이 설치되었다. 이로써 지방교육지원국 유아특수교육담당관실에서 이루어져 오던 특수교육 지원업무가 초중등교육실 특수교육담당관실로 이관되어 특수교육의 전문성을 살리며 일관성 있게 업무를 추진하게 되어 특수교육에 관한 기획 및 지원이 한결 편리해질 것으로 기대되고 있다. 특수교육담당관실에는 현재 장학관 1명, 교육연구관 2명, 교육연구사 2명의 인원이 배치되어 있다.

1999년 6월 다시 유아·특수교육과로 통합되었으며, 2016년 현재는 특수교육정책과로 개편되었다. 주요 업무는 특수교육진흥 기본계획의 수립, 영재교육 및 특수교육의 장학기획, 각급 특수학교 및 특수학급의 운영지도, 장애유형별 특수학교별 교육과정 편성기준의 설정 지원, 특수학교 교원연수 및 학습지도의 지원, 특수교육용 시설·설비의 확충·지원, 특수학교 직업교육 및 치료교육에 관한 사항, 국립특수교육원의 운영지원, 기타 특수교육에 관한 사항 등이다.

1) 특수학교 교육현황

2015년 12월말 기준 특수학교 현황을 살펴보면, 특수학교가 총 167개로 장애별로는 정신지체가 113개로 가장 많은 부분을 차지하고 있고, 지체장애가 20개, 청각장애가 15개, 시각과 정서장애가 각각 12개, 7개이다.

특수학교에 재학 중인 학생 수 및 학급 수는 2만 5,531명, 4,454개 학급으로 이 중 영·유치부 재학생이 1,062명, 초등부 재학생이 6,472명, 중학부 재학생이 6,142명, 고등부재학생이 7,581명, 전공과 4,274명으로 나타났다. 장애별로는 시각장애가 1,353명, 청각장애가 952명, 정신지체가 1만 4,891명, 지체장애가 3,707명, 정서행동장애가 199명, 의사소통장애 85명, 학습장애 13명, 건강장애 48명, 발달지체 283명으로 나타났다(교육부, 2015).

표 8-1 | 특수학교 현황

구분	학교 수	학급 수	학생 수	교원 수
국립	5	172	856	317
공립	70	2,273	13,087	3,973
사립	92	2,009	21,588	3,573
계	167	4,454	25,531	7,863

※ 자료: 2015 특수교육연차보고서. 교육부. p.9.

2) 특수학급 및 특수교육지원센터 교육현황

2015년 12월 현재 전국적으로 일반학교 내 특수학급 현황은 유치원 551개 학급에 2,039명의 학생, 초등학교 5,121개 학급의 2만 991명의 학생, 중학교 2,378개 학급의 1만 1,312명의 학생, 고등학교 1,789개 학급의 1만 1,823명의 학생, 전공과 29개 학급의 186명의 학생으로 모두 9,968개 학급의 4만 6,351명의 학생이 재학 중이다(교육부, 2015). 특수교육지원센터는 전국적으로 196개 센터가 운영 중이다.

3) 순회교육현황

순회교육은 특수교육교원 및 특수교육 관련 서비스 담당인력이 각급 학교나 의료기관, 가정 또는 복지시설(장애인복지시설, 아동복지시설 등을 말한다. 이하 같다) 등에 있는 특수교육대상자를 직접 방문하여 실시하는 교육으로 2015년 12월 말 기준 5,241명의 학생이 순회교육 대상자이다.

이들은 가정에서 교육받는 학생이 1,343명, 시설 1,321명, 병원 88명, 일반학교 2,489명이며, 영·유치원과정이 884명, 초등학교 1,941명, 중학교 1,238명, 고등학교 1,178명이다(교육부, 2015).

2. 대학특례입학제도

교육부는 1994년 10월 15일 교육법 시행령과 대학 학생정원령을 개정함으로써 장애인 중 일정한 기준에 해당하는 사람이 1995학년도부터 대학 및 전문대학에 정원 외로 특례입학할 수 있도록 하였다.

특례입학대상자는 장애인복지법에 의하여 장애인등록을 필하고 특수교육진흥법의 규정에 의해 특수교육대상자로 선정된 자로서 시각장애, 청각장애, 지체장애 중 어느 한 가지 장애에 해당하거나 이들 장애의 중복장애에 해당하는 사람이며, 이들에 대해서는 현행의 입학방법 외에 학교의 장이 정하는 방법에 의해 대학 및 전문대학에 입학할 수 있도록 하였다.

특히 1997학년도부터는 획일적으로 적용하던 특수교육대상자 특별전형방식을 전형대상, 자격기준, 전형방법을 대학 자율로 정하도록 하여 대학의 특성과 수험생의 신체적 특성을 다양하게 반영하도록 하였다.

특례입학제도 실시현황을 살펴보면, 1995학년도에 특례입학을 실시한 대학은 전국 131개 4년제 대학 중 6개 대학과 2개의 전문대학으로 모집인원은 총 123명이었으며, 특별전형을 희망한 대상은 301명으로서 중앙특수교육심사위원회의 심사를 거쳐 특례입학 적격자로 판정된 자는 297명이었다. 이 중 서강대 23명, 경희대 28명, 대구대 44명, 이화여대 3명, 연세대 12명, 장신대 2명, 경민전문대 6명 등 모두 118명이 장애인 특례입학자로 합격하였다.

2015년 장애인 등에 대한 특별전형 실시대학은 전문대학 23개교와 4년제 대학교 98개교에서 전문대학 54명, 4년제 대학 753명 총 121개교 807명이 입학되어 2012년 100개교 663명, 2013년 106개교 834명, 2014년 721명이 입학한 것과 비슷한 수준을 나타내고 있다(교육부, 2015).

그러나 장애인 특례입학제도가 도입된 지 10년이 지났지만 현재, 대학에 재학 중인 장애학생들은 교육 관련 서비스 부재와 행정적 지원 부족, 편의시설 미비 등으로 대학생활을 하는 데 많은 불편을 느끼고 있는 것으로 나타나 특례입학에 따른 차후조치가 동시에 이루어져야 할 것이다.

2004년부터 교육인적자원부가 모든 대학을 대상으로 장애인교육실태평가를 실시해 개선을 촉구하고 필요한 지원을 하고 있지만 아직도 대학에서 장애인들이 보편적인 교육서비스를 받는 데는 제한적이다. 이 평가를 통해 대학 내의 물리적 환경은 상당 부분 개선되었지만 교육의 보편적 서비스, 통역이나 대독, 강의 지원, 시험지원, 도서관 서비스 등에 있어서는 장애인들에게 아직 많은 장벽들이 대학 내에 존재하는 것으로 드러나고 있다.

3. 장애인 등에 대한 특수교육법

정부는 2007년 5월 25일 장애범주와 장애관점의 변화로 인한 폭발적으로 증가하는 장애인들의 교육적 욕구에 부응하고 장애인 교육을 중심으로 한 역량강화와 장애인 중심의 접근을 위해 장애인 등에 대한 특수교육법을 제정하였다.

이 법은 장애아동의 부모들과 장애와 관련한 많은 장애인 운동단체들의 지속적인 연대활동을 통해 제정되었으며 향후 장애인의 교육패러다임을 요람에서 무덤까지 필요한 교육적 접근이 가능하도록 하는 교육의 기본적 구조를 만들었다. 이 법률은 제6장 제38조로 구성된 법률로 제정 목적은 국가 및 지방자치단체가 장애인 및 특별한 교육적 요구가 있는 사람에게 통합된 교육환경을 제공하고 생애주기에 따라 장애유형·장애정도의 특성을 고려한 교육을 실시하여 이들이 자아실현과 사회통합을 하는 데 기여하고자 하는 것이다.

이 법의 시행은 2008년부터 시행되었는데 0세부터 대학졸업 이후 평생교육과정을 법률에서 규정하고 있다. 이 법률의 시행과 장애인정책 종합 5개년계획의 특수교육발전 방안과 함께 우리나라 특수교육현장은 상당한 변화가 예상되며, 이 교육적 발전을 계기로 장애인들의 독립과 역량강화가 예상된다. 장애인 등에 대한 특수교육법에서 규정하고 있는 내용 중 특수교육진흥법과 큰 차이를 보이는 부분은 의무교육기간의 연장과 교육의 차별금지조항을 분명히 규정하고 있다는 점과 특수교육과 특수교육 관련 서비스를 엄격히 구분함으로써 특수교육의 정체성을 분명히 정립하고 있다는 점, 직업교육의 강조, 고등교육 및 평생교육의 강조 등이다.

1) 영세부터의 교육과 차별금지

먼저, 장애아동들의 교육은 조기에 발견·진단하여 그들의 요구에 적절한 교육을 제공할 수 있도록 하는 것이 대단히 중요한 과제이다. 이를 위해 이 법률은 제3조에서 유치원·초등학교·중학교 및 고등학교 과정의 교육은 의무교육으로 하고, 제24조에 따른 전공과와 만 3세 미만의 장애영아교육은 무상으로 함을 규정하면서 만 3세부터 만 17세까지의 특수교육대상자는 의무교육을 받을 권리를 가진다. 다만, 출석일수의 부족 등으로 인하여 진급 또는 졸업을 하지 못하거나, 재학의무를 유예하거나 면제받은 자가 다시 취학할 때, 그 학년이 취학의무를 면제 또는 유예받지 아니하고 계속 취학하였을 때 학년과 차이가 있는 경우에는 그 해당 연수^{年數}를 더한 연령까지 의무교육을 받을 권리를 가짐을 규정하였다. 이에 따라 만 3세 미만의 장애영아의 보호자는 조기교육이 필요한 경우 교육장에게 교육을 요구할 수 있으며 요구를 받은 교육장은 특수교육지원센터의 진단·평가결과를 기초로 만 3세 미만의 장애영아를 특수학교의 유치원과정, 영아학급 또는 특수교육지원센터에 배치해야 하며, 만일 배치된 장애영아가 의료기관, 복지시설 또는 가정 등에 있을 경우에는 특수교육교원 및 특수교육 관련서비스 담당 인력 등으로 하여금 순회교육을 제공해야 한다.

또한 이 법률 제4조는 교육에 있어 장애를 이유로 차별금지를 분명하게 규정해 놓고 있는데 각급 학교의 장 또는 대학의 장은 특수교육대상자가 그 학교에 입학하고자 하는 경우에는 그가 지닌 장애를 이유로 입학의 지원을 거부하거나 입학전형 합격자의 입학을 거부하는 등 교육기회에 있어서 차별을 하여서는 아니 되며, 또한 국가, 지방자치단체, 각급 학교의 장 또는 대학의 장은 다음 각 호의 사항에 관하여 장애인의 특성을 고려한 교육시행을 목적으로 함이 명백한 경우 외에는 특수교육대상자 및 보호자를 차별해서는 아니 된다.

1. 제28조에 따른 특수교육 관련 서비스 제공에서의 차별
2. 수업참여 배제 및 교내외 활동 참여 배제
3. 개별화교육지원팀에의 참여 등 보호자 참여에서의 차별
4. 대학의 입학전형 절차에서 장애로 인하여 필요한 수험편의의 내용을 조사·확인하기 위한 경우 외에 별도의 면접이나 신체검사를 요구하는 등 입학전형 과정에서의 차별 그리고 이러한 차별조

항을 위반할 시는 동 법률 제38조의 규정에 의거 300만 원 이하의 벌금에 처하는 형사적 조치를 규정함으로써 차별금지에 대한 분명한 의지를 표현하고 있다.

2) 특수교육과 관련 서비스의 구분

종래의 특수교육진흥법은 특수교육, 치료교육 등을 모두 특수교육이라는 범주에서 규정하고 필요한 인력양성과 배치, 학교 내 서비스를 제공하였다. 그러나 서비스를 받는 장애아동이나 당사자는 "교육은 교사와 교육방법, 치료는 치료사의 치료적 수단"이라는 당연한 요구를 하게 되었고 이 법률은 이런 장애인들의 요구에 부응하기 위해 동 법률에서는 특수교육은 특수교육대상자의 교육적 요구를 충족시키기 위하여 특성에 적합한 교육과정과 특수교육 관련 서비스를 제공함으로써 이루어지는 교육을 의미하는 것이라 규정하였다. 또한 특수교육 관련 서비스는 특수교육대상자의 교육을 효율적으로 실시하기 위하여 필요한 인적 · 물적 자원을 제공하는 서비스로서 상담 지원 · 가족 지원 · 치료 지원 · 보조인력 지원 · 보조공학기기 지원 · 학습보조기기 지원 · 통학 지원 및 정보접근 지원 등을 의미하는 것으로 규정하였다. 즉, 특수교육 관련서비스는 첫째, 특수교육대상자와 그 가족에 대하여 가족상담 등 가족지원을 제공하는 것이며, 둘째, 특수교육대상자가 필요로 하는 경우에는 물리치료, 작업치료 등 치료지원을 제공하며, 셋째, 특수교육대상자를 위하여 보조인력을 제공하는 것을 포함하며, 넷째, 특수교육대상자의 교육을 위하여 필요한 장애인용 각종 교구, 각종 학습보조기, 보조공학기기 등의 설비를 제공하는 것과, 다섯째, 특수교육대상자의 취학

편의를 위하여 통학차량 지원, 통학비 지원, 통학 보조인력의 지원 등 통학 지원 대책, 여섯째, 특수교육대상자의 생활지도 및 보호를 위하여 기숙사를 설치 · 운영하는 것, 일곱째, 각급 학교에서 제공하는 각종 정보(교육기관에서 운영하는 인터넷 홈페이지를 포함한다)를 특수교육대상자에게 제공하는 경우 특수교육대상자의 장애유형에 적합한 방식으로 제공하는 것 등을 포함한다.

3) 직업교육의 강조

특수교육의 핵심은 장애인이 교육을 통해 자연스럽게 지역사회에 통합하고 통합하는 수단으로 적정한 직업생활을 할 수 있도록 필요한 교육과 경험을 제공하는 것이다.

특수교육진흥법에서도 직업교육을 명시하고 있지만 극히 형식적이고 명시적인 수준이었다면 장애인 등에 대한 특수교육법에서는 진로 및 직업교육을 특수교육대상자의 학교에서 사회 등으로의 원활한 이동을 위하여 관련 기관의 협력을 통하여 직업재활훈련 · 자립생활훈련 등을 실시하는 것이라 규정하였다. 그리고 이 법 제23조에서 중학교 과정 이상의 각급 학교의 장은 특수교육대상자의 특성 및 요구에 따른 진로 및 직업교육을 지원하기 위하여 직업평가 · 직업교육 · 고용지원 · 사후관리 등의 직업재활훈련 및 일상생활적응훈련 · 사회적응훈련 등의 자립생활훈련을 실시하고, 대통령령으로 정하는 자격이 있는 진로 및 직업교육을 담당하는 전문인력을 두어야 한다. 또한 중학교 과정 이상의 각급 학교의 장은 진로 및 직업교육의 실시에 필요한 시설 · 설비를 마련하여야 하며, 특수교육지원센터는 특수교육대상자에게 효과적인 진로 및 직업교육을 지원하기 위하여 관련 기관과의 협의체를 구성하도록 규정하여 특수교육의 중심은 졸업 후 정상적인 전환이 전제되어야 함을 강조하고 있다.

교육과정 이후에도 전환이 어려운 장애인을 위해서는 이 법 제24조에서 전공과의 설치·운영을 규정하여 특수교육기관에는 고등학교 과정을 졸업한 특수교육대상자에게 진로 및 직업교육을 제공하기 위하여 수업연한 1년 이상의 전공과를 설치·운영할 수 있으며, 전공과를 설치한 각급 학교는「학점인정 등에 관한 법률」제7조에 따라 학점인정을 받을 수 있도록 하여 전공과가 장애인들의 평생교육이나 대학교육과 연계된 교육과정임을 명시하고 있다. 따라서 장애인들의 특수교육 후 직업으로의 전환은 고등교육, 직업훈련기관, 전공과 등 다양한 중등교육 이후 프로그램이 활성화될 수 있음을 예고하고 있다.

4) 고등교육 및 평생교육의 강조

이 법률의 마지막 특징 중의 하나는 특수교육진흥법에서 전혀 다루지 않았던 고등교육과 평생교육을 규정함으로 장애인들의 삶의 주기에 따른 교육적 접근권을 규정하고 있다는 것이다. 각급 대학에만 맡겨 왔던 장애인 특례입학시스템을 보완하기 위해 이 법 제29조는 대학의 장은 대학의 장애학생 지원을 위한 계획, 심사청구 사건에 대한 심사·결정, 그 밖에 장애학생 지원을 위한 사항을 심의·결정하기 위하여 특별지원위원회를 설치·운영할 것을 규정하였고 또한 대학의 장은 장애학생의 교육 및 생활에 관한 지원을 총괄·담당하는 장애학생지원센터를 설치·운영할 것을 규정하고 이 지원센터는 각종 학습보조기기 및 보조공학기기 등의 물적 지원, 교육보조인력 배치 등의 인적 지원, 취학편의 지원, 정보접근 지원, 「장애인·노인·임산부 등의 편의증진보장에 관한 법률」 제2조 제2호에 따른 편의시설 설치 지원 등의 장애학생의 교육활동의 편의를 제공해야 한다.

또한 장애인들의 평생교육을 위해 이 법률 제33조에서 각급 학교의 장과 평생교육법에 따른 평생교육시설 및 평생교육단체, 평생교육센터, 지역평생교육정보센터, 국가 및 지방자치단체 등은 해당 학교나 단체의 교육환경을 고려하여 「장애인복지법」 제2조에 따른 장애인의 계속교육이나 초·중등교육을 받지 못하고, 학령기를 지난 장애인을 위하여 학교형태의 장애인평생교육시설을 설치·운영할 수 있으며 국가 및 지방자치단체는 장애인평생교육시설의 운영에 필요한 경비를 예산의 범위 안에서 지원하도록 규정하여 다양한 형태의 장애인 평생교육시스템이 도입될 것으로 예상된다.

4. 제4차 장애인정책 종합 5개년계획의 교육정책

2013년부터 2017년까지의 제4차 장애인정책 종합 5개년 계획의 장애인 생애주기별 교육강화 계획을 보면 [표 8-2]와 같이 생애주기별 교육지원체계 구축, 특수교육 지원강화, 장애학생 인권보호 및 인식개선을 주요한 정책의제로 설정하고 있다.

표 8-2 | 제4차 장애인정책 종합5개년 계획의 생애주기별 교육강화 정책의제

추진과제	세부계획	성과목표
(2-1-1) 장애아동 보육지원 강화	• 장애아전담어린이집 확충 • 장애아보육료 지원 확대 • 장애아전담어린이집 및 장애아통합어린이집 인건비 지속 지원 • 장애아보육 활성화	연차별 성과목표 달성으로 장애아 보육지원 강화 〈연차별 성과목표〉 <table><tr><td>구 분</td><td>2013</td><td>2014</td><td>2015</td><td>2016</td><td>2017</td></tr><tr><td>장애아 전문시설</td><td>2개소 확충</td><td>2개소 확충</td><td>2개소 확충</td><td>2개소 확충</td><td>2개소 확충</td></tr><tr><td>장애아 통합 시설 인건비</td><td>1,200명 지원</td><td>1,300명 지원</td><td>1,400명 지원</td><td>1,500명 지원</td><td>1,600명 지원</td></tr></table>

(2-1-2)
장애영유아
교육지원
	• 장애영아 교육여건 개선
	  장애영아학급 운영편람 제공 및 학습자료 개발·보급
	• 유치원과정 특수교육대상 의무교육정착
	  - 유치원과정 특수학급 증설
	  - 특수학급 미설치 유치원 순회교육 실시
		장애유아 의무교육 정착을 위해 85학급 증설
		〈연차별 장애유아 특수학급 증설 목표〉
		<table><tr><td>2013</td><td>2014</td><td>2015</td><td>2016</td><td>2017</td></tr><tr><td>17학급</td><td>17학급</td><td>17학급</td><td>17학급</td><td>17학급</td></tr></table>

(2-1-3) 특수교육 대상학생의 진로 및 직업교육 체계 확립	• 현장실습 위주의 직업교육 제공을 위한 고등학교(특성화 등) 특수학급 확대 • 장애학생 직업재활훈련 강화를 위한 전공과 확충	고등학교 특수학급 확대 및 전공과 확충 〈연차별 증설 추진 목표〉 <table><tr><td>구 분</td><td>2013</td><td>2014</td><td>2015</td><td>2016</td><td>2017</td></tr><tr><td>고등학교 특수학급</td><td>30학급</td><td>30학급</td><td>30학급</td><td>30학급</td><td>30학급</td></tr><tr><td>전공과</td><td>10학급</td><td>10학급</td><td>10학급</td><td>10학급</td><td>10학급</td></tr></table>
(2-1-4) 장애인 고등교육 지원 강화	• 대학 장애학생 교육복지 지원 실태 평가 • 대학 장애학생 지원센터 설치 확대 • 장애대학생 교수·학습 도우미 지원	도우미 지원 장애대학생 만족도 76% 달성 〈연차별 추진목표〉 <table><tr><td>구 분</td><td>2013</td><td>2014</td><td>2015</td><td>2016</td><td>2017</td></tr><tr><td>장애학생 도우미 지원</td><td>2,500명</td><td>2,500명</td><td>2,750명</td><td>3,000명</td><td>3,000명</td></tr><tr><td>장애대학생 지원센터</td><td>185개소</td><td>190개소</td><td>195개소</td><td>200개소</td><td>205개소</td></tr></table>
(2-1-5) 장애성인 교육지원 확대	• 장애성인 평생교육프로그램 운영기관 지원(특수교육지원센터 17개소 지정·운영 '13년) • 다양한 장애성인 평생프로그램 개발 보급(원격교육프로그램 30종 개발·보급 '13년) • 장애성인 평생교육 인프라 구축(운영실태조사 '14년, '17년)	장애성인교육 지원확대로 만족도 제고 〈장애인성인 평생교육 참여자 만족도 연차별 목표〉 <table><tr><td>2013</td><td>2014</td><td>2015</td><td>2016</td><td>2017</td></tr><tr><td>56점</td><td>57점</td><td>58점</td><td>59점</td><td>60점</td></tr></table>※ 신규설정 목표 고려, 보통수준 55점 시작

(2-2-1) 특수교육 지원센터 운영 활성화	• 특수교육지원센터 운영 확대로 장애학생 수요에 부응 • 특성화된 특수교육지원센터 설치·운영 확대	특수교육지원센터 운영 확대로 센터운영 활성화 도모				
		〈연차별 추진 목표〉				
		2013	2014	2015	2016	2017
		190개 센터(특성 화 8센터)	193개 센터(특성 화 17센터)	196개 센터(특성 화 26센터)	199개 센터(특성 화 34센터)	202개 센터

(2-2-2) 일반학교 배치 특수교육 대상자 지원	• 일반학교 특수학급(순회학급 포함) 2,500개 증설 • 일반학교 담당교사 연 500명 특수교육관련 연수 실시 • 특수교육지원센터를 통하여 감각장애 특수교육대상자 지원의 효율성 제고	특수학급 증설 및 특수교육대상자 지원 확대				
		〈연차별 추진 목표〉				
		구분	2013	2014	2015	2016	2017
		특수학급 증설	500 학급	500 학급	500 학급	500 학급	500 학급
		교육만족도 (보호자)	60점	61점	62점	63점	64점
		※신규 설정목표 감안, 보통수준 60점 시작					

(2-2-3) 일반교육 교원 및 특수교육 교원 대상 특수교육 전문성 강화	• 일반교육교원 통합교육 역량 강화를 위한 교수·학습콘텐츠 개발·보급 • 특수교육 직무별 전문 연수과정 개발	특수교육 관련인력의 전문성 제고				
		〈연차별 추진 목표〉				
		구분	2013	2014	2015	2016	2017
		일반교원 통합교육 자료개발	2종	2종	2종	2종	2종
		일반교육 전문연수 과정개발	3종	3종	3종	3종	3종

(2-3-1) 일반학교 교원·학생 대상 장애인식 개선	• 일반학교 학생 대상 장애이해교육 연 2회 실시 • 일반 초·중학생 대상 「대한민국 1교시」 장애이해 수업 실시 • 장애인식개선 행사 실시	장애인식 개선을 위한 연차별 추진목표 달성				
		〈연차별 추진 목표〉				
		구분	2013	2014	2015	2016	2017
		일반학교 학생 장애이해교육	2회	2회	2회	2회	2회
		「대한민국 1교시」 장애이해 수업	1회	1회	1회	1회	1회
		장애인식개선 행사 개최	1회	1회	1회	1회	1회

(2-3-2) 장애학생 인권보호 지원 확대	• 장애학생 인권보호 상설모니터단 운영 • 인권침해 예방을 위한 자료 개발·보급 홍보 • 일반학생 대상 장애인권 교육 의무실시	상설모니터단 현장점검 연 4회 이상 실시				
		2013	2014	2015	2016	2017
		연 4회 현장점검	연 4회 현장점검	연 4회 현장점검	연 4회 현장점검	연 4회 현장점검

(2-3-3) 장애학생 정당한 편의 제공	학습보조 및 보조공학 기기 등 제공 확대	〈연차별 추진목표〉				
		구분	2013	2014	2015	2016	2017
		학습보조 및 보조공학 기기 등 지원	4,000명	4,500명	5,000명	5,500명	6,000명

9

직업재활정책

    우리나라의 장애인 직업재활정책은 지난 1982년 당시 보건사회부가 사단법인 한국장애인재활협회로 하여금 장애인 취업알선업무를 위탁하여 한국장애인고용촉진공단이 설립되기 전인 1992년까지 약 1만 5,000명의 장애인을 취업시킴으로써 1990년 장애인고용촉진 등에 관한 법률의 제정 및 한국장애인고용촉진공단의 설립에 기반을 다지게 되었다.

    또한 동 법률은 300인 이상의 적용대상업체보다는 300인 이하 업체에 많은 장애인을 고용하고 사업주에게 여러 가지 지원을 하여 장애인들의 직업 적응을 위한 노력을 하였으나 중증장애인의 고용한계와 정책의 한계를 드러내어 1999년 12월 장애인고용촉진 및 직업재활법으로 전면 개정되어 장애인 고용정책이 직업재활정책으로 탈바꿈하는 계기를 마련하였다. 그러나 2000년 개정법도 당초안대로 제정되지 않고 후퇴됨으로 인해 적용사업장이나 중증장애인에게 우선적으로 고용기회를 주는 제도적 지원이 되지 않았다. 이 영향으로 의무고용제는 고용률의 정체현상과 아울러 중증장애인들의 직업재활이 중요한 화두로 등장하게 되었다. 이는 참여정부가 지향하는 정책이념과도 맞지 않기 때문에 2004년, 2005년 동 법률과 시행령 개정을 통해 그동안 문제가 되었던 적용사업장 규모를 단계적으로 50인 이상으로 확대하고 적용제외율도 점차적으로 축소하여 폐지하였으며, 2008년부터는 자회사형 표준사업장 확대 등 새로운 모델이 시작되고 있다. 이는 정체되어 있는 의무고용제의 고용률을 증대시킬 수는 있지만 의무고용율의 잠식과 아울러 장애인들을 기업 내에서도 저임금, 저기술 직종으로 분리시키는 결과를 초래하는 등의 우려도 예상된다. 2014년부터는 기준고용률이 2.7% 이상, 2017년부터는 3.1%로 상향조정되었고, 또한 고용률 산정에 있어 중증장애인 고용의 현실적 어려움을 극복하기 위해 2009년 10월 9일 법개정 시 더블카운트제도도 도입하였다.

1. 일반고용정책(의무고용제)

장애인고용촉진 및 직업재활법상 50인 이상의 상시근로자를 고용하는 사업체는 장애인 고용의무대상사업체이며 그 이하의 사업체는 장애인 기준고용율의 적용을 받지 않는 비적용사업체이다.

장애인 기준고용률은 시행 첫 해인 1991년 1%, 1992년에는 1.65%였고, 1993년부터 2%로 상향 조정되었으며, 2016년 현재는 2.7%, 2017년부터는 3.1%가 적용된다. 2015년 12월 기준 장애인 의무고용 사업체(국가·자치단체, 상시근로자 50인 이상의 공공기관, 민간기업)

표 9-1 | 장애인 고용현황

구분	계	민간기업	공공기관	공무원
대상사업주	28,218	27,045	567	313
적용대상 근로자 수	7,713,036	6,167,563	420,041	850,270
장애인근로자 수 (2배수 미적용)	201,805 (164,876)	154,543 (125,230)	12,312 (10,934)	23,808 (20,711)
실고용률	2.62	2.51	2.93	2.80

※ 자료: 노동부, 내부자료, 2016.

28,218곳의 장애인 근로자는 164,876명, 장애인 고용률은 2.62%로 나타났다. 국가·자치단체의 경우 장애인 공무원은 20,711명으로 장애인 고용률은 2.8%이며, 공공기관의 장애인 근로자는 10,934명, 장애인 고용률은 2.93%이며 민간기업의 장애인 근로자는 125,230명, 장애인 고용률은 2.51%로 나타났다.

특히, 종업원 1,000인 이상 기업은 2.07%, 30대 기업집단 1.92%로 여전히 대기업의 장애인 고용은 저조한 것으로 나타났으며, 이는 의무고용제도를 도입하고 있는 독일 등에서 기업 규모가 커질수록 장애인 고용비율이 높아지는 것과는 대조적인 모습을 보이고 있다.

장애인고용촉진 및 직업재활법에 의하면 장애인 의무고용 미달인원 1인당 당해 연도 최저임금 60% 이상의 부담금을 납부해야 하는데, 이러한 사업체의 부담금과 정부출연금을 재원으로 하여 장애인고용촉진 및 직업재활기금을 설치·운영하도록 규정하고 있다. 이와 같은 재원에 의해 조성된 장애인고용촉진 및 직업재활기금은 장애인 직업훈련사업 지원, 장애인 고용사업주 지원 및 융자사업, 직업재활실시기관의 사업 지원 그리고 한국장애인고용촉진공단 및 보건복지부의 직업재활 사업비 및 운영비 등으로 사용되며 나머지는 적립되도록 되어 있다.

또한 장애인의무고용업체를 재정적으로 지원하기 위해 의무고용사업주가 의무고용을 초과하여 고용하거나 의무고용 비해당기업이 장애인을 고용할 경우에 고용장려금을 지원할 수 있도록 하고 있다.

1) 장애인 고용사업주에 대한 무상지원 및 융자

장애인을 고용하고 있거나 새로이 고용하고자 하는 사업주가 직접 사용할 목적으로 대상설비를 설치·구입·수리하는 경우, 이에 소용되는 비용을 무상으로 지원하거나 융자해 주고 있다.

무상지원대상 시설은 장애인용으로 제작된 작업대, 작업장비·공구, 작업보조기기의 설치·구입·수리비를, 장애인의 작업편리를 위한 작업대, 작업장비·설비, 공구의 전환·개조비, 시각장애인의 직장 생활에 필요한 무지점자기, 음성지원카드, 녹음기, 컴퓨터 특수 장비의 설치·구입·수리비, 통근용 승합자동차의 리프트 등 장애인용 특수설비의 설치·구입·수리비용을 한도금액 내에서 소요비용 전액을 지원하며 장애인고용촉진 및 직업재활법 제24조의 규정에 의한 장애인고용 우수사업주 또는 장애인근로자가 최소 20인 이상이며, 장애인고용촉진 및 직업재활법 시행령 제3조 제3호에 해당하는 장애인을 고용한 사업주의 통근용 승합자동차의 구입비용을 4천만 원 한도에서, 장애인·노인·임산부 등의 편의증진에 관한 법률 시행령 제4조에서 정한 편의시설의 설치·구입·수리비용을 소요비용이 1천만 원 이하 시 전액 지원, 1천만 원 초과 시 1천만 원 + 1천만 원 초과금액의 2/3(만 원 이하 절사)을 지원한다.

또한 장애인고용 확대를 위한 작업장, 기숙사의 신축 또는 증축, 승강기, 휴게실 등의 설치, 작업장, 작업설비, 작업장비 전액을 연도당 15억 원 이내(장애인 1인당 5천만 원, 고용의무인원의 25% 중증고용조건)에서 1년 거치 4년 균등 분할상환하며 대출금리는 공단과 은행이 약정에 따라 정한 대출금리에서 4%를 차감한 금리를 적용한다.

2) 고용관리비용 지원

중증장애인들의 입직만이 아니라 실제 직무유지와 성공적인 배치를 위해 고용에 필요한 비용을 지원하는 제도이다. 이 지원의 대상은 중증장애인을 고용하여 기준에서 정한 자격을 갖춘 작업지도원을 위촉·선임·배치하여 작업지도를 실시한 사업주이며, 단, 국가 또는 지방자치단체가 설치한 장애인 관련 시설이나 사회복지법인 기타 비영리법인이 설치한 장애인복지시설(법인 포함)은 지원대상에서 제외된다.

지원기준은 사업주가 중증장애인 근로자를 사업장당 상시 1명 이상 5명까지 수급자격 인정신청일 이전 90일 이내 새로이 고용하고, 당해 사업장에 배치된 작업지도원으로 하여금 장애인근로자 1명당 월 12시간 이상 작업지도를 실시한 경우 해당 사업주에게 지급한다. 단, 작업지도원 1명당 관리대상 장애인은 5명을 초과할 수 없도록 하였다. 지원기간은 공단 평가결과에 따라 최대 3년간 지원된다.

여기서 작업지도원은 직업재활법 제75조의 규정에 따른 장애인직업생활상담원 등 전문요원 양성과정을 이수한 자 및 사회복지사업법 제11조에 따른 사회복지사 자격증 소지자나 재활, 교육, 심리, 의료, 기술, 사회사업분야 및 중증장애인근로자의 작업과 관련된 분야의 전문학사학위 이상 소지자, 고등학교 졸업 이상의 학력이 있는 자로서 장애인복지법에 의한 장애인복지시설 기타 장애인과 관련된 기관·단체에서 장애인 관련 업무에 2년 이상 종사한 자, 작업지도대상 장애인근로자가 수행할 업무에 1년이상 종사한 자이다.

이 외에도 재택근무 지원, 고령자고용환경 개선자금 융자, 장애인 취업알선지원금제도 등의 사업주를 지원하기 위한 제도를 가지고 있다.

2. 보호고용

일반기업체에 취업하기 어려운 중증장애인을 위한 보호고용제도는 1986년에 장애인복지시설 내의 자립작업장 설치운영계획에 의하여 22개의 보호작업장이 설치되면서부터 본격화되었다.

1981년 제정 당시 심신장애자복지법은 제15조에서 심신장애자 근로시설을 규정하고 보호작업장을 설립할 수 있는 기본적인 법적 근거를 마련하였다. 1989년 장애인복지법으로 개정되면서 동법 제37조에 근거하여 장애인근로시설과 보호작업장 운영지침을 제정하였다.

장애인을 위한 보호고용시설로는 보건복지부에서 운영을 지원하는 장애인근로시설(현재 12개소 운영)과 장애인 이용 및 수용요양시설에 부설된 보호작업장, 그리고 노동부 산하 근로복지공단에서 운영하고 있는 산업재해근로자 자립작업장이 있다.

현재 우리나라 보호고용제도의 핵심이라 할 수 있는 보호작업장은 1999년도 개정된 장애인복지법에 근거하여 직업재활시설운영지침에 의거 작업활동시설, 보호작업시설, 근로작업시설, 직업훈련시설, 생산품판매시설을 구분하여 운영하고 있다. 그러나 이렇게 구분된 유형들은 당초의 목적대로 시설유형에 따른 적격장애인의 근로와 훈련 후 전이활동을 제대로 진행하지 못했다. 이에 대한 문제점이 2000년 이후 실시된 직업재활시설과 직업재활기금 사업평가에서 제기되어 2007년 장애인복지법 전면 개정 시 장애인 근로시설과 보호작업장으로 재편되면서 작업활동시설은 프로그램으로 근로시설이나 보호작업장에 설치할 수 있도록 되었다. 그러나 2014년 발달장애인법 제정과 이 법률에서의 발달장애인 직업훈련시설의 필요성 대두로 인해 2015년 장애인 직업적응훈련시설이 추가되었다.

2016년 현재 전국 직업재활시설 설치 수는 생산품 판매시설을 제외하고 총 550여 개에서 1만 5천여 명의 장애인들이 고용과 훈련의 기회를 제공받고 있다.

3. 직업능력개발정책

장애인에 대한 직업능력개발은 국가와 지방자치단체의 고용촉진 훈련과정, 한국산업인력관리공단 산하의 직업전문학교, 특수학교, 장애인복지시설, 직업재활시설, 근로복지공단 산업재활원, 장애인직업능력개발원 등에서 실시되고 있다.

직업훈련에 참여하는 장애인은 한국장애인고용공단 내 5개 직업능력개발원과 서울맞춤훈련센터에서 2014년 기준 1,477명이 수료하여 1,335명이 취업이 되었으며 또한 근로자 직업능력개발법 규정에 의한 전국 30개 공공훈련기관 및 38개 민간훈련기관에서 2014년 기준 767명이 훈련을 받아 457명이 취업이 되었다. 이는 실업장애인의 약 3%가 직업훈련 기회에 접근하고 있으며 2015년의 경우도 이와 동일하다(고용노동부 내부자료, 2015). 직업능력개발원과 공공훈련기관의 훈련종목을 보면 ICT 관련 훈련종목이 모든 훈련기관에서 실시되고 있으며 정보화 기초능력 훈련과 소프트웨어 개발, 웹디자인 등의 훈련종목 등이 개설되어 있다. 이 외에도 시각, 청각, 지적장애는 장애유형별로 특화하여 웹접근성 훈련도 실시되고 있다.

전반적으로 우리나라 직업훈련 정책의 문제점은 중증장애인을 위한 훈련시설이 부족하다는 것이다. 중증은 시설이나 훈련기간이 장애인에 맞게 조정되어야 하나 우리나라의 직업훈련은 일률적이기 때문에 이 부분의 해결이 시급하다.

10
이동 · 편의 및 기타 정책

1. 이동 및 편의정책

　장애인의 이동 및 편의증진을 위한 정책은 보건복지부가 1997년 4월
10일 법률 제5332호로 제정한 장애인 · 노인 · 임산부등의 편의증진보
장에 관한 법률과 2005년 교통약자 이동편의 증진법을 들 수 있다.

　이 정책에서 교통약자는 장애인, 고령자, 임산부, 영유아를 동반한
사람, 어린이 등 일상생활에서 이동에 불편을 느끼는 사람을 의미한다.
이 정책의 목적은 이러한 교통약자가 안전하고 편리하게 이동할 수 있
도록 교통수단, 여객시설 및 도로에 이동편의시설을 확충하고 보행환경
을 개선하여 사람 중심의 교통체계를 구축함으로써 교통약자의 사회 참
여와 복지 증진에 이바지함이다.

　이 정책은 우선적으로 접근권과 이동권을 규정하고 있는데 '접근권'
은 인간으로서의 존엄과 가치 및 행복을 추구할 권리를 보장받기 위하

여 장애인등이 아닌 사람들이 이용하는 시설과 설비를 동등하게 이용하고 정보에 자유롭게 접근할 수 있는 권리를 가지는 것을 의미하며, '이동권'은 인간으로서의 존엄과 가치 및 행복을 추구할 권리를 보장받기 위하여 교통약자가 아닌 사람들이 이용하는 모든 교통수단, 여객시설 및 도로를 차별 없이 안전하고 편리하게 이용하여 이동할 수 있는 권리를 가지는 것을 의미한다.

먼저, 이를 위해 국토교통부장관과 각 광역자치단체장은 5년 단위의 교통약자이동편의증진계획을 수립하도록 규정하고 있으며 편의시설 설치기준과 함께 교통수단, 여객시설, 도로에 있어 이동편의시설의 설치기준을 정하고 이에 대한 교육과 인증을 통해 교통약자가 안전하고 편리하게 시설을 이용할 수 있도록 보장하는 조치를 강구하고 있다.

또한 교통약자를 포함한 보행자의 안전을 위해 보행우선구역을 설치할 수 있도록 하였고 이 정책에서 규정한 기준을 위반할 시는 해당 시설주에게 대통령령이 정하는 바에 따라 기간을 정하여 시정명령을 내릴 수 있고 이를 지키지 않을 때에는 3천만 원 이하의 이행강제금을 부과하는 등 강력한 제제조치를 하고 있다.

2. 보조공학 및 정보접근성 정책

보조공학은 장애인의 일상생활을 비롯한 교육, 직업 및 사회생활을 독립적으로 해 나가는 주요한 지원수단 중의 하나이다. 따라서 보조공학이나 정보접근성의 문제는 장애인의 선택의 문제가 아니라 시민으로서 삶을 영위하는 데 기본적 권리수단이 되고 있다. 이를 위해 우리나라도 명칭은 다르지만 보조공학이나 정보격차 해소를 위한 다양한 정책적 접근을 시도하고 있다.

우선 장애인복지정책을 종합적으로 규정하는 장애인복지법은 장애인이 장애의 예방·보완과 기능 향상을 위하여 사용하는 의지·보조기 및 그 밖에 보건복지부장관이 정하는 보장구와 일상생활의 편의 증진을 위하여 사용하는 생활용품을 장애인보조기구라 칭하고 이를 교부 대여 또는 수리하거나 구입하는 비용을 지원하거나 육성, 연구개발 및 지원하는 정책을 실시하고 있다. 이는 장애인고용촉진 및 직업재활법, 특수교육법 등에서도 보조공학 혹은 보조기구라는 명칭으로 지원정책을 규정하고 있다.

또한 지식정보사회에 장애인의 정보격차 해소를 위하여 국가정보화 기본정책을 규정하는 국가정보화기본법은 사회적, 경제적, 지역적 또는 신체적 여건으로 인하여 정보통신서비스에 접근하거나 정보통신서비스를 이용할 수 있는 기회에 차이가 생기는 정보격차를 해소하기 위한 기본계획 수립과 지원시책을 규정하고 있다. 이에 따라 국가와 지방자치단체는 정보격차 해소와 관련된 기술개발 및 보급 지원사업을 실시하고 있고 정보격차 해소를 위한 교육과 정보격차 실태조사 등을 실시하고 있다.

3. 활동지원에 관한 정책

장애인정책의 패러다임이 재활패러다임에서 자립생활이나 역량강화패러다임으로 전환되면서 장애인의 독립적 삶이 중요한 이슈가 되었다. 장애인의 독립적 삶, 즉 생활에서 자기결정이나 독립적 삶을 영위함에 있어 기본권 차원에서 이들의 활동을 지원해 주는 정책은 중요하다.

활동보조인 정책은 장애인복지법에서 규정하고 있었는데, 2011년 장애인활동지원에 관한 법률이 제정되어 체계적으로 접근되기 시작한 정책이다. 이 정책의 목적은 장애인의 자립생활을 지원하고 그 가족의 부담을 줄임으로써 장애인의 삶의 질을 높이는 것이다.

이 정책은 우선적으로 활동지원에 관해서는 국가와 지방자치단체가 책임이 있음을 규정하고 혼자서 일상생활과 사회생활을 하기 어려운 중증장애인은 활동지원급여를 신청하여 이 서비스를 받을 수 있도록 하고 있다.

활동지원정책의 종류는 활동보조, 방문목욕, 방문간호, 기타 활동지원급여로 구분되는데, 활동보조는 활동보조인이 수급자의 가정 등을 방문하여 신체활동, 가사활동 및 이동보조 등을 지원하는 활동지원급여이며, 방문목욕은 활동지원인력이 목욕설비를 갖춘 장비를 이용하여 수급자의 가정 등을 방문하여 목욕을 제공하는 활동지원급여이다. 방문간호는 활동지원인력인 간호사 등이 의사, 한의사 또는 치과의사의 지시서에 따라 수급자의 가정 등을 방문하여 간호, 진료의 보조, 요양에 관한 상담 또는 구강위생 등을 제공하는 활동지원급여이며, 기타 활동지원급여는 야간보호 등 대통령령으로 정하는 활동지원급여이다. 급여의 종류는 기본급여와 추가급여로 구분되며 그 수준은 매년 물가상승률을 감안하여 조정된다.

활동보조인 지원정책의 선정과정은 신청-등급심사-방문조사-자격심의 과정으로 이루어진다.

4. 장애아동 복지지원정책

장애아동 복지지원정책은 장애아동의 특별한 복지적 욕구에 적합한 지원을 통합적으로 제공함으로써 장애아동이 안정된 가정생활 속에서 건강하게 성장하고 사회에 활발하게 참여할 수 있도록 하며, 장애아동 가족의 부담을 줄이는 데 목적이 있다.

이 정책은 2011년 장애아동 복지지원법 제정으로 체계화되었다. 이 정책에서 장애아동이란 18세 미만으로 장애인등록한 장애인을 의미하며 장애아동 복지지원은 장애아동의 특별한 복지적 욕구에 따라 의료비 지원, 보육 지원, 가족 지원 및 장애아동의 발달에 필요한 지원 등 다양한 인적 · 물적 자원을 제공하는 것이다.

이 정책은 먼저 장애아동의 권리를 여섯 가지로 규정하고 있다.

첫째, 장애아동은 모든 형태의 학대 및 유기 · 착취 · 감금 · 폭력 등으로부터 보호받아야 한다.

둘째, 장애아동은 부모에 의하여 양육되고, 안정된 가정환경에서 자라나야 한다.

셋째, 장애아동은 인성 및 정신적 · 신체적 능력을 최대한 계발하기 위하여 적절한 교육을 제공받아야 한다.

넷째, 장애아동은 가능한 최상의 건강상태를 유지하고 행복한 일상생활을 영위하기 위한 의료적 · 복지적 지원을 받아야 한다.

다섯째, 장애아동은 휴식과 여가를 즐기고, 놀이와 문화예술활동에 참여할 수 있는 기회를 제공받아야 한다.

여섯째, 장애아동은 의사소통 능력, 자기결정 능력 및 자기권리 옹호

능력을 향상시키기 위한 교육 및 훈련 기회를 제공받아야 한다.

이러한 장애아동권리를 보호하고 장애아동 복지지원사업을 원활히 하기 위하여 중앙장애아동지원센터와 지역장애아동지원센터 설치를 규정하여 매 3년마다 장애아동 복지지원 실태조사를 실시하도록 하고 있다.

장애아동 복지지원서비스의 종류는 의료비, 보조기구, 발달재활, 보육, 가족, 돌봄 및 일시적 휴식, 전환서비스, 문화, 예술 등 복지 지원, 취약가정(부, 모가 장애인, 한 가정에 2명 이상 장애아동, 한부모가족자녀 등 우선지원) 우선지원 등이며, 지원수준은 매년 물가상승률을 감안하여 조정된다.

5. 장애인평등(차별금지)정책

장애인평등정책은 우리나라 헌법 제10조와 제11조에서 규정한 "모든 국민은 인간으로서의 존엄과 가치를 가지며, 행복을 추구할 권리를 가진다. 국가는 개인이 가지는 불가침의 기본적 인권을 확인하고 이를 보장할 의무를 진다. 또한 모든 국민은 법 앞에 평등하다. 누구든지 성별·종교 또는 사회적 신분에 의하여 정치적·경제적·사회적·문화적 생활의 모든 영역에 있어서 차별을 받지 아니 한다."는 조항에 기반한다. 이처럼 모든 국민은 장애 여부와 관계없이 법 앞에 평등함을 규정하고 있는 평등정책이 기본전제이나, 이 평등권을 위반할 시 어떤 절차적 권리가 있는지는 분명히 하지 않았다. 그러나 2007년에 장애인의 완전한 사회참여와 평등권 실현을 통하여 인간으로서의 존엄과 가치를 구현하기 위해 장애인차별 금지 및 권리구제 등에 관한 법률이 제정되었다. 이 정책의 목적은 모든 생활영역에서 장애를 이유로 한 차별을 금지하고 장애를 이유로 차별받은 사람의 권익을 효과적으로 구제하는 것에 있다.

이 정책에서의 차별은 다음의 여섯 가지로 구분된다.

첫째, 장애인을 장애를 사유로 정당한 사유 없이 제한·배제·분리·거부 등에 의하여 불리하게 대하는 경우, 둘째, 장애인에 대하여 형식상으로는 제한·배제·분리·거부 등에 의하여 불리하게 대하지 아니하지만 정당한 사유 없이 장애를 고려하지 아니하는 기준을 적용함으로써 장애인에게 불리한 결과를 초래하는 경우, 셋째, 정당한 사유 없이 장애인에 대하여 정당한 편의 제공을 거부하는 경우, 넷째, 정당한 사유 없이 장애인에 대한 제한·배제·분리·거부 등 불리한 대우를 표시·조장하는 광고를 직접 행하거나 그러한 광고를 허용·조장하는 경우이다. 이 경우 광고는 통상적으로 불리한 대우를 조장하는 광고효과가 있는 것으로 인정되는 행위를 포함한다. 다섯째, 장애인을 돕기 위한 목적에서 장애인을 대리·동행하는 자(장애아동의 보호자 또는 후견인 그밖에 장애인을 돕기 위한 자임이 통상적으로 인정되는 자를 포함한다)에 대하여 상기의 차별행위를 하는 경우, 여섯째, 보조견 또는 장애인보조기구 등의 정당한 사용을 방해하거나 보조견 및 장애인보조기구 등을 대상으로 제4호에 따라 금지된 행위를 하는 경우이다.

이 정책에서 차별금지 영역은 고용, 교육, 재화와 용역의 제공 및 이용, 토지 및 건물의 매매·임대, 금융상품 및 서비스 제공, 시설물 접근·이용, 이동 및 교통수단, 정보접근, 정보통신·의사소통, 문화예술활동, 체육활동, 사법·행정절차 및 서비스, 참정권, 모·부성권·성, 가족·가정·복지시설, 건강권 등이다.

이 정책에서 차별시정기구와 과정은 국가인권회이며 시정절차는 진정-직권조사-장애차별시정소위원회이다. 진정결과 차별이 입증되면 시정명령을 통해 차별행위의 중지, 피해의 원상회복, 차별행위의 재발방지를 위한 조치, 그 밖에 차별시정을 위하여 필요한 조치를 하도록 하고 있다.

또한 이 정책은 차별행위에 입증책임은 쌍방이 입증책임하도록 규정하고 있고 손해배상제도도 도입하고 있다.

11

시설현황

　　장애인복지법 제58조에서는 장애인복지시설의 종류를 장애인거주시설, 장애인지역사회재활시설, 장애인직업재활시설, 장애인의료재활, 기타 대통령령이 정하는 시설 등으로 분류하고 있다.

1. 장애인거주시설

　　장애인복지법 제2조의 장애인이 거주공간을 활용하여 일반가정에

표 11-1 | 유형별 장애인 거주시설 현황(2015년 1월 기준)

구분	지체	시각	청각	지적	중증	영유아	단기	공동	계
거주시설 수	44	15	7	309	223	9	137	713	1,457

※ 출처: 보건복지부 내부자료, 2016.

서 생활하기 어려운 장애인에게 일정 기간 동안 거주 · 요양 · 지원 등의
서비스를 제공하는 동시에 지역사회생활을 지원하는 시설을 의미한다.
거주시설의 유형은 장애유형별 거주시설, 중증장애인 거주시설, 장애영
유아 거주시설, 장애인 단기거주시설, 장애인 공동생활가정으로 구분되
며, 2015년 1월 현재 장애인거주시설 수는 1,457이다([표 11-1] 참조).

2. 장애인 지역사회재활시설

장애인 지역사회재활시설은 장애인을 전문적으로 상담 · 치료 · 훈
련하거나 장애인의 일상생활, 여가활동 및 사회참여활동 등을 지원하는
시설로 장애인복지관, 주간보호시설, 체육시설, 수련시설, 심부름센터,
수화통역센터, 점자도서관, 전자도서 및 녹음서 출판시설로 구분된다.
2015년 1월 기준 1,213개가 있으며 [표 11-2]와 같이 장애인복지관
223개, 주간보호시설 592개, 장애인체육관 29개, 장애인심부름센터
156개, 수화통역센터 193개, 점자도서관 및 점자도서 및 녹음서 출판시
설 20개이다.

표 11-2 | 지역사회재활시설 현황

구분	복지관	주간보호	체육관	심부름 센터	수화통역 센터	전자도서	계
2015	223	592	29	156	193	20	1,213

※ 출처: 보건복지부 내부자료, 2016.

3. 장애인 직업재활시설

일반 작업환경에서는 일하기 어려운 장애인이 특별히 준비된 작업 환경에서 직업훈련을 받거나 직업 생활을 할 수 있도록 하는 시설로 장애인보호작업장과 장애인 근로사업장, 장애인 직업적응훈련시설로 구분된다. 2015년 1월 기준 539개의 직업재활시설이 있으며 근로사업장은 54개, 보호작업장은 475개이다.

4. 장애인 의료재활시설

장애인 의료재활시설은 장애인을 입원 또는 통원하게 하여 상담, 진단·판정, 치료 등 의료재활서비스를 제공하는 시설로 2015년 1월 기준 18개가 있다.

5. 장애인생산품 판매시설

기타 대통령령이 정하는 시설은 장애인 생산품 판매시설이며 이 시설은 장애인 생산품의 판매활동 및 유통을 대행하고 장애인생산품이나 서비스, 용역 등에 관한 상담, 홍보, 판로 개척 및 정보 제공 등 마케팅을 이행하는 시설을 의미한다. 2015년 1월 기준 17개 센터로 특별시·광역시·도 단위에 1개가 설치되어 있다.

제 4 부
———
각국의 재활정책

제4부는 다른 나라에서의 재활접근에 대해 이해하고자
하는 노력으로 미국, 영국, 호주, 일본, 독일의 재활현황
을 장애범주 및 장애인 수, 의료 및 사회보장정책, 교육정
책, 직업재활정책, 편의시설정책 등으로 구분하여 다루
었다.

각국의 재활현황은 제3부의 한국 재활현황과 함께 이론
과 실천의 차이를 규명하는 데 도움을 줄 것이며, 한국의
재활접근을 위한 다양한 벤치마킹 수단으로 활용할 수
있을 것이다.

12

미국

미국은 미국 사회의 전통적인 가치관, 합중국으로서의 독특한 지역적 특수성, 다양한 인종 등으로 인해 유럽의 선진자본주의 국가와는 매우 다른 재활의 특성을 가지고 있다. 따라서 미국 재활정책을 이해하기 위해서는 다음과 같은 몇 가지 특성을 염두에 두어야 한다.

첫째, 52개 주로 구성된 연방국이기 때문에 사회보장제도, 즉 재활정책도 강한 지방분권적 성격을 갖는다는 점이다. 각종 재활정책을 실현하는 데 있어 연방정부는 대체로 주정부에 강제적인 방법을 사용하지 않고 대부분의 경우 무상의 재정원조grant-in-aid를 통해서 자발적인 참여를 도모한다. 연방정부에서는 각종 제도의 기본적인 골격(보통 재정원조의 요건이 되는 기준)만 규정하고 제도의 세부 규칙과 운영은 주정부나 지방정부에서 담당한다. 따라서 같은 이름의 사회보장제도라도 주에 따라 그 자격요건과 급여수준, 또는 프로그램의 규모가 매우 다른 것을 볼 수 있다.

둘째, 재활정책의 수혜자와 직접 접촉하는 운영기관은 많은 경우 사설이라는 점이다. 이는 정부가 흔히 계약을 통해서 사설기관에 재활서비스의 전달을 맡기기 때문인데 초기 식민지 시기부터 현대에 이르기까지 미국사회의 사회보장기능은 사적, 자발적인 부분이 여전히 미국 사회복지의 주요한 부분을 형성하고 있는 것이 사실이다. 사설기관은 먼저 수혜자들에게 서비스를 제공하고 후에 정부로부터 요금을 지급받게 된다. 이 속성 때문에 미국의 재활체계는 때때로 정부, 민간의 구분이 어렵게 된다.

셋째, 미국의 사회보장 입법에서는 제도의 수혜자에 대한 자조의 원칙이 매우 강조되고 있다. 이것은 거의 모든 사회보장 프로그램의 규정에 근로의욕과 관련된 규정을 두고 있다는 사실에서도 잘 나타난다.

미국에 있어 재활의 기본 이념은 인간의 가치실현이다. 각 인간은 존경받을 만한 가치를 지니며 또한 민주사회 내에서 생계를 유지할 수 있는 천부의 권리를 부여받았다. 미국에서 실시되는 재활에 관한 이념적 바탕에는 다음 세 가지 원리가 있다.

첫째, 기회의 균등이 모든 미국 시민에게 보장되어야 한다. 이 원리는 미국 시민으로 하여금 장애인에게 특별한 서비스를 제공하게 해서 그들이 취업과 함께 비장애인으로서 시민의 권리와 의무로의 참여를 준비하게끔 한다.

둘째, 인간은 전인격적인 존재이다. 다시 말하자면 인간은 신체적, 정신적, 사회적, 직업적 또는 경제적 부문으로 나눌 수 없다는 것이다. 인간은 하나의 완전한 개인이며 개개의 각 부분이 전체를 형성하는 다른 부분과 상호 작용한다.

셋째, 모든 인간은 독특한 존재이다. 장애에 대한 심리적, 개인적 반응은 개인에 따라 제각기 다르다. 어느 누구도 완전히 똑같은 욕구나 잠재능력을 가지지 않는다. 즉, 각 개인마다 독특한 요구와 소질, 대처방법 및 목표가 있다.

결론적으로 미국에서의 재활은 전인격체로서 각 개인의 독특한 요구에 다양하게 대처하는 계속적인 과정으로서의 조치이다. 따라서 재활은 인간의 자질을 중요시하며 서비스 운영에 있어 여러 분야와 밀접한 제휴를 하고 있다는 사실을 염두에 두어야 한다.

1. 장애범주 및 장애조사

1) 장애의 정의 및 범주

우리나라와 일본의 경우는 장애의 범주를 의학적 손상기준에 의하여 판정된 자로 한정시키는 반면, 미국은 활동이나 사회참여 능력, 예를 들면 노동능력이 감퇴된 자 또는 일상생활 활동에 제한을 받는 자를 장애인으로 간주한다.

미국에서 장애인은 사회보장법(1935), 재활법(1973), 발달장애인법(1984), ADA(1990)등 몇 가지 주요 법률에 의해 정의되고 있다. 장애를 정의하고 분류함에 있어 사회보장법은 의학적 장애와 기능적 제한을 모두 포함하고 있으며, 재활법과 ADA는 기능적 제한과 사회정치적 제한을 장애의 정의에 포함시키고 있다. 이러한 각 법률들에서 정의하는 장애인이란 다음과 같다.

첫째, 사회보장법에서는 장애인을 의학적으로 판단하고 있는데, 적어도 1년간 지속될 것으로 판정되는 또는 사망에 이를 것으로 판정되는 신체적·정신적 손상으로 실질적인 소득활동에 참여하지 못하는 사람이 대상이 된다. 사회보장법에서는 장애판정의 기준이 소득활동 능력 여부이며 월평균 소득이 일정액 이상인 경우 장애로 판정하지 않는다. 장애가 노동과 관련된 활동들을 방해하는 경우만을 인정하며, 현재 상태가 능력장애를 발생시키는 기능장애 목록에 포함되는 것인지, 잔존능력은 어떠한지, 소득활동을 현재에도 할 수 있는지, 과거 일 이외 연령, 교육, 과거경력, 기술 등을 고려하여 어떤 다른 형태의 일을 할 수 있는지를 판정한다. 이 사회보장 규정에 따라 사회보장국은 ㉠ 개인이 전에 하던 일을 할 수 없고, ㉡ 의학적 질환 때문에 개인이 다른 일에 적응할 수 없다고 판단되며, ㉢ 장애가 적어도 1년 동안 지속되어 왔거나 지속될 것으로 예상되거나 사망을 초래할 것으로 예상되면 그 개인을 장애인으로 간주한다(Social Security Administration, 2010).

사회보장법에서는 사회보장 프로그램의 일환으로 장애인 중 그 장애 정도가 매우 심한 중증장애인의 경우, SSDI와 SSI 수급을 신속히 처리해 주는 제도Fast-rack인 특별수당Compassionate Allowance 프로그램을 시행하고 있다. 2012년 12월 7일자로 특별수당을 받을 수 있는 질환에 35개를 추가하여 전체 200개 질환 및 장애로 특별수당을 받을 수 있게 되었다(socialsecurity.gov/compassionateallowances).

둘째, 재활법에서는 장애인을 '일상적 활동분야 중 한 가지 이상의 활동에 현저히 제한을 받는 신체적 또는 정신적 손상을 가진 사람, 그러한 손상의 이력이 있는 사람, 그러한 손상을 가진 것으로 간주되는 사람으로 그 상태가 12개월 혹은 그 이상 지속될 가능성이 있는 경우'로 정의하고 있다. 재활법은 특히 중증장애인에 역점을 두고 있으며 직업재활 측면에서 중증장애에 대한 개념을 설정하고 있다. 중증장애는 특정진단이나 특정장애를 지칭하는 것이 아니다. 중증장애인Individual with Significant Disabilities이란 적격성 및 직업재활 욕구 사정에서 한 가지 또는 그 이상의 신체적 또는 정신적 장애를 가진 것으로 확인된 사람으로 이동, 의사소통, 자기관리, 자기결정, 대인관계기술, 작업 지속성 및 작업기술 등과 같이 고용성과에 영향을 주는 기능적 능력 가운데 한 가지 또는 두 가지 이상에 심각한 제한을 가지는 신체적·정신적 장애를 가진 사람을 말한다. 최중증장애인Individual with the Most Significant Disabilities이란 상기한 능력 가운데 세 가지 또는 그 이상 심각한 제한을 주는 신체·정신적 장애를 가진 사람을 말한다. 중증 및 최중증장애인의 직업재활은 직업재활에 있어서 '종합적인 직업재활 서비스'가 요구되는 대상이다. 종합적인 재활서비스에는 장애인들을 위해 만들어진 특별한 직업적 또는 기타 훈련, 신체적·정신적 회복서비스, 특별한 이동수단, 재활공학, 직업개발, 배치지원, 직업유지서비스들이 포함된다. 재활상담사들은 서비스 대상자가 중증장애인으로 적격하다는 것을 확인하기 위해 첫째, 기능적 능력에 중요한 한계가 있음을 확인하고, 고용의 제한성을 줄이기 위한 복합적 재활서비스가 필요한지 확인하며, 적격성 결정 후 서비스 요구 기간의 확장이 필요한지도 확인해야 한다(www.acces.nysed.gov/vr). 미국에서는 장애인 직업재활 대상자의 우선순위를 장애로 인해 고용에 가장 심하게 영향을 받는 사람에게 주도록 하고 있으며, 이러한 중증장애인을 판정할 때 [표 12-1]과 같은 기준Order of Selection을 적용한다(최진, 2002).

셋째, 1978년 발달장애인법에서 정의하는 발달장애란 5세 이상에서 보이는 심한 만성적인 장애로 정신적 또는 신체적 기능 장애 또는 정

표 12-1 | 미국 중증장애 판정기준 영역

기준사항	설명
자기관리 (S. self-care)	훈련 또는 근로현장에 참여하기 위한 일상적인 활동을 수행하는 능력
이동 (M. mobility)	출·퇴근 또는 근로현장에서의 이동과 관련된 보행, 대중교통수단 이용 또는 공간 및 지각사용 능력
의사소통 (C. communication)	구두표현, 문서 또는 다른 비언어 의사소통 수단에 의한 정보의 수신 및(또는) 전달기능
자기결정 (S. self-direction)	개인의 독립적인 계획과 결정능력 및 고용에 필요한 일상생활 수행 능력
대인관계 기술 (I. interpersonal skills)	직무수행에 영향을 미치는 타인과의 관계 형성 및 유지 능력
작업 지속성 또는 작업기술 (W. work tolerance or work skill)	근로현장에서 요구된 사항을 수행할 수 있는 개인의 역량, 특정 직무에 집중할 수 있는 능력 및 일을 수행하는데 필요한 행위를 증명할 수 있는 능력

※ 출처: 최진(2002), 근로능력에 따른 중증장애인 판정기준, www.vesid.nysed.gov.

신·신체 복합적인 장애에 기인하며, 22세 이전에 명백히 발생하며, 무기한 지속될 가능성이 있고, 주요 생활활동 영역(자기관리, 수용·표현 언어, 학습, 이동, 자기지시, 독립적 생활능력, 경제적 자급자족) 중 세 가지 이상이 상당히 기능적으로 제한되어 있고, 평생 동안 또는 장기간 개별적으로 계획되고 조정되는 특수하고 학문적이며 포괄적인 관리, 치료 또는 기타 서비스가 개인적으로 필요한 경우를 말한다. 이 정의는 발달장애가 0세에서 5세 사이에 '서비스가 제공되지 않으면 발달장애를 초래할 가능성이 높은 발달지체 또는 특정한 선천적·후천적 조건을 지니고 있는' 영유아에게도 적용된다고 기술하고 있다. 발달장애인법의 제정으로 직업적 중증장애에 신경 정신적 장애를 수반하는 발달장애가 하나의 큰 영역을 차지하게 되었다(김종인, 1999).

넷째, 1990년 ADA의 장애 정의는 재활법 제504조의 장애 정의를 따라 세 가지 범주로 정의하고 있다. 장애인이란 첫째, 당사자에게 하나 혹은 그 이상의 주요 일상생활활동 수행에 현저한 제약을 초래하는 신체적 혹은 정신적 손상, 둘째, 그 같은 손상의 기록이 남아 있는 자, 그 같은 손상을 가지고 있다고 간주되는 자를 말한다. ADA에서는 의료적 모델에서보다는 사회적 모델에서 장애를 바라보고, 장애에 대한 고정관념이나 편견 등으로 인해 장애가 있는 것으로 간주되거나 알려진 사람들을 보호하고 있다. ADA에서 정의하는 일상생활활동이란 걷기, 앉기, 보기, 듣기, 서있기, 숨 쉬기, 내뻗기, 학습하기, 말하기, 집중하기, 잠자기, 손작업하기, 일하기, 듣기, 자기 몸 돌보기, 다른 사람들과 교류하기 등이 포함된다.

EEOC는 일하기에서의 현저한 제약에 대해 아래와 같이 정의하였다.

'현저한 제약'이란 어떤 사람이 자신과 비슷한 수준의 직업훈련, 능력, 기술 등을 보유한 동료에 비해 하나의 직업군 혹은 다양한 직업군에 속한 여러 가지 작업의 수행능력에 심각한 제약을 겪는 상태를 의미한다. 하나의 특정한 직무수행능력 부재는 주요 일상생활활동 중 하나인 일하기에 있어 심각한 지장을 초래하는 것으로 간주하지 않는다. 또한 심각한 지장의 초래를 장애로 인한 제약이 몇 개월 이상 지속되는 상태이다(EEOC, 1996).

'간주된다'라는 의미는 주요 일상활동을 현저히 제한하지는 않으나 고용인에 의해 그러한 제약을 가졌다고 취급되는 정신적 또는 신체적 기능장애를 가진 것, 오직 기능장애에 대한 고용인 태도의 결과로서 주요 활동을 제한하는 기능장애를 가진 것, 어떠한 기능장애도 가지지 않았으나 고용인에 의하여 그러한 장애를 가진 것으로 취급되는 것을 말한다. 예를 들면, 얼굴 외형에 심한 손상이 있는 경우, 타인의 부정적 반응을 유발하므로 장애를 가진 것으로 간주되는 경우이다. 그리고 기록이 있는 자의 예로 암이나 정신질환에서 회복된 경우를 들 수 있다. 또한 여기에서 말하는 신체적 또는 정신적 기능장애란 모든 생리적 장애나 상태, 외형적 추형, 또는 다음과 같은 신체체계(신경적, 근골격적, 특수 감각기관적, 생식기적, 소화기적, 비뇨기적, 피부과적, 혈액 및 임파적, 내분비적) 중 한 가지 이상에 영향을 주는 해부학적 손실, 정신지체, 유기체적 두뇌증후군, 정서적 또는 정신적 질환, 특수한 학습장애 등 모든 정신적 또는 심리적 장애를 말한다. ADA에서 중증장애인이란 다양한 서비스를 장기간에 걸쳐 필요로 하는 자로, 예를 들어 동시절단, 맹, 암, 뇌성마비, 심장병, 반신마비, 정신 지체, 정신병, 다발성 경화증, 근육 위축증, 신경계 장애, 양 하지마비, 척수질환, 신장질환, 호흡장애 등으로 인한 장애인을 뜻한다(www.ada.gov). 미국의 경우, 보건 · 교육 · 복지부장관의 위임으로 주 기관과 연방 사회보장국 장애판정위원회에서 판단하며 위원인 의료인 및 전문가는 사회보장국에서 위촉하도록 하고 있다.

2) 장애조사 및 장애인의 수

미국의 경우 장애조사는 10년에 한 번씩 조사하는 미국센서스국U.S. Census Bureau의 '미국장애인조사Americans with Disabilities'와 매월 실시되는 '소득 및 프로그램 참가조사Survey of Income andProgram Participation', 그리고 매년 실시되는 '미국지역사회조사American Community Survey', 매달 이루어

표 12-2 │ 미국 장애인 현황(2011년): 성별

(단위: 명, %)

구분	전 체	장애인	비장애인
전체	306,560,685(100.0)	37,188,115(12.1)	269,372,570(87.9)
남성	149,631,265(100.0)	17,770,227(11.9)	131,861,008(88.1)
여성	156,929,450(100.0)	19,417,888(12.4)	137,511,562(87.6

※ 주: 인지장애 및 보행장애, 자기관리장애는 5세 이상, 자립생활장애는 18세 이상이며 각 수치는 중
　복장애인이 포함된 추정치임.
※ 출처: U.S. Census Bureau(2012), 2011 American Community Survey.

지는 '경제활동인구조사Current Population Survey' 등이 있다.

　미국센서스국(2010)이 발표한 2010년 '미국장애인조사'에 따르면, 미국 장애인 수는 약 5,670만 명이며 이는 전체 인구의 1/5 수준인 18.7%에 해당한다. 이 가운데 약 3,830만 명(12.6%)이 중증장애인인 것으로 나타났다.

　2010년 '소득 및 프로그램 참가 조사'는 장애유형별 인구 수를 보여주었는데 시각장애가 810만 명(3.3%), 청각장애 800만 명(3.1%), 걷기 또는 계단 오르기가 어려운 사람이 3,060만 명(12.6%)이며, 여기에는 휠체어 사용자(360만 명)와 지팡이, 클러치, 또는 보행기 사용자(1,160만 명)가 포함된다. 들기 또는 잡기에 어려움을 가진 사람은 1,990만 명(8.2%)이며, 인지적, 정신적, 또는 정서적 손상을 가진 사람이 1,520만 명(6.3%)을 차지하였다(U.S. Census Bureau, 2011).

　2011년 '미국지역사회조사' 결과에 따르면 시각장애, 청각장애, 보행장애, 인지장애, 자기관리장애, 자립생활장애를 조사대상으로 하였을 때 장애인 수(시설 장애인 제외)는 약 3,718만 8,115명으로 전체 지역사

표 12-3 | 미국 장애인 현황(2011년): 연령별 · 장애유형별

(단위: 명, %)

구분	전 체		17세 이하		18~34세		35~64세		65세 이상	
	인원	비율	인원	비율	인원	비율	인원	비율	인원	비율
청각	10,474,872	100.0	116,904	4.3	338,782	3.2	3,988,796	38.1	6,030,390	57.6
시각	6,623,262	100.0	98,433	7.7	419,949	6.3	3,377,037	51.0	2,727,843	41.2
인지	14,078,648	100.0	-	-	2,096,304	14.9	8,198,444	58.2	3,783,900	26.9
이동	19,892,572	100.0	-	-	350,779	1.8	10,071,515	50.6	9,470,278	47.6
자기관리	7,682,209	100.0	-	-	503,959	6.6	3,682,054	47.2	3,550,196	46.2
자립생활	13,437,594	100.0	-	-			6,946,046	51.7	6,491,548	48.3

※ 주: 인지장애 및 보행장애, 자기관리장애는 5세 이상, 자립생활장애는 18세 이상이며 각 수치는 중복장애인이 포함된 것으로 추정치임.
※ 출처: U. S. Census Bureau(2012), 2011 American Community Survey.

회 거주 인구의 12.1%를 차지하는 것으로 나타났다. 연령대별로 보았을 때 가장 많은 연령대는 65세 이상 고령 장애인으로 1,465만 8,874명 (36.6%)이었으며, 18~64세가 1,958만 2,613명(10.2%), 5~17세가 278만 158명(5.2%) 5세 미만이 16만 6,470명(0.8%) 순으로 나타났다.

장애유형별 장애인 비율을 보면 이동장애가 가장 높게 나타났고 (27.6%), 이 중 35~64세 장애인의 비율이 가장 높았다. 청각장애의 경우 65세 이상이 가장 높은 비율(57.6%)을 차지하였고, 18~64세 미만 (38.1%), 5세 미만(4.3%), 5세~17세(3.2%) 순으로 나타났다.

2. 의료 및 사회보장정책

1) 의료보장

미국은 서구사회 중 유일하게 전국민 대상의 의료보험제도나 국민
보건서비스가 없는 나라이다. 따라서 대부분의 일반시민들은 민간 의료
보험에 가입하고 있으며, 그러한 능력이 없는 계층에 대해서는 1965년
제정된 국민의료보장Medicare과 국민의료부조Medicaid에 의해 의료부조
를 해주고 있다. 즉, 미국에 있어 의료보장제도는 국민의료보장과 국민
의료부조가 주축을 이루고 있다.

(1) 국민의료보장medicare

국민의료보장은 65세 이상의 노인과 65세 이하의 장애인, 그리고 말
기 신장질환을 가진 사람들의 병원비용과 의료비용을 보장해 주기 위한
건강보험 프로그램이다. 이 프로그램의 두 개의 부분, 즉 병원보험Hospi-
tal Insurance: HI과 의료보험Supplemental Medical Insurance: SM으로 이루어진다.

① 병원보험Hospital Insurance: HI
병원보험 프로그램은 강제적인 세금(현재 고용인과 사용자가 1.45%씩
부담)으로 충당되는 재정으로 급여를 제공하며, 대상은 노령 및 유족보
험, 사회보장 장애보험 대상자나 철도퇴직제도 수혜자격이 있는 65세
이상과 65세 이하이지만 사회보장 장애급여를 받는 사람들이다. 이를

통해 의료와 관련된 매우 다양한 서비스를 제공하며, 제공된 서비스에 대한 비용상환은 병원, 양로시설, 또는 가정건강 서비스기관으로 직접 제공된다. 병원보험 서비스의 유형은 다음과 같다.

ⓐ 입원서비스inpatient hospital services

메디케어 수혜자가 628불의 병원입원비 공제액을 내고 나면 처음 60일 동안의 모든 병원비용은 메디케어에 의해 지불된다. 60일을 다 써버렸을 경우에는 추가로 60일을 선택적으로 사용할 수 있도록 하며, 이 경우 공제액은 처음 공제액의 절반인 314불이 된다. 여기에 포함되는 병원서비스는 병원에서 환자에게 통상적으로 제공되는 모든 의료서비스이다.

ⓑ 퇴원후 서비스posthospital service

3일 이상 병원 입원 후, 환자가 기술을 요하는 간호 혹은 재활서비스가 필요할 경우 이와 관련된 서비스가 제공된다. 이 경우 100일까지 메디케어에서 필요한 경비를 지불하는데 처음 20일 동안의 비용은 환자가 부담하지 않으며, 21일째 되는 날부터 100일째 되는 날까지의 비용은 환자가 병원 입원비 일부를 매일 지불해야 한다는 조건이 있다.

ⓒ 가정보건서비스home health services

시간제나 주기적인 계획 아래 의사나 간호사 혹은 물리치료사 등이 방문하여 제공하는 가정보건서비스로, 간호서비스는 종일 제공되지 않으며 집안청소, 음식준비, 장보기 등의 서비스도 제공되지 않는다.

② **의료보험**Medical Insurance: MI

이 프로그램은 가입이 자발적이며 가입자의 보험금과 연방정부가 일반조세로부터 충당하는 보험금으로 부담하는 비병원 보건보호 프로그램이다.

이 프로그램은 주로 의사들이 제공하는 의료서비스, 통원치료, 기타 의료서비스에 관한 것으로 보험료가 싸기 때문에 거의 모든 노인들이 가입한다. 이 프로그램에 가입한 노인들은 처음 치료비의 75불을 지불해야 하며, 그 나머지 치료비 중 20%는 먼저 지불하고, 80%는 의료보험에 청구하도록 하는 방법과, 의사가 이 프로그램을 인정하지 않고 치료비를 모두 다 받고 가입자가 의료보험에 직접 청구하여 상환 받는 등 두 가지가 있다. 최근에 전자의 방법을 취하는 의사 비율이 85% 수준에서 70% 수준으로 떨어졌다. 그 이유는 의사들이 전자의 방법을 택할 경우 의료비가 낮아진다는 생각과 정부로부터 의료비를 받는 것에 대해 심한 거부감을 가지는 경우 때문이다. 또한 의사협회가 후자의 방법을 택하도록 권고하고 있고, 의료비 수령이 늦어질 때도 있는 것도 한 이유이다.

(2) 국민의료부조medicaid

이 프로그램은 우리나라의 의료보호제도와 유사한 제도로 보통 주의 보건복지부에서 운영한다. 메디케이드는 요보호아동을 가진 가정, 노인, 장애인들을 위한 프로그램으로 수혜자격은 주마다 약간은 차이가 있지만 보충보장소득 수혜자의 경우 자동으로 주어진다.

장애인들은 두 가지의 주된 의료서비스인 입원서비스와 외래서비스 이외에도 재활서비스를 받을 수 있다. 급여의 수준은 수혜자의 욕구에 따라 결정되며 주마다 약간의 차이가 있다.

2) 사회보장

미국의 공적연금제도는 사회보장연금제도^{OASDI}(노령 · 유족 · 장애보험)를 중심으로 철도직원 퇴직제도, 구연방 공무원 퇴직제도, 주 및 지방 공무원 퇴직제도, 퇴역군인제도 등이 있으며, 공적연금을 보완하기 위해 엘리사법^{Employee Retibement Income Security Act, ERISA}에 입각한 기업연금제도와 개인연금제도가 크게 발달해 있다. 이 중 OASDI는 가장 대표적인 공적연금제도로서 1935년 사회보장법^{Social Security Act}에 의해 창설되었다.

제도 시행 초기에는 적립방식을 채택하고, 급부를 퇴직자의 노령연금에만 한정하는 등 많은 결함을 지니고 있었지만 1939년 이후, 재정운영 방식에서 거액의 적립금 남용을 우려하는 보수주의자, 보험시장확보를 요구하는 민간보험회사, 그리고 부담경감을 요구하는 노동조합 등의 다양한 견해를 충분히 고려하여 기존의 적립방식에서 부과방식으로 전환하게 되었다.

그리고 적용범위를 단계적으로 확대하여 1935년 노령연금에서 출발했던 OASDI는 1939년 퇴직노동자의 부양가족, 유족을 위한 급부, 1956년에는 장해급부, 그리고 1958년에는 장해근로자의 부양가족, 유족을 위한 급부를 추가하게 되었다.

이러한 OASDI는 일정액 이상의 근로소득이 있는 민간기업의 피용자, 연수^{年收} 일정 금액 이상의 자영업자, 그리고 1984년 이후에는 신규 채용된 연방공무원 및 의회직원, 연방의원, 연방재판소 판사 등을 적용

대상으로 하여 현재 전체 취업자의 약 95%를 포괄하고 있다. 나머지 5%는 임시고용 등의 농장노동자와 가내노동자, 연간소득이 일정 금액에 미달되는 자영업자 등으로 이들은 OASDI와는 별도로 보충보장소득Supplement Security Income: SSI 제도의 적용을 받는 체계로 제도화되어 있다.

OASDI의 재원조달은 현재 수정부과방식에 기초하여 재정운영을 하고 있으며, 재원은 사용자, 피용자, 자영업자가 납부하는 사회보장제 payroll tax를 통해 조달되고 있다.

OASDI는 미국 보건 · 인간서비스성U. S. Department of health and Human Services 산하의 사회보장청Social Security Adminisration에 의해 관리 · 운영되며, 급여는 노령연금, 장해연금, 유족연금의 3종류로 지급된다.

그리고 현재 이 제도에서 장애인 소득보장의 근간이 되는 것은 사회보장 장애보험Social Security Disability Insurance: SSDI과 보충보장소득Supplemental Security Income: SSI이다. 이외에도 장애인만을 위한 보장제도는 아니지만 국민의 한 사람인 장애인으로서 적용되는 근로자 보상제도Worker's Compensation, 주장애보험State Disability Insurance, 민간 장애보험Private Disability Insurance 등이 있는데, 여기서는 SSDI와 SSI 그리고 근로자 보상제도를 중심으로 기술해 나갈 것이다.

(1) 사회보장장애보험Social Security Disability Insurance: SSDI

사회보장장애보험은 사회보장국에서 관리하고 있는데, 이는 장애로 인하여 근로가 어려운 장애인의 실소득의 일부를 보장해 주기 위해 마련된 제도이다.

현재 장애보험제도에서 장애보호는 보험에 가입되어 있는 장애근로자와 그의 피부양자, 보험에 가입되어 있는 근로자의 장애미망인 혹은 장애홀아비, 보험에 가입되어 있는 장애근로자, 퇴직자 혹은 사망한 사람의 18세 이상의 자녀 중 22세가 되기 전에 장애인이 된 자 등에게 제공된다. 이 제도의 자격요건은 비교적 까다로운데, 이는 본 제도가 제정될 당시 많은 반대집단이 이 제도의 시행상의 문제를 들어 수급자격 요건을 까다롭게 해야 한다고 주장했기 때문이다. 당시 제기된 주요 사항으로 첫째, 보험에 든 상태를 알아보기 위한 3가지 검사제도, 둘째, 매우 좁고 엄격한 장애의 개념설정, 셋째, 50세 이하의 사람이나 그의 피부양자에게 급여제공 거부, 넷째, 장애인 등록인 명부에서 빠져나올 수 있게 하는 직업재활 프로그램의 확립 등이었다.

장애급여의 수급자격을 얻기 위해서는 다음의 세 가지 과정, 즉 보험에 든 상태의 결정, 신체적 상태와 기능손상의 평가, 노동능력을 결정해야 한다. 또한 이 제도에 있어 장애란 의학적으로 볼 때 신체적 · 정신적 손상이 사망에 이를 정도이거나 12개월 이상 지속될 수 있는 정도로 어떤 활동에도 참가할 수 없는 상태로 정의된다. 따라서 이러한 엄격한 장애의 개념으로 인해 많은 사람들이 심한 장애를 입고도 장애급여 대상자에서 제외되고 있다.

장애보험제도의 급여는 평균소득지수average indexed earning에 근거하여 급여계산규정과 최저급여계산규정을 활용하여 사정된다. 처음에 이러한 장애급여의 액수는 근로자가 받는 근로자 보상급여의 정도에 따라 감소되기도 하였다. 그러나 이 공제규정은 1958년에 폐지되어 어떤 주에서는 장애의 정도가 매우 심한 근로자의 경우 장애급여와 근로자 보상급여를 합치면 장애를 당하기 전의 임금수준을 웃도는 급여를 받는 경우도 발생하게 되었다. 이러한 문제점으로 인해 1965년 의회는 다시금

차감^{offset} 규정을 도입하게 되었다. 그러나 이에 대한 논쟁은 계속되었고, 결국 1981년 의회는 근로자의 장애급여(배우자와 자녀에게 제공되는 급여를 합친), 즉 연방정부, 주정부, 지방정부의 공공프로그램에서 제공되는 급여의 총액이 현재 평균소득의 80%를 초과하지 않도록 한다는 규정을 만들었다.

(2) 보충보장소득Supplemental Security Income: SSI

보충보장소득^{SSI}은 개정된 사회보장법(1972)에 의해 입법화되어 1974년부터 실시하게 된 제도로 이는 미국의 공적부조 프로그램들 중의 하나이며, 사회보험으로 충분히 보호받지 못하는 노령과 장애로 인해 노동력을 상실한 사람을 소득을 보장하기 위한 것이다. SSI의 이 프로그램은 사회보장국에서 관리하는 전국적인 연방보조 프로그램으로 재정은 일반조세에 의해 충당되고 사회보장에서 받는 급여가 매우 낮은 수준이거나 다른 재산이나 다른 수입이 정해진 기준에 미달될 경우에는 수혜대상자가 되는데, 이때 주요 대상은 65세 이상의 노인이나 시각장애 또는 그 이외 장애인이 해당되며, SSI를 받는 경우에는 보통 식품구매권food stamps과 국민의 의료보장Medicaid을 함께 받게 된다.

또한 어떤 경우에는 한 사람이 보충보장소득 산하의 두 가지 급여수령 대상이 될 수도 있다. 예를 들면, 가난한 노인이 장애인일 수도 있는데 이런 경우에는 두 가지 급여를 다 받을 수는 없고 많은 쪽의 급여를 받는다. 장애인 자격으로 급여를 받는 것이 노인자격으로 급여를 받는 것보다 낫다. 나이가 자격요건을 결정하는 요인이 아니므로 성인뿐만 아니라 아동들도 장애인인 경우에는 급여를 받을 수 있다. 아동이 급여를 받기 위해서는 부모의 소득을 조사한다. 수혜자들은 보충보장소득과 요보호 아동가족부조^{Aid to Families with Dependent Children: AFDC} 급여를 동시에 받을 수는 없다.

보충보장소득의 수혜자가 되기 위해서는 부동산이나 저축 등과 같은 현재 지니고 있는 재산이 정해진 수준 이하가 되어야 한다.

이 제도의 재원은 연방정부의 일반세입에서 전액 부담하고 사회보장청^{Social Security Administration}에서 주관하며, 사회보장청은 전국에 지역 사무소를 설치하여 직접 프로그램을 운영하기도 하고 경우에 따라서는 주나 지방의 공공단체와 계약을 맺어서 운영을 위탁하기도 한다.

보충보장소득은 여러 가지 요인에 의해 개인의 급여수준이 결정된다.

(3) 근로자 보상제도^{Worker's Compensation}

근로자 보상제도는 미국의 사회보험 프로그램 가운데 가장 오래된 것으로 현대사회의 장애원인이 후천적 요인, 특히 산업재해와 관련되어 있음을 고려한다면 대단히 중요한 제도이다. 이 제도는 근로자가 일과 관련하여 장애를 당하거나 질병에 걸렸을 경우, 그 근로자에게 급여를 제공하고, 만일 장애나 질병으로 인하여 근로자가 사망하였을 경우, 그 근로자의 부양가족에게 급여를 제공하는 것이다. 근로자보상법에 따르면 사용자는 고용인이 과실에 관계없이 업무상 부상을 당하거나 질병에 걸렸을 때 이와 관련하여 수반되는 임금손실과 의료비를 보상하도록 되어 있다.

이 제도의 급여는 여러 가지 형태가 있고 현금급여뿐만 아니라 부상당한 근로자에게 의료보호와 재활서비스를 제공하며 영구적인 부상일

장애학_통합재활적 접근

경우에는 근로자의 유족에게도 보상해 준다.

이 제도의 재정은 거의 사용자의 갹출금에 의해 충당되는데 몇몇 주에서는 일반조세로 근로자 보상 재정을 충당하기도 한다. 대부분의 주에서는 사용자가 보상보험을 들고 있지 않으면 벌칙이 가해지는데 규모가 큰 회사는 자기보험을 가지고 있는 경우도 있다.

그리고 이 제도는 주가 보상제도 운영에 광범위한 재량권을 지니고 있으므로 주에 의해서 운영된다. 1970년 근로자들의 안전과 좋은 근로조건을 제공하기 위한 기준을 마련하여 재해를 사전에 예방하는 것을 목적으로 하는 미직업안정 및 보건법National Occupational Safety and Health Act of 1970이 제정되었으며, 이 법에 의해 근로자들의 근로상태를 평가하고 권고하는 근로자보상법에 대한 위원회가 만들어졌다. 이 위원회는 강제적인 보험가입, 소규모회사는 정부기관 고용인의 예외규정 삭제, 모든 형태의 근로자의 가입, 일과 관련된 모든 질병의 적용, 주급 급여수준을 임금의 2/3 수준에서 그중 평균임금의 100%까지 하도록 권유하고 있다.

3. 교육정책

미국의 장애인 교육정책은 크게 특수교육과 교육의 차별금지 등으로 구분된다.

1) 특수교육

미국의 연방 및 주 정부의 특수교육 정책은 1960년대 중반 이후 크게 변화되어 오고 있다. 1960년대 중반 이전까지 장애아동을 위한 특수교육은 주로 그 지역 교육구청의 책임하에 이루어져 왔고, 많은 장애아동들은 특수교육 및 관련 서비스를 받지 못한 채 학교교육의 대상에서 제외되었다. 그러나 1960년대에 들어와서, 장애아동들에게 교육의 기회를 부여하지 않았던 기존 정책에 변화가 일기 시작하면서 장애아동에 대한 교육권이 장애아동의 부모와 전문 관련 단체들에 의하여 제기되었고, 이러한 요구는 연방 및 주 정부가 새로운 특수교육 정책을 입안하게 되는 계기가 되었다. 특수교육 정책이 새로이 입안됨에 따라 특수교육의 체제, 프로그램, 재정지원방안에도 변화가 따르게 되었다.

1960년대 이후, 미국의 특수교육 정책에서 한 가지 특징적인 변화는 기존 정책틀을 보완하면서 새로운 내용이 계속 첨가되는 형태로 발전해 왔다는 점이다. 따라서 미국 특수교육의 주요 정책이 어떻게 입안되고 변화되었는가를 살펴보고, 모든 장애인을 위한 교육법을 보다 자세하게 살펴보기 위해 1975년 장애인교육법The Education for All Handicapped Children Act을 기점으로 분리교육시대와 통합교육시대로 구분해서 살펴보기로 한다.

(1) 분리교육시대

1965년 초중등교육법Elementary and Secondary Education Act이 제정됨으로서 미연방정부는 교육에 대한 지원책을 확립되게 되는데 전통적으로 미국에서의 교육은 주정부의 관할사항이었고 연방정부에서의 지원책은 미비하였다. 그러나 동법이 제정됨으로써 연방정부의 교육에 대한 지원과 관여가 동시에 시작되었다. 본 법은 주로 교육 결손 아동들에게 보상교육 프로그램을 제공하는 데 그 목적이 있었다. 경제적으로 하위계층인 장애아동의 경우에도 이 법의 혜택을 받았으나 경제적으로 불리한 아동들의 일반교육에 대부분의 지원이 주어졌다. 그러므로 장애아동을 지원하기 위한 보다 직접적인 정책이 필요하게 되었다.

초등교육법은 1966년에 개정되어 장애아동을 위한 교육Education of the Handicapped Children이라는 조항이 첨가되었고, 그 주요 내용은 다음의 여섯 가지로 요약될 수 있다.

첫째, 유치원, 초·중등학교에서의 장애아동교육 프로그램을 확대하고, 질적 향상을 도모할 수 있도록 하기 위해 교육부장관으로 하여금 주정부에 재정을 지원할 수 있게 하였다.

둘째, 장애아동을 정신지체, 난청, 농, 언어장애, 시각장애, 정서장애, 신체장애, 기타 건강상의 장애로 인하여 특수교육 및 관련 보조서비스를 요하는 아동으로 규정하였다.

셋째, 연방정부의 재정지원은 각 주정부에서 특수교육을 제공하는 3세에서 21세까지 장애아동의 수에 비례하여 제공하였다.

넷째, 연방정부의 재정지원을 받기 위하여 각 주정부는 특수교육 계획안을 교육부장관에게 제출하도록 하였다.

다섯째, 장애아동의 교육을 위한 동 개정조항의 시행을 검토하고 자문하기 위하여 교육부 산하에 장애아동을 위한 자문위원회National Advisory Committee on Handicapped Children를 설치하도록 하였다.

여섯째, 장애아동의 교육 및 훈련과 관련된 프로그램과 과제의 시행을 담당하도록 하기 위해 장애아교육국Bureau of Education for the Handicapped을 설치하도록 하였다.

기존 초등교육법의 장애아동 교육 관련 조항은 1970년 장애아교육법Education of the Handicapped Act, PL91-230으로 개정되었으며, 동법의 주요 내용은 다음과 같다.

첫째, 장애아교육국과 장애아동을 위한 자문위원회의 운영세칙을 보완하고, 특수교육용 시설 및 장비를 구비할 수 있도록 법의 내용을 확대하였다.

둘째, 장애아동의 교육 및 편의를 위하여 장애인센터를 지역별로 설치하고, 맹·농 장애인 교육프로그램과 장애아동의 조기교육 프로그램도 확대하였다. 또한 장애인센터를 중심으로 한 현장연구, 훈련 프로그램의 개발, 그리고 장애인에 대한 편의시설 및 서비스 제공을 위한 재정지원을 하도록 하였다.

셋째, 장애아동의 교육을 담당할 특수교사, 특수교육 행정가, 특수교육 관련 보조활동 전문가를 양성할 수 있도록 고등교육 기관에 대한 재정지원을 확대하였다. 이를 계기로 주립대학을 중심으로 한 고등교육기관의 특수교육 인력양성 프로그램이 확충될 수 있었다.

넷째, 특수 학습장애 아동을 위한 교육프로그램을 개발할 수 있도록 하였다.

1974년 장애아교육법개정안Education of the Handicapped Act Amendments, PL93-380을 통해 미의회는 기존의 주정부에 대한 특수교육 재정교부금을 대폭 증가시켰다. 또한 본 개정안에서는 장애아동 및 그들의 부모에 관한 교육권을 보다 확고히 보장하는 내용들을 첨가하였다. 본 개정안의 내용들을 살펴보면 다음과 같다.

첫째, 특수교육국의 행정 책임자를 차관급으로 승진하고 다섯 명의 차관보급 행정가를 두어 특수교육 및 재활을 관장하게 하였다.

둘째, 개정안에서는 모든 장애아동에게 완전한 교육의 기회를 제공하는 것을 목표로 하여 이에 필요한 재정확보 절차들을 마련하였다. 또한 장애아동과 그들의 부모가 장애 유무의 발견, 검사, 교육 프로그램의 제공 등의 과정에서 불이익을 당하지 않도록 그들의 교육권을 대폭 강화하여 그들의 자녀가 차별을 받았다고 인정될 경우 법률에 의한 정당한 절차를 밟을 수 있도록 하였다. 또한 장애아동의 검사 시 검사도구 및 그 절차가 인종 및 문화적 측면에서 편파되지 않고 공정하게 행해지도록 하였다.

셋째, 각 주정부로 하여금 모든 장애아동에게 완전한 교육의 기회를 부여할 수 있도록 기본 정책과 행정 절차를 구체화하도록 하였다.

이와 같이 1974년 법 개정 이전에는 특수교육이 분리된 환경과 시설에서 이루어졌으나 1974년 장애아교육법이 개정되면서 통합교육이 시도되었고, 동법은 1975년 다시 한번 개정됨으로써 통합교육이 활기를 띠게 되었다.

1965년 초중등교육법이 통과된 이후, 연방정부는 불이익을 받는 아동을 교육하는 데 321억불 이상을 지출하였으나, 40년 정도가 지난 현재 4학년 학생의 32%만이 능숙하게 글을 읽을 수 있는 것으로 조사되었다. 불행히도 68%는 글을 읽을 수 없는 아동이거나 열악한 환경에서 생활하는 아동이었다.

이 법은 2001년 'The no child left behind act(P. L 107-110)'로 대폭 개정되어 강화되었고, 대통령의 교육에 대한 기본적인 네 가지 원칙을 포함하고 있다. 즉, 결과에 대한 책임성 강화, 유연성과 지방정부 권한의 확대, 부모와 학생의 선택권 확대, 검증된 교수법 강조 등의 주요 개념을 가지고 있다(www.nochildleftbehind.gov).

(2) 통합교육시대

통합교육은 당시 몇 년 동안 일반적으로 통용되고 있음에도 불구하고 의미가 상당히 모호한 용어였다. 따라서 1975년 개정법에서도 통합교육이란 용어를 직접적으로 사용하지 않고 특수한 욕구를 지닌 아동들이 그들의 욕구를 위해 제한된 환경이 최소화된 적절한 장소에서 무상의 공교육을 받을 수 있는 권리로 기술하고 있다. 이 법은 1975년, 모든 장애아동을 위한 교육법Education for All Handicapped Children Act, PL94-142으로 개정되면서, 미국 연방정부는 장애아동의 교육을 위한 가장 실질적인 재정지원을 하게 되었고, 기존의 장애아 교육법 개정안에서 마련된 장애아동에 대한 교육의 원리 및 장애아동에 대한 교육권을 보다 구체화하고 강화시켰다. 다시 말해 PL94-142는 기존의 장애아동을 위한 특수교육 관련 법률들을 보다 구체적이고 종합적으로 재정리하여 연방정부의 재정지원을 강화시켰다는 점에서 획기적으로 평가될 수 있다. 그 주요 내용을 살펴보면 다음과 같다.

첫째, 이 법의 목적은 모든 장애아동에게 그들의 능력과 필요에 알맞은 특수교육과 관련 보조활동을 무상으로 제공하는 데 있다.

둘째, 이 법은 주정부가 모든 장애아동에게 특수교육과 관련 서비스를 의무적으로 제공하도록 하였고, 이에 필요한 경비의 일부를 연방정부에서 지원하도록 하였다. 또한 이 법은 주정부가 유치원에서의 장애아동 교육, 건물 및 시설의 물리적 장애물의 철폐, 교육매체 개발 등에 필요한 연방정부의 지원금을 신청할 수 있게 하였다.

셋째, 연방정부의 재정교부금을 받기 위해서는 각 주정부가 장애아동을 위한 교육안을 마련하여 교육부장관에게 제출하도록 하였다. 주정부의 계획안은 주정부 내 각 교육구청에서 마련한 계획안을 종합하여 작성하도록 되어 있다.

넷째, 이 법에서는 주정부 및 교육구청에서 장애아동과 그들의 부모가 장애를 이유로 차별을 받지 않으며 만약 정당한 사유 없이 차별을 받은 경우에는 이의를 제기할 수 있는 법적 절차들을 명시하였다.

다섯째, 장애아동이 가능한 많은 시간 동안 일반아동과 함께 교육받음으로써 제한적인 환경을 극소화하도록 하였으며, 정당한 이유 없이는 장애아동을 통합교육에서 분리시킬 수 없도록 하였다.

여섯째, 장애 유무를 검사하는 도구를 선택할 때, 검사절차가 인종적, 문화적 측면에서 편파적이지 않고 공정하게 이루어지도록 하였다. 또한 장애아동에게 적절한 교육프로그램을 결정하기 위해 한 가지 이상의 검사를 실시하며 아동의 관찰 등을 병행하도록 하였다.

일곱째, 각 지방교육구청은 장애아동의 개별화교육계획IEP: Individual-ized Education Plan을 개발하여 시행하며 그 시행과정을 기록하고 정기적으로 검토하도록 하였다. IEP는 아동의 현재 교육적 요구와 능력 분석, 연간 목표, 다음해에 아동을 위해 성취해야 할 수준 기술, 단기목표, 연간목표에 이르는 단계 기술, 연간목표와 단기목표를 향한 측정과정 기준, 이용될 교수기술, 제공될 관련 서비스들, 아동이 IEP를 받을 장소 등을 내용을 포함하고 있다.

여덟째, 각 주정부에서 연방정부로 제출하는 장애아동을 위한 특수교육 계획안에는 특수교육 담당인력의 양성방안도 포함하도록 하였다. 즉, 특수교사, 특수교육행정가, 그리고 특수교육 관련 보조활동 전문가 등 특수교육 담당인력의 양성방안을 주립대학과 협의하여 마련하고, 이를 시행하는 데 필요한 재정지원을 연방정부에 신청하였다.

아홉째, 모든 장애아동에게 무상으로 그들의 능력과 욕구에 알맞은 교육을 제공하려는 동법을 효과적으로 시행하기 위하여 연방정부, 주정부, 교육청은 긴밀한 협력체제를 구축하고, 그 외 관련될 공공단체 및 사회단체와의 협력도 강화하도록 하였다.

열 번째, 교육청의 특수교육 관계자는 장애아동의 검사 및 이에 기준한 교육배치를 결정할 경우 부모의 사전 승인을 얻도록 하였다. 이때 부모는 자녀의 검사나 교육배치가 적절하지 못하다고 판단될 경우, 계속해서 학교당국과 절충하여 합의점을 구하든지 혹은 법적 소송을 제기할 수 있도록 하였다.

1986년 장애아교육법 개정안Amendments of the Handicapped Act, PL 99-457에서는 기존 특수교육 관련법에 영유아교육 프로그램을 개설하도록 규정하였으며 아울러 장애아동의 조기교육 프로그램 개발 지원을 확대하였다. 이 법은 출생에서 2세까지의 영유아 중 발달이 지체되었거나 혹은 발달이 지체될 위험이 있는 영유아 및 3세에서 5세까지의 장애아동을 대상으로 하였다.

1990년 장애아교육법 개정안Education of the Act Amendments, PL 101-476에서는 21세기까지의 특수교육 및 관련 서비스 제공 이후에 직면하게 되는 장애아동의 사회인으로의 전환과정이 중요하게 다루어졌다. 그동안 모든 장애아동에게 특수교육의 기회를 제공하는 데 정책의 초점이 주어졌으나 21세기까지의 교육에도 불구하고 여전히 대부분의 장애아동이 사회 내에서 독립적으로 삶을 영위하지 못하고 있는 데 대한 문제점이 점차 대두되었다. 그리하여 이 법에서는 장애아동의 전환과정에 대한 내용을 아동의 개별화 교육계획에 포함하도록 규정하고 있다. 이 법에서는 장애아동의 대상을 확대하여 자폐증과 뇌손상을 포함시켰으며,

장애아동을 위한 관련 보조활동에 레크리에이션과 사회사업가의 서비스, 재활상담을 첨가시켰다.

1997년 개정된 장애인교육법Individuals with Disabilities Education Act: IDEA 은 전환고용을 개인을 위한 성과 중심적 과정에서 고안된 교육활동으로 보고, 고등교육, 직업훈련, 지원고용, 지속적인 성인교육, 성인서비스, 독립생활 또는 지역사회 참여를 포함하는 학교에서 사회로의 전환을 촉진하는 통합적인 활동이라 정의하였다. 그리고 모든 장애학생을 위한 개별화된 교육과정Individualized Educational Program: IEP에 전환고용계획을 반드시 포함시키고 전환고용 대상을 14세 이하로 하향 조정하는 등 전환고용을 의무화하였다.

또한 1997년 개정법은 장애학생들의 학업성취에 대한 책무성을 규정하는데, 이것은 주와 지방교육 전체 평가에서 장애학생들의 책무평가도 포함할 것을 규정하였고, 여기에 참여할 수 없는 학생들을 위해서는 대안적 평가alternate assessments를 개발할 것을 규정하였다. 또한 특수교육 프로그램에서 교육을 효과적으로 지원하기 위하여 의사소통기기와 첨단공학을 사용하도록 규정하고 있다.

2) 교육의 차별금지

미국에서의 고학력 차별금지 조항은 대학교육에서의 제도를 의미하는 것으로 재활법 제504조 고등교육에서의 장애인 차별금지에 관한 시행규칙을 중심으로 살펴보아야 할 것이다. 잘 알려진 바와 같이 재활법 제504조는 연방정부가 직영하거나 정부와 계약관계에 있는 모든 기관, 사업, 구체적으로는 교육, 의료, 복지, 공공교통 등 공적서비스와, 행정서비스 사업부문에서의 불합리한 장애인차별을 금지하고 있다. 이 규칙은 우선 자격 있는 장애인Qualified individual with a disability 지원자에 대해 장애를 이유로 입학허가나 입학모집상의 차별을 금지하고 있다. 우선 장애인에 대한 입학허가에 인원 수나 비율의 제한을 두어서는 안 되며, 이는 입학에 있어 장애를 이유로 입학을 거부하는 것을 차별로 보고 금지하는 것이다. 다음으로 학생모집이나 입학시험에서 장애로 인한 불이익을 입지 않도록 배려할 필요가 있다고 되어 있다. 예를 들면, 입학선발에 있어 대학당국은 장애인에게 부당하게 불리한 영향을 주는 시험문제나 기준을 사용해서는 안 되고, 시각, 청각, 지체, 또는 언어장애가 있는 사람이 응시할 경우 시험 내용이 지원자의 장애를 측정하는 것이어서는 안 되며 적성이나 도달수준을 평가하는 것이어야 한다. 또한 장애상태를 판정하는 소위 건강진단을 입학적격 판정 이전에 시행하는 것은 어떠한 종류의 장애상태가 취학 가능 여부의 평가기준이 되는 등 특정 장애를 입학적격 지표의 하나로 삼는 것과 동일하므로 차별행위에 해당되어 금지된다. 반면, 합격결정 이후의 건강진단은 그 장애상태에 따라 취학 시에 어떤 배려가 필요한가를 평가하는 것이므로 당연히 인정된다.

입학한 장애학생이 대학교육이나 학생생활에서 비장애학생과 동등한 기회를 향유할 수 있도록 대학생활에서 장애를 이유로 각종 차별을 금지하는 일반 규정이 있다. 즉, 학업, 연구, 직업훈련, 주택, 재정급부, 체육, 레크리에이션 등 대학교육 프로그램이나 활동에서 장애학생이 장애를 이유로 참가할 수 없거나 혜택을 받을 수 없어서는 안 된다. 그리고 모든 장애인의 참여기회를 평등하게 보장하고 통합된 적절한 환경에서 이런 프로그램과 활동이 운영되어야 한다는 일반적인 처우에 관한 규정이 있다. 통합된 환경의 참여나 서비스의 제공도 중요한데 때로는 일반학생과는 분리된 교육서비스가 필요한 경우도 있다. 그러나 이 경우에도 불필요하게 구별하거나 일반학생과 다른 교육서비스를 제공하는 것은 차별로 간주된다.

대학교육기관의 구체적인 서비스는 교육적 프로그램이나 활동에 관한 서비스와 교육 이외의 학생 생활을 지원하기 위한 서비스로 대별된다. 이 중 어느 서비스건 장애학생이 평등하게 이용할 수 있어야 하는데 구체적인 내용을 살펴보면 다음과 같다.

(1) 교육적 프로그램이나 활동에 관한 서비스

여기에서 중심이 되는 것은 학업상 필요한 배려인데 그중 하나가 학업상의 조정적 서비스이다. 학업조건이 장애학생에 대한 장애를 이유로 하는 차별이 되지 않도록 하기 위해 이를 조정하거나 수정할 수 있다. 예를 들어, 학위를 취득하기 위한 기간이나 필수과정을 변경하거나 과정, 실시방법 그리고 시험방법 등의 조정 등이 있다. 또한 수업 중 녹음기 사용을 금지하거나 맹도견의 출입을 금지하는 등 장애학생의 참여를 제한하는 일을 해서는 안 되며, 학업상의 보조적 서비스도 중시된다. 장애학생이 장애로 인해 받게 되는 학업상의 불리한 조건을 보완하여 실질적인 기회 평등이 보장되도록 하기 위한 보조기기나 인적 서비스 등 각종 보조적인 서비스가 인정된다. 구체적으로는 녹음교과서, 통역인, 구두 발표자료를 청각장애학생이 이용할 수 있도록 하는 효과적인 방법을 제공한다. 또한 시각장애학생을 위한 도서관의 대독자, 낭독서비스, 사지마비 학생이 사용할 수 있는 교실 설비의 개조 등이 포함된다. 장애에 따라 필요한 서비스가 있으면 적절한 배려를 추가적으로 제공할 필요가 있다.

미국

(2) 교육 이외의 학생생활을 지원하는 서비스

첫째, 주택에 대한 배려로, 장애학생이 비장애학생과 마찬가지로 주택을 편리하게 이용할 수 있기 위해서는 다양한 주택이 양적으로 충분히 마련되지 않으면 안 된다. 장애학생의 거주시설에 대한 선택의 폭은 비장애학생의 선택의 폭에 필적하도록 요구된다. 또한 학생에게 주택을 공급하는 관계자는 그 주택이 장애를 이유로 차별되지 않도록 장애학생이 이용하기에 필요한 서비스를 갖추어야 한다. 기숙사를 포함하여 장애학생이 이용할 수 있는 주택을 확보하는 일은 학생생활의 기초가 되는 것이므로 중시되고 있다.

둘째, 경제적 지원으로, 장학금의 지급이나 대여, 수업료의 면제, 교과자료비의 보조, 학업상 필요한 보조기기의 교부 등 재정적 보조에 있어 장애학생에 대한 것이 비장애학생에 대한 것보다 적거나 보조받을 자격을 장애를 이유로 제한하는 등의 차별을 해서는 안 된다.

셋째, 체육이나 학업외 서비스의 평등으로, 체육과정이나 운동경기에 있어서도 평등한 기회가 인정되며, 이를 위해 필요한 배려가 주어진다. 또한, 학생상담이나 직업소개 서비스도 평등하게 제공되어야 하며, 직업목표를 장애학생용으로 제한하는 형식의 소개를 해서는 안 되고, 대학의 사교클럽이나 레크리에이션도 장애학생의 참여가 보장되어야 한다.

이 때문에 미국 내 대학은 변화하고 있는데, 그중 가장 두드러진 변화는 아마도 장애학생이 증가하고 있다는 것을 들 수 있으며, 또한 다양한 유형의 장애학생과 중증장애 학생이 입학하게 되었다는 점이 두 번째 변화이다. 캘리포니아대학 계열학교 전체를 볼 때 이동에 장애가 있는 지체장애인이 과반수를 점유하고 있기는 하지만 청각장애인, 시각장

애인, 내부기능장애인, 그리고 학습장애인도 전체의 17.6%를 차지하고
있다.

마지막으로 장애학생의 전공분야가 다양하다는 것인데, 많은 장애
학생이 문학, 사회학, 매스컴, 사회복지학 등 인문계열뿐만 아니라 공학,
과학, 물리학, 화학 등 이공계열까지 다양한 전공과정을 선택하고 있다.

4. 직업재활정책

미국은 자유주의적 전통이 강한 국가인 만큼 사업주에게 일정 비율
의 장애인 고용률을 의무화하는 할당고용제도보다는 직업재활서비스
를 통하여 장애인의 자질을 높임과 동시에 일정한 훈련과정을 종료한 장
애인에 대해서는 비장애인과 마찬가지로 균등한 고용기회를 법적으로
부여하고 있다. 따라서 미국의 직업재활을 이해하기 위해서는 미국의
장애인 일반고용정책과 보호고용정책을 이해해야 한다.

1) 일반고용정책

미국의 일반고용정책은 1920년 직업재활법의 제정과 개정, 그리고
1990년 장애인법을 통해 흐름과 내용을 파악할 수 있다.

(1) 재활법에서의 고용정책

1920년 직업재활법이 처음 제정될 때에는 신체장애인만을 대상으

로 하였으며, 직업재활에 대한 책임은 일차적으로 정부에 있음을 명백히 하고 있고, 장애인의 직업재활을 위해 직업재활 과정에 의한 서비스를 행할 것을 규정하고 있다. 이 법은 1943년 개정되면서 대상이 정신지체 및 정신장애인에게까지 확대되어 직업재활 프로그램에 다음과 같은 커다란 변화를 가져 왔다.

첫째, 직업재활은 장애인이 취업하는 데 필요한 모든 서비스를 포함하는 것이며, 재활서비스에는 교정수술, 치료요법, 입원치료, 교통, 직업자격증, 직업도구와 장비, 훈련 중 생계비용, 직업배치, 보장구 사용훈련, 의료검사 및 지도 등이 포함된다.

둘째, 직업재활이 처음으로 정신적 장애인과 정신병자들에게 확대 실시되었다.

셋째, 연방의 보조금 관리가 교육청에서 연방안정국으로 그 권한이 넘어갔으며, 안정국을 통해 1943년 9월 8일 직업재활국이 설립되었다.

넷째, 각 주정부마다 연방안정국에 의해 승인되는 직업재활에 관한 주정부 계획을 제출하도록 하였다. 그리고 주정부 재활법 계획을 관리할 유일한 기관으로 주정부 직업교육위원회를 구성하도록 하였다. 여기서 맹인을 위한 프로그램은 제외되었는데, 이는 자체 운영으로 지속할 수 있었고 여전히 연방재활기금을 받을 수 있었기 때문이었다. 이와 같이 맹인을 위한 주의 각 기관은 연방 및 주정부 프로그램에 포함되었다.

다섯째, 주 정부기관의 행정, 지도, 배치비용(직원임금 포함)은 연방정부가 지불하였다.

이후 이 법은 여러 차례 개정되었고, 1973년에는 특히 종래에 이 법에 의해 서비스에서 소외되었던 중증장애인을 우선적으로 돕고, 동시에 장애인에 대한 차별을 금지하여, 그들의 사회적 참여를 촉진하기 위한 대폭적인 개정이 이루어졌다. 그 내용을 살펴보면 다음과 같다.

첫째, 이 법은 법령에 따라 재활서비스국^{Rehabilitation Services Adminstra-}tion을 설립하였다.

둘째, 이 법은 최중도장애인에게 우선적으로 서비스를 제공하여야 한다고 강조하였고, 최중도장애인이 주정부 계획에 따른 서비스를 먼저 받게 할 순위결정은 주정부에 위임하였다.

셋째, 이 법은 주정부가 장애인의 요구를 충족시킬 수 있는 방법에 관한 연구를 주 전역에 걸쳐 지속적으로 행할 것을 요구하였다. 이러한 요구사항의 목적은 최중도 장애인을 위한 서비스를 확충하는 데 있었다. 또한 주정부는 고용이나 고용 관련 훈련에 대한 장애인의 적합성 여부를 결정하기 위해 보호작업장 내의 장애인을 반드시 주기적으로 검토하여야 했다.

넷째, 1973년의 법에 따라 서비스를 받는 모든 내담자에게 개별화된 성문재활 프로그램^{IWRP}이 제공되었다. 그리고 이 법은 IWRP에 관한 상담가와 내담자 간의 공동자문과 공동개발을 요구하였고, 직업목표, 중간목표, 서비스의 시작과 종료에 관한 예정 날짜, 평가절차와 계획 등의 항목에 대해 약술하였다. 또한 이 법은 상담가가 내담자가 직업목표를 성취할 기회가 있다는 확신을 가지고, 목표를 수정할 수 있을 때까지는 내담자에게 그대로 부여되어야 함을 지적하고 있다.

- 직업목표를 실행할 수 없을지도 모르는 자에게 종합적인 서비스를 제공하는 방법과 서비스가 이들의 독립생활을 영위할 수 있도록 어떻게 도울 수 있는가에 대한 결정
- 재활과정에서 보호작업장의 역할을 규정하고 보호작업장 내의 임금지불 구조를 조사하는 것

- 기본적인 주정부의 보조금 배당형식을 어떻게 개선할 것인가에 대한 결정

또한 1973년도의 법은 초기 법과는 다른 변화를 제시하였다.

첫째, 재활시설은 건설하고, 보조하기 위한 연방정부의 새로운 저당보험 프로그램, 둘째, 장애인용 공동시설과 교통수단에 관련된 연방정부의 법적 요구조건을 집행하는 기관Architecthral and Transportation Barriers Compliance Board, 셋째, 주정부 재활기관은 고등교육 사례 서비스에 재활기금을 쓰기 전에 기타 현존하는 연방정부의 보조 프로그램으로부터 기금을 염출하여야 한다는 요구사항, 넷째, 대통령과 의회에 제출될 국립프로그램에 관한 연례보고서, 다섯째, 장애인을 위한 프로그램 정보센터, 여섯째, 공직에 장애인이 취업하거나 진출하도록 하는 연방정부 관계부처 합동위원회, 일곱째, 연방정부의 재정지원을 받는 프로그램 내에서 장애로 인한 차별금지, 여덟째, 법률하에서 이용할 수 있는 이익을 클라이언트에게 알려주는 클라이언트 보조검증 프로젝트 등이다.

1986년 재활법 개정에서는 첫째, 지원고용supported employment 제도를 규정하였다. 둘째, 직업재활 서비스의 범위에 재활공학을 포함시켰다. 셋째, 일반 노동시장에서 장애인의 생산성을 향상시키기 위한 지원을 규정하였다. 넷째, 보호작업장 정규프로그램regular program에 있는 장애인에게 최저 임금의 50% 이상, 지급상한선을 50%로 이하로 인정해주도록 하는 내용을 규정하였다. 다섯째, 장애인handicapped individual이란 용어를 장애를 가진 사람individual with handicap으로 변경하는 것을 주요 내용으로 하였다.

1998년 재활법 개정의 주요 내용은 첫째, 연방정부기관은 장애인이

비장애인과 같이 새로운 정보에 접근할 수 있도록 장애인의 전자 및 정보기술의 생산, 유지, 이용을 지원하는 사항을 규정, 둘째, 직업재활 서비스 및 적격성과 관련하여 기술적 원조와 직업훈련이 활발하게 제공되거나 다른 주의 노동시스템과 협동적인 관계를 유지하며, 내담자를 위한 보편적 서비스를 제공하도록 규정, 셋째, 재활계획 수립에서 내담자의 선택이 강화, 넷째, 보충보장소득Supplemental Security Income이나 사회보장 장애수당Social Security Disability Insurance을 받는 장애인은 당연히 직업재활 서비스 대상자가 된다고 규정, 다섯째, 중증장애인individual with a severe disability을 심한 장애를 가진 사람individual with a significant disability으로 변경, 여섯째, IWRP를 IPEIndividual Plan for Employment로 개칭, 일곱째, 주정부의 재활자문위원회the State Rehabilitation Advisory Council를 주정부 재활위원회the State Rehabilitation Council로 개칭하여 회원을 늘리고, 책임성을 증대시키며, 위원회와 주 정부기관이 연합하여 주의 목적과 우선권을 발달시키고, 일치시키며, 검토하도록 규정하는 것을 포함하고 있다.

여기서 재활법에서 규정하고 있는 긍정적 행동계획과 재활서비스에 대해 자세히 살펴보도록 하겠다.

① 긍정적 행동계획Affirmative Action Program Plan

재활법 제501조는 연방정부가 장애인 고용을 촉진하기 위하여 장애인고용위원회Interagency Committee on Handicapped Employees를 설치할 것을 규정함과 동시에 각 부처가 장애인의 고용과 배치, 승진 등에 관한 긍정적 행동계획을 작성하여 연방인사관리국 및 위원회에 제출할 것을 의무화하고 있다. 또한 이 법 제503조는 민간업체의 장애인 고용을 촉진하기 위하여 연방정부와 연간 2,500불 이상의 직·간접적인 거래관계가 있는 기업에 대하여 장애인 고용에 대한 긍정적인 행동을 취할 것을 의무화하고 있다. 이는 장애인을 단지 장애를 이유로 채용, 승진, 해고 등에 있어서 차별해서는 안 된다는 취지로, 민간 기업체들도 긍정적 행동계획을 작성하여 보관하는 것이 의무화되어 있다.

또한 동법 제503조는 연방정부로부터 보조금을 교부받고 있는 공공기관(학교, 도서관, 재활기관 및 시설 등)이나 단체는 장애인의 고용과 설비, 그리고 시설의 개선 또는 장애인의 교육과 훈련에 있어서 기회균등에 관한 긍정적인 행동을 취해야 한다고 규정하고 있다. 이와 같이 긍정적인 행동은 채용 시에만 적용되는 규정이 아니라 채용 후의 승진과 훈련에서도 장애인에게 균등한 기회를 부여할 것을 요구하고 있어, 이 점에 있어서 할당고용제도와 크게 다르다.

여기에서 긍정적 행동의 대상은 모든 장애인이 아닌 유자격qualified 장애인을 대상으로 하며, 유자격 장애인이란 특정한 직무를 상당한 배려하에서 수행할 수 있는 능력을 가진 장애인을 뜻한다. 즉, 직장환경을 정비하고 적당한 작업용 보조장구들을 개발하면 특정한 직무를 정상인과 마찬가지로 수행할 수 있는 능력을 가진 자이다. 따라서 긍정적 행동에 의하여 장애인의 고용이 어느 정도 촉진될 것인가 하는 문제는 재활서비스에 의하여 자격 있는 장애인을 기업체에 어느 정도 공급할 것인가에 따라 좌우된다. 그리고 해당 기업체에서 긍정적 행동에 관하여 부당한 처우를 받은 유자격 장애인은 노동부에 이에 대한 고충을 제기할 수 있으며, 신청을 받은 노동부는 이에 대한 조사를 하여 이것이 사실임이 밝혀졌을 경우에는 이를 개선하기 위하여 사업주와 장애인 사이에서 조정 역할을 시도한다. 여기서 사업주가 개선하고자 노력하지 않는다고 인정될 경우에는 최종적으로 연방정부와의 거래관계를 정지하는 등의 조치가 취해지게 된다.

또한 해당기관과 단체 등에서 고용, 교육, 훈련 등에 있어서 기회균등에 관한 부당한 대우를 받는 유자격 장애인은 이 조항에 책임을 지고 있는 연방민권실Office of Civil Rights에 불복신청을 할 수 있다. 이때 만약 당해 기관이나 단체가 개선하고자 노력하지 않았을 경우에는 최종적으로 연방정부의 보조가 끊기게 된다.

② 재활서비스

재활법은 장애인이 취업하는 데 필요한 모든 서비스를 제공할 것을 명시하고 있는데, 여기서의 서비스는 장애인을 취업시키는 데 필요한 물품이나 용역으로, 첫째, 재활가능성에 대한 진단 및 평가, 둘째, 상담, 직업지도 및 배치, 셋째, 각종 훈련서비스(작업장을 비롯한 재활시설 내에서의 직업훈련 및 직업적응훈련 또는 일반 상업학교나 공업학교에서의 교육), 넷째, 신체적·정신적 회복을 위한 의료적 서비스(장애상태를 완화하기 위한 의료적 재활 또는 의지나 보조기기 등의 제공), 다섯째, 재활기간 중에 생활보조수당 지급, 여섯째, 농아를 위한 수화통역서비스 및 시각장애인을 위한 낭독서비스 등이다.

이와 같은 서비스를 주관하는 연방기관은 교육부의 직업재활서비스국이며 직접 서비스를 실시하는 기관은 각 주의 직업재활부이다. 직업재활부에는 전문적인 직업재활상담가가 배치되어 있는데, 이들의 주요 역할은 장애인에 대하여 개별적으로 재활에 필요한 서비스를 조정하는 것이다.

③ 기업과의 제휴에 의한 훈련^{PWI: Project with Industry}

이는 장애인을 일반기업체에 효과적으로 취업시키기 위한 재활서비스로 재활법 제304조에 근거한 것이다. 장애인의 훈련계획을 수립하고 있는 기업체에 대하여 연방정부가 당해 기업체와의 계약에 의해 조성시책을 마련하고, 이를 통하여 중증장애인에게 일반기업체의 취업의 장을 마련해 주려는 제도이다. 대상이 되는 훈련생은 원칙적으로 지역 재활기관이나 재활시설의 협력을 얻어서 원칙적으로 그 이용자 중에서 선발된다. 이 법에 의하여 재활서비스를 종료한 장애인 전체의 취업률은 1980년의 경우, 약 63%였는데 PWI를 실시한 후 그 비율은 73%로 상당히 높아진 것으로 보고되고 있다. 또한 PWI를 통하여 얻어지는 직업의 질도 일반적으로 수준이 높고 직종도 서비스 분야에서부터 고도의 기술직, 관리직까지 다양하다.

(2) 장애인법에서의 고용정책

1990년 7월 26일 부시 전 대통령이 서명한 장애인법은 장애인이 고용, 이동, 편의시설, 의사소통, 연방 및 지방정부의 활동에서 장애를 이유로 차별받지 않도록 하는 데 목적이 있으며, 장애인 개인에게 시민권 보호^{Civil Right Protection}를 부여하는 획기적인 법이다. 이 법은 1985년 루이 해리스사^{Louis Harris Co.}가 시행한 장애인 여론조사에서 미국 장애인 문제의 핵심은 실업이라는 응답에 기초하여 장애인의 진정한 완전참여를 보장하기 위해 고용기회 균등을 강조하고 있다. 이 법은 1994년 7월부터 15인 이상의 종업원을 고용한 고용주는 다음과 같은 부분에서 장애를 이유로 자격이 있는 장애인의 차별을 금지하고 있다. 이는 첫째, 구직절차, 둘째, 종업원의 채용, 해고, 승진, 셋째, 보상, 넷째, 직업훈련, 다섯째, 고용에 수반되는 기타 조건이나 특전 등이다.

고용에 있어서 차별금지 조항은 고용주뿐만 아니라 고용알선기관, 노동단체, 그리고 노사합동위원회에도 해당되며 고용에 있어서 금지된 차별의 형태나 유형은 다음과 같다.

첫째, 개인의 장애를 이유로 고용기회에 불리하게 작용할 수 있는 방식으로 구직자나 종업원을 별도로 분리하거나 분류하는 일, 둘째, 구직자나 장애를 가진 종업원에 대해 차별하는 효과를 지닌 계약상의 절차에 참여하는 일, 셋째, 차별효과를 지닌 행정적 방법을 쓰거나 차별을 존속시키는 방법을 쓰는 일, 넷째, 장애를 가진 것이 알려진 다른 사람과의 관계나 관련을 이유로 자격이 있는 장애인qualified individual with a disability을 차별하는 일이다. 여기서 유자격장애인이란 적절한 배려의 유무에 관계없이 장애근로자가 희망하는 직책에 필요한 본질적인 직무를 수행할 수 있는 장애인이며, 여기서 본질적인 직무라는 것은 고용주가 구인광고할 때 또는 지원자를 면접할 때 기술한 업무, 즉 직무기술에 대한 묘사가 직무의 본질적인 기능을 판단하는 증거가 될 것이다. 다섯째, 장애를 가진 개인이나 그 부류에 속하는 사람을 골라내기 위한 테스트나 기준을 사용하는 일, 여섯째, 구직자의 기능이나 특성을 정확하게 반영하지 못하는 테스트를 선택하여 실시하는 일, 단 그 적용사업체가 채용의 기준, 시험, 기타, 선별기준이 그 직위의 직무와 연관되었거나 운영상 필요에 일치함이 명시될 경우에는 예외로 한다. 일곱째, 자격 있는 장애인에게 적절한 배려를 해야 할 필요만으로 고용을 거절하는 일, 여기서 적절한 배려는 다음의 노력으로 규정짓고 있는데, 이는 ① 기존의 종업원이 사용하고 있는 시설에 장애인도 접근 가능할 수 있도록 하는 일, ②

업무의 재구성, ③ 빈자리에의 재배치, ④ 시설장비나 기구의 새로운 비치나 변경, ⑤ 시험이나 훈련자료 혹은 정책의 적당한 조정이나 변경, ⑥ 자격있는 대독자나 통역 서비스 제공, ⑦ 기타 상기 조항과 비슷한 편의 제공 등이다. 여덟째, 이러한 편의제공이 고용주에게 과도한 어려움^{un-} ^{due hardship}을 주지 않는 한 자격있는 장애인에게 적절한 편의제공을 배려하지 않는 일 등이다. 여기서 과도한 어려움이란 상당한 곤란이나 비용을 요하는 행위를 말하며, 이 법은 적절한 배려가 고용주에게 실제로 과도한 어려움을 주는가를 결정하는 데 있어 배려의 성질이나 비용, 고용주의 재정적 자원, 그리고 이러한 배려조치가 고용주의 운영이나 재정적 자원에 미치는 영향, 적용사업체의 종업원 수에 따른 영업 규모, 시설의 수, 종류, 위치나 적용사업체의 업종 유형을 고려해야 한다.

또한 장애인법에서 금지하고 있는 고용에 있어서의 또 다른 형태의 차별은 의학적인 검사와 질의로, 고용 전에 의학적인 검사나 장애조사를 금하고 있다. 그러나 장애 유무에 관계없이 모든 구직자가 이러한 검사를 받게 되어 있다면, 고용주는 고용이 결정된 후에 의학적 검진을 요구할 수 있다.

그리고 고용주는 이러한 검사나 질의가 직무와 관련되어 있는 것이라면 장애인으로 하여금 장애에 관한 의학적 검사나 질문을 받을 것을 요구할 수 있다. 고용인 보건프로그램의 일부로서 자발적인 의학적 검사와 병력에 대한 질문은 장애인법에서도 받아들이고 있다. 그러나 성공적으로 약물재활 프로그램을 완결한 사람이나 현재 이러한 프로그램에 등록하고 있는 사람에게는 보호조항이 마련되고 있다. 고용주는 약물재활 프로그램을 마쳤거나 등록 중인 사람이 현재 약물을 쓰지 않고 있다는 것을 확인하기 위하여 약물검사를 이용할 수 있다.

결론적으로 ADA의 고용차별에 있어 차별에 대한 기준은 유자격장애인, 적절한 배려, 과도한 어려움에 대한 해석과 고용 전 의학적인 검사와 장애조사와 관련되어 있음을 알 수 있다.

2) 보호고용정책

미국의 보호고용에 관한 정책은 1986년 이전의 보호작업장과 이후의 지원고용 제도로 대별되는데 보호작업장은 재활법, 와그너법, 공정근로기준법 등에서 정책 기조를 찾아볼 수 있다.

(1) 보호작업장Sheltered Workshop

① Javits-Wagner-O'Day법

1938년 제정된 이 법은 연방기관이 구입하는 물품이나 서비스를 시각장애인을 위한 작업장에서 구입하는 제도로 1971년부터는 중증장애인을 위한 작업장에도 적용되었다. 이 제도를 실시하는 조직은 1974년 설립된 국립중증장애인사업단NISH: National Industries for the Severely Handicapped이며, 1999년 NISH의 실적보고에 따르면 중증장애인 우선발주에 의한 수주는 7억 6백만 달러로 관련된 장애인은 3만 179명이고, 장애인의 시간당 급여는 7.19불이었다.

② Randolph-Sheppard법

이 법은 Wagner O'Day법과 마찬가지로 1938년 연방판매시설의 우선권을 시각장애인에게 주는 제도이다. 동법은 1974년 개정되어 모든 연방정부의 청사, 관련기관에서 운영하는 시설까지 확대되었는데, 해외 미국기지도 이 법에 입각한 매점이 설치되었다.

③ 발달장애원조법 Development Disabilities Assistant Act

1963년 정신박약자원조법으로 제정되어 정신지체인을 대상으로 하였으나, 1978년 법이 개정되면서 대상은 확대되었다. 발달장애라 함은 중증이고 영속적인 심신의 기능장애를 가진 자로서 선천성 혹은 생후 22세 이전에 발생하고, 일생 동안 지속되는 것으로 일상생활에 심각한 장애를 가지며(신변의 처리, 언어, 학습, 이동, 이해, 판단, 자립능력, 경제능력 중에 세 가지에 장애가 있으며), 일생에 걸쳐서 개별서비스와 보호를 필요로 하는 자를 의미한다.

이들을 위한 시책으로는 첫째, 주지방자치제, 민간비영리단체, 발달장애에 대한 서비스 활동의 추진과 조성, 둘째, 발달장애인 시설의 조성, 셋째, 전문가의 육성, 넷째, 주단위의 발달장애인 계획위원회 설치 등이 있다.

④ 국립헬렌켈러센터법

이 법은 1984년까지 재활법의 적용을 받아 왔으나 동법의 개정에 의해 독립된 법률이 되었으며, 주요 내용은 다음과 같다.

첫째, 맹인과 농인의 재활을 시행하는 데 필요한 집중적이고 전문화된 서비스 제공방법과 이를 담당하는 전문가양성의 방법을 제안하였다. 둘째, 맹인과 농아인의 재활에 관한 조사연구를 실시하였다. 셋째, 맹인과 농아인의 일반이해를 돕기 위한 원조 등을 하였다.

⑤ 공정노동기준법FLSA: The Fair Labor Standards Act

1938년 제정된 이 법은 우리나라의 노동기준법과 유사한 성격을 가진 법률로 볼 수 있으며, 이 법에는 다음과 같이 장애인의 노동에 관한 특별조항이 있다.

첫째, 도급제, 견습, 학식 그리고 장애를 가진 근로자의 기준이 설정되어 있으며 노동부는 장애를 가진 근로자에 대해 개개인의 생산성을 기준으로 하는 특례최저임금 인증서를 발행하는 것을 인정하고 있다.

둘째, 보호작업장에서 일하는 장애인에 대해 종래에는 최저임금의 50% 이상을 지불하도록 요청하는 특별규정이 있었지만 1986년 법이 개정되면서 이를 폐지하고, 그 이하를 주어도 좋다는 사항으로 개정되었다.

셋째, 이런 조치를 취한 이유에 대해서 노동부는 보호작업장에서 일하는 장애인이 중증화되고 있기 때문이라고 설명하고 있다.

넷째, 이 법률에서는 기본적으로 장애를 이유로 임금차별이나 최저임금을 지키지 않는 것에 대한 조항도 명시되어 있다.

⑥ 소기업법Small Business Act

소기업을 보호하기 위해 1953년 제정된 법으로 여기에서 소기업이라 함은 연간 매상 100만 불 이하 혹은 전일제 종업원 30인 이하의 기업을 의미한다. 이 법에는 장애인 원조대부제도Handicapped Assistance Loan가 정해져 있는데 이는 두 종류로 구분된다.

첫째, 'Workshop Loan'이다. 이를 보호작업장이나 이에 준하는 조직이 다른 방법으로 자금을 조달할 수 없는 경우 설비나 운영자금으로 대부 받을 수 있도록 한 제도로 대부상환액은 15만 불이다.

둘째, 장애인소유 기업대부이다. 이는 신체, 정신 혹은 정서에 있어 영구적 손상이나 결손, 질환, 질병 또는 장애가 있으나 다른 면에서는 적격성이 있음에도 불구하고 고용형태에 어떤 형식이든 제한이 있는 자가 소유한 기업에 대해 설비나 운영자금을 대부해 주는 제도로 대부한도액은 15만 불이다.

⑦ 직업훈련협력법the Job Training Partnership Act

이 법은 1982년 제정되었으며, 기본 목적은 경제적으로 불리한 입장에 놓여 있는 사람을 공적, 민간부문의 공동사업을 통해 훈련하고 고용에 연결시키는 제도이다. 장애인과 관련된 프로그램으로 장애인 훈련서비스가 있는데, 여기에는 장애인에 대한 전형적인 프로그램 28종이 준비되어 있고 그 중에는 구직, 상담, 기본기능훈련, OJT, 노동습관의 개발, 교육에서 고용이행활동, 직업개발, 보조금을 받지 않는 장애인에 대한 서비스, 타 연방과의 공동활동 프로그램 등이 있다.

⑧ TWIIATicket to Work and Work Incentives Improvement Act

이 법은 1999년 12월 17일 제정된 법률로 보충보장소득Supplemental Security Income: SSI4과 사회보장장애보험Social Security Disability Insurance: SSDI5을 받는 장애인들이 취업을 준비하고 촉진하는 데 필요한 동기부여를 위해 제정된 법률이다. 주요 목적은 보충보장소득이나 사회보장장애

---

4 보충보장소득SSI은 1972년 개정된 사회보장법에 의해 입법화되어 1974년부터 실시하게 된 제도로 미국의 공적부조 프로그램 중의 하나이며, 사회보험으로 충분히 보호받지 못하는 노령과 장애로 인해 노동력을 상실한 사람을 소득을 보장하기 위한 것이다.
5 사회보장 장애보험SSDI은 사회보장국Social Security Administration에서 관리하고 있는데, 장애로 인하여 근로가 어려운 장애인의 실소득의 일부를 보장해 주기 위해 마련된 제도이다.

보험을 받는 장애인들이 일을 할 수 있도록 혹은 일하고자 하는 장애인들에게 일을 함으로써 건강보험혜택이나 위의 급여를 상실하지 않고 일정 기간 유지될 수 있도록 티켓을 부여함으로써 장애인들의 고용장벽을 제거하고자 하는 것이다.

티켓프로그램은 장애인들이 소비자 입장에서 공급자 선택에 대한 결정권을 가지고, 장애인들이 서비스 공급자의 목록(고용네트워크 혹은 ENs)에서 다양한 필요한 직업서비스를 선택하도록 한다. 또한 이 법의 2장은 장애인근로자들에 대한 의료적 접근을 용이하게 하기 위한 내용을 규정하고 있다. 보충보장소득이나 사회보장장애보험을 받는 장애인들은 의료적으로 취약하기 때문에 의료혜택을 받을 수 있도록 하는 것이 필요한데, 취업으로 인해 보충보장소득이나 사회보장장애보험을 상실한 장애인들이 정부로부터 이 보험을 직접 구입할 수 있도록 함으로써 장애인들이 안정된 직업생활을 하거나 취업에 대한 동기부여가 될 수 있도록 하고 있다.

⑨ 노동력 투자법Workforce Investment Act

이 법은 1998년 제정되었으며 주요 목적은 노동 관련 준비와 고용서비스 등을 구직자, 고용주, 지역사회의 필요한 욕구에 부합하도록 통합지원체계로 결합하는 것이다. 이 법의 1장에서는 장애인을 포함하여 모든 구직자들에게 효과적이고 유의미한 방법으로 서비스를 제공하는 주 및 지방정부 차원에서 종합서비스 제공시스템으로 통합되어야 한다고 규정하고 이 규정에 의해 통합직업재활센터one-stop system with vocational rehabilitation들이 설치되었다. 이 법률에 의해 통합직업재활센터들은 장애인들이 노동시장에 진입하기 위해 혹은 재진입하기 위해 필요한 종합적인 지원을 제공한다. 이 센터에는 재활상담사들이 배치되어 장애인들이 방문을 하게 되면 직업재활 프로그램뿐만 아니라 다른 일반적인 고용 프로그램을 포함한 다양한 서비스를 제공받게 된다.

이 법률하에서 주정부가 연방정부 보조금을 받기 위해서는 미 노동성에 주의 계획을 제출해야 한다.

5. 편의시설정책

1) 건축

미국의 건축시설 역시 일반화 이론에 기초하여 누구나 이용 가능한 건축물을 전제로 하고 있다. 미국의 건축에 대한 권고는 1950년대 후반 의회에서 공공건축물에 장애인이 쉽게 출입할 수 있도록 하기 위한 설계와 구성이라는 결의를 한 것이 최초이고, 구체적인 활동은 1959년 당시 존에프 케네디 대통령이 건축장벽으로 인하여 다수의 장애아동이 교육의 기회를 박탈당하고 있는 현실을 우려하여 대통령고용자문위원회가 이 문제에 많은 관심을 가지고 있는 각종 단체에 호소하여 회의를 소집한 데서 비롯된다. 그 후 미국의 건축에 관한 정책은 1968년 건축장벽철폐법과 1990년 장애인법에서 그 내용을 찾아 볼 수 있다.

(1) 건축장벽철폐법architectural barriers act

이 법은 1968년 제정되어 교통, 주택 등에 있어 장애인차별을 금지하고 있는데 그 내용은 다음과 같다.

첫째, 공공건축물, 기념건조물, 공원, 유원지, 공공교통기관, 주택 등에 대한 접근을 가로막고 있는 모든 장벽에 대해 이를 대체할 방법을 연구·검토한다.

둘째, 연방, 주, 지방행정부, 기타 공공 또는 비영리기관이 장벽을 제거하기 위하여 어떤 조치를 취하고 있는지를 확인한다.

셋째, 모든 공공시설은 장애인접근표시access symbol 사용을 촉진한다.

또한 이 법에 따라 1974년에 건축물, 교통장벽개선위원회architectural and transportation barriers compliance board가 설치되었고, 이 위원회는 장애인과 전문가 외에 보건, 교육, 복지성, 운수성, 주택·도시개발성, 내무성, 조달청, 우정성, 보훈처, 국방성 등이 참가하여 실제적인 업무 추진이 될 수 있도록 하고 있다.

(2) 장애인법

이 법은 1992년 1월 26일부터 공중시설 장소를 소유, 대여 혹은 운용하는 민간업체는 장애를 가진 사람들을 차별해서는 안 된다는 규정을 하고 있고, 공공성 편의시설 장소에 있어서의 차별금지는 일반적으로 다음과 같은 조항을 포함하고 있다.

첫째, 이용할 장애인의 종별을 한정하거나 자격요건을 두어서는 안 된다.

둘째, 건축장벽을 철폐하는 것이 사업의 본질을 훼손한다는 사실을 제시할 수 없는 한 장애인에게 기회를 보장하는 적절한 배려를 하거나 방침을 변경하지 않으면 안 된다.

셋째, 장애인에 대한 서비스 제공이 사업에 중대한 지장을 초래한다는 사실을 제시할 수 없는 한 보조기기나 서비스를 제공하여야 한다.

넷째, 법이 제정되고 30개월 이후에 건설되는 시설은 건축상 불가능하지 않는 한 장애인이 이용 가능하게 하여야 한다.

다섯째, 장애인이 이용할 수 있게 한다는 의미는 건축부분에 관한 것으로 한정되는 것이 아니라 시각장애인에게 필요한 자료를 확대문자나 녹음테이프 등으로 준비하는 것 등도 포함되는 것이다. 그러나 시각장애인을 위하여 웨이터가 메뉴를 읽어 주는 서비스를 제공한다면 점자 메뉴를 준비하지 않아도 된다는 등 유연성도 인정하고 있다.

여섯째, 가능한 한 기존 건축물이나 기존 교통기관의 장벽을 제거한다. 제거작업이 불가능할 때에는 장벽 제거에 대신할 방법을 제공한다.

일곱째, 공공장소의 개조정비 중턱에 슬로프를 설치하는 작업은 지체없이 시행한다.

여덟째, 3층 미만의 시설, 층별로 270m²(3,000평방피트) 미만의 시설에는 엘리베이터 설치의무가 없다.

아홉째, 민간 클럽이나 종교시설은 대상에서 제외한다.

열번째, 법원은 위 조항을 위반한 자에 대한 제재조치로 처음일 때에는 5만 불, 그 이후에는 10만 불의 과태료를 부과할 수 있다는 등이 그 주요한 내용이다.

또한 장애인법의 건축물에 관한 규정 중 대상건축물을 보면 다음과 같다. 첫째, 호텔, 모텔 등 숙박시설로 5실 이상인 시설, 둘째, 레스토랑, 바 또는 식품, 음료 등을 제공하는 시설, 셋째, 영화관, 극장, 콘서트홀,

스튜디오 등 전시나 모임시설, 넷째, 공회당, 회의장, 강당 등 불특정 다수의 시민이 모이는 시설, 다섯째, 빵집, 식품점, 의류점, 철물점, 쇼핑센터 등 판매 또는 대여시설, 여섯째, 자동세탁소, 드라이클리닝, 은행, 이발소, 미용원, 여행사, 구두수선소, 장의사, 주유소, 회계사나 변호사 사무소, 약국, 보험회사, 보건 관련 서비스 제공자의 사무소, 병원 기타 서비스 시설, 일곱째, 대중교통 터미널 시설, 여덟째, 박물관, 도서관, 갤러리, 기타 공공의 전시시설, 아홉째, 공원, 동물원, 유원지 기타 레크리에이션시설, 열번째, 보육원, 초등학교, 중학교, 고등학교, 대학교를 포함하는 교육시설, 열한번째, 복지시설 등 서비스기관, 열두번째, 체육관, 헬스, 온천, 볼링장, 기타 운동 또는 운동시설이 해당된다.

2) 교통

미국은 유럽과 마찬가지로 일반화이념에 기초한 교통정책을 펴고 있는데 1973년 재활법 제504조, 1964년의 도시대중교통법urban mass transportation, 1990년 장애인법에서 내용을 찾아 볼 수 있다.

(1) 재활법

1973년 재활법 개정에서 장애인 교통문제의 주요한 논점은 주류화mainstream인가 아니면 이원체계인가라는 문제인데 주류화란 대중교통 수단을 정비하여 장애인이 모두 탈 수 있게 하는 방법이다. 예를 들어, 버스에 리프트를 달거나 지하철에 엘리베이터를 설치하여 장애인이 기존 교통기관을 비장애인과 마찬가지로 완전히 이용할 수 있게 하는 것이다. 자립생활운동을 하는 사람들의 대부분은 이 입장을 지지하고 있으며 미국 서부지역의 행정부도 주류화에 기초한 교통정책을 펴고 있다. 반면, 이원체계란 장애인, 노인을 중심으로 하는 주로 리프트가 달린 차량의 사용을 의미하는 것이다. 특히 춥고 적설이 많은 지역에서 이원체계를 중심으로 교통정책을 펴고 있다. 이런 가운데 1973년 재활법 개정 제504조는 미국의 자격있는 장애인은 장애가 있다는 이유만으로 연방정부의 재정원조를 받고 있는 어떠한 계획이나 사업으로부터도 배제당하거나 차별을 받아서는 안 된다고 규정하고, 이 규정은 노선 버스의 50%에 리프트를 설치하되, 만일 불가능할 경우에는 이원체계로 대응하도록 하고 있다. 그러나 리프트를 장착한 노선 버스는 리프트를 내리고 올리는 데 시간이 많이 걸리며 장애인도 눈길에 버스정류장까지 갈 수 없다는 이유 등으로 재판상 문제가 되어 1986년 도시대중교통청은 노선 버스에 리프트를 장착할 것인지 이원체계로 할 것인지 지역의 자유로운 선택에 맡기는 권고를 하게 되고 1990년 장애인법은 두 가지 방법을 공식적으로 인정하였다.

(2) 도시대중교통법

이 법은 1964년 제정되어 1970년 개정하면서 장애인교통정책을 명문화하였다. 이 법은 장애인, 노인이 공공교통시설이나 서비스를 평등하게 이용할 수 있는 권리를 갖는다는 사실을 명확히 규정하고 있고 교통계획, 운행에 있어 그들을 배려한 '특별한 노력'을 하도록 규정하고 있다. '특별한 노력'이란 엘리베이터나 경사로 등 장애를 배려한 설계를 의미하는데 사업자가 이들을 위하여 특별한 노력을 하는 경우 연방정부로부터 3%의 보조를 받을 수 있도록 하여 재정적 뒷받침을 하고 있다. 또한 이용자인 노인, 장애인에 대해서는 러시아워가 아닌 경우 요금을 반액으로 함으로써 가능한 한 외출의 빈도를 늘려 사회 참가를 촉진하고 있다.

또한 이 법 제16조 B항은 차량, 교통시설, 정보 안내 등의 설비 · 설계의 가이드라인을 규정하고 있고 주, 지방자치단체, 사회복지기관이 장애인, 노인을 위주로 교통 이원체계를 설계 · 운행하고 차량을 구입하는 데 대한 연방정부의 재원보조를 규정하고 있어 장애인, 노인들의 교통정책을 진일보하도록 하였다.

(3) 장애인법

장애인법의 교통정책의 기본적 내용은 장애인에 대한 차별을 철폐하여 장애인이 미국 사회에서 경제, 사회의 주류에 합류하도록 하기 위한 명확하고 포괄적인 권한을 국가에 부여하고 장애인에 대한 차별에 대처하는 실행 가능한 기준을 만들고 연방정부가 그 기준을 실시하는 중심적 역할을 담당하도록 하고 있다. 또한 이 법은 장애인의 권리를 교통에 한정시키지 않고 포괄적으로 규정하고 있는데, 즉 재활법은 차별금지규정의 적용 대상을 연방이 보조하는 사업으로 한정하고 있는 데 반해 장애인법은 사설기관까지 확대 규정하고 있다.

장애인법에 나타난 교통정책의 주요한 특징을 살펴보면 다음과 같다.

첫째, 교통의 이원체계를 공공교통으로 정의하고 있다. 이때까지는 이원체계를 대중교통을 보완하는 정도의 수단으로 삼아 왔으나 장애인

법은 공공교통으로 정의하고 있는데, 여기서 공공교통이란 정기적, 계속적으로 버스, 철도 등의 운송수단(항공운송제외)에 의해 일반시민에게 제공되는 일반서비스 또는 특별서비스(장애인전용 교통서비스 및 전세서비스)를 제공하는 교통수단을 의미한다.

둘째, 휠체어 사용자를 포함하는 모든 장애인이 노선버스, 철도 등에 접근할 수 있어야 한다고 규정하고 있다. 즉, 1990년 8월 26일자로 고정노선을 운용하는 모든 공공기관은 휠체어를 이용하는 장애인을 포함하여 모든 장애인이 접근할 수 있는 버스를 구입해야 한다. 이 요건은 중고차의 구입이나 대여에도 적용되며 기존 고정 노선버스를 재생시킬 때에 그 사용가능연한이 5년 이상 연장될 때에도 마찬가지로 적용된다. 단지 교통사업자가 버스 제조면허가 있는 회사로부터 리프트 장착버스를 입수할 수 없음을 증명할 수 있을 때에는 예외로 하며, 이러한 요구가 공공기관에게 과중한 재정적 부담이 된다는 것을 증명할 수 있다면 이 기관은 교통성장관에게 이 요구를 유보해 줄 것을 청원할 수 있다.

또한 1995년 7월 26일까지 고속 및 경철도는 한 열차 중 적어도 한 차량은 의자차를 쓰는 사람을 포함해 장애인이 접근할 수 있어야 하며, 이 한 열차 중 한 차량의 규칙은 공공기관이 운용하는 통근서비스를 하는 열차나 미국 국철에도 해당된다. 그리고 국유철도에 의해 새로이 구매되는 모든 새로운 승객차량은 장애인에게 접근성이 있어야 하며 단층객차의 경우 의자차를 탄 채로 차내에 들어갈 수 있으며 열차 내의 공중화장실을 이용할 수 있도록 해야 하고 국유철도의 각 열차에는 5년 내에 휠체어를 세우고 고정하여 앉아 있을 수 있는 구역과 일반좌석으로 옮긴 후 휠체어를 접어 보관할 수 있는 공간이 마련되어야 한다.

셋째, 대중교통시설이 없는 경우에는 이원체계를 운행하여야 한다고 규정하고 있다. 이 법은 1993년 7월 26일까지 이원체계의 계획을 그 실행안과 더불어 작성할 것을 요구하고 있고 이 계획안을 마련하는 데 있어서 장애를 가진 개인이나 단체를 포함하여 공청회를 여는 등 대중의 참여가 있어야 한다고 규정하고 있다.

이 밖에도 공공교통을 제공하는 모든 새로운 시설이나 기존 시설을 개수할 때 장애인의 접근성을 갖추도록 하고 일정 기간 유예기간을 두고 있다.

3) 정보통신

미국의 장애인 정보통신은 두 가지 흐름에서 볼 수 있는데, 하나는 NII 구축을 통한 보편적 서비스의 실현과 관련된 것이고, 또 하나는 법과 관련된 고도의 정보통신 기능을 응용하는 것이다.

(1) NII^{National Information Infrastructure}와 보편적 서비스

미국의 국가 정보화 정책은 NII의 구축으로 통합되어 있다. NII 구축에 있어서 미국의 국가 정보화 정책의 하나는 보편적 서비스 개념을 확대하여 국민들의 정보욕구에 근본적으로 공평하게 대응하여 국민이 정보와 통신에 대해서 가진 자^{Haves}와 못가진 자^{Have-Nots}로 양분되는 것을 방지하는 것이다.

미국 행정부의 폭넓고 현대적 개념의 보편적 서비스는 모든 국민들이 소득과 장애와 지역에 상관없이 고도의 정보통신서비스에 쉽고, 적절한 비용으로 접근할 수 있도록 보장해 주는 것이다. 이를 통해 미 행정부의 보편적 서비스에 대한 관심이 주로 소득, 장애, 지역 세 가지로 구성되어 있음을 알 수 있다.

한편, 장애에 대한 장벽제거의 핵심은 보편적 접근과 이를 위한 보편적 설계의 문제이다. 즉, 보편적 서비스 개념의 확장이라는 정책기조는 정보통신기기 및 서비스를 각종 장애를 가진 사람들도 누구나 이용하고 접근할 수 있도록 보편적으로 설계하는 것으로 가시화되고 있다. 이러한 투자전력이 추진력을 얻어감에 따라 현재 미국 내의 연방·주·지방 정부 및 연구기관은 물론 민간 부분에서도 보편적 설계에 대한 활발한 연구와 투자가 이루어지고 있으며, 다양한 프로젝트들이 정부의 지원하에 진행되고 있다. 이는 미국사회의 장애인이 그 수에 있어 정보와 산업의 거대한 소비자가 되고 있는 것과 관련되지만 물리적 조건과 사회경제적 형편의 차이 때문에 차별되어서는 안 된다는 미국사회의 복지이념이 반영된 것이기도 하다.

보편적 설계의 관심영역은 각종 장애와 고령화 현상, 문맹문제 등이며 이용의 편리성과 사용자의 선택성 향상, 그리고 평등한 기회의 제공을 위해 다양한 기술응용 방안이 채택되고 있다. 지금까지의 단일 양식 서비스는 정보표현이나 의사소통이 이루어지는 양식이나 형식이 유연하지 못했기 때문에 듣고, 보고, 정보를 처리하는 데 제한을 가진 많은 사람들이 배제되어 있었던 것이 사실이다. 앞으로 각종 정보기기 및 서비스들이 시각적 양식과 청각적 양식을 동시에 수용하면 장애인 상호 간의 직접적인 의사소통이 가능해지고, 따라서 의사소통에 더 이상 핸디캡은 발생하지 않을 것이다.

또한 시각장애나 청각장애로 인해 시각정보나 청각정보 중 하나만을 이용할 수 있는 사람들은 컴퓨터에 의한 온라인 정보서비스에 높은 욕구를 가지고 있는 사람이다. 온라인 서비스가 화상출력, 점자출력, 음성합성 등의 기술에 의해 미디어와 양식에 대한 선택성을 수용할 수 있기 때문이다. 결국 장애인들의 이런 다양한 요구패턴에 따른 전범위의 정보양식 선택을 보장하는 방향으로 NII 서비스가 발전하는 것이다. 또한 미국사회의 국민들은 4,900명(1994)의 미국 장애인들을 위해 NII가 추진되는 것은 나라 전체의 경제적 이득으로 귀결될 것이라는 사실에 동의하고 있다.

이상의 논의를 요약해 보면, 미국의 NII 구축계획은 광범위하고 현대적인 개념의 보편적 서비스 실현을 하나의 목표로 정하고 있다. 그 이념은 모든 미국인들이 쉽고, 신뢰할 수 있으며, 안전하고, 저렴한 비용으로 소리, 데이터, 이미지, 동영상 등의 미디어를 이용하여 언제 어디에서나 정보에 접근할 수 있고, 상호의사를 소통할 수 있도록 21세기 정보기반을 구축한다는 것이다. 아울러 확장된 보편적 서비스 제공을 위해 지역, 소득, 장애에 의한 접근 장벽을 제거하고, 이를 위해 정보기기 및 서비스의 보편적 설계를 실현하여 접근을 보편화하는 것이 주된 정책의 기조이다. 이는 과거 전화시대의 보편적 서비스 개념이 한 단계 확장된 것으로 기본적인 전화서비스뿐만 아니라 현대 고도 정보통신으로의 보편적 접근으로 그 기조가 변화한 것이다.

미국에서 장애인의 통신접근에 대한 문제가 본격적으로 거론되기 시작한 것은 1982년 장애인통신법Telecommunications for the Disabled Act이 제정된 이후이다. 이 법은 공공시설이나 긴급통화가 필요한 장소에 설치되는 전화기들은 보청기 사용자도 이용할 수 있도록 설계되어야 한다고 규정하였으며, 1988년 보청기호환법The Hearing Aid Compatibility Act으로 보다 확대되면서, 그 내용은 미국에서 제조되거나 미국으로 수입되는 모든 전화기가 보청기와 호환되도록 강제성을 띄고 있다. 나아가 1988년 통신접근증진법The Telecommunications Accessibility Enhancement Act에서는 청각 및 언어장애인이 쉽게 접근할 수 있도록 통신시스템이 구축되어야 함을 명시하고 있으며, 이 법에 근거하여 통신중계서비스relay service를 추구하였다. 이 외에도 통신과 관련된 실제적인 정책들은 1992년 재활법과 1990년 장애인법에서 상세하게 살펴볼 수 있다.

(2) 법과 관련된 고도 정보통신기능의 응용

① 장애인법

이 법에서는 청각장애인을 위하여 무선 혹은 유선으로 주간 통신사업을 운용하는 모든 통신회사는 1993년 7월 26일까지 청각 및 언어장애인을 위한 전화통신 릴레이서비스를 실시하도록 규정하였다. 이러한 전화통신 릴레이서비스에는 일반인들이 무선, 유선으로 음성통신을 하는 것과 마찬가지로 청각장애나 언어장애를 가진 사람이 이러한 장애가 없는 사람과 유선, 무선을 통해 통신할 수 있는 능력을 제공하는 것을 포함한다. 이러한 규정은 주내 및 외에도 적용되고, 매일 24시간씩 운용되며, 그 요금은 일반 서비스에 비해 비싸지 않도록 특별히 보장해야 한다고 규정하고 있다.

또한 연방정부의 어떤 기관이나 그 대행기관에 의해 전적으로 혹은 일부만이라도 제작되든지 돈을 받는 공공서비스에 관한 텔레비전 성명은 내용이 폐쇄자막화Closed Captioning되어야 한다는 중요한 규정을 포함하고 있다.

② 재활법

이 법은 1973년에 개정되면서 제504조를 통해 청각 · 언어장애인이 대학에서 수업을 받으면서 차별이 있거나 충분히 수업을 받을 수 없는 상황에서 탈피할 수 있도록 모든 대학에 수화통역을 제공할 것을 의무화하고 있으며, 직장에서도 직장환경을 개조할 수 있도록 하였다.

한편, 1986년 개정되면서 제508조를 추가하여 연방정부가 지체장애를 지닌 사람도 쉽게 사용할 수 있는 전자사무기기를 조달하도록 규정하였고, 이 규정에 의해 1987년 교육부와 연방조달청은 공동으로 전자기기 접근지침(입력대체수단, 출력대체수단 등이 포함되어 있음)을 작성했다. 또한 1992년 개정에서는 제508조(전자 및 정보기술 접근조항)를 수정하여 정부기관에 종사하는 장애인들이 전자데이터베이스, 정보서비스, 전자우편 등의 정보서비스를 업무에 활용하는 데 필요한 지침개발을 명시하여 요구하고 있다. 1998년 개정안에서는 제508조를 통해 연방정부의 전기 및 정보기술에 대한 장애인의 접근성 보장을 요구하였는데, 이는 전기 및 정보기술을 개발, 마련, 유지, 사용하는 모든 연방정부에 대해 적용시키고 있다. 연방기관은 이 기술을 장애인을 포함하여 모든 근로자와 대중이 접근 가능하도록 보장해야 한다.

③ 통신법Telecommunication Acts

이 법은 1996년 개정하면서 제255조에서 ① 정보통신장비 제조업자는 가능하다면if readily achievable 장애인의 접근과 사용이 가능하게 설계, 제작, 구조화하여야 하며, ② 정보통신서비스 제공자는 가능하다면 서비스가 장애인의 접근과 사용이 가능하게 해야 하며, ③ 위 두 가지가 가능하지 않다면 제품과 서비스가 장애인의 접근을 지원하기 위한 보조장애와 호환이 가능하도록 해야 하며, ④ 동법 발효 18개월 이내에 접근성위원회^{Architectural and Transportation Barriers Compliance Board}는 FCC와 함께 통신기기와 서비스에 대한 접근성 지침을 제정해야 하고, 주기적으로 이를 검토, 개정할 것을 규정하였으며, 1999년 9월 29일 세부 실행지침이 제정되었다.

④ 노동력투자법^{Workforce Investment Act}

이 법은 1998년 제정된 법으로 연방정부가 개발, 사용, 제공하는 모든 전자 · 통신기술은 장애를 지닌 연방정부의 직원뿐만 아니라 일반 장애인들도 접근할 수 있어야 하며, 2000년 2월까지 접근위원회^{access board}가 전자통신기술의 범위를 명시하도록 하였으며, 이에 의해 연방정부의 웹 서비스는 장애인의 접근성을 보편적 서비스로 고려하고 있다.

13

영국

영국은 잉글랜드, 웨일즈, 스코틀랜드 그리고 북아일랜드로 이루어진 연방체제 국가로 각 연방국들은 자체적으로 정책을 수립하고 운영하지만 일반적으로 유사한 서비스와 정책들이 적용되고 있다. 잉글랜드와 웨일즈에서는 보건과 개인에 대한 사회적 서비스를 계획하고 유지하는 책임을 지역의 보건당국과 직접 선출한 지방당국에 두고 있으며, 교육은 지방교육당국에서 맡고 있다. 스코틀랜드에서는 각 지역의 보건위원회에서 보건서비스를 관리하고, 개인에 대한 사회적 서비스는 지역과 위원회의 사회사업부에서 맡고 있다. 북아일랜드에서는 지역 보건 및 사회서비스위원회에서 보건과 개인에 대한 사회서비스를 맡고 있고, 교육서비스는 지역 교육 및 도서관위원회에서 맡고 있다.

영국은 그 지역사회의 보건, 복지, 교육적인 욕구를 명확히 하고 충족시켜 줄 책임을 각 해당기관에 주고 있고, 장애인은 특별한 관심을 기울여야 하는 우선적인 집단 중의 하나로 인식하고 있으며, 국가가 정책적으로 지원해야 할 책임이 있음을 명백히 하고 있다.

영국에서 장애인 정책 및 서비스는 1948년 국가보건서비스 개발을 시초로 소득보장을 위한 국민보험서비스의 개발 등 수십 년에 걸쳐 발전되어 왔으며, 현재는 광범위한 보건, 개인에 대한 사회적 서비스, 그리고 소득지원서비스들이 개발되었다.

또한 영국은 기본적으로 자원이 허락하는 한 이러한 서비스들을 개발하고, 발전시키며, 변화하는 욕구와 기술에 적용하고자 하며, 교육, 주택, 교통, 고용과 같은 법을 통해 장애인에게 더 나은 기회를 제공함으로써 보다 광범위한 사회통합을 이루고자 노력하고 있다.

영국 장애인 복지정책의 이념은 크게 차별이나 사회적 편견의 제거, 사회통합과 완전참여이다. 특히 차별과 사회적 편견을 제거하고 장애인의 이익을 보호하기 위해 장애인차별금지법을 제정하여, 적극 장려하고 있으나 이러한 것을 추진하는 가장 좋은 방법은 일반화된 법령을 통하는 것보다는 장애인에 대한 일반인들의 태도를 변화시키기 위한 작업을 계속적으로 하는 것이라고 인식하고 있다.

영국은 모든 정책 수립 시 가능한 한 장애인들이 자신의 집이나 지역사회 내에 있는 시설에서 독립적으로 그리고 정상적으로 살아갈 수 있도록 하고, 지역사회 내에서 완전 참여와 통합의 기회를 최대한 보장해 주고자 하는 기본적인 목표에 의해 모든 정책을 수립하고 지침을 제공한다. 즉, 장애인들은 모든 일반 시민들과 동등한 기본적이고 시민적인 권리를 갖게 되며, 정부의 개입은 장애인들이 가능한 한 지역사회의 생활에 완전히 참여하는 것을 보장하는 데 두고 있다. 이를 위해 정부는 장애인들이 이용할 수 있는 일반 보건과 복지서비스(예: 국가보건서비스와 국가원조법), 교육과 고용의 기회(2010년 평등법과 1994년 개정교육법)를 확대해 주고 있으며, 장애인들이 자신들의 욕구를 충족시킬 수 있도록 특별한 서비스와 급여를 제공하고 있다(1970년 만성질환자와 장애인법, 1977년 사회보장법, 1996년 주택법 등).

이와 같이 영국은 장애인의 차별 또는 사회적 편견 제거, 사회통합과 완전참여를 위해 다양한 법령을 제정하고 있고, 이와 더불어 각종 재활서비스, 보조기기, 주택공급, 접근성 확보, 교통, 직업재활과 훈련, 사회적 서비스, 교육, 문화활동, 여가와 스포츠 등의 다양한 지원을 하고 있다. 그러나 무엇보다도 영국정부는 장애인의 사회통합과 완전참여를 위해 장애인의 욕구와 능력에 대한 인식을 확대하고, 지역사회 내에서 장애인을 지원하는 것에 대해 강조한다. 또한 통합을 저해하는 구체적이고 실제적인 문제를 명확히 하고, 그것들을 법적인 조치에 의해 제거해 나가야 한다고 믿고 있다.

1. 장애범주 및 장애조사

1) 장애의 정의 및 범주

일반적으로 장애의 개념은 손상에 의한 장애로 정의하는 의료적 모델과 사회적 태도나 신체적 장벽에 의한 장애로 정의하는 사회적 모델의 두 가지 차원에서 정의할 수 있다.

영국의 경우 장애의 정의와 기준은 1995년 장애차별법에 의한 개념을 사용하고 2010년 평등법의 규정들도 대부분의 'DDA' 장애 정의를 사용하고 있다. 즉, 영국의 장애 정의는 실제적Substantial이고 장기적Longterm으로 개인의 일상생활Normal day-to-day 활동을 수행하는 능력을 제한하는 신체적 또는 정신적 손상을 가진 자들이다.

실제적이란 옷을 입는 등의 일상적인 과업을 수행하는 데 보통보다 훨씬 오랜 시간이 걸리는 등의 사소한 장애를 넘어서는 것을 말하며, 장기적이란 말은 적어도 12개월 이상 손상이 남아 있거나 남아 있을 것으로 예상되는 것을 말한다. 실제적이란 경미Minor하거나 사소한Trivial 것이 아닌 장애를 뜻한다.

영국 DDA에서 법의 적용대상이 되는 장애는 현재의 장애 및 과거의 장애를 모두 포함한다. DDA의 적용대상 장애는 다음과 같다.

- 팔 또는 손의 문제나 장애
- 다리 또는 발의 문제나 장애
- 등 또는 목의 문제나 장애
- (안경이나 콘택트렌즈를 사용함에도 불구하고) 보는 것의 어려움
- 듣는 것의 어려움
- 언어장애
- 중증 외형손상, 피부문제 또는 알러지
- 가슴 또는 호흡문제, 천식, 기관지염
- 가슴, 혈압 또는 혈액순환문제
- 위, 간, 신장 또는 소화문제
- 당뇨
- 우울, 심각한 불안 또는 분노
- 간질
- 중증의 또는 특정 학습곤란(정신적 손상)
- 정신질환 도는 공포, 공항 또는 기타 불안장애로 인한 어려움

• (암, 중복 경화, 징후를 보이는 HIV, 파킨스 병, 근디스트로피 등을 제외한)진행성 질환

영국의 장애등급제는 장애수당 등을 제공하기 위한 기준으로서의 등급만 존재하며 특별히 장애유형도 나누고 있지 않고 대부분 보편적 서비스를 시행해 오고 있다. 영국의 장애인 고용서비스는 보조금 고용Subsidized Employment, 지원고용Supported Employment, 보호고용Sheltered Employment의 세 가지 수준에서 이루어지고 있으나 다양한 장애인 고용지원 프로그램에 대한 적격성은 지원내용과 장애인의 취업의지 및 지원이 필요한 정도에 기초하여 평가되고 있다(OECD, 2010).

장애판정은 근로능력 사정Work Capacity Assessment(이하 WCA)을 통해 결정되고 이 결과에 따라 수당지급이 결정된다. WCA는 영국정부가 2012년 런던 장애인올림픽 이후 공식 후원사였던 세계적인 IT 그룹 ATOS에게 수당지급을 위한 근로능력 판정설계를 위탁하여 개발된 것이다. 이 판정프로그램을 활용하여 장애인의 고용 및 지원수당, 장애생계수당, 산재장애보상 등이 결정된다. 그러나 이 판정프로그램은 개발 당시부터 수많은 논란에 휩싸였는데 장애수당 수혜자를 감소시키고 관련 예산을 삭감할 목적으로 만들어진 것이다. 실제 말기 암 환자도 일할 능력이 있는 사람으로 평가되고 수당을 받지 못하게 되는 경우가 생긴다는 것이다. 결국 장애수당을 받지 못한 장애인들의 불만과 소송이 잇따르게 되었고 정부는 소송으로 7천 6백만 유로를 감당하게 되었다. 결국 영국 감사원은 ATOS의 잘못된 판정체계 설계에 대한 책임으로 ATOS가 손실비용을 감당해야 한다고 발표하였다.

2) 장애조사 및 장애인 수

2012년 3월 기준으로 영국의 노동연령 인구(16~64세)는 약 8백만 명이며 이 가운데 21%가 장애를 가진 것으로 나타났다(Papworth Trust, 2012). 영국 노동연금부의 'Family Resource Survey'(이하 FRS)에 따르면 [표 13-1]과 같이 장애 출현율의 변화는 크게 없는 상태이며 2010년 현재 영국 장애인 수는 약 천만 명을 넘는다. 영국 전체 인구의 거의 5분의 1이 어떤 유형이나 정도로든 장애를 가지고 있다는 말이다. 또한 장애인 가운데 83%는 후천적 원인으로 인한 장애를 가진 것으로 나타났다(Papworth Trust, 2012). 장애인구 수를 성별로 살펴보면 [표 13-2]와 같이 남성이 510만 명, 여성이 580만 명으로 여성이 더 많았다.

2010년 기준으로 장애유형별 분포를 살펴보면 [표 13-3]과 같이 가

표 13-1 | 영국 장애인 현황(2003~2010년)

(단위: 백만 명)

구분	전체	성인	아동
2003	10.4	9.7	0.7
2004	10.1	9.5	0.7
2005	10.1	9.5	0.7
2006	10.8	10.1	0.7
2007	10.4	9.8	0.7
2008	10.6	9.8	0.8
2009	10.8	10.1	0.7
2010	10.9	10.1	0.8

※ 출처: 노동연금부(2011), Family Resource Survey(FRS).

표 13-2 | **영국 장애인 현황(2003년~2010년): 성별**

(단위: 백만 명)

구분	전체	남성	여성
2003	10.4	4.9	5.5
2004	10.1	4.8	5.3
2005	10.1	4.9	5.3
2006	10.8	5.2	5.7
2007	10.4	4.9	5.5
2008	10.6	5.0	5.6
2009	10.8	5.1	5.7
2010	10.9	5.1	5.8

※ 출처: 노동연금부(2011), Family Resource Survey(FRS).

표 13-3 | **영국 장애인 현황(2006년~2010년): 장애유형별**

(단위: 백만 명)

구분	2006	2007	2008	2009	2010
전체	10.8	10.4	10.6	10.8	10.9
이동능력	6.2	6.2	6.3	6.4	6.2
들어올리기, 나르기	6.1	6.0	6.0	2.0	5.9
손기능	2.5	2.6	2.6	2.7	2.6
억제능력	1.6	1.5	1.5	1.5	1.5
의사소통	2.0	1.9	2.0	2.0	2.1
기억력/집중력/학습	2.0	1.9	2.0	2.2	2.2
위험에 대한 지각력	0.6	0.7	0.7	0.7	0.7
신체협응력	2.2	2.4	2.4	2.4	2.4
기타	3.2	3.2	3.4	3.5	3.7

※ 출처: 노동연금부(2011), Family Resource Survey(FRS).

장 많은 유형은 이동능력, 들어올리기, 나르기 등과 같은 신체적 장애인 것으로 나타났다.

2. 사회보장정책

영국의 사회보장정책은 갹출부문, 비갹출부문, 자산조사에 의한 부문의 세 부문으로 구성되어 있으며, 전 국민을 커버할 수 있도록 되어 있다. 갹출부문은 국민보험이 종합적으로 커버하고 있고 비갹출부문은 보편적인 급여로서의 사회수당이며, 그 외에는 자산조사를 전제로 한 부분이다.

소득보장정책은 노동연금부가 담당하며 소득보장 프로그램은 두 가지 재원으로 운영된다. 갹출급여와 국민보험기금National Insurance Fund에서 충당되는데, 국민보험기금은 대체 피용자와 사용자의 국민보험갹출금과 기금의 투자수익으로 이루어지며, 비갹출급여와 자산조사급여 및 그 관리운영비는 일반조세로부터 의회가 정하는 만큼 조달된다.

사회보장 프로그램의 재원 중 일반조사가 차지하는 비율은 거의 절반에 가까우며, 사용자의 국민보험갹출이 약 1/3, 피용자의 갹출금이 약 4분의 1을 구성하고 있다.

국민보험갹출료는 당해 연도의 급여지불과 관리운영비에 충당할 수 있을 만큼의 수준에서 고정된다. 16세 이상 65세(여성은 60세) 미만의 영국 거주자에게는 국민보험이 적용되므로 그들에게는 보험료 갹출의 의무가 부과된다.

1) 국민보험

영국의 사회보험은 국민보험으로 대표되는데, 이 국민보험은 공무원이나 자영업자, 일반피용자 등 모든 사람들을 포함하는 단일제도이며, 의료를 제외한 모든 사고에 대처하는 종합적인 제도이다. 이에 해당되는 각종 시책들을 살펴보면 다음과 같다.

(1) 퇴직연금retirement pension

① 퇴직연금retirement Pension

소득보장의 가장 중요한 위치를 점하는 것은 기초연금과 소득비례연금이며, 이는 본인의 갹출에 의한 수급과 배우자의 갹출에 의한 수급이 있다. 일정한 갹출조건을 갖춘 남성 65세, 여성 60세 이상의 자에게 지급되고, 연금 총 지출액에서 가장 큰 비율을 차지하고 있다.

첫째, 정액의 기초연금은 일정한 갹출조건을 갖춘 자에게 지급되며, 갹출이 부족하면 연금액이 감소된다. 만약 가정에서 아동을 양육하거나 질병 혹은 장애인을 보호하는 일로 직장을 가지지 못할 경우, 일정 기간 동안 갹출기록이 보호된다. 퇴직연금의 자격을 갖춘 미망인 혹은 홀아비에게는 특별급여가 지급되고, 아동이 있는 경우에는 지급액이 증가되며, 무능력 배우자나 아동을 양육하는 자 등에 대해서도 가산금(자신의 갹출인 경우)이 지급된다. 결혼한 여성의 경우, 자신 또는 배우자가 갹출한 것에 의한 연금을 신청할 수 있다.

둘째, 국가소득비례연금은 기초연금에 부과하여 지급되며 기초연금의 수급자격이나 액수와는 관계없이 연금자의 소득수준에 따라 지급액

이 달라진다. 이외에도 소득에 비례하여 지급되는 것은 장애연금, 모자수당, 미망인연금 등이 있다.

② 미망인연금^{widow's pension}

미망인연금은 2001년 4월 9일부터 남녀 모두가 신청할 수 있는 "Bereavement Allowance"로 바뀌었다. 45세 이상의 미망인이나 "Widowed Mother's allowance"가 만료된 사람, 그리고 남편이 생전에 국민보험을 납부한 경우에만 지급된다. 미망인이 연금대상일 경우는 미망인연금 대신 퇴직연금을 받게 되고, 남편이 일 때문에 사망한 경우라면, 국민보험을 납부하지 않았더라도 미망인연금을 받을 수 있다.

③ 구직자 수당^{Jobseeker's Allowance: JSA}

구직자 수당은 실직자의 구직활동을 촉진하기 위해 1996년 10월 7일부터 실업급여^{unemployment benefit}와 소득보조^{income support}를 합쳐 두 가지의 규정들을 조화시킨 것이다.

구직자 수당의 대상자는 18세 이상으로 일할 능력이 있고, 활발하게 구직활동을 하는 자이며, 주당 16시간 이하의 일을 하거나 직업이 없는 사람으로, 남자는 65세, 여자는 60세 이하의 사람에게 6개월간 지급된다.

JSA는 연령에 따라 차등 지급되고, 직업을 가지게 되거나 일정 금액 이상의 개인연금 수급자일 경우에는 지급이 중단된다.

(2) 공적부조

① 산업재해장애급여 Industrial Injuries Disablement Benefits: IIDB

산업재해장애급여는 산업재해 또는 직업병으로 인한 손상으로 최소한의 작업목표를 달성하는 데 14% 정도 장애가 있는 근로자에게 주어지는 것으로 진폐증, 면폐증, 중피종 mesothelioma 로 인한 장애를 가진 경우는 제외된다. 이 급여의 대상자는 기본적인 급여, 즉 산업재해장애연금 IIDB 을 받는 사람이다. 기본급여 IIDB 이외에 산재사고자는 다음과 같은 것을 받을 수 있다.

- 장애가 영구적으로 될 가능성이 있는 경우에는 실직 보충금
- 100% 장애를 입은 사람은 영구적인 개호수당
- 특별중증장애수당
- 감소된 소득수당: 산업재해 또는 산업병을 갖고 있는 근로자로 최소한 1% 정도의 장애를 갖게 되고, 정상적 또는 동등한 직업을 가질 수 없는 자에 주어진다. 이 수당은 처음 14%의 기준 때문에 기본급여 IIDB 를 받지 못하는 산재장애인에게 주어지는 것으로 1986년 10월 1일 감소된 소득수당은 특별장애수당 Special Hardship Allowance 으로 대체되었다.
- 퇴직수당: 수혜자가 최소기준의 퇴직연령이 되었으나 정규 직업이 없고 그 이상의 조건을 충족시킬 수 없을 때 감소된 소득수당을 대신한다.

② 장애인 개호수당 Invalid Care Allowance: ICA

장애인 개호수당 ICA 은 노동연령에 있는 사람이 중증장애인을 개호할

경우에 제공되는 급여로, 일상생활을 하는 데 타인의 도움이 필요하여 중급 또는 상급의 장애생계수당을 받는 자, 또는 산업재해 또는 군인연금에서 최고등급보다 많은 지속적인(일정액) 개호수당을 받는 자, 두 급수 중 하나의 개호수당을 받는 자를 포함한다.

또한 신청자가 16~65세의 연령에 속한 자로, 최소한 일주일에 35시간 이상을 개호해야 하며, 개호비용을 공제하고 일주일에 일정 금액 이하의 소득이 있고, 풀타임 교육(평균 일주일에 21시간 감독을 받는 교육)과정에 있지 않아야 한다.

③ 고용지원 수당Employment and Support Allowance: ESA

2008년 무능력자 급여Incapacity Benefit: ICB를 대체하기 위해 만들어진 제도로서 장애나 질병으로 일을 할 수 없는 자에게 제공하기 위한 급여이다. 작업 관련 활동집단과 지원집단으로 구분하여 지급되는 급여로 저축이나 소득과 관계없이 지급된다.

④ 전쟁장애연금War Disablement Pension: WDP

전쟁장애연금은 1, 2차 세계대전 때 장애를 입은 시민과 군인을 위한 급여로 일반 시민은 전쟁으로 장애를 입은 경우에만 해당된다. 이 연금은 모든 사람이 동일하게 받는 것이 아니라 장애의 정도에 의해 차등지급된다. 만일 장애가 20% 이상 된다면 연금을 받을 수 있고 20% 이하는 일시불로 받는다.

⑤ 독립생활기금Independent Living Fund

중증장애인들이 시설에서 보호받는 대신 집에서 살 수 있도록 장기간 재정적으로 지원하는 것으로 1993년 3월 중앙정부가 재정지원을 하는 재단을 설립하면서 시행되었다. 이 기금을 받는 대상은 아래의 모든 조건을 충족해야 한다.

- 연령이 16이상 65세 이하
- 상급의 보호부분 장애생계수당을 받고 있고, 주거시설에서 살 수 있어야 한다.
- 소득보장Income Support금액을 합쳐 재산이 일정 금액 이하여야 하고,
- 혼자 생활하고 있거나 가족이 있어도 하루종일 장애인을 돌보아 줄 수 없어야 한다.
- 대상자는 최소 6개월 동안 지역사회에서 독립적으로 생활을 할 수 있어야 한다.

⑥ 장애인의 세금공제Disabled People's Tax Credit

이 서비스는 16세 이상인 자로 질환 혹은 장애 때문에 일의 형태나 근로시간에 제한을 받아 주당 평균 16시간 혹은 그 이상의 일을 하는 자로 최소 182일 동안 단기 무능력자급여나 장기 무능력자급여, 중증장애수당, 자산조사에 의한 수당 중 하나 이상을 받거나 질환 혹은 장애 때문에 장애생계수당, 개호수당, 산업재해장애급여, 전쟁장애연금 중 하나를 받는 자를 대상으로 한다.

세금공제 혜택은 작업시간이나 자산, 수입 전체와 자녀 연령이나 수 및 기타 요인의 사정에 의해 결정된다.

⑦ 기타 보조금

- 수리비 보조금renovation grants: 전열, 가정 난방, 기타 수리 또는 개량

을 위해 수리비용을 신청할 수 있다. 보조금은 의회의 재량으로 제공되며, 보조금의 액수는 소득이나 저축의 정도에 따라 달라지는데, 소득이 낮으면 전액을 지원하고 소득이 높으면 일부만 지원한다.

- 장애인 시설 보조금disabled facilities grants: 이 보조금은 장애인 시설에 난방시스템 개량비용이나, 장애인의 삶의 수준을 향상시키기 위한 리프트, 휠체어 접근로 등과 같은 설비를 제공하기 위해 만들어진 것이다. 이 서비스를 제공하기 위해 재활담당관이 시설을 방문하여 평가하게 된다.

- 주택수리비보조금minor works assistance: 주택소유 또는 임대인이면서 소득보조income support, 가족크레디트family credit, 주택급여housing benefit, 세금보조급여council tax benefit, 장애노동수당Disability Working Allowance을 받고 있는 사람은 주택수리비 보조금의 수혜자격을 가진다. 수리의 범위는 지붕, 벽, 물탱크, 파이프 등 설계와 수리까지 포함한다.

- 백신피해금vaccine damage payments: 디프테리아, BCG, 소아마비, 홍역 등의 예방접종 결과 80% 이상의 중증장애를 입었거나 시각 혹은 청각장애인이 된 경우 보상금이 지급된다.

3. 교육정책

1) 특수교육제도의 발달

영국의 장애아교육의 개시자는 민간단체였다. 18세기 후반에 최초의 맹학교 및 농학교가 설립되었고, 19세기 중엽에는 최초의 정신지체아 학교를 만들었으며, 19세기 중엽 후에는 지체부자유아를 위한 최초의 교육적 조치를 강구하였다.

장애아교육이 공교육의 입장에서 다루어진 것은 1870년에 초등의무교육법(포스트법)이 제정되면서였으며, 1874년에 최초의 농아학급이 설치되었고, 1875년에는 맹아학급도 설치되었다. 또한 1893년에는 최초의 의무교육법인 초등교육(맹·농아)법이 제정되어 5~6세의 맹아와 7~16세의 농아의 의무교육이 정비되었다. 그러나 이 법은 재정상의 이유로 필요한 지역만을 택해 의무교육을 실시하여 의무교육법으로서 충분한 것이 못되었다.

영국의 특수교육은 1944년 교육법에 의하여 특수교육의 영역이 맹아, 약시아, 농아, 난청아, 교육지체아, 간질아, 부적응아, 지체부자유아, 언어장애아 및 허약아 등 10개 영역으로 분화되어 10종의 공립특수학교가 설치됨으로써 비교적 완벽한 법적 조치에 의해서 특수교육이 발전되어 왔다.

2차대전 이후 1944년 교육법을 개정하여 장애아교육을 의무화하였으며 교육행정당국은 특수교육시설, 학교, 학급 등을 설치할 의무를 규정하고 있다. 또한 의무교육 연한은 아동의 능력과 적성에 따라 다양한 규정을 두었고, 의무교육 연한에 있어 일반아동은 5~15세까지를 원칙으로 하고 있으나 특수교육 대상아동은 6~16세로 확대 규정하고 있다. 그리고 IQ 50 이하의 훈련 가능 정신지체아는 특수교육이 부적당한 아동이라고 하여 특수교육제도에서 제외하여 보건행정당국에 위임하고 있다.

이러한 내용은 1970년 교육(장애아)법이 개정되고, 폐지되어 전원 취학이 실현되었다. 그러나 이 법은 모든 장애아에게 의무교육을 보장한다는 특색이 있었으나 이 점 외에는 1944년 법의 내용을 거의 유지하고 있었다.

그 후 1973년 2월에 당시의 교육과학장이었던 대처^{M. Thatcher} 여사가 시대의 새로운 요청에 응하기 위해서 장애아 교육에 관한 조사위원회를 설치하였으며, 26명의 전문가들과 함께 취학전교육, 통합교육, 특수학교의 역할, 의무교육 수료자의 교육적 욕구, 특수교육 교사양성, 연수 등 5개 소위원회를 구성하여 대대적인 조사를 하였다. 이 조사 결과로 장애영역의 수정, 발견 · 평가 · 등록, 조기교육, 통합교육, 전문교사 양성, 연구촉진 등에 관한 권고가 224항목으로 제시되어 세계적으로 주목을 받았다.

한편 정부는 1980년 8월 동 위원회의 권고를 기초로 『교육에 있어서 특별한 요구』라는 정부백서를 공포하고 현행법을 수정하고자 하였다.

영국과 웨일즈에는 1981년의 교육법에 특수교육 욕구를 가진 아동들이 일반학교에서 교육받을 수 있도록 명시되어 있다. 스코틀랜드에서는 장애학생을 가능하면 일반학교에 통합하도록 하는 원칙이 수립되었는데 이것은 1955년에 "Scottish Education Department Circular"에서 시작되었다. 북아일랜드에서는 교육령이 1984년에 특수교육을 필요로 하는 아동이 일반학교에 통합되어야만 한다는 원칙이 법으로 제정되었다.

영연방에서 통합은 지역적 통합, 사회통합, 기능통합의 세 가지 수준에서 발생한다고 이해하고 있다. 지역적 통합은 특수교육이 필요한 아동을 단순하게 통합학교 내의 장애아동을 위한 학급 또는 학과에 배치하는 것, 또는 일반학교처럼 같은 부지를 사용하고 있는 특수학교에 배치하는 것이다. 최근에는 접근성 확보를 위한 노력과 대학에 있는 장애인을 위한 여러 가지 배려가 시행되고 있다.

교육노동부장관은 장애학생들이 더욱더 접근 가능하도록 지방교육당국^{LEA}과 학교장이 700개 이상의 초등학교와 중중학교를 만드는 것에 대한 제9차 지원계획「장애학생을 위한 접근 확보를 위한 노력」을 발표하였으며 내용은 다음과 같다.

① 건물에의 접근성을 향상시키기 위해 램프, 리프트, 핸드레일, 통로 제공

② 시각장애인을 위한 교육보조도구(예: 점자 소형컴퓨터) 또는 중중청각장애학생을 위한 휴대용 송수화기 등과 같은 특별한 장비 구입

또한 교육노동성은 장애차별금지법에서 서비스 제공자이자 고용주로서 대학의 새로운 책임에 대해「대학 내의 장애인을 위한 권리」를 발표하였다.

2) 교육행정제도

영국 교육행정체제의 특징은 중앙정부, 지방교육국, 그리고 교육전문직 간에 철저한 책임과 분담이 이루어지고 있는 점이다. 그리고 취학전교육을 위한 보육학교와 보육학급을 설치하고 있으며, 연속교육을 위한 각종의 대학과 지체부자유아나 정신지체아를 위한 특수학교 및 성인을 위한 여러 가지 사회교육체제를 갖추고 있다.

특수학교의 종류는 전술한 10개의 장애 영역에 준하고 있다. 영국의 특수학교는 장애인 전원 취학이 법적으로 시행되고 있기 때문에 그 설

치가 급속도로 증가하고 있고 그 종류도 극히 세분화되어 있는 것이 특징이다. 특히 공립특수학교의 정신지체, 지체부자유, 시설 내 아동의 특수학교가 증가하고 있다.

특수아 교육에 대한 의무교육의 연한은 일반아의 경우 5~15세로 되어 있으나 특수학교 재적 아동에 대해서는 5~16세로 되어 있다. 또한 16세에 의무교육을 수료한 장애인에 대해서는 계속 보통교육의 과정에 진학하게 되거나 보건사회장애성의 관할인 성인훈련센터에 입소하여 직업훈련적인 측면을 지도받게 된다.

4. 직업재활정책

영국에서 장애인 고용정책의 변화는 대략 다음과 같이 네 가지 유형의 정책의 목표로 분류할 수 있다(Drake, 1999, pp.45-67).

① 수용시기(1900년 이전)

자선사업의 일환으로 장애인의 고용대책이 강구된 시기로 주로 장애인들은 구빈원almshouse에 수용되었다가, 점차적으로 약간의 교육과 훈련이 제공되는 보호공장workshop으로 변화되는 시기이며, 장애인에게 초등교육이 제공되었다. 이 시기의 법률은 1601년의 구빈법the Poor Law, 1886년 정신지체법the Idiots Act, 공중보건법the Public Acts, 1987년 "Chaff-Cutting Act", 1897년 근로자보상법the Workmen's Compensation Act 등이 있다.

② 보상시기(1900~1940년)

산업화와 세계대전으로 인한 산업재해 근로자와 전쟁부상자들을 위한 고용정책이 주로 실시되었던 시기이다. 특히, 제1차 세계대전으로 수많은 시각장애인이 발생하여, 1920년 영국시각장애인연맹the National League of the Blind and Disabled: NLBD은 시각장애인법the Blind Persons Act을 제정하게 하고, 동법에 의해 시각장애인의 직업재활사업이 실시되었다. 이 외에도 1917년 상이군인을 위한 훈련학교가 설립되었으며, 1930년대에는 상이군인을 위한 직업알선을 위한 종합계획이 수립되었고, 1935년과 1937년 사이에는 장애인을 위한 여왕직업훈련학교, 성초이스 직업훈련학교 등이 설립되었다. 이 시기에 제정된 법률은 1940년의 전쟁자선법the War Charities Act, 1941년의 욕구결정법the Determination of Needs Act 등이 있다.

③ 복지 및 재활시기(1940~1995년)

이 시기는 장애와 관련된 보건과 복지, 재활서비스가 본격화되는 시기로 장애인 복지서비스의 초점을 재활 혹은 일반화normalization에 두기 시작하였으며, 작업을 통한 재활환경 개조를 통한 통합 고용기회의 확대 등을 중점적인 정책으로 추진하였다. 1944년 장애인고용법the Disabled Persons Employment Act은 장애인고용대책의 공적 책임이 규정되었으며, 장애인을 고용을 유지하고 얻는 데 실질적인 장애를 가진 사람으로 지정하고, 할당고용제도, 유보고용제도, 램플로이 설립을 통해 보호고용 사업을 시작하였으며, 고용이 될 수 없는 장애인에게는 사회보장정책을 추구하였다.

또한 환경적응의 어려움이 결과적으로 장애인의 고용을 어렵게 한다고 보고 대중교통, 건축물, 도로 등의 개조를 통해 장애인의 고용을 적극 유도하였다. 이 시기에 제정된 법률들은 1948년 국가부조법the National Assistance Act, 1955년 대중교통법the Public Service Vehicles Act, 1970년 만성질환자 장애인법the Chronically Sick and Disabled Persons Act, 1977년 주택법the Housing Act 등이다.

④ 시민권 시기(1995년 이후)

장애인을 위한 고용정책에도 불구하고 장애인의 권리와 시민권에 대한 완전한 접근이 이루어지고 있는지에 대한 논란이 지속되었고, 실제적으로 장애인의 고용은 ① 고용자체에 대한 초기탐색의 어려움, ② 비장애인과 비교되는 낮은 수입, ③ 장애인의 고용주에 대한 명백한 차별 때문에 크게 개선되지 못하였다. 이에 1995년 장애차별법the Disability Discrimination Act이 제정되고 2010년 평등법을 통합되었으며, 고용에 있어 채용, 고용계획 수립단계, 기회제공의 거부, 불합리한 해고 또는 불이익에 있어 차별을 금지하고, 차별금지의 전제조건으로 적절한 적응reasonable adjustment을 요구하고 있다.

1) 고용정책

영국의 고용정책은 장애인고용법에 따른 할당고용제도와 보호고용제도를 채택하고 있기 때문에 법제도에 따른 정책 프로그램은 할당제고용 프로그램과 보호고용 프로그램으로 나뉘어 있다.

(1) 일반고용제도: 평등정책

① 근거법

1995년 장애차별법은 영국 내의 많은 장애인들의 차별을 없애기 위해 제정되어 2010년 평등법으로 통합되었으며, 특히 고용, 상품^{goods}, 시설^{facilities}, 서비스^{services}와 토지^{land} 혹은 자산^{property}의 임대, 구매, 관리에 있어 장애인을 평등을 위한 조치들을 규정하고 있다.

② 고용에 있어 차별금지 내용

영국은 그동안 1944년 제정된 장애인(고용)법에 의해 20인 이상의 종업원으로 고용한 고용주는 종업원의 3% 이상을 의무적으로 고용하도록 한 법률과 동법률에 의해 엘리베이터 조작요원, 주차장 관리요원 등의 직종에는 장애인 이외의 자는 고용을 유보하는 유보직종제도를 시행해 왔으나 동법률의 고용효과는 1994년 당시 일반기업체의 경우 80%의 기업이 의무고용률을 달성하지 못했으며, 보건성도 1.4%인 68명의 장애인을 고용했다.

따라서 장애차별법은 근본적으로 장애인고용법이 가지는 고용률의 저하를 높이고자 하는 데서 출발하였으며, 동법의 내용은 고용주의 차별금지 내용과 고용주의 적절한 적응^{reasonable adjustment}, 그리고 차별예외 고용주 등으로 살펴볼 수 있다.

고용주는 고용에 있어 비록 그 이유가 개인의 장애와 관련된 경우라 하더라도 다음과 같은 측면에서 장애인을 비장애인보다 덜 우호적으로 대우하거나 차별해서는 안 된다.

- 지원양식^{application form}

- 면접과정^{interview arrangement}
- 능력검사^{proficiency tests}
- 직무제공^{job offers}
- 고용의 의미^{terms of employment}
- 승진, 인사, 훈련의 기회
- 급여
- 해고 또는 불이익

또한, 장애인들은 일을 수행하고 책임성을 완수하는 데 장애가 되는 장벽을 제거하거나 감소시킬 수 있도록 고용주에게 다음과 같은 적절한 적응을 요구할 수 있고, 고용주는 이를 들어줄 의무가 있다.

- 건물에 대한 배려(예: 출입구의 폭을 넓히기, 보이는 곳에 화재경보기 설치하기 등)
- 장애인을 일반인이 하는 직무에 배치
- 장애인을 현재 있는 공석에 전환
- 작업시간의 변경
- 다른 작업장에 할당(예: 똑같은 직무, 다른 작업장)
- 근무시간에 재활서비스, 평가 또는 치료를 위한 시간을 허락
- 훈련제공 및 배치
- 장비의 설치 및 개조
- 강의 및 회의 자료 수정(예: 보다 접근 가능하게 음성, 테이프, 점자 등으로 만들거나 또는 보다 쉽게 재설명)
- 검사 또는 평가의 절차 수정
- 대독자 또는 통역자 제공

• 슈퍼비전 제공(예: 작업장에서 배우는 데 어려움이 있는 사람들을 위한 부가적인 지원 제공)

그리고 이 법은 다음과 같은 예외규정을 가지고 있다.
• 15인 이하의 종업원을 가진 고용주
• 교도관prison officer
• 소방대원
• 경찰관
• 배 혹은 항공기 요원 등

③ 고용연금부 "Jobcentre Plus"

영국의 장애인 직업재활 서비스를 포함한 고용 · 훈련 · 복지정책은 고용연금부Department of work and Pension에서 담당하고 있다. 고용연금부는 영국에서 가장 큰 공적 서비스 전달 부서이다. 또한 영국의 보편적 서비스전달체계인 "Jobcentre Plus"를 통하여 고용서비스와 사회보장 급여, 근로연계 복지프로그램의 관련 업무를 수행하고 있다.

Jobcentre Plus는 고용연금부 산하 사회보장부 급여청의 일부업무와 교육고용부 산하 고용청을 통합한 서비스를 제공하기 위해 "Social Security Office"와 "Jobcentres"를 통합한 것이다. Jobcentre Plus는 정부의 재정지원을 받아 사회보장 급여에 대한 지급 및 고용 관련 서비스, 근로연계 프로그램 등 노동 관련 서비스의 전반적인 프로그램을 통합적으로 운영하는 책임을 담당하고 있다(이대윤, 2009).

Jobcentre Plus는 전국적으로 약 천여 개의 사무소를 운영하면서 고용과 복지 관련 서비스를 통합적으로 제공하고 있는 원스톱 서비스 기관이다. Jobcentre Plus에는 장애인 고용상담사^{Disability Employment Advisors}(이하 DEAs)가 배치되어 있고, 근로연령에 있는 16~65세의 남녀 구직자에게 개별 상담과 필요한 서비스, 훈련 및 일자리 알선사업을 하고 있다. 또한 'Access to Work' 프로그램 수행을 도와줄 'Access to Work Advisor'를 배치하고 장애로 인해 발생하는 문제들을 해결할 수 있도록 장애인과 고용주들을 지원하고 있다. 또한 필요하다면 전문 직업심리학자^{Specialist Work Psychologist}에게 의뢰하거나 기술 및 경험, 흥미 등을 파악할 수 있는 고용사정^{Employment Assessment}을 받을 수 있다.

DEAs는 'Work Choice', 'Residential Training', 'Access to Work'과 같은 프로그램과 보조금을 소개받아 직업으로 복귀할 수 있도록 도와준다. 장애가 있어도 직업상의 어려움이 없다면 Jobcentre Plus의 상담사^{Personal Advisor}에게 도움을 받을 수 있다.

DEAs의 지원 내용은 다음과 같다.
ㄱ 고용 사정: 장애나 건강상태가 원하는 직업 수행이나 직업훈련에 미치는 영향을 파악한다.
ㄴ 직업준비기간 의뢰: 장기간의 질병이나 실업상태에 있다가 직장으로 복귀하고자 하는 장애인을 돕기 위한 개별화된 프로그램
ㄷ 직업을 찾을 수 있도록 돕는 조언 또는 지지
ㄹ 직업훈련 관련 조언이나 정보 제공
ㅁ 현재 직업을 유지할 수 있도록 하는 조언이나 정보 제공
ㅂ 일자리 알선 제도^{Job Introduction Scheme} 관련 정보 제공: 고용으로 인한 장애 관련 추가 비용 또는 임금을 장애인의 취업 초기 몇 주 동안 고용주에게 일정한 비용을 지원하는 제도

ⓢ 직업 선택^{Work Choice}에 대한 정보 제공

ⓞ 장애 표식^{Disability Symbol}에 관한 정보 제공: 고용주들이 장애인의 고용, 훈련, 직장 유지, 경력개발 등에 대한 열의를 표현하고 싶은 경우, 기업에 장애 표시를 부착할 수 있도록 하는 제도. 구인광고와 채용서류도 장애인에 대해 긍정적이라는 표식^{Positive about Disabled People's Symbol}을 붙여 장애인들은 고용가능성이 높은 업체를 찾을 수 있다.

Access to Work의 상담사가 제공하는 지원 내용은 다음과 같다(윤상용 외, 2009).

㉠ 장애로 인해 생기는 직업수행에 관련된 방해요소들을 장애인과 고용주들이 극복할 수 있도록 도와주는 조언을 포함한 Access to Work에 대한 깊이 있는 정보 제공

㉡ Access to Work가 필요한지 사정

㉢ 장애 관련 추가 고용비용에 대해 지원받을 수 있는 각종 제도에 대한 내용 안내

(2) 보호고용제도

① 근거법

일반적인 근로조건으로 취업이 곤란한 중증장애인을 위한 보호고용의 근거법은 일반고용과 마찬가지로 1944년에 제정된 장애인고용법이다. 이 법에서는 중증장애인의 고용을 위하여 국가가 램플로이공사^{Remploy Ltd.}를 설립할 것, 지방자치단체와 민간단체가 설립한 모든 공장에 대

하여 국가가 일정한 보조를 할 것 등을 규정하였다. 1995년 장애차별법 제정 후에도 영국 내의 보호고용의 근간이 되었으나 2013년 통합고용을 전제로 원칙적으로 폐지하고 지원고용이나 사회적 기업으로 전환하고 있다.

2) 고용촉진을 위한 지원정책

(1) Access to Work^{AtW}

이 서비스는 장애인을 위해 작업에 접근할 수 있도록 지원하고 자문하는 서비스이다. 이 서비스를 받기 위해서는 고용서비스^{Employment Service: ES}에 등록되어야 하며 서비스의 내용은 다음과 같다.

① 청각장애인의 면접 시 통역사
② 시각장애인의 작업 시 대독사 혹은 보조원
③ 작업이나 직장을 얻는 데 필요할 시 지원자^{support worker}
④ 회의나 훈련 시 통역자나 대독자
⑤ 새로운 직무에 적응하는 데 필요한 장애인에게 직무지도
⑥ 작업장에서 개인적 욕구나 과업을 도와줄 수 있는 개인적인 지원
⑦ 대중교통수단을 이용하기 어려운 장애인들에게 택시요금이나 다른 교통수단의 제공
⑧ 장비, 컴퓨터 하드웨어나 소프트웨어, 전화장치 및 특수장비의 지원
⑨ 작업환경 등에 대한 개조나 변경 등

(2) Work Choice

영국의 "Work Choice" 프로그램은 기존의 고용지원 프로그램을 통해 직업을 구하지 못한 중증장애인에게 제공되는 프로그램으로 취업을 위한 보다 전문적인 지원이나 신규 취업장애인의 고용안정을 지원한다. 이 프로그램은 2010년 10월 25일 "Work Step" 프로그램에서 Work Choice 프로그램으로 변경되었다. 이 프로그램은 중증장애인에게 직장을 구하는 전 과정에서 필요한 서비스를 일관된 흐름 속에서 그리고 개별화된 방식으로 제공하는 것을 목적으로 하고 있다. Work Program과 Jobcentre Plus의 지원으로 운영되고 있으며, Get Britain Working 고용방법도 포함한다. 중증장애인이 Jobcentre Plus나 Jobcentre에 신청하면 장애인 고용전문가Disability Employment Advisor가 적격성을 평가한 후 장애인이 고용될 회사의 고용주나 직장동료를 대상으로 Work Choice Provider가 장애인 근로자의 적응을 도울 수 있는 지원을 한다. 장애인이 필요한 훈련과 지원을 받을 수 있도록 돕고, 장애인 근로자의 능력개발 계획을 한다. 영국 정부는 연간 약 23,000여 명의 중증장애인들에게 Work Choice 프로그램을 제공하고 이들 가운데 연평균 9,000여 명을 고용으로 이끌고 있다고 밝혔다(Department for Work & Pensions, 2013).

2012년 5월 영국 연금노동부는 Work Choice 프로그램을 통하여 청년 장애인을 6개월 동안 고용하는 고용주에게 최고 2,275파운드를 지급하는 제도를 발표하였다. 이 보조금 지급제도는 영국 정부가 청년실업 문제 해소를 위해 추진하고 있는 청년협약Youth Contract의 일환으로 실행되고 있으며, 2012년 4월부터 3년간 10억 파운드를 지원하여

16~24세의 청년 41만 명에게 고용, 현장경험, 도제학습의 기회를 지원하는 사업이다.[6]

이상에서 살펴본 바와 같이, 영국은 영연방의 인력서비스위원회에 의해서 장애인을 위한 계획된 프로그램들에 포함되어 있는 공공고용과 훈련서비스들을 제공하고 있다. 이러한 서비스들은 모든 장애인들이 장애의 원인이나 특성에도 불구하고 모든 종류의 중요한 작업이 가능하게 해주기 때문에 매우 유용하다. 또한 보호고용을 요구하는 사람들을 위해 특별한 규정이 만들어져 있다.

장애인들은 일반인들과 함께 가능한 모든 범위의 고용과 훈련서비스의 혜택을 받을 수 있다. 이러한 것에는 청소년과 성인 모두에 대한 기술훈련이 포함되며, 일반고용시장에서 직업을 찾고 일시고용계획에 참여하는 것을 돕는다.

이 외에도 장애인들이 안정된 직업을 찾거나, 취업을 위해 준비하는 것을 돕거나, 그들의 장애에 의해서 고용에 장애가 되는 요인을 감소시키는 것을 돕는 정책들을 탄력적으로 운영한다. 여기에는 장애인들의 생활안정을 돕는 공무원, 직업평가와 직업준비, 통합훈련을 위한 참가자 조건 조정, 시설훈련규정, 고용에 대한 특별 지원규정, 건물이나 설비를 개조하기 위한 지원금, 직장출퇴근에 드는 부가적인 비용에 대한 재정적인 지원, 시험기간 동안 장애인의 월급을 고용주에게 지원, 시각장애인을 위한 대독자 고용비용 지원, 그리고 경쟁고용이나 보호고용이 불가능한 장애인을 위해 자영업을 할 수 있도록 돕는 등 전문가들의 도움이 포함되어 있다.

---

6 http://www.dwp.gov.uk/newsroom/press-releases/2012/may-2012/dwp055-12.shtml

3) 고용현황

영국의 장애인 고용현황을 살펴보면 [그림 13-1]과 같이 통계청^{Office} for National Statistics의 노동시장 장애인구 조사 결과, 장애인의 고용률은 45.6%로 비장애인(76.2%)에 비해 낮은 수준의 고용률을 보이고 있고, 장애유형별로도 유의한 차이를 보이고 있다. 이 조사는 영국의 DDA에서 정의된 일상생활활동에 실질적인 제약을 주는 장기적인 장애가 있는 사람들을 대상으로 하되, 일상생활활동의 제약 없이 일에서의 제약만을 가지는 장애인들은 제외되었다(Office for National Statistics, 2011).

가장 높은 고용률을 보이는 장애유형은 [표 13-4]와 같이 피부조건, 즉 피부문제, 외형손상 또는 알러지 문제(71.9%)였고, 다음으로 당뇨병

그림 13-1 | 영국 DDA 판정 장애인 및 비장애인 고용률 비교

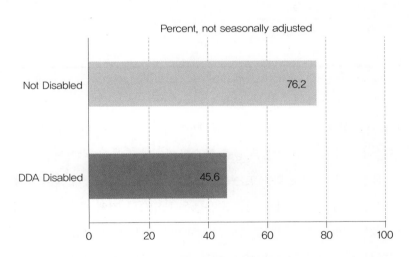

※ 출처: Office for National Statistics(2011), People with Disabilities in the Labour Market.

표 13-4 | 영국 DDA 판정 장애인 고용률: 주요 손상별

(단위: %)

주요 손상별 장애인 고용	비율
피부 조건	71.9
당뇨	61.5
심장 또는 순환계	57.8
가슴 또는 호흡기	56.7
소화기	55.7
청각	53.6
팔 또는 손	44.5
진행성 질병	44.1
등 또는 목	41.8
다리 및 발	39.7
간질	37.3
시각	36.4
우울	27.2
정신적 질병	14.2
학습장애	12.0

※ 출처: Office for National Statistics(2011), People with Disabilities in the Labour Market.

(61.5%), 심장, 혈압 또는 순환계 문제(57.8%) 등의 순으로 나타났다. 고
용률이 가장 낮았던 유형은 중증 학습장애(12.0%)였으며, 정신질환 또
는 신경장애(14.2%), 우울 또는 불안(27.2%) 순으로 나타났다. 피부문제
를 가진 장애인들이 가장 높은 고용률을 보였으나 전체 장애 인구에서
이러한 질병을 주요 건강문제로 보고한 비율은 1.1% 뿐이었다. 장애유
형에서 가장 많은 것은 등이나 목(13.4%), 다리나 발(10.8%), 심장이나

순환계(10.5%), 가슴이나 호흡기(10.3%) 장애였다.

영국의 장애인 고용률을 연도별로 비교해 보면 [표 13-5]와 같다. 전체 장애인 고용률은 점차 증가하였고, 2011년 기준 전일제 근로자의 비율(33.1%)은 파트타임 근로자(15.6%)에 비해 많은 것으로 나타났다.

영국의 장애유형별 고용률을 연도별로 비교해 보면 [표 13-6]과 같이 2006년에서 2011년까지 전반적인 고용률의 증가를 보이고 있고, 고용률이 높이 증가한 장애유형은 팔·손(9% 증가), 순환기계(5% 증가), 우울증(5% 증가)이었다.

2012년 3월 현재 영국 장애인 가운데 노동연령의 인구가 차지하는 정도는 7.8%(39,700여 명)로 비장애인 75.9%에 비하면 약 10분의 1 수준이다. 장애인과 비장애인의 고용률 차이는 2005년 31.5%에 비해 2012년에는 28.1%로 감소하고 있는 추세이다. 노동연령(16~64세) 장애인의 경제활동에 참가하지 않는 비율은 45.9%로 비장애인(17.8%)에 비해 상당히 높다. 장애를 가진 성인의 57%가 비장애인(26%)에 비해 자신이 가지고 있는 직업유형이나 임금수준에서 장벽을 더 많이 경험하는 것으로 나타났다. 장애를 가진 성인들이 가장 일반적으로 이용하는 고용촉진제는 탄력근무제와 세금 공제이다. 현재 실업상태의 장애인 가운데 1/3 이상이 취업을 희망하고 있는데 비장애인들에 비해 약간 낮은 수준을 보였다. 장기간 경제활동을 하지 않거나 실업상태인 경우 직장복귀에 어려움이 증가하는 것으로 나타났다. 장애인이 경제활동을 하지 않다가 고용으로 전환하는 연평균 비율은 4%이며 이는 비장애인에 비해 6배가 더 높은 것으로 나타났다. 또한 영국의 장애인들은 공공부문의 일자리와 비교하여 민간부문의 일자리에서 장애인 고용에 대해 환영을 덜 받는다고 생각하는 것으로 나타났다(Papworth Trust, 2012).

표 13-5 | 영국 장애인 고용률(2009~2011년)

(단위: %)

구분	장애인 고용률			비장애인 고용률		
	전 체	전일제	파트타임	전 체	전일제	파트타임
2009	47.4	32.9	14.4	77.8	59.5	18.3
2010	48.4	33.5	14.8	77.5	58.6	18.8
2011	48.7	33.1	15.6	77.4	58.9	18.5

표 13-6 | 영국 장애인 고용률(2006~2011년): 장애유형별

(단위: %)

구분	2006	2007	2008	2009	2010	2011
팔 · 손	50	53	50	50	52	59
다리 · 발	43	45	45	44	46	46
등 · 목	45	44	46	45	47	48
피부질환	-	-	77	-	73	80
가슴 · 호흡문제	67	65	65	66	65	64
순환기계	61	63	62	59	62	66
소화기관	64	55	62	61	63	64
당뇨	72	70	74	71	71	70
우울증	26	27	29	28	34	31
간질	48	-	47	-	48	52
급성질환	41	47	45	50	49	44
기타 장애	58	57	58	59	56	61

※ 출처: Office for Disability Issues(2011), Disability Equality Indicators.

16~64세 장애인 가운데 노동시장에 연결되어 경제활동을 하고 있는 것으로 나타난 인구 수는 710만 명으로 16~64세에 해당하는 영국

표 13-7 | 영국 장애인 기능수준에 따른 차이: 집단별

(단위: %)

구분	상	중상	중하	하
DDA 장애인	24.3	24.7	39.5	11.5
비장애인	26.8	27.9	34.3	10.9

※ 출처: Office for National Statistics(2011), People with Disabilities in the Labour Market.

총인구의 18.3%를 차지하였다. DDA에서 장애인으로 판정된 16~42세 인구 가운데 45.6%가 직장을 가지고 있었으나 이는 비장애인구의 노동시장 참여율(76.2%)의 60%에 그치는 수준이다. 조사결과에 따르면 비장애인 파트타임직 종사자 비율은 24.6%인 반면, DDA 판정 장애인들은 33.8%가 파트타임으로 일을 하고 있어 비장애인에 비해 근무시간이 훨씬 적은 경향을 보였다. 주목할 점은 DDA 판정 장애인 가운데 직업을 가진 장애인 11.5%가 단순기술(Low Skill)이 요구되는 직종에 고용되었는데 이것은 영국 내 비장애 근로자들과 큰 차이 없이 비슷한 수준의 비율로 나타났다(Office for National Statistics, 2011). 자세한 기능수준에 따른 집단별 차이는 [표 13-7]과 같다. 직장에서 요구되는 기능수준은 다음과 같이 구분해볼 수 있다(Office for National Statistics, 2011).

ㄱ 하 수준: 의무교육에서 획득되는 능력과 동일시된다. 직업과 관련된 기술들은 보건 및 안전 규칙과 관련된 지식들을 포함하며 짧은 훈련기간을 통해서도 획득될 수 있다. 이러한 수준의 직업에는 집배원, 호텔 보이, 청소부 및 음식조달 보조 등이 있다.

ㄴ 중하 수준: 의무교육을 통해 획득되는 능력수준을 요구하는 직업군들을 커버하지만 보다 긴 기간 동안 직업과 관련된 훈련 및 경

험을 포함하는 수준을 말한다. 이러한 수준의 직업에는 기계조작, 운전, 돌봄직, 소매업, 사무직과 비서직 등이 있다.

ⓒ 중상 수준: 학위수준은 아니지만 의무교육 이후 교육을 통해 획득될 수 있는 능력 정도의 수준을 말한다. 이 수준에서 찾을 수 있는 직업들은 기술직 및 무역직, 그리고 소상공인이 포함된다. 이후에 주요한 직업경험을 가져야 하는 것이 일반적이다. 이러한 수준의 직업에는 음식조달 관리자, 빌딩 감독자, 간호사, 정책 사무관, 전기공 및 배관공 등이 있다.

ⓓ 상 수준: 학위 또는 이와 유사한 직업 경험을 통해 획득되는 능력이다. 이 기술의 직업들은 일반적으로 전문직 또는 관리직이라는 용어를 사용하며 기업 또는 정부에서 볼 수 있다. 예를 들면, 정부 고위 사무직, 금융계 관리자, 과학자, 엔지니어, 의사, 교사 및 회계사 등이 있다.

5. 편의시설정책

1) 건축

영국 정부는 모든 사람들이 환경에 접근할 수 있도록 신체적인 장벽을 제거해 주는 작업이 중요하다는 것을 인식하고 있다. 1985년 8월 1일에 건축법규를 개정하였으며, 새로운 건물을 건축할 때에는 장애인들이 접근할 수 있는 공중위생시설을 설치해야만 하도록 되어 있다.

1985년에 4차 개정이 있었는데 새로운 사무실, 가계, 단층공장, 교육기관 그리고 단층의 공공건물에까지 적용되었다. 이 규정은 모든 새로운 공공건물에는 장애인이 접근할 수 있도록 요구하는 단계적인 계획 중에 첫 번째 단계였다.

정부는 또한 집단이나 위원회에 접근성을 확보하도록 조장한다. 예를 들면, 잉글랜드 위원회의 접근은 정부재정으로 1984년에 이루어졌는데, 이는 국가가 모든 장애인들에 대한 접근성 문제에 관심을 갖도록 유도하고, 지방정부를 지원하기 위해서, 그리고 접근 가능한 환경을 증진시키기 위해서 이루어졌다. 위원회에는 신체적인 환경에 도움을 주는 사람, 건물을 관리하는 사람, 장애인 등 모든 분야의 전문가 대표자들이 포함되어 있다. 공무원들이 접근성 문제를 고려하여 설계를 하는 지방정부의 수가 증가하고 있다.

장애인의 건축물 내외부에 대한 접근 및 시설을 사용을 위한 정보에 대해 "British Standard Institution"에서 출간한 문서에서는 장애인의 접근성에 관한 건물규정상의 요구조건을 보다 구체적으로 포함시키고 있는데 그 요구조건을 요약하면 다음과 같다.

① 접근로: 관련 시설의 모든 부분에 장애인들이 접근할 수 있도록 편의시설이 제공되어야 한다.

② 위생시설: 관련 시설의 위생시설에는 장애인을 위한 적절한 편의시설을 설치해야 한다.

③ 관람석: 관련 시설의 의자는 장애인들에게 적합하도록 만들어져야 한다. 여기서 관련 시설이란, 첫째, 사무실, 가게건물로 사용되는 층 또는 모든 층의 모든 부분 또는 중요한 입구가 있는 층, 둘째, 공장, 학교, 모든 교육시설로 사용되는 모든 층의 모든 부분, 셋째, 모든 공공건물을 말한다. 장애인이란, 첫째, 신체적인 손상

을 가진 사람으로 걷는 능력이 제한되는 사람과, 둘째, 이동하기
위해서 휠체어 사용이 필요한 사람을 의미한다.

영국의 장애인의 접근성과 권리에 관한 관련법규 및 규정들을 연도
별로 간단하게 살펴보면 다음과 같다.

(1) 만성질환자와 장애인법the Chronically Sick and Disabled Persons Act

1970년 제정된 법으로 동법 제4장에 따르면, 모든 건물 또는 공공건
물을 설계할 때 건축주는 건물 내외, 주차시설과 공중화장실 등 모든 곳
에 접근할 수 있도록 해야 하며, 그것은 가능한 한 실제적이고 합리적으
로 설계해야 한다. 제6장에서는 숙박시설, 음식점 또는 오락시설 등의
장소에도 비슷한 것을 요구하고 있다. 그리고 제8장에서는 대학과 학교
건물에서의 접근성과 시설에 관해서 명시하고 있다.

(2) 장애인법the Disabled Persons Act

1980년 제정된 법으로 이것은 1971년의 "Town and Country
Planning Act"에 명시되었던 부분이다. 29a항에는 건축자들이 1970년
법의 관련 설비와 1979년의 BS5810을 실천할 수 있도록 1970년의
CSDP법의 4장에서 명시하고 있는 모든 개발계획의 허용 승인에 관한
지방정부의 의무에 대해 명시하고 있다. 29b항은 교육건물에도 유사한
시설을 만들도록 명시하고 있다. 법의 제6장에서는 1970년의 법에서 가
능한 한 실제적이고 합리적인 편의시설provision in practicable and reasonable

이라는 용어를 적절한 편의시설^{appropriate provision}이라는 용어로 바꾸었다.

(3) 건축규정^{the Building Regulations}: Part M: 장애인 접근성

이 규정은 1987년 12월 14일에 효력을 발휘한 것으로 1985년 건축규정의 "Schedule 2"를 개정한 것이다. Part M은 사무실, 상점과 주요 공장건물, 주요 시설과 일반 대중이 이용하는 건물 등에 장애인을 위한 접근성과 편익시설을 갖추도록 요구하고 있다. 단, 이것은 새로운 건물에만 적용된다. 이 공인된 문서는 램프, 계단, 핸드레일, 출입문, 로비, 리프트, 호텔침실, 위생시설, 관람석 설계를 위한 기술적인 지침을 제시해준다. 이것은 1979년의 BS 5810에 광범위하게 기초를 두고 있다.

(4) 장애인차별금지법^{the Disability Discrimination Act}

1995년 제정된 법으로 이 법은 구직 신청 시, 장애인이 차별을 받지 않도록 장애인의 권리를 보장하기 위해서, 그리고 고용주가 신체적인 장벽을 제거하기 위해서 단계적인 계획을 실행하지 않아 이 권리가 침해받거나 또는 장애인들이 고용이 가능하도록 한 그들의 실천을 감독하기 위해 정부가 제안한 법이다.

이 법은 또한 처음으로 철도, 시설과 서비스에 접근할 수 있는 권리를 보장하고 있으며, 그것은 서비스제공자들에게 합리적인 한에서 그들의 정책, 절차와 실행을 채택하고, 신체적 장벽과 의사소통의 장벽을 제거하는 것을 요구한다. 그러나 이 법은 권한이 없는 독립적인 자문조직인 장애인자문조직을 위한, 장애인위원회를 구성하는 것은 실패하였다. 이것은 1995년의 법에서 이루어질 것 같다.

지금까지 살펴본 중에서 가장 중요한 법령은 1991년의 건축규정인 Part M인데, 이것은 건축가나 건축설계사들이 새로운 건물이나 중요한 건물을 개조할 때 그들의 원래의 설계에 장애인을 위한 접근성을 포함시키는 것을 요구하고 있다. 실제로 건축통제와 계획부는 또한 기존의 건물에도 Part M에 준하는 개발을 촉구하고 있으나 실천은 조금 낮다.

이 외에도 영국은 만성질환자와 장애인법 제3장에서 지방당국은 만성질환자나 장애인의 편의시설이 갖추어진 주거의 공급을 고려해야 할 책임이 있음을 명시하고 있다. 지방당국은 장애인들이 이러한 욕구가 있을 때 휠체어 사용자(모든 장애인들의 완전한 접근을 보장해 주는 특별하게 설계된 주거)와 이동장애를 갖고 있는 사람(일반주택을 장애인이 살 수 있도록 또는 장애인이 방문할 수 있도록 편의시설을 갖춘 주거)들에게 현재의 주택을 개조해 주거나 보호 · 감독 보조sheltered or warden-assisted 주택을 공급해 주어야 한다.

1974년과 1980년의 주택법에서 장애거주자의 욕구를 충족시키기 위해서 주택개조비를 신청할 수 있는 대상은 거주자의 연령이나 지원비율 등과 상관없다. 주택개조 지원시스템에서 우선적인 지원은 장애인을 위한 주택개조의 범위를 확대해 왔다.

정신적 · 신체적 장애 때문에 어려운 사람들은 1977년의 주택법에 의해서 주거를 보장해 주어야만 하는 집이 없는 사람들의 범주에서 우선적인 서비스의 대상이 된다.

장애인을 위한 주택설계에 관한 설계서와 수반되는 일련의 정보가 1981년에 정부에 의해서 만들어졌으며, 장애인이 이용할 수 있는 주택의 조건들을 광고하는 지방정부나 민간단체에 배부되었다.

장애인을 위한 주택개조협회는 잉글랜드와 웨일즈 지방정부의 실천을 감시하고 그들이 제공하는 서비스의 향상을 위한 의견을 제시하였다. 정신지체와 정신장애인을 위한 주택공급은 지방정부, 주택공급연합회, 민간단체에 의해서 공급되는 주택의 수량과 유형에 대한 계획을 가지고 있으며, 그리고 또한 어떻게 서로 다른 유형의 편의시설을 조직화하고 관리하고 사용할 것인가를 검토한다.

2) 교통

영국 정부는 이동장애인의 독립적인 생활과 사회참여 기회 제공의 중요성을 충분히 인식하고 있으며 이를 위해 대중교통과 사적인 교통수단의 두 가지 면에서 이들의 욕구를 충족시키기 위한 다양한 제도를 도입하고 있다.

1968년 교통법에서는 모든 주나 지방의 위원회에 장애인을 위한 양도버스 요금을 제공토록 했으며, 대부분의 지방정부가 이를 실시하고 있다. 이와 유사한 내용이 1984년 런던 교통법에도 포함되어 있다. 이 법에는 런던 교통당국에 장애인과 노인의 교통욕구를 충족시켜 줄 특별한 의무에 대해 명시하고 있으며, 그 외에도 차량을 운행하는 장애인 또는 승객으로서 여행하는 장애인을 원조하기 위해서 1970년의 만성질환자와 장애인법에 의해 실시하고 있는 오렌지 배지 계획을 도입하고 있다. 1981년 자동차(운전면허증)법에서는 장애인의 고용촉진을 위해서 이동수당을 받는 장애인에 관한 규정에 16세도 차를 운전할 수 있는 일시적인 자동차운전면허증을 주는 것을 포함하고 있다.

이러한 법적인 조치들 이외에도 교통부는 장애인을 위한 교통시설과 도시환경을 개선하기 위한 다양한 연구와 개발을 위한 프로그램을 가지고 있다. 정부에서 제공하는 각종 교통지원시책은 다음과 같다.[7]

(1) 콜서비스easy go, local line

일반버스를 이용하기에 어려운 사람들을 위한 교통서비스로서 대상은 일반버스를 이용하는 것이 불가능하거나 어려운 모든 사람이다. 혼자서 이용이 어려워 타인의 도움이 필요한 장애인의 경우에는 친구, 친척, 기타 동반자도 지원의 대상에 포함된다.

지원내용은 쇼핑, 친구나 친척 방문, 직장이나 교회에 갈 때, 병문안 갈 때, 지역의 레크리에이션 시설을 이용할 때에 차량이 집 앞까지 와 주고 목적지까지 데려다 주며, 또한 집으로 돌아갈 때는 전화로 부르면 된다.

이러한 서비스를 제공할 수 있는 차량은 램프시설이 되어 있어 휠체어 이용자도 타고 내리기에 편리한 시설이 갖추어져 있는 미니버스, 개조차량이어야 한다. 이용시간은 오전 8시부터 오후 10시까지이고 연중무휴로 제공되며, 2주일 전에 미리 전화로 신청을 해야만 이용할 수 있다.

---

7 http:/www.globalnet.co.uk~pmatthews · DisabilityNet · motoring · mototing.html.
http:/www.globalnet.co.uk~pmatthews · DisabilityNet · transport · transport.html.

(2) 택시카드

이 서비스는 1985년의 교통법을 근거로 1996년 5월 17일 교통성이 발표한 시책으로 대중교통을 이용할 수 없는 사람들이 저렴한 요금으로 택시를 이용할 수 있도록 지원하는 서비스이다. 또한 이 서비스는 이용자 본인에 대한 지원뿐만 아니라 지방정부가 이 서비스를 실시할 수 있도록 지방정부에 대한 지원도 이루어지고 있다.

지방정부는 이 서비스에 대한 계획을 수립할 경우에 택시운전자들에 대한 장애에 대한 올바른 인식을 제고할 수 있는 훈련이나, 요금체계 및 통제에 대한 관리, 예약시스템 확립과 수행기준 설정, 관리카드와 회원카드 등을 사전에 반드시 고려해야만 한다.

(3) 열차서비스

이 서비스는 1996년 4월 22일에 교통성이 발표하여 실시하고 있는 시책으로 대규모 열차를 운영하는 회사는 휠체어 이용자들이 완전히 접근할 수 있는 기차를 가지고 있어야 하며, 이미 장애인의 대중교통의 접근성을 확보하고 있더라도 계속해서 접근 가능한 교통체계를 확립하기 위해서 노력해야 한다고 지시하고 있다.

(4) 교통비원조

대중교통을 이용할 수 없으며 직업이 있는 장애인에게 교통비를 지원해 주는 시책으로 직업센터나 고용사무소에 있는 장애인고용위원회를 통해서 신청하면 된다. 이 시책의 수혜자는 장애생계수당 내에 포함되어 있는 이동지원 비용은 받지 못한다.

(5) 여행할인권

일반버스를 이용할 수 없는 사람으로 일반버스를 이용할 수 없다는 증명서가 있거나 장애생계수당, 중증장애수당, 이동수당, 24시간 개호수당, 전쟁군인연금자의 이동지원 수혜자와 시각장애인 또는 이러한 수당 중 어떠한 급여도 받지 않는 사람으로서 400m 이상을 걸을 수 없으며, 300mm 이상을 발로 올라갈 수 없다는 의사의 확인서를 받은 사람에게 제공되는 서비스이다.

지원 내용은 택시요금을 지불할 때 상품권으로 지불할 수 있도록 카드와 같은 상품권을 제공해 주거나 비용의 30%를 감면해 주는 여행할인권을 제공한다.

(6) 장애인과 시각장애인을 위한 주차 확보orange badge scheme

1995년 11월 21일에 교통성이 발표한 시책으로 걷는 데 심한 어려움이 있는 장애인과 등록된 시각장애인, 그리고 양상지장애 또는 핸들에 보조손잡이가 있어도 손으로 핸들을 돌릴 수 없는 차량을 운전하는 중증장애인을 위한 서비스이다. 이들에게는 오렌지색으로 되어 있는 증명서를 발급해 주는데, 증명서photographs, 일명 오렌지 배지orange badge는 개인신분증명서personal passport-type document 형태로 만들어졌으며, 개인사진이 붙여져 있다. 단 영구적·장기적으로 장애를 가진다는 것은 걸을 수 없거나 또는 걷는 데 아주 심한 어려움을 갖고 있는 것을 의미하며, 자격 여부를 결정하기 위해서 지방정부는 의사를 대상으로 일련의 조사를 해야만 한다.

또한 심리장애가 있는 사람은 그들의 장애가 걷는 데 매우 심각한 어려움을 유발하는 원인이 됨에도 불구하고 정상적으로는 자격이 주어질 수 없고(단 2세 이하의 아동은 정상적으로 스스로 걸을 수 없기 때문에 배지 발급의 자격이 되지 않음), 이동수당을 받는 자, 장애생계수당에서 이동 부분의 상급의 혜택을 받는 자, 정부가 공급한 차량을 이용하는 자, 본인소유의 차량에 대한 보조금을 받은 자, 전쟁군인연금에서 이동보조금을 받는 자는 제외된다.

이 배지는 자가운전장애인 본인 또는 장애인이 사용하는 차량, 그리고 장애인단체에 발급이 되며, 3년 동안 유효하므로 3년마다 재평가를 통해 재발급 받아야 한다. 또한 발급기관이 더 이상 필요지 않다고 평가하면 반납을 해야 하고, 남에게 양도할 수 없다. 이 서비스의 혜택을 받기 위해서는 배지를 차량 외부에서 볼 수 있도록 차량의 계기판 패널 위에 놓도록 하고 있다.

지원내용을 보면, 배지를 소유한 사람은 그들의 목적지에 가장 가까운 곳에 주차할 수 있다. 단, 도로상에 주차를 하려면 정부에서 발급한 주차면허증이 있어야 한다.

배지를 소유한 사람은 시간제한이 있는 곳에도 시간제한 없이 주차할 수 있으며, 일차선이나 이차선에 3시간까지 주차할 수 있다(잉글랜드와 웨일즈). 잉글랜드나 웨일즈의 경우는 특별주차증이 있어야 한다. 도로의 중앙에 두 줄의 흰색 줄이 있는 곳, 버스전용 운영시간 동안의 버스차선, 자전거 전용 운영시간 동안의 자전거 차선, 모든 주정차금지구역

(비상대피로), 횡단보도 등은 주차금지구역으로 설정되어 있다.

오렌지 배지를 잘못 사용하거나 다른 사람에게 양도한 경우에는 회수되며, 만일 일반인이 이 배지를 사용하면 999파운드까지 벌금을 부과할 수 있고 또한 표지를 정당하게 발급받지 않고 사용할 경우에는 최고 999파운드의 벌금을 부과받는다.

이 시책은 런던, 웨스트민스터, 켄싱톤, 첼시와 같은 주차문제가 심각한 4개 지역만을 제외하고 영국, 스코틀랜드, 웨일즈 전 지역에서 적용된다. 위의 4개 지역은 자체면허제도를 가지고 독립적으로 관리한다.

이 서비스는 잉글랜드와 웨일즈는 거주하는 주, 시의 사회서비스국 Social Service Department 또는 "London Borough Council"에서 그리고 스코틀랜드는 거주지역의 주지사 또는 "Island Council"에서 이 서비스에 대한 신청을 받는다.

3) 정보통신 및 기타 지원서비스

영국은 BBC가 1979년부터 시팩스^{Ceefax}를 이용하여 자막방송을 처음 시작하였고, 1981년에는 1TV가 오라클^{Oracle}방식으로 실시하였다. 1990년 방송법에 의해 청각장애인을 위해서 1TV(영국에서 가장 유명한 지상파방송)와 채널 4의 모든 프로그램의 50%는 자막처리를 해야 한다는 규정을 삽입하였다. 공영방송인 BBC도 또한 자막서비스를 제공하도록 하고 있다. 또한 장애인들의 통신과 정보의 접근에 보장하기 위해 기기의 개발과 서비스에 노력하고 있으며, 기타 사회적 서비스 및 문화 여가활동과 관련된 지원은 다음과 같다.

① 사회적 서비스

지방정부의 사회서비스부는 신체장애인이나 정신지체인이 그들의 집에서 가능한 한 독립적으로 살 수 있도록 고안된 다양한 서비스를 제공하고 있으며, 더욱더 많은 보호를 요구하는 장애인들을 위한 시설보호서비스를 제공한다. 1970년에 제정된 만성질환자와 장애인법에서는 지방정부의 사회서비스부가 지역 내의 장애인과 만성질환자(시각, 청각, 영구적인 신체장애, 정신장애)의 욕구와 수에 관해서 알아야 하고, 장애인들이 필요로 하는 모든 실제적인 지원을 관리해야 하며, 장애인들에게 이용 가능한 서비스 정보를 제공할 의무가 있다고 명시하고 있다.

재택서비스에는 장애를 야기시킨 원인에 대해 장애인이나 가족에게 조언을 해주는 작업치료사, 사회사업가, 가사 일을 도와주는 사람, 그리고 스스로 음식을 준비할 수 없는 사람들을 위해서 따뜻한 중식을 제공하는 휠체어식사^{meals-on-wheels} 서비스 등이 포함된다.

이들 서비스는 무료가정간호와 가정양육에 의해 보충되며, 국민보건서비스에 의해 제공되는 위생방문원의 방문 등에 의해서 보충된다. 정부는 휠체어 사용자를 위한 램프, 넓은 출입구, 1층 욕실, 승강기, 특수 스위치, 꼭지와 손잡이 등으로 장애인의 집을 개조하거나 필요로 하는 시설에 전화나 TV를 설치해 주기도 한다.

장애인의 사회재활과 적응을 원조해 주기 위해서 정부는 직업, 사회, 교육, 레크리에이션 활동 등을 제공하는 주간센터를 운영하고 있고, 특별 휴일을 정하였다. 성인을 훈련하는 센터에서는 상급 교육과 사회서비스 그리고 경쟁고용 또는 보호고용이 불가능한 정신지체인에게 작업훈련 등을 제공하고, 대중교통 이용이 가능한 장애인에게는 무료로 또는 교통비를 지원하여 전 지역을 여행할 수 있도록 하고 있다.

최근에는 장애인 가족의 욕구에 대처하고, 주간센터에서의 보호 또는 단기간 일시보호와 같은 장애인을 위한 서비스를 조직화하고, 장애인 보호자를 최대한 도와주고 지원하는 것 등에 관한 필요성이 점차 늘고 있다. 일부 지방에서는 독립생활을 원하는 중증장애인들을 지원하기 위해서 서비스의 내용이나 조직을 시범적으로 운영하기도 한다.

이러한 많은 서비스에 대해서 지방정부는 자원봉사자와 장애인 단체, 장애인을 위한 단체들과 더욱더 긴밀하게 작업하고 있다. 조직들은 지방정부로부터 지원금을 받고 있고, 일부 조직들은 지방정부로부터 특별한 서비스의 제공을 위탁받아 운영하기도 한다. 정부는 법인조직과 자발적인 분야 간에 그와 같은 협력관계를 증진시키고자 노력하며, 지방정부로 하여금 지방장애인집단과 함께 계획하고 일을 하는 것을 도모하고 있다. 중앙정부부처도 이와 유사하게 장애인을 위한 자원단체, 그리고 장애인조직과 함께 협력하여 일을 한다. 보호, 정보 제공과 상담, 자조조직의 장려, 고용기획의 증진 등의 분야에 있는 자원조직의 일을 지원하는 것을 특히 강조하고 있다.

영국이나 웨일즈의 보건당국은 또한 지방정부와 자원조직이 장애인을 위한 지역사회서비스 개발에 대한 재정적인 지원을 해줄 권한을 가지고 있다.

정부는 1973년 설립된 가족재단을 통해서 중증장애아동을 보호하고 있는 가족에 대한 지원을 하고, 집에서 중증장애아동을 보호하는 특별한 문제와 관련된 필수적인 비용을 지원해 준다.

② 문화활동

정부투자기관인 "Arts Council Grant"는 특별한 욕구를 가진 사람들과 함께 여러 가지 활동을 하는 것을 도와준다. 특히 청각장애인을 위한 영화예술위원회는 장애인 고용 촉진을 위한 규정을 만들어 모든 회원들에게 장애인고용을 권장하고 있다. 현행 법은 영화관이나 미술관에 장애인을 채용하도록 규정되어 있다. 정부지원을 받은 시설들은 영화관에 장애인들이 영화관을 이용할 수 있는 시설을 제공하고 접근할 수 있도록 해야 하는 문제에 부담을 느끼고 있으며, 현재의 건물이나 예산의 범위 내에서 개조를 한다. 카네기재단의 지원을 받는 위원회의 최근 보고서에 의하면, 장애인을 위한 광범위한 규정을 적용할 것을 권고하고 있고, 카네기재단은 장애인에 관한 작품제작을 후원하고 있다.

공공도서관에서는 장애인 독자의 특별한 욕구를 인식하면서, 사회서비스부나 자원봉사 부문과 밀접한 관련을 맺고 일하고 있다. 모든 도서관에서는 도서관 방문이 어려운 장애인들을 위해서 가정방문 도서서비스를 제공해 주고 있으며, 일부 도서관에서는 장애인들이 집에서 서비스를 받거나 또는 계획된 이동도서관 서비스를 이용할 수 있도록 특수차량을 구매하여 운영한다. 또한 일부 도서관에서는 시각장애인들을 위해 커츠웨일 대독기Kurtzweil reading machine와 같은 특수컴퓨터장비를 설치하고 있으며, 정보 등을 제공해 주기도 한다(WHO Regional office for Europe, 1990, pp.334-335).

③ 여가 및 스포츠

중앙정부는 전국스포츠위원회와 지역스포츠위원회를 통해 장애인을 포함한 모든 사람들을 위해 스포츠나 레크리에이션 활동을 지원한다. 정부와 위원회 모두는 장애인이 적극적인 레크리에이션 활동을 할 수 있는 기회를 증진시켜 주고, 보다 더 건강한 신체를 유지하도록 하는 데 관심을 가지고 있다. 정부는 위원회에 이러한 목적과 목표를 달성하는 데 도움을 주기 위해 매년 비용을 지원하고 있다.

스포츠위원회는 지방정부의 여러 조직들이 장애인에게 기존의 시설과 새로운 시설에 접근성을 제공하도록 권장하며, 경제적인 지원을 통해 장애인들이 스포츠활동이나 여가활동의 코치를 지원해 준다. 위원회는 장애인을 위한 시설의 조건, 그리고 장애인이 이용할 수 있는 스포츠와 레크리에이션 시설 등에 관한 유용한 정보지를 출판한다.

위원회는 영국장애인스포츠협의회BSAD: British Sports Association for the Disabled와 밀접한 관계가 있으며, 지역조직을 통해서 적극적인 참여와 경쟁을 촉진하기 위해 전국적으로 관련 단체들을 개발하고 조정하고 있다. 스포츠위원회의 재정은 일을 관리하고 개발하는 것이 가능하며 전국적인 팀위원회의 참여와 훈련이 가능하다. 정신지체인을 위한 대영제국스포츠위원회The United Kingdom Sports Association for People with Mental Handicap와 BSAD의 멤버들은 환경부로부터 행정적인 비용에 대한 경제적인 지원금을 받는다.

국제장애인스포츠위원회와 BSAD가 협력하여 장애인의 스포츠에 대한 일반 대중의 인식을 개선하고, 참여를 증진시키고, 일반인들과의 통합을 도와주고, 장애인들이 스포츠나 레크리에이션 기관에 보다 더 관심을 갖게 하기 위해 영연방캠페인을 벌였다.

1981년의 "Wildlife and Countryside Act"는 전국감독위원회가 새로 신축하는 공공건물에 장애인의 접근성 문제를 고려하여 기부금을 줄 것을 명시하고 있다. 이 법은 또한 지방위원회가 지방에서 장애인들을 위한 권리를 증진시키기 위해 수행한 활동에 대한 연간보고서를 제출할 것을 명시하고 있다. 위원회는 장애인을 위한 지방의 레크리에이션 시

508

장애학_통합재활적 접근

설 등에 관한 정보책자를 출간한다.

정부의 도시계획은 시내와 도시지역에 있는 장애인을 돕기 위해 고안된 광범위한 범위의 혁신적인 활동을 지원한다. 이 계획을 통해 예산 지원을 받은 많은 사업들이 스포츠와 레크리에이션을 위한 기회를 제공하는 것과 함께 지역에, 특히 장애인과 같은 불리한 조건을 가진 집단에 제공하는 것에 관심을 갖는다. 1979년 이후, 장애인을 위한 프로그램의 지원 수준이 전체 프로그램의 비율면에서 그리고 순수한 사업면에서도 점차 증가하고 있다.

14

호주

호주의 정부구조는 연방정부commonwealth government, 주정부state government, 지방정부local government로 구성되어 있어 각각의 정부 수준에서 다른 차원의 사회복지서비스를 제공하게 된다.

연방정부는 노인연금, 실업자 보험, 아동양육비, 질병보험, 장애인연금 등의 직접적인 현금급부와 시설운영을 위한 재정적 지원을 담당하며, 주 정부 등의 산하조직에 재정적 지원을 함으로써 서비스 전달을 이양시키고 있다.

주정부는 병원, 교육 및 서비스, 시설을 제공·운영하고, 지방정부는 실질적인 복지서비스를 제공하며, 사회복지요원도 연방, 주, 지방정부의 차원에서 전담 서비스의 내용에 따라서 고용하고 있다.

그밖에도 비정부조직non-government organizations에서는 수용, 지원, 재활서비스를, 사기업private enterprise에서는 수용, 지원, 보장구 등의 서비스를 제공하고 있다.

1. 장애범주 및 장애조사

1) 장애의 정의 및 범주

호주의 장애에 대한 정의 및 분류는 세계보건기구^{WHO}의 손상^{impari-}

ment, 활동^{activity}, 참여^{participate}의 제한 등에 기초하고 있다. 호주에서는

장애인^{persons with disabilities}을 한 가지 혹은 그 이상의 손상이 6개월 이상

지속될 경우에 지칭하며, 사회적 불리자^{a handicapped person}는 5세 이상인

경우 신변자립, 이동, 의사소통, 학교교육, 고용 중 한 개 이상의 영역에

서 제한을 받는 사람으로 정의된다. 그리고 법률에 명시된 장애인에 대

한 정의 및 범위를 살펴보면 다음과 같다.

첫째, 장애인서비스법^{Disability Service Act}(1986)에서는 장애인을 지능,

정신, 감각, 신체적 손상 등으로 의사소통, 학습, 이동 등에 지장이 있는

자로 정의하고 있다.

둘째, 장애인차별금지법^{Disability Discrimination Act}(1992)에서는 장애를

가능한 한 광범위하게 규정하여 신체적, 지적, 심리적, 정신적, 감각적,

신경적 장애와 추형, 기형 및 질병을 야기하는 유기체의 존재(예: HIV 바

이러스) 등을 모두 포함하며, 현재뿐만 아니라 과거에 존재한 사실이 있

거나 혹은 미래에 존재할 가능성이 있거나 가진 것으로 인지되는 장애

도 포함하고 있다. 세부적으로 법에 명시된 범위를 살펴보면 다음과

같다.

- 신체적, 정신적 기능을 부분적 또는 전체적으로 상실
- 신체 부분을 부분적 또는 전체적으로 상실

- 질병을 유발시키거나 유발시킬 가능성이 있는 유기체의 존재
- 신체의 역기능, 추형, 기형
- 학습장애를 유발하는 장애나 역기능
- 사고과정, 실체에 대한 인지, 감정, 판단 등에 영향을 미치거나 행동장애를 유발하는 장애나 질병

(1) 장애인구 조사 현황

호주에서 장애인 재활계에 중요한 변화를 가져온 것 중의 하나는 1981년에 호주 통계국Australian Bureau of Statistics에 의해 전국적으로 실시된 "1981년 장애인구 조사survey of handicapped persons"이다. '세계 장애인의 해'로 인한 인식과 참여의 분위기 속에서 이루어진 이 조사는 장애인들의 실제 욕구를 파악할 수 있도록 했다는 점에서 중요하다.

1981년 조사에 이어 실시된 "1988년 장애인 및 노인 인구조사survey of disabled and aged persons"는 장애인과 노인의 보호 욕구를 강조하였으며, 특히 장애인은 물론 이들의 보호자에 대한 인터뷰도 함께 수행되었다.

1998년에 실시된 "장애인과 노인에 대한 인구조사survey of disability & aged persons"는 현재 호주의 장애인 복지분야의 기초자료로 활용되고 있다.

(2) 장애인 수(장애출현율)

호주의 총 인구는 2012년 기준 22,875,200명으로 나타났고 비장애인은 18,639,200명(81.5%), 장애인은 4,234,200명(18.5%)으로 나타났

표 14-1 | 장애인 수

구분	인원(명)	전체 비율(%)
장애인	4,234,200	18.5
비장애인	18,639,200	81.5
계	22,875,200	100

표 14-2 | 장애 정도별 현황(출현율)

구분		인원(명)	비율(%)
활동제한	극심한 활동제한	736,800	3.2
	심한 활동제한	654,700	2.9
	보통의 활동제한	641,300	2.8
	약한 활동제한	1,379,800	6.0
학습 혹은 직업 제한		312,500	1.4
특정 영역의 제한		3,722,800	16.3
특별한 제한없음		511,100	2.2
등록 장애인		4,234,200	18.5

※ 자료: Australia(2012), Disability, Aging and Careers.

다. 장애인구는 1981년에 처음 조사가 실시된 이후로 꾸준하게 그 수가 증가하고 있는 실정인데, 2012년 기준 장애인구는 전체인구의 18.5%에 이르고 있다. 2012년 호주의 장애출현율은 17.4%로 2003년 19.8%, 2009년 17.7%로 나타났으며, 2003년 이후 지속적으로 감소하는 추세를 보이고 있다.

장애 정도에 따른 장애인 현황을 살펴보면([표 14-2] 참조), 전체 장애

표 14-3 | 장애 출현 배경

배경	비율(%)
특별한 사유 없이	22.0
사고	15.1
질병 또는 유전	14.5
근무 중 또는 과로	11.8
노령	6.3
선천적	6.3
스트레스	2.4

※ 출처: Australia(2009), FaHCSIA analysis of Disability, Ageing and Careers Basic Confidentialities Unit Record File.

인 4,234,200명 중 특정 영역의 제한을 받는 장애인이 3,722,800명 (16.3%), 특별한 제한이 없는 장애인이 511,100명(2.2%)으로 나타났다.

학습 혹은 직업에서 제한을 가진 장애인은 312,500명(1.4%)이고, 활동제한을 가진 장애인 중 극심한 활동제한 장애인은 736,800명(3.2%), 심한 활동 제한 장애인 654,700명(2.9%), 보통의 활동 제한 장애인 641,300명(2.8%), 약한 활동 제한 장애인 1,379,800명(6.0%)으로 조사되었다.

장애를 가지게 된 주요 배경에 대하여는 특별한 사유 없이 장애를 가지게 된 배경이 전체의 22.0% 가장 높았다. 다음으로 사고를 통해서 장애를 가지게 된 배경이 전체의 15.1%로 나타났으며, 질병(14.5%), 업무로 인한 장애(11.8%), 나이로 인한 장애(6.3%), 선천적 장애(6.3%), 스트레스로 인한 장애(2.3%) 순으로 나타났다.

2. 의료 및 소득보장정책

1) 의료보장

호주의 의료서비스medical service는 사회보장의 원리에 의한 공공부조의 일환으로서의 무료 의료제도와 보험제의 혼합 또는 절충식이라 할 수 있다.

즉, 전 국민이 메디케어medicare라는 의료회원증을 받음으로써 기본적인 각종 의료혜택은 보장이 된다. 즉, 95%의 의료요구는 보장이 되나, 개인과 가정의 의료요구, 의사, 병원, 병동, 치과 등의 선택에 있어서 최상의 선택을 필요로 하거나 국가의료가 보장하지 않는 15%의 무보험상태risk를 커버하기 원한다면 보험에 가입할 수 있다.

따라서 호주의 보험제도 또는 의료제도는 폭넓게 그물과 같이 얽힌 사설 및 공공시설에 의존하고 있는데, 그것은 주로 개인 의료업, 사설 및 공공 종합병원과 사설 및 공공의 보건 재정지원 등이다. 근년에 와서 이 제도는 지역사회 보건소와 점증하고 있는 가정진료 등으로 다양화되고 있다.

공공의료라 함은 호주 시민이라면 누구든지 수입의 일부를 소득세와 마찬가지로 의료보험으로 정부에 납부하도록 되어 있다. 장애인과 장애인의 가족 및 지지자들은 이러한 진단, 권리 및 활용 가능한 서비스와 치료 방안에 대한 충분한 정보에 접근할 수 있도록 하며, 이러한 정보는 장애인에게 접근 가능한 방법들 내에서 제시되도록 하고 있다.

의료 및 준의료 인력은 장애인들에게 의료보호를 제공할 수 있도록 적절하게 훈련되고 준비되도록 하며, 필요한 비용효과적인 치료 방식과 기술에 접근할 수 있도록 한다.

보건 및 의료보호에 대한 책임은 연방정부와 주정부로 나누어진다. 연방정부는 대부분의 지역사회에 기초한 의료 행위의 재정에 책임을 지게 되며, 또한 지역사회 내의 일반개업의들에게 훈련, 전문적 지원 및 책임의 초점을 제공하는 일반개업부서^{division of general practice}에 자금을 제공한다.

연방정부는 병원서비스의 자금지원에 있어서 주정부와 책임을 공유하게 된다. 주정부는 공공병원을 운영한다. 연방정부는 의료 부문에서의 고등교육에 대한 정부의 자금과 정책에 일차적인 책임을 지닌다. 연방정부, 주정부 및 지방정부는 직업 교육과 훈련에 책임을 진다. 「연방정부의 장애 전략─연방 부서 및 기관을 위한 10년 계획안」 권고안은 다음과 같다.

① 일반의료 및 장애인을 위한 기회균등과 관련된 지역 계획 지원들에 대한 개발은 연방정부 부서들과 계획지원 프로그램하에서 격려될 것이며, 장애인의 자문 속에서 개발될 것이다. 평가과정은 주와 연방 소비자 조직 대표들을 포함하게 될 것이다.

② 인간서비스 및 보건국은 장애인들이 병원체계에서 공평하게 기회를 취득할 수 있도록 병원 내에서의 최상의 업무 개발을 계속해서 격려할 것이다. 이것은 질 높은 치료를 받는 데 있어서의 기회균등은 물론, 의료 전문가들과 만나는 데 있어서의 기회균등도 포함한다.

③ 인간서비스 및 보건국과 고용·교육 및 훈련국은 보건의료 실무자들의 훈련을 담당하는 의료 및 기타 학교에서 장애 관련 과정을

517
•

개발하도록 함께 협력하여 격려할 것이다.

④ 1998년 장애인차별금지법 규정 운영단은 관련 단체의 자문하에 장애인의 의료 및 보건을 위한 규정 제정을 고려할 것이다.

(1) 호주의 보건의료 관리운영체계

호주의 보건의료는 연방정부, 주정부와 지방정부로 그 기능과 역할이 구분되어 있다. 연방정부의 보건부는 국가 수준의 보건의료정책을 수립하고 조세 등을 통해 보건의료재정을 마련하여 국민과 주정부에 지원한다. 보건의료정책의 직접적인 수행으로는 민간보험, 약품, 의료서비스를 규제하고 지원한다. 지원사업으로는 주정부의 공공병원 서비스 제공을 지원하여 전국민보험Medicare을 실행하며, 이를 위하여 주정부와 성과에 기반한 재정협약을 체결한다. 기초자치단체 수준의 지방정부에 보조금을 지급하여 지역노인시설의 운영을 지원하고, 특정 공중보건활동과 민간부문을 지원한다. 메디케어 사업을 위하여 연방정부는 MBS Medicare Benefits Scheme와 PBSPharmaceutical Benefits Scheme라는 두 가지 급여목록을 운용하고 있다. MBS는 의료행위 급여목록으로 급여항목, 항목별코드, 수가(가격) 및 항목별 본인부담 정도를 정한 것으로 일반의GP: General Practitioner와 전문의가 제공한 서비스에 대하여 보상하는 기준이다. PBS는 메디케어가 적용되는 약품목록으로 품목명, 품목별코드 및 가격 등이 포함된 것으로 약국에서 제공하는 약품에 대하여 보상하는 기준이다. 민간의료보험Private Health Insurance 가입자에게는 보험료의 30%를 보전Rebate해 준다.

주정부(2개 직할 주 포함)는 연방정부의 보건정책 방향과 지역사회의 요구를 감안한 주 차원의 정책을 수립·시행한다. 주요 사업으로는 공공병원(주로 급성기와 정신)을 운영하여 메디케어 환자에게 무료로 의료서비스를 제공한다. 또한 지역보건 및 공공보건서비스를 제공하고, 지방정부에 건강증진 등 관련 사업 재정을 지원한다. 보건의료자원에 대한 규제 업무를 수행하여 의사 등 의료 관련 인력의 등록과 공공은 물론 민간병원의 허가 등 자원의 양과 질을 관리한다. 지방정부는 560여 개의 기초자치단체로 연방정부와 주 정부의 재정지원을 받아 예방접종, 가정간호 및 유방암 검진 등 1차적인 서비스를 제공하고, 공중보건 관리로 상하수도 및 식품위생 등에 관한 사항을 관리한다. 민간부문은 전체 보건의료비 지출의 3분의 1에 해당하는 규모로 개업의(일반의와 전문의), 민간병원과 민간보험회사가 포함된다. 일반의GPs 의원은 일차의료를 제공하며, 전문의 의원은 일반의의 의뢰를 받아 전문외래와 이차의료를 제공하고, 공공 및 민간병원과 서비스계약을 체결하여 입원진료를 담당한다. 민간병원은 580여 개소로 병상의 30% 정도를 차지하고 있고, 공공병원보다 소규모이며, 응급서비스는 제공하지 않고 선택적 수술elective surgery을 주로 제공한다. 민간보험은 의료보장의 주요 재정의 하나로 엄격하게 규제된다. 주요 규제 사항으로 민간보험자에게는 가입자, 보험료 및 급여의 차별을 금지하고 있다.

(2) 호주의 의료서비스 제공체계

① 일차 의료Primary care

일반의가 게이트 키핑Gate keeping 역할을 수행하며, 대부분의 환자들이 처음 접하는 서비스로 원하는 의사를 본인이 선택 가능하다. 개인은 일반의를 사전에 등록할 필요가 없으며, 필요에 따라 어떤 일반의든지 선택할 수 있다. 일반의는 예방이나 상담 등 주로 일차 의료서비스를 제공하며, 환자는 메디케어 급여를 통해 의료비를 지원받는다. 환자는 일단 일반의에게 진료를 받은 후 전문적인 외래 서비스가 필요하다고 판단되면 일반의가 전문의에게 환자를 의뢰한다.

일반의는 제공한 의료서비스에 대하여 메디케어를 적용하여 보상을 받는다. 그러나 이 경우 가격 규제를 받지 않으며 대부분 메디케어에 전액을 청구하거나Bulk Bill, 일단 환자가 일반의에게 지불한 후에 메디케어에 직접 청구하여 서비스의 수가를 돌려받기도 한다. 전문의가 진료Consultation하는 환자는 일반의로부터 의뢰된 경우에만 메디케어의 적용을 받는다.

대부분의 일반의는 자기사업(자영업)으로 진료를 한다. 여러 명이 함께 클리닉을 운영하는 경우가 많으며, 혼자 운영하는 경우는 아주 드물다. 민간 의료회사에 의해서 일반의가 고용되어 진료하는 경우도 있다.

일반의 외에 지역의료센터Community Health Centre와 전문간호사Practice Nurse도 일차의료를 담당하고 있으며, 메디케어 로컬Medicare Locals이라 불리는 지역사회의 일차의료 제공조직Primary Healthcare Organisation으로 구조변화가 진행 중이다.

② **일과 후 진료**After-hours care

주 정부가 보험자로서 일반의에게 보조금을 지급하여 일과 후에 진료할 수 있도록 지원한다. 이러한 진료는 의료회사에 의해서 운영되는 경우도 있다.

③ 전문의 진료^{Outpatient specialist care}

의원을 운영하는 전문의^{Specialist}는 일반의로부터 의뢰받은 2차진료를 담당하며, 메디케어는 일반의에 의하여 의뢰된 경우에만 보상한다. 전문의는 주로 동네에 진료실을 두고 있으며, 민간 및 공공병원을 방문하여 외래환자 세션을 운영하거나 병원이나 환자의 요청에 의하여 입원환자를 진료한다. 병원이 요청한 경우는 공공환자로 메디케어 전액을 부담하며, 환자가 요청한 경우는 민간보험을 적용받는 환자이다. 외과의사의 경우도 유사하게 민간 및 공공병원에서 수술 스케줄을 운영한다.

④ 병원 진료

병원 부문에는 주정부 등이 설립·운영하는 공공기관과 민간기관이 있다. 공공병원은 원래 종교 및 자선단체에 의해서 설립되었지만 현재 정부에 의해서 재정지원을 받는 병원을 포함한다. 공공병원은 공공환자(메디케어 적용)들에 대해 무료로 병원 서비스를 제공한다. 공공병원은 호주 연방정부와 주정부(직할 주 포함)에 의해서 공동으로 조성된 기금을 통해 재정을 지원받는다.

공공병원은 민간환자를 통해서도 수입의 일부를 창출하기도 한다. 공공병원에서 봉급을 받는 전문의는 병원에서 일부 민간환자를 치료하고, 그들이 받은 진료비가 병원 수입에 일부 기여하기도 한다. 규모가 큰 도시에 있는 공공병원은 집중치료^{intensive care}, 주요 수술^{major surgery}, 장기이식^{organ transplants}, 신장투석^{renal dialysis}, 전문의 외래환자 진료^{specialist outpatient}같은 복합적이거나 난이도가 높은 병원 서비스를 제공한다.

민간병원은 대기업, 종교 단체와 민간의료보험회사 등에 의해서 영리 또는 비영리로 운영된다. 민간병원의 수입은 주로 민간건강보험을 적용받는 환자로부터 창출된다. 대부분의 응급수술은 공공병원에서 제공되고, 비응급수술 처치의 대부분은 민간기관^{in-patient hospitals, day hospitals, clinics}에서 제공된다. 과거에는 민간병원이 비응급 수술 같은 덜 복잡한 의료서비스를 제공하는 경향이 있었다. 그러나 현재는 복잡하고 높은 수준의 기술을 요하는 의료서비스를 제공하는 민간병원이 증가하고 있다. 전문의나 병원에 의해서 서비스를 제공받은 환자는 추후 관리를 위해 다시 그들의 일반의에게 돌려보내진다.

호주의 공공병원은 총 병원의 57%를 차지하며, 전체 병상의 67%를 담당하고 있다. 퇴원환자 기준으로 약 60% 정도의 환자를 진료한다.

⑤ 약국 서비스

처방약품은 연방정부가 정한 메디케어를 기준으로 보험이 적용된다. 메디케어는 전체 약품의 포괄적^{comprehensive and evolving} 가격을 협상가격^{negotiated fixed price}으로 정한다. 대부분 처방약은 민간 약국에서 공급되며, 환자는 연방정부가 정한 본인부담금^{copayment}을 함께 지불한다.

(3) 호주의 의료보장체계

호주의 의료보장은 메디케어라는 공보험과 민간보험이 동시에 적용되는 이중적 구조로 되어 있다.

① **공보험**^{Medicare}

메디케어는 호주의 모든 국민들에게 공공병원에서 공공의료를 무상으로 제공하고, 부가적인 서비스로 검안서비스, 치과서비스, 심리치료 및 의사들의 서비스 중 일부를 무료로 제공한다. 메디케어에서 진료비 환불(보상)은 물리치료사, 영양사 및 언어치료사 등 보건의료 관련 전문가에 의한 치료의 일부에 적용된다.

가. 적용 대상

메디케어는 1984년 도입된 보편적 의료보장체계이다. 적용 대상자는 호주 시민권자, 영구 비자 소지자와 뉴질랜드 시민권자, 영구비자 신청자이다. 이외에 호주 정부와 상호 의료 협약을 맺은 국가의 방문객도 포함된다.

나. 재원조달

공공부문은 총 의료비의 약 70%로 약 3분의 2는 연방정부, 나머지는 주정부와 지방정부에서 조달한다. 연방정부는 재원조달을 위하여 메디케어 목적세로 과세대상 소득의 1.5%를 부과하고, 일정 수준 이상의 고소득층에게는 추가로 1%를 더 부과한다. 주정부는 연방정부 보조금과 함께 지방세의 3분의 1 정도를 보험재정에 할애한다. 기초자치단체인 지방정부는 연방 및 주정부의 지원을 받아 보건의료사업을 수행한다.

민간부문은 민간의료보험으로 재원을 조달하며, 총 보건의료지출의 7.6% 정도이다. 개인이 가입하는 민간의료보험료의 30%는 리베이트를 통해 호주 정부가 지급한다. 정부는 민간보험의 조기 가입을 유도하기 위하여 가입기간에 따라 정부의 지원금을 차등 지원한다.

의료서비스 이용 시 본인이 부담하는 비용은 전체 의료비 지출의 17% 내외이다. 대부분은 약제급여제도에서 급여되지 않는 의약품, 치과 서비스, 보조 장치와 관련된 의료비용이다.

다. 의료서비스 유형과 지불제도

공공기관인 공공병원에 대해서는 포괄수가제를 적용하며, 공공병원의 민간환자는 메디케어 기준에 따라 진료비의 일부를 보전 받는다. 민간공급자인 민간병원, 일반의 및 전문의는 모두 메디케어를 지불기준의 근간으로 한다.

② 민간의료보험Private health insurance

호주인들은 민간의료보험에 가입할 수 있다. 실제로 인센티브 등으로 민간보험에 가입하는 것이 장려되고 있다. 그러나 민간보험에 반드시 가입할 필요는 없다. 응급일 경우 공공병원에 갈 수 있고, 병원 진료가 필요할 경우 1차의료 의사는 병원으로 의뢰할 것이다.

민간의료보험에 가입한다는 것은 일차의료의사와 병원에서 진료할 전문의를 선택할 수 있고, 민간병원을 갈 수 있고, 공공병원에서 민간보험환자로 치료받을 수 있음을 의미한다.

가. 민간의료보험의 급여Private health insurance rebate

민간보험에 가입을 유도하는 방법 중의 하나는 중앙정부의 보상이다. 이는 정해진 민간보험에 가입할 경우 연간 일정률의 보험료를 정부가 지원함을 의미한다. 이 보험은 병원진료, 부가진료와 응급진료를 급여에 포함한다.

지원의 정도는 연령에 따라 달라진다. 즉, 65세 미만은 30%, 65세에서 69세는 35%, 70세 이상은 40%이다.

소득이 일정 수준 이상일 경우에는 병원서비스(부가)의 일부가 적용되지 않을 수 있고, 메디케어 1.5%의 보험료 외에 1%의 추가보험료를 부담해야 한다.

나. 민간의료보험의 유형Types of private health insurance

민간의료보험은 3가지 유형으로 구분된다. 병원(입원)진료hospital cover, 부가 또는 추가급여ancillary or extras cover 및 복합급여combined cover 가 있다.

민간의료보험은 급여범위와 수준이 매우 다양하다. 민간의료보험 가입자는 보험자의 급여가 적정한지를 점검해야 한다. 보험자는 법에서 정한 표준급여내역을 가입자에게 제공해야 한다. 이 내역은 주요 급여 범위, 대기기간과 급여한도를 포함하고, 다른 민간보험과 비교할 수 있어야 한다.

2) 소득보장

호주의 연금제도는 1909년 노령연금을 처음으로 소개한 후 1940년 대 실업자 급여와 미망인 연금이 생겨날 때까지 별다른 변화가 없었다. 그러나 1970년대 사회적 정의와 정책의 불평등에 대한 행동적인 움직임으로 인해 사회보장과 보건 및 교육에 대한 사회적 프로그램이 확대되게 되었다.

호주의 모든 국민들은 기본적인 생계비용을 충족시킬 수 있는 소득을 보장받을 권리를 가지고 있다. 소득보장 부분은 연방정부의 절대적인 책임 영역으로 사회보장국Department of Social Security에서 기본적으로 소득보장 급여를 책임지고 있으며, 인간 서비스 및 보건국Department of Human Services and Health과 고용, 교육 및 훈련국Department of Employment,

Education and Training, 그리고 원호국^{Department of Veterans' Affairs} 등에서도
장애인을 대상으로 하는 지원 프로그램을 제공하고 있다(Office of Dis-
ability, p. 40).

(1) 노령 연금^{Age Pension: AP}

노령 연금은 퇴직한 사람들에게 제공되는 사회안전망으로, 남자 65세,
여자 62세 이상이면 수급자격을 얻게 된다. 여자의 경우 수급연령을 2년
마다 6개월씩 연장하여 2013년 현재 65세로 노령 연금 대상의 최저 연
령수준이 조정되었다.

2013년 현재, 노령 연금의 지급액은 2주마다 독신일 경우 A$361.40
씩, 기혼일 경우 각각 A$301.60 이다.

(2) 장애 연금^{Disability Support Pension: DSP}

장애 연금은 신체적, 지적, 정신적 장애로 노동력을 상실하여 최소한
일주일에 30시간 이상 일할 수 없는 사람 혹은 적어도 2년 동안 실업상
태에 있는 사람에게 일정 수준의 생활을 보장하기 위하여 지급된다. 수
급 대상자는 남자는 16~65세, 여자는 16~61세 미만까지이다. 시각장애
인은 자동적으로 본 연금의 수급자격을 취득하게 되며, 호주에 거주하
는 동안 발생한 일반장애 및 시각장애에 대해서 거주기간 요건을 필요
로 하지 않지만, 시민권 및 영주권 소지자로서 대개 10년 이상 호주에 거
주해야 자격이 인정된다.

지급액은 2013년 기준으로 노령연금과 같으나 양육할 어린이가 없

는 21세 미만은 조건에 따라 2주당 A$222.00~A$343.00을 받고, 부모의 수입이나 자산은 관계없으며, 청소년장애자 추가금 A$75.60도 받을 수 있는데 21세 이상이 받는 액수보다 많을 수는 없고, 고용 시 A$300, 교육 시 A$200을 진입금으로 받을 수도 있다.

장애인연금은 1991년 재활개혁안의 일부로 도입되어 재활수당, 동기부여수당, 고용보호수당을 대체하였으며, 이는 장애인들로 하여금 노동시장에 참여할 수 있도록 원조하기 위해 고안된 조치이다. 연방정부 사회보장국의 장애인지원 담당자는 장애인지원연금 수급자들을 조정하여 장애검토위원회disability review panels에 소개하며, 이 위원회는 일련의 재활 및 노동시장 프로그램에 대한 개인의 적합성을 평가하고, 클라이언트와 협력하여 활동계획을 개발한다.

(3) 청소년 수당Youth Allowance

청소년 수당은 16~24세의 학생 또는 고용되지 않은 21세 미만으로 종일제Full Time 직업을 구하고 있거나 시간제Part Time 일을 찾으면서 공부를 하거나 또는 승인된 활동을 하고 있는 사람을 대상으로 한다. 지급액은 수혜자 조건에 따라 2주당 A$146.40~A$350.20이며, A$500까지 선지급 가능하다. 또한 조건에 따라 월세지원이 있고, 공부를 위한 비용으로 A$500~A$7,000 대부도 가능하다.

(4) 실업자 수당Newstart Allowance

실업자 수당은 직업이 없는 사람으로 직업을 찾으려고 적극 노력하는 사람에게 제공되는 수당이다. 수급 대상자는 21세 이상 노령연금 미만 나이로 비고용자로 등록되어야 하고, 승인받은 훈련이나 자발적인 지원의 일을 할 경우에 대상이 된다. 거주조건은 호주 영주자로 돈을 받는 기간에 호주에 있어야 하고, 처음 호주에 입국 후 호주에서 104주 이상 거주해야 한다.

수당은 조건에 따라 2주당 A$293.80~A$352.30가 제공되며, 교육 시작 시 A$200 ,고용되었을때 A$100을 지원받을 수 있다.

(5) 질병 수당Sickness Allowance: SA

질병 수당은 21세 이상의 사람에게 지불되는 수당으로, 노령연금 대상자가 아니어야 하며, 질병이나 재해로 일시적으로 일을 할 수 없거나 학업을 계속할 수 없는 사람이 대상이 된다. 따라서 대상자는 다시 복귀하여 일을 하거나 공부할 수 있는 사람이어야 하며, 조건에 따라 2주당 A$293.80~A$352.30를 지원받을 수 있다.

이 외에도 장애인에 의해 부담되는 비용들은 연금 수혜자들에게 주어지는 의약, 대중교통수단, 전화, 요금 등에 대한 매점허가권을 통해 감소되며(Office of Disability, p. 40), 정부공사, 수도, 가스 및 전력담당기관, 의료기관, 지방정부, 그리고 세무서 등에 의한 소득지원도 이루어지고 있다.

3. 교육정책

호주에서 적절한 교육으로의 접근은 장애인과 그 가족들의 일차적인 관심사이다. 연방정부는 모든 호주 국민을 위한 기회를 제공하는 데 교육의 중요성을 인지하고 있으나, 이 영역에 대해서는 단지 제한된 영향력을 가지고 있을 뿐이며, 주정부 및 지방정부가 학교체계를 통해 초, 중등 교육행정의 책임을 지니게 된다. 주보조금(학교보조)법states grants (schools assistance) act(1980)에 의하면, 주정부에서는 국공립 및 사립 특수학교와 일반학교의 장애아동 프로그램을 경제적으로 지원하기 위한 책임을 안게 된다.

1) 일반학교교육

학교교육정책은 교육, 고용, 훈련 및 청소년 각료 이사회ministerial council for education, employment, training and youth affairs를 통해 개발된다. 이 이사회는 「평등한 학교교육을 위한 국가 전략안」을 개발시켜 왔다. 평등한 학교교육을 위한 국가 전략에 대한 연방정부의 공헌은 호주 학교평등제도National Equity Program for Schools로, 장애학생들이 이 프로그램의 주요 대상 집단이 된다.

장애학생을 위한 호주 학교평등제도는 불이익을 받는 학생 집단을 위한 교육 결과를 최대화하고, 본 프로그램의 대상학생이 비대상학생과 같은 정도의 교육결과에 접근할 수 있도록 하며, 모든 대상집단들의 교육적 획득을 수용 가능한 기준으로 끌어올리는 데 목표를 두고 있다.

또한 이 제도는 2001년까지 교육체계를 위한 실천적 목표를 설정하였는데, 장애학생을 위한 교육 기회, 즉 참여율, 접근 가능한 학교, 진로 선택, 교과과정 개선 등을 증진시키기 위한 것이다. 그리고 청각장애인이나 청각 및 시각중복장애인과 같이 특별한 욕구를 가진 장애인의 학교교육 결과를 최대화시키기 위해 특수학교나 특수학급 혹은 통합된 교육장 등 어디에서든지 특수화된 강좌 및 의사소통 형태가 도입될 것이다.

「연방정부의 장애 전략-연방 부서 및 기관을 위한 10년 계획안」에서는 고용·교육 및 훈련국이 장애학생에게 평등한 목표들을 성취하는 학교체계 과정을 진술한 연간 보고서를 호주장애자문위원회에 제공하기 위하여 교육, 고용, 훈련 및 청소년 업무를 위한 각료 이사회의 동의를 구할 것이며, 1997년과 2001년에 「평등한 학교교육을 위한 국가 전략」에 대한 평가에서 장애학생에 관한 호주통계국과 호주보건복지연구소의 업무를 고려할 것을 권고하고 있다. 또한 1998년까지 장애인차별금지법 기준운영단standards working group이 학교교육과 학교체계 감독을 위한 규정들을 개발할 것인지를 고려하게 될 것이며, 운영단은 「평등한 학교교육을 위한 국가 전략」에 대한 1997년의 평가 연구를 참작할 것이다.

2) 고등교육

고등교육을 위한 정부의 재원은 주요한 정책 역할을 담당하는 연방정부에 의해 일차적으로 제공될 것이며, 주정부와 지방정부의 관여가 있을 것이다.

1990년 연방정부는 평등한 고등교육을 위한 국가 계획higher education equity program인 모두를 위한 공평한 기회, 즉 모든 사람이 접근할 수 있는 고등교육을 공포하였다. 이 계획의 목적은 모든 호주국민들이 고등교육에 성공적으로 참여할 수 있는 기회를 가질 수 있도록 보장하는 것으로, 장애인을 포함한 여섯 개의 집단이 대상이 된다. 이 계획에서 연방정부는 고등교육에 있어서 형평성을 가지도록 하는 국가적 진행과정을 감독하며, 고등교육기관들에 의해 추구되는 전략에 관한 정보를 보급하고, 교육형평성에 관한 전략들과 활동들을 개발하고 지원하는 기관들을 원조하기 위한 재원을 지원하는 역할을 담당한다.

1993년 5월, 고용 · 교육 및 훈련부는 평등한 고등교육을 위한 프로그램에 의해 진행된 접근과 형평성에 대한 전략들의 결과의 진행과정에 대한 국가의 요약된 보고서를 출간하였다. 또한 「연방정부의 장애 전략—연방 부서 및 기관을 위한 10년 계획안」의 권고안에 따르면, 1995년과 1997년에 고용 · 교육 및 훈련부는 장애인과 관련된 고등교육부문의 수행에 대해 정부에 보고할 것이며, 고등교육에 대한 장애인들의 접근을 강화시키기 위해 신장된 국가 계획들을 개발하는 데 있어서 호주 통계국과 호주보건복지연구소 등으로부터 얻은 유용한 자료들을 참고할 것이고, 아울러 이들 기관들이 기회평등에 관한 계획들을 개발하고 수행하는 데 있어서도 유용한 자료들을 도울 것이다. 그리고 1996년까지 장애인차별금지법 기준운영단standards working group은 고용 · 교육 및 훈련부와 고등교육기관의 자문하에 고등교육으로의 접근을 위한 규정들을 개발할 것인지를 고려하게 될 것이다.

3) 특수교육

호주의 특수교육은 특수학교나 일반학교 내의 지원학급을 통해 이루어지고 있으며, 퀸즈랜드, 빅토리아와 같은 주에서는 부모들의 자발적인 조직형성을 통해 특수교육을 실시하기도 한다. 정부가 특수교육시설에 필요한 서비스를 제공해 주며 자금을 제공한다.

특수학교는 신체적, 정신적으로 장애가 있거나 손상을 입은 자, 또는 사회적으로 문제가 있는 학생을 대상으로 특별한 교수법을 실시하며, 학습지체가 있거나 감금, 병원에 있는 학생들을 대상으로 특수교육을 실시하고 있다.

뉴사우스웨일스New south Wales를 중심으로 살펴보면, 학교를 다니는 5~19세 사이의 장애인은 학령기 인구의 7%인 80,900명으로 추정되며, 이들 가운데 61,200명은 학업에 제한을 가지고 있는 것으로 보고되었다. 2000년에는 4,565명이 특수학교에, 11,152명이 일반학교의 지원학급에 다니는 것으로 나타났다. 또한 22,998명의 장애학생들은 일반학교에 다니는 것으로 조사되었다. 또한 호주의 특수교육교사는 청각장애 교사, 시각장애 교사, 치료교사, 영재아 교사, 기타 특수교육 전문가로 나누어지며, 이들은 모두 정규 대학에서 자격을 얻어야 하며 학교에 따라서 일정 기간 동안의 경험을 요구하는 곳도 있다.

4. 직업재활정책

1) 고용정책

2013년 현재 경제활동인구, 즉 15~64세의 장애인 2,204,000명 중 1,052,300명이 고용되어 있고, 109,600명이 실업 상태인 것으로 나타났다. 또한 주당 평균 임금은 비장애인의 A$767의 절반 정도인 A$400으로 나타나 호주 장애인의 고용현황의 어려움을 보여 주고 있다. 또한 장애인의 43%가 정부 보조금이나 연금에 의존하고 있는 것으로 나타났다.

호주 정부의 본격적인 노동시장정책은 특수직종, 장애유형에 제한을 두는 특수고용정책이 아니라, 교육부처를 통한 일반고용정책을 활용하고 있다. 따라서 장애인을 위한 노동정책은 없어졌고, 보호작업장 개념은 사라져 과거 모델이 되었다. 또한 영국, 독일 등과 같이 할당고용제와 같은 정책은 채택하지 않고 있다. 호주의 장애인을 위한 직업재활 서비스는 크게 연방정부의 인간서비스 및 보건국의 장애서비스 프로그램 Disability Services Program: DSP, 고용 · 교육 및 훈련국에 의해 재원이 조달되며, 소득지원 프로그램은 앞서 언급한 바와 같이 사회보장국에 의해 제공되고 있다. 직업재활서비스는 대개 비영리 조직체들을 통해 민간부문에서 제공되며, 인간서비스 및 보건국의 일부인 연방정부의 재활서비스 Commonwealth Rehabilitaion Services: CRS와 재활병원을 통해 이루어지기도 한다. 또한 이 CRS를 통해 훈련받은 장애인이 전일제에 고용되는 경우가 64%로 훈련받지 않는 장애인 40%보다 높게 나타났다고 보고되기도 하였다.

장애서비스 프로그램^{DSP}은 726개의 장애인을 위한 직업재활서비스에 재원을 조달하고 있다. 이러한 복잡한 서비스체계는 전형적인 보호고용 형태이다. 법률상의 준거틀은 연방정부의 장애인원조법^{the Com-monwealth Handicapped Persons Assistance Act}(1974)에 의해 영향을 받아 왔다. 동법은 재원을 조달받는 직업서비스들 중 주요한 두 가지 유형을 정의하고 있다. 이 중 하나는 전형적인 보호작업장 형태로, 장애인들이 일반고용을 준비하도록 유급 작업 및 훈련을 제공하는 데 목적을 두고 있고, 두 번째 형태는 "활동치료센터^{Activity Therapy Centre: ATC}"로, 일을 제공할 뿐 아니라 교육 및 훈련, 특히 지역사회생활기술에 있어서 참석자의 욕구를 전하는 것이다.

또한 연방정부의 장애서비스법^{Disability Services Act}(1986)은 새로운 두 가지 고용서비스 모델을 정의하고 있다. 첫 번째는 "경쟁 고용, 훈련 및 배치 서비스^{Competitive Employment, Training and Placement Service: CETPS}"로, 그 목적은 장애인들이 일반고용을 획득하거나 유지하도록 만드는 것이며, 이러한 서비스들은 잘 개발된 프로그램 기술들을 가지고 있다. 두 번째 새로운 서비스 유형은 "지원고용^{supported employment}"으로, 장애인들이 유급고용을 획득하거나 유지하도록 지속적인 지원을 제공하는 것이다. 일반 직업소개소를 모델로 한 이러한 고용서비스 모델들은 장애인만을 대상으로 하고, 직업소개비를 정부에서 받는다. 서비스의 기본 이념은 장애인에게 필요한 직장이 아니라 한 인간에게 필요한 직장을 구해 주는 것으로 이는 장애인에 대한 사회적 역할가치 부여이론^{Social Role Valorisa-tion: SRV}에 기초를 두고 있다.

1992년 공공서비스법^{The Public Service Act}은 장애인을 호주의 공공서

비스 내에서 평등한 고용 기회를 가지는 집단으로 정의하였다. 호주의 공공서비스 기관들은 공공서비스 위원들의 승인을 받기 위해 평등한 고용 기회 프로그램들을 제출하도록 요구받는다. 공공서비스 위원들은 기관들의 프로그램 개발을 지원하고 이행을 감독한다(Office of Disability, pp. 11-12).

1992년 장애차별법the Disability Discrimination Act은 인종, 민족, 성, 장애 그리고 원주민 등을 이유로 차별을 금지하고 있으며, 장애를 이유로 한 차별은 대부분 장애차별법의 적용을 받게 된다. 동 법률은 장애인이 고용, 편의시설, 교육, 접근권, 물품, 서비스, 시설의 제공, 토지양도, 클럽이나 스포츠활동, 연방정부의 행정, 정보욕구 등의 활동에서 장애를 이유로 기회를 제한하거나 불이익이나 손해, 비합법적인 행동으로 차별하는 것을 금지하고 있다. 고용에 있어 차별금지는 다음 세 가지 형태를 제시하고 있다.

첫째, 다음과 같은 부분에서 장애를 이유로 하는 직·간접적인 차별을 금지하고 있다.

① 모집광고, 정보제공, 지원양식, 인터뷰방식, 기타 채용과정과 관련된 채용절차

② 서류심사와 의료검사와 같은 선발과정

③ 임금, 직무묘사, 직업상 보건 및 안전 규정, 장비 및 시설, 작업관련 정보 및 통신, 작업환경, 관리, 산재보험 등과 같은 직무조건

④ 승진, 인사이동, 내·외적 인력개발훈련

⑤ 여가시설 활용과 같은 복지계획

⑥ 해고 혹은 고용종료

⑦ 근로자에 대한 정보유출

그리고 여기서 직접적 차별이란 장애를 이유로 의도적으로 고용상의 불이익을 주거나 다르게 취급하는 행위이며, 간접적인 차별이란 규칙이나 직무요구나 상태, 실제 혹은 기타 상황의 강요나 적응 혹은 유지가 결과적으로 비장애인과 비교하였을 때 불이익의 효과를 가지거나 나타날 때를 의미한다.

둘째, 근로자가 요구하는 적절한 적응reasonable adjustment이 정당하지 않은 어려움unjustifiable hardship에 해당하지 않음에도 제공하지 않을 때 차별로 간주한다.

여기서 적절한 적응이란 작업장에서 장애인 근로자의 기회균등을 보장해 주기 위한 다음과 같은 서비스와 시설을 의미한다.

① 작업 관련 시설이나 작업장의 물리적 시설에 대한 적응
② 현존하는 작업장 장비나 시설에 대한 적응이나 부가적인 장비나 시설제공
③ 작업 관련 통신 혹은 정보제공 수단의 적응
④ 작업방법의 적응
⑤ 작업과정의 적응
⑥ 종업원의 선발, 평가, 테스트를 위한 방법의 적응
⑦ 훈련, 대독, 통역, 기타 작업관련 지원의 적응
⑧ 지원인력이나 장비 활용의 허가 및 촉진

또한 정당하지 않은 어려움이란 고용주에게 합리적이지 못한 배려를 강요하는 것을 의미하며 여기에 대한 판단은 HREOC에서 하는데 동 위원회는 적절한 적응을 통해 발생할 것이라고 예상되는 이익이나 손실의 성격, 장애의 특성, 비용의 평가금액이나 재정상황, 이와 관련된 계획

과 관련된 모든 상황을 고려해서 판단하며 본질적인 직무의 요구사항 변경이나 폐지, 다른 종업원에게 본질적인 임무의 위임, 다른 직무의 형성이나 인사와 같은 사항은 적절한 적응에 해당되지 않는다.

셋째, 장애근로자에 대한 장애를 이유로 한 괴롭힘을 예방하거나 회피하는 고용주의 행위도 차별로 간주한다. 여기서 괴롭힘 행위는 장애인근로자에게 행하는 굴욕적인 언행이나 협박, 고통을 의미한다.

동법률을 위반할 시에는 1차적인 규제는 1986년 인권 및 균등기회 위원회법the Human Rights and Equal Opportunity Commission Act: HREOC에 의해 설립된 대통령 직속의 인권 및 균등고용위원회에서 담당하며, 동 위원회는 인권 및 고용차별에 대한 대중인식개선과 교육, 차별 및 인권 관련 민원해결, 정책 및 법률개정 및 자문 등의 업무를 담당하게 된다.

1999년 12월 호주 연방정부의 가족 및 지역사회 서비스성Department of family and community services과 장애성Office of Disability에서 실시한 "연방정부의 장애 전략-연방 부서 및 기관을 위한 10년 계획안Commonwealth Disability Strategy: A Ten Year Framework for Commonwealth Departments and Agencies" 평가보고서에 따르면, 최소한 각 부서에서는 장애인 고용을 위한 실행 지침을 마련하였고, 이 지침은 실제로 연방정부 내의 장애인 고용률을 증진시키는 데 기여하였으며, 2012년 현재 15~64세 장애인 고용률은 47.7%로 나타나고 있다.

또한 전반적인 호주 공공서비스의 법적, 사적인 준거틀 내에서 각 부서들은 장애인의 기회를 증진시키기 위해 1994년 임시 가정 심사interim home based award에 따라 가정에 기초한 근로 선택권을 포함하여 융통성 있는 근로조건과 신규모집 실시방안을 고려하도록 하고 있다(Office of Disability, pp. 15-16).

2) 직업교육 및 훈련

　　호주에서 직업교육 및 훈련에 대한 헌법상의 책임은 주 정부에서 담당하고 있다. 그러나 국가경제를 위한 직업교육과 훈련의 중요성 때문에 연방정부 또한 중요한 역할을 담당하고 있다. 직업교육 및 훈련에 있어서 국가의 활동은 연방정부와 주정부 간의 협력위원회에 의해 조정되는데, 이 위원회에는 직업교육, 고용 및 훈련을 위한 각료 이사회Ministeri-al Council on Vocational Education, Employment and Training와 국립 훈련원을 위한 각료 이사회Ministerial Council for the National Training Authority가 포함된다.

　　직업훈련은 다양한 제공자들에 의해 이루어지지만, 모두 국립 직업교육훈련시스템National Vocational Educational Training System의 일부분이다. 이 시스템의 목적 중 하나는 장애인을 포함한 불이익 집단을 위한 직업교육과 훈련으로의 접근 및 이로부터의 결과를 증진시키는 것이다.

　　2013년을 기준으로 전체 호주 인구 중 188만 명이 직업교육을 받았는데, 그중 63.4%가 기술전문교육기관 및 기타 공공 교육기관에서 직업교육을 받고 있다는 점을 고려해 보면 이 교육기관의 비중이 얼마나 큰지 짐작할 수 있다. 이들 교육기관의 장점은 다양한 프로그램, 전달 방법의 유연성, 자율적인 학습 경로 설정, 산업계와의 연계에 의한 경험적 직업교육 가능, 저렴한 학비 등을 들 수 있다.

　　연방정부와 주정부의 연합체인 호주국립훈련원the Australian National Training Authority은 1992년 7월에 직업 교육 및 훈련에서 국가의 활동을 조정하기 위해 설립되었다. 이것은 연방, 주, 지방정부를 대표하는 각료 이사회의 지시에 의해 활동하며, 국가 프로그램의 계획, 자원할당 및 행정과 관련하여 특별한 책임을 맡고 있다. 직업 교육 및 훈련을 위한 국가 전략National Strategy for Vocational Education and Training의 하나로 호주국립훈련원은 장애인을 위해 조직화되고 공인된 훈련을 통해 자격증을 얻을 수 있도록 하고 있다.

융통성 있는 전달은 이러한 노력에서 중요한 역할을 담당할 것이다. 전달상에서의 융통성이란 장애인들이 성공적인 훈련을 위한 기회를 최대화하는 데 필수적이며, 이것은 ① 장애인이 훈련프로그램이나 다른 학습 방식들을 통해 얻는 능력을 효과적으로 측정하는 데 사용되는 '합리적인 적응의 원칙들', ② 다른 방식으로 제시되는 정보, ③ 완화된 사정 방식 등을 통해 가능하다.

국립인력개발위원회National Staff Development Committee에 의해 개발된 인력자원개발 계획인 "반응능력─장애인: 직업 교육, 훈련 및 고용 부문에서 인력 훈련Response Ability-People with Disabilities: Skilling Staff in Vocational Education and Training and Employment Sectors"은 제공자들이 장애인의 요구에 반응하는 데 큰 도움이 되고 있다(Office of Disability, pp. 32-35).

뉴사우스웨일스New South Wales의 공립 직업훈련 프로그램traineeship program은 학교 졸업을 앞둔 장애인, 갓 학교를 졸업한 장애인, 아직 직업을 갖지 못한 장애인, 그리고 직업은 있으나 이직할 계획이 있는 장애인을 대상으로 직업훈련을 실시하고 있다. 그리고 이 프로그램에 참여하는 기관으로는 정부기관을 비롯하여, 일반 개인기업체까지 다양하며, 본 프로그램에 참여하는 기관에는 장애인 훈련 수당을 비롯한 각종 지원금이 제공되며, 장애인은 본 프로그램을 통해 영구적으로 고용될 수 있는 혜택을 받게 된다.

5. 편의시설정책

1) 건축

1992년 통과된 호주 정부의 장애인차별금지법^{DDA}은 접근 가능한 환경을 창출하기 위한 법률적인 준거틀의 예라 할 수 있다. 장애인차별금지법은 청원권을 기초로 하고 있다. 즉, 장애인 본인이 차별사항에 대해 청원해야만 법률이 개시될 수 있다. 장애인차별금지법의 목적은 고용, 거주, 교육, 가구와 대지로의 접근, 그리고 상품과 서비스의 제공 등과 관련한 장애의 문제들에 대한 차별을 제거시키는 것이다.

장애인차별금지법을 보완한 규정이 호주접근규정^{Australian Access} ^{Standards}이다. 이 규정에 따르면 지속적이고 접근 가능한 이동경로가 모든 건물들과 시설들 내외부에 활용 가능해야만 한다. 이 규정은 1977년에 처음 제정되었고, 1981년 세계장애인의 해로 인해 접근법이 전국적으로 확산될 수 있도록 더욱더 자극되었다. 이 규정은 몇몇 개혁을 겪어왔고, 현재 호주의 건축규칙(National Building Code of Australia, 1992)에 통합되었다. 모든 새로운 공공건물은 접근 가능해야 하며, 기존의 공공건물은 중요한 교체가 이루어질 때 접근 가능하도록 만들어져야 한다.

호주 정부의 장애인이 접근 가능한 환경 조성은 지방정부의 접근위원회^{access committees}를 통해 촉진되고 있다. 이들은 정부관료, 자문대표, 그리고 장애인 및 노인을 포함한 지역사회의 구성원들로 구성된다.

지원금을 받는 택시 승차, 항공여행, 장거리 철도 서비스, 그리고 도시의 선착장 서비스 등은 더욱 더 접근이 용이하도록 증진되고 있으며, 2000년 시드니 올림픽 개최가 장애물 없는 환경을 위한 모든 활동들을 가속화시키는 데 기여하였다.

개념상으로 접근 가능한 환경에 대해서 두 가지 접근방식이 있는데, 곧 포괄적 접근방식과 개별적 접근방식이다. 포괄적인 접근방식은 전반적으로 접근 가능한 환경을 만드는 데 초점을 두며, 개별적인 접근방식은 장애인을 위한 특정한 범주의 시설들에 대해 제공된다.

장애인차별금지법은 장애인들이 지역사회 내의 다른 사람들처럼 처우될 수 있도록 포괄적인 접근방식을 증진시키게 된다. 장애인차별금지법은 이를 준수하거나 이행하는 데 기한의 제한을 두지 않으며, 장애인에 대한 정부와 대중의 태도를 변화시키려 노력한다. 이것은 개별적 접근방식을 통해 호주에서 이미 제공된 많은 특정한 서비스들과 대조된다.

이 단계에서는 포괄적 접근방식과 개별적 접근방식의 혼합이 가장 적합할 것이다. 호주는 조정된 접근 철학을 위한 개념틀을 만들려고 시도해 왔다. 그러나 많은 국가들이 광범위하게 비용 효과적인 개별적 시스템들을 도입하고 있다. 포괄적인 접근방식을 수행하도록 요구받는 기관, 시설은 많은 국가들에서 실제적으로 혹은 재정적으로 실행 가능하지 않을 수도 있다. 정치적·문화적·사회적, 그리고 경제적 문제들은 각각의 국가에서 접근 및 이동수단과 관련된 정책과 프로그램들을 개발하는 동안 고려되어야 할 것이다.

2) 교통

호주의 많은 주에서는 법률적으로 다양한 형태의 접근 가능한 이동 수단을 이끌어 왔다. 이것은 현재 이동수단망 내에 통합되었다.

주요 철도역은 리프트, 경사로, 점자지도, 신호기, 접근 가능한 전화 등의 설비를 통해 접근 가능하도록 만들어지고 있다. 공적, 사적 버스회 사들은 바닥이 낮은 버스들을 구매하고 있고, 선착장들은 필요한 곳에 승·하선이 가능한 경사로와 승강기를 보유하고 있다.

접근 가능한 이동수단을 제공하는 데에는 기본적으로 두 가지 방식 이 있다. 개별적 접근방식은 접근 가능한 이동수단의 특별한 제공에 의 존한다. 이러한 경우 전체적인 접근 가능한 이동수단망을 만들려는 시 도보다는 오히려 보완적으로 접근 가능한 이동수단이 제공된다. 장애인 과 노인들을 위해 접근 가능한 이동수단을 제공하는 대부분의 집단들과 위원들은 자발적인 모금과 선의에 의존한다. 대체로 이러한 활동을 위 한 정부의 지원은 제한된다.

포괄적 접근방식은 이동수단의 제공자들이 완전히 통합된 접근 가 능한 공공 이동수단망을 수행하도록 한다. 장애인과 노인을 포함한 모 든 사람들에게 합리적이고 실제적인 형태의 이동수단들을 제공하기 위 해서는 포괄적 이동수단과 개별적 이동수단 체계를 혼합시킴으로써 균 형 있고 비용 면에서 효과적으로 반응할 수 있다.

공공이동수단의 접근 가능성을 증진시키기 위해 다음과 같이 세 가 지 제안들이 제시되고 있다.

첫째, 이동과 고용, 시설, 정부 시설, 통신 간의 연결을 인식한다. 즉, 도로, 버스, 철도, 그리고 다른 이동형태들을 통해 가정에서부터 고용,

장애학_통합재활적 접근

여가, 교육시설로의 믿을 수 있고 지속적인 접근체계를 수행하는 데 대한 필요성을 이해해야만 한다.

둘째, 국제 정보 및 연구 내용을 획득하고, 이동수단 프로그램 및 이념에 대한 성공적이거나 비성공적인 접근을 지속적으로 인식한다. 연구, 개발, 감독 및 평가는 필수적이다. 다른 국가들의 사례를 지역 상황에 도입함으로써 노력의 중복을 피해야 할 것이다. 접근문제와 그 해결책은 세계의 여러 부분에서 유사하다. 접근 문제에 관심이 있는 국제조직들을 통해 국제적인 연계를 강화시킬 필요가 있다.

셋째, 장애인과 노인의 참여를 격려해야 하며, 일반 지역사회 또한 참여되어야 한다. 그런 후에야 접근 가능한 이동수단을 제공하도록 정부에 요구하는 것이 더욱 영향력 있을 것이다. 각각의 지역사회 내에 연계된 접근위원들을 배치하는 것에 관심을 두어야 한다. 지방 정부들은 지역의 욕구를 분명하게 확인하고 해결하는 위치에 있어야만 한다.

15
일본

일본에 있어 사회복지에 관한 공적제도의 시도는 1874년 휼구^{恤救}규칙이다. 이 규칙은 인민상호의 동정심 즉 친족 및 공동체에 의한 상호부조를 원칙으로 했으나 빈곤발생에 대처하는 데 여러 가지 한계가 나타나 공적부조 의무주의를 취급한 구호법이 1929년 제정·공포되었다. 이 법에서는 구호기관, 구호내용, 구호방법, 구호비 분담에 대해 분명히 했으며, 구호대상을 65세 이상의 노년자, 13세 이하의 유아, 임산부, 질병·상병·심신장애 때문에 노무에 지장이 있는 자에 한정했으며 제한부조주의를 취했다.

제2차 세계대전 패전 후 일본 정부는 생활보장, 무차별평등, 공사분권 등의 3원칙을 제시하여 생활보호법을 제정하였고, 1947년에는 아동복지법, 1949년에 신체장애인복지법을 제정하였고, 1960년 정신박약자복지법, 1963년 노인복지법, 1964년 모자복지법을 제정함으로써 복지육법시대로 들어서게 되었으며 사회복지에 있어 중심적 서비스 입법이 되었다.

일본도 우리나라와 마찬가지로 1981년의 "세계장애인의 해"에 이어 "UN장애인 10년"이 재활정책의 큰 진전을 가져다 준 계기가 되었다.

일본은 1993년 3월에 "UN장애인 10년" 이후의 장애인 시책추진의 기본지침으로서 "장애인 대책에 관한 신장기계획—완전참여와 사회만들기를 지향하며"를 구상하였는데 이 신장기계획의 기본 구상은 다음의 다섯 가지로 요약된다. 첫째, 장애인의 주체성과 자립성의 확립, 둘째, 모든 사람의 참여에 의한 평등한 사회만들기, 셋째, 장애의 중도화 · 중복화 및 장애인의 고령화에 대비, 넷째, 시책의 연계, 다섯째, "아시아 · 태평양 장애인의 10년"에의 대응이다.

여기에 제시된 항목들은 완전참여와 평등, 일반화normalization의 이념에 입각한 것이며, 더욱이 그것을 적극적으로 추진하는 자세를 나타내는 것으로서 장애인을 포함한 대부분의 관계자들도 동의할 수 있는 내용이라고 볼 수 있다.

앞에서 언급한 "장애인대책에 관한 신장기계획"을 뒷받침하고, 장애인의 자립과 사회참여를 한층 더 촉진하기 위하여 1993년 11월에는 심신장애인대책기본법이 개정되어 장애인 시책의 기본이념, 법률의 대상이 되는 장애인의 정의, 장애인 시책에 관한 기본 계획 책정, 고용에 관한 사업주의 노력의무, 교통시설 등의 정비에 관한 규정 등이 포함되었다. 또한 명칭도 장애인기본법으로 바뀌어 장애인의 완전 참여와 평등이라고 하는 금후에 있어 장애인 시책의 기본적인 방향을 제시하고 있다.

이 장애인기본법은 장애인을 신체장애인, 지적장애인, 정신장애인으로 정의하고 모든 시책은 장애에 초점을 두어야 하며 장애인에 대한 균형잡힌 통합적인 시책의 수립을 목표로 하고 있다.

1. 장애범주 및 장애조사

1) 장애 정의 및 범주

일본의 장애범주는 일반적으로 1993년 개정·통합된 장애인기본법에서 찾아볼 수 있다. 동법에서는 장애인이란 "신체장애, 지적장애, 또는 정신장애로 인해 장기에 걸쳐 일상생활 또는 사회생활에 상당한 제한을 받는 자"로 정의하면서 시행령을 통해 구체적인 장애범주를 다음과 같이 제안하고 있다(1993년 장애인기본법). "신체장애인이란 신체장애가 있는 18세 이상의 자로서 도도부현 지사로부터 신체장애인 수첩을 교부받은 자로 되어 있고, 신체장애의 종류로는 시각장애, 청각장애, 지체부자유, 심장·취장·호흡기기능장애, 음성·언어·저작기능장애, 직장·소장·방광기능장애" 등이 있다.

정신박약인복지법에 의하면 정신박약인에 대한 정의는 없으며, 학교교육법(1947년)과 아동복지법(1947년) 등에서, 정신박약이란 용어가 사용되어 일반화되기 시작했다. 이에 의하면 정신박약인이란 "여러 가지 원인에 의하여 정신발육이 항구적으로 지연되고 그로 인해 지적 능력이 열등하며, 자기의 신변에 대한 처리 또는 사회생활에의 적응이 현저히 곤란한 자"로 정의하고 있으며 정신박약이라는 용어는 1998년(平成 10년) 정신박약의 용어의 정리를 위한 관계 법률개정을 위한 법률(1999. 4. 1. 시행)에 의해 지적장애로 변경되었다.

이외에 정신보건법에 의한 정신장애인이란 "정신분열병, 중독성정신병, 지적장애, 정신병질 등의 정신질환을 가진 자"로 규정하고 있다.

이를 종합해 보면 일본에서의 장애인은 "신체, 또는 정신에 장애가 있으며 장기간에 걸쳐 직업생활에 상당한 제한을 받거나 또는 직업생활을 영위하는 것이 현저히 곤란한 자"로 정의할 수 있다.

2) 장애조사 및 장애인의 수

일본은 신체장애인과 지적장애인, 정신장애인에 대한 법률이 따로 있고, 조사도 각기 따로 실시되고 있다.

2011년 신체장애인에 대한 조사에 의하면, 일본의 장애인 수는 [표

표 15-1 | 장애인 수

(단위: 만 명)

		총계	재가장애인	시설장애인
신체장애인	계	393.7	386.4	7.3
	18세 미만	7.8	7.3	0.5
	18세 이상	383.4	376.5	6.8
지적장애인	계	74.1	62.2	11.9
	18세 미만	15.9	15.2	0.7
	18세 이상	57.8	46.6	11.2
	연령 미상	0.4	0.4	-
정신장애인		320.1	287.8	32.3
총계		787.9	736.4	51.5

※ 출처: 2013 장애인백서, 후생노동성.

표 15-2 | 장애유형별 재가 신체장애인 수

(단위: 만 명)

총계	신체장애인				
	시각	청각언어	지체	내부	미상
386.4	31.6	32.4	170.9	93.0	58.5

※ 출처: 2013 장애인백서, 후생노동성.

15-1]에 나타난 바와 같이 2011년 현재 7,879천 명이며, 장애유형별로 는 크게 신체장애인이 3,937천 명, 지적장애인이 741천 명, 정신장애인 이 3,201천 명인 것으로 나타났다. 신체장애인은 18세 이상이 3,834천 명이고, 18세 미만이 78천 명이다.

재택 신체장애인 수를 보다 자세히 살펴보면, [표 15-2]와 같이 장애 유형별로 보면 재가장애인의 경우 총 386만 4천 명 중 지체장애가 170만 9천 명으로 가장 많고, 내부장애가 93만 명, 미상이 58만 5천 명, 청각언 어장애 32만 4천 명, 시각장애 31만 6천 명이다.

2. 의료 및 소득보장정책

1) 의료보장

일본은 각종 의료기관의 재활의료 실시체제를 정비하고, 재활의료 에 대하여 적절한 평가를 행하고 있다. 장애인의 이차적 장애발생을 예 방하기 위하여 정기적으로 의학적 관리를 필요로 하는 장애인의 증가에 대처하고, 장애인이 신체적 특성으로 인해 진료가 곤란한 경우에 대처하기 위하여 장애인의 건강관리, 의료의 충실을 기하기 위한 제반 시책을 추진하고 있다.

또한 정신장애인에게 적절한 의료의 기회가 제공되도록 정신과의 구급의료체제, 중증입원환자와 신체합병증이 있는 자에 대한 의료체제를 확립하고 이들에 대한 재활의료를 추진하고 있으며 국민의 정신적 건강의 유대·증진을 도모하고, 아울러 정신장애인의 사회복귀를 촉진하기 위하여 보건소나 정신보건센터 등의 정신보건 상담의 충실, 사회복귀에 대한 지원 등 지역 정신보건 대책을 강력히 추진하고, 사춘기·노령기 등 생활주기에 따른 상세한 정신보건 대책을 추진하여 노인인구의 고령화에 대비해 노인성 치매질환 치료병동, 노인성 치매질환 요양병동, 노인성 질환센터의 정비를 촉진하고 있다.

보건의료대책을 추진함에 있어 전문기술을 갖춘 고급인력의 확보가 불가결하므로, 이를 계획적으로 육성할 필요가 있다. 이를 위하여 작업요법사 등의 전문종사자에 대한 계획적인 육성을 추진함과 동시에 의료사회사업가, 언어청각요법기술자, 청각심리기술자 등 보건·의료·복지분야의 전문종사자 자격제도의 정비를 추진하였다. 또한 의학교육 및 의사의 졸업후 연수를 통해 재활의학 교육의 충실을 기하고 있다.

일본의 의료보장제도는 사회보험으로서의 의료보험제도와 공적 의료서비스로 분류해 볼 수 있다.

(1) 의료보험

의료보험제도는 일본 국민을 대상으로 하는 의료보장의 기본이 되는 제도로 피용자보험의 건강보험, 선원보험과 그 밖의 조합방식인 피용자의료보험으로서 국가공무원 공제조합, 지방공무원 공제조합, 사립학교직원 공제조합 그리고 농어민과 그 밖의 자영자를 주된 대상으로 하며 각 시·정·촌市·町·村(특별구)의 국민건강보험조합이 경영주체가 되어 국민건강보험의 근간을 이루고 있다.

급여는 의료급부와 현금급부로 나누어지며, 피보험자와 피부양가족의 질병, 부상, 분만, 사망 등에 대하여 지급된다. 의료급부는 진찰, 검사, 수술 등의 치료, 약제투여, 병원이나 진료소에의 수용, 입원, 간호, 이송 등으로 원칙적으로서는 현물급부이다. 피보험자보험에서는 상병, 분만, 육아, 사망에 관해서 현금급부가 지급되며 조합건강보험과 공제조합에는 그 외의 부가급부가 있다.

의료보험의 적용인원은 거의 전 국민이 적용받고 있다. 그러나 일본의 의료보험은 각 제도 간에 있어 급여수준, 보험료부담 및 재정상의 현저한 격차로 인한 급여내용의 개선과 아울러 재정상의 많은 문제를 안고 있다.

(2) 의료서비스

일본의 장애인을 위한 의료서비스는 의료비 지원, 갱생의료, 육성의료 등의 서비스가 제공되고 있다.

① 심신장애인 의료비 지원

신체장애인수첩 1, 2급(심장, 신장, 호흡기, 방광, 직장 또는 소장의 장애는 3급까지) 장애인과 뇌성마비, 진행성 근위축증자로서 국민건강보험의 가입자나 사회보험의 피보험자 본인 및 피부양자를 대상으로 병원진료비 중 본인부담금을 지원하는데, 생활보호를 받고 있는 자, 심신장애인 의료비 지원제도 적용제외시설에 입소하고 있는 자, 노인의료비의 지원대상자(일부부담금은 지원한다)는 지원대상에서 제외된다.

지원범위는 보험증을 사용하여 병원 등에서 진료 투약 등을 받았을 때 창구에서 지불해야 할 보험은 본인부담이며, 단 보험의 효력이 없는 것은 제외된다. 그리고 기준간호 외로, 병원에서 의사의 요청에 따라 수발보호를 받았을 때 수발보호료의 보험에서 인정된 기준액과 관행요금과의 차액에 대해서도 지원하도록 하고 있다.

② 갱생의료

장애정도를 가볍게 하거나, 제거하거나 또는 장애의 진행을 방지하거나 하는 의료가 필요할 때 적절한 의료를 급부하도록 되어 있다. 신체장애인수첩을 가지고 있고 의료서비스를 필요로 하는 신체장애인을 대상으로 한다. 단, 소득에 따라 자기부담이 있으며, 생활보호세대나 주민세의 과세세대는 무료이고 의료서비스의 범위는 장애유형별로 다르다.

③ 육성의료

18세 미만으로 "지체부자유, 시각장애, 청각·평형기능장애, 음성·언어해독 기능장애, 심장장애, 신장장애, 소장기능장애, 내장장애" 등이 해당되며, 수술 등에 의해 확실한 치료효과가 기대되는 아동을 대상으로, 각종 보험을 적용하여 지원하게 된다. 이는 본인부담을 원칙으로 하며, 심장장애, 신장장애 이외는 보호자 소득에 따라 일부부담이 있다.

④ 동경도립 심신장애인 구강보건센터

여기서는 심신장애인에 대한 치과치료와 건강진단, 지도, 예방조치를 하고 있으며, 이 밖에 백일해, 파상풍, 풍진, 일본뇌염, 결핵 등의 예방접종을 무료로 실시하고 있다. 그리고 원인불명의 난치병 질환비를 보조하고, 고령장애인을 위한 시책 등을 실시하고 있으며, 전화예약을 통해 진료신청을 할 수도 있다.

2) 소득보장

일본의 소득보장제도는 사회보험과 공적부조로 나누어지고, 그 밖에 각종 재해보상이나 지원, 경제적 부담의 경감 등 다양한 제도를 가지고 있다. 각각의 보장제도를 구체적으로 살펴보면 다음과 같다.

(1) 사회보험

장애인을 위한 사회보험에는 장애기초연금과 장애후생연금, 장애공제연금으로 나뉜다.

① 장애기초연금

장애기초연금은 국민연금에 의해 지급되는데, 국민연금의 가입범위는 농어민, 자영업, 서비스업에 종사하면서 일본 국내에 주소를 두고 있는 20세 이상, 60세 미만의 모든 사람이다. 연금지급 방법은 피보험자기간 중에 질병이나 사고로 인해 장애를 입은 사람이 일정 기간 보험료를 납부하였을 경우 지급받게 된다.

한편 20세 이전에 장애를 입었거나 선천성 장애를 가진 경우에는 보험료 납부기간과 상관없이 20세부터 지급받게 된다. 기초연금액은 의사의 진단에 의해 1급과 2급으로 인정받게 된다. 참고로 장애기초연금은 1982년부터 재일외국인(재일교포, 유학생)도 포함시켜 1962년 1월 1일 이후에 태어난 재일외국인과 1982년부터 일본에서 생활하는 외국인 중 장애를 가진 사람은 누구나 기초연금을 받게 된다.

② 장애후생연금

장애후생연금은 후생연금에 의해 지급되며, 피보험자의 적용범위는 상시근로자 5인 이상의 회사, 공장, 상점, 사무소 등의 사업소를 대상으로 강제 적용하고 있다.

연금지급 방법은 후생연금 가입 중에 질병이나 사고로 인해 장애인이 되었을 경우 그 장애의 정도에 따라 장애연금이나 장애수당이 지급된다. 1급에서 3급까지는 장애후생연금이 지급되며, 이보다 경중의 장애를 입었을 경우에는 일시금으로 장애수당이 지급된다.

③ 장애공제연금

공무원이 재직 중에 질병이나 부상으로 장애를 입고 퇴직하였을 경우 장애공제연금이나 장애일시금이 지급된다. 지급액은 1, 2급의 경우에는 동일하고, 3급 이하일 경우에는 후생연금액과 같다.

(2) 공적부조

심신에 장애를 가진 자에게 지급되는 수당제도로 평등주의와 국가

책임주의적 입법원리에 의해서 실시되고 있다.

① 특별장애인수당

20세 이상 1~2급의 장애인으로 일상생활에 상시 특별한 서비스를 필요로 하는 재택장애인에게 지급된다.

② 장애아복지수당

20세 미만의 중증의 신체적·정신적 장애아로 일상생활에 있어서 상시 개호를 필요로 하는 재택장애아에게 지급된다. 수당액은 2, 5, 8, 11월의 연 4회에 걸쳐 3개월분을 한꺼번에 지급하고, 재정은 중앙정부에서 80%, 도도부현 등 지방에서 20%씩을 부담한다.

③ 특별아동부양수당

장애 정도가 1~3급에 해당하는 20세 미만의 장애아동을 보호·양육하고 있는 부모 또는 그 밖의 보호자에 대하여 지급된다. 단 수급자격자가 일정 이상의 고소득자인 경우와 수급대상 장애인이 장애기초연금을 지급받고 있는 경우에는 본 수당지급에 제한이 있다.

④ 독자적인 자치단체의 수당제도

국가의 소득보장제도로 지급되는 연금이 빈약하여 장애인단체 등의 운동으로 인해 중증장애인 또는 개호인에게 지급되는 수당이 각 자치단체에 따라 다양하게 나타나고 있다. 재정자립도가 높은 지방자치단체에서는 24시간의 개호가 필요한 재택 중증장애인의 경우 24시간의 개호에 필요한 수당이 지급되는 곳도 있다.

(3) 각종 세금의 혜택

사회보험과 공적부조의 형태 이외에도 일본에서는 다양한 경제적 부담경감제도들이 시행되고 있는데 내용은 다음과 같다.

- 주차금지 규제의 적용 제외
- JR여객 운임 할인: 제1종 신체장애인의 경우 본인과 개(보)호인 1인 각각 50%
- 항공여객 운임 할인: 제1종 신체장애인 경우 본인과 개(보)호인 1인 각각 25%
- 유료도로 통행요금 할인: 신체장애인 자신의 자동차, 신체장애인 및 정신박약인 보호자 자동차의 경우 50% 할인
- NHK 방송수신료 면제: 신체장애인 및 빈곤세대는 전액을 면제하고, 시각·청각장애인, 1·2급 지체부자유자의 경우는 반액 면제
- 우편요금의 감액 등: 맹인용 점자, 맹인용 녹음물, 맹인용 점자용지 등은 무료이고, 신체장애인, 청각장애인도 소포요금의 반액 할인
- 전화설치비 분할: 신체장애인이 전화설치를 하려 할 때 필요한 설치부담금을 분할하여 내도록 하는 제도
- 복지용 전화용품의 이용요금 등 할인: 일반의 반액 정도로 할인
- 이외에 공영주택 우선 입주, 공단주택의 우선 입주 및 할부융자 제도, 보장구 및 일상생활용구 무료 보급 및 임대 등

3. 교육정책

일본에서는 심신에 장애가 있는 아동에 대한 특별한 교육을 특수교육이라 부르고 있다. 특수교육은 심신장애아에 대하여 특별히 준비된 학교교육의 한 부분을 지칭하는 것이다. 특수교육의 개념에 대해 보다 구체적으로 말하면, 심신의 장애로 인해 소학교나 중학교 등의 일반학급에서 교육, 지도하는 것이 곤란하므로 교육상 특별한 취급을 필요로 하는 아동에 대해 그 특성이나 필요에 따라 좋은 교육환경을 제공하고, 좋은 실천을 몸에 익히며, 그 가능성을 최대한으로 늘려서 적응능력과 창조성이 풍부한 인간으로 육성하기 위하여 마련된 학교교육의 한 분야라 할 수 있다. 특수교육의 대상이 되는 심신장애아는 법령상으로 시각장애, 청각장애, 지적장애, 지체부자유, 병약(신체허약)으로 규정되어 있으며, 또 사실상 교육을 시작하고 있는 영역으로 언어장애, 정서부자유가 있다. 장애아의 교육제도에 대한 규정은 학교교육법에서 찾을 수 있고, 취학지도 등에 대한 제도로는 다음과 같은 것이 있다.

첫째, 특수학급이다. 현재 일본의 특수교육은 소학교와 중학교는 의무교육으로 이루어지며, 특수학급은 지적장애, 지체부자유, 약시, 난청, 병약, 기타 등으로 나누어지고, 한 학급당 15인 이하로 학급을 편성하는 제도이다.

둘째, 방문교육이다. 취학은 가능하지만 심신의 장애로 인해 학교생활에 적응하기 어려운 학생을 대상으로 가정이나 병원 등에 교원을 파견하여 직접 교육하는 제도이다.

셋째, 취학장려이다. 아동의 취학에 어려움을 겪는 부모의 경제적 부담을 경감하고, 장애아 교육의 보급장려를 위해 취학장려비를 지급하는 것으로 지급액은 보호자의 경제적 부담능력에 따라 달리 지급하는 제도이다(맹·농아학교 및 양호학교에 관한 법률).

1) 조기교육의 충실

각종 특수학교의 유치부를 확대함과 동시에 지역의 유치원과 보육원에 수용 가능한 심신장애아를 수용하고 있다. 또한 가정의 역할을 강조함과 동시에 특수교육센터, 각종 특수학교, 특수학급을 둔 소·중학교, 의료기관 등에서 교육상담이나 지도를 받을 수 있도록 체제를 정비하고, 교육, 의료, 복지 등의 분야의 시책이 일관된 체계로 기능하도록 노력하고 있다. 구체적인 방안을 살펴보면 다음과 같다.

첫째, 의무교육 단계에 있는 심신장애아에 대해 다양한 교육을 실시한다.
- 일반학급의 중증장애아에 대한 지도를 위해 제도면을 정비
- 심신장애아의 교육형태에 따라 교육내용, 방법의 개선, 교직원의 지도력 향상 등 질적인 면에 충실
- 전체 학교교육에서 심신장애아를 수용한다는 관점의 교류교육을 도모
- 심신장애아에게 가장 적절한 교육의 장을 제공하기 위한 의료 및 취학지도

둘째, 후기 중등교육 단계의 특수교육의 충실을 기한다.
- 의무교육을 마친 심신장애아의 능력과 적성에 따라 진학 및 직업

훈련소, 복지시설, 수산시설 등에 입소하는 등 다양한 취로가 마련
- 고등부의 직업교육은 작업소, 현장학습 및 사회복지시설 등의 체험을 중시하는 등 교육내용에 충실

셋째, 교원 및 관계직원의 지도력 향상을 도모한다.
- 특수교육에서 교직원이 차지하는 역할의 중요성을 고려하여 교직원의 양성과 직원연수에 충실
- 학교교육 종료 후 학교외 학습기회에 충실
- 심신장애아에 대한 교육은 가능한 가정의 생활에 기반을 두고, 지역사회 및 복지시설과 유기적인 관계 유지

2) 초 · 중등 특수교육

1972년까지 특수교육 제도권에 취학한 의무교육 연한 내에 있는 아동의 취학률의 변천은 몇 가지 변화를 나타내고 있다.

첫째, 1979년 양호학교 의무제를 실시하면서 중증 · 중복장애아동에게도 교육의 기회가 부여되고, 이전의 특수교육과는 다른 큰 변화가 일어났다. 즉, 신변자립이나 화장실 사용 훈련 등 이전까지 특수교육의 범주에 들어 있지 않은 내용을 특수교육과정에 삽입하였다. 둘째는 지금까지 학교교육에서 유예 · 면제되어 왔던 중증 · 중복장애아동이 교육을 받을 수 있게 된 것이다. 그리고 취학률도 1978년부터 1979년 사이에 상승하였는데, 그 후부터 1993년까지는 특수학교 취학률이 점점 낮아졌다. 특수학교 유형별(맹학교, 농학교, 양호학교), 과정별(유치부, 초등부, 중학부, 고등부) 재학생 수는 1979년 양호학교 의무제의 실시에 따

라 특수학교의 양상이 크게 바뀌었다.

　취학유예 · 면제된 아동이 1972년 19,853명에서 1979년에는 3,367명, 1997년에는 1,561명으로 감소되었으며, 1979년 양호학교 초등부의 재학아동이 많이 증가하고, 그 후 서서히 감소되었다. 또한 양호학교 중학부의 재학생 수는 1987년까지는 증가하는 경향을 나타냈지만, 그후 서서히 감소되었다. 그러나 고등부 재학생 수는 1990년에 가장 높았으며, 그 후에도 조금씩 증가하였다. 일본의 학교교육은 초등부(6년간), 중학부(3년간), 그리고 고등부(3년간)로 구성되어 있기 때문에, 각 학부 해당자는 초등부>중학부>고등부로 인원구성이 되어 있다고 할 수 있다.

4. 직업재활정책

1) 일반고용

　일본의 일반고용정책은 1960년 신체장애인고용촉진법(1987년 장애인고용촉진 등에 관한 법률로 개정)에 기초하여 56명 이상의 상시 근로자를 고용하고 있는 민간기업은 1.8%이며, 국가 및 지방공공단체는 2.1%이며, 특수법인 2.1%의 의무고용을 적용시키고 있다.

　2013년 4월부터 50명 이상 기업은 2.0%인데 2014년 현재 고용률은 1.82%를 달성하고 있으며, 국가 및 지방공공단체의 고용률은 국가기관이 2.44%, 지방자치단체가 2.41%, 공공기관 2.30%, 민간기업은 1.82%이다. 동법의 주요 내용은 다음과 같다.

　첫째, 공공직업안정소에 구직신청을 한 장애인에 대하여 구직수첩을 발급하고, 직업재활복지사에 의하여 철저한 직업지도가 시행되며, 취업지도를 받는 장애인에게는 지도기간 동안 소정의 취업지도수당이 매월 지급된다.

둘째, 공공직업훈련사업은 직업훈련법에 의해 직업평가의 연장선상에서 취업과 사회통합에 필요한 기능훈련을 실시하는 것을 말하고, 장애인 직업훈련은 공공장애인직업훈련원에서 실시하며, 신체장애 정도에 따라 통합직업훈련이 가능한 장애인은 전수직업훈련원 또는 공동직업훈련원에서 비장애인과 함께 통합훈련을 실시한다.

또한 공공직업훈련과는 별도로 도도부현(都道府縣)이 독자적으로 직업적응훈련과 직업기능훈련을 실시한다. 직업훈련을 받는 장애인은 훈련기간 동안 매월 소정의 훈련수당을 지급받는다.

셋째, 도도부현의 지사가 사업주에게 위탁하여 신체장애인, 정신지체인, 정신장애회복자 등의 능력에 적합한 작업에의 적응을 위해 직업적응훈련을 6개월 내지 1년간 실시하며, 훈련완료 후에는 사업주가 고용하는 것을 원칙으로 실시하고 있다. 훈련기간 중 사업주에게는 위탁훈련비가 지급되며, 훈련생에게는 훈련수당이 지급된다.

넷째, 장애인고용사업체는 조세특별조치법, 소득세법, 법인세법 및 지방세법에 의해 세제상의 우대조치를 실시하고 있다. 기계 등 할증상각조치, 부동산취득세 경감조치, 사업세 경감조치, 고정자산제 경감조치, 조성금 비과세조치 등이 있다.

다섯째, 상시 중증장애인을 10인 이상 고용하고 있는 사업주에게 사업시설 등 설치 및 토지취득 시 필요한 자금을 정부가 대여한다. 대부액은 대상 공사비의 40%이고 이자는 연 7.2%, 신설시 이자는 6.9%이고, 20년 이내에 상환하면 된다.

여섯째, 300명 이상의 상근 근로자를 가진 의무고용사업주가 장애인 법정 의무고용률 미달로 납부한 납부금에 의해 조성된 기금은 의무고용사업주가 장애인 의무고용률을 초과달성하였을 경우, 초과된 고용장애인 1인당 매월 법정조정금이 지급되며, 비의무고용사업주가 일정 수 이상의 장애인을 고용하였을 경우에 장려금으로 사용된다.

일곱째, 사업주의 직장환경 정비와 적절한 고용관리 등 비용지원을 위한 조성금 지급사업을 실시하고 있다. 1종 작업시설 설치비용, 2종 작업시설 설치비용, 중증장애인 특별고용관리를 위한 주택, 주택지도원 배치, 통근버스, 주차장, 통근용 자동차 등의 비용, 수화통역사, 의사, 직업재활복지사, 시각장애인 케어자, 업무보조자 등 전문가와 보조인력 배치비용, 중증장애인 다수고용사업체의 작업시설 및 복지시설 등 설치비용, 장애인 능력개발시설 설치 및 운영비용, 직업적응훈련비용 등의 조성금 지급사업이 있다.

2) 보호고용

일반고용이 곤란한 장애인을 위한 고용제도로 수산시설, 복지공장, 공동작업장, 제3섹터기업 등의 제도가 있다. 2000년 현재 전국의 수산시설 및 복지공장은 2,000여 개소에 60,000여 명이 고용되어 있고, 공동작업장의 경우 인가시설은 1,300여 개소이며 제3섹터기업은 1999년 현재 37개소에 669명의 장애인이 근로하고 있다.

수산시설은 장애인이 현재의 조건으로는 고용이 힘들다고 판단되는 자의 잠재능력을 개발해 일반 사회에 취업시키기 위한 목적으로 지원하는 재활훈련시설이고, 복지공장은 중증장애인에게 취업의 기회를 주어

건전한 사회생활을 영위하도록 하는 것을 목적으로 하는 시설로, 이는 주로 중증신체장애인으로서 작업능력은 있으나 직장의 설비, 구조, 통근시의 교통문제 때문에 일반기업체에 고용이 곤란한 자에게 고용계약을 맺어 직장을 주고 생활지도나 건강관리를 시켜 건전한 사회생활을 영위하도록 하는 것이다.

장애인의 전반적인 고용상황은 상당히 개선되었으나 아직까지 양상지장애인, 시각장애인, 뇌성마비 등 신체장애인, 지적장애인 및 정신장애인의 경우에는 고용이 반드시 충분히 개선되었다고는 할 수 없다. 따라서 일본은 중복장애인을 포함하여 장애유형별 특성에 상응하는 다음과 같은 세밀한 대책을 강구할 계획을 가지고 있다.

(1) 신체장애인 대책의 추진

신체장애인에 대한 고용대책으로 직업영역의 확대를 위한 직업평가기기개발 등 조사연구와 그 성과의 보급을 추진한다. 또한 제3섹터 방식에 의한 중증장애인 고용기업 및 중증장애인 다수고용 사업장의 설치 촉진 등 고용확대를 위한 제반 시책의 추진을 강화한다. 동시에 노동시장의 동향에 대응하여 이들 장애인의 특성에 맞는 효과적인 직업능력을 개발하는 취업훈련을 실시한다. 시각장애인의 경우, 예전부터 안마, 마사지, 지압사, 침술사 등의 업무에 종사하는 사람이 많았으나 취업의 장이 좁기 때문에, 자영업 장애인의 취업실태 파악을 통해 필요한 고용·취업대책을 강구한다. 의사소통이 곤란한 시각장애인, 청각장애인의 경우에는 의사소통이 원활하게 이루어지기 위해 인적 지원, 기타 원조조치를 강화하도록 한다.

(2) 지적장애인 대책의 추진

지적장애인의 고용을 추진하기 위하여 장애인 직업능력 개발학교에서의 직업훈련, 제3섹터방식에 의한 지적장애인 능력개발센터의 육성 사업, 기업체의 교육훈련 강화 등 각종 대책을 추진하고, 지적장애인의 직업영역 확대와 직업정착을 도모하고, 사회생활의 욕구에 대처하기 위하여 인적 지원 등의 지원체제를 정비하는 데 힘쓰며 지적장애인 고용의 원활화를 위해서는 기업체에 고용되기 전에 학교교육이나 사회복지시설에서의 지도·훈련에 있어 직장인으로서 필요한 지식, 기능, 태도 등을 몸에 익히도록 하는 현장실습이 중요하므로 앞으로도 이의 충실을 기한다. 또한 수산시설과 기업의 제휴에 의한 능력개발의 충실 등 지적장애인인의 특성을 배려한 능력개발을 추진한다. 이와 같은 취로를 위한 조건정비의 진전에 발맞추어 지적장애인에 관한 장애인고용촉진법의 고용률 제도의 방향에 관하여 검토한다.

(3) 정신장애인 대책의 추진

정신장애인의 고용을 촉진하기 위하여 근무형태 등 직능적 제조건이나 의료복지기관과의 제휴의 방향 등에 관하여 검토하고, 고용부문과 복지부문의 제휴를 도모하면서 필요한 시책을 충실히 하도록 한다. 정신장애인의 고용은 다른 장애인의 고용에 비하여 사회 일반의 이해가 뒤떨어져 있으므로, 이에 대한 계몽과 동시에 사회복귀시설의 정비 등 사회복귀대책의 충실, 공공직업안정소의 세심한 직업상담, 직업지도 실시체제의 정비, 생활면에서 지원체제의 충실 등 제반조건의 정비를 꾀한다.

(4) 중증장애인 대책의 추진

일본에는 일반고용이 곤란한 중증장애인의 수가 날로 증가하고 있다. 따라서 1992년 장애인고용촉진법이 개정되면서 중증장애인인 단시간 근로자가 고용률제도 및 납부금제도의 대상으로 추가되었고, 중증지적장애인도 고용률제도 및 납부금제도에서 중증신체장애인과 동일한 특례를 적용하게 되었으므로, 이러한 개정 내용을 사업주에게 주지시켜, 이들의 고용을 촉진하고 직업의 안정을 도모하도록 하였다.

근로형태에 대한 배려는 중증장애인의 고용촉진에 매우 효과적이므로 단시간근무제, 재가근무제, 플렉시블 타임제Flexible Time 등 다양한 근무형태를 활용하고 있다. 중증장애인 적합직종의 개발 및 직업영역의 확대에 관해서 자영업을 포함한 각종 조사연구의 성과를 바탕으로 장애인의 직업적 자립을 도모하는 시책의 충실을 기한다. 또한 제3섹터방식에 의한 중증장애인 고용기업의 육성, 중증장애인 다수고용 사업소 설치의 촉진 등을 추진해 왔고, 계속해서 이 시책을 강력히 추진하고 있다. 또한 중증장애인 취로의 장을 확보하기 위하여 가능한 수산시설과 일반고용에 유동성을 갖도록 하고, 수산시설과 기업이 제휴하여 능력개발조치에 충실을 기하며, 수산시설의 유연한 제도 운영을 촉진함으로써 일반고용이 가능하도록 힘쓴다.

5. 편의시설정책

1) 건축

일본 정부는 모든 장애인들이 생활환경에 접근할 수 있도록 신체적인 장벽을 제거해 주고자 각종 노력을 기울이고 있으며, 특히 1993년 12월에 개정된 장애인기본법에서 이에 대한 내용을 다루고 있는데, 자세히 살펴보면 다음과 같다.

첫째, 국가 및 지방공공단체는 관공청시설, 교통시설, 기타의 공공적 시설을 장애인이 원활하게 이용할 수 있도록 하기 위해 해당 공공적 시설의 구조, 설비의 정비 등에 관해 배려해야 한다.

둘째, 교통시설, 기타의 공공적 시설을 설치하는 사업주는 사회연대의 이념에 입각하여 해당 공공적 시설의 구조, 설비의 정비 등에 관해 장애인의 이용편의를 도모하도록 노력해야 한다.

셋째, 국가 및 지방공공단체는 사업주가 설치하는 교통시설, 기타 공공적 시설의 구조, 설비의 정비 등에 관해 장애인의 이용편의를 도모하기 위한 적절한 배려가 이루어지도록 필요한 시책을 강구해야 한다.

넷째, 건축물, 도로, 교통터미널 등에 있는 물리적 장벽의 제거, 정보수집, 커뮤니케이션에 있어서의 핸디캡 경감 등 생활환경면에서의 각종 개선은 장애인이 자립하고 사회경제활동에 참가하는 것을 촉진함에 있어 기초적인 조건이므로 그 개선에 가일층 힘쓸 필요가 있다. 이와 같은 생활환경면에서의 개선 추진은 정부, 지방공공단체, 민간사업자, 국민이 일체가 되어 대처할 과제이다.

건축물에 있는 물리적 장애를 제거하는 등 장애인의 이용에 대한 배려는 장애인의 자립과 사회참여를 촉진함에 있어 불가결한 것이다. 일반화normalization 이념을 구현하기 위해서는 장애인의 이용을 가능하게한다는 방침하에 시책을 추진할 필요가 있다. 건축물의 구조개선은 다음과 같다.

첫째, 장애인의 이용을 배려한 건축물의 정비를 적극적, 효과적으로 추진하기 위하여 가능한 법률 또는 조례로 정함으로써 그 실시를 담보하도록 한다.

둘째, 국가 또는 지방공공단체가 설치하는 건축물은 장애인의 이용을 배려함을 원칙으로 한다.

셋째, 불특정 다수인이 이용하는 건축물로서 신축되는 것에 관하여는 반드시 장애인에 대한 배려를 하도록 적극적인 조치를 취한다. 이를 위하여 지방공공단체에서 조례를 결정하여 대처하고 있는 상황을 고려하여 건축물 정비에 관한 기준을 조정한다. 이 기초달성을 위한 각종 수인책을 실시함과 동시에 이 기준달성을 위한 지도체제를 확보한다.

넷째, 기존 건축물에 관한 장애인의 이용 보도를 감안하여 적절한 목표 또는 계획을 세워 순차로 개선을 추진하여 가도록 대책을 수립한다.

다섯째, 기준을 정비함에 있어서는 다음과 같은 점에 유의한다.

- 최저기준, 표준기준, 우량기준 등 다양한 기준을 결정한다.
- 이들 기준에 따른 정비를 담보하는 수단도 각 기준에 따라 법적으로 시행해야 할 것, 지침으로 권장해야 할 것, 또는 전국적으로 통일해야 할 것, 지역에 따라 정해야 할 것 등 다양하게 대응한다.
- 각 부처와 지방공공단체가 각각 독자적으로 결정하고 있는 기준 중에서 통일할 필요가 있는 것은 되도록 통일한다.

- 지역 실정의 변화를 고려하여 필요할 때에는 기준을 재검토한다.
- 기준을 작성하거나 재검토함에 있어서는 장애인단체를 위시해 관계되는 각 부문의 의견을 청취한다.
- 기준에 따라 건축물의 정비를 추진하기 위하여 구체적이고도 효과적인 조치를 강구한다.

또한 주택정비도 중요한 편의시설로 추진하고 있는데 기본적인 내용은 다음과 같다.

첫째, 신체장애인을 비롯하여 지적장애인, 정신장애인 등 장애유형별 특성이나 욕구에 따른 장애인용 공공주택의 정비를 촉진하고 장애인의 특성에 맞게 주택을 개조함에 있어 필요한 자금을 융자하는 조성제도를 활용하는 등 장애인의 주택확보 대책을 추진한다.

둘째, 장애인 세대에 대한 인근 주민의 이해와 노력을 얻는 등 지역사회와의 융합을 고려하여 장애인용 주택의 정비를 추진하고 주택에 관한 상담체제에 충실을 기한다. 이 경우 주택과 직장이 같은 자영업자 등도 배려한다.

2) 교통

교통부문의 편의시설도 상기의 건축 편의시설과 마찬가지로 정부가 적극적으로 접근하고 있는데 우선적인 정비 내용은 다음과 같다.
- 횡단보도의 정비, 이용하기 쉬운 입체횡단시설의 정비
- 시청각장애인 유도용 블록시설 설치
- 시청각장애인 유도용 블록시설상의 자동차 방치 금지

- 신호기의 시각장애인용 부가장치 정비
- 장애인용 개조자동차 구입의 지원
- 가이드헬퍼 등 각종 이동 교통서비스의 보급, 확충
- 시가지 구획 내의 엘리베이터, 움직이는 도로 등 이동체계 정비

16

독일

독일은 "사회법전 제Ⅸ권"과 "장애인 평등법"에 의해 장애인의 기회
균등과 평등권을 중요한 국가경영의 기본이념으로 설정하고 있다.

독일의 장애인 정책도 이같은 구분에 따라 발전해 오다가 19세기 후
반부터 근대적 의미의 출발을 하고 있다.

1919년에 최초의 장애인복지법령인 "중중장애자 고용에 관한 명령"
이 제정되었고, 1920년 전쟁상해자를 위해 "중중상해자 고용법"이 제정
되었으며, 이 법률로 장애인 고용이 의무화되었다. 그 후 1923년에는 중
중재해장애인을 해고로부터 보호하는 조항과 20인 이상 업체에 대한
2%의 고용할당 의무조항이 들어 있는 "중중장애인 고용에 관한 법"이
제정되었고, 1969년 "장애인고용촉진법"으로 체계화하였다.

또한 1970년에는 장애의 원인이나 정도에 관계없이 모든 장애인들
이 의료적, 교육적, 직업적, 사회적 도움을 받도록 "장애인 재활촉진을
위한 행동강령"이 연방정부 활동계획으로 발표되었고, 이러한 활동계획

이 점차 실행에 옮겨져 장애인 재활에 커다란 발전이 이루어졌다. 이 활동계획을 토대로 1974년 "중증장애인법"과 "재활조정법" 및 1975년 "장애인사회보험법" 등 장애인 복지 관련법이 제정되었다.

1986년 7월 24일의 중증장애인법 개정은 먼저 개념상의 많은 혼란을 일으켰던 "직업수행능력의 저하Minderung der Erwerbsfaehigkeit: MdE"라는 개념을 "장애의 정도Grad der BehinBehinderter: GdB"라는 개념으로 변경시켰다. 이것은 장애에 대한 척도가 지나치게 경제가동능력에 의한 것으로 여러 학자들에 의해 많은 질타를 받아왔던 용어였다. 하지만 장애인에 대한 각종 보상기준은 생업능력상실률에 근거하며, 이 생업능력상실률의 개념은 모든 생활영역에서의 장애, 또는 신체적, 정신적 또는 심리적 능력이 결함으로 인한 결과에 따른 척도이다. 또한 동법은 2000년 개정되어 중증장애인의 실업을 줄이기 위한 캠페인 등을 법제화하였으며, 2001년에는 사회법전Sozialgesetzbuch 제9편에서 장애인 및 중증장애인의 정의 및 장애인들의 자조Selbstbestimmung, 역할eilhabe, 차별금지Nichtdiskriminierung 등을 규정하고 있다.

2002년 법제화된 독일의 장애인 평등법은 고용문제를 특별한 규율대상으로 상정하고 있지는 않다. 즉, 장애인 평등법은 근본적으로 장애인 고용에 있어서 차별금지에 중점을 두기보다는 장애인의 고용촉진 및 고용지속을 위하여 보호조치를 취하는 데 그 목적이 있다.

장애인의 고용관계 지속을 위하여 국가는 사업주에게 보조금을 지급하며, 특히 중증장애인을 고용한 사업장의 사업주는 작업장 환경을 장애인의 상황에 맞도록 조정하여야 한다. 고용된 중증장애인은 사용자에 대하여 다음과 같은 권리를 가진다.

첫째, 능력과 지식을 충분히 발현할 수 있는 직업에 종사할 권리를 가진다.

둘째, 직업의 계속적인 수행을 위하여 필요한 기업 내 직업교육에 있어 우선적으로 배려 받을 권리를 가진다.

셋째, 합리적인 범위 내에서 기업 외부에서 직업교육에 참여할 수 있도록 지원을 요청할 권리를 가진다.

넷째, 장애의 상황에 적합하게 작업장에 시설을 설치·유지할 것을 요청할 권리를 가진다. 여기에는 기업시설, 기계, 기구 및 작업장의 주변 환경, 노동조직 및 작업시간 등이 포함된다.

다섯째, 작업장에서 장애가 노동수행에 미치는 영향력을 고려하여 이를 극복할 수 있도록 보조를 받을 수 있는 권리를 가지고, 그 외에 장애의 종류와 정도를 고려하여 단축작업이 필요하다고 인정되는 경우에는 단축작업을 요청할 법적 권리가 있다(전광석, 2004).

장애인 의무고용제는 사용자를 대상으로 의무적으로 고용할 최소한의 장애인 수를 정하여 장애인의 실업을 감소시키고 장애인의 사회 및 직장생활을 촉진하는 한편, 사용자가 장애인 의무고용 범위를 넘어서 장애인 고용과 근로조건 개선, 작업시설 마련 및 설치, 개선 등을 촉진하기 위해 다양한 지원과 보조를 보장하고 있다. 이와 같이 장애인에 대한 차별금지와 장애인 의무고용제도는 범주가 다르며 상호보완관계에 있다고 볼 수 있다. 즉, 장애인의 고용을 촉진하면서 이들이 장애로 인해 차별적 처우를 받지 못하도록 함으로써 장애인에 대해 실제적인 사회적 보호를 추구하고 있다.

이와 같은 변화 속에서 독일 재활정책의 기본이념은 다양한 방법으로 장애인이 독립할 수 있도록 지원하고 기회균등과 완전참여를 목표로 하고 있다는 것이다.

1. 장애범주 및 장애조사

1) 장애의 정의 및 범주

독일에서는 장애를 일반적으로 어떠한 건강문제로 인하여 기능상의 제약이 유발되고, 그 결과로 사회생활에 제한을 받게 되는 것으로 정의하고 있다. 즉, 모든 건강문제와 모든 신체적, 정신적, 심리적 변이가 일시적으로 나타날 뿐만 아니라 이로 인하여 사회생활에 침해를 받게 되는 것을 장애라 한다. 그리고 장애가 질병이나 사고에 의한 것인지 또는 선천적인 것인지는 중요하지 않고 장애가 실제로 존재하고 있는지를 중요시하고 있다. 독일은 1986년 7월 24일 중중장애인법을 개정하기 전까지 장애의 개념을 경제활동 능력의 감퇴로 규정하는 "생업능력 상실률Minderung der Erwerbsfaehigkeit: MdE"을 기준으로 MdE가 30% 이상인 사람을 장애인이라고 하고, 50% 이상인 사람을 중중장애인이라 하며, 80% 이상인 사람을 최중도 장애인이라 한다.

생업능력 상실률(이하 MdE)의 개념은 모든 생활영역에서 장애 또는 손상의 결과와 연관되는 것으로, 직업생활의 제약만을 의미하는 것은 아니다. 그러므로 MdE는 장애의 정도를 나타내기는 하지만 MdE 등급에서 능력의 정도를 추론해낼 수 없으며, 사회보장법상에서 평가를 할 때, 특별히 직업과의 관련성을 고려해야 하는 경우에는 종사하거나 추구하는 직업과는 무관하게 판정하는 것이 원칙이다. MdE는 백분율로 표기되며, 여러 종류의 건강장애를 나타내는 MdE 등급은 현저한 외부지체 손상에 대해 언급한 연방후생법 제30조 중 행정규정 제4항(이것은 장애인 등급평가에도 고려됨)에 명기된 최저백분율을 기준으로 한다. MdE가 본질적으로 근사치일 수밖에 없으므로 보통 10단위의 수치로만 표기되며, 일시적이지 않은 6개월 이상 지속되는 건강장애를 전제로 한다.

그러나 장애가 반드시 근로 및 직업활동에서 소득 감소를 가져오지 않는다는 문제가 제기되면서 독일은 1986년 중증장애인법을 개정하였고, 이에 따라 그동안 개념상의 많은 혼란을 일으켰던 MdE 개념을 "장애의 정도Grad der BehinBehinderter: GdB"의 개념으로 바꾸게 되었으며, 2001년 사회법전에서도 이 개념을 장애개념으로 규정하였다.

고용정책과 관련된 특별한 혜택들은 중증장애인에게만 해당되므로 고용정책상의 장애인 개념은 순전히 의학적 차원의 개념인 셈이다. 다만 소득무능력자 또는 직업무능력자로 판정되어 조기연금을 수령하고자 하는 경우에만 실제의 직업수행 능력 여부가 의학적 결함과 함께 고려될 뿐이다. 이처럼 독일은 중증장애인에게 보다 많은 혜택을 제공하고 있는데, 중증장애인법에 규정된 중증장애인의 정의를 살펴보면 다음과 같다. "중증장애인이란 신체, 정신 또는 정서장애인으로서 일시적이 아닌 장애로 인하여 가용능력을 적어도 50% 이상 상실한 자를 말한다. 다만 이러한 자가 이 법률의 적용지역 내에 적법하게 거주하고 있든지, 항시 잠재하고 있는지 또는 근로자로서 취업하고 있는 경우에 한한다." 고 정의하고 있으며, 장애유형을 크게 신체장애(시각, 청각, 지체, 언어장애 등), 정신장애(정신지체), 그리고 정서 및 심리장애(정신병으로 인한 장애)로 구분하고 있다.

장애 판정은 장애인의 신청에 따라 연방후생법의 시행을 담당하는 관청이 장애의 유무와 등급을 판정한다. 또한 전쟁 희생자의 후생을 위한 행정처리법은 사회법이 적용될 수 없을 때 동등하게 사용될 수 있다. 장애로 인하여 필요한 부조 등을 청구하기 위한 전제조건으로 일정한 장애등급(정도)의 판정이나 장애증명서가 요구되지는 않는다. 그러나 중증장애인법에 의한 특별한 부조 등(예: 직장해고제한, 특별보호, 추가휴가)은 원칙적으로 중증장애인에게만 해당되며 장애인이라는 증명이 필요하다.

대부분의 손해나 비용 증가에 대한 보전은 중증장애인에게만 해당되며 중증장애인의 장애상태에 대해서는 중증장애인 증명서에 따로 표시하도록 하고 있다. 이 증명서는 원칙적으로 5년에 한 번씩 갱신된다. 만일 장애판정조건들이 계속 존재하는 경우에는 두 번의 연장이 가능하다. 과거 동독지역의 장애인에 대한 인정은 늦어도 1993년 말까지 변경하도록 하는데, 동독의 장애등급 I 은 장애정도 30으로, 장애등급 II 는 장애정도 50으로, 장애등급 III 은 장애정도 80으로, 그리고 장애등급 IV 는 장애정도 100으로 판정을 대체하였다. 이러한 방법을 통하여 과거 동독의 장애인들은 자신의 장애등급에 따라 우선적으로 직업보호(해직에 대한 보호), 등급에 따라 차등적으로 보조금을 받을 수 있었다.

장애로 인한 불편(손해)에 대한 보전을 받기 위하서는 장애 정도의 판정이 있어야 한다. 모든 장애인은 본인이 거주하는 지역의 담당 보호사무소^{Versongu-ngsamt}(국가 하급기관)에 신청서를 제출할 수 있다. 이 신청은 첫째, 장애 여부와 장애 정도의 판정, 둘째, 특정한 건강상의 특징을 확인하여 장애(사회)보전을 위한 청구서 제출, 셋째, 장애증명서의 발급으로 장애인의 권리와 장애(사회)보전 등을 확인하기 위해 이루어진다.

신청서는 부양권자나 법정대리인이 신청할 수 있고, 이때 해당 의사의 관계서류를 첨부하여야 한다. 장애 정도를 판정하는 근거는 2002년 연방노동사회부에서 마련한 "중증장애인법 및 사회보상권에 의거한 의사판정지침Anhaltspunkte für die ärztliche Gutachtertätigkeit imsozialen Entschädigungsrecht"에 의해 이루어진다.

만일 여러 가지의 기능장애가 있는 경우에는 단순히 각각의 장애 정도를 합산해 기능장애의 종합적인 결과로 판정하도록 하고 있다. 즉, 상호 간의 영향을 고려하여 판정하도록 하고 있으며, 장애의 정도가 악화되는 경우에는 새로운 판정을 신청할 수 있다. 이와 같이 장애인 재활은 장애의 정도나 보호사무소의 결정 여부에 관계없이 시행된다. 다만, 일정한 권리와 근무활동에 있어 장애로 인한 손해보전을 보완하기 위해 장애 여부와 장애 정도에 대한 보호사무소의 판정이 전제되어야 한다.

2) 장애조사 및 장애인의 수

독일연방통계청Statistisches Bundesamt은 2년에 한 번씩 '장애인 실태조사'를 하고 있다. 가장 최근에 수행된 2011년 연말 기준 조사결과에 따르면 독일의 중증장애인은 [표 16-1]과 같이 약 729만 명으로 이는 독일 전체 인구 약 8,050만 명(2012년 9월 30일 기준)의 약 9%에 해당되는 수치이다. 2011년 말 기준으로 독일의 중증장애인은 남성이 약 373만 명(51.2%), 여성이 약 356만 명(48.8%)으로 남성이 여성보다 약간 많은 비율을 보였다(Statistisches Bundesamt, 2013).

독일 중증장애인의 연령별 분포는 [표 16-2]와 같이 40세 중반 이후에 집중되는 경향을 보이고 있고, 특히 65세 이상 노인 중증장애인이 전체의 절반 이상(52.3%)을 차지하고 있다. 반면, 25세 미만의 연령층에서는 중증장애인의 분포가 4.0%에 불과한데 이러한 결과는 독일 내 중증

표 16-1 | 독일 중증장애인 현황(2011년 12월 기준)

(단위: 명, %)

구분	독일 전체 인구 (2012. 9. 30. 기준)	중증장애 인구 (2011. 12. 말 기준)	독일 인구 대비 중증장애 비율
남성	39,368,200(48.9)	3,733,913(51.2)	9.5
여성	41,124,900(51.1)	3,555,260(48.8)	8.6
합계	80,493,100(100.0)	7,289,173(100.0)	9.1

※ 출처: Statistisches Bundesamt(2013), 2011년 연말 중증장애인 현황.
　　https://www.destatis.de/EN/FactsFigures/SocietyState/Health/DisabledPersons/Tables/
　　Handicapps.html

표 16-2 | 독일 중증장애인 현황(2011년): 연령대별

(단위: 명, %)

연령	중증장애 인구	비율
4세 미만	14,194	0.2
4세~6세	14,376	0.2
6세~15세 미만	97,988	1.4
15세~18세 미만	38,696	0.5
18세~25세 미만	123,983	1.7
25세~35세 미만	223,679	3.1
35세~45세 미만	390,234	5.4
45세~55세 미만	916,329	12.6
55세~60세 미만	688,194	9.4
60세~62세 미만	354,317	4.9
62세~65세 미만	536,489	7.4
65세 이상	3,809,694	52.3
합계	7,289,173	100.0

※ 출처: Statistisches Bundesamt(2013), 2011년 연말 중증장애인의 연령대별 현황.
　　https://www.destatis.de/EN/FactsFigures/SocietyState/Health/DisabledPersons/Tables/
　　Handicapps.html

표 16-3 | 독일 중증장애인 현황(2011년): 장애유형별

(단위: 명, %)

장애 유형	중증장애 인구	비율
신체적 장애	4,544,691	62.3
뇌질환, 정신 및 정서장애	1,464,710	20.1
기타 또는 기능부전 장애	1,279,772	17.6
합계	7,289,173	100.0

※ 출처: Statistisches Bundesamt(2013), 2011년 연말 중증장애인의 장애유형별 현황.
https://www.destatis.de/EN/FactsFigures/SocietyState/Health/DisabledPersons/Tables/
Handicapps.html

장애의 주된 원인이 노화에 따른 신체기능 약화와 노인성 질환에 기인
하고 있음을 유추해 볼 수 있다.

중증장애인을 장애유형에 따라 분류해 보면 [표 16-3]과 같이 신체적
장애가 62.3%로 가장 높게 나타났고, 다음으로 뇌질환과 정신 및 정서
장애가 20.1%, 그 외 기타 또는 기능부전 장애가 17.6% 순으로 나타
났다.

2. 사회보장정책

1) 직접적 소득보장

장애인을 위한 사회보장의 근간이 되는 정책으로 장애인에게 직접
적인 방법으로 소득을 보장하는 정책이다. 기본 원칙은 재활서비스가
연금급여(현금급여)에 우선한다는 것이다. 따라서 연금급여의 지급은 재

활서비스에 의하여 직업 또는 경제활동 능력의 재생이 더 이상 불가능할 때 이루어진다. 직접적 소득보장정책에는 다음과 같은 것들이 있다.

첫째, 직업불능연금은 현재 직업불능이며, 직업불능이 되기 전 과거 5년 동안 적어도 3년 이상 갹출료를 납부한 기간이 있어야 하는데, 이때 5년은 가입인정기간, 연금수급기간, 관찰기간 등에 의해 연장될 수 있다. 그리고 직업불능 이전에 수급권을 위한 5년 동안의 가입기간의 조건을 충족해야 한다. 여기서 직업불능이란 의미는 자신과 비슷한 교육과 지식을 가진 사람이 벌어들이는 소득의 절반 이하를 노동에 의하여 벌어들이는 경우를 말한다. 그리고 경제활동불능이란 의미는 정규적인 근로를 더 이상 할 수 없고, 그 기간도 예측되지 않거나, 최저소득 이상의 소득 수준을 유지할 수 없는 경우를 말한다.

둘째, 경제활동불능연금은 경제활동불능이고, 경제활동불능이 되기 전 과거 5년 동안 3년 이상 갹출료를 납부한 기간이 있어야 하는데. 이때 5년은 가입인정기간, 연금수급기간, 관찰기간 등에 의해 연장될 수 있다. 그리고 경제활동불능 이전에 과거 5년 동안이라는 가입기간 조건을 충족해야 한다.

경제활동불능이 직업불능과 다른 점은 피보험자가 자신의 남아 있는 능력으로 어떤 직업을 가질 수 있는가에 있다. 그래서 직업불능 수준은 경제활동불능 수준보다 3분의 1 낮게 책정되어 있다.

셋째, 장애인으로서 경제활동불능의 전제조건을 다 충족시키지 못한 경우에는 유동적 경제활동불능연금을 받을 수 있다. 이를 위해서는 20년 이상의 가입기간이 필요하다. 이때 동독지역에 대해서는 16세 이후에 1975년부터 1991년 사이에 장애가 발생한 경우에는 같이 계산하도록 인정하고 있다. 이로 인하여 과거 동독지역의 장애인은 서독지역의 경우와 동등한 관계가 된다.

만약 직업불능이나 경제활동불능이 일정 기간에만 한정된 것으로 판정되는 경우에는 한시적인 연금지급이 가능하다. 연금수준은 갹출료와 가입기간(납부기간)에 따라 결정된다. 경제활동불능의 경우에는 완전연금이 노령연금의 경우와 같이 지급되는데, 이는 생계를 위해 얼마간의 수입이 있을 것을 예상한 것이다.

넷째, 재해보험의 경우에는 부상연금을 지급하는데, 이는 근로사고 또는 출퇴근 사고, 그리고 근로질병에 의하여 장기간의 소득손실이 발생할 경우에만 해당된다. 이의 지급을 위한 전제조건으로는 경제활동불능의 정도가 적어도 20% 이상이어야 하며, 이러한 상태가 사고 이후 13주 이후까지 지속되어야 한다. 부상연금은 재활서비스가 완료된 후에 지급되기 시작한다. 부상연금의 수준은 재활서비스 이후에 경제활동불능정도가 얼마나 감소했는가의 정도에 의해 결정된다. 이 연금은 부분연금이나 완전연금으로 지급되며, 급여수준은 사고 직전의 당해 연도 소득수준에 따라 결정된다.

2) 간접적 소득보장

간접적인 방법으로 장애인들의 소득을 보장해 주는 정책은 다음과 같다.

첫째, 장애인들이 추가적으로 드는 비용에 대한 손해보전을 위해 경제적인 지원을 하게 되는데 이를 일괄급여라 한다. 장애인 일괄급여behinderten pauschalbetrag의 수준은 판정된 장애등급에 따라 결정되는데 이는 8등급으로 나뉘어지며 다만 장애 정도가 50 미만인 경우에는 장애인

일괄급여를 수급받기 위한 다른 전제조건을 충족시켜야 한다(예: 장애로 인한 연금수급권소지).

둘째, 간호보호가 지속적으로 필요한 경우이거나 시각장애인인 경우에는 현금급여로 지급되는데 이는 장애인이 실제로 간병인을 두는 것과는 관계없이 지급된다. 장애인이 아동이어서 스스로 수급권에 의한 급여 청구를 할 수 없는 경우에는 부모가 이 권한을 위임받는다. 이에 대한 전제조건으로는 부모가 이 아동으로 인하여 자녀공제를 받고 있어야 한다.

셋째, 먼저 간호보호가 지속적으로 필요한 장애인을 위해서는 주택에 드는 비용 또는 간호를 하는 사람에 대해 지불하는 실제 경비나 일괄 급여로서 지급받을 수 있다

넷째, 이외에도 장애아동이 있는 경우에는 자녀공제에 혜택이 있다. 자녀가 18세를 넘게 되면 자녀공제를 원칙적으로 받지 못하게 되나 어린 자녀가 육체적·정신적 또는 심리적인 장애로 인하여 자녀 스스로를 유지하지 못할 때에는 원칙적으로 연령에 관계없이 자녀공제 혜택을 받는다.

다섯째, 이 밖에도 세금우대의 형태로 부가가치세와 재산세의 혜택이 있으며, 중증장애인으로서 맹인이거나 지속적인 간호보호대상, 또는 특별히 이동이 어려운 상태로 자동차를 소유한 경우에는 자동차세가 면세되며 또한 이들은 근거리 공공교통기관을 무임으로 이용할 수 있다. 따라서 특별히 거동이 어려운 중증장애인과 청각장애인은 근거리 공공교통기관을 무임 이용할 것인지 또는 자동차세에서 일정 비율 감면혜택을 받을 것인지에 대해 선택하여야 한다.

이러한 혜택이 주어지는 근거리교통기관으로는 다음과 같은 것이

있다.

- 전차, 버스, 무궤도버스(트롤리버스), 지하철 및 전철
- 기차(2등석): 장애인의 교통연계가 있는 경우와 연계차표를 이용할 수 있는 경우
- 기차(2등석): 거주지 반경 50km에 있는 근거리 교통기차, 완행열차, 급행열차 또는 국제열차(급행이나 국제열차의 경우는 이에 대한 추가비용을 지불해야 함)
- 정규, 단순 그리고 강을 건너는 교통을 위한 배로서 지역이나 인근 지역의 범위 내 지속적인 인도가 필요한 상태에 있는 장애인은 증명서에 B가 기재되어야 하는데, 인도해 주는 사람은 항시 무임승차를 할 수 있다. 다만 장애인이 스티커를 사지 않았을 경우에는 인도해 주는 사람도 지불해야 한다. 무임승차권을 가진 사람은 이와 함께 손에 든 짐, 휠체어, 보행보조기구 또는 맹인인도견에 대해서도 무임으로 승차한다.

이와 더불어 자동차보험료의 일정 부분에 대한 할인혜택이 실시되고 있다. 장애인으로서 자동차세를 완전히 면제받은 경우에는 자동차 배상책임보험료의 일부를 할인받는다. 자동차세의 일부를 감면받은 경우에는 자동차보험료의 일부도 할인받는다.

여섯째, 이밖에도 시각장애인용 서류로서 점자와 녹음테이프 등이 송부자나 수신자가 공적인 맹인기관인 경우에 국내외 우편요금을 면제받는다. 또한 장애인 증명서를 소지함으로써 많은 공공 또는 민간행사의 입장권 가격을 할인받을 수 있다. 또한 시각장애인과 청각장애인은 라디오와 TV 수신료가 면제되며, 주택수당이 제공된다. 주택수당은 가

족 수와 소득수준, 그리고 보조 가능한 집세와 부담에 따라 결정된다.

3. 교육정책

독일의 특수교육은 프랑스의 18~19세기에 걸쳐 실시된 취학의무제도와 특수교육제도 영향을 받아 시작되었다. 독일의 최초 특수학교는 1778년 라이프치히^{Leipzig} 농아학교를 시작으로 1778년 베를린, 1799년 킬^{Kiel}에 특수학교가 설립되었다. 독일의 교육은 치료교육, 특수교육, 장애아교육이라는 개념으로 발전해 왔다.

1) 특수교육보장제도

독일에서는 장애아동이 가능한 한 동년배의 정상아동들과 유치원을 같이 다녀야만 하며, 따라서 많은 장애아동과 장애청소년들은 유치원이나 일반학교에 다닐 수 있도록 지원받고 있다. 단, 장애의 종류와 정도로 인하여 장애아동이 통합교육이 안될 경우에는 특수유치원에서 특별한 지원하에 교육이 제공되어야 한다.

장애아동의 특수학교에의 취학은 각 주의 취학의무관계법에서 9개년의 "초등학교 취학의무와 이 이후 상급학교에 진학하지 못하는 청소년을 위해서 3개년의 정시제 직업학교 취학의무로 된 취학의무의 규정"을 적용하는데 이 중에서 심신의 장애 때문에 초등학교의 교육과정을 이수하지 못하는 아동에게는 "특수학교 취학의무"를 규정하여, 그들이 적절한 특수학교에 취학함으로써 초등학교 취학의무를 이행할 수 있도록 하고 있다. 이 특수학교 취학의무는 1938년의 "라이히 취학의무법"에서 전 독일에 효력을 갖는 규정을 처음 시도되었으며, 동법 제6조에서 "지적 장애 또는 신체적 장애 때문에 초등학교의 일반교육과정을 이수할 수 없거나, 충분한 효과를 갖고 이수할 수 없는 아동을 위해서는 그들에게 적절한 특수학교 또는 특별한 수업에 취학할 의무가 있다."고 규정하고 있는데, 이 조문은 현재에도 아직 일부의 주에서 유효하며, 제2차 세계대전 후 새로이 관계 법규를 제정한 주에 있어서도 특수학교 취학의무의 규정은 라이히 취학의무법과 대동소이의 조문條文이 되고 있다.

특수아의 특수학교 취학의무의 이행은 원칙적으로는 초등학교 취학의무와 같지만 시각장애인과 농아에 있어서는 몇 개의 주에서 특례가 있다. 예컨대 많은 주에서 농아는 1년 뒤져서 취학의무가 개시되어도 좋도록 되어 있고, 일부의 주에서는 취학에 필요한 성숙에 달하고 있는 경우에 미리 농학교에 입학할 수 있도록 되어 있다. 그리고 일부 주에서는 맹아와 농아는 취학의무의 개시를 3년 연기할 수 있도록 하고, 그 후 1년의 취학 대상도 인정되고 있다. 또 학습능력이 부족한 아동은 많은 주에서 1년의 취학 대상 기간이 있고, 베를린에서는 3개년의 대상 기간이 있다.

장애아동이 장애유형에 따라 취학할 수 있는 학교의 종류로는, ① 전맹아동을 수용하는 시각장애학교, ② 약시아동의 약시학교, ③ 농아의 농학교, ④ 난청아를 위한 난청학교, ⑤ 언어장애아를 위한 언어장애학교, ⑥ 지체부자유아를 위한 지체부자유학교, ⑦ 장기간에 걸친 치료 때문에 입원중인 아동을 대상으로 병원 내에 설치된 약시아학교, ⑧ 학습장애아를 위한 학습장애아학교, ⑨ 중도 정신지체아를 위한 지능장애학교, ⑩ 초등학교 과정에서 도덕의식이나 사회성이 심히 결여된 아동을 대상으로 한 행동장애아학교 등이 있다. 그 외 장애아의 단기교육을 위한 특수유아원과 학교유아원이 있다. 특수유아원은 맹, 농, 지체부자유, 언어장애 등 장애가 비교적 단기에 발견된 유아를 대상으로 하고, 학교유아원은 취학의무 연령이기는 하지만 충분히 성숙하지 못한 아동을 대상으로 하고 있는데 사정에 따라서는 4세부터의 입원도 가능한 것으로 되어 있으며, 학습장애나 지능장애아의 단기 발견에 중요한 역할을 하고 있다.

또한 장애라는 이유로 인하여 학교당국이나 학생은 자신의 선택에 의한 대학진학을 방해받아서는 안 된다. 지방의 중앙교육원에서는 교육상담자가 장애인문제에 전문지식을 갖고 도움을 주고 있다. 일정 조건을 충족한 경우 일반대학이나 이에 준하는 교육기관에서 재활서비스로써 교육을 받을 수 있다.

이외에 장애인은 연방교육촉진법에 의해 여러 가지 도움을 요청할 수 있다. 연방교육촉진법에 관한 정보는 교육촉진사무소에서 제공하고 있다. 국립대학교인 경우에는 대학에 설치된 교육촉진사무소(대개 학생조합)가 담당하고 있다.

장애학생은 연방교육촉진법에 의한 급여를 받는데 이에 대한 근본 원인이 장애에 의한 것일 경우에 한하여 각 전공에 따라 연방교육촉진법에 정해진 최고 기간 동안을 받게 된다.

2) 특수교육제도의 발달

독일의 특수교육은 18~19세기에 프랑스의 영향을 받아 시작되었고, 맹·농아를 위한 기숙제 학교가 가장 먼저 설립되었다. 농학교는 1778년

라이프치히^{Leipzig}를 시발로 1778년 베를린^{Berlin}, 1799년 킬^{Kiel}에 설립되었다. 맹학교는 1804년 비엔나, 1806년 베를린^{Berlin}, 1809년 캠니츠^{Chemnitz}에 설립되었다.

19세기에는 보습학교^{Nachklasse}가 설치되어 능력이 낮은 아동을 모아 조직적인 교육을 시도하였으며, 일반학습에 복귀시키는 과정으로 보습학급^{Hihsklassen}을 설치하였다.

맹, 농, 보습학교 등이 정비된 1900년경에는 난청아, 약시아, 언어장애아, 지체부자유아를 위한 학교가 설립되어 이들을 위한 교육을 실시하였으며, 1816년에는 최초로 언어장애 교육기관이 설립되었다.

지체부자유아 학교는 1910년 함부르크, 1911년 베를린, 1915년 브레스라우^{Breslau}에 통학제 지체부자유 학교가 설립되었고, 제1차 세계대전 이후에는 문제아와 비행아에 대한 사회적 이해가 확대되어 이들을 위한 학교가 베를린(1928), 함부르크(1921)에 설립되었다. 또한 1945년 후에는 학업부진아^{Schulversaern}라 하여 정신박약아의 집중지도제가 설립되었다.

이외에도 각종 특수학교가 정부의 과감하고도 계속적인 투자에 의하여 설립되었다. 과거 서독의 특수학교는 업무교육의 일환으로 초등학교 1학년부터 독립된 기관에서 철저한 개별지도 교육을 실시하고 있으나 아동이 부모가 원할 경우 일반학교에 다닐 수 있게 하였다.

독일의 학제^{學制}기간은 1919년 "바이마르헌법"에서 찾아볼 수 있다. 이 법 제145조는 "취학업무는 원칙적으로 최저 8학년의 초등학교^{Volks-schule}와 여기에 연결되는 18세까지의 보습학교에서 이행한다."고 규정하고 있다.

오늘날 독일의 교육은 각 주의 권한이므로 학교제도도 주에 따라 조금씩 다르지만 기본학제인 만 6세에서 만 18세까지 12년 동안 무상의무 교육이 실시되고 있으며, 이 무상의무교육은 9~10년의 전일체 취학의 무와 2~3년의 취학학교 취학의무로 이루어져 있다. 모든 사람이 똑같은 보통교육을 받는 것은 기초학교에서뿐이며, 중등교육에서는 학교의 종 류에 따라 다른 교육이 제공된다. 즉, 중등교육기관으로 직업예비학교 인 하우프트슐레Hauptschule(5~6년)와 실과학교Realschule(5~10년), 그리고 인문계 중등과정인 김나지움Gymnasium(5~13년), 1968년부터 시작된 종 합학교Gesamtschule(5~10년) 등이 있다. 기초학교Graudschule를 마친 학생 은 이들 학교 중 어딘가로 진학하게 된다. 학생 각자 최종적인 진로를 결 정할 시간을 가지기 위하여 어떤 학교에서는 5, 6학년을 관찰과정으로 정하고 있다.

하우프트슐레나 실과학교를 수료 또는 중도진학한 사람들을 위해 직업수학, 훈련을 행하는 기관으로 직업학교, 직업전문학교, 전문학교, 직업상급학교 등이 있다. 대학진학을 희망하는 학생일 경우, 김나지움 을 거치지 않고 대학입학자격을 취득할 수 있는 이른바 제2의 교육기관 인 코레크와 야간 김나지움이 있고, 최근에 와서 이러한 과정으로 대학 에 진학하는 사람은 늘어나고 있는 추세이다. 고등교육기관으로 종합대 학, 공과대학, 철학대학, 신학대학, 교육대학 등의 학문적인 대학 외에 음악대학, 예술대학 등이 있다.

한편 장애아동의 특수학교로의 취학은 각 주의 취학의무관계법에서 9개년의 "초등학교 취학의무"와 이후 상급학교에 진학하지 못하는 청소 년을 위한 3개년의 "정시제" 직업학교 취학의무로 된 규정을 적용하는데 이 중에서 심신의 장애 때문에 초등학교의 교육과정을 이수하지 못하는 아동에게는 "특수학교 취학의무"를 규정하여 그들이 적절한 특수학교에 취학함으로써 초등학교 취학의무를 이행할 수 있도록 하고 있다. 이 "특수학교 취학의무"는 1938년 "라이히취학의무법"에서 독일 전역에 효력을 갖는 규정을 처음으로 갖게 되었으며, 제6조에서 "지적장애 또는 신체적 장애 때문에 초등학교의 일반 교육과정을 이수할 수 없거나 충분한 효과를 갖고 이수할 수 없는 아동을 위해 그들에게 적절한 특수학교 또는 특별한 수업에 취학할 의무가 있다."고 규정하고 있다. 이 조문은 현재에도 아직 일부 주에서 유효하며, 제2차 세계대전 후 새로이 관계법규를 제정한 주의 특수학교 취학의무 규정은 "라이히취학의무법"과 대동소이하다.

특수아의 "특수학교 취학의무"의 이행은 원칙적으로 "초등학교 취학의무"와 같지만 맹아와 농아의 경우에는 몇 개의 주에서 특례가 있다. 예를 들면, 많은 주에서 농아는 1년 뒤져서 취학의무가 개시되어도 좋도록 되어 있고, 일부 주에서는 취학해도 될 정도로 성숙한 경우에는 미리 농학교에 입학할 수 있도록 되어 있다. 그리고 일부 주에서는 맹아와 농아는 취학의무의 개시를 3년 연기할 수 있도록 하고, 그 후에도 1년의 취학대상 기간을 주고 있고, 베를린에서는 3년의 기간을 인정하고 있다.

독일의 장애별 특수교육을 받고 있는 장애학생 수는 1998/1999년 통계에 의하면 40만 9,855명이며 이 중 11만 2,145명이 동독지역에 있다. 이 중 가장 많은 장애유형은 학습장애인으로 21만 9,755명이며 이외에 시각, 청각, 언어, 신체 및 이동장애, 정신, 정서 및 발달장애 등이 특수학교에서 교육을 받고 있다.

4. 직업재활정책

독일의 장애인정책은 제1차 세계대전 전까지만 해도 단순히 시혜적 차원에 머물러 있었으며 당시의 목적은 장애인들에 대한 사회부조적 소득보장에만 두고 있었다. 제1차 세계대전 이후 수많은 전상자문제가 대두되면서 장애인정책은 고용정책의 성격을 띠게 되었다. 이와 같이 1974년 이전까지 주로 전상자에 국한되어 고용서비스가 제공되었으나 1974년에 중증장애인의 노동, 직업 및 사회통합을 보장하기 위한 법률이 제정되면서 모든 장애인의 사회통합이 핵심적 정책이념으로 자리 잡게 되었다.

독일의 장애인고용정책은 기본적으로 중증장애인을 위한 정책이며 대표적인 법이 1974년의 중증장애인법이다. 여기서는 독일의 직업재활정책을 할당고용제도, 직업훈련, 보호작업장으로 나누어 살펴보겠다.

1) 할당고용제도

이 제도가 처음 법제화된 것은 1919년 1월 9일에 제정된 "중증부상자의 고용에 관한 규정"으로 동법에서 고용주는 전체 근로자의 1%를 중증부상자(작업수행 능력의 50% 이상 상실한 자)를 고용해야 함을 규정하면서 할당고용제도를 시작하였고, 1953년 6월 16일의 "중증부상자의 고용에 관한 법률"은 사기업 기업주에게 2~10%의 할당고용을 의무화하였고, 위반 시 50DM의 고용부담금을 납부하여야 한다는 규정을 처음으로 명시하였다. 그리고 1961년의 개정에서는 직원 수 10인 이상인 관공서에서는 10%, 종업원 수 16명 이상의 민간기업에서는 6%의 할당고용 의무가 부가되었다. 그러나 1953년과 1961년의 개정에서는 할당고용의 대상은 전상자 및 노동재해에 의한 중증장애인으로만 제한하여, 그 이외의 장애인은 대상에서 제외되었다.

장애인 고용과 관련하여 여러 차례 법률을 개정하고 제정하였고, 1974년 4월 29일 중증장애인법이 중증장애인을 위한 구체적이고 포괄적인 법으로 구성되었다.

1974년 중증장애인법의 주요 골자를 살펴보면 첫째, 장애의 종류나 원인에 관계없이 모든 중증장애인을 대상으로 하며, 둘째, 의무고용률은 16인 이상 공사기업의 6%로 상향조정하고 부담금은 100DM로 인상하며, 셋째, 해고로부터 보호하고(중앙부조사무소의 승인이 필요), 넷째, 장애인 수권대표에게 청문권 부여, 다섯째, 장애인의 근로와 관련된 도움을 제공하고, 여섯째, 장애인 보호작업장Werkstatte fur Behinderte: WfB을 설치하는 것 등이다.

1986년 7월 24일 중증장애인법을 개정하면서, "생업능력 상실률MdE"이라는 개념을 "장애의 정도GdB"라는 개념으로 바꾸었고, 아울러 해고의 위험을 줄이기 위한 규정을 강화하였으며, 고용주의 부담을 덜어주기 위해 6개월의 별도휴가를 5일로 줄였고, 부담금은 150DM로 인상하였으며(2000년부터 월 200DM로 개정되었으며 2001년부터는 차등화되어 중증장애인의 고용률이 2% 미만인 경우는 500DM, 2~3% 미만인 경우는 350DM, 3~5%인 경우는 200DM임), 장애인 수권대표의 법적 지위를 향상시켰다. 그리고 중증장애인 고용 확대방안으로 이배수고용제double counter를 처음으로 법제화하였다.

이 법에서 말하는 "중증장애인"이란 "신체나 정신 또는 정서에 장애가 있고, 이 장애로 말미암아 가동능력을 50% 이상 장기적으로 상실한 자"를 의미한다. 단, 가동능력을 30~50% 상실한 자도 일정한 조건하에서는 중증장애인에게 준하는 자로 간주한다.

현행법에서 가장 중요한 사항은 종래의 법률에서 중증장애인의 범위를 전상자와 노동재해에 의한 장애인에 한정하였으나 지금은 장애의 원인과 내용에 관계없이 모든 중증장애인을 적용범위를 확대한 점이다. 결국 현행법에 의하여 비로소 선천성 장애인과 질병 등으로 인한 중증장애인도 할당고용제도의 혜택을 받을 수 있게 되었다.

또한 2001년 7월 1일부터는 사회법전 제9편 제2부에서는 다음과 같은 사항을 새로이 규정하고 있다.

첫째, 공공 및 민간 고용주들은 상시근로자수 중 5% 이상의 중증장애인을 고용하여야 하며 그렇지 않으면 미고용수 만큼의 조정금을 납부해야 한다. 조정금액은 달성된 고용률에 따라 차등적으로 적용된다. 둘째, 중증장애인들을 위한 특별한 해고보호, 셋째, 기업에 있어서 중증장애인들의 이해를 대변할 중증장애인 대표의 대리, 넷째, 개별적으로 필요한 경우 직업생활 진입을 위한 중증장애인들을 위한 기타 지원들이다.

그리고 중증장애인법 혹은 사회법전 9편에 따르면 모든 고용주들은 비어있는 일자리를 충원할 때 중증장애인 혹은 준중증장애인이[8] 고용될 수 있는가에 대해 검토해야 한다. 뿐만 아니라 다음과 같은 조치를 통해서 일이 장애에 맞도록 개조할 것을 명시하고 있는데 이는 첫째, 필요한

---

8 독일은 장애정도가 30% 이상 50% 미만인 경우 곧바로 중증장애인 판정을 받을 수 없지만 이 사람이 장애로 인하여 노동시장에서 고용이 어려울 경우 중증장애인의 지위를 부여해준다. 독일어로는 Gleichgestellte이다.

기술적 작업보조도구를 통한 작업장의 장치, 둘째, 작업공간, 시설, 기계 및 작업공구를 장애에 적합하도록 개조 및 유지, 셋째, 취업을 통해 중증장애인들이 그들의 지식, 능력을 완전하게 발휘할 수 있도록 해야 함, 넷째, 취업을 통해 중증장애인들이 직업적 발전을 촉진하고 지속적인 직업교육에의 참여가 가능할 수 있게 해야 함, 다섯째, 중증장애인은 장애에 맞도록 파트타임 근무를 요구할 권리를 갖는다는 것이다.

여기서 고용주의 고용의무는 중증장애인 각 개인에게 일자리를 요구할 권리까지 부여하는 것은 아니다. 즉, 개별 중증장애인은 고용을 요구하거나 특정 고용주에게 고용을 요구할 수 없다. 국가에 대해서도 마찬가지이다. 그러나 사회법전 제9편의 제정에 따라 장애로 인하여 법에 위배되는 차별을 받았을 경우 금전으로 보상을 요구할 수 있다. 사회법전 제9편을 통해 위에 언급한 고용주의 의무는 중증장애인의 명확한 권리로 설명되었다. 중증장애인은 법원에 재판을 청구할 수 있다.

중증장애인법은 관공서나 민간 사업주에게 중증장애인의 고용을 의무화하고 있다. 그러나 이 법에서 말하는 중증장애인이란 원칙적으로 연방원호법의 기준에 의한 것이므로 이 법률에서 규정하고 있는 중증장애인에 해당되는가, 해당되지 않는가를 확인하는 증명은 연방원호국의 하부기관으로 전쟁희생자에 대한 의료행위 및 연금의 급부를 행하고 있는 "원호사업소"에서 발급하는 증명서로 가능하다. 5%의 할당고용률을 달성하지 못한 사업주는 중증장애인 1명을 고용하지 않은 데 대한 일정금액을 부담금으로 당해 사업소 소재지를 관할하는 주(州)중앙복지사무소에 납부하여야 한다.

주중앙복지사무소에서 징수한 주별 부담금 징수액 중 55%는 주에서 사용하고, 나머지는 연방노동사회성에서 사용한다. 연방정부는 45%

중에서 반은 자체예산으로 사용하고, 나머지 반은 연방직업안정공단에 보내어 직업재활보조금, 직업재활시설투자, 장애인 주택보조금 등에 사용한다.

중증장애인법 제11조에 의하면 의무고용기관이 보호작업장에 제품 주문을 하는 경우, 주문금액의 30%를 부담금에서 감면해 주고 있다. 그리고 고용이 곤란한 중증장애인을 고용했을 경우, 장애인 1인이 2인 이상 3인 이하로 계산된다.

사업주가 납부한 부담금의 용도는 다음과 같다.

첫째, 할당고용률을 초과하여 중증장애인을 고용하거나 중증장애인에게 훈련장소를 제공하는 사업주에 대해 중증장애인 1인당 일정 금액의 조성금을 지급한다.

둘째, 중증장애인의 직업재활을 통합적으로 돕기 위한 급부, 즉 자영업에 필요한 설비비, 교통비(통근비), 주거비(취직을 위하여 이전보다 임대료가 비싼 집으로 이사할 때 드는 비용) 등에 사용된다. 이러한 비용은 장애인 자신의 자긍심을 고려하여 장애인에게 직접 지급된다.

셋째, 장애청소년의 직업훈련센터, 직업재활원, 일반취업이 곤란한 중증장애인을 대상으로 하는 작업장 등의 운영비와 장애인용 주택건설비 등에도 충당된다.

이와 같이 부담금은 장애인을 고용하고 훈련시키는 사업주에 대한 조성금 이외에도 장애인에 대한 직접 급부 내지 재활설비 분야에도 충당되는 등 상당히 다양하게 활용되고 있다.

주중앙사회복지국은 주의 고용국과 그 하부기관인 고용사무소를 통해 부담금의 징수와 급부 이외에 중증장애인의 해고에 대한 규제서비스, 중증장애인의 취업 후의 후견, 중증장애인에 대한 특별부조 등의 업무를 주로 담당하고 있으며, 중증장애인법에 의한 사업주의 고용의무 이행에 관한 감독을 비롯하여 중증장애인의 직업상담, 직업지도, 직업소개, 취업을 위한 특별지도, 직업훈련센터와 직업재활원 및 작업장 등의 정비계획과 설립을 지도하고 있다.

중증장애인법의 또 다른 특징은 중증장애인 해고제한 규정을 두고 있다는 것이다. 중증장애인을 해고하려는 경우, 당해 해고에 대하여 중앙부조사무소의 인가를 필요로 하며, 적어도 4주간의 고지기간을 두도록 규정하고 있다. 따라서 인가 없이 행해진 해고는 무효이다.

중앙부조사무소Hauptfusorgestelle: HFS는 해고 신청이 도착한 달로부터 1개월 이내에 결정하며, 고용주는 인가가 결정된 후 1개월 이내에 한하여 해고 고지를 할 수 있다. 해당 중증장애인에게 별도로 적당한 직장이 확보되었거나 다음과 같은 경우에는 해고 제한이 적용되지 않는다.

- 중증장애인이 할당고용(의무고용)의 대상에서 제외되는 종업원에 해당하는 경우
- 기후상의 사유에 입각한 해고로 재고용이 보장되어 있는 경우
- 고용관계가 6개월 미만으로, 중증장애인이 명백하게 일시적 목적으로 고용되어 있는 경우

독일의 의무고용률은 [표 16-4]와 같이 민간부문은 2004~2008년까지 동일한 비율을 보이다가 2009년부터 완만한 증가를 보이고 있고, 공공부문은 2004년 5.6%에서 2010년 6.4%로 매년 0.1~0.2%의 증가율을 보이는 것으로 나타났다. 2010년 기준으로 민간부문과 공공부문 고용률을 비교해 보면 민간부문의 의무고용률은 4.0%, 공공부문의 의무고용률은 6.4%로 민간부문이 공공부문에 비해 상대적으로 낮은 비율을

표 16-4 | 독일 의무고용률 현황(2004~2010년)

(단위: %)

연도	2004	2005	2006	2007	2008	2009	2010
민간부문 고용률	3.7	3.7	3.7	3.7	3.7	3.9	4.0
공공부문 고용률	5.6	5.7	5.9	6.0	6.1	6.3	6.4
평균 고용률	4.1	4.2	4.3	4.2	4.3	4.5	4.5

※ 출처: BIH(2012), Jahresbericht, 2011/2012.
  http://www.universum.de/uploads/25/JB_BIH12_041012_screen.pdf

표 16-5 | 독일 중증장애인 근로자 현황(2010년)

(단위: 명, %)

구분	남성	여성	중증장애 근로자
15세 미만	*(3자리 이하 표기 안 함)	*	3(0.0)
15세~20세 미만	1,547	950	2,497(0.3)
20세~25세 미만	6,059	4,665	10,724(1.2)
25세~30세 미만	10,056	8,417	18,473(2.0)
30세~35세 미만	15,388	13,495	28,883(3.2)
35세~40세 미만	25,183	20,881	46,064(5.1)
40세~45세 미만	52,168	43,170	95,338(10.5)
45세~50세 미만	84,643	67,071	151,714(16.8)
50세~55세 미만	106,763	86,414	193,177(21.4)
55세~60세 미만	133,814	103,139	236,953(26.2)
60세 이상	75,786	44,042	119,828(13.3)
초고령층	*(3자리 이하 표기 안 함)	*	184(0.0)
합계	511,525	392,313	903,838(100.0)

※ 출처: BIH(2012), Jahresbericht, 2011/2012.
  http://www.universum.de/uploads/25/JB_BIH12_041012_screen.pdf

보이고 있었다.

2010년 10월 기준으로 독일의 중증장애인 근로자 수는 [표 16-5]와 같이 903,838명(의무고용률 4.5%)이며 이 중 남성은 511,525명, 여성은 392,313명으로 나타났다. 40세 이상의 중증장애인 근로자가 88.2%로 40세 미만 근로자 11.8%에 비해 약 8배 높게 나타나 중증장애인 근로자가 고령화되고 있음을 알 수 있었다(BIH, 2012).

2) 보호고용

장애인이 자신의 장애유형이나 정도로 인하여 일반노동시장에 참여하지 못하거나 아직 참여할 수 없는 경우에, 장애인작업소(장애인공장)를 이용할 수 있다. 이곳에서는 장애인에게 가능한 한 일반노동시장으로 연계될 수 있도록 준비하고 있다. 장애정도가 매우 심한 최중도장애인은 이용할 수 없으며, 임금은 일반근로자 임금의 6분의 1에서 3분의 1 수준이다. 연방정부로부터 임금보조는 없으며, 대신 건물이나 설비비, 운영비를 보조해 준다. 그리고 생산되는 물품은 공공기관에 우선발주가 의무화되어 있고, 고용기간에 제한이 없기 때문에 장기고용되는 경우가 많다.

독일은 2002년 현재 656개소의 보호작업장에 약 19만 5천여 명의 장애인이 고용되어 있으며, 동독지역에 173개의 보호작업장에 3만 5천여 명의 장애인이 고용되어 있다.

대표적인 보호고용은 보호작업장으로, 보호고용의 형태는 거의 보호작업장으로 한정되어 있다. 보호작업장의 운영주체는 법적으로 등기를 필한 사단 및 재단법인, 유한회사, 목적조합 등의 형태를 취하고 있다. 실제로는 민간주체가 주이고, 이외에 교회, 지방자치단체 등이 운영 주체인 경우도 있다. 보호작업장의 인가는 신청에 따라 연방노동청이 사회부조기관의 동의를 받아 행하는 것으로 되어 있다(중증장애인법 제57조).

보호작업장은 직업훈련부문과 노동부문으로 나뉜다. 직업훈련부문은 다시 기초과정과 상급과정으로 나뉘며, 각각 1년을 수료기간으로 하고 있다. 보호작업장의 형태로는 장애인 수용시설 중의 독립된 일부의 형태, 기업 중 독립된 일부의 형태, 동일한 운영주체에 의해서 운영되는 가의 여부를 불문한 일정 지역 내 여러 보호작업장의 연합체 형태를 취하기도 한다.

보호작업장은 적응, 작업훈련, 그리고 작업 등의 세 영역으로 나누어진다. 작업영역에 소속된 장애인들에 대해서는 사회보조청이 생계지원 등의 개별적 재정지원을 하고 있고, 적응영역과 작업훈련 영역에서의 개별지원은 노동청이 담당한다.

보호작업장은 직업재활과 장기적 고용기회의 제공이라는 두 가지 기능을 동시에 가지고 있으나 사실상 직업재활을 통한 일반 노동시장에의 복귀는 별로 이루지 못하고 있다. 장기적인 고용기회를 제공한다는 측면에서 보면 보호작업장도 경제성이 강조될 수밖에 없고, 그 과정에서 직업재활의 측면이 등한시될 수밖에 없다. 여러 가지 국가적인 지원에도 불구하고 보호작업장에 고용된 장애인들에게 충분한 임금을 지급하지 못하는 것은 당연하다.

보호작업장은 사회적 요청에 따라 장애인에게 노동을 제공하는 시설이기 때문에 일반상품시장에서 다른 이윤추구형 경영체로부터 보호될 필요가 있다. 보호의 내용은 첫째, 시설의 건축비와 확장, 그리고 변경 시 보조금 지급, 둘째, 시설 운영에 따른 경상경비 보조, 셋째, 훈련수당의 지급, 넷째, 보호작업장의 일거리 확보 등이 포함된다.

1980년도까지 보호작업장의 건축비는 연방정부와 주정부로부터 약 12억 DM를 지원받았고, 그 이후로 의무고용율 미달성 기업이 납부한 부담금에서 건축비와 보조금 등이 지급되고 있다. 보호작업장 입소판정 중에 있거나 직업훈련을 받고 있는 장애인에 대해서는 훈련수당이 지급되며, 보호작업장에 취업하고 있는 장애인에게는 보수가 지급된다. 이들에게 지급되는 보수는 일반 근로자의 6분의 1 내지 3분의 1 수준이다.

3) 직업훈련

독일에서의 장애인 직업훈련과정은 노동사무소의 직업선택 상담에서부터 직업훈련직종 제시 등 재활전문가들의 노력이 집중적으로 투입되고 직업선택이나 직업훈련 직종이 정해지면 엄격한 직업훈련을 통하여 정확한 기술기능을 습득하게 된다. 취업희망 장애인이 거주지 노동사무소에 구직 또는 직업훈련을 신청하면 직업재활비용 부담자를 결정한 후 초기직업평가를 실시하여 직업훈련기관을 결정한다. 독일의 직업훈련은 연방직업안정공단 산하 직업안정소와 직업훈련기관의 공동작업에 의하여 이루어진다. 이것은 장애인에게도 일반인과 똑같은 독일 특유의 '이원체계'가 적용되는 것이며 장애인에게 사업체의 현장실습이 어려운 점을 감안하여 직업재활기관 내에 사업체와 똑같은 현장실습을 할 수 있도록 교과과정 계획 수립 및 시설을 갖추고 있다.

직업경험이 없는 장애인은 청소년 직업훈련기관에서 훈련을 받고, 직업경험이 있거나 전업을 위한 새로운 기술습득을 위한 장애인은 중도

장애인 직업훈련기관에서 훈련을 받으며, 직업훈련 부적격자는 보호작업장에 수용된다. 장애유형과 장애정도에 따라 적격 직업훈련기관이 결정되면 거주지와 별도의 기관에서 훈련을 받을 수도 있다.

5. 편의시설정책

독일은 1919년 1월 9일 "장애인 고용을 위한 법령"이 최초로 제정된 후 수차례의 개정을 통하여 장애인의 고용이나 사회통합을 위한 편의시설의 설치 등에 관한 법률들이 나왔다. 특히 장애인의 재활과 노인들의 생활환경 개선을 위한 노력들이 많은 분야에서 진행되었다. 모든 대책의 성공을 위한 가장 중요한 전제는 장애가 없는 환경의 조성이다. 이는 집이나 작업장소뿐만 아니라 전반적인 공공장소, 즉 거리, 공간, 길, 공공건물에도 해당된다. 이 지침의 목표는 대부분 타인의 도움을 받지 않고 독립적인 행동을 가능케 하는 데 있다. 그리고 그 밖에 인간의 평균수명이 길어진 결과, 증가하는 노인의 수로 인해 장애인을 위한 건축상의 대책을 마련하기 위한 설계원칙으로 이 규격들의 장점은 다른 모든 사람들, 특히 유모차나 짐을 가진 사람들에게도 도움이 된다. 표준 건축은 새 건축물에서뿐만 아니라 모든 건축상의 개조 시에도 적용된다.

1) 건축

독일의 건축 관련 법령에서는 건물의 입구는 가능한 한 정문에는 계단이 없어 쉽게 접근할 수 있어야 한다. 입구는 표지판을 부착하여 눈에 띄게 하며, 휠체어용 계단을 설치해야 한다. 그러나 그 경사가 6% 이상이어서는 안 되고, 너비는 최소한 120cm이어야 한다. 600cm 이상의 휠체어용 계단에는 최소 120cm 길이의 층계참이 휠체어용 계단의 처음과 끝에 배치되어야 한다. 휠체어용 계단에는 손잡이를 설치하고, 계단 없이 닿을 수 있는 입구는 최소한 95cm의 순수 통과너비를 확보해야 한다. 문은 회전문이거나 미는 문으로 만들고, 자동개폐기(바닥 접촉 스위치나 센서 작동의 스위치)를 설치해야 한다. 자동개폐기가 있는 회전문은 운행방향의 한쪽에서만 사용되어야 하며, 회전문과 좌우 개폐문은 휠체어 사용자에게는 통행이 불가능하다. 문지방과 수평면의 차이는 2.5cm까지만 허용된다.

단지 계단을 통해서만 넘을 수 있는 수평면의 차이는 허용되지 않는다. 특별한 경우(역의 레일 지하로)에는 수평면 차이를 넘는 데 휠체어용 계단이 적합하다. 이 휠체어용 계단은 8%의 경사를 넘어서는 안 되며, 그 전체 길이의 양쪽에 손잡이와 함께 설치한다. 양쪽 손잡이는 사이를 측정하여 그 너비가 최소 150cm이 되도록 해야 하고, 제동 가능한 표면을 깔아야 한다.

수평면 차이를 넘기 위해 승강기가 필요하다. 최소한 승강기 1대의 수용공간은 순수너비 110cm, 순수높이 140cm, 순수 문 너비 80cm 이상이어야 한다. 승강기 입구 앞에는 최소한 140cm×140cm의 활동면이 필요하다. 모든 공간(화장실 예외)에는 최소한 140cm×140cm의 활동면이 있어야 하며, 모든 문은 최소한 85cm의 통과너비가 확보되어야 한다. 통과 개찰구의 순수너비는 최소 85cm 이상이어야 한다.

2) 교통

교통설비에 있어서도 보도의 너비는 최소 150cm, 간선도로에 있는 보도의 너비는 200cm여야 한다. 순수한 너비가 부득이한 경우, 교통표지판, 전신주, 나무 등으로 제약받을 수는 있지만 건물이나 다른 물체들로 제한되어서는 안 된다. 그리고 6% 이상의 경사가 진 보도는 제동이 걸리는 표면을 설치해야 하고, 8% 이상의 경사진 보도는 지형상의 여건으로 불가피하지 않는 한 피해야 한다.

또한 차선 위에 영구적으로 보행자 횡단보도 표시를 만든다. 횡단보도의 조명을 위해 보통의 거리 조명과 차이가 있는 빛의 색이 요망된다. 그리고 넓은 도로, 특히 총 3차선 이상의 도로에는 단계적으로 횡단하기 위한 보행자 안전지대의 배치가 바람직하다. 여기에서 하나의 안전지대를 거치는 보행자 횡단보도는 최소한 300cm 너비로 설계하고, 안전지대의 높은 보도는 보행자 횡단보도 범위 내에서 높이를 낮춘다. 또한 안전지대의 거리, 즉 보행방향에서 측량은 보행자 횡단보도 범위에서 휠체어를 고려하여 250cm이어야 하며, 최솟값이 160cm에 미치지 않으면 안 된다.

교통이 빈번한 차도를 횡단하기 위하여 적당한 곳에 신호등 조정장치가 있는 보행자 횡단보도가 배치되어야 하고, 보행자가 직접 스위치로 조정할 수 있어야 한다. 스위치는 105cm 높이에 설치되어야 하며, 맹인센터나 노인복지소 근처에 있는 횡단보도에는 부가적으로 청각신호음 장치가 적합하다. 다만 교차로에 있는 신호음과 혼동이 일어나지 않는 것을 전제로 한다.

보행자 횡단보도가 2차원(지하도나 육교)에 설치되어야 한다면 계단

외에 휠체어용 계단이나 수직의 수송장치(승강기)가 마련되어야 하며 다음과 같은 규정이 준수되어야 한다.

첫째, 계단은 나선형이어서는 안 된다. 그 길이의 전체와 양쪽에 긴 손잡이가 설치되어야 하며, 경우에 따라 휴식을 위한 중간층계(계단과 계단 사이의 여유공간)를 추가해야 한다. 계단은 양쪽 손잡이 사이를 측정하여 최소한 150cm 너비 이상이어야 하며, 가급적 250cm 너비가 권장된다. 층계는 요철형의 표면으로 하며, 돌출되어 있는 디딤대는 피한다. 31분의 16의 경사비가 적합하고 손잡이는 잘 거머쥘 수 있어야 하며, 안정된 받침 역할을 해야 한다.

둘째, 지하도나 육교의 통로 역할을 하는 휠체어용 계단(경사로)은 8%의 경사를 초과해서는 안 된다. 길이 전체와 양쪽에 손잡이를 설치해야 하는데, 휠체어용 계단은 양 손잡이를 측정하여 너비가 최소 150cm가 되어야 하고, 요철형 표면으로 설치해야 한다.

셋째, 지하도, 육교, 계단, 휠체어용 계단은 조명이 설치되어야 한다.

넷째, 지하도, 계단, 휠체어용 계단은 난방장치를 통해 결빙되지 않도록 설치하는 것이 바람직하다.

다섯째, 표지판을 부착하여 지하도나 육교뿐만 아니라 휠체어용 계단의 유무에 주의를 끌게 한다.

공공교통로에 설치되어 있는 주차장에는 최소한 3%의 자가용 주차공간을 장애인(보행 장애인이나 휠체어 사용자) 전용으로 마련해 놓아야 한다. 주차공간은 건물 가까이 있어야 하고, 가능하면 차양을 설치하도록 하며, 주차장소에서 승강기에 바로 연결되도록 배치한다. 장애인 전용 주차공간은 승·하차가 가능하도록 350cm 너비로 설치한다.

참고문헌

강병근(1998),『장애인편의시설과 건축, 편의시설 다시보기』, 장애인편의시설 촉
　　진모임.
강위영 · 나운환 · 박경순 · 류정진 · 정명현 · 김동주 · 정승원 · 강윤주(2008),
　　『직업재활개론』, 도서출판 나눔의집.
교육부(2015),「2015 특수교육연차보고서」, 교육부.
나운환(2014),「한국 장애인복지 60년 역사와 과제」, 제43회 RI Korea재활대회,
　　한국장애인재활협회.
＿＿＿＿＿(2001),『장애인 직업재활을 위한 장애인복지시설 및 단체의 역할연구』, 한
　　국장애인총연합회.
＿＿＿＿＿(2001),『직업재활기금사업지침서』, 한국장애인재활협회.
＿＿＿＿＿(1997),『정보공학을 활용한 재활분야의 이노베이션』, 국제원격교육학술대
　　회, 한국교육공학회.
나운환 역(1994),『재가장애인을 위한 훈련지침서』, 한국장애인재활협회.
나운환 외(2014),『재활행정』, 집문당.
＿＿＿＿＿＿(1997),『비교장애인복지정책』, 한국장애인재활협회.
남상만, 나운환, 유명화(2002),『장애인복지개론』, 홍익재.
보건복지부(2016),「장애인복지사업안내」.
＿＿＿＿＿＿＿(2015),「장애인복지시설일람표」.
＿＿＿＿＿＿＿(2007),「보건복지백서」.
보건복지부 · 한국보건사회연구원(2014),「2014년도 장애인실태조사」, 한국보건
　　사회연구원.
이달엽(1997),『재활과학론』, 형설출판사.
한국갤럽조사연구소(1995),「한국장애자와 일반인의 의식」, 한국갤럽조사연구소.
한국장애인재활협회(2006),『장애인복지50년사』, 한국장애인재활협회.
한국재활재단(1997),『한국장애인복지변천사』, 양서원.

手塚直樹(1995), 障害者福祉論, 東京: 光生館.

Albrecht, G. L., Walker, V. G., & Levy, L. J. (1982), "Social distance from the stigmatized: A test of two theories", *Social Science and Medicine* 16: 1323.

American Medical Association(1984), *Guide to the Evaluation of Permanent Impairment*, Chicago: AMA.

Baldwin, M. L. (1997), "Can the ADA achieves its employment goals?", *Annals of the American Academy of Political and Social Science*, 549: 37-52.

Baldwin, M. L., & Johnson, W. G. (1994), Labour market discrimination against men with disabilities, *The Journal of Human Resources*, 14(1), 22-30.

Barnes, C., Mercer, G., & Shakespeare, T. (1999), *Exploring disability: A Sociological introduction*, Polity Press.

Beaty, C. & Fothergill, S. (2013), "Disability benefits in the UK: an issue of health or jobs?", in C. Lindsay and D. Houston(eds.) *Disability benefits, welfare reform and employment policy*, Basingstoke: Palgrave Macmillan, pp. 15-32.

Bellini, J., Bolton, B., & Neath, J. (1998), "Operationalizing Multiple Services Extended Time as a Measure of Service Intensity", *Journal of Rehabilitation Administration*, 22(1), 47-66,

Bergs, J., Foit, J. & Prokop, E. (1987), *Berufliche Rehabilitation-Die Umschulung Erwachsener Krperbehinderter in Berufsfrderungswerk Munchen*, Munchen.

Berndt, W. (1981), *Current Trends in Special Education in the Federal Republic of Germany with Particular Reference to the Physically Handicapped*, Paper Presented at the Conference on Cerebral Palsy, Dublin, Ireland.

Birch, J. & Zettel, J. (1977), "Fiscal Arrangements of Public Law 94-142", *Exceptional Children*, 44.

Bitter, J. A. (1979), *Introduction to Rehabilitation*, U.S.A: The C. V. Mosby Compamy.

Blanck, P. D. (2000), *Employment, disability, and the americans with disabilities act: Issues in law, public policy, and research*, Northwestern Univ. Press.

Brown, Steven. (2002), "What is disability culture?", *Disabilities Studies Quarterly* 22, 2(Springs): 34-50. http://www.dsq-sds.org/2002-spring-toc.html.

Brabham, R., Mandeville, K. A., & Koch, L. (1998), "The State-Federal Vocational Rehabilitation Program", *Rehabilitation Counseling: Basic and*

Beyond, Austin, TX: Pro-ed.

Campbell, j., & Oliver, L. W. (1996), *Disability Politics: Understanding Our Past Changing Our Future*, London: Routledge.

CARF. (1998), *1998 Standards manual*, The Commission on Accreditation of Rehabilitation Facility.

Chemerinsky, E. (1999), "Unfulfilled promise: The Americans with Disabilities Act", *Trial*, 35(9).

Cohen, J. S. (1976). "Vocational Guidance & Employment", In W. M. Cruickshank, *Cerebral Palsy*, N. Y: Syracuse Univ. Press.

Cook, D. (1998), "Psychosocial impact of disability", In K. Parker & E. Szymanski(Eds.), *Rehabilitation Counseling: Basic and Beyond*, Austin, TX: Pro-ed.

Cronin, M., Patton, J., & Lock, R. (1997), "Transition planning", In T. Harrington(Ed.), *Handbook of Career Planning for Students with Special Needs*, Austin, TX: Pro-ed.

Danek, M., Wright, G. N., Leahy, M. J., & Shapson, P. R. (1987), "Introduction to rehabilitation competency studies", *Rehabilitation Counseling Bulletin*, 31, 94-93.

Darkwa, O. K. (1998), "The Social Service Delivery System", *Social Work Courses on the Web*, University of Illinois a Chicago.

Department of Social Security(1998), *New Ambitions for Our Country-A New Contract for Welfare*, London: Stationary Office.

Der Bundesminister fuer Bildung und Wissenschaft(Hg.)(1992), *Berufsausbildung im Dualem System in der Bundesrepublik Deutschland*, 2, berarbeitete Auflage, Bonn.

Dillingham, J. (Ed.)(1996), *Use of technology to aid clients in employment*, Unpublished Manuscript, Hot Spring, AR: Arkansas Research and Training Center.

Dimichael, S. (1969), "*Vocational Rehabilitation Past & Present*", In D. Malikin(Eds), *Vocational Rehabilitation of the Disabled an Overview*, N. Y: New York Univ. Press.

Drake, R. F. (1999), *Understanding Disability Policies*, London: MACMILLAN Press Ltd.

Ferguson, B., McDonnell, J., & Drew, C. (1993), "Type and frequency of social interactions among workers with and without mental retardation", *American Journal on Mental Retardation*, 97, 530-540.

Flowers, C. R., Strong, R., Turner, T. N., Moore, C. L., & Edwards, D. W. (1998), "State Vocational Rehabilitation Agencies and Preservice Educational Programs: Are Complimentary Need Being Met?", *Rehabilitation Counseling Bulletin*, 41(3), 217-230.

Ford, L., & Sweet, E. (1999), "Job placement and rehabilitation counselors in the state-federal system", *Rehabilitation Counseling Bulletin*, 42.

Grover, C. and Piggott, L. (2015), *Disabled people, work and welfare: Is employment really the answer?*, Policy Press.

Hagglund, K. J., & Heinemann, A. W. (2006), *Applied Disability and Rehabilitation Research*, New York: Springer Publishing Company.

Hagner, D. C., Butterworth, J., & Keith, G. (1995), "Strategies and barriers in facilitating natural supports for employment of adults with severe disabilities", *Journal of the Association for Persons with Severe Handicaps*, 20: 110-120.

HREOC(2002), *Annual Report 2000-2001*, Human Rights and Equal Opportunity Commission.

Jenkins, W., & Strauser, D. (1999), "Horizontal expansion of the role of the rehabilitation counselor", *Journal of Rehabilitation*, 65(1).

Levine, P. & Hourse, S. (1998), "What follow-up studies say about postschool life for young men and women with learning disabilities: A Critical Look at the Literature", *Journal of Career Assessment*, 3.

Linton, S. (1988), *Claiming disability: Knowledge and identity*, NY: New York University Press. An Excerpt. Posted in Society for Disability Studies, "Articles about disability studies."

Louis Harris and Associates(1995), The N.O.D./*Harris survey on employment of people with disabilities*, N.Y: Louis Harris and Associates

Marinelli, R. P., & Dell orto A. E. (1999), *The psychological & social impact of disability*, Springer Publishing Company, Inc.

McGowan, & Porter(1967), *An Introduction to the Vocational Rehabilitation Process*, Washington D.C.: Goverment Printing Office.

Monaghan, Peter(1998), "Pioneering field on disability studies challenges established approaches and attitudes", *Chronicle of Higher Education*, 23. Posted under "Articles about Disability Studies," http://www.uic.edu/ orgs/sds/articlees/html.

National Council on the Handicapped(1986), *Toward Independence: An Assessment of Federal Laws and Programs Affecting Persons with Disabilities-With Legislative Recommendation*, A Report to the President and to the Congress of the United States.

Northwest Economic Research Center(2013), Vocational rehabilitation; Return on invest in Oregon.

O'Brien, J. K.(1996), "Rehabilitation facilities", In W. Crimando & T. F. Riggar(Eds.), *Utilizing Community Resources*, Debray Peach, FL: St. Lucie Press.

Parker, R. M., & Szymanski, E. M.(1998), *Rehabilitation counseling: Basics and Beyond*(3rd ed.), Texas: Pro-ed.

Pothier, D., & Devlin, R.(2006), *Critical Disability Theory*, Vancouver: UBC Press.

Racino, J. A.(1999), *Policy, program evaluation and research in disability*, The Haworth Press, Inc.

Renzaglia, A., & Hutchtus, M.(1998), "A community-refferenced approach to preparing persons with disabilities for employment", In P. Wehman & M. S. Moom(Eds.), *Vocational Rehabilitation and Supported Employment*, Baltimore: Brookes.

Rioux, Marcia., & E, Zubrow(2001), "Social disability and the public good", In *The market of the public domain: Global governance and the asymmetry of power*, ed. Daniel Drache, 148-71. NY: Routledge.

Roessler, R. T, & Rubin, S. E.(2006), *Case Management and Rehabilitation Counseling*(4rd ed.), Austin, TX: PRO-ED.

RSA.(2001), State Vocational Rehabilitation Services, Annual Report.

Rubin, S. E., & Roessler, R. T.(2004), *Foundations & the Vocational Rehabilitation Process*, Baltimore: Univ. Park Press.

_____(2001), *Foundations & the Vocational Rehabilitation Process*, Baltimore: Univ. Park Press.

Schneider, M.(1999), "Achieving greater independence through assistive

technology, Job Accommodation and Supported Employment",
Journal of Vocational Rehabilitation, 12(2).

Shapiro, Lawrence(2002), Incorporating sexual surrogacy into the Ontario
Direct Funding Program, *Disabilities Studies Quarterly* 22, 4(fall): 72-81.
Page references in text are based on html format. http://www.dsq-
sds.org/2002-fall-toc.html.

Thomson, R. G.(1988), Incopotating disability studies into American
studies, http://www.georgetown.edu/crossroads/interests/ds-hum/
thomson.html.

WHO(1980), "International Classification of Impairments", *Disabilities &
Handicaps*, Geneva: WHO.

Wolfensberger, W.(1972), *The Principle of Normalization in Human Services*,
Toronto: National Instituter on Mental Retardation.

Wolfensberger & Thomas(1983), *Program analysis of services systems in plementation
of normalization goals*, University Park Press.

Wright, G. N.(1970), *Total Rehabilitation*, Little Brown and Company.

http://www.acces.nysed.gov/vr
http://www.cencus.gov
http://www.dol.gov
http://www.ed.gov
http://www.governor.state.tx.us
http://www.hhs.gov
http://www.kepad.or.kr
http://www.ksrd.or.kr
http://www.mohw.go.kr
http://www.ncd.gov
http://www.nod.org
http://www.nso.go.kr
http://www.rehab.state.tx.us
http://www.resource-mn.org
http://www.tsha.utexas.edu
http://www.work.go.kr

찾아보기

장애학_통합재활적 접근

부록

장애인복지법

[제정 81. 6. 5. 법률 제3452호, 일부개정 15.12.29. 법률 제13663호]

제1장 총칙

제1조 (목적) 이 법은 장애인의 인간다운 삶과 권리보장을 위한 국가와 지방자치단체 등의 책임을 명백히 하고, 장애발생 예방과 장애인의 의료 · 교육 · 직업재활 · 생활환경개선 등에 관한 사업을 정하여 장애인복지대책을 종합적으로 추진하며, 장애인의 자립생활 · 보호 및 수당지급 등에 관하여 필요한 사항을 정하여 장애인의 생활안정에 기여하는 등 장애인의 복지와 사회활동 참여증진을 통하여 사회통합에 이바지함을 목적으로 한다.

제2조 (장애인의 정의 등) ① "장애인"이란 신체적 · 정신적 장애로 오랫동안 일상생활이나 사회생활에서 상당한 제약을 받는 자를 말한다.
② 이 법을 적용받는 장애인은 제1항에 따른 장애인 중 다음 각 호의 어느 하나에 해당하는 장애가 있는 자로서 대통령령으로 정하는 장애의 종류 및 기준에 해당하는 자를 말한다.
1. "신체적 장애"란 주요 외부 신체 기능의 장애, 내부기관의 장애 등을 말한다.
2. "정신적 장애"란 발달장애 또는 정신질환으로 발생하는 장애를 말한다.
③ "장애인학대"란 장애인에 대하여 신체적 · 정신적 · 정서적 · 언어적 · 성적 폭력이나 가혹행위, 경제적 착취, 유기 또는 방임을 하는 것을 말한다.

제3조(기본이념) 장애인복지의 기본이념은 장애인의 완전한 사회 참여와 평등을 통하여 사회통합을 이루는 데에 있다.

제4조(장애인의 권리) ① 장애인은 인간으로서 존엄과 가치를 존중받으며, 그에 걸맞은 대우를 받는다.
② 장애인은 국가 · 사회의 구성원으로서 정치 · 경제 · 사회 · 문화, 그 밖의 모든 분야의 활동에 참여할 권리를 가진다.
③ 장애인은 장애인 관련 정책결정과정에 우선적으로 참여할 권리가 있다.

제5조(장애인 및 보호자 등에 대한 의견수렴과 참여) 국가 및 지방자치단체는 장애인 정책의 결정과 그 실시에 있어서 장애인 및 장애인의 부모, 배우자, 그 밖에 장애인을 보호하는 자의 의견을 수렴하여야 한다. 이 경우 당사자의 의견수렴을 위한 참여를 보장하여야 한다.

제6조(중증장애인의 보호) 국가와 지방자치단체는 장애 정도가 심하여 자립하기가 매우 곤란한 장애인(이하 "중증장애인"이라 한다)이 필요한 보호 등을 평생 받을 수 있도록 알맞은 정책을 강구하여

야 한다.

제7조(여성장애인의 권익보호 등) 국가와 지방자치단체는 여성장애인의 권익을 보호하고 사회참여를 확대하기 위하여 기초학습과 직업교육 등 필요한 시책을 강구하여야 한다.

제8조(차별금지 등) ① 누구든지 장애를 이유로 정치 · 경제 · 사회 · 문화 생활의 모든 영역에서 차별을 받지 아니하고, 누구든지 장애를 이유로 정치 · 경제 · 사회 · 문화 생활의 모든 영역에서 장애인을 차별하여서는 아니 된다.
② 누구든지 장애인을 비하 · 모욕하거나 장애인을 이용하여 부당한 영리행위를 하여서는 아니 되며, 장애인의 장애를 이해하기 위하여 노력하여야 한다.

제9조(국가와 지방자치단체의 책임) ① 국가와 지방자치단체는 장애 발생을 예방하고, 장애의 조기 발견에 대한 국민의 관심을 높이며, 장애인의 자립을 지원하고, 보호가 필요한 장애인을 보호하여 장애인의 복지를 향상시킬 책임을 진다.
② 국가와 지방자치단체는 여성 장애인의 권익을 보호하기 위하여 정책을 강구하여야 한다.
③ 국가와 지방자치단체는 장애인복지정책을 장애인과 그 보호자에게 적극적으로 홍보하여야 하며, 국민이 장애인을 올바르게 이해하도록 하는 데에 필요한 정책을 강구하여야 한다.

제10조(국민의 책임) 모든 국민은 장애 발생의 예방과 장애의 조기 발견을 위하여

노력하여야 하며, 장애인의 인격을 존중하고 사회통합의 이념에 기초하여 장애인의 복지향상에 협력하여야 한다.

제10조의2(장애인정책종합계획) ① 보건복지부장관은 장애인의 권익과 복지증진을 위하여 관계 중앙행정기관의 장과 협의하여 5년마다 장애인정책종합계획(이하 "종합계획"이라 한다)을 수립 · 시행하여야 한다.
② 종합계획에는 다음 각 호의 사항이 포함되어야 한다.
1. 장애인의 복지에 관한 사항
2. 장애인의 교육문화에 관한 사항
3. 장애인의 경제활동에 관한 사항
4. 장애인의 사회참여에 관한 사항
5. 그 밖에 장애인의 권익과 복지증진을 위하여 필요한 사항
③ 관계 중앙행정기관의 장은 장애인의 권익과 복지증진을 위하여 관련 업무에 대한 사업계획을 매년 수립 · 시행하여야 하고, 그 사업계획과 전년도의 사업계획 추진실적을 매년 보건복지부장관에게 제출하여야 한다.
④ 보건복지부장관은 제3항에 따라 제출된 사업계획과 추진실적을 종합하여 종합계획을 수립하되, 제11조에 따른 장애인정책조정위원회의 심의를 미리 거쳐야 한다. 종합계획을 변경하는 경우에도 또한 같다.
⑤ 보건복지부장관은 종합계획의 추진성과를 매년 평가하고, 그 결과를 종합계획에 반영할 필요가 있는 경우에는 제4항 후단에 따라 종합계획을 변경하거나 다음 종합계획을 수립할 때에 반영하여야 한다.

⑥ 제1항부터 제5항까지에서 규정한 사항 외에 종합계획의 수립 시기, 절차 및 방법 등에 관하여 필요한 사항은 대통령령으로 정한다.

제10조의3(국회에 대한 보고) 보건복지부장관은 종합계획을 수립하거나 해당 연도의 사업계획, 전년도 사업계획의 추진실적, 추진성과의 평가를 확정한 때에는 이를 지체 없이 국회 소관 상임위원회에 보고하여야 한다.

제11조(장애인정책조정위원회) ① 장애인 종합정책을 수립하고 관계 부처 간의 의견을 조정하며 그 정책의 이행을 감독·평가하기 위하여 국무총리 소속하에 장애인정책조정위원회(이하 "위원회"라 한다)를 둔다.
② 위원회는 다음 각 호의 사항을 심의·조정한다.
1. 장애인복지정책의 기본방향에 관한 사항
2. 장애인복지 향상을 위한 제도개선과 예산지원에 관한 사항
3. 중요한 특수교육정책의 조정에 관한 사항
4. 장애인 고용촉진정책의 중요한 조정에 관한 사항
5. 장애인 이동보장 정책조정에 관한 사항
6. 장애인정책 추진과 관련한 재원조달에 관한 사항
7. 장애인복지에 관한 관련 부처의 협조에 관한 사항
8. 그 밖에 장애인복지와 관련하여 대통령령으로 정하는 사항
③ 위원회는 필요하다고 인정되면 관계 행정기관에 그 직원의 출석·설명과 자료 제출을 요구할 수 있다.
④ 위원회는 제2항의 사항을 미리 검토하고 관계 기관 사이의 협조 사항을 정리하기 위하여 위원회에 장애인정책조정실무위원회(이하 "실무위원회"라 한다)를 둔다.
⑤ 위원회와 실무위원회의 구성·운영에 관하여 필요한 사항은 대통령령으로 정한다.

제12조(장애인정책책임관의 지정 등) ① 중앙행정기관의 장은 해당 기관의 장애인정책을 효율적으로 수립·시행하기 위하여 소속공무원 중에서 장애인정책책임관을 지정할 수 있다.
② 제1항에 따른 장애인정책책임관의 지정 및 임무 등에 관하여 필요한 사항은 대통령령으로 정한다.

제13조(지방장애인복지위원회) ① 장애인복지 관련 사업의 기획·조사·실시 등을 하는 데에 필요한 사항을 심의하기 위하여 지방자치단체에 지방장애인복지위원회를 둔다.
② 제1항의 지방장애인복지위원회를 조직·운영하는 데에 필요한 사항은 대통령령으로 정하는 기준에 따라 지방자치단체의 조례로 정한다.

제14조(장애인의 날) ① 장애인에 대한 국민의 이해를 깊게 하고 장애인의 재활의욕을 높이기 위하여 매년 4월 20일을 장애인의 날로 하며, 장애인의 날부터 1주간을 장애인 주간으로 한다.
② 국가와 지방자치단체는 장애인의 날의 취지에 맞는 행사 등 사업을 하도록 노

력하여야 한다.

제15조(다른 법률과의 관계) 제2조에 따른 장애인 중 「정신보건법」과 「국가유공자 등 예우 및 지원에 관한 법률」등 대통령령으로 정하는 다른 법률을 적용 받는 장애인에 대하여는 대통령령으로 정하는 바에 따라 이 법의 적용을 제한할 수 있다.

제16조(법제와 관련된 조치 등) 국가와 지방자치단체는 이 법의 목적을 달성하기 위하여 필요한 법제法制 · 재정과 관련된 조치를 강구하여야 한다.

제2장 기본정책의 강구

제17조(장애발생 예방) ① 국가와 지방자치단체는 장애의 발생 원인과 예방에 관한 조사 연구를 촉진하여야 하며, 모자보건사업의 강화, 장애의 원인이 되는 질병의 조기 발견과 조기 치료, 그 밖에 필요한 정책을 강구하여야 한다.
② 국가와 지방자치단체는 교통사고 · 산업재해 · 약물중독 및 환경오염 등에 의한 장애발생을 예방하기 위하여 필요한 조치를 강구하여야 한다.

제18조(의료와 재활치료) 국가와 지방자치단체는 장애인이 생활기능을 익히거나 되찾을 수 있도록 필요한 기능치료와 심리치료 등 재활의료를 제공하고 장애인의 장애를 보완할 수 있는 장애인보조기구를 제공하는 등 필요한 정책을 강구하여야 한다.

제19조(사회적응 훈련) 국가와 지방자치단체는 장애인이 재활치료를 마치고 일상생활이나 사회생활을 원활히 할 수 있도록 사회적응 훈련을 실시하여야 한다.

제20조(교육) ① 국가와 지방자치단체는 사회통합의 이념에 따라 장애인이 연령 · 능력 · 장애의 종류 및 정도에 따라 충분히 교육받을 수 있도록 교육 내용과 방법을 개선하는 등 필요한 정책을 강구하여야 한다.
② 국가와 지방자치단체는 장애인의 교육에 관한 조사 · 연구를 촉진하여야 한다.
③ 국가와 지방자치단체는 장애인에게 전문 진로교육을 실시하는 제도를 강구하여야 한다.
④ 각급 학교의 장은 교육을 필요로 하는 장애인이 그 학교에 입학하려는 경우 장애를 이유로 입학 지원을 거부하거나 입학시험 합격자의 입학을 거부하는 등의 불리한 조치를 하여서는 아니 된다.
⑤ 모든 교육기관은 교육 대상인 장애인의 입학과 수학修學 등에 편리하도록 장애의 종류와 정도에 맞추어 시설을 정비하거나 그 밖에 필요한 조치를 강구하여야 한다.

제21조(직업) ① 국가와 지방자치단체는 장애인이 적성과 능력에 맞는 직업에 종사할 수 있도록 직업 지도, 직업능력 평가, 직업 적응훈련, 직업훈련, 취업 알선, 고용 및 취업 후 지도 등 필요한 정책을 강구하여야 한다.
② 국가와 지방자치단체는 장애인 직업 재활훈련이 원활히 이루어질 수 있도록 장애인에게 적합한 직종과 재활사업에 관한 조사 · 연구를 촉진하여야 한다.

제22조(정보에의 접근) ① 국가와 지방자치단체는 장애인이 정보에 원활하게 접근하고 자신의 의사를 표시할 수 있도록 전기통신·방송시설 등을 개선하기 위하여 노력하여야 한다.

② 국가와 지방자치단체는 방송국의 장 등 민간 사업자에게 뉴스와 국가적 주요 사항의 중계 등 대통령령으로 정하는 방송 프로그램에 청각장애인을 위한 수화 또는 폐쇄자막과 시각장애인을 위한 화면해설 또는 자막해설 등을 방영하도록 요청하여야 한다.

③ 국가와 지방자치단체는 국가적인 행사, 그 밖의 교육·집회 등 대통령령으로 정하는 행사를 개최하는 경우에는 청각장애인을 위한 수화통역 및 시각장애인을 위한 점자 또는 점자·음성변환용 코드가 삽입된 자료 등을 제공하여야 하며 민간이 주최하는 행사의 경우에는 수화통역과 점자 또는 점자·음성변환용 코드가 삽입된 자료 등을 제공하도록 요청할 수 있다.

④ 제2항과 제3항의 요청을 받은 방송국의 장 등 민간 사업자와 민간 행사 주최자는 정당한 사유가 없으면 그 요청에 따라야 한다.

⑤ 국가와 지방자치단체는 시각장애인이 정보에 쉽게 접근할 수 있도록 점자도서와 음성도서 등을 보급하기 위하여 노력하여야 한다.

⑥ 국가와 지방자치단체는 장애인의 특성을 고려하여 정보통신망 및 정보통신기기의 접근·이용에 필요한 지원 및 도구의 개발·보급 등 필요한 시책을 강구하여야 한다.

제23조(편의시설) ① 국가와 지방자치단체는 장애인이 공공시설과 교통수단 등을 안전하고 편리하게 이용할 수 있도록 편의시설의 설치와 운영에 필요한 정책을 강구하여야 한다.

② 국가와 지방자치단체는 공공시설 등 이용편의를 위하여 수화통역·안내보조 등 인적서비스 제공에 관하여 필요한 시책을 강구하여야 한다.

제24조(안전대책 강구) 국가와 지방자치단체는 추락사고 등 장애로 인하여 일어날 수 있는 안전사고와 비상재해 등에 대비하여 시각·청각 장애인과 이동이 불편한 장애인을 위하여 피난용 통로를 확보하고, 점자·음성·문자 안내판을 설치하며, 긴급 통보체계를 마련하는 등 장애인의 특성을 배려한 안전대책 등 필요한 조치를 강구하여야 한다.

제25조(사회적 인식개선) ① 국가와 지방자치단체는 학생, 공무원, 근로자, 그 밖의 일반국민 등을 대상으로 장애인에 대한 인식개선을 위한 교육 및 공익광고 등 홍보사업을 실시하여야 한다.

② 국가는「초·중등교육법」에 따른 학교에서 사용하는 교과용도서에 장애인에 대한 인식개선을 위한 내용이 포함되도록 하여야 한다.

③ 제1항 및 제2항의 사업에 관하여 필요한 사항은 대통령령으로 정한다.

제26조(선거권 행사를 위한 편의 제공) 국가와 지방자치단체는 장애인이 선거권을 행사하는 데에 불편함이 없도록 편의시설·설비를 설치하고, 선거권 행사에 관

하여 홍보하며, 선거용 보조기구를 개발·보급하는 등 필요한 조치를 강구하여야 한다.

제27조(주택 보급) ① 국가와 지방자치단체는 공공주택등 주택을 건설할 경우에는 장애인에게 장애 정도를 고려하여 우선 분양 또는 임대할 수 있도록 노력하여야 한다.
② 국가와 지방자치단체는 주택의 구입자금·임차자금 또는 개·보수비용의 지원 등 장애인의 일상생활에 적합한 주택의 보급·개선에 필요한 시책을 강구하여야 한다.

제28조(문화환경 정비 등) 국가와 지방자치단체는 장애인의 문화생활과 체육활동을 늘리기 위하여 관련 시설 및 설비, 그 밖의 환경을 정비하고 문화생활과 체육활동 등을 지원하도록 노력하여야 한다.

제29조(복지 연구 등의 진흥) ① 국가와 지방자치단체는 장애인복지의 종합적이고 체계적인 조사·연구·평가 및 장애인 체육활동 등 장애인정책개발 등을 위하여 필요한 정책을 강구하여야 한다.
② 제1항에 따른 장애인 관련 조사·연구 수행 및 정책개발·복지진흥·재활체육 진흥 등을 위하여 재단법인 한국장애인개발원(이하 "개발원"이라 한다)을 설립한다.
③ 개발원의 사업과 활동은 정관으로 정한다.
④ 국가와 지방자치단체는 개발원 운영에 필요한 비용을 보조할 수 있으며, 「조세특례제한법」에서 정하는 바에 따라 조

세를 감면하고 개발원에 기부된 재산에는 소득계산의 특례를 적용한다.

제30조(경제적 부담의 경감) ① 국가와 지방자치단체, 「공공기관의 운영에 관한 법률」 제4조에 따른 공공기관, 「지방공기업법」에 따른 지방공사 또는 지방공단은 장애인과 장애인을 부양하는 자의 경제적 부담을 줄이고 장애인의 자립을 촉진하기 위하여 세제상의 조치, 공공시설 이용료 감면, 그 밖에 필요한 정책을 강구하여야 한다.
② 국가와 지방자치단체, 「공공기관의 운영에 관한 법률」 제4조에 따른 공공기관, 「지방공기업법」에 따른 지방공사 또는 지방공단이 운영하는 운송사업자는 장애인과 장애인을 부양하는 자의 경제적 부담을 줄이고 장애인의 자립을 돕기 위하여 장애인과 장애인을 보호하기 위하여 동행하는 자의 운임 등을 감면하는 정책을 강구하여야 한다.

제3장 복지 조치

제31조(실태조사) ① 보건복지부장관은 장애인 복지정책의 수립에 필요한 기초자료로 활용하기 위하여 3년마다 장애실태조사를 실시하여야 한다.
② 제1항에 따른 장애실태조사의 방법, 대상 및 내용 등에 관하여 필요한 사항은 대통령령으로 정한다.

제32조(장애인 등록) ① 장애인, 그 법정대리인 또는 대통령령이 정하는 보호자는 장애 상태와 그 밖에 보건복지부령이 정하는 사항을 특별자치시장·특별자치

도지사·시장·군수 또는 구청장(자치구의 구청장을 말한다. 이하 같다)에게 등록하여야 하며, 특별자치시장·특별자치도지사·시장·군수·구청장은 등록을 신청한 장애인이 제2조에 따른 기준에 맞으면 장애인등록증(이하 "등록증"이라 한다)을 내주어야 한다.

② 제1항에 따라 등록증을 받은 자와 그 법정대리인 또는 대통령령이 정하는 보호자는 해당 장애인이 제2조에 따른 기준에 맞지 아니하게 되거나 사망하면 그 등록증을 반환하여야 한다.

③ 특별자치시장·특별자치도지사·시장·군수·구청장은 장애 상태의 변화에 따른 장애 등급 조정을 위하여 장애 진단을 받게 하는 등 필요한 조치를 할 수 있으며, 장애 진단 명령 등 필요한 조치를 거부하거나 제2항 또는 제5항을 위반한 경우에는 등록증을 반환하게 할 수 있다.

④ 장애인의 장애 인정과 등급 사정(査定)에 관한 업무를 담당하게 하기 위하여 보건복지부에 장애판정위원회를 둘 수 있다.

⑤ 등록증은 양도하거나 대여하지 못하며, 등록증과 비슷한 명칭이나 표시를 사용하여서는 아니 된다.

⑥ 특별자치시장·특별자치도지사·시장·군수·구청장은 제1항에 따른 장애인 등록 및 제3항에 따른 장애 상태의 변화에 따른 장애 등급을 조정함에 있어 장애인의 장애 인정과 장애 등급 사정이 적정한지를 확인하기 위하여 필요한 경우 대통령령으로 정하는 「공공기관의 운영에 관한 법률」 제4조에 따른 공공기관에 장애 정도에 관한 정밀심사를 의뢰할 수 있다.

⑦ 제6항에 따라 장애 정도에 관한 정밀심사를 의뢰받은 공공기관은 필요한 경우 심사를 받으려는 본인이나 법정대리인 또는 대통령령으로 정하는 보호자로부터 동의를 받아 「의료법」에 따른 의료기관에 그 사람의 해당 진료에 관한 사항의 열람 또는 사본 교부를 요청할 수 있다. 이 경우 요청을 받은 의료기관은 특별한 사유가 없으면 요청에 따라야 하며, 국가 및 지방자치단체는 예산의 범위에서 공공기관에 제공되는 자료에 대한 사용료, 수수료 등을 지원할 수 있다.

⑧ 제1항부터 제7항까지에서 규정한 사항 외에 장애인의 등록, 등록증의 교부와 반환, 장애 진단 및 장애 정도에 관한 정밀심사, 장애판정위원회, 진료에 관한 사항의 열람 또는 사본교부 요청 등에 관하여 필요한 사항은 보건복지부령으로 정한다.

제32조의2(재외동포 및 외국인의 장애인 등록) ① 재외동포 및 외국인 중 다음 각 호의 어느 하나에 해당하는 사람은 제32조에 따라 장애인 등록을 할 수 있다.

1. 「재외동포의 출입국과 법적 지위에 관한 법률」 제6조에 따라 국내거소신고를 한 사람

2. 「주민등록법」 제6조에 따라 재외국민으로 주민등록을 한 사람

3. 「출입국관리법」 제31조에 따라 외국인등록을 한 사람으로서 같은 법 제10조 제1항에 따른 체류자격 중 대한민국에 영주할 수 있는 체류자격을 가진 사람

4. 「재한외국인 처우 기본법」 제2조 제3호에 따른 결혼이민자

② 국가와 지방자치단체는 제1항에 따라

등록한 장애인에 대하여는 예산 등을 고려하여 장애인복지사업의 지원을 제한할 수 있다.

제32조의3(복지서비스에 관한 장애인 지원 사업) ① 국가와 지방자치단체는 제32조 제1항에 따라 등록한 장애인에게 필요한 복지서비스가 적시에 제공될 수 있도록 다음 각 호의 장애인 지원 사업을 실시한다.
1. 복지서비스에 관한 상담 및 정보 제공
2. 복지서비스 신청의 대행
3. 장애인 개인별로 필요한 욕구의 조사 및 복지서비스 제공 계획의 수립 지원
4. 장애인과 복지서비스 제공 기관·법인·단체·시설과의 연계
5. 복지서비스 등 복지자원의 발굴 및 데이터베이스 구축
6. 그 밖에 복지서비스의 제공에 필요한 사업
② 국가와 지방자치단체는 제1항에 따른 장애인 지원 사업을 대통령령으로 정하는 바에 따라 「공공기관의 운영에 관한 법률」 제4조에 따른 공공기관에 위탁할 수 있다. 이 경우 국가와 지방자치단체는 예산의 범위에서 사업 수행에 필요한 비용의 전부 또는 일부를 지원할 수 있다.
③ 제1항 및 제2항에 규정된 사항 외에 장애인 지원 사업과 그 사업에 필요한 사항은 보건복지부령으로 정한다.

제32조의4(장애등급이 변동·상실된 장애인 등에 대한 정보 제공) ① 특별자치시장·특별자치도지사·시장·군수·구청장은 제32조에 따른 장애인 등록 과정에서 장애등급이 변동·상실된 장애인과 장애등급을 받지 못한 신청인에게 장애등급의 변동·상실에 따른 지원의 변화에 대한 정보와 재활 및 자립에 필요한 각종 정보를 제공하여야 한다.
② 제1항에 따른 정보 제공의 대상·기준 및 내용과 방법 등에 필요한 사항은 보건복지부령으로 정한다.

제33조(장애인복지상담원) ① 장애인 복지 향상을 위한 상담 및 지원 업무를 맡기기 위하여 시·군·구(자치구를 말한다. 이하 같다)에 장애인복지상담원을 둔다.
② 장애인복지상담원은 그 업무를 할 때 개인의 인격을 존중하고, 업무상 알게 된 개인의 신상에 관한 비밀을 누설하여서는 아니 된다.
③ 장애인복지상담원의 임용·직무·보수와 그 밖에 필요한 사항은 대통령령으로 정한다.

제34조(재활상담 등의 조치) ① 보건복지부장관, 특별시장·광역시장·특별자치시장·도지사·특별자치도지사 또는 시장·군수·구청장(이하 "장애인복지실시기관"이라 한다)은 장애인에 대한 검진 및 재활상담을 하고, 필요하다고 인정되면 다음 각 호의 조치를 하여야 한다.
1. 국·공립병원, 보건소, 보건지소, 그 밖의 의료기관(이하 "의료기관"이라 한다)에 의뢰하여 의료와 보건지도를 받게 하는 것
2. 국가 또는 지방자치단체가 설치한 장애인복지시설에서 주거편의·상담·치료·훈련 등의 필요한 서비스를 받도록 하는 것
3. 제59조에 따라 설치된 장애인복지시

설에 위탁하여 그 시설에서 주거편의·상담·치료·훈련 등의 필요한 서비스를 받도록 하는 것

4. 공공직업능력개발훈련시설이나 사업장 내 직업훈련시설에서 하는 직업훈련 또는 취업알선을 필요로 하는 자를 관련 시설이나 직업안정업무기관에 소개하는 것

② 장애인복지실시기관은 제1항의 재활상담을 하는 데에 필요하다고 인정되면 제33조에 따른 장애인복지상담원을 해당 장애인의 가정 또는 장애인이 주거편의·상담·치료·훈련 등의 서비스를 받는 시설이나 의료기관을 방문하여 상담하게 하거나 필요한 지도를 하게 할 수 있다.

제35조(장애 유형·장애 정도별 재활 및 자립지원 서비스 제공 등) 국가와 지방자치단체는 장애인의 일상생활을 편리하게 하고 사회활동 참여를 높이기 위하여 장애 유형·장애 정도별로 재활 및 자립지원 서비스를 제공하는 등 필요한 정책을 강구하여야 하며, 예산의 범위 안에서 지원할 수 있다.

제37조(산후조리도우미 지원 등) ① 국가 및 지방자치단체는 임산부인 여성장애인과 신생아의 건강관리를 위하여 경제적 부담능력 등을 감안하여 여성장애인의 가정을 방문하여 산전·산후 조리를 돕는 도우미(이하 "산후조리도우미"라 한다)를 지원할 수 있다.

② 국가 및 지방자치단체는 제1항의 규정에 따른 산후조리도우미 지원사업에 대하여 보건복지부령이 정하는 바에 따라 정기적으로 모니터링(산후조리도우미 지원사업의 실효성 등을 확보하기 위한 정기적인 점검활동을 말한다)을 실시하여야 한다.

③ 산후조리도우미 지원의 기준 및 방법 등에 관하여 필요한 사항은 대통령령으로 정한다.

제38조(자녀교육비 지급) ① 장애인복지실시기관은 경제적 부담능력 등을 고려하여 장애인이 부양하는 자녀 또는 장애인인 자녀의 교육비를 지급할 수 있다.

② 제1항에 따른 교육비 지급 대상·기준 및 방법 등에 관하여 필요한 사항은 보건복지부령으로 정한다.

제39조(장애인이 사용하는 자동차 등에 대한 지원 등) ① 국가와 지방자치단체, 그 밖의 공공단체는 장애인이 이동수단인 자동차 등을 편리하게 사용할 수 있도록 하고 경제적 부담을 줄여 주기 위하여 조세감면 등 필요한 지원정책을 강구하여야 한다.

② 시장·군수·구청장은 장애인이 이용하는 자동차 등을 지원하는 데에 편리하도록 장애인이 사용하는 자동차 등임을 알아 볼 수 있는 표지(이하 "장애인사용자동차등표지"라 한다)를 발급하여야 한다.

③ 장애인사용자동차등표지를 대여하거나 보건복지부령이 정하는 자 외의 자에게 양도하는 등 부당한 방법으로 사용하여서는 아니 되며, 이와 비슷한 표지·명칭 등을 사용하여서는 아니 된다.

④ 장애인사용자동차등표지의 발급 대상과 발급 절차 등에 관하여 필요한 사항은 보건복지부령으로 정한다.

제40조(장애인 보조견의 훈련·보급 지원 등) ① 국가와 지방자치단체는 장애인의 복지 향상을 위하여 장애인을 보조할 장애인 보조견補助犬의 훈련·보급을 지원하는 방안을 강구하여야 한다.

② 보건복지부장관은 장애인 보조견에 대하여 장애인 보조견표지(이하 "보조견표지"라 한다)를 발급할 수 있다.

③ 누구든지 보조견표지를 붙인 장애인 보조견을 동반한 장애인이 대중교통수단을 이용하거나 공공장소, 숙박시설 및 식품접객업소 등 여러 사람이 다니거나 모이는 곳에 출입하려는 때에는 정당한 사유 없이 거부하여서는 아니 된다. 제4항에 따라 지정된 전문훈련기관에 종사하는 장애인 보조견 훈련자 또는 장애인 보조견 훈련 관련 자원봉사자가 보조견표지를 붙인 장애인 보조견을 동반한 경우에도 또한 같다.

④ 보건복지부장관은 장애인보조견의 훈련·보급을 위하여 전문훈련기관을 지정할 수 있다.

⑤ 보조견표지의 발급대상, 발급절차 및 전문훈련기관의 지정에 관하여 필요한 사항은 보건복지부령으로 정한다.

제41조(자금 대여 등) 국가와 지방자치단체는 장애인이 사업을 시작하거나 필요한 지식과 기능을 익히는 것 등을 지원하기 위하여 대통령령으로 정하는 바에 따라 자금을 대여할 수 있다.

제42조(생업 지원) ① 국가와 지방자치단체, 그 밖의 공공단체는 소관 공공시설 안에 식료품·사무용품·신문 등 일상생활용품을 판매하는 매점이나 자동판매기의 설치를 허가하거나 위탁할 때에는 장애인이 신청하면 우선적으로 반영하도록 노력하여야 한다.

② 시장·군수 또는 구청장은 장애인이 「담배사업법」에 따라 담배소매인으로 지정받기 위하여 신청하면 그 장애인을 우선적으로 지정하도록 노력하여야 한다.

③ 장애인이 우편법령에 따라 국내 우표류 판매업 계약 신청을 하면 우편관서는 그 장애인이 우선적으로 계약할 수 있도록 노력하여야 한다.

④ 제1항부터 제3항까지의 규정에 따른 허가·위탁 또는 지정 등을 받은 자는 특별한 사유가 없으면 직접 그 사업을 하여야 한다.

⑤ 제1항에 따른 설치 허가권자는 매점·자동판매기 설치를 허가하기 위하여 설치 장소와 판매할 물건의 종류 등을 조사하고 그 결과를 장애인에게 알리는 조치를 강구하여야 한다.

제43조(자립훈련비 지급) ① 장애인복지 실시기관은 제34조 제1항 제2호 또는 제3호에 따라 장애인복지시설에서 주거편의·상담·치료·훈련 등을 받도록 하거나 위탁한 장애인에 대하여 그 시설에서 훈련을 효과적으로 받는 데 필요하다고 인정되면 자립훈련비를 지급할 수 있으며, 특별한 사정이 있으면 훈련비 지급을 대신하여 물건을 지급할 수 있다.

② 제1항에 따른 자립훈련비의 지급과 물건의 지급 등에 관하여 필요한 사항은 보건복지부령으로 정한다.

제44조(생산품 구매) 국가, 지방자치단체 및 그 밖의 공공단체는 장애인복지시설

과 장애인복지단체에서 생산한 물품의 우선 구매에 필요한 조치를 마련하여야 한다.

제45조(생산품 인증) ① 보건복지부장관은 장애인복지시설, 장애인복지단체에서 생산한 물품의 판매촉진·품질향상 및 소비자와 구매자 보호를 위하여 인증제도를 실시할 수 있다.
② 제1항에 따른 인증의 신청·기준·절차·표시방법 및 대상품목의 선정 등에 관하여 필요한 사항은 보건복지부령으로 정한다.
③ 제1항 및 제2항에 따라 인증을 받은 경우 외에는 생산한 물품이 나 그 물품의 포장·용기 또는 홍보물에 제2항에 따라 보건복지부령으로 정한 인증의 표시를 붙이거나 이를 사용하여서는 아니 된다.

제45조의2(인증 취소) ① 보건복지부장관은 제45조 제1항 및 제2항에 따라 인증을 받은 물품이 다음 각 호의 어느 하나에 해당하면 그 인증을 취소할 수 있다.
1. 거짓이나 그 밖의 부정한 방법으로 인증을 받은 경우
2. 제45조 제2항에 따른 인증의 세부적인 기준에 맞지 아니하게 된 경우
② 보건복지부장관은 제1항에 따라 인증을 취소하려면 그 사유를 적은 문서(전자문서를 포함한다)로 미리 그 사실을 통보하여야 한다.
③ 제2항에 따른 통보를 받은 자는 10일 이내에 소명자료를 제출할 수 있다.
④ 보건복지부장관은 제3항에 따라 제출받은 소명자료를 검토한 후 인증을 취소할 것인지를 결정하여야 한다.

⑤ 제1항부터 제4항까지에 규정된 것 외에 인증취소의 기준 및 절차 등에 필요한 사항은 보건복지부령으로 정한다.

제46조(고용 촉진) 국가와 지방자치단체는 직접 경영하는 사업에 능력과 적성이 맞는 장애인을 고용하도록 노력하여야 하며, 장애인에게 적합한 사업을 경영하는 자에게 장애인의 능력과 적성에 따라 장애인을 고용하도록 권유할 수 있다.

제46조의2(장애인 응시자에 대한 편의제공) ① 국가, 지방자치단체 및 대통령령으로 정하는 기관·단체의 장은 해당 기관·단체가 실시하는 자격시험 및 채용시험 등에 있어서 장애인 응시자가 비장애인 응시자와 동등한 조건에서 시험을 치를 수 있도록 편의를 제공하여야 한다.
② 제1항에 따른 편의제공 대상 시험의 범위는 대통령령으로 정하고, 편의제공의 내용·기준·방법 등에 필요한 사항은 보건복지부령으로 정한다.

제47조(공공시설의 우선 이용) 국가와 지방자치단체, 그 밖의 공공단체는 장애인의 자립을 지원하는 데에 필요하다고 인정되면 그 공공시설의 일부를 장애인이 우선 이용하게 할 수 있다.

제48조(국유·공유 재산의 우선매각이나 유상·무상 대여) ① 국가와 지방자치단체는 이 법에 따른 장애인복지시설을 설치하거나 장애인복지단체가 장애인복지사업과 관련한 시설을 설치하는 데에 필요할 경우 「국유재산법」 또는 「공유재산 및 물품 관리법」에도 불구하고 국유재산

또는 공유재산을 우선 매각할 수 있고 유상 또는 무상으로 대부하거나 사용 · 수익하게 할 수 있다.

② 국가와 지방자치단체는 제1항에 따라 국가나 지방자치단체로부터 토지와 시설을 매수 · 임차하거나 대부받은 자가 그 매수 · 임차 또는 대부한 날부터 2년 이내에 장애인복지시설을 설치하지 아니하거나 장애인복지단체의 장애인복지사업 관련 시설을 설치하지 아니할 때에는 토지와 시설을 환수하거나 임차계약을 취소할 수 있다.

제49조(장애수당) ① 국가와 지방자치단체는 장애인의 장애 정도와 경제적 수준을 고려하여 장애로 인한 추가적 비용을 보전(補塡)하게 하기 위하여 장애수당을 지급할 수 있다. 다만, 「국민기초생활 보장법」 제7조 제1항 제1호에 따른 생계급여 또는 같은 항 제3호에 따른 의료급여를 받는 장애인에게는 장애수당을 반드시 지급하여야 한다.

② 제1항에도 불구하고 「장애인연금법」 제2조 제1호에 따른 중증장애인에게는 제1항에 따른 장애수당을 지급하지 아니한다.

③ 제1항에 따른 장애수당의 지급 대상 · 기준 및 방법 등에 관하여 필요한 사항은 대통령령으로 정한다.

제50조(장애아동수당과 보호수당) ① 국가와 지방자치단체는 장애아동에게 보호자의 경제적 생활수준 및 장애아동의 장애 정도를 고려하여 장애로 인한 추가적 비용을 보전(補塡)하게 하기 위하여 장애아동수당을 지급할 수 있다.

② 국가와 지방자치단체는 장애인을 보호하는 보호자에게 그의 경제적 수준과 장애인의 장애 정도를 고려하여 장애로 인한 추가적 비용을 보전하게 하기 위하여 보호수당을 지급할 수 있다.

③ 제1항과 제2항에 따른 장애아동수당과 보호수당의 지급 대상 · 기준 및 방법 등에 관하여 필요한 사항은 대통령령으로 정한다.

제50조의2(자녀교육비 및 장애수당 등의 지급 신청) ① 제38조에 따른 자녀교육비(이하 "자녀교육비"라 한다), 제49조 및 제50조에 따른 장애수당, 장애아동수당 및 보호수당(이하 "장애수당등"이라 한다)을 지급받으려는 사람은 보건복지부령으로 정하는 바에 따라 특별자치시장 · 특별자치도지사 · 시장 · 군수 · 구청장에게 자녀교육비 및 장애수당등의 지급을 신청할 수 있다.

② 제1항에 따라 신청을 할 때에 신청인과 그 가구원(「국민기초생활 보장법」 제2조 제7호에 따른 개별가구의 가구원을 말한다. 이하 같다)은 대통령령으로 정하는 바에 따라 다음 각 호의 자료 또는 정보의 제공에 동의한다는 서면을 제출하여야 한다.

1. 「금융실명거래 및 비밀보장에 관한 법률」 제2조 제2호 및 제3호에 따른 금융자산 및 금융거래의 내용에 대한 자료 또는 정보 중 예금의 평균잔액과 그 밖에 대통령령으로 정하는 자료 또는 정보(이하 "금융정보"라 한다)

2. 「신용정보의 이용 및 보호에 관한 법률」 제2조 제1호에 따른 신용정보 중 채무액과 그 밖에 대통령령으로 정하는 자

료 또는 정보(이하 "신용정보"라 한다)
3. 「보험업법」제4조 제1항 각 호에 따른 보험에 가입하여 납부한 보험료와 그 밖에 대통령령으로 정하는 자료 또는 정보(이하 "보험정보"라 한다)

제50조의3(금융정보등의 제공) ① 보건복지부장관은 「금융실명거래 및 비밀보장에 관한 법률」제4조와 「신용정보의 이용 및 보호에 관한 법률」제32조에도 불구하고 제50조의2제2항에 따라 신청인과 그 가구원이 제출한 동의 서면을 전자적 형태로 바꾼 문서로「금융실명거래 및 비밀보장에 관한 법률」제2조 제1호에 따른 금융회사등이나 「신용정보의 이용 및 보호에 관한 법률」제2조 제6호에 따른 신용정보집중기관(이하 "금융기관등"이라 한다)의 장에게 금융정보·신용정보 또는 보험정보(이하 "금융정보등"이라 한다)의 제공을 요청할 수 있다.
② 보건복지부장관은 자녀교육비 및 장애수당등을 받고 있는 사람(이하 "수급자"라 한다)에 대한 그 지급의 적정성을 확인하기 위하여 필요하다고 인정하는 경우 「금융실명거래 및 비밀보장에 관한 법률」제4조와 「신용정보의 이용 및 보호에 관한 법률」제32조에도 불구하고 대통령령으로 정하는 기준에 따라 인적 사항을 기재한 문서(전자문서를 포함한다)로 금융기관등의 장에게 수급자와 그 가구원의 금융정보등의 제공을 요청할 수 있다.
③ 제1항 및 제2항에 따라 금융정보등의 제공을 요청받은 금융기관등의 장은 「금융실명거래 및 비밀보장에 관한 법률」제4조와 「신용정보의 이용 및 보호에 관한 법률」제32조에도 불구하고 명의인의 금

융정보등을 제공하여야 한다.
④ 제3항에 따라 금융정보등을 제공한 금융기관등의 장은 금융정보등의 제공 사실을 명의인에게 통보하여야 한다. 다만, 명의인이 동의하는 경우에는 「금융실명거래 및 비밀보장에 관한 법률」제4조의2 제1항과 「신용정보의 이용 및 보호에 관한 법률」제32조 제7항에도 불구하고 통보하지 아니할 수 있다.
⑤ 제1항부터 제3항까지의 규정에 따른 금융정보등의 제공 요청 및 제공은 「정보통신망 이용촉진 및 정보보호 등에 관한 법률」제2조 제1항 제1호에 따른 정보통신망을 이용하여야 한다. 다만, 정보통신망이 손상되는 등 불가피한 경우에는 그러하지 아니하다.
⑥ 제1항부터 제3항까지의 규정에 따른 업무에 종사하거나 종사하였던 사람은 업무를 수행하면서 취득한 금융정보등을 이 법에서 정한 목적 외의 다른 용도로 사용하거나 다른 사람 또는 기관에 제공하거나 누설하여서는 아니 된다.
⑦ 제1항부터 제3항까지 및 제5항에 따른 금융정보등의 제공 요청 및 제공 등에 필요한 사항은 대통령령으로 정한다.

제50조의4(장애인복지급여수급계좌) ① 특별자치시장·특별자치도지사·시장·군수·구청장은 수급자의 신청이 있는 경우에는 자녀교육비 및 장애수당등을 수급자 명의의 지정된 계좌(이하 "장애인복지급여수급계좌"라 한다)로 입금하여야 한다. 다만, 정보통신장애나 그 밖에 대통령령으로 정하는 불가피한 사유로 장애인복지급여수급계좌로 이체할 수 없을 때에는 현금 지급 등 대통령령으로 정

631
•

하는 바에 따라 자녀교육비 및 장애수당 등을 지급할 수 있다.

② 장애인복지급여수급계좌가 개설된 금융기관은 이 법에 따른 자녀교육비 및 장애수당등만이 장애인복지급여수급계좌에 입금되도록 관리하여야 한다.

③ 제1항에 따른 신청 방법·절차와 제2항에 따른 장애인복지급여수급계좌의 관리에 필요한 사항은 대통령령으로 정한다.

제51조(자녀교육비 및 장애수당등의 환수)

① 특별자치시장·특별자치도지사·시장·군수·구청장은 자녀교육비 및 장애수당등을 받은 사람이 다음 각 호의 어느 하나에 해당하면 그가 받은 자녀교육비 및 장애수당등의 전부 또는 일부를 환수하여야 한다.

1. 거짓이나 그 밖의 부정한 방법으로 자녀교육비 및 장애수당등을 받은 경우

2. 자녀교육비 및 장애수당등을 받은 후 그 자녀교육비 및 장애수당등을 받게 된 사유가 소급하여 소멸된 경우

3. 잘못 지급된 경우

② 특별자치시장·특별자치도지사·시장·군수·구청장은 자녀교육비 및 장애수당등을 받은 사람이 제1항 각 호의 사유에 해당하여 일정한 기간을 정하여 반환요청을 하였으나 그 기간 내에 반환하지 아니하면 국세 또는 지방세 체납처분의 예에 따라 징수할 수 있다.

③ 특별자치시장·특별자치도지사·시장·군수·구청장은 제2항에 따라 자녀교육비 및 장애수당등을 징수할 때 반환하여야 할 사람이 행방불명되거나 재산이 없거나 그 밖에 대통령령으로 정하는

사유가 있어 환수가 불가능하다고 인정할 때에는 결손처분할 수 있다.

④ 제3항에 따른 결손처분의 대상, 방법, 그 밖의 필요한 사항은 대통령령으로 정한다.

제52조(장애인의 재활 및 자립생활의 연구)

① 국가와 지방자치단체는 장애인 재활 및 자립생활에 대하여 종합적이고 체계적으로 조사·연구·평가하기 위하여 전문 연구기관에 장애예방·의료·교육·직업재활 및 자립생활 등에 관한 연구과제를 선정하여 의뢰할 수 있다.

② 국가와 지방자치단체는 제1항에 따른 연구과제를 수행하는 데에 들어가는 비용을 예산의 범위 안에서 보조할 수 있다.

제4장 자립생활의 지원

제53조(자립생활지원)

국가와 지방자치단체는 중증장애인의 자기결정에 의한 자립생활을 위하여 활동보조인의 파견 등 활동보조서비스 또는 장애인보조기구의 제공, 그 밖의 각종 편의 및 정보제공 등 필요한 시책을 강구하여야 한다.

제54조(중증장애인자립생활지원센터)

① 국가와 지방자치단체는 중증장애인의 자립생활을 실현하기 위하여 중증장애인자립생활지원센터를 통하여 필요한 각종 지원서비스를 제공한다.

② 제1항의 규정에 따른 중증장애인자립생활지원센터에 관하여 필요한 사항은 보건복지부령으로 정한다.

③ 국가와 지방자치단체는 중증장애인자립생활지원센터에 예산의 범위에서 운영

비 또는 사업비의 일부를 지원할 수 있다.

제55조(활동지원급여의 지원) ① 국가와 지방자치단체는 중증장애인이 일상생활 또는 사회생활을 원활히 할 수 있도록 활동지원급여를 지원할 수 있다.
② 국가 및 지방자치단체는 임신 등으로 인하여 이동이 불편한 여성장애인에게 임신 및 출산과 관련한 진료 등을 위하여 경제적 부담능력 등을 감안하여 활동보조인의 파견 등 활동보조서비스를 지원할 수 있다.

제56조(장애동료간 상담) ① 국가와 지방자치단체는 장애인이 장애를 극복하는 데 도움이 되도록 장애동료 간 상호대화나 상담의 기회를 제공하도록 노력하여야 한다.
② 제1항에 따른 장애동료 간의 대화나 상담의 기회를 제공하기 위한 구체적인 사업 등에 관하여 필요한 사항은 보건복지부령으로 정한다.

제5장 복지시설과 단체

제57조(장애인복지시설의 이용 등) ① 국가와 지방자치단체는 장애인이 제58조에 따른 장애인복지시설의 이용을 통하여 기능회복과 사회적 향상을 도모할 수 있도록 필요한 정책을 강구하여야 한다.
② 국가와 지방자치단체는 제58조에 따른 장애인복지시설을 이용하는 장애인의 인권을 보호하기 위하여 필요한 정책을 마련하고 관련 프로그램을 실시할 수 있는 기반을 조성하여야 한다.
③ 장애인복지실시기관은 제58조에 따른 장애인복지시설에 대한 장애인의 선택권을 최대한 보장하여야 한다.
④ 장애인복지실시기관은 장애인의 선택권을 보장하기 위하여 제58조에 따른 장애인복지시설을 이용하려는 장애인에게 시설의 선택에 필요한 정보를 충분히 제공하여야 한다.
⑤ 제58조에 따른 장애인복지시설의 선택에 필요한 정보 제공과 서비스 제공 시에는 장애인의 성별·연령 및 장애의 유형과 정도를 고려하여야 한다.

제58조(장애인복지시설) ① 장애인복지시설의 종류는 다음 각 호와 같다.
1. 장애인 거주시설: 거주공간을 활용하여 일반가정에서 생활하기 어려운 장애인에게 일정 기간 동안 거주·요양·지원 등의 서비스를 제공하는 동시에 지역사회생활을 지원하는 시설
2. 장애인 지역사회재활시설: 장애인을 전문적으로 상담·치료·훈련하거나 장애인의 일상생활, 여가활동 및 사회참여활동 등을 지원하는 시설
3. 장애인 직업재활시설: 일반 작업환경에서는 일하기 어려운 장애인이 특별히 준비된 작업환경에서 직업훈련을 받거나 직업 생활을 할 수 있도록 하는 시설
4. 장애인 의료재활시설: 장애인을 입원 또는 통원하게 하여 상담, 진단·판정, 치료 등 의료재활서비스를 제공하는 시설
5. 그 밖에 대통령령으로 정하는 시설
② 제1항 각 호에 따른 장애인복지시설의 구체적인 종류와 사업 등에 관한 사항은 보건복지부령으로 정한다.

제59조(장애인복지시설 설치) ① 국가와

지방자치단체는 장애인복지시설을 설치할 수 있다.

② 제1항에 규정된 자 외의 자가 장애인복지시설을 설치·운영하려면 해당 시설 소재지 관할 시장·군수·구청장에게 신고하여야 하며, 신고한 사항 중 보건복지부령으로 정하는 중요한 사항을 변경할 때에도 신고하여야 한다. 다만, 제62조에 따른 폐쇄 명령을 받고 1년이 지나지 아니한 자는 시설의 설치·운영 신고를 할 수 없다.

③ 제58조 제1항 제1호에 따른 장애인 거주시설의 정원은 30명을 초과할 수 없다. 다만, 특수한 서비스를 위하여 일정 규모 이상이 필요한 시설 등 대통령령으로 정하는 경우에는 그러하지 아니하다.

④ 제58조 제1항 제4호에 따른 의료재활시설의 설치는 「의료법」에 따른다.

⑤ 제2항에 따른 장애인복지시설의 시설 기준·신고·변경신고 및 이용 등에 관하여 필요한 사항은 보건복지부령으로 정한다.

제59조의3(성범죄자의 취업제한 등) ① 성범죄(「성폭력범죄의 처벌 등에 관한 특례법」 제2조 제1항에 따른 성폭력범죄 또는 「아동·청소년의 성보호에 관한 법률」 제2조 제2호에 따른 아동·청소년대상 성범죄를 말한다. 이하 같다)로 형 또는 치료감호를 선고받아 확정된 사람은 그 형 또는 치료감호의 전부 또는 일부의 집행을 종료하거나 집행이 유예·면제된 날부터 10년 동안 장애인복지시설을 운영하거나 장애인복지시설에 취업 또는 사실상 노무를 제공할 수 없다.

② 시장·군수·구청장은 제59조 제2항에 따라 장애인복지시설을 운영하려는 자에 대하여 본인의 동의를 받아 관계 기관의 장에게 성범죄의 경력 조회를 요청하여야 한다.

③ 장애인복지시설 운영자는 그 시설에 취업 중이거나 사실상 노무를 제공 중인 사람 또는 취업하려 하거나 사실상 노무를 제공하려는 사람에 대하여 성범죄의 경력을 확인하여야 한다. 이 경우 본인의 동의를 받아 관계 기관의 장에게 성범죄의 경력 조회를 요청하여야 한다.

④ 시장·군수·구청장은 성범죄로 유죄판결이 확정된 사람이 장애인복지시설에 취업하였는지를 직접 또는 관계 기관 조회 등의 방법으로 확인·점검할 수 있다. 이 경우 시장·군수·구청장은 제1항을 위반하여 장애인복지시설에 취업하거나 사실상 노무를 제공하는 사람이 있으면 장애인복지시설 운영자에게 그의 해임을 요구할 수 있다.

⑤ 제2항부터 제4항까지의 규정에 따라 성범죄의 경력 조회를 요청받은 관계 기관의 장은 정당한 사유가 없는 한 이에 따라야 한다.

⑥ 제2항부터 제4항까지에 따른 성범죄 경력 조회의 요청 절차·범위 등에 관하여 필요한 사항은 대통령령으로 정한다.

제59조의4(장애인학대 및 장애인 대상 성범죄 신고의무와 절차) ① 누구든지 장애인학대 및 장애인 대상 성범죄를 알게 된 때에는 수사기관에 신고할 수 있다.

② 다음 각 호의 어느 하나에 해당하는 사람은 그 직무상 장애인학대 및 장애인 대상 성범죄를 알게 된 경우에는 지체 없이 장애인권익옹호기관 또는 수사기관에 신

고하여야 한다.

1. 「사회복지사업법」 제14조에 따른 사회복지 전담공무원 및 같은 법 제34조에 따른 사회복지시설의 장과 그 종사자

2. 「장애인활동 지원에 관한 법률」 제16조에 따른 활동지원인력 및 같은 법 제20조에 따른 활동지원기관의 장과 그 종사자

3. 「의료법」 제2조 제1항의 의료인 및 같은 법 제3조 제1항의 의료기관의 장

4. 「의료기사 등에 관한 법률」 제1조의2의 의료기사

5. 「응급의료에 관한 법률」 제36조의 응급구조사

6. 「소방기본법」 제34조에 따른 구급대의 대원

7. 「정신보건법」 제13조의2에 따른 정신보건센터의 장과 그 종사자

8. 「영유아보육법」 제10조에 따른 어린이집의 원장 등 보육교직원

9. 「유아교육법」 제20조에 따른 교직원 및 같은 법 제23조에 따른 강사 등

10. 「초·중등교육법」 제19조에 따른 교직원, 같은 법 제19조의2에 따른 전문상담교사 등 및 같은 법 제22조에 따른 산학겸임교사 등

11. 「학원의 설립·운영 및 과외교습에 관한 법률」 제6조에 따른 학원의 운영자·강사·직원 및 같은 법 제14조에 따른 교습소의 교습자·직원

12. 「성폭력방지 및 피해자보호 등에 관한 법률」 제10조에 따른 성폭력피해상담소의 장과 그 종사자 및 같은 법 제12조에 따른 성폭력피해자보호시설의 장과 그 종사자

13. 「성매매방지 및 피해자보호 등에 관한 법률」 제9조에 따른 지원시설의 장과 그 종사자 및 같은 법 제17조에 따른 성매매피해상담소의 장과 그 종사자

14. 「가정폭력방지 및 피해자보호 등에 관한 법률」 제5조에 따른 가정폭력 관련 상담소의 장과 그 종사자 및 같은 법 제7조의2에 따른 가정폭력피해자 보호시설의 장과 그 종사자

15. 「건강가정기본법」 제35조에 따른 건강가정지원센터의 장과 그 종사자

16. 「다문화가족지원법」 제12조에 따른 다문화가족지원센터의 장과 그 종사자

17. 「아동복지법」 제48조에 따른 가정위탁지원센터의 장과 그 종사자

18. 「한부모가족지원법」 제19조의 한부모가족복지시설의 장과 그 종사자

19. 「청소년 기본법」 제3조 제6호의 청소년시설의 장과 그 종사자 및 같은 조 제8호의 청소년단체의 장과 그 종사자

20. 「청소년 보호법」 제35조에 따른 청소년 보호·재활센터의 장과 그 종사자

21. 「노인장기요양보험법」 제2조 제5호의 장기요양요원

③ 신고인의 신분은 보호되어야 하며, 그 의사에 반하여 신원이 노출되어서는 아니 된다.

④ 보건복지부장관은 제2항에 따른 신고의무자에게 장애인학대 및 장애인 대상 성범죄의 신고 절차와 방법 등을 안내하여야 한다.

⑤ 국가와 지방자치단체는 장애인학대 및 장애인 대상 성범죄를 예방하고 수시로 신고를 받을 수 있도록 필요한 조치를 하여야 한다.

⑥ 제2항 각 호에 따른 소관 중앙행정기관의 장은 제2항 각 호의 어느 하나에 해당하는 사람의 자격 취득 과정이나 보수

교육 과정에 장애인학대 및 장애인 대상 성범죄 예방 및 신고의무에 관한 교육 내용을 포함하도록 하여야 한다.
⑦ 제4항에 따른 신고 절차·방법 등의 안내, 제5항에 따른 조치 및 제6항에 따른 교육 내용·시간·방법 등은 대통령령으로 정한다.

제59조의5(응급조치의무 등) ① 제59조의4에 따라 장애인학대 신고를 접수한 장애인권익옹호기관의 직원이나 사법경찰관리는 지체 없이 장애인학대현장에 출동하여야 한다.
② 제1항에 따라 장애인학대현장에 출동한 자는 학대받은 장애인을 학대행위자로부터 분리하거나 치료가 필요하다고 인정할 때에는 장애인권익옹호기관 또는 의료기관에 인도하여야 한다.
③ 장애인학대행위자 등 장애인학대와 관련되어 있는 자는 장애인학대현장에 출동한 자에 대하여 현장조사를 거부하거나 업무를 방해하여서는 아니 된다.

제59조의6(보조인의 선임 등) ① 학대받은 장애인의 법정대리인, 직계친족, 형제자매 또는 변호사는 장애인학대사건의 심리에 있어서 보조인이 될 수 있다. 다만, 변호사가 아닌 경우에는 법원의 허가를 받아야 한다.
② 법원은 학대받은 장애인을 증인으로 신문하는 경우 본인 또는 검사의 신청이 있는 때에는 본인과 신뢰관계에 있는 사람의 동석을 허가할 수 있다.
③ 수사기관이 학대받은 장애인을 조사하는 경우에도 제1항 및 제2항의 절차를 준용한다.

59조의7(금지행위) 누구든지 다음 각 호의 어느 하나에 해당하는 행위를 하여서는 아니 된다.
1. 장애인에게 성적 수치심을 주는 성희롱·성폭력 등의 행위
2. 장애인의 신체에 폭행을 가하거나 상해를 입히는 행위
3. 자신의 보호·감독을 받는 장애인을 유기하거나 의식주를 포함한 기본적 보호 및 치료를 소홀히 하는 방임행위
4. 장애인에게 구걸을 하게 하거나 장애인을 이용하여 구걸하는 행위
5. 장애인을 체포 또는 감금하는 행위
6. 장애인의 정신건강 및 발달에 해를 끼치는 정서적 학대행위
7. 장애인을 위하여 증여 또는 급여된 금품을 그 목적 외의 용도에 사용하는 행위
8. 공중의 오락 또는 흥행을 목적으로 장애인의 건강 또는 안전에 유해한 곡예를 시키는 행위

제59조의8(장애인학대의 예방과 방지 의무) 국가와 지방자치단체는 장애인학대의 예방과 방지를 위하여 다음 각 호의 조치를 취하여야 한다.
1. 장애인학대의 예방과 방지를 위한 각종 정책의 수립 및 시행
2. 장애인학대의 예방과 방지를 위한 연구·교육·홍보와 장애인학대 현황 조사
3. 장애인학대에 관한 신고체계의 구축·운영
4. 장애인학대로 인하여 피해를 입은 장애인(이하 "피해장애인"이라 한다)의 보호 및 치료와 피해장애인의 가정에 대한 지원
5. 장애인학대 예방 관계 기관·법인·

636

단체 · 시설 등에 대한 지원
6. 그 밖에 대통령령으로 정하는 장애인 학대의 예방과 방지를 위한 사항

제59조의9(장애인권익옹호기관의 설치 등) ① 국가는 지역 간의 연계체계를 구축하고 장애인학대를 예방하기 위하여 다음 각 호의 업무를 담당하는 중앙장애인권익옹호기관을 설치 · 운영하여야 한다.
1. 제2항에 따른 지역장애인권익옹호기관에 대한 지원
2. 장애인학대 예방 관련 연구 및 실태조사
3. 장애인학대 예방 관련 프로그램의 개발 · 보급
4. 장애인학대 예방 관련 교육 및 홍보
5. 장애인학대 예방 관련 전문인력의 양성 및 능력개발
6. 관계 기관 · 법인 · 단체 · 시설 간 협력체계의 구축 및 교류
7. 장애인학대 신고접수와 그 밖에 보건복지부령으로 정하는 장애인학대 예방과 관련된 업무
② 학대받은 장애인을 신속히 발견 · 보호 · 치료하고 장애인학대를 예방하기 위하여 다음 각 호의 업무를 담당하는 지역장애인권익옹호기관을 특별시 · 광역시 · 특별자치시 · 도 · 특별자치도에 둔다.
1. 장애인학대의 신고접수, 현장조사 및 응급보호
2. 피해장애인과 그 가족, 장애인학대행위자에 대한 상담 및 사후관리
3. 장애인학대 예방 관련 교육 및 홍보
4. 장애인학대사례판정위원회 설치 · 운영
5. 그 밖에 보건복지부령으로 정하는 장애인학대 예방과 관련된 업무
③ 보건복지부장관, 특별시장 · 광역시장 · 특별자치시장 · 도지사 · 특별자치도지사는「공공기관의 운영에 관한 법률」제4조에 따른 공공기관 또는 장애인 학대의 예방 및 방지를 목적으로 하는 비영리법인을 지정하여 장애인권익옹호기관의 운영을 위탁할 수 있다. 이 경우 보건복지부장관, 특별시장 · 광역시장 · 특별자치시장 · 특별자치도지사는 그 운영에 드는 비용을 지원할 수 있다.
④ 장애인권익옹호기관의 설치기준 · 운영, 상담원의 자격 · 배치기준, 운영 수탁기관 등의 지정, 위탁 및 비용지원 등에 필요한 사항은 대통령령으로 정한다.

제59조의10(사후관리 등) ① 장애인권익옹호기관의 장은 장애인학대가 종료된 후에도 가정방문, 시설방문, 전화상담 등을 통하여 장애인학대의 재발 여부를 확인하여야 한다.
② 장애인권익옹호기관의 장은 장애인학대가 종료된 후에도 피해장애인의 안전 확보, 장애인학대의 재발 방지, 건전한 가정기능의 유지 등을 위하여 피해장애인, 피해장애인의 보호자(친권자, 「민법」에 따른 후견인, 장애인을 보호 · 양육 · 교육하거나 그러한 의무가 있는 사람 또는 업무 · 고용 등의 관계로 사실상 장애인을 보호 · 감독하는 사람을 말한다. 이하 이 조에서 같다) · 가족에게 상담, 교육 및 의료적 · 심리적 치료 등의 지원을 하여야 한다.
③ 장애인권익옹호기관의 장은 제2항에 따른 지원을 하기 위하여 관계 기관 · 법인 · 단체 · 시설에 협조를 요청할 수 있다.
④ 장애인권익옹호기관의 장은 제2항에 따른 지원을 할 때에는 피해장애인의 이

익을 최우선으로 고려하여야 한다.

⑤ 피해장애인의 보호자 · 가족은 제2항에 따른 장애인권익옹호기관의 지원에 참여하여야 한다.

제60조(장애인복지시설 운영의 개시 등)
① 제59조 제2항에 따라 신고한 자는 지체 없이 시설 운영을 시작하여야 한다.
② 시설 운영자가 시설 운영을 중단 또는 재개하거나 시설을 폐지하려는 때에는 보건복지부령이 정하는 바에 따라 미리 시장 · 군수 · 구청장에게 신고하여야 한다.
③ 시설 운영자가 제2항에 따라 시설 운영을 중단하거나 시설을 폐지할 때에는 보건복지부령이 정하는 바에 따라 시설 이용자의 권익을 보호하기 위하여 다음 각 호의 조치를 하여야 한다.
1. 시장 · 군수 · 구청장의 협조를 받아 시설 이용자가 다른 시설을 선택할 수 있도록 하고 그 이행을 확인하는 조치
2. 시설 이용자가 이용료 · 사용료 등의 비용을 부담하는 경우 납부한 비용 중 사용하지 아니한 금액을 반환하게 하고 그 이행을 확인하는 조치
3. 보조금 · 후원금 등의 사용 실태 확인과 이를 재원으로 조성한 재산 중 남은 재산의 회수조치
4. 그 밖에 시설 이용자의 권익 보호를 위하여 필요하다고 인정되는 조치
④ 시설 운영자가 제2항에 따라 시설운영을 재개하려고 할 때에는 보건복지부령으로 정하는 바에 따라 시설 이용자의 권익을 보호하기 위하여 다음 각 호의 조치를 하여야 한다.
1. 운영 중단 사유의 해소
2. 향후 안정적 운영계획의 수립

3. 그 밖에 시설 이용자의 권익 보호를 위하여 보건복지부장관이 필요하다고 인정하는 조치
⑤ 제1항과 제2항에 따른 시설 운영의 개시 · 중단 · 재개 및 시설 폐지의 신고 등에 관하여 필요한 사항은 보건복지부령으로 정한다.

제60조의2(장애인 거주시설 이용절차) ① 장애인 거주시설을 이용하려는 자와 그 친족, 그 밖의 관계인은 보건복지부령으로 정하는 서류를 갖추어 시장 · 군수 · 구청장에게 장애인의 시설 이용을 신청하여야 한다.
② 제1항에 따라 시설 이용을 신청받은 시장 · 군수 · 구청장은 이용 신청자의 시설 이용 적격성 여부를 심사하여, 그 결과에 따라 시설 이용 여부를 결정하여야 한다.
③ 시장 · 군수 · 구청장은 제2항에 따른 이용 신청자의 시설 이용 적격성 및 제79조 제2항에 따른 본인부담금을 결정하여 이용 신청자와 시설 운영자에게 통보한다.
④ 시설 이용자가 제1항부터 제3항까지의 절차를 거치지 아니하고 시설을 이용하는 경우, 시설 운영자는 보건복지부령으로 정하는 바에 따라 해당 사례를 시장 · 군수 · 구청장에게 보고하여야 하며, 시장 · 군수 · 구청장은 이용 적격성 여부의 확인 등 필요한 조치를 취하여야 한다.
⑤ 시설 운영자는 이용 신청자와 서비스 이용조건, 본인부담금 등의 사항을 포함하여 계약을 체결하고, 그 결과를 시장 · 군수 · 구청장에게 보고하여야 하며,

계약에 관한 세부적인 사항은 보건복지부령으로 정한다.

⑥ 제5항에 따른 계약은 시설을 이용할 장애인 본인이 체결하는 것을 원칙으로 하되, 지적 능력 등의 이유로 장애인 본인이 계약을 체결하기 어려운 경우에 한하여, 대통령령으로 정하는 자가 계약절차의 전부 또는 일부를 대행할 수 있다.

⑦ 시설 이용자가 시설 이용을 중단하려는 경우에는 보건복지부령으로 정하는 기간 전에 시설 이용을 중단할 의사를 시설 운영자에게 밝혀야 한다. 이 경우 시설 운영자는 이용 중단과 관련하여 필요한 조치를 하여야 하고, 이용 중단 희망자에 대하여 이용 중단에 따른 어떠한 불이익한 처분이나 차별도 하여서는 아니 된다.

제60조의3(장애인 거주시설의 서비스 최저기준) ① 보건복지부장관은 장애인 거주시설에서 제공하여야 하는 서비스의 최저기준을 마련하여야 하며, 장애인복지실시기관은 그 기준이 충족될 수 있도록 필요한 조치를 취하여야 한다.

② 시설 운영자는 제1항에 따른 서비스의 최저기준 이상으로 서비스의 수준을 유지하여야 한다.

③ 제1항에 따른 서비스 최저기준의 구체적인 내용과 시행에 관하여 필요한 사항은 보건복지부령으로 정한다.

제60조의4(장애인 거주시설 운영자의 의무) ① 시설 운영자는 시설 이용자의 인권을 보호하고, 인권이 침해된 경우에는 즉각적인 회복조치를 취하여야 한다.

② 시설 운영자는 시설 이용자의 거주, 요양, 생활지원, 지역사회생활 지원 등을 위하여 필요한 서비스를 제공하여야 한다.

③ 시설운영자는 시설 이용자의 사생활 및 자기결정권의 보장을 위하여 노력하여야 한다.

제61조(감독) ① 장애인복지실시기관은 장애인복지시설을 설치·운영하는 자의 소관업무 및 시설이용자의 인권실태 등을 지도·감독하며, 필요한 경우 그 시설에 관한 보고 또는 관련 서류 제출을 명하거나 소속 공무원에게 그 시설의 운영상황·장부, 그 밖의 서류를 조사·검사하거나 질문하게 할 수 있다.

② 제1항에 따라 관계 공무원이 그 직무를 할 때에는 권한을 표시하는 증표 및 조사기간, 조사범위, 조사담당자, 관계 법령 등 보건복지부령으로 정하는 사항이 기재된 서류를 관계인에게 내보여야 한다.

제62조(시설의 개선, 사업의 정지, 폐쇄 등) ① 장애인복지실시기관은 장애인복지시설이 다음 각 호의 어느 하나에 해당하는 때에는 그 시설의 개선, 사업의 정지, 시설의 장의 교체를 명하거나 해당 시설의 폐쇄를 명할 수 있다.

1. 제59조 제5항에 따른 시설기준에 미치지 못한 때

2. 정당한 사유 없이 제61조에 따른 보고를 하지 아니하거나 거짓으로 보고한 때 또는 조사·검사 및 질문을 거부·방해하거나 기피한 때

3. 사회복지법인이나 비영리법인이 설치·운영하는 시설인 경우 그 사회복지법인이나 비영리법인의 설립 허가가 취소된 때

4. 시설의 회계 부정이나 시설이용자에

대한 인권침해 등 불법행위, 그 밖의 부당
행위 등이 발견된 때
5. 설치 목적을 이루었거나 그 밖의 사유
로 계속하여 운영할 필요가 없다고 인정
되는 때
6. 이 법 또는 이 법에 따른 명령이나 처
분을 위반한 경우
② 장애인복지시설시기관은 제58조 제1
항 제1호에 따른 장애인 거주시설이 제
60조의3에 따른 서비스 최저기준을 유지
하지 못할 때에는 그 시설의 개선, 사업의
정지, 시설의 장의 교체를 명하거나 해당
시설의 폐쇄를 명할 수 있다.

제63조(단체의 보호 · 육성) ① 국가와 지
방자치단체는 장애인의 복지를 향상하고
자립을 돕기 위하여 장애인복지단체를
보호 · 육성하도록 노력하여야 한다.
② 국가와 지방자치단체는 예산의 범위
안에서 제1항에 따른 단체의 사업 · 활동
또는 운영이나 그 시설에 필요한 경비의
전부 또는 일부를 보조할 수 있다.

제64조(장애인복지단체협의회) ① 장애인
복지단체의 활동을 지원하고 장애인의
복지를 향상하기 위하여 장애인복지단체
협의회(이하 "협의회"라 한다)를 설립할
수 있다.
② 협의회는 「사회복지사업법」에 따른 사
회복지법인으로 하되, 「사회복지사업법」
제23조 제1항은 적용하지 아니한다.
③ 협의회의 조직과 운영 등에 관하여 필
요한 사항은 정관으로 정한다.

제6장 장애인보조기구

제65조(장애인보조기구) ① "장애인보조
기구"란 장애인이 장애의 예방 · 보완과
기능 향상을 위하여 사용하는 의지義肢
· 보조기 및 그 밖에 보건복지부장관이
정하는 보장구와 일상생활의 편의 증진
을 위하여 사용하는 생활용품을 말한다.
② 보건복지부장관은 장애인의 일상생활
의 편의증진 등을 위하여 다른 법률이 정
하는 바에 따라 제1항에 따른 장애인보
조기구의 지원 및 활용촉진 등에 관한 사
업을 실시할 수 있다.

**제69조(의지 · 보조기제조업의 개설사실
의 통보 등)** ① 의지 · 보조기를 제조 · 개
조 · 수리하거나 신체에 장착하는사업(이
하 "의지 · 보조기제조업"이라 한다)을 하
는 자는 그 제조업소를 개설한 후 7일 이
내에 보건복지부령이 정하는 바에 따라
시장 · 군수 · 구청장에게 제조업소의 개
설사실을 알려야 한다. 제조업소의 소재
지 변경 등 보건복지부령이 정하는 중요
사항을 변경한 때에도 또한 같다.
② 의지 · 보조기 제조업자는 제72조에
따른 의지 · 보조기 기사補助器 技士를 1명
이상 두어야 한다. 다만, 의지 · 보조기
제조업자 자신이 의지 · 보조기 기사인
경우에는 따로 기사를 두지 아니하여도
된다.
③ 의지 · 보조기 제조업자가 제70조에
따른 폐쇄 명령을 받은 후 6개월이 지나
지 아니하면 같은 장소에서 같은 제조업
을 하여서는 아니 된다.
④ 의지 · 보조기 제조업자는 의사의 처
방에 따라 의지 · 보조기를 제조하거나

장애학_통합재활적 접근

개조하여야 한다.

제70조(의지 · 보조기 제조업소의 폐쇄 등)
① 시장 · 군수 · 구청장은 의지 · 보조기 제조업자가 다음 각 호의 어느 하나에 해당하는 경우에는 그 제조업소의 폐쇄를 명할 수 있다.
1. 제69조 제2항을 위반하여 의지 · 보조기 기사를 두지 아니하고 의지 · 보조기 제조업을 한 경우
2. 영업정지처분 기간에 영업을 하거나 3회 이상 영업정지처분을 받은 경우
② 시장 · 군수 · 구청장은 의지 · 보조기 제조업자가 의지 · 보조기 제조업을 하면서 고의나 중대한 과실로 의지 · 보조기를 착용하는 사람의 신체에 손상을 입힌 사실이 있는 때에는 6개월의 범위 안에서 보건복지부령으로 정하는 바에 따라 영업정지를 명할 수 있다.

제7장 장애인복지 전문인력

제71조(장애인복지 전문인력 양성 등) ① 국가와 지방자치단체 그 밖의 공공단체는 의지 · 보조기 기사, 언어재활사, 한국수어 통역사, 점역點譯 · 교정사 등 장애인복지 전문인력, 그 밖에 장애인복지에 관한 업무에 종사하는 자를 양성 · 훈련하는 데에 노력해야 한다.
② 제1항에 따른 장애인복지전문인력의 범위 등에 관한 사항은 보건복지부령으로 정한다.
③ 국가와 지방자치단체는 제1항에 따른 장애인복지전문인력의 양성업무를 관계 전문기관 등에 위탁할 수 있다.
④ 국가와 지방자치단체는 제1항에 따른

장애인복지전문인력의 양성에 소요되는 비용을 예산의 범위 안에서 보조할 수 있다.

제72조(의지 · 보조기 기사자격증 교부 등)
① 보건복지부장관은 다음 각 호의 어느 하나에 해당하는 자로서 제73조에 따른 국가시험에 합격한 자(이하 "의지 · 보조기 기사"라 한다)에게 의지 · 보조기 기사자격증을 내주어야 한다.
1. 「고등교육법」에 따른 전문대학이나 교육부장관이 이와 같은 수준 이상의 학력이 있다고 인정하는 학교에서 보건복지부령으로 정하는 의지 · 보조기 관련 교과목을 이수하고 졸업한 자
2. 보건복지부장관이 인정하는 외국에서 제1호에 해당하는 학교와 같은 수준 이상의 교육과정을 마치고 외국의 해당 의지 · 보조기 기사자격증을 받은 자
② 의지 · 보조기 기사자격증을 분실하거나 훼손한 자에게는 신청에 따라 자격증을 재교부한다.
③ 의지 · 보조기 기사자격증은 다른 자에게 대여하지 못한다.
④ 제1항과 제2항에 따른 자격증의 교부 · 재교부 절차와 그 밖에 그 관리에 관하여 필요한 사항은 보건복지부령으로 정한다.

제72조의2(언어재활사 자격증 교부 등) ① 보건복지부장관은 제2항에 따른 자격요건을 갖춘 사람으로서 제73조에 따른 국가시험에 합격한 사람(이하 "언어재활사"라 한다)에게 언어재활사 자격증을 내주어야 한다.
② 언어재활사의 종류 및 국가시험 응시

자격 요건은 다음 각 호의 구분과 같다. 이 경우 외국의 대학원·대학·전문대학에서 언어재활 분야의 학위를 취득한 사람으로서 등급별 자격기준과 동등한 학력이 있다고 보건복지부장관이 인정하는 경우에는 해당 등급의 응시자격을 갖춘 것으로 본다.

1. 1급 언어재활사: 2급 언어재활사 자격증을 가진 사람으로서 다음 각 목의 어느 하나에 해당하는 사람

가. 「고등교육법」에 따른 대학원에서 언어재활 분야의 박사학위 또는 석사학위를 취득한 사람으로서 언어재활기관에 1년 이상 재직한 사람

나. 「고등교육법」에 따른 대학에서 언어재활 관련 학과의 학사학위를 취득한 사람으로서 언어재활기관에 3년 이상 재직한 사람

2. 2급 언어재활사: 「고등교육법」에 따른 대학원·대학·전문대학의 언어재활 관련 교과목을 이수하고 관련 학과의 석사학위·학사학위·전문학사학위를 취득한 사람

③ 언어재활사 자격증을 분실하거나 훼손한 사람에게는 신청에 따라 자격증을 재교부한다.

④ 언어재활사 자격증은 다른 사람에게 대여하지 못한다.

⑤ 제1항과 제3항에 따른 자격증의 교부·재교부 절차와 관리 및 제2항에 따른 언어재활기관의 범위, 대학원·대학·전문대학의 언어재활 관련 학과와 언어재활사로서 이수하여야 하는 관련 교과목의 범위 등에 필요한 사항은 보건복지부령으로 정한다.

제72조의3(장애인재활상담사 자격증 교부 등) ① 보건복지부장관은 장애인의 직업재활 등을 지원하기 위하여 제2항에 따른 자격요건을 갖춘 사람으로서 제73조에 따른 국가시험에 합격한 사람(이하 "장애인재활상담사"라 한다)에게 장애인재활상담사 자격증을 내주어야 한다.

② 장애인재활상담사의 종류 및 국가시험 응시자격 요건은 다음 각 호의 구분과 같다. 이 경우 외국의 대학원·대학·전문대학에서 장애인재활 분야의 학위를 취득한 사람으로서 등급별 자격기준과 동등한 학력이 있다고 보건복지부장관이 인정하는 경우에는 해당 등급의 응시자격을 갖춘 것으로 본다.

1. 1급 장애인재활상담사: 다음 각 목의 어느 하나에 해당하는 사람

가. 「고등교육법」에 따른 대학원에서 장애인재활 분야의 박사학위를 취득한 사람

나. 2급 장애인재활상담사 자격증을 가진 사람으로서 「고등교육법」에 따른 대학원에서 장애인재활 분야의 석사학위를 취득한 사람

다. 2급 장애인재활상담사 자격증을 가진 사람으로서 장애인재활 관련 기관에서 3년 이상 재직한 사람

라. 사회복지사 2급 자격증을 가진 사람으로서 장애인재활 관련 기관에서 5년 이상 재직한 사람

2. 2급 장애인재활상담사: 다음 각 목의 어느 하나에 해당하는 사람

가. 「고등교육법」에 따른 대학에서 보건복지부령으로 정하는 장애인재활 관련 교과목을 이수한 사람

나. 3급 장애인재활상담사 자격증을 가진 사람으로서 장애인재활 관련 기관에

서 2년 이상 재직한 사람

다. 사회복지사 2급 자격증을 가진 사람으로서 장애인재활 관련 기관에서 3년 이상 재직한 사람

3. 3급 장애인재활상담사:「고등교육법」에 따른 전문대학에서 보건복지부령으로 정하는 장애인재활 관련 교과목을 이수한 사람

③ 장애인재활상담사 자격증을 분실하거나 훼손한 사람에게는 신청에 따라 자격증을 재교부한다.

④ 장애인재활상담사 자격증은 다른 사람에게 대여하지 못한다.

⑤ 제1항과 제3항에 따른 자격증의 교부·재교부 절차와 관리 및 제2항에 따른 장애인재활 분야·관련 기관·관련 교과목의 범위 등에 필요한 사항은 보건복지부령으로 정한다.

제73조(국가시험의 실시 등) ① 의지·보조기 기사, 언어재활사 및 장애인재활상담사(이하 "의지·보조기 기사등"이라 한다)의 국가시험은 보건복지부장관이 실시하되, 실시시기·실시방법·시험과목, 그 밖에 시험 실시에 관하여 필요한 사항은 대통령령으로 정한다.

② 보건복지부장관은 제1항에 따른 국가시험의 실시에 관한 업무를 대통령령으로 정하는 바에 따라「한국보건의료인국가시험원법」에 따른 한국보건의료인국가시험원에 위탁할 수 있다.

제74조(응시자격 제한 등) ① 다음 각 호의 어느 하나에 해당하는 자는 제73조에 따른 국가시험에 응시할 수 없다.

1.「정신보건법」제3조 제1호에 따른 정신질환자. 다만, 전문의가 의지·보조기 기사등으로서 적합하다고 인정하는 사람은 그러하지 아니하다.

2. 마약·대마 또는 향정신성의약품 중독자

3. 금치산자·한정치산자

4. 이 법이나「형법」제234조·제317조 제1항,「의료법」,「국민건강보험법」, 종전의「국민의료보험법」,「의료보험법」,「의료보호법」,「보건범죄단속에 관한 특별조치법」,「마약법」,「대마관리법」,「향정신성의약품 관리법」 또는「후천성면역결핍증 예방법」을 위반하여 금고 이상의 형을 선고받고 그 형의 집행이 끝나지 아니하였거나 집행을 받지 아니하기로 확정되지 아니한 자

② 부정한 방법으로 제73조에 따른 국가시험에 응시한 자나 국가시험에 관하여 부정행위를 한 자는 그 수험을 정지시키거나 합격을 무효로 한다.

③ 제2항에 따라 수험이 정지되거나 합격이 무효가 된 자는 그 후 2회에 한하여 제73조에 따른 국가시험에 응시할 수 없다.

제75조(보수교육) ① 보건복지부장관은 의지·보조기 기사등에 대하여 자질 향상을 위하여 필요한 보수補修 교육을 받도록 명할 수 있다.

② 제1항에 따른 보수교육의 실시 시기와 방법 등 필요한 사항은 보건복지부령으로 정한다.

제76조(자격취소) 보건복지부장관은 의지·보조기 기사등이 다음 각 호의 어느 하나에 해당한 때에는 그 자격을 취소해야 한다.

1. 제72조 제3항을 위반해서 타인에게 의지·보조기 기사자격증을 대여한 때
1의2. 제72조의2 제4항을 위반하여 타인에게 언어재활사 자격증을 대여하였을 때
1의3. 제72조의3 제4항을 위반하여 타인에게 장애인재활상담사 자격증을 대여하였을 때
2. 제74조 제1항 각 호의 어느 하나에 해당하게 된 때
3. 제77조에 따른 자격정지처분 기간에 그 업무를 하거나 자격정지 처분을 3회 받은 때

제77조(자격정지) 보건복지부장관은 의지·보조기 기사등이 다음 각 호의 어느 하나에 해당하면 6개월 이내의 범위 안에서 보건복지부령으로 정하는 바에 따라 자격을 정지시킬 수 있다.
1. 의지·보조기 기사의 업무를 하면서 고의 또는 중대한 과실로 의지·보조기 착용자의 신체에 손상을 입힌 사실이 있는 때
1의2. 언어재활사의 업무를 하면서 고의 또는 중대한 과실로 언어재활 대상자의 기능에 손상을 입힌 사실이 있을 때
1의3. 장애인재활상담사의 업무를 하면서 고의 또는 중대한 과실로 재활 대상자에게 손해를 입힌 사실이 있을 때
2. 제75조에 따른 보수교육을 연속하여 2회 이상 받지 아니한 때

제78조(수수료) 의지·보조기 기사등의 국가시험에 응시하려고 하거나 의지·보조기 기사등의 자격증을 교부 또는 재교부받으려 하는 자는 보건복지부령으로 정하는 바에 따라 수수료를 내야 한다.

제8장 보칙

제79조(비용 부담) ① 제36조 제1항, 제38조 제1항, 제43조 제1항, 제49조 제1항, 제50조 제1항·제2항 및 제55조 제1항에 따른 조치와 제59조 제1항에 따른 장애인복지시설의 설치·운영에 드는 비용은 예산의 범위 안에서 대통령령으로 정하는 바에 따라 장애인복지실시기관이 부담하게 할 수 있다.
② 국가와 지방자치단체는 장애인이 제58조의 장애인복지시설을 이용하는 데 드는 비용의 전부 또는 일부를 부담할 수 있으며, 시설 이용자의 자산과 소득을 고려하여 본인부담금을 부과할 수 있다. 이 경우 본인부담금에 관한 사항은 대통령령으로 정한다.

제80조(비용 수납) ① 제34조 제1항 제1호에 따른 조치에 필요한 비용을 부담한 장애인복지실시기관은 해당 장애인 또는 그 부양의무자로부터 대통령령으로 정하는 바에 따라 장애인복지실시기관이 부담한 비용의 전부 또는 일부를 받을 수 있다.

제80조의2(한국언어재활사협회) ① 언어재활사는 언어재활에 관한 전문지식과 기술을 개발·보급하고 언어재활사의 자이향상을 위한 교육훈련 및 언어재활사의 복지증진을 도모하기 위하여 한국언어재활사협회(이하 "협회"라 한다)를 설립할 수 있다.
② 제1항에 따른 협회는 법인으로 한다.
③ 협회에 관하여 이 법에서 규정한 것을 제외하고는 「민법」 중 사단법인에 관한

규정을 준용한다.

제81조(비용 보조) 국가와 지방자치단체는 대통령령으로 정하는 바에 따라 장애인복지시설의 설치·운영에 필요한 비용의 전부 또는 일부를 보조할 수 있다.

제82조(압류 금지) ① 이 법에 따라 장애인에게 지급되는 금품은 압류하지 못한다.
②제50조의4 제1항에 따른 장애인복지급여수급계좌의 예금에 관한 채권은 압류할 수 없다.

제83조(조세감면) ① 이 법에 따라 지급되는 금품, 제58조에 따른 장애인복지시설 및 제63조에 따른 장애인복지단체에서 장애인이 제작한 물품에는 「조세특례제한법」과 「지방세특례제한법」, 그 밖의 조세 관계법령이 정하는 바에 따라 조세를 감면한다.

제83조의2(청문) 장애인복지실시기관은 다음 각 호의 어느 하나에 해당하는 조치를 하려면 청문을 하여야 한다.
1. 제62조에 따른 장애인복지시설의 폐쇄 명령
2. 제70조 제1항에 따른 의지·보조기 제조업소의 폐쇄 명령
3. 제76조에 따른 의지·보조기 기사등의 자격취소

제84조(심사청구) ① 장애인, 장애인의 법정대리인 또는 대통령령으로 정하는 보호자는 이 법에 따른 복지조치에 이의가 있으면 해당 장애인복지실시기관에 심사를 청구할 수 있다.
② 장애인복지실시기관은 제1항에 따른 심사청구를 받은 때에는 1개월 이내에 심사·결정하여 청구인에게 통보하여야 한다.
③ 제2항에 따른 심사·결정에 이의가 있는 자는 「행정심판법」에 따라 행정심판을 제기할 수 있다.

제85조(권한위임 등) ① 이 법에 따른 보건복지부장관 및 특별시장·광역시장·특별자치시장·도지사·특별자치도지사(이하 이 조에서 "시·도지사"라 한다)의 권한은 대통령령으로 정하는 바에 따라 국립재활원장, 시·도지사 또는 시장·군수·구청장에게 그 일부를 위임할 수 있다.
② 이 법에 따른 보건복지부장관 및 시·도지사의 업무는 대통령령으로 정하는 바에 따라 장애인 관련 단체 또는 법인에 그 일부를 위탁할 수 있다.

제9장 벌 칙

제86조(벌칙) ① 제59조의7 제1호의 행위를 한 사람은 10년 이하의 징역 또는 7천만원 이하의 벌금에 처한다.
② 제59조의7 제2호(상해에 한정한다)의 행위를 한 사람은 7년 이하의 징역 또는 5천만원 이하의 벌금에 처한다.
③ 다음 각 호의 어느 하나에 해당하는 사람은 5년 이하의 징역 또는 3천만원 이하의 벌금에 처한다.
1. 제50조의3 제6항을 위반하여 금융정보 또는 보험정보를 이 법에서 정한 목적 외의 용도로 사용하거나 다른 사람 또는

기관에 제공 또는 누설한 사람

2. 제59조의7 제2호(폭행에 한정한다)부터 제6호까지에 해당하는 행위를 한 사람

④ 다음 각 호의 어느 하나에 해당하는 사람은 3년 이하의 징역 또는 2천만원 이하의 벌금에 처한다.

1. 제50조의3 제6항을 위반하여 신용정보를 이 법에서 정한 목적 외의 용도로 사용하거나 다른 사람 또는 기관에 제공 또는 누설한 사람

2. 제59조의7 제7호에 해당하는 행위를 한 사람

⑤ 제59조의7 제8호의 행위를 한 사람은 1년 이하의 징역 또는 500만원 이하의 벌금에 처한다.

제87조(벌칙) 다음 각 호의 어느 하나에 해당하는 자는 1년 이하의 징역이나 500만원 이하의 벌금에 처한다.

1. 제8조 제2항을 위반하여 장애인을 이용하여 부당한 영리행위를 한 자

2. 제32조 제5항을 위반하여 등록증을 양도 또는 대여하거나 양도 또는 대여를 받은 자 및 유사한 명칭 또는 표시를 사용한 자

3. 제33조 제2항을 위반하여 업무상 알게 된 개인의 신상에 관한 비밀을 누설한 자

4. 거짓이나 그 밖의 부정한 방법으로 제45조 제1항 및 제2항에 따른 인증을 받은 자

5. 제45조 제3항을 위반하여 인증의 표시를 붙이거나 사용한 자

6. 제59조 제2항에 따른 신고 또는 변경신고를 하지 아니하고 장애인복지시설을 설치·운영한 자

7. 제60조 제3항에 따른 시설 이용자의 권익 보호조치를 위반한 시설 운영자

8. 정당한 사유 없이 제61조 제1항에 따른 보고를 하지 아니하거나 거짓의 보고를 한 자, 자료를 제출하지 아니하거나 거짓 자료를 제출한 자, 조사·검사·질문을 거부·방해 또는 기피한 자

9. 제62조에 따른 명령 등을 받고 이행하지 아니한 자

10. 제69조 제2항을 위반하여 의지·보조기 기사를 두지 아니하고 의지·보조기제조업을 한 자

11. 제69조 제3항을 위반하여 폐쇄 명령을 받은 후 6개월이 지나지 아니하였음에도 불구하고 같은 장소에서 같은 제조업을 한 자

12. 제70조 제1항에 따른 제조업소 폐쇄 명령을 받고도 영업을 한 자

제88조(벌칙) 다음 각 호의 어느 하나에 해당하는 자는 300만원 이하의 벌금에 처한다.

1. 제20조 제4항을 위반하여 장애인의 입학 지원을 거부하거나 입학시험 합격자의 입학을 거부하는 등 불리한 조치를 한 자

2. 제72조 제3항을 위반하여 타인에게 의지·보조기 기사자격증을 대여한 자

제89조(양벌규정) 법인의 대표자나 법인 또는 개인의 대리인, 사용인, 그 밖의 종업원이 그 법인 또는 개인의 업무에 관하여 제86조부터 제88조까지의 어느 하나에 해당하는 위반행위를 하면 그 행위자를 벌하는 외에 그 법인 또는 개인에게도 해당 조문의 벌금형을 과(科)한다. 다만, 법

인 또는 개인이 그 위반행위를 방지하기 위하여 해당 업무에 관하여 상당한 주의와 감독을 게을리하지 아니한 경우에는 그러하지 아니하다.

제90조(과태료) ① 장애인복지시설의 운영자가 제59조의3 제4항에 따른 해임요구를 정당한 사유 없이 거부하거나 1개월 이내에 이행하지 아니하는 경우에는 1천만원 이하의 과태료를 부과한다.
② 장애인복지시설의 운영자가 제59조의3 제3항을 위반하여 해당 장애인복지시설에 취업 중이거나 사실상 노무를 제공 중인 사람 또는 취업하려 하거나 사실상 노무를 제공하려는 사람에 대하여 성범죄 경력을 확인하지 아니한 경우에는 500만원 이하의 과태료를 부과한다.
③ 다음 각 호의 어느 하나에 해당하는 자에게는 300만원 이하의 과태료를 부과한다.
1. 제32조 제3항에 따른 등록증 반환 명령을 거부한 자
2. 제39조 제3항을 위반하여 장애인사용자동차등표지를 대여하거나 보건복지부령으로 정하는 자 외의 자에게 양도한 자 또는 부당하게 사용하거나 이와 비슷한 표지·명칭 등을 사용한 자
3. 제40조 제3항을 위반하여 보조견표지를 붙인 장애인 보조견을 동반한 장애인, 장애인 보조견 훈련자 또는 장애인 보조견 훈련 관련 자원봉사자의 출입을 정당한 사유 없이 거부한 자
3의4. 제59조의4 제2항을 위반하여 직무상 장애인학대 및 장애인 대상 성범죄의 발생사실을 알고도 수사기관에 신고하지 아니한 사람

3의5. 제59조의5 제3항을 위반하여 현장조사를 거부·기피하거나 업무를 방해한 자
4. 제60조 제1항에 따른 시설 운영 개시 의무를 위반한 자
5. 제60조 제2항에 따른 시설의 운영 중단·재운영·시설폐지 등의 신고의무를 위반한 자
6. 제69조 제1항을 위반하여 의지·보조기 제조업소의 개설 또는 변경 사실을 통보하지 아니한 자
7. 제69조 제4항을 위반하여 의사의 처방에 의하지 아니하고 의지·보조기를 제조하거나 개조한 의지·보조기 제조업자
④ 제1항부터 제3항까지의 과태료는 대통령령으로 정하는 바에 따라 특별자치시장·특별자치도지사 또는 시장·군수·구청장이 부과·징수한다.

부칙 <제13663호, 2015.12.29>

제1조(시행일) 이 법은 공포 후 6개월이 경과한 날부터 시행한다. 다만, 제49조 제1항의 개정규정은 2016년 1월 1일부터 시행하고, 제54조 제3항 및 제63조 제2항의 개정규정은 공포한 날부터 시행하며, 제59조의4 및 제90조 제3항 제3호의4의 개정규정 중 장애인권익옹호기관에 관한 부분은 2017년 1월 1일부터 시행하고, 제71조·제72조의3·제73조·제76조·제77조의 개정규정 중 장애인재활상담사에 관한 부분은 공포 후 2년이 경과한 날부터 시행한다.

제2조(장애인 대상 성범죄 신고의무에 관한 적용례) 제59조의4의 개정규정은 이

법 시행 후 장애인 대상 성범죄의 발생사실을 알게 된 때부터 적용한다.

제3조(민간단체가 발급한 장애인재활상담사 자격증 소지자의 장애인재활상담사 자격증 취득에 관한 특례 및 경과조치) ① 이 법 시행 당시 보건복지부장관이 인정하는 단체에서 발급한 장애인재활상담사 관련 자격증을 소지한 사람은 제72조의3 및 제73조의 개정규정에도 불구하고 이 법 시행 후 3년 이내에 보건복지부장관이 고시로 정하여 실시하는 특례시험을 거쳐 이 법에 따른 장애인재활상담사 자격증을 취득할 수 있다.
② 이 법 시행 당시 보건복지부장관이 인정하는 단체에서 발급한 장애인재활상담사 관련 자격증을 소지한 사람은 이 법 시행 후 3년까지 이 법에 따른 장애인재활 상담사로 본다.

제4조(사회복지사에 대한 특례 및 경과조치) ① 이 법 시행 당시 「사회복지사업법」 제11조에 따른 사회복지사 자격을 소지한 사람으로서 장애인재활 관련 기관에서 5년 이상 재직한 사람은 제72조의3 및 제73조의 개정규정에도 불구하고 이 법 시행 후 3년 이내에 보건복지부장관이 고시로 정하여 실시하는 특례시험을 거쳐 이 법에 따른 장애인재활상담사 자격증을 취득할 수 있다.
② 이 법 시행 당시 「사회복지사업법」 제11조에 따른 사회복지사 자격을 소지한 사람으로서 장애인재활 관련 기관에서 5년 이상 재직한 사람은 이 법 시행 후 3년까지 이 법에 따른 장애인재활상담사로 본다.

장애인복지법시행령

[타법개정 15.11.30. 대통령령 제26683호]

제1조 이 영은 「장애인복지법」에서 위임된 사항과 그 시행에 필요한 사항을 규정함을 목적으로 한다.

제2조(장애인의 종류 및 기준) ① 「장애인복지법」(이하 "법"이라 한다) 제2조 제2항 각 호 외의 부분에서 "대통령령으로 정하는 장애의 종류 및 기준에 해당하는 자"란 별표 1에서 정한 자를 말한다.
② 장애인은 장애의 정도에 따라 등급을 구분하되, 그 등급은 보건복지부령으로 정한다.

제2조의2(사업계획의 제출 등) ① 관계 중앙행정기관의 장은 법 제10조의2 제3항에 따라 장애인의 권익과 복지증진을 위하여 관련 업무에 대하여 수립한 해당 연도 사업계획 및 전년도의 사업계획 추진실적을 매년 1월 31일까지 보건복지부장관에게 제출하여야 한다.
② 보건복지부장관은 법 제10조의2 제4항에 따라 장애인정책종합계획을 수립하거나 변경하였을 때에는 관계 중앙행정기관의 장에게 통보하여야 한다.
③ 보건복지부장관은 제1항에 따라 관계 중앙행정기관의 장이 제출한 전년도 사업계획 추진실적을 매년 평가하여 그 결과를 관계 중앙행정기관의 장에게 통보하여야 한다.

제3조(장애인정책조정위원회의 구성) ① 법 제11조에 따른 장애인정책조정위원회(이하 "위원회"라 한다)는 위원장 및 부위원장 각 1명을 포함한 30명 이내의 위원으로 구성한다.
② 위원장은 국무총리가 되고, 부위원장은 보건복지부장관이 되며, 위원은 당연직 위원과 위촉위원으로 한다.
③ 당연직 위원은 기획재정부장관, 교육부장관, 행정자치부장관, 문화체육관광부장관, 산업통상자원부장관, 고용노동부장관, 여성가족부장관, 국토교통부장관, 국무조정실장, 법제처장, 국가보훈처장 및 위원회의 심의사항과 관련되어 위원장이 지정하는 중앙행정기관의 장이 된다.
④ 위촉위원은 장애인 관련 단체의 장이나 장애인 문제에 관한 학식과 경험이 풍부한 자 중에서 위원장이 위촉하되, 위촉위원 중 2분의 1 이상은 장애인으로 한다.

제3조의2(위원회 위촉위원의 해촉) 위원장은 제3조 제4항에 따른 위촉위원이 다음 각 호의 어느 하나에 해당하는 경우에는 해당 위촉위원을 해촉^{解囑}할 수 있다.
1. 심신장애로 인하여 직무를 수행할 수 없게 된 경우
2. 직무와 관련된 비위사실이 있는 경우
3. 직무태만, 품위손상이나 그 밖의 사유

로 인하여 위원으로 적합하지 아니하다고 인정되는 경우
4. 위원 스스로 직무를 수행하는 것이 곤란하다고 의사를 밝히는 경우

제4조(위촉위원의 임기) 위촉위원의 임기는 3년으로 하되, 연임할 수 있다.

제5조(위원장 등의 직무) ① 위원장은 위원회를 대표하며, 위원회의 업무를 총괄한다.
② 부위원장은 위원장을 보좌하며, 위원장이 부득이한 사유로 직무를 수행할 수 없을 때에는 그 직무를 대행한다.

제6조(회의) ① 위원회의 회의는 위원장이 필요하다고 인정할 때 또는 재적위원 3분의 1 이상이 회의 소집을 요청한 때에 위원장이 소집한다.
② 위원회의 회의는 재적위원 과반수의 출석으로 열고, 출석위원 과반수의 찬성으로 의결한다.

제7조(간사) 위원회의 사무를 처리하기 위하여 위원회에 간사 2명을 두되, 국무조정실 사회조정실장과 보건복지부 사회복지정책실장으로 한다.

제8조(수당 및 여비) 위원회의 회의에 출석한 위원에게는 예산의 범위에서 수당과 여비를 지급할 수 있다. 다만, 공무원인 위원이 그 소관 업무와 직접 관련되어 출석하는 경우에는 그러하지 아니하다.

제9조(운영세칙) 이 영에서 정한 것 외에 위원회의 운영에 필요한 사항은 위원회의 의결을 거쳐 위원장이 정한다.

제10조(장애인정책조정실무위원회의 구성 등) ① 법 제11조 제4항에 따른 장애인정책조정실무위원회(이하 "실무위원회"라 한다)는 위원장 1명과 부위원장 1명을 포함한 30명 이내의 위원으로 구성한다.
② 실무위원회의 위원장(이하 "실무위원장"이라 한다)은 보건복지부차관이 되고, 부위원장은 보건복지부 소속 장애인 관련 업무를 담당하는 고위공무원단 소속 공무원이 되며, 위원은 당연직 위원과 위촉 위원으로 한다.
③ 당연직 위원은 기획재정부, 교육부, 행정자치부, 문화체육관광부, 산업통상자원부, 고용노동부, 여성가족부, 국토교통부, 국무조정실, 법제처, 국가보훈처의 고위공무원단 소속 공무원 및 위원회의 심의사항과 관련된 중앙행정기관의 고위공무원단 소속 공무원 중에서 실무위원장이 지정하는 자가 된다.
④ 위촉위원은 장애인 관련 단체의 장이나 장애인 문제에 관한 학식과 경험이 풍부한 자 중에서 실무위원장이 위촉하되, 위촉위원 중 2분의 1 이상은 장애인으로 한다.
⑤ 실무위원회는 법 제11조 제4항에 따른 업무를 효율적으로 수행하기 위하여 장애인이동편의분과, 장애인고용확대분과 등 분야별 분과위원회를 둘 수 있다.
⑥ 실무위원회의 사무를 처리하기 위하여 실무위원회에 간사 2명을 두되, 국무조정실 및 보건복지부 소속 공무원 중에서 실무위원장이 지정하는 자로 한다.
⑦ 실무위원회의 운영에 관하여는 제4조부터 제6조까지, 제8조 및 제9조를 준용

한다. 이 경우 "위원회"는 "실무위원회"로, "위원장"은 "실무위원장"으로 본다.

제10조의2(실무위원회 위원의 해촉) 실무위원장은 제10조 제3항 또는 제4항에 따른 위원이 다음 각 호의 어느 하나에 해당하는 경우에는 해당 위원을 지정 철회하거나 해촉^{解囑}할 수 있다.
1. 심신장애로 인하여 직무를 수행할 수 없게 된 경우
2. 직무와 관련된 비위사실이 있는 경우
3. 직무태만, 품위손상이나 그 밖의 사유로 인하여 위원으로 적합하지 아니하다고 인정되는 경우
4. 위원 스스로 직무를 수행하는 것이 곤란하다고 의사를 밝히는 경우

제11조(장애인정책책임관의 지정 등) ① 법 제12조 제2항에 따른 장애인정책책임관은 중앙행정기관의 장이 해당 기관의 장애인 정책수립·시행을 담당하는 고위공무원단 소속 공무원 또는 이에 상당하는 공무원 중에서 지정한다.
② 제1항에 따라 지정된 장애인정책책임관의 임무는 다음 각 호와 같다.
1. 장애인정책 추진계획의 수립에 관한 사항
2. 장애인정책 추진상황의 점검 및 평가에 관한 사항
3. 장애인정책 추진 관련 대외협력 업무
4. 그 밖에 장애인의 권익증진과 장애인에 대한 사회적 인식 개선을 위한 사항으로서 중앙행정기관의 장이 정하는 업무

제12조(지방장애인복지위원회의 구성) ① 법 제13조에 따른 지방장애인복지위원회(이하 "지방위원회"라 한다)는 위원장 1명을 포함한 30명 이내의 위원으로 구성한다.
② 지방위원회의 위원장은 그 지방자치단체의 장이 되고, 위원은 다음 각 호의 어느 하나에 해당하는 자 중에서 지방자치단체의 장이 위촉하거나 임명하는 자로 하되, 위촉위원 중 2분의 1 이상은 장애인으로 한다.
1. 장애인 관련 단체의 장
2. 장애인 문제에 관한 학식과 경험이 풍부한 자
3. 해당 지방자치단체 소속 공무원으로서 장애인정책 관련 업무를 수행하는 자

제13조(다른 법률과의 관계) ① 법 제2조에 따른 장애인 중 다음 각 호의 어느 하나에 해당하는 사람으로서 「국가유공자 등 예우 및 지원에 관한 법률」 제6조의4에 따른 상이등급을 판정받은 사람에 대해서는 법 제15조에 따라 법 제27조, 제30조, 제34조 제1항 제1호 및 제4호, 제36조, 제38조, 제39조, 제41조, 제42조, 제46조, 제49조, 제55조 및 제66조를 적용하지 아니한다.
1. 「국가유공자 등 예우 및 지원에 관한 법률」 제4조에 따른 국가유공자
2. 「국가유공자 등 예우 및 지원에 관한 법률」 제73조 또는 제74조에 따라 국가유공자에 준하여 보상받는 사람
② 법 제2조에 따른 장애인 중 다음 각 호의 어느 하나에 해당하는 사람에 대해서는 법 제15조에 따라 법 제34조 제1항 제1호 및 제4호, 제36조, 제38조, 제41조, 제46조, 제49조, 제55조 및 제66조를 적용하지 아니한다.

1.「국가유공자 등 예우 및 지원에 관한 법률」(법률 제11041호 국가유공자 등 예우 및 지원에 관한 법률 일부개정법률로 개정되기 전의 것을 말한다) 제73조의2에 따른 국가유공자에 준하는 군경 등으로서 같은 법 제6조의4에 따른 상이등급을 판정받은 사람

2.「보훈보상대상자 지원에 관한 법률」제2조에 따른 보훈보상대상자로서 같은 법 제6조에 따른 상이등급을 판정받은 사람

③ 법 제2조에 따른 장애인 중「정신보건법」의 적용을 받는 장애인에 대하여는 법 제15조에 따라 법 제34조 제1항 제2호 및 제3호를 적용하지 아니한다.

제13조의2(장애인일자리사업 실시) ① 보건복지부장관은 법 제21조 제1항에 따라 장애인의 사회참여 기회를 확대하고 적성과 능력에 맞는 일자리를 발굴하여 소득보장을 지원하는 장애인일자리사업을 실시할 수 있다.

② 보건복지부장관은 제1항에 따른 장애인일자리사업을 관리하기 위하여 전산시스템을 구축ㆍ운영할 수 있다.

③ 제1항에 따른 장애인일자리사업의 종류 및 운영, 제2항에 따른 전산시스템의 구축ㆍ운영 등에 필요한 사항은 보건복지부령으로 정한다.

제14조(수화ㆍ폐쇄자막 또는 화면해설방영 방송프로그램의 범위) 법 제22조 제2항에서 "대통령령으로 정하는 방송 프로그램"이란 다음 각 호의 어느 하나에 해당하는 방송프로그램을 말한다.

1.「방송법 시행령」제50조 제2항에 따른 보도에 관한 방송프로그램

2.「공직선거법」제70조부터 제74조까지, 제82조 및 제82조의2에 따른 선거에 관한 방송프로그램

3.「국경일에 관한 법률」에 따른 국경일 및「각종 기념일 등에 관한 규정」에 따른 기념일의 의식과 그에 부수되는 행사의 중계방송

4. 그 밖에 청각장애인이나 시각장애인이 정보에 접근하는 데에 필요하다고 인정하여 보건복지부장관이 정하여 고시하는 방송

제15조(수화통역 또는 점자자료 등의 제공) 법 제22조 제3항에서 "대통령령으로 정하는 행사"란 다음 각 호의 어느 하나에 해당하는 국경일 또는 기념일의 의식과 그에 부수되는 행사로 한다.

1.「국경일에 관한 법률」에 따른 국경일

2.「각종 기념일 등에 관한 규정」에 따른 기념일 중 보건의날, 장애인의날, 어린이날, 어버이날, 스승의날, 현충일, 국군의 날 및 노인의날

제16조(사회적 인식 개선 교육) ①중앙행정기관의 장과 지방자치단체의 장은 법 제25조에 따라 소속 직원을 대상으로 하는 장애인에 대한 인식 개선을 위한 교육계획을 매년 수립ㆍ시행하여야 한다.

②「초ㆍ중등교육법」에 따른 학교의 장은 법 제25조에 따라 학생을 대상으로 장애인에 대한 인식개선을 위한 교육을 1년에 1회 이상 하여야 한다.

제17조(감면대상시설의 종류 등) ① 법 제30조에 따라 장애인에게 이용요금을 감면할 수 있는 공공시설과 그 감면율은 별

표 2와 같다.

② 제1항에 따라 공공시설의 이용요금을 감면받으려는 자는 법 제32조 제1항에 따라 발급받은 장애인등록증을 이용하려는 시설의 관리자에게 내보여야 한다.

제18조(실태조사의 방법 등) ① 법 제31조에 따른 장애실태조사는 전수조사 또는 표본조사로 실시하되, 전수조사는 보건복지부장관이 정하는 바에 따라 특별시장·광역시장·특별자치시장·도지사·특별자치도지사(이하 "시·도지사"라 한다)가 실시하고, 표본조사는 보건복지부장관이 전문연구기관에 의뢰하여 실시한다.

② 제1항에 따른 장애실태조사에서 조사할 사항은 다음 각 호와 같다. 이 경우 제2호부터 제7호까지, 제9호 및 제10호에 따른 사항에 대하여 조사할 때에는 성별을 고려하여야 한다.

1. 성별, 연령, 학력, 가족사항 등 장애인의 일반특성에 관한 사항
2. 장애 유형, 장애 정도 및 장애 발생 원인 등 장애 특성에 관한 사항
3. 취업·직업훈련, 소득과 소비, 주거 등 경제 상태에 관한 사항
4. 장애인보조기구의 사용, 복지시설의 이용, 재활서비스 및 편의시설의 설치욕구 등 복지욕구에 관한 사항
5. 장애인연금·장애수당·장애인보조기구의 지급 및 장애인등록제도 등 복지지원상황에 관한 사항
6. 일상생활과 여가 및 사회활동 등 사회참여상황에 관한 사항
7. 생활만족도와 생활환경에 대한 태도 등 장애인의 의식에 관한 사항

8. 여성장애인의 임신·출산·육아 등을 위한 복지욕구에 관한 사항
9. 가구유형·가구소득 등 장애인과 비장애인의 비교조사를 위하여 필요한 사항
10. 그 밖에 보건복지부장관이 장애인의 복지를 위하여 필요하다고 인정하는 사항

제19조(조사연도) ① 제18조에 따른 실태조사는 2005년을 기준연도로 하여 3년마다 1회씩 실시하되, 조사의 일시는 보건복지부장관이 정한다.

② 보건복지부장관은 제1항에 따른 실태조사 외에 임시조사를 실시할 수 있다.

제20조(보호자 범위) 법 제32조 제1항 및 제2항에서 "대통령령이 정하는 보호자"와 법 제84조 제1항에서 "대통령령으로 정하는 보호자"란 장애인을 보호하고 있는 장애인복지시설의 장, 그 밖에 장애인을 사실상 보호하고 있는 자를 말한다.

제21조(장애인복지상담원 임용) ① 법 제33조에 따른 장애인복지상담원(이하 "상담원"이라 한다)은 다음 각 호의 어느 하나에 해당하는 자 중에서 시장·군수·구청장(자치구의 구청장을 말한다. 이하 같다)이 지방공무원으로 임용한다.

1. 「사회복지사업법」 제11조에 따른 사회복지사 자격증의 소지자
2. 「초·중등교육법」 제21조에 따른 특수학교의 교사자격증 소지자
3. 국가나 지방자치단체에서 사회복지 관련 업무를 5년 이상 담당한 경력이 있는 자 또는 장애인 복지단체에서 5년 이상 장애인복지 업무에 종사한 자

② 시장·군수·구청장은 제1항에도 불

구하고 해당 지방자치단체의 인력 운용 상 부득이한 경우에는 소속 공무원 중 「사회복지사업법 시행령」 제7조에 따라 임용한 사회복지전담공무원에게 상담원의 직무를 수행하게 할 수 있다.

제22조(상담원의 직무) 상담원은 다음 각 호의 직무를 수행한다.
1. 장애인과 그 가족 또는 관계인에 대한 상담 및 지도
2. 장애인에 대한 진단·진료 또는 보건 등에 관한 지도와 관계 전문기관에 대한 진단·진료 또는 보건지도 등의 의뢰
3. 장애인복지시설에 대한 장애인의 입소·통원 또는 그 이용의 알선
4. 장애인에 대한 장애인보조기구의 지급과 사용·수리 등에 관한 지도
5. 장애인에 대한 직업훈련·취업알선과 관계 전문기관에 대한 직업훈련·취업알선의 의뢰
6. 장애인을 위한 지역사회자원의 개발·조직·활용 및 알선
7. 장애인복지시설이나 장애인에 관한 조사 및 지도
8. 그 밖에 장애인의 복지증진에 관한 사항

제23조(산후조리도우미 지원 기준 및 방법) ① 국가와 지방자치단체는 법 제37조 제3항에 따라 다음 각 호의 요건을 고려하여 산후조리도우미 지원대상자(이하 "지원대상자"라 한다)를 선정한다.
1. 임산부인 여성장애인의 장애 정도
2. 배우자의 유무, 자녀 수 등의 가구 구성
3. 소득·재산 상태
② 국가와 지방자치단체는 제1항에 따라 선정된 지원대상자에게 임신과 출산에 필요한 건강관리와 신생아의 건강관리에 필요한 서비스를 제공하여야 한다.

제24조(자금 대여의 용도 및 대여한도 등) ① 법 제41조에 따라 자금을 대여할 수 있는 대상 용도는 다음 각 호와 같다.
1. 생업자금
2. 생업이나 출퇴근을 위한 자동차 구입비
3. 취업에 필요한 지도 및 기술훈련비
4. 기능회복 훈련에 필요한 장애인보조기구 구입비
5. 사무보조기기 구입비
6. 그 밖에 보건복지부장관이 장애인 재활에 필요하다고 인정하는 비용
② 제1항에 따른 자금 대여의 한도, 이율 및 거치기간은 보건복지부장관이 관계 중앙행정기관의 장과 협의하여 정한다.

제25조(자금 대여절차 등) ① 법 제41조에 따른 자금의 대여를 받으려는 자는 보건복지부령으로 정하는 바에 따라 자금대여신청서(전자문서를 포함한다)를 신청인의 주소지를 관할하는 특별자치시장·특별자치도지사·시장·군수·구청장에게 제출하여야 한다.
② 특별자치시장·특별자치도지사·시장·군수·구청장은 제1항에 따른 자금대여신청을 받으면 지체 없이 대여여부를 결정하여 신청인에게 통지하고, 그 내용을 자금 대여를 취급하는 금융기관 또는 우편관서에 통보하여야 한다. 이 경우 자금 대여를 신청한 자가 「국민기초생활보장법」 및 「한부모가족지원법」 등 다른 법령에 따라 제24조 제1항 각 호의 자금을 대여받은 경우에는 같은 목적으로 자

금을 대여하여서는 아니 된다.

제26조(대여자금 상환방법 등) ① 법 제41조에 따라 자금을 대여받은 자는 보건복지부장관이 정하는 상환기준에 따라 상환하여야 한다.

② 특별자치시장·특별자치도지사·시장·군수·구청장은 자금을 대여받은 자에 대한 대여 내용을 보건복지부령으로 정하는 바에 따라 기록·관리하여야 한다.

③ 제1항에 따라 자금을 상환하여야 할 자가 거주지를 다른 특별자치시·특별자치도·시·군·구로 이전한 경우에는 전 거주지를 관할하는 특별자치시장·특별자치도지사·시장·군수·구청장은 제2항에 따른 서류를 지체 없이 신거주지를 관할하는 특별자치시장·특별자치도지사·시장·군수·구청장에게 송부하여야 한다.

④ 특별자치시장·특별자치도지사·시장·군수·구청장은 자금을 대여받은 사람이 대여 신청 당시의 용도대로 자금을 사용하지 아니하는 경우에는 시정을 요구할 수 있으며, 자금을 대여받은 사람이 정당한 사유 없이 시정 요구를 이행하지 아니한 경우에는 대여한 자금을 회수할 수 있다.

제27조(생업 지원) ① 국가와 지방자치단체, 그 밖의 공공단체(이하 "국가등"이라 한다)가 법 제42조 제1항에 따라 소관 공공시설에서 매점이나 자동판매기의 설치·운영을 장애인에게 허가하기 위하여 소관 행정재산의 사용·수익을 허가하려는 경우에는 「국유재산법 시행령」 제27조 제3항 또는 「공유재산 및 물품관리법 시행령」 제13조 제3항에 따라 수의계약의 방법으로 사용·수익자를 결정할 수 있다.

② 제1항에서 "그 밖의 공공단체"란 다음 각 호의 어느 하나에 해당하는 기관을 말한다.

1. 「공공기관의 운영에 관한 법률」 제4조에 따른 공공기관

2. 「지방공기업법」에 따른 지방공사 또는 지방공단

3. 특별법에 따라 설립된 법인

③ 국가등은 제1항에 따라 사용·수익의 허가를 하려는 경우에는 다음 각 호의 어느 하나에 해당하는 자에게 우선적으로 허가할 수 있다.

1. 20세 이상으로서 세대주인 장애인

2. 20세 이상으로서 배우자가 세대주인 장애인

제30조(장애수당 등의 지급대상자) ① 법 제49조에 따른 장애수당을 지급받을 수 있는 자는 18세 이상으로서 장애인으로 등록한 자 중 「국민기초생활 보장법」에 따른 수급자 또는 차상위계층으로서 장애로 인한 추가적 비용 보전補塡이 필요한 자로 한다. 다만, 제2항에 따라 장애아동수당을 지급받는 자는 제외한다.

② 법 제50조 제1항에 따른 장애아동수당을 지급받을 수 있는 자는 다음 각 호의 요건을 모두 갖춘 자로 한다.

1. 18세 미만(해당 장애인이 「초·중등교육법」에 따른 고등학교와 이에 준하는 특수학교 또는 각종학교에 재학 중인 경우에는 20세 이하의 경우를 포함한다)일 것

2. 장애인으로 등록하였을 것

3. 「국민기초생활 보장법」에 따른 수급자 또는 차상위계층으로서 장애로 인한 추가적 비용 보전이 필요할 것

③ 법 제50조 제2항에 따른 보호수당을 지급받을 수 있는 자는 다음 각 호의 요건을 모두 갖춘 자로 한다.

1. 「국민기초생활 보장법」에 따른 수급자일 것

2. 중증 장애로 다른 사람의 도움이 없이는 일상생활을 영위하기 어려운 18세 이상(해당 장애인이 20세 이하로서 「초·중등교육법」에 따른 고등학교와 이에 준하는 특수학교 또는 각종학교에 재학 중인 경우는 제외한다)의 장애인을 보호하거나 부양할 것

제32조(장애수당등의 지급 시기 및 방법)

① 제30조에 따른 장애수당·장애아동수당 및 보호수당(이하 "장애수당등"이라 한다)은 그 신청일이 속한 달부터 지급하되, 장애수당등을 지급하지 아니하기로 결정한 달(해당 월분의 수당은 전부를 지급한다. 다만, 「국민기초생활 보장법」상의 부양의무자가 없는 장애수당등의 수급자가 사망한 경우 특별자치시장·특별자치도지사·시장·군수·구청장의 급여 결정 전에 이미 사망사실을 확인한 경우에는 지급하지 아니한다)까지 지급한다.

② 장애수당등은 매월 20일(토요일이거나 공휴일인 경우에는 그 전날로 한다)에 금융기관이나 우편관서의 지급대상자 계좌에 입금하는 방법으로 지급한다. 이 경우 지급대상자로 결정된 사람이 다음 각 호의 어느 하나에 해당하는 경우에는 지급대상자의 배우자, 직계혈족 또는 3촌 이내의 방계혈족 명의의 계좌에 입금할 수 있다.

1. 성년후견개시의 심판, 한정후견개시의 심판 또는 특정후견의 심판이 확정된 경우

2. 채무불이행으로 인하여 금전채권이 압류된 경우

3. 치매 또는 보건복지부장관이 정하는 거동불가의 사유로 인하여 본인 명의의 계좌를 개설하기 어려운 경우

③ 제2항 후단에 따른 계좌에 장애수당등을 지급하려는 특별자치시장·특별자치도지사·시장·군수·구청장은 보건복지부장관이 정하는 바에 따라 미리 그 사유, 입금한 장애수당등의 사용목적 및 다른 용도 사용금지 등에 관한 사항을 안내하여야 한다.

④ 제3항의 안내를 받고 제2항 후단에 따른 계좌로 장애수당등을 받으려는 자는 보건복지부령으로 정하는 서류를 특별자치시장·특별자치도지사·시장·군수·구청장에게 제출하여야 한다.

⑤ 제2항에도 불구하고 지급대상자 또는 같은 항 후단에 따른 계좌로 입금받을 자가 금융기관 또는 우편관서가 없는 지역에 거주하는 등 부득이 한 사유가 있는 경우에는 해당 금전을 지급대상자 또는 같은 항 후단에 따른 계좌로 입금받을 자에게 직접 지급할 수 있다.

제33조(장애수당등의 지급방법 및 지급기준)

① 장애수당등의 구체적인 지급대상과 지급기준은 장애인의 보호에 드는 비용을 고려하여 매년 예산의 범위에서 보건복지부장관이 정한다.

② 장애수당등은 현금으로 지급한다.

제33조의2(금융정보 등의 범위) ① 법 제50조의2 제2항 제1호에서 "대통령령으로 정하는 자료 또는 정보"란 다음 각 호의 자료 또는 정보를 말한다.

1. 보통예금, 저축예금, 자유저축예금 등 요구불예금: 최근 3개월 이내의 평균잔액
2. 정기예금, 정기적금, 정기저축 등 저축성예금: 잔액 또는 총납입금
3. 주식, 수익증권, 출자금, 출자지분: 최종 시세가액. 이 경우 비상장주식의 가액평가에 관하여는 「상속세 및 증여세법 시행령」 제54조 제1항을 준용한다.
4. 채권, 어음, 수표, 채무증서, 신주인수권 증서: 액면가액
5. 연금저축: 정기적으로 지급된 금액 또는 최종 잔액
6. 제1호부터 제5호까지의 규정에 따른 금융재산에서 발생하는 이자액과 배당액 또는 할인액

② 법 제50조의2 제2항 제2호에서 "대통령령으로 정하는 자료 또는 정보"란 다음 각 호의 자료 또는 정보를 말한다.

1. 대출 현황 및 연체 내용
2. 신용카드 미결제금액

③ 법 제50조의2 제2항 제3호에서 "대통령령으로 정하는 자료 또는 정보"란 다음 각 호의 자료 또는 정보를 말한다.

1. 보험증권: 해약하는 경우 지급받게 될 환급금 또는 최근 1년 이내에 지급된 보험금
2. 연금보험: 해약하는 경우 지급받게 될 환급금 또는 정기적으로 지급되는 금액

제33조의3(금융정보 등의 요청 및 제공) ① 특별자치시장·특별자치도지사·시장·군수·구청장은 법 제50조의2 제2항에 따라 제출받은 동의 서면을 「사회복지사업법」 제6조의2 제2항에 따른 정보시스템(이하 "정보시스템"이라 한다)을 통하여 보건복지부장관에게 제출하여야 한다.

② 제1항에 따른 동의 서면을 제출받은 보건복지부장관은 법 제50조의3 제1항에 따라 「금융실명거래 및 비밀보장에 관한 법률」 제2조 제1호에 따른 금융회사등이나 「신용정보의 이용 및 보호에 관한 법률」 제2조 제6호에 따른 신용정보집중기관(이하 "금융기관등"이라 한다)의 장에게 신청인과 그 가구원에 대한 법 제50조의2 제2항 제1호부터 제3호까지의 금융정보, 신용정보 및 보험정보(이하 "금융정보등"이라 한다)의 제공을 요청하는 경우에는 요청 내용에 다음 각 호의 사항을 포함하여야 한다.

1. 신청인과 그 가구원의 성명과 주민등록번호
2. 제공을 요청하는 금융정보등의 범위와 조회기준일 및 조회기간

③ 제2항에 따라 금융정보등의 제공을 요청받은 금융기관등의 장이 보건복지부장관에게 해당 금융정보등을 제공할 때에는 제공 내용에 다음 각 호의 사항을 포함하여야 한다.

1. 신청인과 그 가구원의 성명과 주민등록번호
2. 금융정보등을 제공하는 금융기관등의 명칭
3. 제공대상 금융상품명과 계좌번호
4. 금융정보등의 내용

④ 보건복지부장관은 금융기관등의 장에게 해당 금융기관등이 가입한 협회, 연합회 또는 중앙회 등의 정보통신망을 이용

하여 제2항에 따른 금융정보등을 제공하도록 요청할 수 있다.
⑤ 보건복지부장관은 제3항에 따라 금융기관등의 장으로부터 제공받은 금융정보등을 정보시스템을 통하여 특별자치시장·특별자치도지사·시장·군수·구청장에게 통보하여야 한다.
⑥ 법 제50조의3 제2항에 따른 수급자와 그 가구원에 대한 금융정보등의 제공 요청에 관하여는 제2항부터 제4항까지의 규정을 준용한다. 이 경우 "신청인"은 "수급자"로 본다.

제34조(자녀교육비 및 장애수당등의 환수)
①특별자치시장·특별자치도지사·시장·군수·구청장은 법 제51조 제1항에 따라 자녀교육비 및 장애수당등을 환수하려는 경우에는 자녀교육비 및 장애수당등을 받은 사람에게 자녀교육비 및 장애수당등의 환수 사유, 환수금액, 납부기간, 납부기관 및 이의신청방법 등을 구체적으로 밝혀 자녀교육비 및 장애수당등의 환수금을 납부할 것을 보건복지부령으로 정하는 자녀교육비 및 장애수당등의 환수결정 통지서에 따라 통지하여야 한다. 이 경우 납부기한은 통지일부터 30일 이상으로 하여야 한다.
② 제1항에 따라 통지를 받은 사람은 해당 납부기관에 자녀교육비 및 장애수당등의 환수금을 납부하여야 하며, 환수금을 납부받은 기관의 장은 자녀교육비 및 장애수당등의 환수금을 납부받았음을 관할 특별자치시장·특별자치도지사·시장·군수·구청장에게 지체 없이 통지하여야 한다.
③ 특별자치시장·특별자치도지사·시

장·군수·구청장은 제1항에 따라 통지를 받은 사람이 납부기간에 자녀교육비 및 장애수당등의 환수금을 납부하지 아니한 경우에는 30일 이상의 기간을 정하여 납부를 독촉하여야 한다.

제35조(결손처분) 특별자치시장·특별자치도지사·시장·군수·구청장은 법 제51조 제4항에 따라 결손처분을 하려는 경우에는 관할 세무서 등 관계 행정기관 및 「국민건강보험법」에 따른 국민건강보험공단 등 관련 기관을 통하여 체납자의 행방 또는 재산 유무를 조사·확인하여야 한다. 다만, 체납된 금액이 10만원 미만인 경우에는 그러하지 아니하다.

제36조(장애인복지시설) 법 제58조 제1항 제5호에서 "그 밖에 대통령령으로 정하는 시설"이란 장애인 생산품판매시설을 말한다.

제36조의2(성범죄의 경력 조회) ① 법 제59조의3제2항부터 제4항까지의 규정에 따른 성범죄의 경력 조회를 요청하려는 자는 장애인복지시설의 소재지를 관할하는 경찰관서의 장에게 요청하여야 한다. 이 경우 법 제59조의3 제2항 및 제3항에 따른 요청을 할 때에는 다음 각 호의 구분에 따른 동의서를 함께 제출하여야 한다.
1. 시장·군수·구청장이 요청하는 경우: 장애인복지시설을 운영하려는 자의 동의서
2. 장애인복지시설 운영자가 요청하는 경우: 장애인복지시설에 취업 중이거나 사실상 노무를 제공 중인 사람(이하 "취업자"라 한다) 또는 취업하려 하거나 사

실상 노무를 제공하려는 사람(이하 "취업예정자"라 한다)의 동의서

② 제1항에 따라 성범죄의 경력 조회를 요청받은 경찰관서의 장은 장애인복지시설을 운영하려는 자나 취업자 또는 취업예정자가 법 제59조의3 제1항에 따라 장애인복지시설의 운영이나 장애인복지시설에의 취업 또는 사실상의 노무 제공이 제한되는 사람인지를 확인하여 시장·군수·구청장 또는 장애인복지시설 운영자에게 회신하여야 한다.

③ 제1항 및 제2항에 따른 성범죄의 경력 조회 요청 및 회신에 필요한 서식은 보건복지부령으로 정한다.

제36조의3(해임 요구) ① 시장·군수·구청장은 법 제59조의3 제4항 후단에 따라 장애인복지시설 운영자에게 취업자의 해임을 요구하려면 법 위반사실, 요구내용 및 이행시한 등을 명시한 서면으로 하여야 한다.

② 시장·군수·구청장은 제1항에 따라 해임을 요구할 때에는 해당 취업자에게도 그 사실을 알려야 한다.

③ 제1항에 따른 해임 요구를 받은 장애인복지시설 운영자와 제2항에 따른 통지를 받은 취업자는 해임 요구 또는 해임 요구의 통지를 받은 날부터 10일 이내에 시장·군수·구청장에게 이의를 신청할 수 있다.

④ 시장·군수·구청장은 제3항에 따른 이의신청을 받으면 2주일 이내에 심사하여 그 결과를 해당 장애인복지시설 운영자와 취업자에게 알려야 한다.

제36조의4(장애인학대 신고 절차와 방법

등의 안내) 보건복지부장관은 법 제59조의4 제4항에 따른 장애인학대 신고 절차·방법 등을 안내하기 위하여 장애인학대 예방, 신고 의무, 신고 절차 및 신고 방법에 관한 교육 자료를 작성하여 같은 조 제2항 각 호에 따른 신고의무자에게 배포하여야 한다.

제36조의5(장애인학대 예방 및 신고를 위한 조치) ① 보건복지부장관은 법 제59조의4 제5항에 따라 장애인학대를 예방하고 수시로 신고를 받을 수 있도록 하기 위하여 제36조의4에 따른 교육 자료에 장애인학대 예방 및 방지와 관련된 기관이 신고를 위하여 설치한 전화번호(이하 "신고전화번호"라 한다)를 포함시켜야 한다.

② 지방자치단체의 장은 법 제59조의4 제5항에 따라 장애인학대를 예방하고 수시로 신고를 받을 수 있도록 하기 위하여 신고전화번호를 지방자치단체의 청사 출입구 등 해당 청사 안에서 잘 보이는 곳에 게시하여야 한다.

③ 지방자치단체의 장은 법 제59조의4 제5항에 따라 장애인학대를 예방하고 수시로 신고를 받을 수 있도록 하기 위하여 법 제58조에 따른 장애인복지시설의 장에게 신고전화번호를 해당 시설의 출입구 등에 게시하도록 안내하여야 한다.

제36조의6(신고의무자에 대한 교육 내용 등) ① 법 제59조의4 제6항에 따른 장애인학대 예방 및 신고의무와 관련된 교육(이하 "장애인학대 예방 교육"이라 한다)에는 다음 각 호의 사항이 포함되어야 한다.
1. 장애인학대 예방 및 신고의무에 관한 법령

2. 장애인학대 발견 시 신고 방법

3. 피해장애인 보호 절차

4. 장애인학대 사례

② 법 제59조의4 제2항 각 호에 따른 소관 중앙행정기관의 장(이하 이 조에서 "소관 중앙행정기관의 장"이라 한다)은 같은 항 각 호의 어느 하나에 해당하는 사람의 자격 취득 과정이나 보수교육 과정에 장애인학대 예방 교육을 1시간 이상 포함시켜야 한다. 이 경우 소관 중앙행정기관의 장은 장애인학대 예방 교육을 「아동복지법」 제26조 제1항에 따라 아동학대 신고의무자에 대한 자격 취득 과정이나 보수교육 과정에 포함된 아동학대 예방 및 신고의무와 관련된 교육과 함께 실시할 수 있다.

③ 장애인학대 예방 교육은 집합 교육 또는 인터넷 강의 등을 활용한 원격 교육으로 할 수 있다.

④ 제2항에도 불구하고 소관 중앙행정기관의 장은 법 제59조의4 제2항 각 호의 사람 중 해당 자격 취득 과정이나 보수교육 과정이 없는 사람에 대해서는 제1항 각 호의 내용이 포함된 교육 자료를 제공하여야 한다.

제36조의7(장애인학대의 예방 및 방지 의무) 법 제59조의8 제6호에서 "대통령령으로 정하는 장애인학대의 예방과 방지를 위한 사항"이란 다음 각 호의 사항을 말한다.

1. 장애인학대의 예방과 방지를 위한 관계 기관 간의 협력체계 구축

2. 법 제58조에 따른 장애인복지시설 등 장애인학대 예방 및 방지 관련 기관에 대한 지도·감독

제36조의8(장애인 거주시설 이용계약절차의 대행자) 법 제60조의2 제6항에서 "대통령령으로 정하는 자"란 다음 각 호의 순서에 따른 자를 말한다.

1. 「민법」에 따른 장애인의 후견인

2. 장애인의 배우자 또는 부양의무자인 1촌의 직계혈족

3. 장애인의 주소지(주소지가 없거나 알 수 없는 경우에는 현재지)를 관할하는 특별자치시장·특별자치도지사·시장·군수·구청장이 지명하는 사람

제37조(국가시험의 시행 및 공고 등) ① 보건복지부장관은 법 제73조 제1항에 따른 의지·보조기 기사 및 언어재활사의 국가시험(이하 "국가시험"이라 한다)을 매년 1회 이상 시행하여야 한다.

② 보건복지부장관은 법 제73조 제2항에 따라 국가시험의 실시에 관한 업무를 「한국보건의료인국가시험원법」에 따른 한국보건의료인국가시험원(이하 "국가시험관리기관"이라 한다)에 위탁한다.

③ 국가시험관리기관의 장은 국가시험을 실시하려면 미리 보건복지부장관의 승인을 받아 시험일시, 시험장소, 시험과목, 응시수수료 및 응시원서의 제출기간, 그 밖에 시험의 실시에 필요한 사항을 시험 실시 90일전까지 공고하여야 한다. 다만, 시험장소는 지역별 응시인원이 확정된 후 시험 실시 30일 전까지 공고할 수 있다.

④ 국가시험관리기관의 장은 장애인이 시험에 응시하는 경우 장애의 종류 및 정도에 따라 필요한 편의를 제공하여야 한다.

제38조(시험과목 및 합격자 결정방법) ①

국가시험의 방법은 다음 각 호의 구분에 따른다.

1. 의지 · 보조기 기사 국가시험: 필기시험 및 실기시험
2. 언어재활사 국가시험: 필기시험

② 제1항에 따른 필기시험 과목은 별표 4와 같다.

③ 제1항 제1호에 따른 실기시험에는 필기시험에 합격한 사람만이 응시할 수 있으며, 실기시험은 의지 · 보조기의 제작 능력을 측정하는 것을 내용으로 한다.

④ 국가시험의 합격자 결정은 필기시험의 경우에는 전 과목 총점의 6할 이상, 각 과목 4할 이상을 득점한 자를 합격자로 하며, 실기시험의 경우에는 총점의 6할 이상을 득점한 자를 합격자로 한다.

제39조(시험위원) ① 국가시험관리기관의 장은 국가시험을 시행하려면 시험과목별로 전문지식을 갖춘 자 중에서 시험위원을 위촉한다.

② 제1항에 따른 시험위원에게는 예산의 범위에서 수당과 여비를 지급할 수 있다.

제40조(국가시험의 응시 및 합격자 발표) ① 국가시험에 응시하려는 자는 국가시험관리기관의 장이 정하는 응시원서를 국가시험관리기관의 장에게 제출하여야 한다.

② 국가시험관리기관의 장은 국가시험의 합격자를 결정 · 발표하고, 그 합격자에 대한 다음 각 호의 사항을 보건복지부장관에게 보고하여야 한다.

1. 성명 및 주민등록번호
2. 국가시험 합격번호 및 합격 연월일

제41조(관계 기관 등에의 협조 요청) 국가시험관리기관의 장은 국가시험관리업무를 원활히 수행하기 위하여 필요하면 국가 · 지방자치단체 또는 관계 기관이나 단체에 시험장소 및 시험감독의 지원 등 필요한 사항에 관하여 협조를 요청할 수 있다.

제42조(비용 부담) ① 법 제79조 제1항에 따라 법 제36조 제1항, 제38조 제1항, 제43조 제1항, 제49조 제1항, 제50조 제1항 · 제2항, 제55조 제1항, 제66조 제1항 및 제67조 제1항 · 제2항에 따른 조치에 드는 비용은 국가와 지방자치단체가 부담하되, 그 부담 비율은 「보조금 관리에 관한 법률 시행령」으로 정하는 바에 따른다.

② 법 제59조 제1항에 따른 장애인복지시설의 설치 · 운영에 드는 비용은 해당 시설을 설치한 국가나 지방자치단체가 부담한다.

③ 법 제79조 제2항에 따른 본인부담금은 「국민기초생활 보장법」 제2조 제11호에 따른 기준 중위소득 및 법 제79조 제1항에 따라 장애인복지실시기관이 매년 지원하는 시설운영비 등을 고려하여 매년 보건복지부장관이 정한다.

④ 제3항에 따른 본인부담금은 시설 이용자의 자산 및 소득 등에 따라 감면할 수 있다. 이 경우 자산 및 소득 등의 산정에 관하여는 「국민기초생활 보장법」 제2조 및 같은 법 시행령 제2조 및 제3조를 준용한다.

⑤ 제3항 및 제4항에 따른 본인부담금의 금액, 감면 대상 및 감면 금액 등은 매년 보건복지부장관이 정하여 고시한다.

제43조(비용수납) 보건복지부장관, 시·도지사 또는 시장·군수·구청장은 법 제80조 제1항에 따라 복지조치에 든 비용을 받으려면 해당 장애인 또는 그 부양의무자로부터 실비實費에 해당하는 금액을 받아야 한다. 다만, 해당 장애인이나 그 부양의무자가 「국민기초생활 보장법」 제7조 제1항 제1호에 따른 생계급여 수급자 또는 같은 항 제3호에 따른 의료급여 수급자인 경우에는 그 금액을 경감하거나 면제할 수 있다.

제44조(비용 보조) ① 국가나 지방자치단체는 법 제81조에 따라 장애인복지시설의 설치·운영에 필요한 비용의 일부를 매년 예산의 범위에서 보조한다. 이 경우 장애인복지시설의 운영에 필요한 비용의 보조 비율은 「보조금 관리에 관한 법률 시행령」으로 정하는 바에 따른다.
② 제1항에 따라 국가나 지방자치단체가 장애인복지시설의 운영에 드는 비용을 보조하는 경우에는 「사회복지사업법」 제43조의2에 따른 시설 평가의 결과 등 해당 장애인복지시설의 운영 실적을 고려하여 차등을 두어 보조할 수 있다.

제45조의2(민감정보 및 고유식별정보의 처리) ① 국가, 지방자치단체(해당 권한이 위임·위탁된 경우에는 그 권한을 위임·위탁받은 자를 포함한다) 또는 「국민연금법」 제24조에 따른 국민연금공단(제1호의 사무만 해당한다)은 다음 각 호의 사무를 수행하기 위하여 불가피한 경우 「개인정보 보호법」 제23조에 따른 건강에 관한 정보나 같은 법 시행령 제19조에 따른 주민등록번호, 여권번호, 운전면허

의 면허번호 또는 외국인등록번호가 포함된 자료를 처리할 수 있다.
1. 법 제32조에 따른 장애인 등록 등에 관한 사무
1의2. 법 제36조에 따른 의료비 지급에 관한 사무
1의3. 법 제38조에 따른 자녀교육비 지급에 관한 사무
2. 법 제39조에 따른 장애인사용자동차 등표지의 발급에 관한 사무
2의2. 법 제41조에 따른 자금 대여에 관한 사무
3. 법 제49조에 따른 장애수당 지급에 관한 사무
4. 법 제50조에 따른 장애아동수당과 보호수당의 지급에 관한 사무
5. 법 제66조에 따른 장애인보조기구의 교부·대여·수리 및 비용 지급에 관한 사무
6. 제13조의2에 따른 장애인일자리사업에 관한 사무
7. 제17조에 따른 이용요금 감면에 관한 사무
② 보건복지부장관 또는 국가시험관리기관은 다음 각 호의 사무를 수행하기 위하여 불가피한 경우 「개인정보 보호법」 제23조에 따른 건강에 관한 정보, 같은 법 시행령 제18조 제2호에 따른 범죄경력자료에 해당하는 정보, 같은 영 제19조 제1호 또는 제4호에 따른 주민등록번호 또는 외국인등록번호가 포함된 자료를 처리할 수 있다.
1. 법 제72조에 따른 의지·보조기 기사 자격증 및 법 제72조의2에 따른 언어재활사 자격증 교부에 관한 사무
2. 법 제73조에 따른 국가시험의 관리에

관한 사무

3. 법 제74조에 따른 국가시험 응시자격의 확인에 관한 사무

제45조의3(규제의 재검토) 보건복지부장관은 다음 각 호의 사항에 대하여 다음 각 호의 기준일을 기준으로 2년마다(매 2년이 되는 해의 기준일과 같은 날 전까지를 말한다) 그 타당성을 검토하여 개선 등의 조치를 하여야 한다.

1. 제14조에 따른 수화ㆍ폐쇄자막 또는 화면해설방영 방송프로그램의 범위: 2015년 1월 1일

2. 제21조 제1항에 따른 장애인복지상담원의 자격 기준: 2015년 1월 1일

3. 제46조 및 별표 5에 따른 과태료 부과기준: 2015년 1월 1일

제46조(과태료의 부과기준) 법 제90조에 따른 과태료의 부과기준은 별표 5와 같다.

부칙 <제26844호, 2015.12.31>

이 영은 공포한 날부터 시행한다.

[별표 1] 장애인의 종류 및 기준(제2조 관련)

1. 지체장애인肢體障碍人

가. 한 팔, 한 다리 또는 몸통의 기능에 영속적인 장애가 있는 사람

나. 한 손의 엄지손가락을 지골指骨(손가락 뼈) 관절 이상의 부위에서 잃은 사람 또는 한 손의 둘째 손가락을 포함한 두 개 이상의 손가락을 모두 제1지골 관절 이상의 부위에서 잃은 사람

다. 한 다리를 리스프랑Lisfranc(발등뼈와 발목을 이어주는) 관절 이상의 부위에서 잃은 사람

라. 두 발의 발가락을 모두 잃은 사람

마. 한 손의 엄지손가락 기능을 잃은 사람 또는 한 손의 둘째 손가락을 포함한 손가락 두 개 이상의 기능을 잃은 사람

바. 왜소증으로 키가 심하게 작거나 척추에 현저한 변형 또는 기형이 있는 사람

사. 지체肢體에 위 각 목의 어느 하나에 해당하는 장애정도 이상의 장애가 있다고 인정되는 사람

2. 뇌병변장애인腦病變障碍人
뇌성마비, 외상성 뇌손상, 뇌졸중腦卒中 등 뇌의 기질적 병변으로 인하여 발생한 신체적 장애로 보행이나 일상생활의 동작 등에 상당한 제약을 받는 사람

3. 시각장애인視覺障碍人

가. 나쁜 눈의 시력(만국식시력표에 따라 측정된 교정시력을 말한다. 이하 같다)이 0.02 이하인 사람

나. 좋은 눈의 시력이 0.2 이하인 사람

다. 두 눈의 시야가 각각 주시점에서 10도 이하로 남은 사람

라. 두 눈의 시야 2분의 1 이상을 잃은 사람

4. 청각장애인聽覺障碍人

가. 두 귀의 청력 손실이 각각 60데시벨dB 이상인 사람

나. 한 귀의 청력 손실이 80데시벨 이상, 다른 귀의 청력 손실이 40데시벨 이상인 사람

다. 두 귀에 들리는 보통 말소리의 명료도가 50퍼센트 이하인 사람

라. 평형 기능에 상당한 장애가 있는 사람

5. 언어장애인言語障碍人

음성 기능이나 언어 기능에 영속적으로 상당한 장애가 있는 사람

6. 지적장애인知的障碍人

정신 발육이 항구적으로 지체되어 지적 능력의 발달이 불충분하거나 불완전하고 자신의 일을 처리하는 것과 사회생활에 적응하는 것이 상당히 곤란한 사람

7. 자폐성장애인自閉性障碍人

소아기 자폐증, 비전형적 자폐증에 따른 언어 · 신체표현 · 자기조절 · 사회적응 기능 및 능력의 장애로 인하여 일상생활이나 사회생활에 상당한 제약을 받아 다른 사람의 도움이 필요한 사람

8. 정신장애인精神障碍人

지속적인 정신분열병, 분열형 정동장애情動障碍(여러 현실 상황에서 부적절한 정서 반응을 보이는 장애), 양극성 정동장애 및 반복성 우울장애에 따른 감정조절 · 행동 · 사고 기능 및 능력의 장애로 인하여 일상생활이나 사회생활에 상당한 제약을 받아 다른 사람의 도움이 필요한 사람

9. 신장장애인腎臟障碍人

신장의 기능부전機能不全으로 인하여 혈액 투석이나 복막투석을 지속적으로 받아야 하거나 신장기능의 영속적인 장애로 인하여 일상생활에 상당한 제약을 받는 사람

10. 심장장애인心臟障碍人

심장의 기능부전으로 인한 호흡곤란 등의 장애로 일상생활에 상당한 제약을 받는 사람

11. 호흡기장애인呼吸器障碍人

폐나 기관지 등 호흡기관의 만성적 기능부전으로 인한 호흡기능의 장애로 일상생활에 상당한 제약을 받는 사람

12. 간장애인肝障碍人

간의 만성적 기능부전과 그에 따른 합병증 등으로 인한 간기능의 장애로 일상생활에 상당한 제약을 받는 사람

13. 안면장애인顔面障碍人

안면 부위의 변형이나 기형으로 사회생활에 상당한 제약을 받는 사람

14. 장루 · 요루장애인腸瘻 · 尿瘻障碍人

배변기능이나 배뇨기능의 장애로 인하여 장루腸瘻 또는 요루尿瘻를 시술하여 일상생활에 상당한 제약을 받는 사람

15. 뇌전증장애인腦電症障碍人

뇌전증에 의한 뇌신경세포의 장애로 인하여 일상생활이나 사회생활에 상당한 제약을 받아 다른 사람의 도움이 필요한 사람

[별표 2] 감면대상시설의 종류와 감면율(제17조 관련)

시설의 종류	감면율 (일반요금에 대한 백분율)
1. 철도 가. 무궁화호 · 통근열차 나. 새마을호	100분의 50 100분의 50 (1~3급 장애인) 100분의 30(4~6급 장애인) (4~6급 장애인의 경우 토요일과 공휴일을 제외한 주중에만 감면된다)
2. 도시철도(「철도사업법」에 따라 수도권 지역에서 「한국철도공사법」에 따라 설립된 한국철도공사가 운영하는 전기철도를 포함한다)	100분의 100
3. 공영버스(국가나 지방자치단체가 운영하는 것만 해당한다)	100분의 100
4. 국공립 공연장	100분의 50

5. 공공체육시설(국가등이 설치·관리·운영하는 시설 중 생활체육관·수영장·테니스장·스키장만 해당한다)	100분의 50
6. 고궁	100분의 100
7. 능원	100분의 100
8. 국공립의 박물관 및 미술관	100분의 100
9. 국공립 공원	100분의 100

비고
1. 철도 등 운송수단은 여객운임만 감면된다.
2. 보건복지부장관이 정하여 고시하는 등급의 장애인의 경우에는 돌보는 사람 1명을 포함한다.

[별표 3] 장애인생산품 우선구매물품 및 비율(제28조 관련)

우선구매품목	우선구매비율
1. 사무용 양식(봉투, 진행문서 파일, 책 표지)	100분의 5이상
2. 사무용 종이류(복사지, 신문용지, 중질지, 감열지)	100분의 5이상
3. 화장용 종이류(화장지, 종이수건, 기저귀)	100분의 10이상
4. 칫솔	100분의 20이상
5. 장갑 및 피복 부속물(넥타이, 손수건)	100분의 20이상
6. 포대(폴리에틸렌 및 폴리프로필렌 포대)	100분의 20이상
7. 피복류(모자, 작업복, 잠바, 조끼)	100분의 5이상
8. 가구류	100분의 5이상
9. 전자·정보 장비(휴대용플래시메모리저장장치 및 유선전화기)	100분의 5이상
10. 가정용 설비물(담요, 수건, 이불, 베개, 방석)	100분의 5이상

11. 사무용 소모품(결재판, 재생토너·카트리지)	100분의 5이상
12. 서적, 그 밖의 잡종 인쇄물	100분의 5이상
13. 현수막	100분의 5이상
14. 종이컵	100분의 5이상
15. 상자(마분지 및 골판지 상자)	100분의 5이상
16. 신발류	100분의 5이상
17. 식료품(빵 및 떡류, 땅콩, 견과류 가공품)	100분의 5이상
18. 화훼 및 농산물(꽃·야채·버섯 및 각종 유기농산물)	100분의 5이상

[별표 4] 필기시험 과목(제38조 제2항 관련)

구분	의지·보조기 기사	언어재활사	
		1급	2급
필기시험과목	1. 보건의료 관계 법규 2. 해부·생리학 3. 재활의학 4. 운동·생체역학 5. 재활공학·재료학 6. 의지학 7. 보조기학	1. 신경언어장애 2. 언어발달장애 3. 유창성장애 4. 음성장애 5. 조음음운장애 6. 언어재활현장실무	1. 신경언어장애 2. 언어발달장애 3. 유창성장애 4. 음성장애 5. 조음음운장애

[별표 5] 과태료 부과기준 (제46조 관련)

1. 일반기준

처분권자는 해당 위반행위의 동기와 그 결과 등을 고려하여 해당 금액의 2분의 1 범위에서 이를 경감하거나 가중할 수 있다. 이 경우 가중할 때에도 과태료의 총액은 법 제90조에 따른 해당 항목에서 정한 금액을 초과할 수 없다.

2. 개별기준

과태료 처분대상	근거법령	과태료
가. 법 제32조 제3항에 따른 등록증 반환 명령을 거부한 경우	법 제90조 제3항 제1호	200만원
나. 법 제39조 제3항을 위반하여 장애인사용자동차등표지를 대여하거나 보건복지부령으로 정하는 자 외의 자에게 양도한 경우 또는 부당하게 사용하거나 이와 비슷한 표지·명칭 등을 사용한 경우	법 제90조 제3항 제2호	200만원
다. 법 제40조 제3항을 위반하여 보조견표지를 붙인 장애인 보조견을 동반한 장애인, 장애인 보조견 훈련자 또는 장애인 보조견 훈련 관련 자원봉사자의 출입을 정당한 사유 없이 거부한 경우	법 제90조 제3항 제3호	200만원
라. 장애인복지시설의 운영자와 해당 시설의 종사자가 법 제59조의2 제2항을 위반하여 직무상 장애인 대상 성범죄 발생사실을 알고도 수사기관에 신고하지 않은 경우	법 제90조 제3항 제3호의2	200만원
마. 장애인복지시설의 운영자가 법 제59조의2 제4항을 위반하여 장애인 대상 성범죄 예방 및 신고의무와 관련한 교육을 실시하지 않은 경우	법 제90조 제3항 제3호의3	200만원
바. 장애인복지시설의 운영자가 법 제59조의3 제3항을 위반하여 해당 장애인복지시설에 취업 중이거나 사실상 노무를 제공 중인 사람 또는 취업하려 하거나 사실상 노무를 제공하려는 사람에 대하여 성범죄 경력을 확인하지 않는 경우	법 제90조 제2항	350만원
사. 장애인복지시설의 운영자가 법 제59조의3제4항에 따른 해임요구를 정당한 사유 없이 거부하거나 1개월 이내에 이행하지 않는 경우	법 제90조 제1항	700만원
아. 장애인복지시설의 운영자와 해당 시설의 종사자가 법 제59조의4 제2항을 위반하여 직무상 장애인학대의 발생사실을 알고도 수사기관에 신고하지 않은 경우	법 제90조 제3항 제3호의4	200만원
자. 법 제60조 제1항에 따른 시설 운영 개시 의무를 위반한 경우	법 제90조 제3항 제4호	150만원
차. 법 제60조 제2항에 따른 시설의 운영 중단·재운영·시설폐지 등의 신고의무를 위반한 경우	법 제90조 제3항 제5호	150만원
카. 법 제69조 제1항을 위반하여 의지·보조기 제조업소의 개설 또는 변경 사실을 통보하지 않은 경우	법 제90조 제3항 제6호	150만원
타. 의지·보조기 제조업자가 법 제69조 제4항을 위반하여 의사의 처방에 의하지 않고 의지·보조기를 제조하거나 개조한 경우	법 제90조 제3항 제7호	150만원

장애인복지법시행규칙

[타법개정 15.12.29. 보건복지부령 제380호]

제1조(목적) 이 규칙은「장애인복지법」및 같은 법 시행령에서 위임된 사항과 그 시행에 필요한 사항을 규정함을 목적으로 한다.

제2조(장애인의 장애등급 등) ①「장애인복지법 시행령」(이하 "영"이라 한다) 제2조 제2항에 따른 장애인의 장애등급은 별표 1과 같다.
② 보건복지부장관은 제1항에 따른 장애등급의 구체적인 판정기준을 정하여 고시할 수 있다.

제3조(장애인의 등록신청 및 장애진단) ①「장애인복지법」(이하 "법"이라 한다) 제32조 제1항에 따라 장애인의 등록을 신청하려는 자는 별지 제1호서식의 신청서에 사진(2.5센티미터×3센티미터) 1장을 첨부하여 관할 읍·면·동장을 거쳐 특별자치시장·특별자치도지사·시장·군수·구청장(자치구의 구청장을 말하며, 이하 "시장·군수·구청장"이라 한다)에게 제출하여야 한다. 다만, 시장·군수·구청장은 법 제32조의2에 따라 장애인 등록을 하려는 사람에 대해서는「전자정부법」제36조 제1항에 따른 행정정보의 공동이용을 통하여 재외동포 및 외국인임을 증명하는 서류를 확인하여야 하며, 신청인이 확인에 동의하지 않은 경우에는 이를 첨부하도록 하여야 한다.
② 제1항에 따른 등록신청을 받은 시장·군수·구청장은 등록대상자와의 상담을 통하여 그 장애상태가 영 제2조에 따른 장애인의 기준에 명백하게 해당되지 아니하는 경우 외에는 지체 없이 별지 제2호서식의 의뢰서에 따라「의료법」제3조에 따른 의료기관 또는「지역보건법」제10조 및 제13조에 따른 보건소와 보건지소(이하 "의료기관"이라 한다) 중 보건복지부장관이 정하는 장애유형별 해당 전문의가 있는 의료기관에 장애진단을 의뢰하여야 한다.
③ 제2항에 따라 장애진단을 의뢰받은 의료기관은 장애인의 장애상태를 진단한 후 별지 제3호서식의 진단서를 장애진단을 의뢰한 시장·군수·구청장에게 통보하여야 한다.
④ 시장·군수·구청장은 제3항에 따라 통보받은 진단 결과에 대하여 보다 정밀한 심사가 필요하다고 인정되는 경우에는 국민연금공단에 장애정도에 관한 심사를 의뢰할 수 있다. 이 경우 장애정도에 관한 국민연금공단의 심사 방법 및 기준 등에 필요한 사항은 보건복지부장관이 정하여 고시한다.

제4조(장애인등록증 교부 등) ① 시장·군수·구청장은 제3조에 따라 진단 결과나

장애정도에 관한 심사 결과를 통보받은 경우에는 제2조에 따른 장애등급에 해당하는지를 확인하여 장애인으로 등록하여야 한다. 이 경우 해당 장애인에 대한 장애인등록카드를 작성하고, 장애인등록증(이하 "등록증"이라 한다)을 발급하여야 한다.

② 장애인은 등록증을 잃어버리거나 그 등록증이 훼손되어 못 쓰게 되었을 때 또는 제3항에 따라 「여신전문금융업법」 제2조에 따른 신용카드나 직불카드(이하 "신용카드등"이라 한다)와 통합된 등록증으로 재발급 받으려는 경우에는 별지 제1호서식의 신청서에 등록증(등록증을 잃어버린 경우는 제외한다)을 첨부하여 관할 읍·면·동장을 거쳐 시장·군수·구청장에게 재발급을 신청하여야 한다.

③ 시장·군수·구청장은 제2항에 따라 장애인이 신용카드등과 통합된 등록증의 발급을 신청하는 경우에는 이를 발급할 수 있다.

④ 장애인은 등록증의 기재사항을 변경하려면 별지 제5호서식의 신청서에 장애인등록증과 기재사항의 변경내용을 증명할 수 있는 서류를 첨부하여 관할 읍·면·동장을 거쳐 시장·군수·구청장에게 신청하여야 한다. 이 경우 시장·군수·구청장이 「전자정부법」 제36조 제1항에 따른 행정정보의 공동이용을 통하여 기재사항의 변경내용을 증명할 수 있는 서류에 대한 정보를 확인할 수 있는 경우에는 그 확인으로 첨부서류를 갈음하되, 신청인이 확인에 동의하지 않는 경우에는 그 서류를 첨부하여야 한다.

제5조(등록증 서식 등) ① 등록증의 재질·규격 및 표기사항은 다음 각 호와 같으며, 표기사항의 위치와 그 밖에 필요한 사항은 보건복지부장관이 따로 정한다.

1. 재질: 플라스틱
2. 규격: 가로 8.6센티미터, 세로 5.4센티미터
3. 표기사항: 장애인의 성명·주소·사진·주민등록번호·장애종류·장애등급·등록일, 보호자 연락처, 기재사항 변경란, 발급일, 발급기관, 발급기관의 직인. 다만, 제4조 제3항에 따라 신용카드등과 통합된 등록증의 경우에는 보건복지부장관이 정하는 바에 따라 표기사항의 일부를 생략할 수 있다.

② 제1항에 따른 등록증 발급기관의 직인은 그 직인의 인영印影을 인쇄함으로써 날인을 대신할 수 있다.

제6조(장애등급 조정) ① 장애인은 장애상태가 현저하게 변화되어 장애등급의 조정이 필요한 경우에는 별지 제6호서식의 신청서에 등록증을 첨부하여 시장·군수·구청장에게 장애등급의 조정을 신청할 수 있다.

② 제1항에 따라 장애등급의 조정신청을 받은 시장·군수·구청장은 의료기관에 장애진단을 의뢰하여야 한다.

③ 제2항에 따라 장애진단을 의뢰받은 의료기관은 장애인의 장애상태를 진단한 후 별지 제3호서식의 진단서를 장애진단을 의뢰한 시장·군수·구청장에게 통보하여야 한다.

④ 시장·군수·구청장은 제3항에 따라 통보받은 진단결과에 대하여 보다 정밀한 심사가 필요하다고 인정되는 경우에는 국민연금공단에 장애정도에 관한 심

사를 의뢰할 수 있다. 이 경우 장애정도에 관한 국민연금공단의 심사 방법 및 기준 등에 필요한 사항은 보건복지부장관이 정하여 고시한다.

⑤ 제3항과 제4항에 따라 진단 결과나 장애정도 심사결과를 통보받은 시장·군수·구청장은 통보받은 내용을 토대로 장애등급을 조정하고, 그 결과를 신청인에게 통지하여야 한다.

제7조(장애상태 확인) ① 시장·군수·구청장은 법 제32조 제3항에 따라 장애인의 장애상태를 확인하여 장애상태에 맞는 장애등급을 유지하여야 한다. 다만, 장애상태에 현저한 변화 가능성이 없다고 판단되는 장애인에 대하여는 그러하지 아니하다.

② 시장·군수·구청장은 제1항에 따라 장애인의 장애상태를 확인하려는 경우에는 별지 제7호서식의 통보서를 해당 장애인에게 송부하여야 한다.

③ 장애상태를 확인하기 위한 장애진단 및 장애등급의 조정에 관하여는 제6조 제2항부터 제5항까지의 규정을 준용한다.

제8조(등록증 반환통보) 시장·군수·구청장은 법 제32조 제3항에 따라 등록증을 반환하게 하는 경우에는 별지 제8호서식의 등록증 반환통보서를 반환기한 2주전까지 해당 처분의 상대방에게 송달하여야 한다.

제9조(장애인 증명서 발급) ① 시장·군수·구청장은 신청에 따라 장애인 증명서를 발급할 수 있다.

② 제1항에 따른 장애인 증명서는 별지 제9호서식에 따른다.

제10조(등록현황의 기록 및 관리) ① 시장·군수·구청장은 장애인등록현황을 별지 제10호서식에 따라 기록·관리하여야 한다.

② 시장·군수·구청장은 장애인이 주소를 이전한 경우에는 장애인등록 관계서류를 신주소지를 관할하는 시장·군수·구청장에게 이송하여야 한다.

제11조(장애판정위원회의심의사항) 법 제32조 제4항에 따른 장애판정위원회(이하 "위원회"라 한다)는 다음 각 호의 사항을 심의한다.

1. 장애인정·장애등급 사정査定기준과 장애진단 방법에 관한 사항

2. 그 밖에 장애인정·장애등급 사정과 관련하여 보건복지부장관이 회의에 부치는 사항

제12조(위원회의 구성) ① 위원회의 위원은 위원장 1명을 포함한 10명 이상 20명 이하의 위원으로 구성한다.

② 위원장은 위원 중에서 호선한다.

③ 위원은 다음 각 호의 어느 하나에 해당하는 자 중에서 보건복지부장관이 임명하거나 위촉한다.

1. 장애인에 대한 진단·재활·치료·교육 및 훈련 등에 관한 학식과 경험이 풍부한 자

2. 장애인복지업무에 종사하는 공무원

제13조(위촉위원 임기) 위촉위원의 임기는 3년으로 하되, 연임할 수 있다.

제14조(위원장 직무) 위원장은 위원회를 대표하며, 위원회의 업무를 총괄한다.

제15조(회의) ① 위원회의 회의는 보건복지부장관 또는 재적위원 3분의 1 이상의 회의소집 요청이 있거나 위원장이 필요하다고 인정할 때에 소집한다.
② 위원회의 회의는 재적위원 과반수의 출석으로 열고, 출석위원 과반수의 찬성으로 의결한다.

제16조(간사) 위원회의 사무를 처리하기 위하여 위원회에 간사 1명을 두되, 보건복지부 장애인정책과장으로 한다.

제17조(수당 및 여비) 위원회의 회의에 출석한 위원에게는 예산의 범위에서 수당과 여비를 지급할 수 있다. 다만, 공무원인 위원이 그 소관업무에 직접 관련되어 출석하는 경우에는 그러하지 아니하다.

제18조(운영세칙) 이 규칙에서 정한 것 외에 위원회의 운영에 필요한 사항은 위원회의 의결을 거쳐 위원장이 정한다.

제19조(장애인복지시설의 이용 등) 시장 · 군수 · 구청장은 법 제34조 제1항 제3호에 따라 장애인을 장애인복지시설에 위탁하여 주거편의 · 상담 · 치료 및 훈련 등의 서비스를 받도록 하려는 경우에는 별지 제11호서식의 의뢰서를 그 시설의 장에게 송부하여야 한다.

제20조(의료비 지급대상 및 기준) ① 법 제36조에 따라 의료비를 받을 수 있는 자는 다음 각 호의 어느 하나에 해당하는 자 중 소득과 재산을 고려하여 매년 예산의 범위에서 보건복지부장관이 정한다.
1. 「국민기초생활 보장법」 제7조 제1항 제1호에 따른 생계급여 수급자 또는 같은 항 제3호에 따른 의료급여 수급자인 장애인
2. 제1호의 자와 유사한 자로서 의료비를 지급할 필요가 있다고 인정되는 장애인
② 제1항에 따라 받을 수 있는 의료비는 「국민건강보험법」과 「의료급여법」에 따라 제공되는 의료에 드는 비용 중 해당 장애인이 부담하여야 할 비용으로 한다.

제21조(의료비 지급절차 등) ① 제20조 제1항 각 호에 따른 장애인이 진료를 받으려는 경우에는 다음 각 호의 서류를 의료기관에 내보여야 한다.
1. 장애인등록증
2. 의료급여증 또는 의료급여증명서(제20조 제1항 제1호의 자만 해당한다)
3. 건강보험증(제20조 제1항 제2호의 자만 해당한다)
② 제1항에 따른 관계 서류를 제시받은 의료기관은 진료를 받으려는 장애인이 의료비 지급대상자임을 확인하여야 하며, 해당 장애인에게 의료를 제공하였을 때에는 「국민건강보험법」에 따른 건강보험심사평가원(이하 "건강보험심사평가원"이라 한다)에 의료비 지급 심사 청구를 하여야 한다.
③ 제2항에 따른 청구를 받은 건강보험심사평가원은 이를 심사한 후 그 결과를 의료비지급대상자를 관할하는 시장 · 군수 · 구청장에게 통보하여야 한다.
④ 제2항 및 제3항에도 불구하고 의료비 지급대상자는 의료비 지급대상자임을 확인할 수 없는 등의 불가피한 사유로 의료

비를 의료기관에 지불한 경우에는 별지 제12호서식의 지급청구서에 해당 장애인의 진료비명세서를 첨부하여 의료비 지급대상자를 관할하는 시장·군수·구청장에게 직접 의료비를 청구하여야 한다.
⑤ 제2항부터 제4항까지의 규정에 따라 의료비 심사 결과를 통보받거나 의료비 지급을 청구받은 시장·군수·구청장은 그 의료비를 지체 없이 지급하여야 한다.
⑥ 시장·군수·구청장은 제2항부터 제5항까지의 규정에도 불구하고 장애인보조기구에 대한 의료비는 그 비용의 지급을 청구한 자에게 지급할 수 있다.

제22조(산후조리도우미 지원사업에 대한 모니터링) 국가 및 지방자치단체는 법 제37조 제2항에 따라 산후조리도우미 지원사업의 현황, 지원대상자의 만족도 등에 관한 사항을 매년 점검하여야 한다.

제23조(자녀교육비 지급대상 및 기준) ① 법 제38조에 따른 자녀교육비의 지급대상은 다음 각 호의 어느 하나에 해당하는 자 중 소득과 재산을 고려하여 매년 예산의 범위에서 보건복지부장관이 정한다. 다만, 「국민기초생활 보장법」 등 다른 법령에 따라 교육비를 받는 자에게는 그 받은 금액만큼 감액하여 지급한다.
1. 학교에 입학하거나 재학하는 자녀를 둔 장애인
2. 학교에 입학하거나 재학하는 장애인을 부양하는 자
② 제1항에 따른 교육비는 다음 각 호의 어느 하나에 해당하는 「초·중등교육법」에 따른 학교에 입학 또는 재학하는 자의 입학금·수업료와 그 밖에 교육에 드는 비용으로 한다.
1. 초등학교·공민학교
2. 중학교·고등공민학교
3. 고등학교·고등기술학교
4. 특수학교
5. 각종학교
③ 제1항에 따른 자녀교육비의 지급대상별 지급액 등 지급의 세부기준은 매년 예산의 범위에서 보건복지부장관이 정한다.

제24조(자녀교육비 지급대상자 선정) ① 제23조에 따라 자녀교육비를 지급받으려는 자는 학비지급신청서에 소득·재산신고서, 금융정보등의 제공 동의서와 재학증명서나 입학을 증명할 수 있는 서류를 첨부하여 시장·군수·구청장에게 제출하여야 한다.
② 제1항에 따라 자녀교육비 지급신청을 받은 시장·군수·구청장은 제23조 제1항에 따른 자녀교육비 지급대상자의 해당여부를 결정하여 신청인에게 통보하여야 한다.
③ 시장·군수·구청장은 제2항에 따른 자녀교육비의 지급대상자 결정을 위하여 관계공무원으로 하여금 신청한 장애인가구의 소득과 재산을 확인하게 할 수 있다.

제25조(자녀교육비 지급방법 및 시기) 자녀교육비는 다음 각 호의 구분에 따라 제24조 제2항에 따른 자녀교육비 지급대상자에게 전분기前分期 말까지 지급한다.
1. 제1분기: 3월 1일부터 5월 31일까지
2. 제2분기: 6월 1일부터 8월 31일까지
3. 제3분기: 9월 1일부터 11월 30일까지
4. 제4분기: 12월 1일부터 그 다음 해의 2월 말일까지

671

제26조(장애인 사용 자동차 등 표지의 발급대상) 법 제39조에 따라 장애인이 사용하는 자동차 등임을 알아 볼 수 있는 표지(이하 "장애인사용자동차등표지"라 한다)의 발급 대상은 「자동차관리법」에 따른 자동차로서 다음 각 호의 어느 하나에 해당하는 것으로 한다.

1. 법 제58조에 따른 장애인복지시설(이하 "장애인복지시설"이라 한다)이나 법 제63조에 따른 장애인복지단체(이하 "장애인복지단체"라 한다)의 명의로 등록하여 장애인복지사업에 사용되는 자동차 또는 지방자치단체의 명의로 등록하여 장애인복지시설이나 장애인복지단체가 장애인복지사업에 사용하는 자동차

2. 다음 각 목의 어느 하나에 해당하는 자의 명의로 등록하여 장애인이 사용하는 자동차

가. 법 제32조에 따라 등록한 장애인

나. 가목에 따른 장애인과 주민등록표상의 주소를 같이 하면서 함께 거주하는 장애인의 배우자, 직계존·비속, 직계비속의 배우자, 형제·자매, 형제·자매의 배우자 및 자녀

다. 「재외동포의 출입국과 법적 지위에 관한 법률」에 따라 국내거소신고를 한 재외동포나 「출입국관리법」에 따라 외국인등록을 한 외국인으로서 제28조 제1항 각 호의 어느 하나에 해당하는 장애가 있는 자

3. 제2호 가목에 해당하는 장애인이 1년 이상의 기간을 정하여 시설대여를 받거나 임차하여 사용하는 자동차

4. 「노인복지법」 제34조에 따른 노인의료복지시설의 명의로 등록하여 노인복지사업에 사용되는 자동차

5. 「장애인 등에 대한 특수교육법」 제28조 제5항에 따라 장애인의 통학을 위하여 사용되는 자동차

6. 「영유아보육법」 제26조에 따라 장애아를 전담하는 어린이집의 명의로 등록하여 장애아보육사업에 사용되는 자동차

7. 「교통약자의 이동편의 증진법」 제16조에 따른 특별교통수단으로서 장애인의 이동편의를 위해 사용되는 자동차

제27조(장애인사용자동차등표지의 발급 등) ① 제26조 각 호의 어느 하나에 해당하여 장애인사용자동차등표지를 발급받으려는 자는 별지 제1호서식의 신청서에 다음 각 호의 서류를 첨부하여 주소지(재외동포와 외국인의 경우에는 각각 국내거소지나 체류지를 말한다) 관할 읍·면·동장을 거쳐 시장·군수·구청장에게 제출하여야 한다. 이 경우 시장·군수·구청장은 「전자정부법」 제36조 제1항에 따른 행정정보의 공동이용을 통하여 국내거소신고 또는 외국인등록 사실 증명(신청인이 재외동포나 외국인인 경우에만 해당한다)과 자동차등록증을 확인하여야 하며, 신청인이 동의하지 아니하는 경우에는 각 해당서류의 사본을 첨부하도록 하여야 한다.

1. 제28조 제1항 각 호의 어느 하나에 해당하는 장애가 있음을 증명하는 의사의 진단서 1부(재외동포나 외국인의 경우에만 해당한다)

2. 시설대여계약서 또는 임차계약서 사본 1부(자동차를 시설대여 받거나 임차한 경우에만 해당한다)

② 제1항에 따른 장애인사용자동차등표지의 발급신청을 받은 시장·군수·구청

장은 해당 사실의 여부를 확인한 후 보건복지부장관이 정하는 장애인사용자동차등표지를 발급하여야 한다.

③ 사용 중인 장애인사용자동차등표지를 잃어버리거나 그 표지가 훼손되어 못 쓰게 된 경우 또는 장애인사용자동차등표지의 기재사항을 변경하려는 경우에는 별지 제1호서식의 신청서에 다음 각 호의 서류를 첨부하여 관할 읍·면·동장을 거쳐 시장·군수·구청장에게 재발급을 신청하여야 한다.

1. 장애인사용자동차등표지(잃어버린 경우는 제외한다)

2. 변경 사실을 증명할 수 있는 서류 1부 (기재사항 변경의 경우에만 해당한다)

④ 장애인사용자동차의 소유자는 그 자동차를 다른 사람에게 양도·증여하거나 폐차 또는 등록말소를 하려는 경우에는 즉시 그 자동차에 사용 중인 장애인사용자동차등표지를 관할 읍·면·동장을 거쳐 시장·군수·구청장에게 반납하여야 한다.

⑤ 시장·군수·구청장은 장애인사용자동차등표지 발급현황을 별지 제14호서식에 따라 기록·관리하여야 한다.

제28조(보행상 장애가 있는 자에 대한 배려) ① 시장·군수·구청장은 법 제39조제1항에 따른 장애인의 자동차 사용의 편의를 위하여 보행상의 장애가 있는 자로서 다음 각 호의 어느 하나에 해당하는 장애인이 자동차를 이용할 때에 그 장애로 말미암아 부득이하게 관계 법령에 따른 정차 또는 주차의 방법 등을 위반한 경우에는 그 원인과 결과 등을 고려하여 교통소통 및 안전에 지장을 주지 아니하는 범위에서 최대한 계도 위주의 단속이 이루어지도록 배려하여야 한다.

1. 다리 부위나 척추 부위에 장애가 있는 자(팔에만 장애가 있는 경우 또는 기능의 손상이 없이 신체에 변형 등의 장애가 있는 경우는 제외한다)

2. 별표 1 제3호에 따른 제1급부터 제5급까지에 해당하는 시각장애인

3. 평형기능에 장애가 있는 자

4. 그 밖에 중증의 장애로 보행에 현저한 제약을 받는 자

② 제1항에 따른 계도 위주의 단속이 원활하게 이루어지도록 하기 위하여 시장·군수·구청장은 장애인사용자동차등표지를 발급할 때에 제1항 각 호의 어느 하나에 해당하는 장애인에 대하여는 보행상 장애가 있음을 장애인사용자동차등표지에 따로 표시하여야 한다.

제29조(장애인 보조견표지 발급대상) 법 제40조에 따른 장애인 보조견표지(이하 "보조견표지"라 한다)의 발급대상은 보건복지부장관이 정하여 고시하는 시설기준에 해당하는 장애인 보조견 전문훈련기관(이하 "전문훈련기관"이라 한다)에서 훈련 중이거나 훈련을 이수한 장애인 보조견으로 한다.

제30조(보조견표지 발급 등) ① 제29조에 따른 전문훈련기관의 장은 해당 훈련기관에서 훈련 중이거나 훈련을 이수한 장애인 보조견에 대하여 보조견표지의 발급을 신청할 수 있다.

② 전문훈련기관의 장이 제1항에 따라 보조견표지의 발급을 신청하려면 별지 제15호서식의 신청서에 다음 각 호의 서

류를 첨부하여 보건복지부장관에게 제출하여야 한다.

1. 장애인 보조견의 전신사진 1장

2. 장애인 보조견이 훈련 중이거나 훈련을 이수하였음을 증명하는 서류 1부

③ 보건복지부장관은 제1항에 따라 보조견표지의 발급을 신청받으면 신청내용의 사실 여부를 확인한 후 별표 2에 따른 보조견표지를 발급하여야 한다.

④ 전문훈련기관의 장은 사용 중인 보조견표지를 잃어버리거나 그 표지가 훼손되어 못 쓰게 된 경우에는 별지 제15호서식의 신청서에 다음 각 호의 서류를 첨부하여 보건복지부장관에게 재발급을 신청하여야 한다.

1. 재발급 사유를 증명하는 서류 1부

2. 보조견표지(훼손되어 못 쓰게 된 경우에만 해당한다)

⑤ 전문훈련기관의 장은 장애인 보조견이 사망하거나 장애인 보조견으로서 활동을 계속할 수 없다고 판단되는 경우에는 그 장애인 보조견에 사용 중인 보조견표지를 보건복지부장관에게 반납하여야 한다.

⑥ 보건복지부장관은 보조견표지 발급현황을 별지 제16호서식에 따라 기록·관리하여야 한다.

제31조(자금대여 신청) 영 제25조 제1항에 따라 자금을 대여받으려는 자는 자금대여신청서에 다음 각 호의 구분에 따른 서류를 첨부하여 관할 읍·면·동장을 거쳐 시장·군수·구청장에게 제출하여야 한다.

1. 생업자금: 사업의 종류, 사업장의 소재지 및 사업의 내용 등을 적은 사업계획서

2. 생업을 위한 자동차 구입비: 차량매매계약서

3. 취업에 필요한 지도 및 기술훈련비: 지도 및 기술훈련 시설의 장이 발급하는 훈련증명서

4. 기능회복 훈련에 필요한 장애인보조기구 구입비: 용도를 명시한 매매계약서

5. 사무보조기기 구입비: 사용처·용도 등을 명시한 매매계약서

제32조(자금대여 관리카드) ① 시장·군수·구청장은 영 제25조 제2항에 따라 자금대여 대상자를 결정하면 자금대여 결정통지서(전자문서를 포함한다)로 통지하고 자금대여 내용을 자금대여 관리카드에 기록·관리하여야 한다.

② 영 제25조 제2항에 따른 금융기관 또는 체신관서는 시장·군수·구청장의 자금대여 결정통지를 받으면 자금을 대여하고 그 대여내용 및 상환방법 등을 관할 시장·군수·구청장에게 통보하여야 한다.

제33조(자립훈련비 지급 등) ① 법 제43조 제1항에 따른 자립훈련비의 지급대상자는 장애인복지시설에서 자립을 목적으로 훈련을 받는 장애인으로 한다.

② 자립훈련비의 지급대상과 종류별 지급금액 등에 관한 세부기준은 매년 예산의 범위에서 보건복지부장관이 정한다.

제34조(장애인 생산품 인증 신청 및 기준) ① 법 제45조에 따른 생산품의 인증은 다음 각 호의 요건을 모두 갖춘 시설이나 단체에서 생산한 물품에 대하여 한다.

1. 「중증장애인생산품 우선구매 특별법」

제9조에 따른 중증장애인생산품 생산시설에서 생산할 것

2. 물품의 품질향상을 위한 인력 및 조직 등 품질관리체제를 갖출 것

② 제1항에 따른 인증을 받으려는 자는 별지 제17호서식의 신청서에 생산시설 및 생산품 현황을 첨부하여 보건복지부장관에게 제출하여야 한다.

③ 제1항 각 호에 따른 인증의 세부적인 기준은 보건복지부장관이 정하여 고시한다.

제35조(인증서 발급 및 유효기간) 보건복지부장관은 제34조에 따른 인증을 받은 자에게 별지 제18호서식의 인증서를 발급하여야 한다.

제36조(생산품 인증의 표시) 제34조에 따른 인증을 받은 자는 생산품이나 생산품의 포장 · 용기 또는 홍보물에 별표 3의 장애인생산품 상징표시를 붙이거나 사용할 수 있다.

제37조(인증 취소의 절차) ① 보건복지부장관은 법 제45조의2 제1항에 따라 인증을 취소한 경우에는 인증 취소의 사실을 공고하여야 한다.

② 법 제45조의2 제1항에 따라 인증이 취소된 경우 인증이 취소된 물품을 생산하는 시설 또는 단체는 지체 없이 보건복지부장관에게 인증서를 반납하여야 한다.

제38조(장애수당 등의 지급신청) ① 법 제50조의2 제1항에 따라 장애수당 · 장애아동수당 및 보호수당(이하 "장애수당등"이라 한다)을 지급받으려는 자는 장애수당등 지급신청서에 소득 · 재산신고서 및 금융정보등의 제공 동의서를 첨부하여 관할 읍 · 면 · 동장을 거쳐 시장 · 군수 · 구청장에게 제출하여야 한다.

② 시장 · 군수 · 구청장은 제1항에 따른 장애수당등의 지급신청을 받으면 영 제30조에 따른 지급대상인지를 조사 · 확인한 후 그 결과를 신청인에게 통지하여야 한다.

③ 제2항에 따라 조사를 하는 공무원은 그 권한을 표시하는 증표를 지니고 관계인에게 내보여야 한다.

④ 영 제32조 제2항 후단에 따라 지급대상자의 배우자 등의 계좌로 장애수당등을 받으려는 자는 별지 제41호서식의 장애수당등 대리수령 신청서(전자문서로 된 신청서를 포함한다)에 다음 각 호의 서류(전자문서를 포함한다)를 첨부하여 시장 · 군수 · 구청장에게 제출하여야 한다.

1. 지급대상자의 인적 사항을 확인할 수 있는 서류

2. 영 제32조 제2항 각 호의 사유 중 어느 하나에 해당함을 증명할 수 있는 서류 1부

3. 대리수령인이 지급대상자의 배우자, 직계혈족 또는 3촌 이내의 방계혈족임을 확인할 수 있는 서류

제39조의2(중증장애인자립생활지원센터의 운영기준) ① 법 제54조 제2항에 따른 중증장애인자립생활지원센터(이하 "자립생활센터"라 한다)의 의사결정, 서비스 제공 및 운영 등은 장애인 주도로 이루어져야 하며, 그 운영기준은 다음 각 호와 같다.

1. 자립생활센터는 의사결정기구의 과반수를 장애인으로 구성하여야 한다.

2. 자립생활센터는 장애동료 상담전문가 1인 이상의 인력을 갖추어야 하며, 센터의 장 이외의 직원 중 1인 이상은 장애인이어야 한다.

3. 자립생활센터는 법 제54조 제1항의 목적을 실현하기 위하여 다음 업무를 주로 수행하여야 한다.

가. 장애인의 자립생활 역량 강화 및 동료상담 등 장애인 동료에 의한 서비스 지원

나. 모든 유형의 장애인이 지역사회에서 참여적이고 통합적인 생활이 가능하도록 정보제공 및 의뢰 등 다양한 서비스의 제공과 이를 실현할 수 있는 지역사회의 물리적·사회적 환경개선 사업

다. 장애인이 지역사회에 참여하고 생활하는 데 있어서의 차별 해소 및 장애인 인권의 옹호·증진

라. 중증장애인에게 적합한 서비스의 제공

② 지방자치단체는 보조금을 지원하는 자립생활센터를 정기적으로 평가하여야 하고, 평가 시 제1항의 운영기준에 대한 성과를 중시해야 한다.

③ 자립생활센터는 조직 운영, 사업 수행, 재정 확보, 운용 등에 대해 객관적으로 평가받을 수 있도록 관련 기록 및 자료를 관리하여야 한다.

④ 그 밖에 자립생활센터의 운영에 관하여 필요한 사항은 보건복지부장관이 정한다.

제40조의2(장애동료 간 상담의 제공기관 및 내용) ① 법 제56조에 따른 장애동료 간 상담은 장애인에 의해 장애인에게 제공되는 상담이나 정보제공 활동으로 다음 각 호의 내용을 포함한다.

1. 장애인의 심리적인 고충

2. 가족 및 사회적인 관계에서 발생하는 문제

3. 지역사회 자원의 활용방법

4. 기타 장애인이 처한 곤란한 문제 등의 대처방법

② 국가와 지방자치단체는 자립생활센터로 하여금 장애동료 간 상담사업을 실시하도록 하여야 한다.

③ 국가와 지방자치단체는 제39조의2 제1항 제2호의 장애동료 상담전문가를 양성하기 위하여 일정 요건을 갖춘 기관을 지정하여 운영할 수 있다.

④ 그 밖에 장애동료 간 상담 및 장애동료 상담전문가 양성기관의 지정에 관하여 필요한 사항은 보건복지부장관이 정한다.

제41조(장애인복지시설의 종류와 사업) 법 제58조 제2항에 따른 장애인복지시설의 구체적인 종류는 별표 4와 같이 구분하고, 장애인복지시설의 종류별 사업은 별표 5에서 정하는 바에 따른다.

제42조(시설의 설치·운영기준) 법 제59조에 따른 장애인복지시설의 설치·운영기준은 별표 5와 같다.

제43조(시설의 설치·운영신고 등) ① 법 제59조 제2항 본문에 따라 국가 또는 지방자치단체 외의 자가 장애인복지시설을 설치·운영하려는 경우에는 별지 제20호 서식의 신고서(전자문서로 된 신고서를 포함한다)에 다음 각 호의 서류(전자문서를 포함한다)를 첨부하여 관할 시장·군수·구청장에게 제출하여야 한다.

1. 정관 1부(법인인 경우에만 해당한다)

2. 시설운영에 필요한 재산목록 1부

3. 사업계획서 및 예산서 각 1부

4. 시설의 운영에 관한 규정 각 1부

5. 시설의 평면도(시설의 층별 및 구조별 면적을 표시하여야 한다)와 설비구조 내역서 각 1부

② 제1항에 따라 신고서를 받은 시장·군수·구청장은 「소방시설 설치·유지 및 안전관리에 관한 법률 시행령」 별표 5에 따라 장애인복지시설이 갖추어야 하는 소방시설에 대하여 「소방시설 설치·유지 및 안전관리에 관한 법률」 제7조 제6항 전단에 따라 그 장애인복지시설의 소재지를 관할하는 소방본부장이나 소방서장에게 그 장애인복지시설이 같은 법 또는 같은 법에 따른 명령을 따르고 있는지에 대한 확인을 요청하여야 하고, 「전자정부법」 제36조 제1항에 따른 행정정보의 공동이용을 통하여 다음 각 호의 서류를 확인하여야 한다. 다만, 신고인이 제2호의 주민등록표 초본을 확인하는 것에 동의하지 아니하는 경우에는 그 서류를 제출하도록 하여야 한다.

1. 법인 등기사항증명서(법인인 경우만 해당한다)

2. 시설의 장의 주민등록표 초본. 다만, 시설의 장이 직접 시설의 설치·운영을 신고하는 경우에는 본인의 주민등록증을 확인함으로써 이를 갈음한다.

3. 건물등기부 등본

4. 토지등기부 등본

③ 법 제59조 제2항 본문에 따라 장애인복지시설의 설치·운영을 신고한 자가 신고한 사항을 변경하려면 다음 각 호에서 정하는 바에 따라 해당하는 서류를 관할 시장·군수·구청장에게 제출하여야

한다.

1. 시설의 명칭이나 시설의 장을 변경하는 경우: 별지 제21호서식의 신고서에 장애인복지시설 신고증을 첨부할 것

2. 시설의 종류를 변경하는 경우: 별지 제21호서식의 신고서에 제1항 각 호의 서류와 장애인복지시설 신고증을 첨부할 것

3. 시설의 소재지나 이용정원을 변경하는 경우: 별지 제22호서식의 신고서에 다음 각 목의 서류를 첨부할 것

가. 시설의 소재지나 이용정원의 변경 사유서

나. 시설거주자에 대한 조치계획서

다. 시설의 운영에 필요한 재산목록·사업계획서 및 예산서

라. 시설의 운영에 필요한 재산의 평가 조서(이용정원이 변경되는 경우에만 해당한다)

마. 시설의 평면도(시설의 층별 및 구조별 면적을 표시하여야 한다)와 설비구조 내역서(시설의 소재지가 변경되는 경우에만 해당한다)

바. 장애인복지시설 신고증

④ 제3항 제2호에 따라 시설 종류의 변경신고서를 받거나 같은 항 제3호에 따라 시설 소재지의 변경신고서를 받은 시장·군수·구청장은 「소방시설 설치·유지 및 안전관리에 관한 법률 시행령」 별표 5에 따라 장애인복지시설이 갖추어야 하는 소방시설에 대하여 「소방시설 설치·유지 및 안전관리에 관한 법률」 제7조 제6항 전단에 따라 그 장애인복지시설의 소재지를 관할하는 소방본부장이나 소방서장에게 그 장애인복지시설이 같은 법 또는 같은 법에 따른 명령을 따르고 있는지를 확인하여 줄 것을 요청하여야 하

고, 「전자정부법」 제36조 제1항에 따른 행정정보의 공동이용을 통하여 다음 각 호의 서류를 확인하여야 한다.

1. 법인 등기사항증명서(법인인 경우만 해당한다)
2. 건물등기부 등본
3. 토지등기부 등본

⑤ 시장·군수·구청장은 제1항에 따른 신고를 받으면 별지 제23호서식의 장애인복지시설신고증을 발급하여야 하며, 제3항에 따른 변경신고를 받은 경우에는 장애인복지시설 신고증에 그 변경사항을 적어 발급하여야 한다.

⑥ 시장·군수·구청장은 별지 제24호서식의 장애인복지시설신고관리대장을 작성·관리하여야 한다.

제43조의2(장애인 대상 성범죄 예방 및 신고의무와 관련한 교육) ① 법 제59조의2 제4항에 따른 장애인 대상 성범죄 예방 및 신고의무와 관련한 교육에는 다음 각 호의 사항이 포함되어야 한다.

1. 건전한 성의식 및 성문화
2. 성인지性認知 관점에서의 성범죄 예방 및 신고의무
3. 성폭력 관련 법령
4. 그 밖에 성에 대한 건전한 가치관 함양과 성폭력 예방에 필요한 사항

② 장애인복지시설의 운영자는 제1항에 따른 교육을 실시하는 경우에는 강의, 시청각교육, 인터넷 홈페이지를 이용한 교육 등 다양한 방식을 사용할 수 있다.

제43조의3(성범죄경력 조회 등) ① 영 제36조의2 제1항에 따른 성범죄경력 조회 요청서는 별지 제24호의2 서식에 따른다.

② 영 제36조의2 제1항에 따른 성범죄경력 조회 동의서는 별지 제24호의3서식에 따른다.

③ 영 제36조의2 제2항에 따른 성범죄경력 조회 회신서는 별지 제24호의4서식에 따른다.

제44조(시설운영의 중단·재개·폐지 신고 등) ① 장애인복지시설을 설치·운영하는 자는 법 제60조 제2항에 따라 시설 운영을 일시중단 또는 재개하거나 시설을 폐지하려는 경우에는 별지 제25호서식의 신고서에 다음 각 호의 서류를 첨부하여 시설 운영을 중단·재개 또는 폐지하기 3개월 전까지 관할 시장·군수·구청장에게 제출하여야 한다.

1. 시설 운영의 중단·재개 또는 폐지 사유서(법인인 경우에는 중단·재개·폐지를 결의한 이사회의 회의록 사본) 1부
2. 시설 이용자에 대한 조치계획서 1부(시설 운영 재개의 경우는 제외한다)
3. 시설 이용자가 납부한 시설 이용료 및 사용료의 반환조치계획서 1부(시설 운영 재개의 경우는 제외한다)
4. 보조금·후원금의 사용 결과 보고서와 이를 재원으로 조성한 잔여재산 반환조치계획서 1부(시설 운영 재개의 경우는 제외한다)
5. 시설 재산에 관한 사용 또는 처분계획서 1부(시설 운영 재개의 경우는 제외한다)
6. 운영 중단 사유의 해소조치 결과보고서 1부(시설 운영 재개의 경우에만 해당한다)
7. 향후 안정적 운영을 위한 운영계획서 1부(시설 운영 재개의 경우에만 해당한

다)

8. 장애인복지시설 신고증 1부(시설 폐지의 경우에만 해당한다)

② 시장·군수·구청장은 제1항에 따른 시설 운영의 중단·재개 또는 폐지의 신고를 받은 경우에는 제1항 제2호·제3호·제6호 및 제7호의 조치계획 등에 따라 시설 이용자에 대한 조치가 적절히 이루어지는지를 확인하는 등 시설 이용자의 권익을 보호하기 위한 조치를 하여야 하며, 해당 장애인복지시설을 설치·운영하는 자는 법 제60조 제3항 각 호 및 같은 조 제4항 각 호의 사항을 성실히 이행하여 시설 이용자의 권익이 침해받지 아니하도록 하여야 한다.

③ 시장·군수·구청장은 제1항에 따른 시설 운영의 재개 신고를 받은 경우에「소방시설 설치·유지 및 안전관리에 관한 법률 시행령」별표 5에 따라 장애인복지시설이 갖추어야 하는 소방시설에 대하여「소방시설 설치·유지 및 안전관리에 관한 법률」제7조 제6항 전단에 따라 그 장애인복지시설의 소재지를 관할하는 소방본부장이나 소방서장에게 그 장애인복지시설이 같은 법 또는 같은 법에 따른 명령을 따르고 있는지를 확인하여 줄 것을 요청하여야 한다.

제44조의2(장애인 거주시설 이용 절차 등)

① 법 제60조의2 제1항에서 "보건복지부령으로 정하는 서류"란 장애인 거주시설 이용신청서, 소득·재산 신고서, 소득·재산 상태 및 부양관계를 확인할 수 있는 서류, 건강진단서 등 건강상태를 확인할 수 있는 서류를 말한다.

② 법 제60조의2 제2항에 따라 시장·군수·구청장은 법 제32조 제1항에 따른 장애인 등록 여부, 장애 유형·정도·등급, 장애인 및 그 배우자 또는 부양의무자인 1촌의 직계혈족의 소득·재산 및 생활환경 등을 고려하여 장애인 거주시설 이용 적격성을 심사하고, 그 시설 이용 여부를 결정하여야 한다.

③ 법 제60조의2 제3항에 따라 시장·군수·구청장은 법 제60조의2 제1항에 따른 신청을 받은 날부터 20일 내에 제2항에 따른 시설 이용 여부 결정을 장애인 거주시설 이용 적격성 및 본인부담금 결정 통보서에 따라 이용 신청자와 시설 운영자에게 통보하여야 한다. 다만, 심사에 상당한 시간이 소요되는 등 특별한 사유가 있는 경우에는 그 사유를 명시하여 신청을 받은 날부터 30일 내에 통보하여야 한다.

④ 시설 이용자가 법 제60조의2 제1항부터 제3항까지의 절차를 거치지 아니하고 장애인거주시설을 이용하는 경우 시설 운영자는 법 제60조의2 제4항에 따라 다음 각 호의 사항을 시장·군수·구청장에게 보고하여야 한다. 이 경우 시설 운영자는 시설 이용자, 그 친족 또는 그 밖의 관계인에게 법 제60조의2 제1항에 따른 신청절차를 안내하여야 한다.

1. 시설 이용자, 그 친족 또는 그 밖의 관계인의 인적사항

2. 시설이용 개시일

3. 법 제60조의2 제1항에 따른 신청절차를 거치지 아니한 이유

⑤ 법 제60조의2 제5항에 따라 시설 운영자는 장애인 거주시설 이용에 관한 계약을 체결한 경우 별지 제26호서식의 장애인거주시설 이용계약 체결 결과 보고서

에 장애인 거주시설 이용계약서를 첨부하여 시장·군수·구청장에게 보고하여야 한다.

⑥ 법 제60조의2 제5항에 따른 계약에는 다음 각 호의 사항이 포함되어야 한다.

1. 법 제60조의4 제1항부터 제3항까지의 규정에 따른 시설 운영자의 의무에 관한 사항

2. 시설 이용자가 본인 또는 다른 사람의 신체에 위해危害를 가하거나 가할 우려가 있는 경우 시설 운영자가 할 수 있는 제한조치의 내용, 절차, 한계 및 이의제기에 관한 사항

3. 시설 이용자의 권리와 의무에 관한 사항

4. 법 제60조의2 제6항에 따른 계약절차의 대행자의 권리와 의무에 관한 사항

5. 시설 이용 중단절차에 관한 사항

6. 시설이용에 따른 비용과 본인부담금에 관한 사항

7. 계약기간

8. 계약 위반에 따른 조치사항

⑦ 시장·군수·구청장은 관할 지역의 환경 및 시설의 특성 등을 고려하여 제6항에 따른 계약에 관한 계약서 견본을 마련하고, 시설 운영자에게 그 이용을 권장할 수 있다.

⑧ 법 제60조의2 제7항 전단에서 "보건복지부령으로 정하는 기간"이란 20일을 말한다.

제44조의3(장애인 거주시설의 서비스 최저기준 등) ① 법 제60조의3 제1항에 따른 장애인 거주시설의 서비스 최저기준(이하 "서비스 최저기준"이라 한다)에 다음 각 호의 사항이 포함되어야 한다.

1. 서비스 안내 및 상담

2. 개인의 욕구와 선택

3. 이용자의 참여와 권리

4. 능력개발

5. 일상생활

6. 개별지원

7. 환경

8. 직원관리

9. 시설운영

10. 그 밖에 서비스 최저기준으로서 필요한 사항

② 보건복지부장관은 법 제60조의3 제1항에 따라 다음 해에 시행할 서비스 최저기준을 정하여 매년 1월 31일까지 고시하여야 한다.

제44조의4(현장조사서) 법 제61조 제2항에서 "보건복지부령으로 정하는 사항이 기재된 서류"란 다음 각 호의 사항이 기재된 현장조사서를 말한다.

1. 조사기간

2. 조사범위

3. 조사담당자

4. 관계법령

5. 제출자료

6. 그 밖에 해당 현장조사와 관련하여 필요한 사항

제45조(장애인보조기구 교부등 신청대상자) ① 법 제66조에 따라 장애인보조기구의 교부·대여 또는 수리(이하 "교부등"이라 한다)를 신청할 수 있는 자는 다음 각 호의 어느 하나에 해당하는 자로 한다.

1. 「국민기초생활 보장법」에 따른 수급자 또는 차상위계층인 장애인

2. 제1호의 자와 유사한 자로서 보건복지부장관이 정하는 기준에 해당하는 자

② 제1항에 따라 장애인보조기구의 교부 등을 신청하려는 자는 별지 제1호서식의 신청서(전자문서로 된 신청서를 포함한다)를 시장·군수·구청장에게 제출하여야 한다.

제46조(장애인보조기구 교부등의 결정) ① 시장·군수·구청장은 제45조 제2항에 따른 신청을 받으면 별지 제2호서식에 따라 의료기관에 해당 장애인의 진단을 의뢰하고, 그 진단 결과에 따라 장애인보조기구의 교부등의 결정을 하여야 한다. 다만, 다음 각 호의 어느 하나에 해당하는 경우에는 진단을 의뢰하지 아니하고 교부등을 할 수 있다.
1. 교부등을 하여야 할 장애인보조기구가 장애인의 정보접근이나 일상생활의 편의를 위하여 사용하는 생활용품인 경우
2. 장애인보조기구의 수리가 그 장애인보조기구의 주요 기능에 영향을 미치지 아니하는 정도의 가벼운 것인 경우
② 제1항에 따라 진단을 의뢰받은 의료기관은 다음 각 호의 사항을 적은 진단서를 작성하여 진단을 의뢰한 시장·군수·구청장에게 제출하여야 한다.
1. 원래의 장애명
2. 현재의 증상
3. 재활의료가 필요한 경우 그 의료의 방법
4. 장애인보조기구가 필요한 경우 그 종류·처방 및 제작상의 소견

제47조(장애인보조기구 교부 또는 수리의 의뢰) 시장·군수·구청장은 제46조 제1항에 따라 장애인보조기구를 교부하거나 수리하기로 결정한 경우에는 해당 신청인에게 별지 제27호서식의 장애인보조기구 교부(수리)의뢰서를 발급하여야 한다. 다만, 직접 장애인보조기구를 구입하여 교부하는 경우에는 그러하지 아니하다.

제48조(장애인보조기구 교부 또는 수리의 절차) ① 장애인보조기구의 교부 또는 수리를 받으려는 자는 장애인보조기구 제조·수리업자에게 제47조에 따라 교부받은 의뢰서를 제출하여야 한다.
② 제1항에 따라 장애인보조기구의 교부 또는 수리를 의뢰받은 장애인보조기구 제조·수리업자는 제1항에 따라 제출한 의뢰서에 따라 장애인보조기구를 제조하거나 수리하여 해당 장애인에게 교부하여야 한다.

제49조(장애인보조기구 교부 또는 수리비용의 청구) 제48조 제2항에 따라 장애인보조기구를 교부하거나 수리한 자는 별지 제28호서식의 장애인보조기구 교부(수리)비용 청구서에 그가 교부하거나 수리한 장애인보조기구가 처방대로 제조·수리되었는지에 관한 의료기관의 확인서를 첨부하여 시장·군수·구청장에게 제출하여야 한다. 다만, 제46조 제1항 단서에 따라 의료기관의 진단을 받지 아니하는 경우에는 의료기관의 확인서를 첨부하지 아니한다.

제50조(장애인보조기구 교부 또는 수리를 위한 비용의 지급 등) ① 시장·군수·구청장은 제45조 제1항에 따른 장애인보조기구의 교부 또는 수리대상자 중 장애인보조기구를 교부하거나 수리하여 주는 것이 소요예산 및 장애인보조기구의 이

용 또는 제조·수리 측면에서 비효율적이거나 곤란한 경우에는 해당 장애인에게 그 비용을 지급할 수 있다.
② 제1항에 따른 비용의 지급기준은 매년 예산의 범위에서 제조·수리비 등의 시가를 고려하여 보건복지부장관이 정한다.

제51조(장애인보조기구업체 지원·육성 등) ① 법 제67조 제1항에 따른 생산장려금의 지급 및 기술지원 대상은 제52조에 따라 지정받은 우수업체로 한다.
② 제1항에 따른 생산장려금의 지급대상 품목, 지급액 및 지급절차 등과 기술지원에 관하여 필요한 사항은 매년 예산의 범위에서 보건복지부장관이 정한다.

제52조(우수업체 지정 및 취소 등) ① 법 제67조 제2항에 따른 우수장애인보조기구업체(이하 "우수업체"라 한다)의 지정기준은 장애인보조기구의 제조에 필요한 설비 및 기계기구, 우수종사자의 확보 정도 및 신기술개발능력 등을 고려하여 보건복지부장관이 정한다.
② 우수업체로 지정받으려는 자는 별지 제29호서식의 신청서(전자문서로 된 신청서를 포함한다)에 다음 각 호의 서류(전자문서를 포함한다)를 첨부하여 주된 사무소의 소재지를 관할하는 특별시장·광역시장·도지사·특별자치도지사(이하 "시·도지사"라 한다)에게 신청하여야 한다. 이 경우 시·도지사는 「전자정부법」 제36조 제1항에 따른 행정정보의 공동이용을 통하여 토지등기부 등본 및 건물등기부 등본을 확인하여야 한다.
1. 장애인보조기구 개발·보급 계획서 1부
2. 지정 후 1년간의 사업계획서 1부

3. 장애인보조기구의 개발 및 보급 실적 1부
4. 재산목록 1부
③ 시·도지사는 제2항에 따른 지정신청이 제1항에 따른 지정기준에 적합한 경우에는 별지 제30호서식의 지정서를 교부하고 이를 고시하여야 한다.
④ 시·도지사는 지정된 우수업체가 제1항에 따른 지정기준을 위반한 경우에는 그 지정을 취소하고 이를 고시하여야 한다.

제53조(자금 융자 및 보조) ① 우수업체에 대한 자금의 융자 및 보조대상은 다음 각 호의 어느 하나에 해당하는 비용으로 한다.
1. 장애인보조기구의 품질향상을 위한 연구개발 사업비
2. 장애인보조기구의 생산을 위한 설비 투자비
3. 그 밖에 장애인보조기구의 품질향상과 제조원가 절감을 위한 투자비
② 우수업체에 대한 자금의 융자한도액, 이율 및 상환방법 등은 보건복지부장관이 관계 부처의 장과 협의하여 정하며, 보조금의 지급액 등 보조금 지급의 세부 기준은 매년 예산의 범위에서 보건복지부장관이 정한다.

제54조(의지·보조기 제조업소의 개설사실 통보 등) ① 법 제69조 제1항에 따른 의지·보조기제조업소를 개설한 자는 그 제조업소를 개설한 후 7일 이내에 별지 제31호서식의 통보서에 다음 각 호의 서류를 첨부하여 시장·군수·구청장에게 제출하여야 한다.

1. 시설 및 장비내역서 1부
2. 제조·수리를 담당할 의지·보조기 기사자격증 사본 1부
② 제1항에 따라 의지·보조기 제조업소의 개설사실을 통보한 후 제조하거나 수리하여야 하는 의지·보조기는 법 제65조 제2항에 따라 보건복지부장관이 고시하는 의지·보조기로 한다.
③ 제1항에 따른 의지·보조기 제조업소의 개설 사실 통보 후 다음 각 호의 어느 하나에 해당하는 변경사항이 있으면 그 변경사항을 별지 제31호서식의 통보서에 변경내용을 증명하는 서류를 첨부하여 시장·군수·구청장에게 통보하여야 한다. 다만, 그 제조업소의 소재지 변경으로 관할 관청이 다르게 되는 경우에는 별지 제31호서식의 통보서를 변경된 소재지를 관할하는 시장·군수·구청장에게 제출하여야 한다.
1. 제조업소의 명칭, 개설자 또는 소재지가 변경된 경우
2. 법 제69조 제2항에 따른 의지·보조기 기사가 변경된 경우
3. 휴업, 폐업 또는 재개업을 하는 경우
④ 시장·군수·구청장은 제1항과 제3항에 따라 의지·보조기 제조업소의 개설 사실이나 변경 사실을 통보받은 경우에는 별지 제32호서식의 의지·보조기 제조업소 관리대장을 작성·관리하여야 한다.

제55조(장애인복지전문인력의 범위) 법 제71조 제2항에 따른 전문인력의 범위는 다음 각 호로 한다.
1. 의지·보조기 기사
2. 언어재활사

3. 수화통역사
4. 점역사點譯士·교정사矯正士

제56조(의지·보조기 관련 교과목) 법 제72조 제1항에 따른 의지·보조기 관련 교과목은 별표 6과 같다.

제57조(의지·보조기 기사 자격증 발급신청 등) ① 법 제72조 제1항에 따른 의지·보조기 기사 자격증을 발급받으려는 자는 별지 제33호서식의 신청서에 다음 각 호의 서류를 첨부하여 보건복지부장관에게 제출하여야 한다.
1. 졸업증명서 또는 이수증명서 1부. 다만, 법 제72조 제1항 제2호에 해당하는 자의 경우에는 외국학교의 졸업증명서 또는 이수증명서 1부와 의지·보조기 기사자격증 사본 1부
2. 법 제74조 제1항 제1호 및 제2호에 해당되지 아니함을 증명하는 의사의 진단서 1부
3. 응시원서와 동일원판의 정면 상반신 반명함판(3센티미터×4센티미터) 사진 2장
② 보건복지부장관은 제1항에 따라 의지·보조기 기사 자격증의 발급신청을 받으면 그 신청일부터 14일 이내에 신청인에게 별지 제34호서식의 의지·보조기 기사 자격증을 발급하여야 한다.

제57조의2(언어재활사 자격증 발급신청 등) ① 법 제72조의2 제1항에 따른 언어재활사 자격증을 발급받으려는 사람은 별지 제34호의2서식의 신청서에 다음 각 호의 서류를 첨부하여 보건복지부장관에게 제출하여야 한다. 다만, 법률 제11010호 장애인복지법 일부개정법률 부칙 제2

조에 따른 특례시험을 거쳐 언어재활사 자격증을 취득하려는 사람은 제1호 및 제2호의 서류를 제출하지 아니한다.

1. 다음 각 목의 구분에 따른 서류

가. 1급 언어재활사 자격증을 발급받으려는 경우: 2급 언어재활사 자격증 사본 및 언어재활사 경력증명서 각 1부

나. 2급 언어재활사 자격증을 발급받으려는 경우: 「고등교육법」에 따른 대학원·대학 또는 전문대학의 성적증명서 및 언어재활관찰·언어진단실습·언어재활실습 이수확인서(법 제72조의2 제2항 후단에 해당하는 사람은 제출하지 아니한다) 각 1부

2. 「고등교육법」에 따른 대학원·대학 또는 전문대학의 졸업증명서 1부

3. 법 제74조 제1항 제1호 및 제2호에 해당되지 아니함을 증명하는 의사의 진단서 1부

4. 사진(제출일 기준 6개월 이내에 모자를 벗은 상태에서 배경 없이 촬영된 상반신 컬러사진으로 규격은 가로 3센티미터, 세로 4센티미터로 한다) 2장

② 제1항에 따른 발급 신청을 받은 보건복지부장관은 그 신청일부터 14일 이내에 신청인에게 별지 제34호의3서식의 1급 언어재활사 자격증 또는 별지 제34호의4서식의 2급 언어재활사 자격증을 발급하여야 한다.

제57조의3(언어재활기관) 법 제72조의2 제2항 제1호에 따른 언어재활기관은 언어재활기관의 장 1명과 상근常勤 언어재활사 1명 이상을 보유하여야 한다.

제57조의4(언어재활 관련 학과 등) ① 법

제72조의2 제2항 제1호 나목 및 제2호에 따른 언어재활 관련 학과는 학과명, 과정명 또는 전공명에 언어치료, 언어병리 또는 언어재활이 포함된 학과와 영 제37조 제2항에 따른 국가시험관리기관이 언어재활 분야에 해당한다고 인정하는 학과를 말한다.

② 법 제72조의2 제2항 제2호에 따른 언어재활 관련 교과목은 별표 6의2와 같다.

제58조(자격등록대장) 보건복지부장관은 제57조 제2항 및 제57조의2 제2항에 따라 의지·보조기 기사 자격증 또는 언어재활사 자격증(이하 "자격증"이라 한다)을 발급한 경우에는 별지 제35호서식의 의지·보조기 기사 자격등록대장 또는 별지 제35호의2서식의 언어재활사 자격등록대장에 그 자격에 관한 사항을 등록하여야 한다.

제59조(자격증 재발급신청 등) ① 의지·보조기 기사나 언어재활사(이하 "의지·보조기 기사등"이라 한다)는 자격증을 잃어버리거나 그 자격증이 헐어 못 쓰게 된 경우 또는 자격증의 기재사항이 변경되어 재발급을 받으려는 경우에는 별지 제33호서식 또는 별지 제34호의2서식의 신청서에 다음 각 호의 서류를 첨부하여 보건복지부장관에게 제출하여야 한다.

1. 자격증(자격증을 잃어버린 경우에는 그 사유 설명서) 1부

2. 6개월 이내에 촬영한 탈모 정면 상반신 반명함판 (3센티미터×4센티미터) 사진 2장

3. 변경 사실을 증명할 수 있는 서류(자격증의 기재사항이 변경되어 재발급을 신청하는 경우에만 해당한다) 1부

② 보건복지부장관은 제1항에 따른 재발급신청을 받으면 별지 제35호서식의 의지 · 보조기 기사 자격등록대장 또는 별지 제35호의2서식의 언어재활사 자격등록대장에 그 사유를 적고 자격증을 재발급하여야 한다.

제60조(자격증의 회수 · 반환 등) ① 보건복지부장관은 의지 · 보조기 기사등에 대한 자격취소 또는 자격정지처분을 한 때에는 지체 없이 그 사실을 해당 의지 · 보조기 기사등의 주소지를 관할하는 시 · 도지사에게 알려 시 · 도지사로 하여금 해당 자격증을 회수하여 보건복지부장관에게 제출하게 하여야 한다.
② 보건복지부장관은 의지 · 보조기 기사등의 자격정지기간이 끝나면 제1항에 따라 회수된 자격증을 관할 시 · 도지사를 거쳐 그 의지 · 보조기 기사등에게 돌려주어야 한다.

제61조(보수교육의 대상 및 실시방법 등) ① 법 제75조에 따른 보수교육은 다음 각 호의 어느 하나에 해당하는 자에 대하여 명할 수 있다.
1. 의지 · 보조기 기사 자격을 취득한 후 의지 · 보조기제조업에 종사하는 자(5년 이상 의지 · 보조기제조업에 종사하지 아니한 사람으로서 다시 의지 · 보조기제조업에 종사하려는 사람을 포함한다)
1의2. 언어재활사 자격을 취득한 후 언어재활 분야에 종사하는 사람(5년 이상 언어재활 분야에 종사하지 아니한 사람으로서 다시 언어재활 분야에 종사하려는 사람을 포함한다)
2. 법 제77조에 따른 자격정지처분을 받은 자

② 제1항에 따른 보수교육은 다음 각 호의 구분에 따라 실시한다.
1. 의지 · 보조기 기사: 의지 · 보조기 기사를 회원으로 하여 의지 · 보조기 관련 학문 · 기술의 장려, 연구개발 및 교육을 목적으로 「민법」에 따라 설립된 비영리법인이 실시하고, 교육시간은 2년간 8시간 이상으로 한다.
2. 언어재활사: 법 제80조의2에 따른 한국언어재활사협회(이하 "한국언어재활사협회"라 한다)가 실시하고, 교육시간은 연간 8시간 이상으로 한다.
③ 보수교육의 실시시기, 교과과정, 실시방법, 그 밖에 보수교육의 실시에 필요한 사항은 제2항 각 호에 따른 보수교육 실시기관의 장(이하 "보수교육실시기관장"이라 한다)이 정한다.

제62조(보수교육계획 및 실적 보고 등) ① 보수교육실시기관장은 매년 1월말까지 별지 제37호서식의 해당 연도 의지 · 보조기 기사 보수교육계획서 또는 별지 제37호의2서식의 해당 연도 언어재활사 보수교육계획서를 보건복지부장관에게 제출하고, 매년 3월말까지 별지 제38호서식의 전년도 의지 · 보조기 기사 보수교육실적 보고서 또는 별지 제38호의2서식의 전년도 언어재활사 보수교육실적 보고서를 보건복지부장관에게 제출하여야 한다.
② 보건복지부장관은 제61조 제2항 각 호에 따른 보수교육 실시기관의 보수교육 내용 및 운영 등에 대하여 평가할 수 있다.
③ 보수교육실시기관장은 보수교육을 받

은 자에 대하여 별지 제39호서식의 의지 · 보조기 기사 보수교육이수증 또는 별지 제39호의2서식의 언어재활사 보수교육이수증을 발급하여야 한다.

제63조(보수교육 관계서류의 보존) 보수교육실시기관장은 다음 각 호의 서류를 3년간 보존하여야 한다.
1. 보수교육 대상자 명단(대상자의 교육 이수 여부가 명시되어야 한다)
2. 그 밖에 이수자의 교육 이수를 확인할 수 있는 서류

제64조(행정처분기준) 법 제70조 제2항 및 법 제77조에 따른 행정처분의 기준은 별표 7과 같다.

제65조(수수료) ①의지 · 보조기 기사등 국가시험에 응시하려는 자는 법 제78조에 따라 영 제37조 제2항에 따른 국가시험관리기관의 장이 보건복지부장관의 승인을 받아 결정한 수수료를 현금으로 내거나 정보통신망을 이용한 전자화폐 · 전자결제 등의 방법으로 내야 한다. 이 경우 수수료의 금액 및 납부방법 등은 영 제37조 제3항에 따라 국가시험관리기관의 장이 공고한다.
② 자격증의 발급 또는 재발급을 받으려는 자는 법 제78조에 따라 수수료를 2천원에 해당하는 수입인지로 내거나 정보통신망을 이용하여 전자화폐 · 전자결제 등의 방법으로 내야 한다.

제67조(규제의 재검토) 보건복지부장관은 다음 각 호의 사항에 대하여 다음 각 호의 기준일을 기준으로 2년마다(매 2년이 되는 해의 기준일과 같은 날 전까지를 말한다) 그 타당성을 검토하여 개선 등의 조치를 하여야 한다.
1. 제3조에 따른 장애인의 등록신청 시 제출서류: 2015년 1월 1일
2. 제6조에 따른 장애등급 조정 신청 시 제출서류: 2015년 1월 1일
3. 제27조에 따른 장애인사용자동차등표지의 발급 시 제출서류: 2015년 1월 1일
4. 제34조에 따른 장애인 생산품 인증 신청 및 기준: 2015년 1월 1일
5. 제36조에 따른 생산품 상징표시의 내용: 2015년 1월 1일
6. 제37조 제2항에 따른 인증 취소 시 인증서 반납절차: 2015년 1월 1일
7. 제41조 및 별표 4에 따른 장애인복지시설의 종류: 2015년 1월 1일
8. 제42조 및 별표 5에 따른 장애인복지시설의 설치 · 운영기준: 2015년 1월 1일
9. 제44조의2에 따른 장애인 거주시설 이용 절차 등: 2015년 1월 1일
10. 제52조에 따른 우수업체 지정 시 제출서류: 2015년 1월 1일
11. 제57조의2에 따른 언어재활사 자격증 발급신청 시 제출서류: 2015년 1월 1일
12. 제61조에 따른 보수교육의 대상 및 실시방법: 2015년 1월 1일
13. 제64조 및 별표 7에 따른 행정처분기준: 2015년 1월 1일

제68조(공통 서식) 제4조 제1항에 따른 장애인등록카드, 제24조 제1항에 따른 학비지급신청서, 제24조 제1항 및 제38조 제1항에 따른 소득 · 재산신고서 및 금융정보등의 제공 동의서, 제31조에 따른 자금대여신청서, 제32조 제1항에 따른

자금대여 결정통지서 및 자금대여 관리
카드, 제38조 제1항에 따른 장애수당등
지급신청서, 영 제34조 제1항에 따른 자
녀교육비 및 장애수당등의 환수결정 통
지서, 제44조의2의 제1항에 따른 장애인
거주시설 이용신청서 및 소득·재산신고
서, 같은 조 제2항에 따른 장애인 거주시
설 이용 적격성 및 본인부담금 결정 통보
서, 제44조의4에 따른 현장조사서는 사
회보장급여와 관련하여 보건복지부장관
이 정하여 고시하는 공통 서식에 따른다.

부칙 <제386호, 2015.12.31>

제1조(시행일) 이 규칙은 공포한 날부터
시행한다.

**제2조(장애인 직업재활시설의 설치·운영
기준에 관한 적용례)** 별표 5의 개정규정은
이 규칙 시행 이후 신고하는 장애인 직업
재활시설부터 적용한다.

장애인차별금지 및 권리구제 등에 관한 법률

[제정 2007.4.10. 법률 제8341호, 일부개정 2014.1.28. 법률 제12365호]

제1장 총 칙

제1조 (목적) 이 법은 모든 생활영역에서 장애를 이유로 한 차별을 금지하고 장애를 이유로 차별받은 사람의 권익을 효과적으로 구제함으로써 장애인의 완전한 사회참여와 평등권 실현을 통하여 인간으로서의 존엄과 가치를 구현함을 목적으로 한다.

제2조(장애와 장애인) ① 이 법에서 금지하는 차별행위의 사유가 되는 장애라 함은 신체적·정신적 손상 또는 기능상실이 장기간에 걸쳐 개인의 일상 또는 사회생활에 상당한 제약을 초래하는 상태를 말한다.
② 장애인이라 함은 제1항에 따른 장애가 있는 사람을 말한다.

제3조(정의) 이 법에서 사용하는 용어의 정의는 다음과 같다.
1. "광고"라 함은 「표시·광고의 공정화에 관한 법률」 제2조 제1호 및 제2호에 따른 표시 및 광고를 말한다.
2. "보조견"이라 함은 「장애인복지법」 제40조에 따른 장애인 보조견을 말한다.
3. "장애인보조기구 등"이란 「장애인복지법」 제65조에 따른 장애인보조기구, 그 밖에 장애인의 활동을 돕기 위한 자동차 기타 기구를 말한다. 그 밖에 장애인의 활동을 돕기 위한 자동차 기타 기구의 구체적인 범위는 대통령령으로 정하되, 「장애인고용촉진 및 직업재활법」 제21조 제1항 제2호에 따른 작업보조공학기기 및 「정보격차해소에 관한 법률」 제9조에 따른 정보통신기기, 그 밖에 관계 법령에서 정하는 내용과의 관계 및 이 법에서 정하는 관련 조항과의 관계 등을 고려하여 정한다.
4. "공공기관"이라 함은 국가 및 지방자치단체, 그 밖에 대통령령으로 정하는 공공단체를 말한다.
5. "사용자"라 함은 「근로기준법」 제2조 제1항 제2호에 따른 사업주 또는 사업경영 담당자, 그 밖의 근로자에 관한 사항에 대하여 사업주를 위하여 행위하는 자를 말한다.
6. "교육기관"이란 「영유아보육법」에 따른 어린이집, 「유아교육법」·「초·중등교육법」 및 「고등교육법」에 따른 각급 학교, 「평생교육법」에 따른 평생교육시설, 「학점인정 등에 관한 법률」에서 정한 교육부장관의 평가인정을 받은 교육훈련기관, 「직업교육훈련 촉진법」에 따른 직업교육훈련기관, 그 밖에 대통령령으로 정하는 기관을 말한다.
7. "교육책임자"라 함은 교육기관의 장 또는 운영책임자를 말한다.

8. "정보"라 함은 다음 각 목의 사항으로 구분한다.

가. "전자정보"라 함은 「국가정보화 기본법」 제3조 제1호에 따른 정보를 말한다. 이 경우 "자연인 및 법인"에는 이 법의 규정에 따른 공공기관도 포함되는 것으로 본다.

나. "비전자정보"라 함은 「국가정보화 기본법」 제3조 제1호에 따른 정보를 제외한 정보로서 음성, 문자, 한국수어, 점자, 몸짓, 기호 등 언어 및 비언어적 방법을 통하여 처리된 모든 종류의 자료와 지식을 말하며, 그 생산·획득·가공·보유 주체가 자연인·법인 또는 공공기관 여부를 불문한다.

다. "개인정보"라 함은 「개인정보 보호법」 제2조 제1호에 따른 개인정보를 말한다.

9. "정보통신"이라 함은 「국가정보화 기본법」 제3조 제5호에 따른 정보통신을 말하며, 그 주체가 자연인·법인 또는 공공기관 여부를 불문한다.

10. "문화·예술활동"이라 함은 「문화예술진흥법」 제2조 제1항 제1호의 문학, 미술(응용미술을 포함한다), 음악, 무용, 연극, 영화, 연예, 국악, 사진, 건축, 어문 및 출판에 관한 활동을 말한다.

11. "문화·예술사업자"라 함은 문화·예술의 요소를 담고 있는 분야에서 기획·개발·제작·생산·전시·유통·판매를 포함하는 일체의 행위를 하는 자를 말한다.

12. "체육"이라 함은 「국민체육진흥법」 제2조의 체육 및 학교체육, 놀이, 게임, 스포츠, 레저, 레크리에이션 등 체육으로 간주되는 모든 신체활동을 말한다.

13. "가정 및 가족"이라 함은 「건강가정기본법」 제3조 제1호 및 제2호의 가정 및 가족을 말한다.

14. "복지시설 등"이라 함은 장애인이 장·단기간 생활하고 있는 시설로서, 「사회복지사업법」 제34조에 의한 사회복지시설, 「장애인복지법」 제58조에 따른 장애인복지시설 및 신고를 하지 아니하고 장애인 1인 이상을 보호하고 있는 시설을 말한다.

15. "시설물"이라 함은 「건축법」 제2조 제1항 제2호·제6호 및 제7호에 따른 건축물, 거실 및 주요구조부를 말한다.

16. "이동 및 교통수단 등"이라 함은 사람이 일상적으로 이용하는 도로 및 보도와 「교통약자의 이동편의증진법」 제2조 제2호 및 제3호에 따른 교통수단 및 여객시설을 말한다.

17. "건강권"이라 함은 보건교육, 장애로 인한 후유장애와 질병 예방 및 치료, 영양개선 및 건강생활의 실천 등에 관한 제반 여건의 조성을 통하여 건강한 생활을 할 권리를 말하며, 의료 받을 권리를 포함한다.

18. "의료인 등"이라 함은 「의료법」 제2조 제1항 따른 의료인과 국가 및 관련 협회 등에서 정한 자격·면허 등을 취득한 물리치료사, 작업치료사, 언어치료사, 심리치료사, 의지·보조기 기사 등 장애인의 건강에 개입되는 사람을 말한다.

19. "의료기관 등"이라 함은 「의료법」 제3조의 의료기관 및 의료인이 장애인의 건강을 위하여 서비스를 행하는 보건기관, 치료기관, 약국, 그 밖에 관계 법령에 정하고 있는 기관을 말한다.

20. "괴롭힘 등"이라 함은 집단따돌림, 방치, 유기, 괴롭힘, 희롱, 학대, 금전적 착

취, 성적 자기결정권 침해 등의 방법으로 장애인에게 가해지는 신체적 · 정신적 · 정서적 · 언어적 행위를 말한다.

제4조(차별행위) ①이 법에서 금지하는 차별이라 함은 다음 각 호의 어느 하나에 해당하는 경우를 말한다.

1. 장애인을 장애를 사유로 정당한 사유 없이 제한 · 배제 · 분리 · 거부 등에 의하여 불리하게 대하는 경우

2. 장애인에 대하여 형식상으로는 제한 · 배제 · 분리 · 거부 등에 의하여 불리하게 대하지 아니하지만 정당한 사유 없이 장애를 고려하지 아니하는 기준을 적용함으로써 장애인에게 불리한 결과를 초래하는 경우

3. 정당한 사유 없이 장애인에 대하여 정당한 편의 제공을 거부하는 경우

4. 정당한 사유 없이 장애인에 대한 제한 · 배제 · 분리 · 거부 등 불리한 대우를 표시 · 조장하는 광고를 직접 행하거나 그러한 광고를 허용 · 조장하는 경우. 이 경우 광고는 통상적으로 불리한 대우를 조장하는 광고효과가 있는 것으로 인정되는 행위를 포함한다.

5. 장애인을 돕기 위한 목적에서 장애인을 대리 · 동행하는 자(장애아동의 보호자 또는 후견인 그 밖에 장애인을 돕기 위한 자임이 통상적으로 인정되는 자를 포함한다. 이하 "장애인 관련자"라 한다)에 대하여 제1호부터 제4호까지의 행위를 하는 경우. 이 경우 장애인 관련자의 장애인에 대한 행위 또한 이 법에서 금지하는 차별행위 여부의 판단대상이 된다.

6. 보조견 또는 장애인보조기구 등의 정당한 사용을 방해하거나 보조견 및 장애인보조기구 등을 대상으로 제4호에 따라 금지된 행위를 하는 경우

② 제1항 제3호의 "정당한 편의"라 함은 장애인이 장애가 없는 사람과 동등하게 같은 활동에 참여할 수 있도록 장애인의 성별, 장애의 유형 및 정도, 특성 등을 고려한 편의시설 · 설비 · 도구 · 서비스 등 인적 · 물적 제반 수단과 조치를 말한다.

③ 제1항에도 불구하고 다음 각 호의 어느 하나에 해당하는 정당한 사유가 있는 경우에는 이를 차별로 보지 아니한다.

1. 제1항에 따라 금지된 차별행위를 하지 않음에 있어서 과도한 부담이나 현저히 곤란한 사정 등이 있는 경우

2. 제1항에 따라 금지된 차별행위가 특정 직무나 사업 수행의 성질상 불가피한 경우. 이 경우 특정 직무나 사업 수행의 성질은 교육 등의 서비스에도 적용되는 것으로 본다.

④ 장애인의 실질적 평등권을 실현하고 장애인에 대한 차별을 시정하기 위하여 이 법 또는 다른 법령 등에서 취하는 적극적 조치는 이 법에 따른 차별로 보지 아니한다.

제5조(차별판단) ① 차별의 원인이 2가지 이상이고, 그 주된 원인이 장애라고 인정되는 경우 그 행위는 이 법에 따른 차별로 본다.

② 이 법을 적용함에 있어서 차별 여부를 판단할 때에는 장애인 당사자의 성별, 장애의 유형 및 정도, 특성 등을 충분히 고려하여야 한다.

제6조(차별금지) 누구든지 장애 또는 과거의 장애경력 또는 장애가 있다고 추측

됨을 이유로 차별을 하여서는 아니 된다.

제7조(자기결정권 및 선택권) ① 장애인은 자신의 생활 전반에 관하여 자신의 의사에 따라 스스로 선택하고 결정할 권리를 가진다.
② 장애인은 장애인 아닌 사람과 동등한 선택권을 보장받기 위하여 필요한 서비스와 정보를 제공 받을 권리를 가진다.

제8조(국가 및 지방자치단체의 의무) ① 국가 및 지방자치단체는 장애인 및 장애인관련자에 대한 모든 차별을 방지하고 차별받은 장애인 등의 권리를 구제할 책임이 있으며, 장애인 차별을 실질적으로 해소하기 위하여 이 법에서 규정한 차별 시정에 대하여 적극적인 조치를 하여야 한다.
② 국가 및 지방자치단체는 장애인 등에게 정당한 편의가 제공될 수 있도록 필요한 기술적·행정적·재정적 지원을 하여야 한다.

제9조(다른 법률과의 관계) 장애를 사유로 한 차별의 금지 및 권리구제에 관하여 이 법에서 규정한 것 외에는 「국가인권위원회법」으로 정하는 바에 따른다.

제2장 차별금지

제1절 고용

제10조(차별금지) ① 사용자는 모집·채용, 임금 및 복리후생, 교육·배치·승진·전보, 정년·퇴직·해고에 있어 장애인을 차별하여서는 아니 된다.

② 「노동조합 및 노동관계조정법」 제2조 제4호에 따른 노동조합은 장애인 근로자의 조합 가입을 거부하거나 조합원의 권리 및 활동에 차별을 두어서는 아니 된다.

제11조(정당한 편의제공 의무) ① 사용자는 장애인이 해당 직무를 수행함에 있어서 장애인 아닌 사람과 동등한 근로조건에서 일할 수 있도록 다음 각 호의 정당한 편의를 제공하여야 한다.
1. 시설·장비의 설치 또는 개조
2. 재활, 기능평가, 치료 등을 위한 근무시간의 변경 또는 조정
3. 훈련 제공 또는 훈련에 있어 편의 제공
4. 지도 매뉴얼 또는 참고자료의 변경
5. 시험 또는 평가과정의 개선
6. 화면낭독·확대 프로그램, 무지점자단말기, 확대 독서기, 인쇄물음성변환출력기 등 장애인보조기구의 설치·운영과 낭독자, 한국수어 통역자 등의 보조인 배치
② 사용자는 정당한 사유 없이 장애를 이유로 장애인의 의사에 반하여 다른 직무에 배치하여서는 아니 된다.
③ 사용자가 제1항에 따라 제공하여야 할 정당한 편의의 구체적 내용 및 적용대상 사업장의 단계적 범위 등에 관하여는 대통령령으로 정한다.

제12조(의학적 검사의 금지) ① 사용자는 채용 이전에 장애인 여부를 조사하기 위한 의학적 검사를 실시하여서는 아니 된다. 다만, 채용 이후에 직무의 본질상 요구되거나 직무배치 등을 위하여 필요한 경우에는 그러하지 아니하다.
② 제1항 단서에 따라 의학적 검사를 실시할 경우 그 비용은 원칙적으로 사용자

가 부담한다. 사용자의 비용부담 방식 및 그 지원 등에 필요한 사항은 대통령령으로 정한다.

③ 사용자는 제1항 단서에 따라 취득한 장애인의 건강상태나 장애 또는 과거 장애경력 등에 관한 개인정보를 누설하여서는 아니 된다.

제2절 교육

제13조(차별금지) ① 교육책임자는 장애인의 입학 지원 및 입학을 거부할 수 없고, 전학을 강요할 수 없으며, 「영유아보육법」에 따른 어린이집, 「유아교육법」 및 「초·중등교육법」에 따른 각급 학교는 장애인이 당해 교육기관으로 전학하는 것을 거절하여서는 아니 된다.

② 제1항에 따른 교육기관의 장은 「장애인 등에 대한 특수교육법」제17조를 준수하여야 한다.

③ 교육책임자는 당해 교육기관에 재학 중인 장애인 및 그 보호자가 제14조 제1항 각 호의 편의 제공을 요청할 때 정당한 사유 없이 이를 거절하여서는 아니 된다.

④ 교육책임자는 특정 수업이나 실험·실습, 현장견학, 수학여행 등 학습을 포함한 모든 교내외 활동에서 장애를 이유로 장애인의 참여를 제한, 배제, 거부하여서는 아니 된다.

⑤ 교육책임자는 취업 및 진로교육, 정보제공에 있어서 장애인의 능력과 특성에 맞는 진로교육 및 정보를 제공하여야 한다.

⑥ 교육책임자 및 교직원은 교육기관에 재학 중인 장애인 및 장애인 관련자, 특수교육 교원, 특수교육보조원, 장애인 관련

업무 담당자를 모욕하거나 비하하여서는 아니 된다.

⑦ 교육책임자는 장애인의 입학 지원 시 장애인 아닌 지원자와 달리 추가 서류, 별도의 양식에 의한 지원 서류 등을 요구하거나, 장애인만을 대상으로 한 별도의 면접이나 신체검사, 추가시험 등(이하 "추가서류 등"이라 한다)을 요구하여서는 아니 된다. 다만, 추가서류 등의 요구가 장애인의 특성을 고려한 교육시행을 목적으로 함이 명백한 경우에는 그러하지 아니하다.

⑧ 국가 및 지방자치단체는 장애인에게 「장애인 등에 대한 특수교육법」제3조 제1항에 따른 교육을 실시하는 경우, 정당한 사유 없이 해당 교육과정에 정한 학업시수를 위반하여서는 아니 된다.

제14조(정당한 편의제공 의무) ① 교육책임자는 당해 교육기관에 재학 중인 장애인의 교육활동에 불이익이 없도록 다음 각 호의 수단을 적극적으로 강구하고 제공하여야 한다.

1. 장애인의 통학 및 교육기관 내에서의 이동 및 접근에 불이익이 없도록 하기 위한 각종 이동용 보장구의 대여 및 수리

2. 장애인 및 장애인 관련자가 필요로 하는 경우 교육보조인력의 배치

3. 장애로 인한 학습 참여의 불이익을 해소하기 위한 확대 독서기, 보청기기, 높낮이 조절용 책상, 각종 보완·대체 의사소통 도구 등의 대여 및 보조견의 배치나 휠체어의 접근을 위한 여유 공간 확보

4. 시·청각 장애인의 교육에 필요한 한국수어 통역, 문자통역(속기), 점자자료, 점자·음성변환용코드가 삽입된 자료,

자막, 큰 문자자료, 화면낭독 · 확대프로그램, 보청기기, 무지점자단말기, 인쇄물음성변환출력기를 포함한 각종 장애인보조기구 등 의사소통 수단

5. 교육과정을 적용함에 있어서 학습진단을 통한 적절한 교육 및 평가방법의 제공

6. 그 밖에 장애인의 교육활동에 불이익이 없도록 하는 데 필요한 사항으로서 대통령령으로 정하는 사항

② 교육책임자는 제1항 각 호의 수단을 제공하는 데 필요한 업무를 수행하기 위하여 장애학생지원부서 또는 담당자를 두어야 한다.

③ 제1항을 적용함에 있어서 그 적용대상 교육기관의 단계적 범위와 제2항에 따른 장애학생지원부서 및 담당자의 설치 및 배치, 관리 · 감독 등에 필요한 사항은 대통령령으로 정한다.

제3절 재화와 용역의 제공 및 이용

제15조(재화 · 용역 등의 제공에 있어서의 차별금지) ① 재화 · 용역 등의 제공자는 장애인에 대하여 장애를 이유로 장애인 아닌 사람에게 제공하는 것과 실질적으로 동등하지 않은 수준의 편익을 가져다 주는 물건, 서비스, 이익, 편의 등을 제공하여서는 아니 된다.

② 재화 · 용역 등의 제공자는 장애인이 해당 재화 · 용역 등을 이용함으로써 이익을 얻을 기회를 박탈하여서는 아니 된다.

제16조(토지 및 건물의 매매 · 임대 등에 있어서의 차별금지) 토지 및 건물의 소유 · 관리자는 당해 토지 및 건물의 매매, 임대, 입주, 사용 등에 있어서 정당한 사유 없이 장애인을 제한 · 분리 · 배제 · 거부하여서는 아니 된다.

제17조(금융상품 및 서비스 제공에 있어서의 차별금지) 금융상품 및 서비스의 제공자는 금전대출, 신용카드 발급, 보험가입 등 각종 금융상품과 서비스의 제공에 있어서 정당한 사유 없이 장애인을 제한 · 배제 · 분리 · 거부하여서는 아니 된다.

제18조(시설물 접근 · 이용의 차별금지) ① 시설물의 소유 · 관리자는 장애인이 당해 시설물을 접근 · 이용하거나 비상시 대피함에 있어서 장애인을 제한 · 배제 · 분리 · 거부하여서는 아니 된다.

② 시설물의 소유 · 관리자는 보조견 및 장애인보조기구 등을 시설물에 들여오거나 시설물에서 사용하는 것을 제한 · 배제 · 분리 · 거부하여서는 아니 된다.

③ 시설물의 소유 · 관리자는 장애인이 당해 시설물을 접근 · 이용하거나 비상시 대피함에 있어서 피난 및 대피시설의 설치 등 정당한 편의의 제공을 정당한 사유 없이 거부하여서는 아니 된다.

④ 제3항을 적용함에 있어서 그 적용을 받는 시설물의 단계적 범위 및 정당한 편의의 내용 등 필요한 사항은 관계 법령 등에 규정한 내용을 고려하여 대통령령으로 정한다.

제19조(이동 및 교통수단 등에서의 차별금지) ① 「교통약자의 이동편의증진법」제2조제5호 및 제6호에 따른 교통사업자(이하 "교통사업자"라 한다) 및 교통행정기관(이하 "교통행정기관"이라 한다)은 이동 및 교통수단 등을 접근 · 이용함에 있

어서 장애인을 제한 · 배제 · 분리 · 거부하여서는 아니 된다.

② 교통사업자 및 교통행정기관은 이동 및 교통수단 등의 이용에 있어서 보조견 및 장애인보조기구 등의 동승 또는 반입 및 사용을 거부하여서는 아니 된다.

③ 교통사업자 및 교통행정기관은 이동 및 교통수단 등의 이용에 있어서 장애인 및 장애인 관련자에게 장애 또는 장애인이 동행 · 동반한 보조견 또는 장애인보조기구 등을 이유로 장애인 아닌 사람보다 불리한 요금 제도를 적용하여서는 아니 된다.

④ 교통사업자 및 교통행정기관은 장애인이 이동 및 교통수단 등을 장애인 아닌 사람과 동등하게 이용하여 안전하고 편리하게 보행 및 이동을 할 수 있도록 하는 데 필요한 정당한 편의를 제공하여야 한다.

⑤ 교통행정기관은 교통사업자가 장애인에 대하여 이 법에 정한 차별행위를 행하지 아니하도록 홍보, 교육, 지원, 감독하여야 한다.

⑥ 국가 및 지방자치단체는 운전면허시험의 신청, 응시, 합격의 모든 과정에서 정당한 사유 없이 장애인을 제한 · 배제 · 분리 · 거부하여서는 아니 된다.

⑦ 국가 및 지방자치단체는 장애인이 운전면허시험의 모든 과정을 장애인 아닌 사람과 동등하게 거칠 수 있도록 정당한 편의를 제공하여야 한다.

⑧ 제4항 및 제7항을 적용함에 있어서 그 적용대상의 단계적 범위 및 정당한 편의 내용 등 필요한 사항은 대통령령으로 정한다.

제20조(정보접근에서의 차별금지) ① 개인 · 법인 · 공공기관(이하 이 조에서 "개인 등"이라 한다)은 장애인이 전자정보와 비전자정보를 이용하고 그에 접근함에 있어서 장애를 이유로 제4조 제1항 제1호 및 제2호에서 금지한 차별행위를 하여서는 아니 된다.

② 장애인 관련자로서 한국수어 통역, 점역, 점자교정, 낭독, 대필, 안내 등을 위하여 장애인을 대리 · 동행하는 등 장애인의 의사소통을 지원하는 자에 대하여는 누구든지 정당한 사유 없이 이들의 활동을 강제 · 방해하거나 부당한 처우를 하여서는 아니 된다.

제21조(정보통신 · 의사소통 등에서의 정당한 편의제공의무) ① 제3조 제4호 · 제6호 · 제7호 · 제8호가목 후단 및 나목 · 제11호 · 제18호 · 제19호에 규정된 행위자, 제12호 · 제14호부터 제16호까지의 규정에 관련된 행위자, 제10조 제1항의 사용자 및 같은 조 제2항의 노동조합 관계자(행위자가 속한 기관을 포함한다. 이하 이 조에서 "행위자 등"이라 한다)는 당해 행위자 등이 생산 · 배포하는 전자정보 및 비전자정보에 대하여 장애인이 장애인 아닌 사람과 동등하게 접근 · 이용할 수 있도록 한국수어, 문자 등 필요한 수단을 제공하여야 한다. 이 경우 제3조 제8호 가목 후단 및 나목에서 말하는 자연인은 행위자 등에 포함되지 아니한다.

② 공공기관 등은 자신이 주최 또는 주관하는 행사에서 장애인의 참여 및 의사소통을 위하여 필요한 한국수어 통역사 · 문자통역사 · 음성통역자 · 보청기기 등 필요한 지원을 하여야 한다.

③「방송법」제2조 제3호에 따른 방송사업자와「인터넷 멀티미디어 방송사업법」제2조 제5호에 따른 인터넷 멀티미디어 방송사업자는 장애인이 장애인 아닌 사람과 동등하게 제작물 또는 서비스를 접근·이용할 수 있도록 폐쇄자막, 한국수어 통역, 화면해설 등 장애인 시청 편의 서비스를 제공하여야 한다.

④「전기통신사업법」에 따른 기간통신사업자(전화서비스를 제공하는 사업자만 해당한다)는 장애인이 장애인 아닌 사람과 동등하게 서비스를 접근·이용할 수 있도록 통신설비를 이용한 중계서비스(영상통화서비스, 문자서비스 또는 그 밖에 미래창조과학부장관이 정하여 고시하는 중계서비스를 포함한다)를 확보하여 제공하여야 한다.

⑤ 다음 각 호의 사업자는 장애인이 장애인 아닌 사람과 동등하게 접근·이용할 수 있도록 출판물(전자출판물을 포함한다. 이하 이 항에서 같다) 또는 영상물을 제공하기 위하여 노력하여야 한다. 다만,「도서관법」제18조에 따른 국립중앙도서관은 새로이 생산·배포하는 도서자료를 점자, 점자·음성변환용코드가 삽입된 자료, 음성 또는 확대문자 등으로 제공하여야 한다.
1. 출판물을 정기적으로 발행하는 사업자
2. 영화, 비디오물 등 영상물의 제작업자 및 배급업자

⑥ 제1항에 따른 필요한 수단을 제공하여야 하는 행위자 등의 단계적 범위 및 필요한 수단의 구체적인 내용과 제2항에 따른 필요한 지원의 구체적인 내용 및 범위와 그 이행 등에 필요한 사항, 제3항에 따른 사업자의 단계적 범위와 제공하여야

하는 편의의 구체적 내용 및 그 이행 등에 필요한 사항, 제4항에 따른 사업자의 단계적 범위와 편의의 구체적 내용에 필요한 사항은 대통령령으로 정한다.

제22조(개인정보보호) ① 장애인의 개인정보는 반드시 본인의 동의하에 수집되어야 하고, 당해 개인정보에 대한 무단접근이나 오·남용으로부터 안전하여야 한다.
② 제1항을 적용함에 있어서「개인정보보호법」,「정보통신망 이용촉진 및 정보보호 등에 관한 법률」등 관련 법률의 규정을 준용한다.
③ 장애아동이나 정신장애인 등 본인의 동의를 얻기 어려운 장애인에 있어서 당해 장애인의 개인정보의 수집·이용·제공 등에 관련된 동의행위를 대리하는 자는「민법」의 규정을 준용한다.

제23조(정보접근·의사소통에서의 국가 및 지방자치단체의 의무) ① 국가 및 지방자치단체는 장애인의 특성을 고려한 정보통신망 및 정보통신기기의 접근·이용을 위한 도구의 개발·보급 및 필요한 지원을 강구하여야 한다.
② 정보통신 관련 제조업자는 정보통신 제품을 설계·제작·가공함에 있어서 장애인이 장애인 아닌 사람과 동등하게 접근·이용할 수 있도록 노력하여야 한다.
③ 국가와 지방자치단체는 장애인이 장애의 유형 및 정도, 특성에 따라 한국수어, 구화, 점자, 점자·음성변환용코드가 삽입된 자료, 큰문자 등을 습득하고 이를 활용한 학습지원 서비스를 제공받을 수 있도록 필요한 조치를 강구하여야 하며, 위 서비스를 제공하는 자는 장애인의 의

사에 반하여 장애인의 특성을 고려하지 않는 의사소통양식 등을 강요하여서는 아니 된다.

제24조(문화 · 예술활동의 차별금지) ① 국가와 지방자치단체 및 문화 · 예술사업자는 장애인이 문화 · 예술활동에 참여함에 있어서 장애인의 의사에 반하여 특정한 행동을 강요하여서는 아니 되며, 제4조 제1항 제1호 · 제2호 및 제4호에서 정한 행위를 하여서는 아니 된다.
② 국가와 지방자치단체 및 문화 · 예술사업자는 장애인이 문화 · 예술활동에 참여할 수 있도록 정당한 편의를 제공하여야 한다.
③ 국가 및 지방자치단체는 장애인이 문화 · 예술시설을 이용하고 문화 · 예술활동에 적극적으로 참여할 수 있도록 필요한 시책을 강구하여야 한다.
④ 제2항을 적용함에 있어서 그 적용대상이 되는 문화 · 예술사업자의 단계적 범위 및 정당한 편의의 구체적인 내용 등 필요한 사항은 대통령령으로 정한다.

제25조(체육활동의 차별금지) ① 체육활동을 주최 · 주관하는 기관이나 단체, 체육활동을 목적으로 하는 체육시설의 소유 · 관리자는 체육활동의 참여를 원하는 장애인을 장애를 이유로 제한 · 배제 · 분리 · 거부하여서는 아니 된다.
② 국가 및 지방자치단체는 자신이 운영 또는 지원하는 체육프로그램이 장애인의 성별, 장애의 유형 및 정도, 특성 등을 고려하여 운영될 수 있도록 하고 장애인의 참여를 위하여 필요한 정당한 편의를 제공하여야 한다.

③ 국가 및 지방자치단체는 장애인이 체육활동에 참여할 수 있도록 필요한 시책을 강구하여야 한다.
④ 제2항을 시행하는 데 필요한 사항은 대통령령으로 정한다.

제4절 사법 · 행정절차 및 서비스와 참정권

제26조(사법 · 행정절차 및 서비스 제공에 있어서의 차별금지) ① 공공기관 등은 장애인이 생명, 신체 또는 재산권 보호를 포함한 자신의 권리를 보호 · 보장받기 위하여 필요한 사법 · 행정절차 및 서비스 제공에 있어 장애인을 차별하여서는 아니 된다.
② 공공기관 및 그 소속원은 사법 · 행정절차 및 서비스의 제공에 있어서 장애인에게 제4조 제1항 제1호 · 제2호 및 제4호부터 제6호까지에서 정한 행위를 하여서는 아니 된다.
③ 공공기관 및 그 소속원은 직무를 수행하거나 권한을 행사함에 있어서 다음 각 호에 해당하는 차별행위를 하여서는 아니 된다.
1. 허가, 신고, 인가 등에 있어 장애인을 정당한 사유 없이 장애를 이유로 제한 · 배제 · 분리 · 거부하는 경우
2. 공공사업 수혜자의 선정기준을 정함에 있어서 정당한 사유 없이 장애인을 제한 · 배제 · 분리 · 거부하거나 장애를 고려하지 아니한 기준을 적용함으로써 장애인에게 불리한 결과를 초래하는 경우
④ 공공기관 및 그 소속원은 사법 · 행정절차 및 서비스를 장애인이 장애인 아닌 사람과 실질적으로 동등한 수준으로 이

용할 수 있도록 제공하여야 하며, 이를 위하여 정당한 편의를 제공하여야 한다.

⑤ 공공기관 및 그 소속원은 장애인이 사법·행정절차 및 서비스에 참여하기 위하여 장애인 스스로 인식하고 작성할 수 있는 서식의 제작 및 제공 등 정당한 편의 제공을 요구할 경우 이를 거부하거나 임의로 집행함으로써 장애인에게 불이익을 주어서는 아니 된다.

⑥ 사법기관은 사건관계인에 대하여 의사소통이나 의사표현에 어려움을 겪는 장애가 있는지 여부를 확인하고, 그 장애인에게 형사사법 절차에서 조력을 받을 수 있음과 그 구체적인 조력의 내용을 알려주어야 한다. 이 경우 사법기관은 해당 장애인이 형사사법 절차에서 조력을 받기를 신청하면 정당한 사유 없이 이를 거부하여서는 아니 되며, 그에 필요한 조치를 마련하여야 한다.

⑦ 사법기관은 장애인이 인신구금·구속 상태에 있어서 장애인 아닌 사람과 실질적으로 동등한 수준의 생활을 영위할 수 있도록 정당한 편의 및 적극적인 조치를 제공하여야 한다.

⑧ 제4항부터 제7항까지의 규정에 필요한 사항은 대통령령으로 정한다.

제27조(참정권) ① 국가 및 지방자치단체와 공직선거후보자 및 정당은 장애인이 선거권, 피선거권, 청원권 등을 포함한 참정권을 행사함에 있어서 차별하여서는 아니 된다.

② 국가 및 지방자치단체는 장애인의 참정권을 보장하기 위하여 필요한 시설 및 설비, 참정권 행사에 관한 홍보 및 정보 전달, 장애의 유형 및 정도에 적합한 기표

방법 등 선거용 보조기구의 개발 및 보급, 보조원의 배치 등 정당한 편의를 제공하여야 한다.

③ 공직선거후보자 및 정당은 장애인에게 후보자 및 정당에 관한 정보를 장애인 아닌 사람과 동등한 정도의 수준으로 전달하여야 한다.

제5절 모·부성권, 성 등

제28조(모·부성권의 차별금지) ① 누구든지 장애인의 임신, 출산, 양육 등 모·부성권에 있어 장애를 이유로 제한·배제·분리·거부하여서는 아니 된다.

② 입양기관은 장애인이 입양하고자 할 때 장애를 이유로 입양할 수 있는 자격을 제한하여서는 아니 된다.

③ 교육책임자 및 「영유아보육법」에 따른 어린이집 및 그 보육교직원와 「아동복지법」에 따른 아동복지시설 및 그 종사자 등은 부모가 장애인이라는 이유로 그 자녀를 구분하거나 불이익을 주어서는 아니 된다.

④ 국가 및 지방자치단체에서 직접 운영하거나 그로부터 위탁 혹은 지원을 받아 운영하는 기관은 장애인의 피임 및 임신·출산·양육 등에 있어서의 실질적인 평등을 보장하기 위하여 관계 법령으로 정하는 바에 따라 장애유형 및 정도에 적합한 정보·활동보조 서비스 등의 제공 및 보조기기·도구 등의 개발 등 필요한 지원책을 마련하여야 한다.

⑤ 국가 및 지방자치단체는 임신·출산·양육 등의 서비스 제공과 관련하여 이 법에서 정한 차별행위를 하지 아니하도록 홍보·교육·지원·감독하여야 한다.

제6절 가족 · 가정 · 복지시설, 건강권 등

제30조(가족 · 가정 · 복지시설 등에서의 차별금지) ① 가족 · 가정 및 복지시설 등의 구성원은 장애인의 의사에 반하여 과중한 역할을 강요하거나 장애를 이유로 정당한 사유 없이 의사결정과정에서 장애인을 배제하여서는 아니 된다.

② 가족 · 가정 및 복지시설 등의 구성원은 정당한 사유 없이 장애인의 의사에 반하여 장애인의 외모 또는 신체를 공개하여서는 아니 된다.

③ 가족 · 가정 및 복지시설 등의 구성원은 장애를 이유로 장애인의 취학 또는 진학 등 교육을 받을 권리와 재산권 행사, 사회활동 참여, 이동 및 거주의 자유(이하 이 항에서 "권리 등"이라 한다)를 제한 · 박탈 · 구속하거나 권리 등의 행사로부터 배제하여서는 아니 된다.

④ 가족 · 가정의 구성원인 자 또는 구성원이었던 자는 자녀 양육권과 친권의 지정 및 면접교섭권에 있어 장애인에게 장애를 이유로 불리한 합의를 강요하거나 그 권리를 제한 · 박탈하여서는 아니 된다.

⑤ 복지시설 등의 장은 장애인의 시설 입소를 조건으로 친권포기각서를 요구하거나 시설에서의 생활 중 가족 등의 면접권 및 외부와의 소통권을 제한하여서는 아니 된다.

제31조(건강권에서의 차별금지) ① 의료기관 등 및 의료인 등은 장애인에 대한 의료행위에 있어서 장애인을 제한 · 배제 · 분리 · 거부하여서는 아니 된다.

② 의료기관 등 및 의료인 등은 장애인의 의료행위와 의학연구 등에 있어 장애인의 성별, 장애의 유형 및 정도, 특성 등을 적극적으로 고려하여야 하며, 의료행위에 있어서는 장애인의 성별 등에 적합한 의료 정보 등의 필요한 사항을 장애인 등에게 제공하여야 한다.

③ 공공기관은 건강과 관련한 교육 과정을 시행함에 있어서 필요하다고 판단될 경우 장애인의 성별 등을 반영하는 내용을 포함하여야 한다.

④ 국가 및 지방자치단체는 선천적 · 후천적 장애 발생의 예방 및 치료 등을 위하여 필요한 시책을 추진하여야 하며, 보건 · 의료 시책의 결정과 집행과정에서 장애인의 성별 등을 고려하여야 한다.

제32조(괴롭힘 등의 금지) ① 장애인은 성별, 연령, 장애의 유형 및 정도, 특성 등에 상관없이 모든 폭력으로부터 자유로울 권리를 가진다.

② 괴롭힘 등의 피해를 당한 장애인은 상담 및 치료, 법률구조, 그 밖에 적절한 조치를 받을 권리를 가지며, 괴롭힘 등의 피해를 신고하였다는 이유로 불이익한 처우를 받아서는 아니 된다.

③ 누구든지 장애를 이유로 학교, 시설, 직장, 지역사회 등에서 장애인 또는 장애인 관련자에게 집단따돌림을 가하거나 모욕감을 주거나 비하를 유발하는 언어적 표현이나 행동을 하여서는 아니 된다.

④ 누구든지 장애를 이유로 사적인 공간, 가정, 시설, 직장, 지역사회 등에서 장애인 또는 장애인 관련자에게 유기, 학대, 금전적 착취를 하여서는 아니 된다.

⑤ 누구든지 장애인의 성적 자기결정권을 침해하거나 수치심을 자극하는 언어표현, 희롱, 장애 상태를 이용한 추행 및

강간 등을 행하여서는 아니 된다.

⑥ 국가 및 지방자치단체는 장애인에 대한 괴롭힘 등을 근절하기 위한 인식개선 및 괴롭힘 등 방지 교육을 실시하고 적절한 시책을 강구하여야 한다.

제3장 장애여성 및 장애아동 등

제33조(장애여성에 대한 차별금지) ① 국가 및 지방자치단체는 장애를 가진 여성임을 이유로 모든 생활 영역에서 차별을 하여서는 아니 된다.

② 누구든지 장애여성에 대하여 임신·출산·양육·가사 등에 있어서 장애를 이유로 그 역할을 강제 또는 박탈하여서는 아니 된다.

③ 사용자는 남성근로자 또는 장애인이 아닌 여성근로자에 비하여 장애여성 근로자를 불리하게 대우하여서는 아니 되며, 직장보육서비스 이용 등 있어서 다음 각 호의 정당한 편의제공을 거부하여서는 아니 된다.

1. 장애의 유형 및 정도에 따른 원활한 수유 지원
2. 자녀상태를 확인할 수 있도록 하는 소통방식의 지원
3. 그 밖에 직장보육서비스 이용 등에 필요한 사항

④ 교육기관, 사업장, 복지시설 등의 성폭력 예방교육 책임자는 성폭력 예방교육을 실시함에 있어서 장애여성에 대한 성인식 및 성폭력 예방에 관한 내용을 포함시켜야 하며, 그 내용이 장애여성을 왜곡하여서는 아니 된다.

⑤ 교육기관 및 직업훈련을 주관하는 기관은 장애여성에 대하여 다음 각 호의 차별을 하여서는 아니 된다. 다만, 다음 각 호의 행위가 장애여성의 특성을 고려하여 적절한 교육 및 훈련을 제공함을 목적으로 함이 명백한 경우에는 이를 차별로 보지 아니한다.

1. 학습활동의 기회 제한 및 활동의 내용을 구분하는 경우
2. 취업교육 및 진로선택의 범위 등을 제한하는 경우
3. 교육과 관련한 계획 및 정보제공 범위를 제한하는 경우
4. 그 밖에 교육에 있어서 정당한 사유 없이 장애여성을 불리하게 대우하는 경우

⑥ 제3항을 적용함에 있어서 그 적용대상 사업장의 단계적 범위와 제3항 제3호에 필요한 사항의 구체적 내용 등은 대통령령으로 정한다.

제34조(장애여성에 대한 차별금지를 위한 국가 및 지방자치단체의 의무) ① 국가 및 지방자치단체는 장애여성에 대한 차별요인이 제거될 수 있도록 인식개선 및 지원책 등 정책 및 제도를 마련하는 등 적극적 조치를 강구하여야 하고, 통계 및 조사연구 등에 있어서도 장애여성을 고려하여야 한다.

② 국가 및 지방자치단체는 정책의 결정과 집행과정에 있어서 장애여성임을 이유로 참여의 기회를 제한하거나 배제하여서는 아니 된다.

제35조(장애아동에 대한 차별금지) ① 누구든지 장애를 가진 아동임을 이유로 모든 생활 영역에서 차별을 하여서는 아니 된다.

② 누구든지 장애아동에 대하여 교육, 훈

련, 건강보호서비스, 재활서비스, 취업준비, 레크리에이션 등을 제공받을 기회를 박탈하여서는 아니 된다.

③ 누구든지 장애아동을 의무교육으로부터 배제하여서는 아니 된다.

④ 누구든지 장애를 이유로 장애아동에 대한 유기, 학대, 착취, 감금, 폭행 등의 부당한 대우를 하여서는 아니 되며, 장애아동의 인권을 무시하고 강제로 시설 수용 및 무리한 재활 치료 또는 훈련을 시켜서는 아니 된다.

제36조(장애아동에 대한 차별금지를 위한 국가 및 지방자치단체의 의무) ① 국가 및 지방자치단체는 장애아동이 장애를 이유로 한 어떠한 종류의 차별도 없이 다른 아동과 동등한 권리와 자유를 누릴 수 있도록 필요한 조치를 다하여야 한다.

② 국가 및 지방자치단체는 장애아동의 성별, 장애의 유형 및 정도, 특성에 알맞은 서비스를 조기에 제공할 수 있도록 조치하여야 하고, 이를 위하여 장애아동을 보호하는 친권자 및 양육책임자에 대한 지원책을 마련하여야 한다.

제37조(정신적 장애를 가진 사람에 대한 차별금지 등) ① 누구든지 정신적 장애를 가진 사람의 특정 정서나 인지적 장애 특성을 부당하게 이용하여 불이익을 주어서는 아니 된다.

② 국가와 지방자치단체는 정신적 장애를 가진 사람의 인권침해를 예방하기 위하여 교육, 홍보 등 필요한 법적 · 정책적 조치를 강구하여야 한다.

제4장 장애인차별시정기구 및 권리구제 등

제38조(진정) 이 법에서 금지하는 차별행위로 인하여 피해를 입은 사람(이하 "피해자"라 한다) 또는 그 사실을 알고 있는 사람이나 단체는 국가인권위원회(이하 "위원회"라 한다)에 그 내용을 진정할 수 있다.

제39조(직권조사) 위원회는 제38조의 진정이 없는 경우에도 이 법에서 금지하는 차별행위가 있다고 믿을 만한 상당한 근거가 있고 그 내용이 중대하다고 인정할 때에는 이를 직권으로 조사할 수 있다.

제40조(장애인차별시정소위원회) ① 위원회는 이 법에서 금지하는 차별행위에 대한 조사와 구제 업무를 전담하는 장애인차별시정소위원회(이하 "소위원회"라 한다)를 둔다.

② 소위원회의 구성 · 업무 및 운영 등에 관하여 필요한 사항은 위원회의 규칙으로 정한다.

제41조(준용규정) ① 제38조 및 제39조에 따른 진정의 절차 · 방법 · 처리, 진정 및 직권에 따른 조사의 방법에 관하여 이 법에 특별한 규정이 없는 사항에 관하여는 「국가인권위원회법」의 규정을 준용한다.

② 「국가인권위원회법」 제40조부터 제50조까지의 규정은 이 법에 따른 진정 및 직권조사의 경우에 준용한다.

제42조(권고의 통보) 위원회는 이 법이 금지하는 차별행위로 「국가인권위원회법」

제44조의 권고를 한 경우 그 내용을 법무부장관에게 통보하여야 한다.

제43조(시정명령) ① 법무부장관은 이 법이 금지하는 차별행위로 「국가인권위원회법」제44조의 권고를 받은 자가 정당한 사유 없이 권고를 이행하지 아니하고 다음 각 호의 어느 하나에 해당하는 경우로서 그 피해의 정도가 심각하고 공익에 미치는 영향이 중대하다고 인정되는 경우 피해자의 신청에 의하여 또는 직권으로 시정명령을 할 수 있다.
1. 피해자가 다수인인 차별행위에 대한 권고 불이행
2. 반복적 차별행위에 대한 권고 불이행
3. 피해자에게 불이익을 주기 위한 고의적 불이행
4. 그 밖에 시정명령이 필요한 경우
② 법무부장관은 제1항에 따른 시정명령으로서 이 법에서 금지되는 차별행위를 한 자(이하 "차별행위자"라 한다)에게 다음 각 호의 조치를 명할 수 있다.
1. 차별행위의 중지
2. 피해의 원상회복
3. 차별행위의 재발방지를 위한 조치
4. 그 밖에 차별시정을 위하여 필요한 조치
③ 법무부장관은 제1항 및 제2항에 따른 시정명령을 서면으로 하되, 그 이유를 구체적으로 명시하여 차별행위자와 피해자에게 각각 교부하여야 한다.
④ 법무부장관이 차별시정에 필요한 조치를 명하는 기간, 절차, 방법 등에 필요한 사항은 대통령령으로 정한다.

제44조(시정명령의 확정) ① 법무부장관의 시정명령에 대하여 불복하는 관계 당사자는 그 명령서를 송달받은 날부터 30일 이내에 행정소송을 제기할 수 있다.
② 제1항의 기간 이내에 행정소송을 제기하지 아니한 때에는 그 시정명령은 확정된다.

제45조(시정명령 이행상황의 제출요구 등) ① 법무부장관은 확정된 시정명령에 대하여 차별행위자에게 그 이행상황을 제출할 것을 요구할 수 있다.
② 피해자는 차별행위자가 확정된 시정명령을 이행하지 아니하는 경우에 이를 법무부장관에게 신고할 수 있다.

제5장 손해배상, 입증책임 등

제46조(손해배상) ① 누구든지 이 법의 규정을 위반하여 타인에게 손해를 가한 자는 그로 인하여 피해를 입은 사람에 대하여 손해배상책임을 진다. 다만, 차별행위를 한 자가 고의 또는 과실이 없음을 증명한 경우에는 그러하지 아니하다.
② 이 법의 규정을 위반한 행위로 인하여 손해가 발생한 것은 인정되나 차별행위의 피해자가 재산상 손해를 입증할 수 없을 경우에는 차별행위를 한 자가 그로 인하여 얻은 재산상 이익을 피해자가 입은 재산상 손해로 추정한다.
③ 법원은 제2항에도 불구하고 차별행위의 피해자가 입은 재산상 손해액을 입증하기 위하여 필요한 사실을 입증하는 것이 해당 사실의 성질상 곤란한 경우에는 변론 전체의 취지와 증거조사의 결과에 기초하여 상당한 손해액을 인정할 수 있다.

제47조(입증책임의 배분) ① 이 법률과 관련한 분쟁해결에 있어서 차별행위가 있었다는 사실은 차별행위를 당하였다고 주장하는 자가 입증하여야 한다.
② 제1항에 따른 차별행위가 장애를 이유로 한 차별이 아니라거나 정당한 사유가 있었다는 점은 차별행위를 당하였다고 주장하는 자의 상대방이 입증하여야 한다.

제48조(법원의 구제조치) ① 법원은 이 법에 따라 금지된 차별행위에 관한 소송 제기 전 또는 소송 제기 중에 피해자의 신청으로 피해자에 대한 차별이 소명되는 경우 본안 판결 전까지 차별행위의 중지 등 그 밖의 적절한 임시조치를 명할 수 있다.
② 법원은 피해자의 청구에 따라 차별적 행위의 중지, 임금 등 근로조건의 개선, 그 시정을 위한 적극적 조치 등의 판결을 할 수 있다.
③ 법원은 차별행위의 중지 및 차별시정을 위한 적극적 조치가 필요하다고 판단하는 경우에 그 이행 기간을 밝히고, 이를 이행하지 아니하는 때에는 늦어진 기간에 따라 일정한 배상을 하도록 명할 수 있다. 이 경우 「민사집행법」 제261조를 준용한다.

제6장 벌칙

제49조(차별행위) ① 이 법에서 금지한 차별행위를 행하고 그 행위가 악의적인 것으로 인정되는 경우 법원은 차별을 한 자에 대하여 3년 이하의 징역 또는 3천만원 이하의 벌금에 처할 수 있다.
② 제1항에서 악의적이라 함은 다음 각 호의 사항을 전부 고려하여 판단하여야 한다.
1. 차별의 고의성
2. 차별의 지속성 및 반복성
3. 차별 피해자에 대한 보복성
4. 차별 피해의 내용 및 규모
③ 법인의 대표자나 법인 또는 개인의 대리인·사용인, 그 밖의 종업원이 그 법인 또는 개인의 업무에 관하여 악의적인 차별행위를 한 때에는 행위자를 벌하는 외에 그 법인 또는 개인에 대하여도 제1항의 벌금형을 과한다. 다만, 법인 또는 개인이 그 위반행위를 방지하기 위하여 해당 업무에 관하여 상당한 주의와 감독을 게을리하지 아니한 경우에는 그러하지 아니하다.
④ 이 조에서 정하지 아니한 벌칙은 「국가인권위원회법」의 규정을 준용한다.

제50조(과태료) ① 제44조에 따라 확정된 시정명령을 정당한 사유 없이 이행하지 아니한 자는 3천만원 이하의 과태료에 처한다.
② 제1항에 따른 과태료는 법무부장관이 부과·징수한다.

부칙 <제12365호, 2014.1.28>

이 법은 공포 후 1년이 경과한 날부터 시행한다.

장애인차별금지 및 권리구제 등에 관한 법률 시행령

[개정 2016.2.3 대통령령 제26944호]

제1조(목적) 이 영은 「장애인차별금지 및 권리구제 등에 관한 법률」에서 위임된 사항과 그 시행에 필요한 사항을 규정함을 목적으로 한다.

제2조(자동차 기타기구의 범위) 「장애인차별금지 및 권리구제 등에 관한 법률」(이하 "법"이라 한다) 제3조 제3호 후단에서 "그 밖에 장애인의 활동을 돕기 위한 자동차 기타 기구"란 다음 각 호의 것을 말한다.
1. 장애인이 승·하차하거나 스스로 운전할 때 도움을 주는 보조기구를 장착한 자동차
2. 「장애인고용촉진 및 직업재활법」제21조 제1항 제2호에 따른 장애인의 직업생활에 필요한 작업 보조 공학기기 또는 장비
3. 「국가정보화 기본법」제32조 제5항에 따라 미래창조과학부장관이 고시한 정보통신제품

제3조(공공단체의 범위) 법 제3조 제4호에서 "그 밖에 대통령령으로 정하는 공공단체"란 다음 각 호의 어느 하나에 해당하는 기관을 말한다.
1. 특별법에 따라 설립된 특수법인
2. 「초·중등교육법」, 「고등교육법」, 그밖에 다른 법률에 따라 설치된 각급 학교

3. 「공공기관의 운영에 관한 법률」제4조 제1항에 따라 공기업 또는 준정부기관으로 지정된 기관
4. 「지방공기업법」에 따른 지방공사 및 지방공단

제4조(교육기관의 범위) 법 제3조 제6호에서 "그 밖에 대통령령으로 정하는 기관"이란 다음 각 호의 기관을 말한다.
1. 「영재교육진흥법」제2조에 따른 영재학교와 영재교육원
2. 「재외국민의 교육지원 등에 관한 법률」제2조 제3호에 따른 한국학교
3. 「교원 등의 연수에 관한 규정」제2조 제1항에 따른 연수기관
4. 「공무원 인재개발법」제3조 제1항에 따른 국가공무원인재개발원 및 같은 법 제4조 제1항에 따른 전문교육훈련기관

제5조(사용자 제공 정당한 편의의 내용) 법 제11조 제3항에 따라 사용자가 제공하여야 할 정당한 편의의 구체적 내용은 다음 각 호와 같다.
1. 직무수행 장소까지 출입가능한 출입구 및 경사로
2. 작업수행을 위한 높낮이 조절용 작업대 등 시설 및 장비의 설치 또는 개조
3. 재활, 기능평가, 치료 등을 위한 작업일정 변경, 출·퇴근시간의 조정 등 근로

시간의 변경 또는 조정

4. 훈련 보조인력 배치, 높낮이 조절용 책상, 점자자료 등 장애인의 훈련 참여를 보조하기 위한 인력 및 시설 마련

5. 장애인용 작업지시서 또는 작업지침서 구비

6. 시험시간 연장, 확대 답안지 제공 등 장애인의 능력 평가를 위한 보조수단 마련

제6조(사업장의 단계적 범위) 법 제11조 제3항에 따라 장애인 근로자에게 정당한 편의를 제공하여야 하는 사업장의 단계적 범위는 별표 1과 같다.

제7조(의학적 검사의 비용부담 방식 등) ① 사용자가 법 제12조 제1항 단서에 따라 의학적 검사를 실시할 때에 사용자가 지정하는 의료기관이 아닌 다른 의료기관에서 근로자가 의학적 검사를 받은 후 그 검사에 드는 비용의 명세를 사용자에게 제출하는 경우에는 사용자는 그가 지정하는 의료기관에서 검사를 받을 경우 통상적으로 소요되는 금액을 근로자에게 지급하여야 한다.

② 사용자는 법 제12조 제1항 단서에 따라 근로자에게 의학적 검사를 받도록 하는 경우 근로자가 의학적 검사를 받는 데 걸리는 시간을 근로시간으로 인정하거나 작업일정 변경 등을 통하여 의학적 검사를 받는 데에 불이익이 없도록 지원하여야 한다.

제8조(정당한 편의의 내용) 법 제14조 제1항 제6호에 따라 교육책임자가 제공하여야 하는 사항은 다음 각 호와 같다.

1. 원활한 교수 또는 학습 수행을 위한 지도자료 등

2. 통학과 관련된 교통편의

3. 교육기관 내 교실 등 학습시설 및 화장실, 식당 등 교육활동에 필요한 모든 공간에서 이동하거나 그에 접근하기 위하여 필요한 시설·설비 및 이동수단

제9조(교육기관의 단계적 범위) 법 제14조 제3항에 따른 교육기관의 단계적 범위는 별표 2와 같다.

제10조(장애학생지원부서 및 담당자) ① 교육책임자는 법 제14조 제3항에 따라 해당 교육기관에 재학 중인 장애인의 교육활동에 불이익이 없도록 다음 각 호에서 정하는 바에 따라 장애학생지원부서 또는 담당자를 두어야 한다.

1. 「초·중등교육법」 및 「고등교육법」에 따른 학교의 경우: 독립된 장애학생지원부서 또는 담당자를 두어야 한다.

2. 「영유아보육법」에 따른 보육시설과 「유아교육법」에 따른 유치원의 경우: 장애아동을 위한 담당자를 두어야 한다.

3. 「평생교육법」에 따른 평생교육시설, 「학점인정 등에 관한 법률」에 따른 교육훈련기관, 「직업교육훈련 촉진법」에 따른 직업교육훈련기관 및 제4조에 따른 교육기관의 경우: 장애학생을 위한 담당자를 두어야 한다.

② 교육책임자는 제1항에 따른 장애학생지원부서 또는 담당자의 활동 내용 및 장애인의 이용 실태를 정기적으로 점검하여야 한다.

제11조(시설물의 대상과 범위) 법 제18조 제4항에 따른 시설물의 대상과 단계적 적

용범위는 「장애인 · 노인 · 임산부 등의 편의증진보장에 관한 법률」 제7조 각 호의 어느 하나에 해당하는 대상시설 중 2009년 4월 11일 이후 신축 · 증축 · 개축하는 시설물로 한다.

제12조(시설물 관련 정당한 편의의 내용 및 설치기준) 법 제18조 제4항에 따른 시설물의 소유 · 관리자가 제공하여야 하는 정당한 편의의 내용 및 그 설치기준은 「장애인 · 노인 · 임산부 등의 편의증진보장에 관한 법률 시행령」 별표 2에 따른다.

제13조(이동 · 교통수단 등 정당한 편의제공 적용대상 및 정당한 편의의 내용) ① 법 제19조 제8항에 따라 교통사업자 · 교통행정기관이 장애인의 이동 및 교통수단 등의 이용에 필요한 정당한 편의를 제공하여야 하는 적용대상은 「교통약자의 이동편의 증진법 시행령」 별표 1에 따른다.
② 법 제19조 제8항에 따른 정당한 편의의 내용은 「교통약자의 이동편의 증진법 시행령」 별표 2에 따른다.
③ 「도로교통법」 제83조 제1항 및 제2항에 따른 운전면허시험기관의 장은 장애인이 운전면허 기능시험이나 도로주행시험에 출장시험을 요청할 경우 이를 지원할 수 있다.

제14조(정보통신 · 의사소통에서의 정당한 편의 제공의 단계적 범위 및 편의의 내용)
① 법 제21조 제1항 전단에 따라 장애인이 접근 · 이용할 수 있도록 수화, 문자 등 필요한 수단을 제공하여야 하는 행위자 등의 단계적 범위는 별표 3과 같다.
② 법 제21조 제1항에 따라 제공하여야

하는 필요한 수단의 구체적인 내용은 다음 각 호와 같다.
1. 누구든지 신체적 · 기술적 여건과 관계없이 웹사이트를 통하여 원하는 서비스를 이용할 수 있도록 접근성이 보장되는 웹사이트
2. 수화통역사, 음성통역사, 점자자료, 점자정보단말기, 큰 활자로 확대된 문서, 확대경, 녹음테이프, 표준텍스트파일, 개인형 보청기기, 자막, 수화통역, 인쇄물음성변환출력기, 장애인용복사기, 화상전화기, 통신중계용 전화기 또는 이에 상응하는 수단
③ 제2항 제2호에 따른 필요한 수단은 장애인이 요청하는 경우 요청받은 날부터 7일 이내에 제공하여야 한다.
④ 공공기관 등은 법 제21조 제2항에 따라 장애인이 행사 개최하기 7일 전까지 지원을 요청하는 경우에는 수화통역사, 문자통역사, 음성통역사 또는 보청기기 등 필요한 수단을 제공하여야 한다.
⑤ 법 제21조 제3항에 따른 장애인 시청 편의 서비스의 구체적인 내용은 다음 각 호와 같다.
1. 청각장애인을 위하여 방송의 음성 및 음향을 화면에 글자로 전달하는 폐쇄자막
2. 청각장애인을 위하여 방송의 음성 및 음향을 손짓, 몸짓, 표정 등으로 전달하는 수화통역
3. 시각장애인을 위하여 화면의 장면, 자막 등을 음성으로 전달하는 화면해설
⑥ 제5항에서 규정한 사항 외에 장애인 시청 편의 서비스의 이행에 필요한 기준, 방법 등은 미래창조과학부 · 방송통신위원회가 각각 소관별로 정하여 고시한다. 이 경우 미래창조과학부 · 방송통신위원

회는 각각 미리 국가인권위원회와 협의하여야 한다.

⑦ 법 제21조 제4항에 따라 통신설비를 이용한 중계서비스를 제공하여야 하는 기간통신사업자의 단계적 범위는 별표 3의2와 같다.

⑧ 법 제21조 제4항에 따른 통신설비를 이용한 중계서비스는 중계자가 통신설비를 이용하여 문자나 수화영상 등을 음성으로 변환하거나 음성을 문자나 수화영상 등으로 변환하여 장애인과 장애인 또는 장애인과 장애인이 아닌 사람 간의 통화를 실시간으로 중계하는 서비스로 한다.

제15조(문화 · 예술활동의 차별금지) ① 법 제24조 제2항에 따라 장애인이 문화 · 예술활동에 참여할 수 있도록 정당한 편의를 제공하여야 하는 문화 · 예술사업자의 단계적 범위는 별표 4와 같다.

② 법 제24조 제2항에 따른 정당한 편의의 구체적인 내용은 다음 각 호와 같다.

1. 장애인의 문화 · 예술활동 참여 및 향유를 위한 출입구, 위생시설, 안내시설, 관람석, 열람석, 음료대, 판매대 및 무대단상 등에 접근하기 위한 시설 및 장비의 설치 또는 개조

2. 장애인과 장애인 보조인이 요구하는 경우 문화 · 예술활동 보조인력의 배치

3. 장애인의 문화 · 예술활동을 보조하기 위한 휠체어, 점자안내책자, 보청기 등 장비 및 기기 제공

4. 장애인을 위한 문화 · 예술활동 관련 정보 제공

제16조(체육활동의 차별금지) ① 법 제25조 제2항에 따라 국가 및 지방자치단체가

제공하여야 하는 정당한 편의의 내용은 다음 각 호와 같다.

1. 장애인의 체육활동에 필요한 시설 설치 및 체육용 기구 배치

2. 장애인이 참여할 수 있는 체육활동 프로그램 운영

3. 장애인이나 장애인의 보조인이 요구하는 경우 체육지도자 및 체육활동 보조인력의 배치

4. 장애인 체육활동의 편의를 위한 장비 등의 사용설명 내용이 포함된 영상물 및 책자의 배치

5. 장애인을 위한 체육활동 관련 정보 제공

6. 장애인의 체육활동을 지도할 수 있는 장애인체육 지도자의 양성

7. 장애인들이 사용할 수 있는 체육용 기구 생산 장려

8. 장애인 체육활동을 위한 의료서비스 제공

② 제1항 제1호의 장애인 체육활동에 필요한 시설의 종류 및 설치의무 적용시기는 별표 5와 같다.

제17조(사법 · 행정절차 및 서비스에 있어서의 편의 제공 등) ① 공공기관 및 그 소속원은 법 제26조 제8항에 따라 장애인이 사법 · 행정절차 및 서비스를 이용하거나 그에 참여하기 위하여 요구할 경우 보조인력, 점자자료, 인쇄물음성출력기기, 수화통역, 대독代讀, 음성지원시스템, 컴퓨터 등의 필요한 정당한 편의를 제공하여야 하고, 장애인의 장애 유형 및 상태를 고려하여 교정 · 구금시설에서 계구戒具를 사용하거나 고충 상담, 교도작업 또는 직업능력개발훈련을 실시할 수 있다.

② 검사나 사법경찰관이 제1항에 따라

장애인인 피의자를 신문하는 경우에는 「형사소송법」제244조의5에 따른다.

제18조(직장보육서비스 적용대상 사업장 및 단계적 범위) 법 제33조 제3항에 따라 직장보육서비스 이용 등에 정당한 편의를 제공하여야 하는 적용대상 사업장은 「영유아보육법 시행령」제20조 제1항에 따라 직장어린이집을 설치하여야 하는 사업장으로 하되, 이 규정은 2009년 4월 11일부터 적용한다.

제19조(직장보육서비스 이용 등에 필요한 사항) 법 제33조 제3항 제3호에 따른 직장보육서비스 이용 등에 필요한 사항은 다음 각 호와 같다.
1. 장애여성 근로자 자녀의 직장어린이집 우선 입소 지원
2. 직장어린이집에 접근하거나 이를 이용하는 데에 위험이 없도록 장애물 제거
3. 소속 장애여성 근로자의 장애 유형 등을 고려한 안내책자 비치
4. 장애여성 근로자의 장애 상태에 따라 자녀와 원활하게 소통할 수 있도록 편의 제공
5. 상담을 통한 직장보육서비스 이용 편의 제공

제20조(시정명령의 신청방법) 법 제43조 제1항에 따른 시정명령을 신청하려는 자는 다음 각 호의 사항을 적은 서면을 법무부장관에게 제출하여야 한다.
1. 신청인의 성명·주소
2. 피신청인의 성명 및 주소(법인인 경우에는 명칭과 주된 사무소의 소재지를 말한다)

3. 시정명령이 필요한 사유

제21조(시정명령 기간) 법무부장관은 법 제43조 제1항에 따라 피해자의 신청에 의하여 시정명령을 하는 경우에는 신청을 받은 날부터 3개월 이내에, 직권으로 시정명령을 하는 경우에는 권고 불이행을 확인한 날부터 3개월 이내에 시정명령을 하여야 한다.

제22조(시정명령 서면) 법 제43조 제3항에 따른 시정명령의 서면에는 다음 각 호의 사항을 명시하여야 한다.
1. 시정명령의 이유
2. 시정명령의 내용
3. 시정기한
4. 시정명령에 대한 불복절차

제23조(장애인차별시정심의위원회) ① 장애인차별에 대한 시정명령에 관한 사항을 심의하기 위하여 법무부에 장애인차별시정심의위원회(이하 "심의위원회"라 한다)를 둔다.
② 심의위원회는 위원장 1명을 포함하여 9명 이내의 위원으로 구성한다.
③ 위원장은 법무부차관이 되고, 위원은 법무부의 법무실장, 인권국장, 인권 및 장애인차별문제에 관한 학식과 경험이 풍부한 관계 전문가 중에서 법무부장관이 위촉하는 자로 한다.

제24조(위촉위원의 임기) 제23조 제3항에 따라 위촉된 위원의 임기는 2년으로 하되, 연임할 수 있다.

제25조(위원장의 직무 및 회의) ① 위원장

은 심의위원회를 대표하고, 심의위원회의 직무를 총괄한다.

② 위원장이 부득이한 사유로 직무를 수행할 수 없을 때에는 위원장이 지명하는 위원이 그 직무를 대행한다.

③ 심의위원회 회의는 법무부장관이 요청할 때 또는 위원장이 필요하다고 인정할 때에 소집한다.

④ 위원장은 심의위원회 회의의 의장이 된다.

⑤ 심의위원회 회의는 재적의원 과반수의 출석으로 개의하고, 출석위원 과반수의 찬성으로 의결한다.

⑥ 위원장은 긴급을 요하거나 부득이한 사유가 있는 경우에는 서면(전자문서를 포함한다)으로 심의하게 할 수 있다.

제26조(의견 청취) 위원장은 심의위원회의 심의사항과 관련하여 필요하다고 인정할 때에는 관계인을 출석시켜 의견을 들을 수 있다.

제27조(간사) 심의위원회의 사무를 처리하기 위하여 심의위원회에 간사 1명을 두되, 간사는 법무부 소속 공무원 중에서 심의위원회 위원장이 지명하는 자로 한다.

제28조(운영세칙) 이 영에서 규정한 것 외에 심의위원회의 운영에 필요한 사항은 심의위원회의 의결을 거쳐 위원장이 정한다.

제29조(심의위원회의 심의결과 존중) 법무부장관은 시정명령 여부 결정 시 심의위원회의 심의결과를 존중하여야 한다.

부칙 <제26944호, 2016.2.3>

제1조(시행일) 이 영은 공포한 날부터 시행한다.

제2조 생략

제3조(다른 법령의 개정) ① 부터 <16> 까지 생략 <17> 장애인차별금지 및 권리구제 등에 관한 법률 시행령 일부를 다음과 같이 개정한다. 제4조 제4호 중 「공무원 교육훈련법」을 「공무원 인재개발법」으로, "중앙공무원교육원"을 "국가공무원인재개발원"으로 한다. <18>부터 <23>까지 생략

제4조 생략

[별표 1] 사업장의 단계적 범위(제6조 관련)
1. 상시 300명 이상의 근로자를 사용하는 사업장과 국가 및 지방자치단체: 2009년 4월 11일부터 적용
2. 상시 100명 이상 300명 미만의 근로자를 사용하는 사업장: 2011년 4월 11일부터 적용
3. 상시 30명 이상 100명 미만의 근로자를 사용하는 사업장: 2013년 4월 11일부터 적용

[별표 2] 교육기관의 단계적 범위(제9조 관련)
1. 다음 각 목의 시설: 2009년 4월 11일부터 적용
가. 국·공·사립 특수학교
나. 「유아교육법」에 따른 국·공립 유치원 중 특수반이 설치된 유치원

다. 「초·중등교육법」에 따른 각급 학교 중 특수학급이 설치된 국·공립 각급 학교

라. 「영유아보육법」에 따라 장애아를 전담하는 어린이집

2. 다음 각 목의 시설: 2011년 4월 11일부터 적용

가. 제1호나목 외의 「유아교육법」에 따른 국·공립 유치원

나. 「초·중등교육법」에 따른 국·공·사립 각급 학교(제1호다목의 학교는 제외한다)

다. 「고등교육법」에 따른 국·공·사립 각급 학교

라. 보육하는 영유아의 수가 100명 이상인 국공립어린이집 및 법인어린이집(제1호라목의 시설은 제외한다)

마. 「영재교육진흥법」 제2조에 따른 영재학교 및 영재교육원

3. 다음 각 목의 시설: 2013년 4월 11일부터 적용

가. 「유아교육법」에 따른 사립 유치원

나. 「평생교육법」 제31조에 따른 학교형태의 평생교육시설 및 같은 법 제30조에 따른 학교부설 평생교육시설

다. 나목 외의 평생교육시설, 「학점인정 등에 관한 법률」에서 정한 평가인정을 받은 교육훈련기관 및 「직업교육훈련 촉진법」에 따른 직업교육훈련기관 중 연면적 1,000제곱미터 이상 규모의 교육기관. 다만, 원격대학형태의 평생교육시설은 연면적 2,500제곱미터 이상 규모의 평생교육시설만 해당한다.

라. 국공립어린이집 및 법인어린이집

마. 「교원 등의 연수에 관한 규정」 제2조 제1항에 따른 연수기관

바. 「공무원교육훈련법」 제3조 제1항에 따른 중앙공무원교육원 및 같은 법 제4조

제1항에 따른 전문교육훈련기관

[별표 3] 정보통신·의사소통에서의 정당한 편의제공의 단계적 범위(제14조 제1항 관련)

행위자 등	단계적 범위
1. 공공기관	2009년 4월 11일부터 적용
2. 교육기관	별표 2에서 정한 교육기관의 단계적 범위를 적용함
3. 교육책임자	별표 2에서 정한 교육기관의 단계적 범위를 적용함
4. 법 제3조 제8호에 따른 법인	별표 2, 별표 4 및 별표 5에서 정하는 단계적 범위를 따르며, 그 외의 법인은 2013년 4월 11일부터 적용함
5. 문화·예술 사업자	별표 4에서 정한 단계적 범위를 적용함
6. 의료인 등	2013년 4월 11일부터 적용함
7. 의료기관 등	가. 「의료법」에 따른 종합병원은 2009년 4월 11일부터 적용함 나. 「의료법」에 따른 병원, 치과병원 또는 한방병원 및 요양병원은 2011년 4월 11일부터 적용함 다. 가목 및 나목 외의 기관은 2013년 4월 11일부터 적용함
8. 체육 관련 행위자	2013년 4월 11일부터 적용함
9. 복지시설 등 관련 행위자	2009년 4월 11일부터 적용함
10. 시설물관련 행위자	2009년 4월 11일부터 적용함
11. 이동 및 교통수단 등 관련 행위자	「교통약자의 이동편의증진법 시행령」 별표 1을 적용함
12. 법 제10조 제1항에 따른 사용자	별표 1에서 정한 단계적 범위를 적용함
13. 법 제10조 제2항에 따른 노동조합 관계자	별표 1에서 정하는 바에 따라 노동조합이 설치된 사업장의 단계적 범위를 적용함

[별표 3의2] 기간통신사업자의 단계적 범위(제14조 제7항 관련)

1. 다음 각 목의 서비스를 제공하는 기간통신사업자는 2012년 5월 12일부터 해당 서비스에 대하여 통신설비를 이용한 중계서비스를 제공하여야 한다.

가. 시내전화 서비스

나. 시외전화 서비스

다. 이동전화 서비스

라. 개인휴대통신 서비스

마. 아이엠티이천(IMT-2000) 서비스

바. 주파수공용통신 서비스

2. 인터넷전화 서비스를 제공하는 기간통신사업자는 2014년 5월 12일부터 해당 서비스에 대하여 통신설비를 이용한 중계서비스를 제공하여야 한다.

[별표 4] 문화·예술사업자의 단계적 범위(제15조 제1항 관련)

1. 2010년 4월 11일부터 적용되는 문화·예술사업자

가. 국가 및 지방자치단체와 소속 문화재단, 문화예술 진흥 및 문화예술 활동 지원을 위하여 법률에 따라 설립된 기관

나. 국립중앙도서관, 「도서관법」 제2조 제4호에 따른 공공도서관(같은 호 각 목의 시설은 제외한다)

다. 「박물관 및 미술관 진흥법」 제2조에 따른 국·공립 박물관, 국·공립 대학박물관

라. 「박물관 및 미술관 진흥법」 제2조에 따른 국·공립 미술관, 국·공립 대학미술관

2. 2012년 4월 11일부터 적용되는 문화·예술사업자

가. 「문화예술진흥법 시행령」 별표 1에 따른 민간 종합공연장

나. 「박물관 및 미술관 진흥법」 제2조에 따른 사립 대학박물관, 사립 대학미술관

3. 2015년 4월 11일부터 적용되는 문화·예술사업자

가. 「문화예술진흥법 시행령」 별표 1에 따른 민간 일반공연장

나. 「문화예술진흥법」 제2조에 따른 스크린 기준 300석 이상 규모의 영화상영관

다. 「문화예술진흥법」 제2조에 따른 조각공원, 문화의 집, 복지회관, 문화체육센터, 청소년활동시설, 지방문화원

라. 「박물관 및 미술관 진흥법」 제2조에 따른 박물관 중 사립박물관(전시실 바닥면적 500제곱미터 이상인 시설만 해당한다)

마. 「박물관 및 미술관 진흥법」 제2조에 따른 미술관 중 사립미술관(전시실 바닥면적 500제곱미터 이상인 시설만 해당한다)

[별표 5] 장애인 체육활동에 필요한 시설의 종류 및 설치의무 적용 시기(제16조 제2항 관련)

1. 시설의 종류

구분		시설설치 내용
공통 필수	편의 시설	• 「교통약자의 이동편의증진법 시행령」 별표 2 제2호에 따른 매개시설 • 실내복도, 2층 이상일 경우 경사로 또는 승강기 등 내부시설 • 장애인용 화장실(대변기·소변기·세면대), 샤워실·탈의실 등 위생시설 • 점자블록, 유도 및 안내설비, 경보 및 피난시설 등 안내시설 • 관람석, 매표소 등 기타시설

실내
시설
	수영장	• 입수 편의를 위한 경사로 ·
		  손잡이 등 입수보조시설
		• 수영장과 연계된 탈의실 진
		  입보조시설
		• 탈의 및 샤워 보조기구
		• 보조 휠체어

	실내 체육관	좌식배구지주, 골볼(Goal ball) 골대
실외 시설	야외 경기장	경기장 진입 시설
	생활 체육 공원 등	공원 내 체육시설 접근로 등

2. 설치의무 적용 시기

가. 국가 및 인구 50만 명 이상 지방자치
단체가 설치한 체육시설: 2010년 4월 11
일부터 적용

나. 인구 30만 명 이상 50만 명 미만 지방
자치단체가 설치한 체육시설: 2012년 4
월 11일부터 적용

다. 인구 30만 명 미만 지방자치단체가
설치한 체육시설: 2015년 4월 11일부터
적용

개정판
장애학
통합재활적 접근

1판 1쇄 발행 2008년 9월 22일
2판 2쇄 발행 2019년 3월 15일

지은이 나운환
펴낸이 박정희

기획편집 이주연, 양송희, 이성목 **마케팅** 김범수, 이광택
관리 유승호, 양소연 **디자인** 하주연, 이지선 **웹서비스** 백윤경, 김설희

펴낸곳 사회복지전문출판 나눔의집
등록번호 제25100-1998-000031호
등록일자 1998년 7월 30일

주소 서울시 금천구 디지털로9길 68, 1105호(가산동, 대륭포스트타워 5차)
대표전화 1688-4604 **팩스** 02-2624-4240
홈페이지 www.ncbook.co.kr / www.issuensight.com
ISBN 978-89-5810-342-4(93330)

이 도서의 국립중앙도서관 출판예정도서목록(CIP)은 서지정보유통지원시스템 홈페이지
(http://seoji.nl.go.kr)와 국가자료공동목록시스템(http://www.nl.go.kr/kolisnet)에서
이용하실 수 있습니다. (CIP제어번호: CIP2016019112)